ज्योतिष जोशी

साहित्य, कला और रंगमंच के प्रतिष्ठित आलोचक ज्योतिष जोशी का जन्म 6 अप्रैल, 1965 को बिहार के गोपालगंज जिले के धर्मगता गाँव में हुआ। उच्च शिक्षा दिल्ली विश्वविद्यालय तथा जवाहरलाल नेहरू विश्वविद्यालय, नई दिल्ली से प्राप्त हुई।

अब तक उनकी 24 मौलिक पुस्तकें प्रकाशित हो चुकी हैं जिनमें कला सम्बन्धी प्रमुख कृतियाँ हैं—'भारतीय कला के हस्ताक्षर', 'आधुनिक भारतीय कला', 'रूपंकर, कृति आकृति', 'दृश्यान्तर', 'बहुव्रीहि' और 'आधुनिक कला आन्दोलन'।

उन्होंने रचनावली, संचयिता समेत कई और ग्रन्थों का सम्पादन भी किया है; जिनमें 'कलाकार निर्देशिका', 'कला विचार', 'कला परम्परा' तथा 'कला पद्धति' शामिल हैं।

कई सम्मानों, पुरस्कारों एवं वरिष्ठ अध्येता वृत्तियों से नवाजे जा चुके श्री जोशी ललित कला अकादेमी, संस्कृति मंत्रालय, भारत सरकार में सम्पादक पद पर स्थायी रूप से रहे। अकादेमी के कार्यकारी सचिव का दायित्व भी निभाया है। ये कलाओं के समवेत मंच 'अन्तर्यात्रा' के अध्यक्ष भी हैं।

इन दिनों वे नेहरू स्मारक संग्रहालय एवं पुस्तकालय (संस्कृति मंत्रालय, भारत सरकार), नई दिल्ली में सीनियर फेलो हैं।

ई-मेल : jyotishjoshi@gmail.com

आधुनिक कला आन्दोलन

विश्वकला की आधुनिक यात्रा 1400-1965

ज्योतिष जोशी

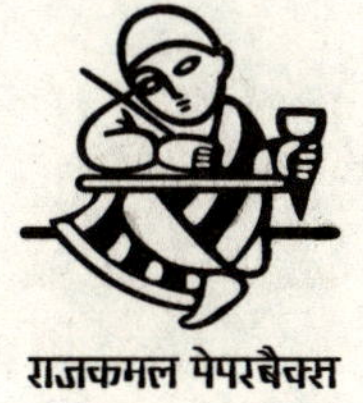

राजकमल पेपरबैक्स

राजकमल पेपरबैक्स में
पहला संस्करण : 2023
दूसरा संस्करण : 2025

राजकमल पेपरबैक्स : उत्कृष्ट साहित्य के जनसुलभ संस्करण

राजकमल प्रकाशन प्रा.लि.
1-बी, नेताजी सुभाष मार्ग, दरियागंज
नई दिल्ली-110 002
द्वारा प्रकाशित

शाखाएँ : अशोक राजपथ, साइंस कॉलेज के सामने, पटना-800 006
पहली मंजिल, दरबारी बिल्डिंग, महात्मा गांधी मार्ग, प्रयागराज-211 001
1, अनमोल सोराबजी सन्तुक लेन, धोबी तलाव, मरीन लाइंस, मुम्बई-400 002

वेबसाइट : www.radhakrishnaprakashan.com
ई-मेल : info@radhakrishnaprakashan.com

आवर ण चित्र : 'एफिल टावर' (Eiffel Tower)—रॉबर्ट देलानॉय (Robert Delaunay), कैनवस पर तैल रंग, 202×138.4 से.मी., वर्ष-1911। संग्रह–सोलोमोन आर. गुग्गेनहेम संग्रहालय, न्यूयॉर्क (Solomon R. Guggenheim Museum, New York) से साभार।

बी.के. ऑफसेट
नवीन शाहदरा, दिल्ली-110 032
द्वारा मुद्रित

मूल्य : ₹495

AADHUNIK KALA AANDOLAN
Vishva Kala ki Aadhunik Yatra : 1400-1965
Art History by Jyotish Joshi

ISBN : 978-81-19028-13-9

ललित कला अकादेमी के पूर्व सचिव
स्मृतिशेष डॉ. दिननाथ पाठी को सादर,
जिनके कार्यकाल में
हमने अकादेमी में अपनी सेवा आरम्भ की।

क्रम

दूसरा खंड
आधुनिक भारतीय कला

आधुनिक कला की यात्रा

1

आधुनिक कला के संकेत हमें 1400 ईसवी से मिलने लगते हैं, जब यूरोप में पुनर्जागरण की प्रक्रिया शुरू होती है और चर्च तथा धर्म की हदबन्दियों से कला को थोड़ी-बहुत निजात मिलनी शुरू होती है। अंग्रेजी कला-इतिहासकार कला-इतिहास का जो काल-विभाजन करते हैं, उसके अनुसार 500 ईसवी के समय को वे प्राचीन कला के रूप में रखते हैं जिसमें मिस्त्री कला, यूनानी कला, रोमन तथा हेलेनिस्टिक कला आदि के नाम आते हैं। 500 से 1550 ईसवी तक, यानी एक हजार वर्ष तक के काल को मध्यकालीन कला का समय माना जाता है जिसका जन्म फ्रांस में हुआ, पर उसने स्पेन, इटली, इंग्लैंड सहित समूचे यूरोप को अपने प्रभाव में ले लिया था। इस मध्यकालीन कला में ही बिजन्टाइन कला, प्रारम्भिक ईसाई कला, प्रवासी कला, पूर्व रोम कला, द्वीपीय कला, गोथिक कला आदि कलाएँ और उनके आन्दोलन आते हैं।

इस मध्यकालीन चरण में उक्त विभिन्न कला-शैलियों में भित्तिचित्रण, पच्चीकारी, धातु शिल्प, वस्त्र-सज्जा, मूर्तिशिल्प, स्मारक मूर्तिशिल्प, पटचित्रण, वास्तु शिल्प आदि के अविस्मरणीय काम देखने में आते हैं। इस मध्यकाल के अन्तिम चरण में, पुनर्जागरण काल के प्रवेश के बाद कला मोटे तौर पर शिल्प से बाहर आती है जिसमें नवाचार की कोशिश दिखाई देने लगती है। निश्चय ही यही कोशिश आगे चलकर कला को स्वायत्त करती है और उस पर से चर्च तथा धर्म का दबाव कम होते ही कलाकार अपनी निजी अनुभूतियों को कला में जगह देने लगता है। यहीं से कला में आधुनिकता का प्रवेश होता है। आधुनिक कला के विन्यास में उतरने के बाद हम पाते हैं कि जिसे आधुनिक कला या चित्रकला नाम से पुकारा जाता है; उसमें मोटे तौर पर अमूर्त सौन्दर्य, आत्मिक अनुभूति, अति-यथार्थवादी कल्पना आदि तत्त्वों से मिले-जुले प्रयोग शामिल हैं। इसमें वे सभी मुख्य कला आन्दोलन आते हैं जो

कला को आधुनिक विचारों और प्रयोगों से सम्पन्न करते हैं। बीच के समय को छोड़ दें तो आधुनिक कला बाद के समय में अपने अमूर्त प्रयोगों के कारण हजारों वर्ष पूर्व के आदि मानव काल या पाषाण कला से जुड़ जाती है। इसी को देखते हुए हर्बर्ट रीड ने कहा था—'आधुनिक कला तीस हजार वर्ष पुरानी है।' (Modern Art is old as thirty thousand years.)

उन्नीसवीं शताब्दी में धर्म, परम्परा और रूढ़ियों से ऊब कर ही और पारम्परिक मिथकीय चरित्रों तथा इतिहास-सिद्ध नायकों की अनुकृति से विद्रोह करके ही कलाकारों ने स्वतंत्र विचारों के साथ काम करते हुए 'Art for Art Sake' यानी 'कला के लिए कला' का नारा दिया था।

कला इतिहास बताता है कि सन् 1860 के बाद की कला निर्मितियों को हम आधुनिक कला मान सकते हैं जिसमें अधुनातन विचार, दर्शन और शिल्प जुड़ते हैं। पर मेरा आग्रह यह है कि स्वच्छन्दतावाद के उदय-काल 1800 से आधुनिकता की प्रक्रिया को शुरू मानना चाहिए; क्योंकि बाद के कला आन्दोलनों में स्वच्छन्दतावादी कलाकारों—गोया और देलाक्रोइक्स के चित्रण और रंग-न्यास सहित उनके रंग-चिन्तन का प्रभाव स्वीकार किया जाता है। 1830-40 तक इस आन्दोलन की सक्रियता रही, उसके बाद 1840 से 1870 तक चलने वाले यथार्थवाद का कला आन्दोलन प्रकाश में आया।

यथार्थवाद तक आते-आते कला में पुरातनता और पारम्परिक रूढ़ियों का विरोध तीव्रतर होता है; पर इसका संकेत हमें स्वच्छंदतावाद में ही मिलना शुरू हो जाता है। यथार्थवाद ने परम्परा और अतीत का निषेध कर, नए भावबोध के साथ सर्जनात्मक प्रयत्न किए जिसमें कला आधुनिकता के दो केन्द्रीय तत्त्वों—प्रश्नाकुलता और संशय को केन्द्रीय कारक के रूप में स्वीकार कर सकी।

आधुनिक कलाकार नये विचारों और देखे गए नये रास्तों के साथ प्रयोग करता है जिसमें वस्तु की प्रकृति और तदनुरूप कला-सृजन शामिल है। आख्यान से दूरी बरतना इसका सबसे बड़ा लक्षण है। आख्यान से दूरी बरतने का मतलब यहाँ कला को उन पारम्परिक रिवाजों, मिथकों और परम्पराजनित रूढ़ियों के पालन से दूरी बरतना है जो लम्बे समय तक कला को उपनिवेश की तरह शासित करते रहे। आधुनिकता का एक अन्य लक्षण उसकी अमूर्तता है जो रूपाकृति को तोड़ने और उसको रचने से इनकार करने के रूप में सामने आया। यही आधुनिक कला लगभग सौ वर्षों की यात्रा के बाद समकालीन कला और तदन्तर उत्तर आधुनिक कला में बदली; जिसमें बाद के दौर के प्रश्न, चिन्ताएँ और समस्याएँ अपनी समकालीनता के साथ व्यक्त हुईं।

ध्यान में रखने की बात यह है कि जब हम आधुनिक कला की बात करते हैं तो यूरोपीय कला की ही बात कर रहे होते हैं; क्योंकि इसी कला ने

आधुनिकता की चेतना वैश्विक कला को दी। इस आधुनिक कला के उदय की कथा बेहद दिलचस्प है। हम जानते हैं कि फ्रांस ने ही आधुनिक कला का नेतृत्व किया था। लेकिन 1516 के पहले तक जो कला प्रचलन में थी, वह पारम्परिक रूढ़ियों के पालन तक सीमित थी। 1516 में ही फ्रांस के शासक फ्रांसिस प्रथम ने इतावली कलाकार लियोनार्दो दा विंची को अपने दरबार में रखा था। इस समय तक **पुनर्जागरणकालीन कला** का उदय हो चुका था जिसमें दा विंची सहित माइकल एंजेलो तथा राफाएल नामक कलाकारों ने कला को नई दिशा दी थी। उन दिनों फ्रांस में डच, फ्लेमिश तथा इतालवी कृतियों की बहुत माँग थी। इस काल की कला ने उन माँगों को पूरा किया था। यह काल 1400 से 1600 तक रहा।

पुनर्जागरण काल के बाद **बारोक शैली** की कला अस्तित्व में आई जिसमें जॉर्ज ला तुर, पॉसिन तथा रूबेन्स ने कुछ महत्त्वपूर्ण काम किए। इन ख्यात कलाकारों में पारम्परिक रूढ़ियों से बाहर आने की छटपटाहट तो थी, पर वैसी परिस्थिति सुलभ न थी। जॉर्ज ला तुर ने ईसा मसीह के जीवन-वृत्त पर श्रृंखला बनाई थी जिसमें छाया-प्रकाश के संयोजनों को काफी सराहा गया था। किन्तु इस श्रृंखला के काम भी रूढ़िमुक्ति न थे। पॉसिन ने इतालवी कला का मनोयोग से अध्ययन किया और सतत् अभ्यास भी; जिससे कुछ उल्लेखनीय रचनाएँ प्रकाश में आईं। उन्होंने इससे एक शास्त्रीय पद्धति विकसित की जिसका प्रभाव आधुनिक कला के प्रणेता पॉल सिजां ने भी अपनी कला पर स्वीकार किया था। रूबेन्स के काम भी बारोक शैली के उत्कृष्ट उदाहरण हैं, विशेषकर वे काम; जो उन्होंने ईसा मसीह को लेकर बनाए थे। 1600 से 1720 तक बारोक कला का अस्तित्व रहा।

समय बीतने के साथ 18वीं शताब्दी में फ्रांसीसी शासन के संरक्षण में पलने वाली कला में एक नई कला शैली का आगमन हुआ जिसका समय 1720 से 1760 तक माना जाता है। इसे **रोकोको कला शैली** कहा गया। यह शैली रम्य कल्पना को महत्त्व देती थी। इसमें ऐसे चित्र बनाए जाते थे जो दर्शक के आस्वाद को सन्तुष्ट कर उसे कल्पनालोक में ले जा सकें। इस शैली के कलाकारों में वात्तेउ, बापतिस्ते पेटर, फ्रागोनार तथा जुकारेल्ली महत्त्वपूर्ण माने जाते हैं। यह शैली उन सम्पन्न लोगों के बीच बहुत लोकप्रिय हुई थी, जो विलासी जीवन जीते थे और जिनके जीवन का ध्येय मौज-मस्ती ही था। अतिरंजित भाव, कल्पना विलास और अस्वाभाविक अंकन से भरी यह शैली सामान्य जनता को छू न सकी। गरज यह कि फ्रांसीसी कला परम्परा में सदियों से चली आ रही कलारूढ़ि ही इसका आधार थी जिसमें देवता, मिथक, परियाँ और अति-मानव ही अंकित हो रहे थे। अट्ठारहवीं

सदी के अन्तिम चरण तक फ्रांसीसी कला इस दरबारी वृत्ति से बाहर नहीं आ सकी थी।

अट्ठारहवीं सदी के उत्तरार्द्ध में फ्रांसीसी शासनकाल में उथल-पुथल का दौर रहा। पन्द्रहवें लुई के शासन में कला और उसकी सर्जना में यूनानी मूर्तियों का महत्त्व यकायक बढ़ गया। 1738 में हर्क्यूलिन तथा 1755 में पाम्पेई नामक स्थानों की खुदाई से प्राप्त मूर्तियों पर तत्कालीन जर्मन विद्वानों ने लेख लिखे जिसके कारण फ्रांस की कला में परिवर्तन आया। यूनानी मूर्तियों के रचाव और विन्यास का असर यह हुआ कि फ्रांस की तत्कालीन कला एक तरह से यूनानी कला-शैली में ढल-सी गई। इसी के प्रभाव से रोकोको जैसी शास्त्रीय शैली के बाद फ्रांस में 1760 के आसपास **नव-शास्त्रीयतावादी कला शैली** का जन्म हुआ। इस शैली के प्रणेता जैक्स लुइस दाविद माने गए। इस शैली ने यूनानी शैली के आदर्श मानव के शरीर-सौन्दर्य को अपनाया और रोमन कथा चरित्रों को इस शैली में आँकने का चलन बढ़ा। जैक्स दाविद ने 'होरोती की शपथ', 'मिनर्वा की विजय' और 'ब्रुटस के पुत्र के निधन का समाचार' आदि कृतियों की रचना इस शैली में की, जो बहुत लोकप्रिय हुईं। 1804 में जब नेपोलियन बोनापार्ट वहाँ का शासक बना तो दाविद को उसने राज्य चित्रकार बनाया। इसके बाद फ्रांसोइस गेरार्ड आदि चित्रकारों ने इस कला शैली को कट्टरता से लागू कराया। कहना चाहिए कि अपनी लोकप्रियता और सत्ता की निकटता के कारण दाविद में तानाशाही की प्रवृत्ति आ गई थी और वहाँ के कला-समाज में दाविद के आदेश को राज्यादेश की तरह लिया जाने लगा था। बहुधा कलाकारों की इच्छा के विरुद्ध इस शैली को थोपा जाता जिससे कलाकार क्षुब्ध होते थे। अन्ततः यूनानी कला के अनुकरण पर खड़ी यह कला शैली अट्ठारहवीं सदी के अन्त तक समाप्त हो गई। 1800 के आसपास ही इस शैली का पतन हुआ जिसका क्षीण प्रभाव आगे के कुछ वर्षों तक रहा।

इस शैली के पतन का कारण इसकी कठोर शास्त्रीयता थी जिसमें यूनानी कृतियों के शिल्प और उनकी अनुकृति करने के सिवाय दूसरा कोई रास्ता न था। इससे कला में रुचि लेनेवाली जनता भी ऊब चुकी थी। कलाकारों में भी इसे लेकर खीझ और असन्तोष था।

इस कला शैली के अस्तित्व में रहते ही 18वीं शताब्दी के मध्य में दार्शनिक रूसो के विचारों ने फ्रांसीसी समाज को आन्दोलित किया। रूसो को जितना जनता का प्यार मिला, उतना ही कलाकारों का भी। फ्रांसीसी समाज में वैचारिक उथल-पुथल लाने में जिन जैक्स रूसो की भूमिका महत्त्वपूर्ण मानी जाती है जिन्होंने स्पष्ट सन्देश दिया—'मनुष्य जन्म से बुरा नहीं होता इसलिए उसे छोटे-बड़े खाँचे में रखकर देखा जाए, यह अन्याय है। दुनिया में

सबको सुख और समृद्धि मिले, इसके लिए आवश्यक है कि सबके जीवन का विकास स्वाभाविक ढंग से हो। उसके सामने परम्परागत आदर्शों और विचारों को रखने और उसे थोप देने से मनुष्य की स्वाभाविकता नष्ट होगी और उसके सर्जनशील व्यक्तित्व का विकास बाधित होगा। परम्परागत विचारों पर अंधी श्रद्धा रखने से संघर्ष बढ़ता है और वातावरण में अशान्ति जन्मती है। यह अशान्ति बहुत घातक चीज है।'

रूसो के विचारों से प्रभावित और अपनी परिस्थितियों से क्षुब्ध होकर कलाकारों के एक बड़े समूह ने परम्परागत आदर्शों को ठुकराकर सहज-स्वाभाविक चित्रांकन की परम्परा शुरू की जिसे **स्वच्छन्दतावाद** (रोमांटिसिज्म) कहा गया। यह आन्दोलन 1800 से आरम्भ हुआ, ऐसा माना जाता है। यह ध्यान देनेवाली बात है कि सही अर्थों में पारम्परिक जड़ता और दरबारी कला के सिलसिले को तोड़ने में इसी शैली ने कारगर हस्तक्षेप किया था, जिस पर आगे की कला का विकास हुआ। 1800 में आए इस आन्दोलन का प्रणयन थियोदोर गेरिकॉल्ट ने किया था। किन्तु 1819 में उनकी बनाई गई कृति 'Raft of the Medusa' (मेदुसा का बेड़ा) के बाद ही यह शैली एक निश्चित दिशा पा सकी। इस कृति को **स्वच्छंदतावाद** की पहली व्यवस्थित कृति माना जाता है। इसमें गेरिकॉल्ट ने मेदुसा नामक जहाज के अधिकारियों को सैकड़ों लोगों की मृत्यु का जिम्मेवार मानते हुए उनकी भर्त्सना की थी। बताया जाता है कि यह फ्रांसीसी जहाज 1818 में अफ्रीका के किनारे से कुछ दूर समुद्र में दुर्घटनाग्रस्त हो गया था। बताते हैं कि यह हादसा अधिकारियों की निर्दयता के कारण हुआ जिन्होंने एक छोटे से बेड़े में जितने लोग आ सकते थे, उन्हें निकाल लिया था और शेष लोगों को मरने के लिए छोड़ दिया था। सैकड़ों लोगों में केवल पन्द्रह लोग बच पाए थे जिनसे मिलकर गेरिकॉल्ट ने जहाज का नमूना बनाकर इस कृति को रचा था। आधुनिक कला के इतिहास में किसी यथार्थ घटना से प्रेरित होकर किया गया यह पहला काम है, जिसका स्मारकीय महत्त्व है।

गेरिकॉल्ट के बारे में कहा जाता है कि वे सनकी आदमी थे जिन्होंने उस दौरान मृत व्यक्तियों के भी चित्र खींचे थे और उस हादसे में पागल हुए लोगों से भेंट भी की थी। उनकी यह कृति यथार्थवादी कला की पृष्ठभूमि थी जिसके अंकन में उन्होंने परम्परागत पद्धतियों को नकार कर गतिमय रेखाओं का प्रयोग किया था। करुणा की अभिव्यक्ति के साथ संवाद की लय में विन्यस्त यह कृति **नवशास्त्रवाद** की सामन्ती पद्धति को खुली चुनौती थी जिसमें दुख और शोक की जगह न थी और न ही संघर्ष और श्रम का मानवीय भाव। इस कृति को बहुत लोकप्रियता मिली, पर बौद्धिक तथा आभिजात्यवादी फ्रांसीसी

समाज इससे कुपित हुआ। परम्परावादी कलाविदों ने इस कृति की निन्दा की थी। लेकिन इसने परम्परा की चूलें हिलाकर एक नई ताजगी से भरी कला को सम्भव किया।

इस आन्दोलन में अनेक कलाकारों की भागीदारी रही जिसमें जॉन कांस्टबल, यूजीन देलाक्रोइक्स, फ्रांसिस गोया, डेविड अंग्र और विलियम टर्नर आदि मुख्य हैं। गेरिकॉल्ट ने इस पद्धति में उल्लेखनीय काम किए और कई महत्त्वपूर्ण कृतियों की रचना की। अपनी उपेक्षा से तंग आकर गेरिकॉल्ट के इंग्लैंड चले जाने के बाद यूजीन देलाक्रोइक्स ने इस आन्दोलन को गति के साथ जीवन्तता भी दी। आनेवाले वर्षों में देलाक्रोइक्स ने अपनी एक सुस्पष्ट रंग-विधि भी विकसित की, जिसका बाद के दौर में बड़ा प्रभाव देखने में आया। इसके अतिरिक्त गोया आदि ने भी स्वच्छंदतावाद को नई चेतना दी और उसमें यथार्थवादी तत्त्वों की जगह भी बनाई। कला-इतिहासकार ठीक ही कहते हैं कि स्वच्छंदतावाद, नव-शास्त्रवादी मानसिकता और उसके प्रारूप से प्रस्थान तो था ही, हर तरह की व्यवस्थागत और सामाजिक रूढ़ियों सहित बाध्यकारी अनुशासनों से विद्रोह भी था। यही कारण है कि हम **स्वच्छंदतावाद** को ही आधुनिक कला की भूमिका के रूप में देखते हैं। यह कला आन्दोलन 1850 तक सक्रिय रहकर समाप्त हो गया था जिसके बाद **यथार्थवाद** का कला आन्दोलन प्रकाश में आया।

यथार्थवादी कला आन्दोलन 1840 से आरम्भ हुआ माना जाता है जिसका अस्तित्व 1870 तक रहा। इसके जनक ओनोर दोमिय थे जो मूलत: व्यंग्य-चित्रकार थे। दोमिय ने कला को यथार्थ से परिचित कराया और उसे कल्पना-विलास का उपकरण मानने से इनकार किया। अब तक की कला परम्परा में दोमिय ही थे जिन्होंने पौराणिक कथा-चरित्रों, मिथकों और कला-रूढ़ियों को पूरी तरह से त्याग दिया और उसके स्थान पर वर्तमान परिस्थितियों के वस्तुपरक अंकन और अन्तर्विरोधों के यथार्थवादी चित्रण को महत्त्व दिया। उन्होंने सत्ता के पाखंड, आभिजात्य के झूठ तथा जनता के जीवन के चित्र बनाए। दोमिय की कला की विशेषता यह थी कि उसमें समाज का हर वर्ग अपनी स्वाभाविक विशेषता के साथ प्रकट होता था। 'शैलियों की लड़ाई', 'रेल का डिब्बा' तथा 'डॉन क्विकजोट के कथाचित्र' जैसे उनके कामों में हम सहजता से सामाजिक विषमता के बीच जीवन-संघर्ष को देख सकते हैं। दोमिय के निधन के बाद गुस्ताव कुर्बे ने यथार्थवाद को विकसित किया था। कुर्बे ने ही चार्ल्स बोदलेयर की सहायता से यथार्थवाद का घोषणा-पत्र बनाया और उसे कलाकारों के बीच प्रसारित किया। उसमें घोषित किया—'यथार्थवाद का सिद्धान्त है आदर्शवाद का अस्वीकार। चित्रकला पूर्णतया भौतिक भाषा

पर आधारित होती है, इसलिए उसमें आत्मिक या अदृश्य के लिए कोई जगह नहीं है।'

इस कला आन्दोलन ने कला-रूढ़ियों के पालन और परम्परा के प्रति स्वीकार-भाव पर चोट की और कला को विशुद्ध यथार्थ के चित्रण का माध्यम बनाया। कुर्बे की कृति 'ओर्नान्स में अन्त्येष्टि' वस्तुत: स्वच्छंदतावाद का अन्तिम संस्कार थी जिसे रचकर कुर्बे ने कला को यथार्थ की भूमि पर लाकर खड़ा किया था। यही कारण है कि कला-इतिहासकार इस आन्दोलन से ही कला को पूर्ण रूप से सभी छद्मों से मुक्त होता देखते हैं और यहीं से उसके आधुनिक होने की शुरुआत मानते हैं। इसके बाद **प्रभाववाद** का **कला आन्दोलन** सामने आता है जिसके प्रणेता क्लोद मोने माने जाते हैं। इस आन्दोलन ने चित्रण की शुद्धता और कलाकार की स्वतंत्रता पर बल दिया। 1870 से अस्तित्व में आया यह आन्दोलन; अपने दो अन्य प्रारूपों—नव-प्रभाववाद और उत्तर-प्रभाववाद के साथ कमोबेश 1920 तक प्रभावी रहा जिसमें शुरुआती दस वर्ष बेहद महत्त्वपूर्ण रहे। इन्हीं आरम्भिक वर्षों ने कई कला आन्दोलनों को खड़ा होने का अवसर दिया था। दर्शनीय तूलिकाघातों और खुले संयोजनों के साथ प्रकाश के परिवर्तित प्रभावों में प्राकृतिक दृश्यों और मानवी रूपाकारों को अंकित करने की यह कला-अवधारणा अपने समग्र परिप्रेक्ष्य को दृश्यमान करने के विचार को दृढ़ता से प्रसारित करती है। मोने की 1872 में सृजित कृति 'सूर्योदय' पहली प्रभाववादी कृति कही जाती है। एडुअर्ड माने, एडगर देगास, अगस्ट रेनॉय जैसे कलाकारों ने इस आन्दोलन को विकसित किया तथा प्रकाश के प्रभाव से रंगों का समन्वय कर विस्मयकारी कृतियों की रचना की। 1870 से 1880 तक यह आन्दोलन चला और इसके बाद यह **नव-प्रभाववादी आन्दोलन** के रूप में सक्रिय हुआ जिसके अगुवा थे—जॉर्ज सेउरा। सेउरा भी मूलत: चित्रकार ही थे जिन्होंने प्रभाववादी पद्धति से असन्तुष्ट होकर नव-प्रभाववादी कला पद्धति शुरू की थी।

प्रभाववाद से नव-प्रभाववाद की भिन्नता का सबसे मुख्य सूत्र यह है कि जहाँ प्रभाववाद ने चित्रण में पारम्परिक शिल्प को नकार दिया था, वहीं नव-प्रभाववाद ने उसे नई दृष्टि के साथ अपनाया जिसमें कलाकार की निजी कल्पनाओं और भावनाओं के लिए भी जगह थी। **नव-प्रभाववाद** में विज्ञान के नियमों का सहारा लेकर प्रकाश तथा रंग विषयक सिद्धान्त निर्मित किया गया और बिन्दु-विभाजन की तकनीक को भी महत्त्व दिया गया। सेउरा के बाद पॉल सिग्नाक ने इस आन्दोलन को आगे बढ़ाया और आधारभूत रंगों से प्रकाश के प्रभाव को द्विगुणित करने की सफल चेष्टा की। इसी के साथ-साथ 1890 में **उत्तर-प्रभाववाद** अस्तित्व में आया जिसके जनक पॉल सिजां

माने जाते हैं। उत्तर-प्रभाववाद भी प्रभाववाद का विस्तार ही था; इसलिए प्रभाववाद को समन्वित रूप से नव-प्रभावाद और उत्तर-प्रभाववाद के रूप में भी देखा जाता है।

उत्तर-प्रभाववाद की मुख्य विशेषता चित्रण की वस्तुपरकता थी। इसमें कलाकारों ने सादृश्य निरूपण के मुकाबले भावनाओं के निरूपण पर अधिक बल दिया। आलोचक रोजर फ्राई ने ठीक ही लिखा था कि—'इसमें कलाकार मुक्त भाव से अपने मनोभाव और मस्तिष्क को खुला रखते हुए कृति के सौन्दर्य पक्ष को बनाए रखने पर जोर देते हैं।' हम ध्यान से देखें तो यह पद्धति कलाकार की निजता और भावनाओं को महत्त्व देने के साथ-साथ प्रतीकात्मक भी है। भावनाओं का इसमें कितना महत्त्व है, यह सिजां के इस कथन में देखा जा सकता है—'वह कलाकृति, जो भावना से शुरू नहीं होती, वह कलाकृति नहीं है।' इसमें काम करनेवाले कलाकारों में सिजां के अतिरिक्त वान गॉग, पॉल गोगिन, हेनरी रोस्सेउ आदि थे।

कह सकते हैं कि क्लोद मोने, एडुअर्ड माने, जॉर्ज सेउरा, पॉल सिग्नाक, पॉल सिजां और वाग गॉग (जो प्रभावाद, नव-प्रभाववाद और उत्तर-प्रभाववाद से जुड़े हैं) जैसे प्रभाववादियों ने सही मायनों में कला को तकनीक, चित्रण, विषय और भाव से जोड़कर उसे आधुनिक बनाने का महत्त्वपूर्ण कार्य किया; जिससे कला आगे उन्मुक्त रूप से नाना तरह के प्रयोगों में शामिल हो सकी। तकनीक के साथ-साथ भावना और कलाकार के आत्म से कला को जोड़ने के कारण ही सिजां को आधुनिक कला का जन्मदाता कहा जाता है।

इसके बाद आधुनिक हो चुकी कला **प्रतीकवादी आन्दोलन** से गुजरी। उत्तर-प्रभाववादी कलाकार पॉल गोगिन ने 1886 में प्रतीकवादी कला आन्दोलन का सूत्रपात किया। यह पद्धति भी प्रभाववाद के प्रतिपक्ष में जन्मी जिसमें सादृश्य का निषेध था और प्रतीकों के माध्यम से चित्रित वस्तु के बोध का आग्रह था। कल्पना इस पद्धति का भी सूत्र बनी और परोक्ष को प्रत्यक्ष तथा परोक्ष को दृश्य बनाती यह पद्धति कला को व्यंजक बनाने पर जोर देनेवाली थी। इसके घोषणा-पत्र में लिखा गया—'इस पद्धति में अंकन की विशेषता यह होगी कि वह प्रतीकात्मक हो। उसे समझने के लिए प्रतीकार्थ का सहारा आवश्यक हो। यानी सर्जक विवेच्य वस्तु को इस तरह रचेगा कि अंकित या व्यक्त वस्तु की गोपनीयता मौलिक विचारों के सादृश्य का ज्ञान तो कराए, किन्तु वह उसका सादृश्य न हो।' इसके चर्चित कलाकारों में पॉल सेरुसिय तथा ओदिलों रेदों रहे। यह आन्दोलन सक्रिय स्थिति में 1940 तक प्रभावी रहा।

इसके बाद हेनरी मातिस ने 1904 में **फाववाद** की शुरुआत की। यह आन्दोलन विशुद्ध रूप से रंगों का आन्दोलन था जिसे कुछ लोग 'रंगवाद' भी

कहते हैं। इसमें चमकीले रंग, लचीली शैली तथा चित्रण में मिश्रित तकनीक को प्रमुखता दी गई। फाववाद की मान्यता थी कि कला में मूल चेतना को जगाने के लिए रंगों का उनकी विशुद्ध अवस्था में प्रयोग किया जाना आवश्यक है। फाववादी कलाकार मानते थे कि अंकन पद्धति को लेकर कलाकार में उत्साह होना चाहिए और उसमें स्वच्छंद रंगों के प्रति सजगता भी। इस आन्दोलन का भारी विरोध हुआ और इसे अराजक तक कहा गया। मातिस ने फाववाद को स्पष्ट करते हुए लिखा था—'फाववाद की योजना के पीछे यही था कि प्रभाववाद ने जिस तरह प्रकाश को महत्त्व दिया, उसी तरह हमें रंगों को महत्त्व देना चाहिए।' उन्होंने यह भी कहा कि 'फाववाद और स्वयं मेरे चित्र का लक्ष्य अपनी आत्मा को अभिव्यक्त करना है।' इस पद्धति में मातिस के अतिरिक्त आन्द्रे डेरेन, राउल उफी आदि विख्यात कलाकारों ने काम किया और अपनी कृतियों से इस आन्दोलन को समृद्ध किया था।

इसके बाद 1905 में एडवर्ड मुंक के नेतृत्व में **अभिव्यंजनावादी कला आन्दोलन** उभरा और उसने कलाकार के मन और स्वभाव के अनुरूप चित्रण को अपना लक्ष्य निर्धारित किया। यह आन्दोलन कला को वस्तुगत परिप्रेक्ष्य से मुक्त कर कलाकार को उसके आत्म से जोड़ता है। स्पष्ट रूप से यह कला-पद्धति भौतिक वास्तविकताओं यानी दृश्य यथार्थ के मुकाबले कलाकार के भावात्मक अनुभव को महत्त्व देती है। मुंक की कृति 'Scream' (चीख) इस आन्दोलन की प्रतिनिधि कृति बनी थी। अभिव्यंजनावाद के समर्थन में आलोचक वार्नेर हाफ्टमैन ने लिखा—'अब मनुष्य दृश्यज्ञान को महत्त्व नहीं देता। कलाकार के मानस पटल पर जो छवि अनायास उभर आती है, महत्त्व उसी का है।' हाफ्टमैन ने प्रकृति चित्रण का विरोध करते हुए कहा—'प्रकृति एक बहाना मात्र है। अब यह आवश्यक है कि कलाकार प्रकृति-चित्रण से अलग होकर अपने अन्तर के संसार को प्रकाशित करे।'

इस अन्तर के संसार के चित्रण पर जोर देने के कारण इसके अधिकतर चित्रकार अस्तित्ववादी प्रवृत्तियों के शिकार होते गए और अधिकतर में मनोरोग की दशा इतनी खराब हुई कि वे विक्षिप्तता तक के शिकार हुए। यह अकारण नहीं है कि इस पद्धति के कई कलाकारों ने आत्महत्या करने की कोशिश की; तो कुछ सफल भी हुए। उत्तर-प्रभाववाद से अभिव्यंजनावादी बने वान गॉग ने यही किया, तो कुछ दूसरे कलाकारों ने भी यही रास्ता अपनाया। आरम्भ में जर्मन अभिव्यंजनावाद के रूप में शुरू होनेवाला यह आन्दोलन मुंक का नेतृत्व पाकर वैश्विक प्रतिष्ठा और प्रसार पा सका था।

1907 में उभरा **घनवाद** अफ्रीकी नीग्रो कला की ही तरह एक सृजन-विचार बना जिसमें आइंस्टीन के 'सम्बद्धता के सिद्धान्त' की तरह यथार्थ की

प्रकृति को समझने के सिद्धान्त के रूप में देखने का आग्रह था। इसके सूत्रधार पिकासो और जॉर्ज ब्राक थे। इसका आगमन विभिन्न कला आन्दोलनों के बीच एक नई दृष्टि और विचार की तरह हुआ जिसे लेकर कलाकारों में रोमांच था। 1907 में ही बनी पिकासो की प्रसिद्ध कृति 'आविन्यों की स्त्रियाँ' घनवाद की पहली कृति मानी जाती है। माना जाता है कि इस कृति में पिकासो ने **घनवाद** सम्बन्धी अपनी मान्यताओं को रूपायित करने की चेष्टा की थी। इसमें उन्होंने आकार और सौन्दर्य की पारम्परिक धारणाओं को नकारा और यह दिखाने की सफल चेष्टा की कि कला में सौन्दर्य की रचना के लिए पारम्परिक मान्यताओं को ही मानते रहने की विवशता नहीं है। 1910 में इटली में जन्मा **भविष्यवाद** कला आन्दोलनों की कड़ी में एक अराजक आन्दोलन था जिसने इटली के फासीवाद का समर्थन कर कला को युद्ध और हिंसा फैलाने का माध्यम बना दिया था। इसका सबसे महत्त्वपूर्ण पक्ष यही था कि इसने कला में गति का सिद्धान्त दिया था। फिलिप्पो तोम्मासो मारिनेट्टी ने इसका प्रवर्तन किया और इसमें अम्बर्तो बोसिओनी और कार्लो कारा जैसे कलाकारों ने काम किया। इनके कामों में गति की विधि महत्त्वपूर्ण है, पर फासीवादी प्रभावों के कारण यह आन्दोलन शीघ्र ही मिट जाने को अभिशप्त हुआ।

अमूर्त कला का उदय आधुनिक कला के इतिहास में एक बड़ी घटना है। 1910 में रूसी चित्रकार वास्सिली कैंडिंस्की इसके प्रणेता बने। उन्होंने अमूर्त कला को आध्यात्मिकता से समन्वित करने की पहल की और आकृतिमूलकता के अंकन को नकारा। उनके बाद पिएट मौन्द्रियाँ ने अमूर्तन को वैश्विक प्रतिष्ठा दिलाई। यह वह कला-पद्धति बनी जिसमें प्राय: सभी बड़े कलाकारों ने काम किया। इसकी सक्रियता 1940 तक रही, पर आज भी यह पद्धति पूरी दुनिया में सर्वाधिक लोकप्रिय और प्रशंसित है।

इन कला आन्दोलनों की कड़ी में अन्तिम प्रभावी दो आन्दोलनों में पहला **दादावाद** 1916 में आया। इसके सूत्रधार जर्मन लेखक ह्यूगो बॉल थे। इसका जन्म प्रथम विश्वयुद्ध की प्रतिक्रिया में हुआ जिसने सभी मानवीय विश्वासों और आस्थाओं को ध्वस्त कर डाला था। युद्ध की विभीषिका से त्रस्त मनुष्यता चीत्कार कर रही थी। कला आन्दोलनों के क्रमागत इतिहास में यह पहला कला आन्दोलन था जिसने थोथे राष्ट्रवाद और राष्ट्रीय अहंकारों पर हमला किया। उसने युद्धकालीन त्रासदी को महसूस कर व्यंग्य और विद्रूप का सहारा लेकर कला की परम्परागत मान्यताओं को नकारा और प्रत्ययवाद के जन्म का कारण भी बना जिसमें किसी भी निर्मित वस्तु को कला क। नाम दिया जा सकता था। इसे फ्रांसिस पिकाबिया, मार्सेल द्यूशां, हान्स आर्प जैसे कलाकारों ने नए-नए प्रयोग कर सत्ता केन्द्रों को उपहास का विषय बनाया।

1920 में इस आन्दोलन का अन्त हुआ, तो दूसरा प्रभावी आन्दोलन अति-यथार्थवाद अस्तित्व में आया।

अति-यथार्थवाद के प्रणेता आन्द्रे ब्रेतों माने जाते हैं। यह 1950 तक सक्रिय रहा, पर अमूर्त कला की ही तरह इसकी लोकप्रियता में भी कोई कमी नहीं आई। इसका कारण यह है कि अमूर्तन जहाँ पारम्परिक आकृति-मूलकता और विचारों का खंडन करता है, वहीं अति-यथार्थवाद उन समस्त तर्कों और विश्वासों का खंडन करता है, जिन्हें हम सत्य मानते हैं। इसकी दृष्टि में सत्य निरा भ्रम है, दृश्य भी भ्रम है। सत्य तो हमेशा हमारी चेतना के द्वैतों में होता है जिसे हम जाग्रत में नहीं, अवचेतन अवस्था में महसूस करते हैं। इस कला माध्यम में जॉन मिरो, रेने माग्रिट्टे तथा सल्वाडोर डाली जैसे कलाकारों ने काम किया और यथार्थ के आत्यंतिक स्वरूप को हमारी चेतना के द्वैतों की छवियों के साथ अंकित किया।

2

यह आन्दोलन कला की आधुनिकता के वैचारिक पड़ाव की तरह हैं जिन्हें जाने बिना हम कला के आधुनिक होने की प्रक्रिया को नहीं समझ सकते। प्रभाववाद से वैचारिक रूप से आधुनिक हुई कला, बाद के आन्दोलनों से निखरती गई और उसमें नए-नए निकषों और आयामों का विन्यास हुआ। 1960-70 तक आधुनिक कला की सक्रियता रही और उसके बाद वह 'समकालीन' कला में विस्तारित हुई। आधुनिकता और समकालीनता में कोई वैषम्य नहीं है, वे दोनों एक-दूसरे के पूरक हैं; क्योंकि जो आधुनिक नहीं, वह समकालीन नहीं हो सकता। अन्तर सिर्फ अपने समकाल को, रोजमर्रा के जीवन को आँकने में है जिसके लिए समकालीन कला ने पॉप, संस्थापन, वीडियो, कम्प्यूटर, मिश्रित माध्यम आदि कलारूपों के साथ-साथ प्रदर्शन को भी अपना माध्यम बनाया है, तो दादावाद से प्रेरित और मार्सेल द्यूशां द्वारा प्रवर्तित प्रत्ययवाद को भी अपनाया है जिसमें किसी भी वस्तु को नाम देकर उसे कला के रूप में ग्राह्य बनाने की चेष्टा की जाती है। समकालीन कला की कुछ अन्य प्रवृत्तियों और आधुनिकता से उसके सम्बन्ध पर 'पश्चिमी कला खंड' के समापन लेख 'आधुनिकता से समकालीनता की यात्रा' में हमने थोड़े विस्तार से चर्चा की है; इसलिए उस पर यहाँ बात करना उचित नहीं है।

चूँकि आधुनिक कला पश्चिम की कला है और सभी कला आन्दोलन यूरोपीय आन्दोलन रहे हैं जिनकी व्याप्ति एक समय बाद पूरे विश्व में हुई; इसलिए हमने इसे 'पश्चिमी कला आन्दोलन' के खंड में रखा है। भारत में

आधुनिक कला आन्दोलन न्यून ही रहे हैं जिसमें एकमात्र समग्र आन्दोलन 'बंगाल कला आन्दोलन' ही रहा है। इसके साथ-साथ जिन कला-समूहों, संस्थाओं और वैचारिक कला संघों ने भारतीय कला को आधुनिक बनाने की चेष्टा की है; और जिन कलाकारों के निजी प्रयत्नों से भी कला में आधुनिकता के तत्त्व प्रकट हुए हैं, उन पर संक्षेप में हमने पुस्तक के दूसरे खंड 'भारतीय कला और आधुनिकता' में यथासम्भव विचार किया है।

कला का इतिहास, उसमें भी आधुनिक कला का इतिहास; कला आन्दोलनों का ही इतिहास है जिसमें उसके आधुनिक हो सकने की सम्भावनाओं और प्रक्रियाओं का विवेचन होता है। यह पुस्तक आधुनिक कला के समेकित इतिहास होने का दावा नहीं करती; यह पुनर्जागरणकालीन कला से लेकर अति-यथार्थवादी कला तक मुख्य रूप से सत्रह कला आन्दोलनों का एक परिचय देती है और विभिन्न आन्दोलनों के परीक्षण से प्राप्त सूत्रों को सामने रखती है जिससे कला के आधुनिक हो सकने की प्रक्रिया को समझा जा सकता है। इसमें हम कहाँ तक सफल हुए हैं, कहाँ तक विफल; इसका आकलन तो सुधी कलाविद ही कर पाएँगे।

इस पुस्तक को तैयार करने में हमने ललित कला अकादेमी, नई दिल्ली के पुस्तकालय से मदद ली है और अनेक पश्चिमी कलाविदों की पुस्तकों को देखा है; उन सबके प्रति आभार व्यक्त करना हमारा दायित्व है। हम विशेष रूप से आभारी हैं हिन्दी के वरिष्ठ कवि श्री लीलाधर मंडलोई के प्रति, जिनके प्रेरित करने पर यह काम हाथ में लिया। ज्ञातव्य है कि पुस्तक के कुछ संक्षिप्त लेख 'नया ज्ञानोदय' में छपे, जिसके वे सम्पादक थे।

सदा की भाँति इस काम में भी मेरी सहधर्मिणी विमला मिश्र का सहयोग मिला और घरेलू दायित्वों से यथासम्भव मुक्ति भी, अन्यथा यह दुष्कर कार्य सम्भव न होता।

पुस्तक पर हमें आपकी प्रतिक्रियाओं की प्रतीक्षा रहेगी।

सादर,

—ज्योतिष जोशी

डी-4/37, सेक्टर-15
रोहिणी, दिल्ली-110089

आषाढ़ शुक्ल एकादशी,
विक्रम सम्वत् 2077
तदनुसार 1 जुलाई, 2020

पहला खंड

पश्चिमी कला आन्दोलन

पुनर्जागरणकालीन कला
(Renaissance Art)
(1400-1600)

नवाचार की दिशा में पहला चरण

पश्चिमी जगत में मध्यकाल के उत्तरार्द्ध में पुनर्जागरण काल (Renaissance Period) आता है जिसमें कला ही नहीं, समाज और व्यक्ति-जीवन के मान-मूल्य भी बदलते दिखाई देते हैं। जीवन के प्रत्येक क्षेत्र में नए परिवर्तन घटित होते हैं। विज्ञान और तकनीक में विकास के कारण सामाजिक जीवन में परिवर्तन हुआ तो धर्म, दर्शन और संस्कृति की सोच में भी परिवर्तन हुआ। यह परिवर्तन मध्ययुगीन विचारों से संक्रमण का रहा जिसमें आमूल-चूल बदलाव लक्षित किया गया। तब धर्म का स्वरूप बदला, व्यक्ति की निजता प्रतिष्ठित हुई और नई चेतना ने मनुष्य के मस्तिष्क में नई कौंध को जन्म दिया। वैज्ञानिक आविष्कारों के कारण भी सोच की मध्ययुगीन मानसिकता में बदलाव आया। यह पुनर्जागरण मौटे तौर पर 1400 से 1600 ईसवी तक रहा। इस अवधि में सांस्कृतिक, धार्मिक तथा सामाजिक स्तर पर बहुत उथल-पुथल देखा गया। सबसे महत्त्वपूर्ण बात यह रही कि इस दौर में परलोकवाद और धर्मवाद की जगह मानवतावाद की प्रतिष्ठा हुई। मनुष्य को अब केवल एक वस्तु की तरह देखने की प्रवृत्ति का निषेध हुआ और माना गया कि वह अपना नियन्ता स्वयं है।

मोटे तौर पर कह सकते हैं कि पुनर्जागरण वह आन्दोलन रहा जिसमें समूचा यूरोप मध्ययुगीन मूल्यों से बाहर निकला और उसके जीवन में आधुनिक विचार तथा शैलियों ने प्रवेश करना शुरू किया। इस आन्दोलन का प्रभाव यह पड़ा कि रोम और यूनान की प्राचीन सभ्यताओं का भी पुनरुद्धार हुआ और उनमें नए विचारों का जागरण हुआ। कहना चाहिए कि पुनर्जागरण वह व्यापक बौद्धिक आन्दोलन था जिसने समाज के प्रत्येक क्षेत्र को बदल दिया, उनकी पारम्परिक सोच बदल दी तो उन पर धर्म के प्रभाव को क्षीण कर दिया। कहा जाता है कि 1453 में उस्मानी तुर्कों ने कुस्तुनतुनिया पर आक्रमण कर उसे अपने अधिकार में ले लिया; जो उस समय ज्ञान और चिन्तन

का केन्द्र था। बताते हैं कि तब कुस्तुनतुनिया के विद्वान और चिन्तक वहाँ से भागकर यूरोप के शरणागत हुए थे। इन लोगों ने भी यूरोप की मध्ययुगीन सोचों में परिवर्तन लाने का उपक्रम किया था। इन चिन्तकों ने यूरोपीय समाज को प्राचीन साहित्य और ज्ञान से परिचित कराया और लोगों में उसके प्रति श्रद्धा उत्पन्न की। इसे ही यूरोपीय पुनर्जागरण का मूल स्त्रोत माना जाता है। कुस्तुनतुनिया के पराजय के बाद यूरोप से पूर्वी देशों का व्यापार-स्थल-मार्ग बन्द हो गया। अब जल-मार्ग से ही पूर्वी देशों से सम्पर्क किए जाने का एकमात्र रास्ता रह गया। इसी क्रम में कोलम्बस, वास्कोडिगामा और मैगलिन आदि ने अनेक देशों का पता लगाने में सफलता पाई थी।

ऐतिहासिक तथ्य है कि तेरहवीं तथा चौदहवीं शताब्दी में अनेक खोजी चिन्तकों ने प्राचीन साहित्य की खोज में दिलचस्पी ली तथा उसकी नए ढंग से व्याख्या करने की कोशिश भी की। इन चिन्तकों में फ्रांसेस्को पेट्रार्क (Francesco Petrarch), अलघिएरी दाँते (Alighieri Daten) तथा बेकन (Roger Becon) आदि शामिल हैं। इन चिन्तकों के प्रयत्नों से प्राचीन ग्रन्थों का विभिन्न भाषाओं में अनुवाद हुआ और यूरोपीय जनता का चिन्तन के गूढ़ सत्यों से परिचय हुआ। इन्हीं सत्यों में एक सत्य था—मानव-सत्य; जिसे पेट्रार्क ने व्याख्या करके समझाया; कदाचित इसीलिए उन्हें मानववाद का पिता (Father of Humanism) कहा गया। निश्चय ही यूरोप की यह दुखद सीमा है जो उस समय तक अँधेरे में भटक रहा था। यह वह दौर था जब समूचे यूरोप की सभ्यता मध्ययुगीन कृत्रिमता और अव्यावहारिक आदर्श पर झूल रही थी। संसार असत्य था और सत्य केवल धर्म तथा ईश्वर। यूनान का दर्शन ही उनका सर्वोपरि ज्ञान था। रोजर बेकन ने अरस्तू के दर्शन का विरोध कर तर्कवाद का सिद्धान्त प्रतिपादित किया। इससे यूरोपीय समाज में मानववाद की प्रतिष्ठा हुई और तब चर्च के एकाधिकारवाद और कट्टरता को प्रश्नांकित किया जाने लगा।

करीब दो सौ वर्षों तक पूरब और पश्चिम के बीच चले धर्मयुद्ध और अन्ततः पूरब की सभ्यता के प्रासंगिक होने के कारण भी पुनर्जागरण की सम्भावना बनी। तब सामन्ती जकड़नों और धार्मिक कट्टरता से मिली स्वतंत्रता के कारण वहाँ के प्रत्येक वर्ग के लोगों को मुक्त-भाव से सोचने-विचारने का अवसर मिला। पूरब से सम्पर्क होने के बाद यूरोप की सोच में बुनियादी परिवर्तन आया। सबसे पहले यूरोप का सीधा सम्पर्क अरब की समृद्ध संस्कृति से हुआ। उन दिनों अरबों का साम्राज्य स्पेन तथा उत्तरी अफ्रीका तक फैला हुआ था। अरब की संस्कृति से पश्चिम को एक नई चेतना मिल सकी थी। यह अरबों का ही प्रभाव था कि यूरोप में तार्किकता का विकास हुआ और बिना अध्ययन किए अपने दार्शनिकों के कहे पर आँख मूँदकर विचार करना बन्द हुआ। बेकन के तर्क-सिद्धान्त ने अरस्तू के दार्शनिक निष्कर्षों पर तर्क करने की जो परम्परा डाली, उससे अनेक यूरोपीय दार्शनिकों की वैधता सन्दिग्ध हो चली थी।

पुनर्जागरण का यह आन्दोलन अगर प्रभावी हो पाया तो उसमें कागज तथा मुद्रण तकनीक की खोज का भी बड़ा हाथ था। अब पुस्तकें छपने लगीं, लोगों ने रुचि की पुस्तकें पढ़नी शुरू कीं। उनमें विचारों की अभिव्यक्ति और सहमति-असहमति की सम्भावनाएँ आकार लेने लगीं। ऐसी स्थिति में साहित्य, संस्कृति, दर्शन और मानवीय चिन्तन के क्षेत्र में परिवर्तन होना ही था और वह हुआ। इन्हीं स्थितियों में यूरोप की पुनर्जागरणकालीन कला अस्तित्व में आई जिसका केन्द्र इटली था। इसकी मुख्य विशेषताओं में स्वतंत्र चिन्तन महत्त्वपूर्ण था। कला में यथार्थ का चित्रण, वास्तविक सौन्दर्य का अंकन तथा काल्पनिक तथा पौराणिक रूपों, विषयों, छवियों की जगह मानवीय स्वरूपों का अंकन जैसे तत्त्व इस कला के महत्त्वपूर्ण पक्ष हैं। आधुनिक कला के लिहाज से भले ही इस दौर की कला का अधिक महत्त्व न हो; पर इसी कला ने आधुनिक कला की पृष्ठभूमि तैयार की और इसी की नींव पर नाना आन्दोलन आगे आए जिसमें प्रभाववाद-नवप्रभाववाद तथा उत्तर-प्रभाव समन्वित रूप से आधुनिक चित्रकला को स्थिर कर सके और तब कलाकार स्वतंत्र होकर नए विचारों के साथ कला को बरतने लगे।

मोटे तौर पर पुनर्जागरणकालीन कला का अस्तित्व 1400 से 1527 तक रहा। इसका प्रभाव 1600 ईसवी तक महसूस किया जाता रहा और वह धीरे-धीरे चारों तरफ प्रसारित हुई। आरम्भिक पुनर्जागरण कला 1400 से 1490 तक मानी जाती है, तो उच्च पुनर्जागरण कला 1490 से 1527 तक। इसके बाद उसके विस्तार को 1600 ईसवी तक और उसके आगे तक देखा जा सकता है। इस पुनरुत्थान या पुनर्जागरण की कला का केन्द्र इटली रहा जहाँ के कलाकार लियोनार्दो दा विंची (Leonardo da vinci) 1516 में फ्रांस के राजा फ्रांसिस प्रथम के दरबार से जुड़े। उनका काल उच्च पुनर्जागरण कला का है और वे कुछ ही अन्य कलाकारों में हैं जिनकी गणना इस काल में ही नहीं, सार्वकालिक कलाकारों में होती है।

अगर हम समग्र पुनर्जागरणकालीन कला के मुख्य तत्त्वों की बात करें, तो उसमें हमें आज के पैमाने पर कोई नई और खास चीज दिखाई न देगी, किन्तु उस युग के हिसाब से पुनर्जागरण काल की कला मध्ययुगीन मान्यताओं से बाहर आनेवाली वह कला दिखाई देती है जो आधुनिक चित्रकला की पृष्ठभूमि बन सकी थी। पौराणिक और दैवी चरित्रों के अंकन का तिरस्कार, यथार्थवादी चित्रण, मानवीय सौन्दर्य का निरूपण, छाया-प्रकाश के प्रभावों का सर्वथा सुन्दर संयोजन, प्राकृतिक दृश्यों का रम्य अंकन जैसे कुछ वैशिष्ट्य इस काल की कला के अवश्य हैं जिनमें हम स्वतंत्र चेतना देख सकते हैं। इस पूरे दौर की कला में बहुत से कलाकार हुए जिन्होंने काम किए। अगर उनकी सूची देखें तो हैरत में पड़ सकते हैं। इनमें जो मुख्य नाम हैं, कम से कम उनको जान लेना अनुचित नहीं है। वे हैं—लोन बैटिस्टा अल्बर्ट (Lone Battista Albert), फ्रा एंजेलिको (Fra Angelico), सोफोनिस्बा

एंगुइस्सोला (Sofonisba Anguissola), बियागियो डी अन्तोनियो (Biagio d' Antonio), जियोट्टो डी बोन्डोन (Giotto di Bondone), दोनातेलो (Donatello), लियोनार्दो दा विंची (Leonarda da Vinci), माइकेल एंज़ेलो (Michel Angelo), राफाएल (Raphael), सान्द्रो बोट्टीसेल्ली (Sandro Botticelli), मासासियो (Massaccio), डोमेनिको वेनेजियानो (Domenico Veneziano), फिलिपो लिप्पी (Filippo Lippi), एन्ड्रिया डेल कास्टांगो (Andrea del Castango), पियरो डी कोसोमो (Piero di Cosomo), पूलो यूक्केलो (Poolo Uccello), अन्तोनियो द मिशिना (Antonio d Messina), पिस्सानेल्लो (Pissanello), आन्ड्रिया मान्टेग्ना (Andrea Mantegna), लुसा सिग्नोरेल्ली (Luca Signorelli), एलेसियो बालडोविनेट्टी (Alessio Baldo vinetti), पियरो डेल ए फ्रांसेस्का (Piero dell a Francesca), मासोलिनो (Masolino), टिटियन (Titian), एन्ड्रिया डेल वेरोशियो (Andrea del Verrocchio), डोमेनिको घिरलान्डियो (Domenico Ghirlandaio), बेनोजो गोज्जोली (Benozo Gozzoli), कार्लो ओरिवेल्ली (Carlo Orivelli) और पियेट्रो नेग्नोरनी (Pietro Negnorni) आदि।

ये वे कलाकार हैं जो पुनर्जागरण काल के आरम्भिक और उच्च, दोनों कालों में सक्रिय रहे और अपने-अपने स्तरों से कला में नई चेतना को स्वर देने की कोशिश की। उस दौर में इतालवी, डच तथा फ्लेमिश कृतियों की भारी माँग थी जो पुनर्जागरणकालीन कृतियों से पूरी हुई, तो उससे कला की नई सम्भावनाओं के द्वार भी खुले। समूचे पुनर्जागरण काल में वैसे तो अनेक कलाकारों ने काम किया जिनकी एक सूची हमने दी भी है, लेकिन उसमें कुछ ही ऐसे कलाकार हैं जिनकी कला बाद के दौर में भी अलग से पहचानी गई। इन कलाकारों में लियोनार्दो दा विंची, माइकल एंजेलो तथा राफाएल महत्त्वपूर्ण हैं और ये वे कलाकार हैं जिनकी कला का प्रभाव आगे के आन्दोलनों पर भी पड़ा। यहाँ हम संक्षेप में इन तीनों ही कलाकारों पर प्रकाश डालेंगे।

लियोनार्दो दा विंची (1452-1519)

लियोनार्दो दा विंची इस युग में पैदा हुए वह कलाकार हैं जिनका सार्वकालिक महत्त्व है। दा विंची उपनाम से मशहूर लियोनार्दो इटली के निवासी थे। फ्लोरेन्स, इटली के विंची नामक गाँव में 15 अप्रैल, 1452 को जन्मे दा विंची पुनर्जागरणकालीन कला की महत्तम उपलब्धि हैं। वे एक चित्रकार के साथ-साथ मूर्तिकार, वास्तुविद, अभियन्ता तथा वैज्ञानिक भी थे, पर उनकी प्रसिद्धि एक महानतम चित्रकार और मूर्तिकार के रूप में हुई। बचपन से ही इनमें कुशाग्र बुद्धि थी। शुरू में उन्होंने

प्रसिद्ध चित्रकार, मूर्तिकार अन्द्रेया देल वेरोशियो (Andrea del verrochio) के पास जाकर चित्र तथा मूर्ति का अभ्यास किया था। उसके बाद मिलान के एक सामन्त लुडोविको स्फॉट्ज़ा (Ludovico Sfortza) के यहाँ रहे, जहाँ उन्हें सैनिक इंजीनियरी के साथ-साथ दरबार की व्यवस्था का काम देखना होता था। यहीं रहते हुए उन्होंने दो महत्त्वपूर्ण चित्र बनाए जिसमें एक सामन्त लुडोविको के पिता का घुड़सवारी करता चित्र था, तो दूसरा विख्यात 'Last Supper' (अन्तिम भोज) था। 1499 में वे मिलान छोड़कर फ्लोरेंस आ गए जब लुडोविको का पतन हो गया। फ्लोरेंस में ही उन्होंने सार्वकालिक कृति 'Monalisa' (मोनालिसा) बनाई थी। 9 वर्ष बाद 1508 में वे पुन: मिलान चले गए जहाँ की रियासत अब फ्रांसीसी शासन के अधीन आ गई थी। वहाँ वे अपना वही पुराना काम करने लगे थे जिसमें दरबारी समारोहों की सजावट, आयोजनों का प्रबन्धन, चित्रकारी आदि काम शामिल थे। सन् 1513 से 1516 तक तीन वर्ष वे रोम में रहे, उसके बाद वे फ्रांस के राजा फ्रांसिस प्रथम के साथ पेरिस चले गए। तीन ही वर्ष के बाद उनकी मृत्यु 1519 में हो गई थी।

पुनर्जागरण काल के अन्य कलाकारों की तरह दा विंची नकल करने की प्रवृत्ति से दूर थे। वे अन्त:स्फूर्त ढंग से काम करते थे और उनके चित्रों में गतिमय रेखाओं के साथ जो चित्रण की सूक्ष्मता मिलती है, वह इस काल के किसी भी दूसरे कलाकार में नहीं मिलती। वे घंटों प्रकृति से संवाद करते थे और अपने भीतर की प्रेरणा से काम करने में विश्वास भी। प्रकाश और छाया को संयोजित करने की युक्ति का प्रयोग और उसके प्रभाव को सबसे पहले दा विंची ने ही समझा था। रंगों तथा रेखाओं के समानुपातिक मेल से चित्रित वस्तु के प्रभाव को छाया-प्रकाश से समन्वित करने की विरल कुशलता ही दा विंची की अमरता का कारण बनी। दा विंची चूँकि वैज्ञानिक भी थे इसलिए वे निरन्तर प्रकृति और चीजों के रहस्य को सुलझाने की कोशिश में लगे रहते थे। देह की रचना के अनुपात, मांसपेशियों, वनस्पति तथा विभिन्न प्राकृतिक उपादानों को समझने में वे लगे रहते थे। मोटे तौर पर अनुमान किया जाता है कि 'द लास्ट सपर' और 'मोनालिसा' के अलावा उनके चौदह अन्य काम भी हैं जो यत्र-तत्र राजकीय संग्रहालयों में हैं। इसके अलावा कुछ मूर्तियाँ भी उनकी बताई जाती हैं जिनमें फ्लोरेंस के गिरिजाघर के उत्तरी द्वार पर बनीं तीन मूर्तियाँ, बुडापेस्ट संग्रहालय में सुरक्षित घुड़सवार की मूर्ति आदि शामिल हैं।

दा विंची चित्रकार और मूर्तिकार होने के अलावा वास्तुविद, शरीर विज्ञानविद, ज्योतिषविद तथा भौतिकी, रसायन, वनस्पति, जलवायु, गणित आदि के गहरे जानकार भी थे। वे विलक्षण प्रतिभा के व्यक्ति थे जिनकी आँखों से देखी वस्तु मस्तिष्क में अंकित हो जाती थी। यही कारण है कि उनके द्वारा अंकित चित्रों का जादू कभी कम नहीं होता। पुनर्जागरण काल, जो मध्ययुगीन जकड़ से तत्काल ही

बाहर आया था, दा विंची जैसा कलाकार पाकर धन्य हुआ जिन्होंने अपने काल की सीमाओं में भी आधुनिक चित्रकला के लिए जो सूत्र दिए, वे कभी विस्मृत नहीं किए जा सकते।

माइकल एंजेलो (1475-1564)

दा विंची के बाद माइकल एंजेलो पुनर्जागरण काल के दूसरे महत्त्वपूर्ण चित्रकार हैं। बहुधा माइकल एंजेलो और मिकेलेंजेलो नाम से पुकारे जानेवाले इस कलाकार का पूरा नाम माइकल एंजेलो डी लोडोविको बुनारोटी सिमोनी (Michelanjelo di Lodovico Bounarroti Simoni) था जिनका जन्म रोम, इटली में 6 मार्च, 1475 को हुआ था। वे अपने युग के बड़े चित्रकार, मूर्तिकार, कवि और वास्तुविद थे। उनके परिवार में एक छोटे बैंक के संचालन का व्यवसाय था। बैंक के विफल होने के बाद उनके पिता ने कैपरेस में एक सरकारी नौकरी की, जहाँ उनका जन्म हुआ था। 1481 में उनकी माता का निधन हुआ, उसके बाद वे एक आया और उसके पति के साथ सैटगिनो में रहने लगे थे जो पत्थर गढ़ने का काम करते थे। इसी शहर में उनके पिता की एक संगमरमर की खदान थी। इन्हीं दिनों उनकी संगमरमर में रुचि जगी थी। उन्होंने स्वयं लिखा है—'अगर मुझमें कुछ अच्छा है, तो ऐसा इसलिए है कि मैं एरेजो के सुन्दर वातावरण में जन्मा था। मुझे अपनी आया के साथ छेनी और हथौड़ा सम्भालने की आदत भी मिली थी जिसके साथ मैं मूर्तियाँ बनाने लगा था।'

बारह-तेरह साल की अवस्था में उन्हें फ्रांसिस्को डा उरबिनो (Francesco da Urbino) के पास व्याकरण की पढ़ाई के लिए भेजा गया, पर वे स्कूली शिक्षा से विरत रहे। उन्हें चर्चों में लगे चित्रों की नकल करने और चित्रकारों की संगति में रहने में ही सुख मिलता था। इस दौरान उनके जीवन में काफी उथल-पुथल रहा। 21 साल की उम्र में जब वे रोम पहुँचे तो जीवन में नया परिवर्तन आया। 1497 में उन्हें विश्व प्रसिद्ध मूर्ति 'पिएटा' (Pieta) पर काम करने को कहा गया था। उन्होंने 24 वर्ष की उम्र में इस महान मूर्ति का निर्माण किया था। 1498-99 में निर्मित इस मूर्ति में वर्जिन मेरी को ईसा के शव के साथ शोक-संतप्त दिखा गया है। इस मूर्ति पर गिवोर्गिवो वासारी ने लिखा—'यह निश्चय ही एक चमत्कार है कि पत्थर के एक निराकार खंड को पूर्णता का वह स्तर दिया जा सकता है जो कि प्रकृति भी शायद ही कभी शरीर को इतनी पूर्णता दे सके।'

इसके बाद उन्होंने 1504 में अपनी एक अन्य विश्वप्रसिद्ध मूर्ति 'डेविड' (The Statue of David) की रचना की थी। 1505 में माइकल एंजेलो को नए निर्वाचित पोप जूलियस द्वितीय द्वारा रोम बुलाया गया और पोप के मकबरे के निर्माण का काम

दिया गया। यहाँ उनको 5 वर्ष में चालीस मूर्तियाँ बनानी थीं। इस जगह उन्होंने कई साल तक काम किया था और इतनी ही मूर्तियाँ बनाई थीं। यह मकबरा विंकोली में सैन पिएत्रो चर्च में स्थित है। इसी अवधि में उन्होंने चार वर्षों (1508-1512) में 'Sistine Chapel Ceiling' (सिस्टिन चैपल की छत) की रचना की थी। इस महानतम कृति को नौ भागों में बाँटा गया है—मानव का निर्माण, प्रकाश और अंधकार का ईश्वर के द्वारा बँटवारा, भगवान का पृथ्वी को आशीर्वाद देना, आदम का निर्माण, ईव का निर्माण, मोह और पतन, नोहा का बलिदान, प्रलय तथा नोहा का नाश।

उनके महत्त्वपूर्ण अन्य कामों में—'The Last Judgment' (अन्तिम निर्णय), 'The Creation of Adam' (आदम का निर्माण), 'Bacchus' (बाचूस—एक यूनानी देवता), 'Madonna of Bruges' (ब्रुगेस की मैडोना), 'Hercules' (हरक्यूलस), 'Appolo' (अपोलो) आदि मुख्य हैं। उनके बनाए 900 से ऊपर रेखांकन भी मिलते हैं जो उनकी कृतियों के रहस्यों से परिचित कराते हैं। माइकल एंजेलो विलक्षण प्रतिभा के कलाकार थे जिनकी आँखें प्रकाश और छाया के प्रभाव को ग्रहण कर मूर्तियों तथा चित्रों को आकार और रूप देने में मदद करती थीं। उनके पास मानव-देह को रचने की अद्‌भुत प्रतिभा थी। वे छवियों पर केन्द्रित होकर उसे अपने भावों के अनुरूप चमत्कारिक रूप देने में सिद्धहस्त थे। उनके मूर्तिशिल्प '**डेविड**' में आलोचकों ने पुनर्जागरण और यूनानी पौराणिकता का समन्वय देखा था। उनके द्वारा निर्मित देहयष्टि बाद के मूर्तिकारों के लिए भी चुनौती रही। यह पुनर्जागरण काल की ऐसी विशेषता रही, जो बाद के दौर में भी प्रेरणा बनी। वे पश्चिम के पहले कलाकार बने थे जिनके जीवन-काल में ही उनकी दो जीवनियाँ लिखी गईं। गिवोर्गिवो वासारी (Giorgio Vassari) की लिखी जीवनी में उन्हें दिव्य-शक्ति के रूप में देखा गया है। वासारी ने उसमें कहा है—'Michelangelo's work transcended that of any artist living or dead, and was 'Supreme in not one art alone but in all three.' (माइकल एंजेलो के काम किसी अन्य मृत या जीवित कलाकार से परे हैं। वे केवल एक ही कला में नहीं, बल्कि तीनों में सर्वश्रेष्ठ हैं।)

माइकल एंजेलो अपने समय के श्रेष्ठ कवियों में भी थे जिन्होंने 300 से ऊपर कविताएँ लिखीं, जो सॉनेट छन्द में हैं। वे धर्माधिकारी कैथोलिक थे और ईश्वर पर दृढ़ आस्था रखनेवाले व्यक्ति थे। इस कलाकार का देहावसान 1564 में हुआ, पर जीते-जी किंवदंती बन जानेवाले माइकल एंजेलो मरने के बाद भी सार्वकालिक कलाकार बने रहे। उनके निधन के बाद आगे के अनेक कला-आन्दोलनों में वे प्रेरक की भाँति उपस्थित रहे और उनकी कृतियाँ कला में नए बोध को प्रस्तावित करती रहीं। आधुनिक कला के इतिहास में उनके मूर्तिशिल्प अपनी दिव्यता में हमेशा विलक्षण माने गए और आगे का कोई भी मूर्तिकार उनकी ऊँचाई को छू न पाया।

राफाएल (1483-1520)

राफाएल (Raffaello Sanzio da Urbino) पुनर्जागरण-काल के तीसरे बड़े स्तम्भ रहे। उन्होंने राफ्फाएलो की जगह अपना नाम राफाएल (Raphael) कर लिया था, जो प्रसिद्ध हुआ। उनका जन्म इटली के उर्बिनो में 6 अप्रैल, 1483 को हुआ। उन्हें उच्च पुनर्जागरण का कलाकार माना जाता है। उनके काम आकारों की स्पष्टता, संयोजन की सहजता तथा दृश्यात्मक उपलब्धियों के लिए जाने जाते हैं। यही कारण है कि राफाएल की कला-शैली का प्रभाव आगे के आन्दोलनों पर भी पड़ा। उन्हें समूह संयोजन का आचार्य भी कहा जाता है। राफाएल का व्यक्तियों के समूह, समूहों का सम्पूर्ण चित्र में अनुपात, चित्र की ऊँचाई तथा गहराई का अनुपात और इसके साथ-साथ मनुष्य की विभिन्न मुद्राओं के अंकन में कोई जवाब नहीं है। माइकल एंजेलो के मुकाबले राफाएल के काम शान्त, मधुर और स्त्रियोजनित मोहकता से परिपूर्ण हैं। ज्ञातव्य है कि वे स्त्रियों और बच्चों के चित्रण में विशेष दिलचस्पी लेते थे। उन्होंने चित्र के साथ-साथ वास्तुकला के क्षेत्र में भी बहुत काम किया और रोमन वास्तुशिल्प को नया रूप दिया। रोम का सेंट पीटर गिरिजाघर उनके वास्तुशिल्प के कौशल का उदाहरण माना जाता है।

माना जाता है कि वे 1508 में रोम गए जहाँ उन्हें पोप जूलियस द्वितीय ने वेटिकन में चित्रांकन के लिए नियुक्त किया। वे जल्दी ही वहाँ के प्रधान चित्रकार बना दिए गए। यहीं रहते राफाएल ने अपनी बहुचर्चित कृति 'School of Athens' (स्कूल ऑफ एथेन्स) बनाया। इस कृति को पुनर्जागरण काल की महत्त्वपूर्ण उपलब्धि माना जाता है। इसमें प्लेटो तथा अरस्तू को बात करते दिखाया गया है। प्लेटो का हाथ ऊपर उठा हुआ है। वे लाल रंग की पोशाक में हैं और अरस्तू नीले वस्त्र में हैं। वे इस संसार को महत्त्वपूर्ण मानने का संकेत कर रहे हैं। 1512 में राफेल ने 'Sistine Madonna' (सिस्टिन मैडोना) बनाया, जिसमें वह मानवी न रहकर स्वर्ग की देवी की तरह चित्रित की गई है। राफाएल के अपनी अन्तिम कृति 'ईसा का दिव्य स्वरूप धारण करना' (Transfiguration of Jesus) पर लगातार 3 वर्षों तक काम करने के बाद भी वह कृति अधूरी ही रह गई। फिर भी वह अद्भुत कृति है। कृति में संयोजन और ईसा का आसमान के बीच से प्रकट होना प्रभावित करता है। इस अधूरे चित्र को बाद में उनके शिष्य ज्युलियो रोमानो ने पूरा किया था। इसके अलावा 'Spasimo'(स्पास्मो), 'The Fire in the Borgo' (बोरगो में आग), 'Deposition of Christ' (ईसा का निक्षेप), 'The Madonna of the Meadow' (मेडोव की मेडोना), 'Wedding of the Virgin' (वर्जिन का विवाह), 'The Holy Family' (पवित्र परिवार), 'Judgement of Paris' (पेरिस का न्याय), 'Partrait of Elisabetta Gonzaga' (एलिजाबेट्टा गोन्जागा

का व्यक्ति-चित्र), 'Masscre of the inocents' (निर्दोषों का नरसंहार) आदि उनके मुख्य काम हैं। मात्र 37 वर्ष की आयु में 1520 में गुजर जानेवाले राफाएल ने पुनर्जागरण-काल की कला को नई सम्भावनाओं की नींव बना दिया था।

माइकल एंजेलो, दा विंची और राफाएल की तिकड़ी को भूलकर हम कभी भी आधुनिक कला की बात नहीं कर सकते; क्योंकि इन सभी कलाकारों ने अगर कला में स्वतंत्र-चेतना के साथ सर्जन की विधियों के सूत्र न दिए होते तो कदाचित कला में आधुनिकता के तत्त्व प्रकट भी न हुए रहते। मध्ययुगीन दबावों और दरबारीपना तथा चर्च की केन्द्रीयता का वह जोर यद्यपि इस दौर तक न रह गया था; किन्तु अब तक कला पूरी तरह से उनसे मुक्त भी नहीं हो पाई थी। इन कलाकारों की विशिष्टता यही रही कि इन्होंने बंदिशों से धीरे-धीरे मुक्ति लेकर स्वतंत्र-चेतना के साथ काम करने की शुरुआत की। सबसे अहम बात यह है कि इनकी प्रतिभा अपूर्व थी और मूर्ति तथा चित्र को सादृश्य से भी अद्वितीय निरूपण दे सकने की क्षमता थी। यही कारण है कि बाद के दौर में अनेक कलाकारों ने इन कलाकारों से प्रभाव ग्रहण किया तथा इनके सर्जनात्मक विधान से अपना विकास किया।

बारोक कला
(Baroque Art)
(1600-1725)

अलंकरण और भित्तिचित्रण की प्रधानता

बारोक (Baroque) वास्तुशिल्प, चित्रकला, संगीत और मूर्तिकला की एक शैली के रूप में अस्तित्व में आया। इसका समय 1600 से 1725 ईसवी तक माना जाता है। पर यह पुर्तगाल और स्पेन के उपनिवेशों तक 1800 तक चला। इस शैली को लल्लहेरम बारोक (Lulheram Baroque) ने चलाया था। मुख्यत: यूरोप की यह कला शैली शीघ्र ही एक प्रभावशाली कला शैली बन गई थी जिसमें मुक्त भावना, अलंकरण और भित्तिचित्रण की प्रधानता रही। इस शैली को कैथोलिक चर्च द्वारा प्रोत्साहन मिला जिसका निर्णय यह था कि कला को प्रत्यक्ष तथा भावनात्मक जुड़ाव के साथ धार्मिक विषयों को चित्रित करना चाहिए। यूरोपीय भद्र समाज ने इस शैली को बहुत पसन्द किया। इसका उपयोग वास्तु में बेहद नाटकीय ढंग से होता था। महलों के परिसर, प्रवेश द्वार, सीढ़ियों और आगन्तुकों के बैठक-स्थल को बारोक के शिल्प से आकर्षक ढंग से निर्मित किया जाता था। चर्च के निर्णय में यह कहा गया था कि चित्र और मूर्ति कला को सामान्य जनता से संवाद करना चाहिए और धर्म को भी इस माध्यम से प्रचारित करना चाहिए।

बारोक (Baroque) 'Barraco' शब्द से बना है, जो मूलत: पुर्तगाली शब्द है, जिसका अर्थ होता है—पत्थर का बेडौल हिस्सा। यह शैली काफी जटिल मुहावरे के रूप में सामने आई, जो रोम में 1590 में जन्मी और धीरे-धीरे पूरे यूरोप में फैल गई। इस शैली को चित्रकारों और मूर्तिकारों ने भी बहुत पसन्द किया; जिस तरह वास्तुकारों ने इसे अपनाया था। विशाल भित्तिचित्रों में पौराणिक कथाओं के अंकन, स्मारकीय दीवारों के आकलन आदि में प्रयुक्त होती हुई यह शैली सृजन की तरफ भी मुड़ी। इसमें ऐन्द्रिय सौन्दर्य के अंकन पर भी विशेष बल दिया जाता था। इसी तरह इस शैली ने संगीत को भी प्रभावित किया था और 'बारोक संगीत' भी अस्तित्व में आ गया था जिसमें दीर्घ सुरों में गीत प्रस्तुत होते थे। पॉलिफोनी तथा ऑर्केस्ट्रा पर भी इसका प्रभाव पड़ा था।

चित्रकला के स्तर पर देखें तो इसमें मुद्राओं की भावपूर्णता आकर्षक लगती है। इसमें अंकित मानव-देह अन्दर कंधों और कूल्हों के हिस्सों को विपरीत दिशा में स्थानान्तरित तनाव पर आधारित लगती है। इसमें अंकित मूर्तियाँ तो बेहद जीवन्त मालूम होती हैं। इस शैली में पीटर पॉल रूबेन्स (Peter Paul Rubens) ने अनेक चित्र-शृंखलाएँ बनाईं। उन्होंने रंग-प्रयोग, संरचना, स्थान तथा गति के साथ रूपाकारों के अंकन में इस विधि का कुशलता से उपयोग किया। इस शैली में कपड़े और उसकी सतह पर बुनावट जैसे काम भी हुए। बारोक शैली में क्रमश: धार्मिकता का दबाव कम हुआ तो कुछ कलाकारों ने आँचलिक जीवन, दैनन्दिन जीवन के दृश्य, प्रकृति आदि के चित्रण पर भी बल दिया। रेम्ब्रा आदि इस शैली के कलाकारों ने इसका बर्ताव भिन्न ढंग से किया।

चित्रकला की ही तरह मूर्तिकला में बारोक का काफी असर रहा। इसमें बनाई गई मानव-देहें ऊर्जावान और गतिशील दिखाई देती हैं। मूर्तियों के स्थान का चुनाव, अदृश्य प्रकाश-व्यवस्था का निर्धारण और पानी के फव्वारे जैसे इन्तजाम मूर्तियों की भव्यता के लिए जरूरी समझे जाते थे। जियान लॉरेन्जो बेरनिनी (Bernini), अलेइ जाडिन्हो (Alei Jadinho) जैसे मूर्तिकार इस शैली के बड़े नाम हैं जिन्होंने पुनर्जागरण काल के माइकल एंजेलो के आसपास पहुँचने की कोशिश की थी। अपनी व्युत्पत्ति के अर्थ अनगढ़ या बेडौल पत्थर को सँवार-सजाव और अलंकरण के रूप में बदल देनेवाला 'बारोक' ऐसा शिल्प बनकर आया जिसने निश्चय ही उस समय संस्कृति के सभी क्षेत्रों को प्रभावित किया। साहित्य, नाटक, संगीत, दर्शन सहित चित्र, मूर्ति, वास्तु आदि कलाओं के माध्यम से इसने यूरोप के लम्बे कालखंड को प्रभावित किया। इसके अस्तित्व को तब चुनौती मिली, जब रोकोको शैली का उदय हुआ; हालाँकि इस शैली में काम करना नव-शास्त्रीयतावाद तक जारी रहा। कहते भी हैं कि कोई विचार या शिल्प हमेशा के लिए विलुप्त नहीं होता। इस रूप में बारोक किसी न किसी स्तर पर आज भी जीवित मिल जाता है; खासकर, वास्तु और भित्तिचित्रण आदि में आज तक उसका अस्तित्व बना हुआ है। एक दौर में जब इस शैली का उदय हुआ था, तो इसकी अलंकरणवादिता को लेकर विवाद भी हुआ था और इसे पुनर्जागरण की चेतना को कुंद करने की साजिश के रूप में भी देखा गया था। अनेक यूरोपीय देशों में शोध और अध्ययन के लिए बारोक को वर्जित ही कर दिया गया था। बाद में कला इतिहासकार हेनरिक वोल्फिन (Heinrich Wolfflin) के हस्तक्षेप से यह विवाद थमा था; क्योंकि उन्होंने इसे एक प्रतिष्ठित कला शैली और विचार के रूप में देखा था और इसे पुनर्जागरण के विरोध में नहीं, बल्कि उसे पुष्ट करने का विचार माना था। मालूम हो कि स्विस कला इतिहासकार हेनरिक वोल्फिन (Heinrich Wolfflin) ने 'Renaissance and Baroque'-रेनेसां एंड बारोक (1888) नामक पुस्तक

लिखी थी और उसमें पुनर्जागरण काल की कला से बारोक शैली में अन्तर्यात्रा दिखाते हुए उन्होंने उसका क्रमिक विकास देखा था न कि विरोध। उनके हस्तक्षेप के बाद ही बारोक के अध्ययन की सम्भावना बन सकी थी।

यह अलग बात है कि 'बारोक' उस समय से लेकर आज तक अतिरेकी अलंकरण और गूढ़ संरचना के कारण ही बदनाम माना जाता रहा है। बहुधा जटिल लिखावट या भाषा को, जिसमें अलंकरण प्रधान हो और जिसका अर्थ समझ में न आता हो, उसे 'बारोक शैली' कहकर हँसी भी उड़ाई जाती है। बहरहाल, एक कला शैली के रूप में उसके महत्त्व को देखना हमारा अभीष्ट है और वही हम देखना भी चाहेंगे।

वैसे तो अनेक कलाकारों ने बारोक शैली में काम किया है, पर उनमें मुख्य नाम हैं—माइकल एंजेलो मेरिसी कारवाजियो (Michlangelo Merisi Caravaggio), रेम्ब्रा (Rembrandt Harmen Szoon van Rijn), जियान लॉरेन्जो बेरनिनी (Gian Lorenzo Bernini), दिएगो वेलाजक्वेज (Diego Velazquez), पीटर पॉल रूबेन्स (Peter Paul Rubens), अलेई-जान्डिन्हो (Alei-Jandinho), जोहानेस वरमीर (Johannes Virmeer), अर्तेमिसिया जेन्टिलेस्ची (Artemisia Gentileschi), अन्तोनी वान डीक (Anthony van Dyek), गुइडो रेनी (Guido Reni), क्लाउडियो कोयलो (Claudio Coello), निकोलस पॉसिन (Nicolas Poussin), बर्तोलोमे इस्टोबान मुरिल्लो (Bartolome Esteban Murillo), लुसा गियारदानो (Luca Giordano), जुसेपे डी रिबेरा (Jusepe de Ribera), जुआन डी पारेजा (Juan de Pareja), चार्ल्स ले ब्रुन (Charls Le Brun), फ्रांस हाल्स (Frans Hals), एनीबाले कारासी (Annibale Carracci), जॉर्ज डी ला तुर (Georges de La Tour) और पिएट्रो दा कोर्टोना (Pietro da Cortona)।

इन सभी कलाकारों ने बारोक शैली में काम किया और कुछ नई सम्भावनाएँ भी दिखाईं। पर इनमें भी उन कलाकारों को उनके मुख्य काम सहित हम देखेंगे जिन्होंने सही मायनों में बारोक पद्धति को तो विकसित किया ही, अपने कामों में कला के विकास के कुछ सूत्र भी दिए, जो आगे के कलाकारों के काम आ सके।

पीटर पॉल रूबेन्स (1577-1640)

रूबेन्स (Peter Paul Rubens) बारोक कला के महत्त्वपूर्ण कलाकारों में से एक रहे। 28 जून, 1577 को जन्मे रूबेन्स को सेंट पीटर का नाम दिया गया था। उन्हें पुनर्जागरणकालीन मानवतावाद की शिक्षा मिली और उन्होंने लैटिन तथा शास्त्रीय साहित्य का भी अध्ययन किया। चौदह वर्ष की अवस्था में उनको टॉबियस वर्हाएट (Tobias Verhaeght) के सान्निध्य में रखा गया जो चित्रकला के जानकार

थे। इसके साथ-साथ उन्होंने दो मैनरिस्ट कलाकारों से भी कला शिक्षा ली थी जो मैनेरिज्म पद्धति के जानकार थे। मालूम हो कि पुनर्जागरण काल के शुरू में वास्तु, चित्र और मूर्ति कला में विकसित हुई एक पद्धति **मैनेरिज्म** (व्यवहारवाद) कहलाई थी, जो बाद में उच्च पुनर्जागरण-कला में समाहित हो गई थी। यह 1520 से 1530 तक अस्तित्व में थी और इसका थोड़ा प्रभाव माइकल एंजेलो की कृतियों पर भी पड़ा। सामंजस्य की दृष्टि पर आधारित यह पद्धति रंगों के बर्ताव, चित्रित आकारों में सन्तुलन और आदर्श सौन्दर्य के अंकन पर बल देती थी। इस पद्धति का असर दा विंची और राफाएल पर भी पड़ा था। संयोजन को साधने की अपनी विशिष्टता के कारण इस पद्धति ने उस दौर के अनेक कलाकारों को प्रभावित किया था। वस्तुत: यह सौन्दर्य-निरूपण की ही विधि थी, कला में किसी खोज की विधि नहीं। रूबेन्स ने एडम वान नूर्ट (Adam Van Noort) तथा ओट्टो वान वीन (Otto Van Veen) ही वे मैनरिस्ट कलाकार थे जिनसे चित्रकला के गुर सीखे। आरम्भ में उन्हें पुरानी कृतियों की नकल करना सिखाया जाता था; इसमें अन्य कलाकारों के अलावा राफाएल की कृतियाँ भी शामिल थीं। 1598 में उनकी शिक्षा पूरी हुई, तब वे एक स्वतंत्र शिक्षक के रूप में गिल्ड ऑफ सेंट ल्यूक में प्रविष्ट हुए। 1600 के आसपास उन्होंने इटली की यात्रा की जहाँ वेनिस में उन्होंने टिटियन (Tition), वेरोनेस (Veronese) तथा टिनोरेट्टो (Tinoretto) के चित्र देखे। इसके बाद वे फ्लोरेन्स के रास्ते रोम गए। वहाँ उन्होंने ग्रीक की शास्त्रीय कला और रोमन कला का अध्ययन किया। इन सबका उनकी कला पर असर पड़ा। माइकल एंजेलो, दा विंची तथा राफाएल की कला के साथ-साथ कारवाजियो के प्रकृतिवादी कामों का भी उन पर असर पड़ा था। उनके अधिकतर कामों पर इन कलाकारों का सीधा असर है और उनकी मौलिकता दिखती नहीं।

अनेक घुमावदार मोड़ों और अनुभवों से गुजरने के बाद अपने जीवन के अन्तिम दस वर्षों (1630-40) में उन्होंने अपनी निजी शैली विकसित करने की कोशिश की जो प्रभावित शैलियों और प्रतिलिपि करने की प्रवृत्ति से थोड़ी भिन्न दिखती है। उनके अधिकतर काम तो बाइबिल और पौराणिक स्त्री चरित्रों के अंकन पर ही आधारित रहे जिनमें वे बारोक शैली में अनावृत्त स्त्रियों के चित्र बनाते रहे। इसमें ऐन्द्रियता, इच्छा, शारीरिक सौन्दर्य की पुकार जैसी प्रवृत्तियाँ ही दिखती रहीं। किन्तु कुछ काम उनके ऐसे हैं जिनमें वे धर्म, प्रभाव और सौन्दर्य से हटकर कुछ नया करने की चेष्टा करते प्रतीत होते हैं। ऐसे कामों में निश्चय ही भूदृश्य हैं और कुछ रेखांकन हैं, जिनमें नवाचार की दृष्टि दिखती है। इनमें—'Young woman with folded hands' (मुड़े हुए हाथों के साथ स्त्री), 'Study of three Woman' (तीन स्त्रियों का अध्ययन), 'Study for a St. Mary Magdalen' (सेंट मेरी माग्डालेन का अध्ययन) जैसे रेखांकन तथा 'Landscape with Milkmaids and cattle' (ग्वालिन और पशुओं के साथ भूदृश्य), 'Miracle of Saint Hurbert' (सेंट हर्बर्ट का चमत्कार) जैसे भूदृश्य शामिल हैं। उनके शेष काम सुन्दर और सजीले हैं, दर्शनीय और लुभावने भी; जिनमें बारोक शैली का अलंकरण प्रधान शिल्प नजर आता है। इनमें स्त्रियों के अनावृत्त चित्र तो सम्मोहित करते हैं, पर उनमें छाया चित्रांकन (Photographic) शिल्प ही है, कोई नवाचार नहीं। बेशक 1618 में बनाई गई उनकी कृति 'Descent from the Cross' (सूली से अवतरण) मृत ईसा को जन-समूह के बीच गिरते हुए दिखाती है, वह ध्यान खींचती है। अवाक् और उदास चेहरों के बीच ईसा की छवि द्रवित करती है। 30 मई, 1640 को हृदय गति रुकने से उनकी मृत्यु हो गई थी।

जॉर्ज डी ला तुर (1593-1652)

जॉर्ज डी ला तुर (Gorges de la tour) भी बारोक कला के एक महत्त्वपूर्ण कलाकार थे। उन्होंने ज्यादातर धार्मिक चित्र ही बनाए, पर कहीं-कहीं उनकी निजी कौंध दिखती है। उनका जन्म फ्रांस में 1593 में हुआ था। उनकी शिक्षा के बारे में स्पष्ट जानकारी नहीं मिलती। पर उन्होंने इटली और नीदरलैंड की यात्राएँ कर बहुत कुछ सीखा-समझा। माना जाता है कि लॉरेन की राजधानी नेन्सी में उन्होंने जैक्स बेलान्ज (Jacques Bellange) से चित्रकला की शैली का अभ्यास किया था। उनसे वे हंगारी और फ्रांसीसी समकालीनों के मार्फत मिले थे। उन्हें 1638 में फ्रांस के राजा की तरफ से 'राजा का चित्रकार' (Painter to the King) की उपाधि मिली थी। 1639 से 1642 तक उन्होंने कई यात्राएँ कीं। वे फ्रांस की धार्मिक संस्थाओं से भी जुड़े थे और संस्कार तथा व्यवसायवश उनके चित्र धार्मिक होने को ही अभिशप्त थे। कला आलोचकों ने उनके उस दौर के कामों पर गेरिट वान हॉन्थ्रोस्ट (Gerrit van Honthrost) का प्रभाव देखा था। उनके कामों में 'The Fortune Tellers' (भविष्य वक्ता) और 'Fighting Beggars' (लड़ते हुए भिखारी) में स्पष्टतया हंगरी करवाजिस्टी शैली (कारवाजियो कला) दिखती है।

ला तुर की विशेषता यह है कि उनकी कृतियों में रात के अँधेरे में प्रकाशित छवियाँ दिखती हैं जिसे वे मोमबत्ती के प्रकाश से प्रतीकित करते हैं। यह वह विशेषता है जो उस युग के किसी भी दूसरे कलाकार में नहीं दिखती। उनके द्वारा बनाए गए धार्मिक चित्रों में भी दर्शक के अन्तर्मन को बाँधने की क्षमता दिखती है जिसमें हम अँधेरे-उजाले के ताने-बाने में बुनी भावना को महसूस कर सकते हैं। इन धार्मिक चित्रों में भी ला तुर मोमबत्ती के प्रकाश को प्रतीकित करते देखे जा सकते हैं। इसके साथ-साथ उनकी कृतियों में सावधान ज्यामितीय संरचना और सरल रूपाकार दिखाई देते हैं। उनके अन्य कामों में—'Joseph The Carpenter' (कारपेंटर जोसेफ),

'The Penitent Magdalene' (अनुतापी मग्दालेने), 'Saint Jerome reading' (पढ़ते हुए सेंट जेरोमे), 'The Musicians Brawel' (संगीतकारों का विवाद), 'Dice Players' (पासा खिलाड़ी) आदि उल्लेखनीय हैं।

इस कलाकार की अपने पूरे परिवार के साथ एक महामारी में 1652 की 30 जनवरी को मृत्यु हो गई थी। यद्यपि डी ला तुर बारोक शैली के कलाकार थे और उनके अधिकतर चित्र धार्मिक ही रहे, पर अँधेरे में प्रकाश को मोमबत्ती के उजाले में प्रतीकित करनेवाले वे उस दौर के पहले कलाकार बने थे और यह युक्ति आधुनिक कला के स्थिर होने में काम आई।

निकोलस पॉसिन (1594-1665)

निकोलस पॉसिन (Nicolas Poussion) बारोक शैली के अन्य कलाकार रहे जिनकी अधिकतर कृतियाँ धार्मिक और पौराणिक विषयों पर रहीं। उन्होंने अपना ज्यादा काम रोम में किया था। 15 जून, 1594 को फ्रांस में जन्मे पॉसिन कुछ समय के लिए लुइस तेरहवें के दरबारी चित्रकार भी रहे थे, पर जल्दी ही उससे मुक्ति पाकर रोम में पारम्परिक विषयों पर काम करने में लग गए थे। बाद में उन्होंने भूदृश्यों के चित्रण में भी रुचि दिखाई जिसमें रंगों पर रेखाओं की स्पष्टता, व्यवस्था और तार्किकता जैसी विशेषताएँ देखी गईं। अपनी इन्हीं विशेषताओं के कारण वे बाद के अनेक कलाकारों की प्रेरणा बने जिनमें सिजां प्रमुख हैं। 1612 के आसपास वे पेरिस गए थे जहाँ उन्होंने कुछ छोटे कलाकारों से चित्रण की विधि सीखी थी और वहाँ थोड़े-बहुत काम करके अपना काम चलाते रहे थे। उन्हें राफाएल के काम बहुत पसन्द थे और उनका प्रभाव भी उनके कामों पर दिखता है। पॉसिन को अपनी निजी पद्धति विकसित करने में धार्मिक और पौराणिक विषयों के चित्रांकन के साथ-साथ ऐतिहासिक विषयों; जैसे—'The death of Germanicus' (जर्मानिकस की मृत्यु), 'The Massacre of the innocents' (निर्दोषों का संहार) तथा 'Seven Sacraments' (सात संस्कार) से बहुत मदद मिली।

पॉसिन ने बहुत कम अवसरों पर रूढ़ नियमों से छूट लेने की कोशिश की है, पर जहाँ उन्होंने थोड़ी-बहुत स्वतंत्रता ली है, वहाँ उनकी कला में नई रंगत दिखती है। ऐसे स्थलों पर उनकी कृतियों में शान्ति, परिभाषित स्थानों पर आकृतियों के निरूपण के साथ आकारों के दर्शनीय भाव-संयोजन दिखाई पड़ते हैं। कहीं-कहीं वे अमूर्तन जैसा प्रयोग करते भी दिखते हैं जिसका उदाहरण 'A Dance to the Music of line' (संगीत की रेखा का नृत्य) जैसा काम है। उनके रेखांकन भी देखने में प्रभावी लगते हैं। उनके अन्य कामों में 'The Violence of rape of Sabina Woman' (सबीने की औरत के साथ बलात्कार की हिंसा), 'Orion Blinded Sarthing for the Sun' (अंधे ओरियन की सूर्य की खोज), 'Four Season' (चार मौसम),

‘Bachhus and Ariadane’ (बाछूस और एरिअड्ने), ‘Landscape with Hercules and Cacus’ (हरक्यूलिस और काकुस के साथ भूदृश्य) तथा ‘The Season’ (मौसम) शामिल हैं।

कलाकार पॉसिन का देहान्त 15 नवम्बर, 1665 को रोम में हुआ। मौलिकता और नई कला-चेतना के अभाव के बावजूद पॉसिन की कला का निरूपण ऐतिहासिक कालक्रम के लिए आवश्यक है; क्योंकि उसमें एक बेचैनी की झलक है।

जियान लॉरेन्जो बेरनिनी (1598-1680)

जियान लॉरेन्जो बेरनिनी (Gian Lorenzo Bernini) बारोक शैली के चर्चित वास्तुकार और मूर्तिकार थे। एक मूर्तिकार के रूप में बारोक कला में उनका सर्वाधिक महत्त्व है। उनका जन्म 7 दिसम्बर, 1598 को इटली के नेपल्स में हुआ था। एक आलोचक ने तो यहाँ तक कह दिया था कि ‘शेक्सपियर जो नाटक में करते हैं, वही काम बेरनिनी मूर्तिशिल्प में करते हैं।’ वे बारोक कला के सर्वथा अकेले ऐसे कलाकार हैं जिनका नाम पर्याप्त आदर के साथ लिया जाता है; क्योंकि उनकी कला में एक स्पष्ट दर्शन है। मूर्तिकार के साथ-साथ वे एक चित्रकार भी थे। उन्होंने छोटे आकार के कैनवस पर चित्र बनाए थे। बेरनिनी का जुड़ाव रंगमंच से भी था। उन्होंने नाटकों के मंचन के लिए मंच-सज्जा, सेट तथा दूसरे रंगमंचीय आकल्पनों में भी अपना योगदान दिया था। एक वास्तुविद के रूप में उन्होंने भवन, गिरिजाघर और चौराहों का यादगार आकल्पन किया था।

पर उनकी पहचान का मुख्य आधार मूर्तिशिल्प ही है। उनके पास संगमरमर की तराश और उसे मनचाहा आकार देने का कौशल अप्रतिम था; इसीलिए लोग उनको माइकल एंजेलो का उत्तराधिकारी भी कहते थे। मूर्तिशिल्प को अवधारणात्मक रूप देने और उसे दृश्यात्मक बनाने की अपूर्व क्षमता के कारण ही वे बारोक शैली में रहते हुए अपनी निजी अभिव्यक्ति भी सम्भव कर सके थे। बचपन से ही विलक्षण प्रतिभा के धनी रहे बेरनिनी को उनके पिता पिएट्रो का प्रोत्साहन मिला था और उन्हें आगे बढ़ने के पर्याप्त अवसर भी मिले। बेरनिनी ने वास्तु, मूर्ति और चित्रकला में बहुत-से काम किए, जिनमें सबसे अधिक काम मूर्तिशिल्प में है और उसकी विविधता देखते बनती है। उनके यागदार कामों में—‘Angel with the Crown Thorne’ (प्रभुत्व के ताज के साथ एंजेल), ‘Blessed Ludovica Albertoni’ (लुडोविका अल्बर्टोनी की धन्यता), ‘Bust of Jesus Christ’ (ईसा मसीह की आवक्ष मूर्ति), ‘Apollo and Daphne’ (अपोलो और डाफने), ‘Bust of Louis XIV’ (लुइस-14 की आवक्ष मूर्ति), ‘Bust of Armand’ (अर्मान्ड की आवक्ष मूर्ति), ‘Ecstasy of Saint Teresa’ (सन्त टेरेसा का

परमानन्द), 'Memorial to the Maria Raggi' (मारिया रागी का स्मारक) तथा 'Trueth Unveited by Time' (समय द्वारा सत्य का अनावरण) शामिल हैं।

बारोक पद्धति पर काम करते हुए भी बेरनिनी ने वास्तुकला को नया मानक दिया, तो मूर्तिकला को बद्धमूल पद्धति से बाहर निकालने का यत्न किया। पत्थर तथा धातु में बनाई गई उनकी मूर्तियाँ केवल बद्धमूल पद्धति की ही निर्मिति नहीं हैं, उनमें एक नवाचार है, सत्य को देखने का एक दर्शन है तो मूर्ति को जीवन की गतिमयता और भावनात्मकता में देखने का कौशल भी। यद्यपि इस कलाकार का 28 नवम्बर, 1680 में देहान्त हो गया, पर अपनी कृतियों से इसने बारोक कला को यादगार बना दिया।

दिएगो वेलाज्क्वेज (1599-1660)

दिएगो वेलाज्क्वेज (Diego Velazquez) की गिनती बारोक के एक संवेदनशील कलाकार के रूप में होती है। वे स्पेनिश चित्रकार थे जिनका जन्म 6 जून, 1599 को स्पेन के सेविल्ले में हुआ। उन्होंने शुरुआत में कुछ समय तक फ्रांसिस्को डी हेरेरा (Fransisco de Herrera) से कला-शिक्षा ली। उसके बाद 1611 से आगे के छह वर्षों तक उन्हें एक करार के तहत कलाकार पाचेको (Pacheco) के सान्निध्य में दिया गया, जहाँ पाचेको ने वेलाज्क्वेज को कला की शिक्षा देने के साथ-साथ साहित्यिक और वैचारिक समझ भी दी। उनके शुरुआती काम रसोई से सम्बन्धित हैं जिसकी वस्तुओं के स्थिर चित्र उन्होंने बनाए। वे पहले स्पेनिश चित्रकार थे जिन्होंने इस तरह के चित्र बनाए जिनमें यथार्थवादी चित्रण की प्रधानता थी। ऐसे कामों में—'Old Woman Frying Eggs' (बूढ़ी औरत अंडे तलती हुई) शामिल है। उनके इन कामों में यथार्थवादी अंकन के अलावा नाटकीय प्रकाश का उभार चकित करता है। इस दौर में उन्होंने इसी तरह के अनेक काम किए जिसमें धार्मिक दृश्यों से सम्बन्धित चित्र भी शामिल हैं। 1620 से 29 तक वे कमीशन के कामों में लगे रहे और मैड्रिड की दरबारी अपेक्षाओं को पूरा करते रहे। 1629 में जब उन्हें कुछ समय इटली में रहने की अनुमति मिली, तब उनकी निजी शैली के विकास की सम्भावना बनी।

इटली में रहते हुए उन्होंने वेनिस, केन्टो, लोरेटा, बेलोग्ना और रोम आदि का भ्रमण कर कला की तकनीकी विशेषताओं के साथ चित्र-फलक की सतह के बर्ताव, रंग-संयोजन और दूसरे उन पक्षों को बारीकी से समझा जो एक चित्रकार की अपनी निजी शैली विकसित करने में मदद करते हैं। वेलाज्क्वेज ने अन्तिम वर्षों में कुछ ऐसे काम किए जो उनके महत्त्व को रेखांकित करते हैं। ऐसे कुछ कामों में उनकी शैली में रंगीय विविधता तथा वस्तु के अंकन में कुशलता दिखती है। इटली से लौटने के बाद ही उनके कैनवस पर हल्के प्रकाश का प्रभाव आ गया था जिसमें वे सामान्यत: शान्त, सौम्य और चाँदी की रंगत वाले रंगों का इस्तेमाल करने लगे थे। मुख्यत: कमीशन के

व्यक्ति-चित्र और अधिकतर धार्मिक चित्र बनानेवाले वेलाज्क्वेज के पास वैसे काम कम हैं जो बहुत उल्लेखनीय माने जा सकें, पर उनमें से कुछ जो आकर्षित करते हैं, वे हैं—'The Surrender of Breda' (ब्रेडा का आत्म-समर्पण), 'View of the garden of the Villa Medici' (विला मेडिसि के बाग का दृश्य) 'The Three Musicians' (तीन संगीतकार), 'The kitchen Maid' (रसोई की आया), 'The lady with a Fan' (पंखे के साथ स्त्री), 'The water Seller' (पानी विक्रेता), 'The coronation of Virgin' (वर्जिन का राजतिलक), 'Christ Crucified' (ईसा का सूली पर चढ़ाया जाना)।

वेलाज्क्वेज मुख्यत: व्यक्ति चित्र (पोर्ट्रेट्स) के ही कलाकार रहे और उसके साथ-साथ कमीशन पर बहुतेरे राज-पुरुषों के चित्र बनाए, पर जब वे निजी शैली की खोज में लगे, तो देर हो चुकी थी। फिर भी इटली से वापसी के बाद उनके कैनवस पर भूरे रंग के पदार्पण ने जहाँ उनके कामों को सौम्यता दी, वहीं कुछ प्राकृतिक दृश्यों तथा रोजमर्रा के विषयों के अंकन में उनकी संवेदनशीलता दिखी। 6 अगस्त, 1660 को सुखी और आनन्दमय जीवन जीते हुए इस कलाकार ने अन्तिम साँस ली थी।

रेम्ब्रा वान रिन (1606-1669)

रेम्ब्रा वान रिन (Rembrandt Van Rijn) बारोक काल के वे कलाकार हैं जिनका प्रभाव आगे के आन्दोलनों पर भी पड़ा। 15 जुलाई, 1606 को हॉलैंड में जन्मे रेम्ब्रा चित्रकार और छायाकार के रूप में जाने जाते हैं। उनके कामों में नवोन्मेषी प्रतिभा दिखती है जिनका फलक बड़ा है और जिनके यहाँ विषय-वैविध्य तथा शैलियों के विभिन्न रूपों के साथ-साथ विषयों की भरमार दिखाई देती है। उन्होंने व्यक्ति-चित्र, भूदृश्य, धार्मिक शृंखला, पौराणिक आख्यान तथा पशुओं से सम्बन्धित चित्र बनाए और बारोक शैली के साथ-साथ अपनी निजी शैली विकसित करने की कोशिश की। वे कभी विदेश न गए, पर उनके कामों पर इतालवी और नीदरलैंड के कलाकारों का प्रभाव पड़ा जिन्होंने इटली में कला-शिक्षा ली थी। ऐसे कलाकारों में पिएटर लास्टमैन (Pieter Lastman), पीटर पॉल रूबेन्स शामिल हैं। व्यक्ति चित्रों में सिद्धहस्त हो चुकने के बाद उनके जीवन में कठिनाइयाँ आईं और आर्थिक तंगी ने भी उन्हें परेशान किया था। उनके अम्लांकन (Etching) और चित्रकृतियों ने सर्वत्र प्रशंसा प्राप्त की थी और उन्होंने स्वयं अन्तिम बीस वर्षों में डच चित्रकारों को कला की शिक्षा दी थी।

अगर उनके कामों को देखें तो वे शास्त्रीय प्रतिमा विज्ञान के उदाहरण लगते हैं। बाइबिल के प्रसंगों के चित्र हों या स्वयं उनके व्यक्ति-चित्र; वे अद्वितीय तथा अन्तरंग जीवन-कथा लगते हैं। बाइबिल के चित्रण भी विशेष अध्ययन के साथ उनकी विलक्षणता को दर्शाते हैं। कदाचित् इसी कारण उन्हें 'सभ्यता का एक महान

देवदूत' (One of the great Prophet of Civilization) कहा गया। वान गॉग ने भी कहा था कि 'वे रहस्यों के भीतर उतरनेवाले कलाकार थे और जो वे कह देते थे, उसे व्यक्त करने की संसार की किसी भाषा में सामर्थ्य नहीं। यह उनके साथ न्याय होगा जब कहा जाएगा—रेम्ब्रा-जादूगर।' फ्रांसीसी मूर्तिकार अगस्ट रोदिन (Auguste Rodin) ने रेम्ब्रा के साथ अपनी तुलना करने पर आश्चर्य व्यक्त किया था और कहा था कि उनकी तुलना कभी भी किसी कलाकार से नहीं की जा सकती।

रेम्ब्रा का पोषण धार्मिक वातावरण में हुआ जिसका असर उनकी कला पर लम्बे समय तक रहा। उन्होंने अपने कामों में गहराई से ईसाई विश्वास को अंकित किया है और यह उनकी रुचि का विषय भी रहा, पर वे किसी चर्च से जुड़े इसका कोई प्रमाण उपलब्ध नहीं है। बचपन से ही प्रतिभाशाली रहे रेम्ब्रा जब चौदह वर्ष की उम्र में युनिवर्सिटी ऑफ लेइडेन में दाखिल हुए थे तभी अपने समकालीनों से चित्रकला में अधिक दक्ष थे। उनकी प्रशंसा लेइडेन के इतिहास चित्रकार जैकब वान स्वानेन बर्ग (Jacob Van Swanen barg) ने भी की थी, जिनके सान्निध्य में तीन साल तक रहकर रेम्ब्रा ने चित्रकला का अध्ययन किया था।

अपने सृजनकाल में रेम्ब्रा ने मुख्य रूप से व्यक्ति-चित्र, भूदृश्य तथा कथात्मक चित्र बनाए। उनको अपने समकालीनों द्वारा इसलिए विशेष प्रशंसा मिली कि उन्होंने बाइबिल की कथाओं के भावों को सूक्ष्मता से अंकित किया था। किन्तु रेम्ब्रा का महत्त्व केवल इसी काम के लिए नहीं था। उनका महत्त्व कृतियों के रचाव में शैलीगत विविधता, ललित तकनीक और रंगों के शालीन प्रयोग में था जिसमें गहरी शान्ति मिलती है। इसी तरह उनके अम्लांकन के कामों में गहराई मिलती है जिसे वे अपनी अभिव्यक्ति का दूसरा सबसे सशक्त माध्यम मानते हैं। रेम्ब्रा की चित्रकला पर भारतीय मिनियेचर, विशेषकर मुगल कला का प्रभाव भी दिखता है जिसे वे स्वयं बहुत पसन्द करते थे। मिनियेचर के वस्त्र और अलंकरण उन्हें विशेष रूप से आकर्षित करते थे। उन्होंने 1624-25 के आसपास एक कार्यशाला भी खोली थी जिसमें बहुत-से कला-छात्रों ने प्रवेश लेकर चित्रकला में प्रवीणता पाई।

इस चित्रकार ने अनेक उल्लेखनीय कृतियाँ बनाईं जो आज विश्वकला की धरोहर हैं और उनसे कई पीढ़ियों के कलाकारों ने प्रेरणा ली। इनमें से कुछ मुख्य हैं—'Head of Christ' (ईसा का सिर), 'The Anatomy lesson of Dr. Nicoles Tulp' (डॉ. निकोलस तुल्प का शरीर-रचना का पाठ), 'The Storm on the Sea of Galilee' (गेलिली सागर पर तूफान), 'The Raising of Lazarus' (लाजारस की स्थापना), 'Philospher in Meditation' (ध्यान में दार्शनिक), 'Blinding of Samson' (सैमसन की चकाचौंध), 'The Polish Rider' (पोलिश घुड़सवार), 'The Three Trees' (तीन पेड़), 'Abduction of Europa' (यूरोपा का अपहरण), 'The Conspiracy of

Claudius Civilis' (क्लाउडियस सिविलिस का षड्यंत्र) तथा 'Slaughter Ox' (बैल का वध) आदि।

रेम्ब्रा के उपर्युक्त चित्रों में न केवल हम नवाचार देख सकते हैं वरन् भविष्य की कला के अनेक सूत्रों को खोज सकते हैं। उनके शताधिक कामों में कुछ को लक्ष्य कर महत्त्वपूर्ण मानते हुए अनेक आलोचकों और कलाकारों ने चित्र संयोजन की उनकी क्षमता, चित्रित विषय में भाव-निरूपण, रंगों की शालीनता तथा स्पष्टता के साथ जो कलात्मक संवेदनशीलता देखी है और उसमें विचार-स्वातंत्र्य की बेचैनी को परखा, वह आनेवाली कला के लिए बहुत महत्त्वपूर्ण थी। यह अकारण नहीं है कि बाद के दौर के बड़े कलाकारों ने उन्हें आदर के साथ याद करते हुए उनकी कला को अतुलनीय बताया है; जाहिर है, बारोक शैली में रहते हुए भी रेम्ब्रा ने अपने निज की एक प्रविधि विकसित की। 'बैल का वध' जैसे काम को वान गॉग द्वारा प्रतीकात्मक बताकर उसकी प्रशंसा करना कोई मामूली बात न थी। इसी तरह उनके बहुतेरे कामों का प्रतीकार्थ कर उनके महत्त्व को स्वीकार किया गया है। 4 अक्तूबर, 1669 को तिरसठ वर्ष की अवस्था में इस कलाकार का एम्सटर्डम में निधन हो गया था। अभी कला जगत को उनसे बहुत-सी उम्मीदें थीं, पर काल की गति को कौन रोक सकता था।

इस तरह हम देख पाते हैं कि बारोक शैली की रूढ़ियों में रहकर भी कई कलाकारों ने पुनर्जागरणकालीन चेतना को विकसित करने की कोशिश की। जाहिर है, इसमें वे कलाकार निश्चय ही अग्रणी रहे जिनका यहाँ विशेष उल्लेख किया गया है।

रोकोको कला
(Rococo Art)
(1720-1760)

आकल्पन की पारम्परिक शैली

रोकोको कला आन्तरिक आकल्पन (सज्जा) की एक शैली थी जो 1720 में प्रकाश में आई जो मुख्यत: 1760 तक रही, पर 1800 ईसवी तक इसका प्रसार देखा जा सकता है। इसका उदय पेरिस में हुआ था, पर इसने शीघ्र ही यूरोप के कई देशों में अपनी पैठ बना ली थी। इस शैली को चित्रकला, वास्तु और मूर्तिशिल्प ने अपनाया था। इसकी विशेषता को अगर कला के स्तर पर देखें तो कहेंगे कि इसमें रंगीय लपट, लालित्य और घुमावदार रूपाकारों को जगह मिली। इसमें स्वाभाविक रूपाकारों में अलंकरण की विधि अपनाकर काम किया जाता था जिसमें उपर्युक्त विशेषताएँ थीं। रोकोको (Rococo) शब्द की व्युत्पत्ति फ्रांसीसी शब्द 'Rocaille' से हुई है जिसका अर्थ 'सीप' है। जिस प्रकार सीप के ऊपर प्रकृतया कई रंगतोंवाली घुमावदार रेखाएँ होती हैं, उसी प्रकार से अलंकरण और चित्रण की शैली को रोकोको कहा गया था। इसमें काम करनेवाले चित्रकारों ने पौराणिक और आख्यानात्मक कथाओं को रंगों के मद्धम प्रयोगों और ऐन्द्रिक अनुभूतियों से निरूपित किया। चूँकि यह फ्रांस की दरबारी कला शैली थी, इसलिए कलाकारों को दरबारी संस्कृति की रूढ़ियों के पालन की बाध्यता थी; फिर भी पुनर्जागरणकालीन कला के प्रभाव से और पूर्ववर्ती बारोक शैली के उदाहरण से सीख लेते हुए कई कलाकारों ने इस शैली में काम करते हुए भी स्वतंत्रता लेने की चेष्टा की।

हालाँकि इस दौर की कला में सामान्य जनता का जीवन उसी तरह गायब रहा, जैसे वह बारोक या पुनर्जागरण काल में था, पर एक हलचल-सी कलाकारों में अवश्य दिखती है, जो उन्हें कुछ अलग करने की प्रेरणा देती है। वैसे इस शैली में बहुतायत उन्हीं विषयों की रही जो दरबार को पोषित और सन्तुष्ट कर रहे थे; जैसे राजाओं और दरबारियों के व्यक्ति-चित्र, बाइबिल और पौराणिक प्रसंगों का चित्रण, देव-देवियों और परियों का अंकन तथा काल्पनिक स्वर्गाभास का निरूपण।

पर रोकोको शैली को इन्हीं तक सीमित मानना उसे संकुचित करके देखना होगा। पीछे हम पुनर्जागरण और बारोक काल की कला में भी इन्हीं विषयों की प्रधानता देख आए हैं जिसमें प्राय: सभी कलाकारों ने काम किया है। किन्तु उसी प्रक्रिया में उनमें से कुछ ने अपनी निजी शैली और प्रतिभा का उन्मेष भी दिखाया है। दा विंची, राफाएल, माइकल एंजेलो, रेम्ब्रा, बेरनिनी, पॉसिन आदि कलाकार भी पूर्ववर्ती रूढ़िवादी कला शैलियों से ही निकले कलाकार थे जिनकी धार्मिकता और चर्च के प्रति निष्ठा असन्दिग्ध थी। बावजूद इसके, उनकी कला में ऐसे तत्त्व देखे जा सके और प्रतिभा में ऐसा विस्फोट भी; जो आगे की कला के लिए प्रेरणा-स्रोत की तरह बन गए।

ठीक उसी तरह रोकोको शैली में भी काम करते हुए कुछ ऐसे कलाकार रहे जिनकी कला में हम आसानी से अग्रगामी कला के लक्षण तो पा ही सकते हैं, उनकी प्रतिभा और इस शिल्प के द्वैत से नई सर्जनात्मक विधियों को भी उभरते देखे सकते हैं। इस काल में भी अनेक कलाकारों ने काम किया जिनकी सूची बहुत लम्बी है। इनमें जो उल्लेखनीय कलाकार हैं और जिनकी कृतियाँ निश्चय ही अपना प्रभाव छोड़ती हैं, उनमें शामिल हैं—जिन ओनोर फ्रागोनार (Jean Honore Fragonard), फ्रांसिस्को गोया (Francisco Goya), जिन अन्तोइन वात्तेउ (Jean Antoine Watteau), फ्रांसोइस बाउचर (Franacois Boucher), जियोवानी बैट्टिस्टे टिएपोलो (Giovanni Battiste Tiepolo), जिन बैपटिस्टे सिमोन कार्डिन (Jean Baptiste Simeon Chardin), थॉमस गेन्सबोरो (Thomas Gains borough), गुस्ताफ लुंडबर्ग (Gustaf Lundberg), केरियो कारलोन (Cario Carlone), गास्पारे त्रावर्सी (Gaspare Traversi), फ्रांसिस्को जुकारेल्ली (Francesco Zuccarelli), अन्द्रिया कासाली (Andrea Casali), अन्तोनियो बेलुसी (Antonio Belluci), जिन बापटिस्टे पेटर (Jean Baptiste Pater)और गेटानो गैंडोल्फी (Gaetano Gandolfi)।

उपर्युक्त कलाकारों में भी हम उन कलाकारों को यहाँ देखना चाहेंगे, जिन्होंने इस शैली में काम करते हुए अपनी निज़ी क्षमताएँ प्रदर्शित कीं।

जिन अन्तोइन वात्तेउ (1684-1721)

जिन अन्तोइन वात्तेउ (Jean Antoine Watteau) रोकोको कला के आरम्भिक फ्रांसीसी कलाकारों में एक हैं। इनका जीवन सिर्फ सैंतीस वर्ष का (1684-1721) रहा। इस छोटे से जीवन में उन्होंने रूबेन और कोरेजियो के रंगों और उनकी गतिमयता में रुचि ली थी। उनका प्रशिक्षण तो बारोक कला में हुआ था, पर रोकोको के प्रभाव में आने के बाद उन्होंने उसमें भी थोड़ा-बहुत काम किया और पहचान उन्हें रोकोको

शैली के कामों से ही मिली थी। उन्होंने चित्रकार क्लाउड गिल्लोट (Claude Gillot) से काम सीखा था, जिन्होंने उनके रेखांकनों से प्रभावित होकर 1795 में उन्हें अपना सहायक बना लिया था। गिल्लोट के बाद वात्तेउ क्लाउड एउद्रान तृतीय (Claude Audran III) के पास गए थे, जो आन्तरिक सज्जाकार के रूप में मशहूर थे। वहाँ उन्होंने लालित्यपूर्ण रेखांकनों का अभ्यास किया था। इसी बीच उन्होंने 'The Departing Regiment' (सैन्यदल का प्रस्थान) नामक चित्र बनाया जिस पर रूबेन का प्रभाव स्पष्ट था। उनके चित्रकार जीवन में एक नया मोड़ तब आया जब 1709 में वे एक साल के लिए रोम में रहे। वहाँ की एकेडमी से उन्हें एक प्रदर्शनी के एवज में दूसरा पुरस्कार मिला था।

बचपन से ही नाजुक शरीर के वात्तेउ बीमार रहते थे और भविष्य को लेकर उनमें कोई योजना भी न थी। उनके मित्र उनकी आर्थिक स्थिति और लापरवाही को लेकर परेशान रहते थे, पर वात्तेउ ऐसे ही जीने के आदी थे। वात्तेउ अवसाद में रहते और प्राय: चुप रहते थे। लगता था कि कोई गहरा दुख है, जो उन्हें खाए जा रहा है, पर वह क्या था, इसकी खबर किसी को उनके जीते जी न हो सकी थी।

वात्तेउ ने बहुत काम नहीं किया था। उनके शुरुआती कामों पर पुनर्जागरण काल और बारोक शैली का स्पष्ट प्रभाव है जिसमें रूबेन का प्रभाव अधिक है। किन्तु अपने अन्तिम चरण में जो चित्र उन्होंने बनाए, वे निश्चय ही ध्यान खींचते हैं। उनके कुछ भूदृश्यों और परिदृश्य के चारों तरफ जो आकृतियाँ दिखती हैं, उनमें आगामी प्रभाववाद का बीज दिखता है। उनकी कृतियों; विशेषकर भूदृश्यों में धूसर रंगों का प्रकृतवादी चित्रण नजर आता है जिनमें रेखाओं की लयात्मकता और आकृतियों की स्वाभाविक मुद्राएँ प्रभावित करती हैं। ऐसी कृतियों में—'Pleasure of Love' (प्यार का आनन्द), 'Festival' (उत्सव), 'The Embarkation of Cythera' (सिथेरा का आरोहण) शामिल हैं। 'The Love Song' (प्यार का गीत), 'The Hunter' (शिकारी), 'The Dance' (नृत्य) जैसे चित्र वात्तेउ की संवेदनशीलता के प्रमाण हैं जिनमें मनोभावों के अंकन की छूट लेना दिखता है। वात्तेउ ने 'फाते-गलान्ते' (Fate Galante) नामक एक ऐसी चित्रण-शैली भी शुरू की थी जिसमें दीवारों की सजावट के साथ अंकित आकृतियों के परिधानों को विशेष रूप से सजाया जाता था और उसके साथ-साथ परिदृश्य को जीवन्त कर एक सम्मोहक चित्र में बदल दिया जाता था। इस पद्धति में वात्तेउ ने अनेक दर्शनीय भूदृश्यों का चित्रण किया जिस विधि का विकास पेटर ने आगे चलकर किया। कलाकार वात्तेउ ने रोकोको की बद्धमूल शैली में रहते हुए जो स्वतंत्रता दिखाई और सृजन-विधि में लयात्मक रेखाओं में रंगों के बर्ताव की गहरी समझ का परिचय दिया, वह कम महत्त्वपूर्ण नहीं है। इस कलाकार का निधन 18 जुलाई 1721 को दुखद परिस्थितियों में हो गया था जिससे कला-जगत को निश्चय ही बड़ी क्षति हुई थी।

जिन बापतिस्ते पेटर (1695-1736)

जिन बापतिस्ते पेटर (Jean Baptiste Pater) रोकोको के उल्लेखनीय कलाकारों में एक हैं। 29 दिसम्बर, 1695 को फ्रांस में जन्मे पेटर के पिता अन्तोइन पेटर (Antoine Pater) स्वयं एक मूर्तिकार थे। चित्रकला के छात्र बनने से पहले पेटर ने अपने पिता के मार्गदर्शन में कला की बुनियादी चीजों को सीखा था। उसके बाद वे पेरिस गए जहाँ उन्हें वात्तेउ से 1713 में कला की शिक्षा मिली। वात्तेउ का व्यवहार उनके प्रति अच्छा नहीं था, पर वे उनकी कला से प्रभावित थे। वहाँ से गृहनगर वालेन्सीएन्स (Valenciennes) लौटे। वे फिर 1721 में वात्तेउ के विद्यार्थी बने जहाँ वे महीने भर ही रह पाए थे कि वात्तेउ का दुखद निधन हो गया था। बाद में पेटर ने दावा किया था कि उन्होंने वात्तेउ से सब कुछ सीख लिया है। जो हो, पेटर पर वात्तेउ की निजी शैली की छाप दिखती है जिससे प्रभावित उनकी बड़ी सैनिक कृति 1728 में सामने आई। पेटर ने रोकोको में पारम्परिक पोशाकों वाले विषयों को चुना और उन्हें अंकित किया। उन्होंने इस बीच बहुत-से चित्रों की प्रतिकृति भी की जिसमें रोकोको शैली की ही रंग-पट्टी थी।

पेटर ने अलग से कोई निजी शैली तो न विकसित की, पर वे वात्तेउ की शैली का अवश्य विकास कर सके थे जिसमें भूदृश्यों के चारों तरफ जीवन्त आकृतियों को चित्रित करने की प्रवृत्ति पाई जाती थी। 'Landscape with a Cart' (गाड़ी के साथ भूदृश्य), 'The grape Harvest' (अंगूर की फसल), 'The pleasure of Country Life' (देश के जीवन का आनन्द), 'The Bathers' (स्नान करनेवाले), 'The fortune Tellers' (भविष्य वक्ता) जैसे कुछ काम पेटर की कुछ निजी कौशल को दिखाते हैं। इसके अलावा उनके अधिकतर काम वात्तेउ की शैली 'Fate Galante' में रहे हैं जिनमें उन्होंने उसका विकास करने की चेष्टा की है। फाते गलान्ते (Fate Galante)[1] के काम वैसे तो रोचक हैं, पर वे उनकी निजता का प्रदर्शन नहीं करते।

जिन बापतिस्ते सिमिओन कार्डिन (1699-1779)

जिन बापतिस्ते सिमिओन कार्डिन (Jean Baptiste Simeon Chardin) भी फ्रांसीसी चित्रकार रहे जिनका जन्म 2 नवम्बर, 1699 को पेरिस में हुआ था। इन्होंने बारोक शैली में भी काम किया था, पर इनकी पहचान रोकोको कला से ही है। उन्हें

1. फाते-गलान्ते—एक ऐसी शैली है जिसे जिन अन्तोइन वात्तेउ ने शुरू की थी। इसमें दीवारों की सजावट के साथ अंकित आकृतियों के परिधानों को विशेष रूप से सजाया जाता था और उसके साथ-साथ परिदृश्य को जीवन्त कर एक सम्मोहक चित्र में बदल दिया जाता था।

स्थिर जीवन के चित्रण के लिए बहुत सराहना मिली थी। दृश्य-शृंखला चित्रण के साथ-साथ रसोई में काम करनेवाली स्त्रियों, बच्चों और घरेलू गतिविधियों को कार्डिन ने बहुत कुशलता, सावधानी और सन्तुलन के साथ चित्रित किया है। उनके चित्रों में सन्तुलित संयोजन दिखाई देता है जिसमें मुलायम प्रकाश का प्रसार दिखता है। हल्के उजाले में अंकित उनके चित्र अपने रंगदीप्त प्रभाव से दर्शक को आकर्षित करते हैं। कार्डिन को लम्बे समय तक अज्ञात कलाकार की तरह रहना पड़ा था, जब उन्होंने उस दौर के इतिहास चित्रकार पिअरे जैक्स सेजेस (Pierre Jacques Cezes) और नोएल निकोलस कोयपेल (Noel Nicolas Coypel) के साथ काम करना शुरू किया था। उसके बाद 1724 में एकेडेमी डी सेंट लुस (Academic de saint luc) में अध्यापन मिला। यहीं रहते उनके 'Small Corpus Christi' (छोटी काया की क्रिस्टी) नामक चित्र बनाने के बाद रॉयल एकेडेमी का ध्यान उनकी ओर गया। मृत्यु के चार वर्ष पूर्व ही ठीक से काम कर सके कार्डिन ने लगभग दो सौ चित्र बनाए थे जिनमें से कुछ चित्रों को जनकला के रूप में बहुत लोकप्रियता मिली। ये वही स्थिर जीवन के चित्र थे जिनकी चर्चा की जा चुकी है। अपने सन्तुलित संयोजनों में प्रकाश के प्रसार में अंकित उनके चित्र अपने रंगवृत्त में बड़े स्पष्ट और सधे होते थे। उनके ऐसे कुछ कामों में—'Saying Grace' (कृपा बनी रहे), 'The Ray' (किरण), 'The Washer Woman' (धोबिन), 'The House of Cards' (पत्ते का घर) शामिल हैं। इन सभी कामों में कार्डिन की स्थिर चित्रों को निर्मित करने की कुशलता दिखती है। इनमें अभिव्यक्त दृश्य और वस्तु की रंगदीप्ति सहज ही छूती है। बताते हैं कि उनकी कृति 'The Ray' की अनुकृति बाद में हेनरी मातिस ने की थी और उसके दृश्य को अमूर्त ज्यामितीय संरचना में ढाला था। इस काम में मार्सेल प्रूस्त (Marcel Proust) ने भी शिकार सौन्दर्य देखा था और उनकी अभिव्यक्ति-क्षमता की सराहना की थी। 'The Ray' मछली की चमकती हुई त्वचा को दिखाता चित्र है जिसका रक्तिम गलफड़ दिखाई देता है। कार्डिन के अंकन की खूबी यह है कि वे प्रकाश में उसकी देह-रचना को भी दिखा देते हैं। मछली की बाईं तरफ एक छोटी बिल्ली घात लगाए दिख रही है और उसकी आँखें चमक रही हैं। सचमुच स्थिर चित्रों की शृंखला में कार्डिन का यह चित्र बेहद प्रभावी है। कार्डिन का निधन 6 दिसम्बर, 1779 को हो गया था। अगर वे जीवित रहते तो शायद कुछ बेहतर कृतियाँ दे पाए होते और नई सम्भावना के सूत्र भी।

फ्रांसेस्को जुकारेल्ली (1702-1788)

फ्रांसेस्को जुकारेल्ली (Francesco Zuccarelli) रोकोको काल के महत्त्वपूर्ण भूदृश्य चित्रकार हैं। उनका जन्म 15 अगस्त, 1702 को पिटीग्लिआनो, इटली में

हुआ था और निधन 30 दिसम्बर, 1788 को फ्लोरेन्स में। अपनी कृतियों से वे इटली के बाहर पूरे यूरोप में प्रसिद्ध हुए और इंग्लैंड में बहुत लोकप्रिय; क्योंकि वे वहाँ दो बार जा चुके थे। 1768 में वे रॉयल एकेडेमी ऑफ आर्ट्स के संस्थापक सदस्य बने, फिर वे इटली लौट आए जहाँ उनको वेनेशन एकेडेमी (Venetion Academy) का अध्यक्ष बनाया गया। इस बीच जुकारेल्ली का चित्रण जारी रहा। उन्होंने इसके साथ-साथ धार्मिक और पौराणिक चरित्रों का अंकन किया और ईश्वर के प्रति समर्पित व्यक्तियों के चित्र बनाए। उनके द्वारा विपुल मात्रा में रेखांकन भी इस बीच हुए। जुकारेल्ली अपने काम में कुशल तो थे ही, कलाकार के मन को भी जीते थे। यही कारण है कि भूदृश्यों को प्रकृतवादी शैली में अंकित करने के प्रस्ताव को उन्होंने निरस्त कर दिया था जिसकी काफी आलोचना हुई थी।

उनके अधिकतर काम भूदृश्य के ही हैं जिसका अंकन वे पूरी दक्षता से करते हैं। पूरी तन्मयता से वातावरण को आँकते वे एक-एक बारीकी का ध्यान रखते हैं। आसमान के बादल, पेड़ों के पत्तों का हिलना, नीला आसमान, नदियों का प्रवाहित जल और उसमें दिखते मनुष्य सादृश्य का आभास देते हैं। ऐसे कामों में—'Landscape with a Castle' (महल के साथ भूदृश्य), 'Landscape with a Bridge' (पूल के साथ भूदृश्य), 'Landscape with a peasent at a Fountain' (फव्वारे पर किसान के साथ भूदृश्य), 'Wooded landscape with the meeting of Isac and Rebecca' (ईसाक और रिबिका से भेंट का जंगली भूदृश्य), 'Pair with Dromedary' (साँढ़नी के साथ जोड़ा) आदि काम शामिल हैं।

जुकारेल्ली ने रोकोको शैली में धार्मिक तथा पौराणिक कथा-प्रसंगों को भी चित्रित किया, पर उसे अधिक भूदृश्यों में निबद्ध कर दिखाया। उनके भूदृश्य प्रकृति के सादृश्य में एक नई प्रकृति रचना का आभास देते हैं। इस मायने में जुकारेल्ली का कलावदान विशेष महत्त्व का अधिकारी हो जाता है।

फ्रांसोइस बाउचर (1703-1770)

फ्रांसोइस बाउचर (Francois Boucher) रोकोको शैली के अन्यतम कलाकार रहे, जो पेरिस में 29 सितम्बर, 1703 को जन्मे। वे सुखद तथा कामुक कृतियों के चित्रण के लिए विख्यात थे लेकिन उन्होंने शास्त्रीय विषयों पर भी अनेक कृतियाँ बनाईं। उनके बारे में कहा जाता है कि वे अपने समय के सबसे अधिक लोकप्रिय अलंकरण शैली के चित्रकार रहे। वे निकोलस बाउचर (Nicolas Boucher) के पुत्र थे, जो स्वयं एक चित्रकार थे। शुरुआती प्रशिक्षण उन्हें अपने पिता से ही मिला था। सत्रह वर्ष की अवस्था में उनके काम को फ्रांसोइस लेमोयने (Francois Lemoyne) की प्रशंसा मिली थी जिनके साथ उन्होंने काम सीखा। लेकिन केवल तीन महीने

बाद ही वे एक प्रसिद्ध एनग्रेवर के साथ काम करने चले गए थे। 1720 में उन्हें ग्रैंड प्रिक्स डे रोम का सम्मान भी मिला। 1734 में वे रॉयल एकेडेमी के सदस्य बने, फिर प्रोफेसर तथा रेक्टर। 30 मई 1770 को उनका देहान्त हुआ था।

अपने जीवन काल में बाउचर ने बहुत-से काम किए और अपनी सर्जना से लोगों को चकित किया। उन्होंने रोकोको कला का आत्यन्तिक विकास किया। यह ठीक है कि इस कला में रूढ़ियों के पालन की सीमा थी, जिसे कुछ कलाकारों ने तनिक छूट लेकर अपनी निजता विकसित की। इस मायने में बाउचर में वह छूट लेना नहीं दिखता, पर गौर करें तो दिखेगा कि रोकोको में ही उन्होंने अपनी निजता की अभिव्यक्ति खोज ली और उसकी सीमाओं में ही अपनी पहचान बनाई। यह पहचान जीवन के सुखद क्षणों के अंकन और रत्यात्मक चित्रण से बनी जिनके चित्र अपनी रंगदीप्ति, आभा, अपूर्व मानवी आकृतियों तथा मुद्राओं के कारण मोह लेते हैं। बाउचर की कृतियों में प्रकाश के प्रभाव से दीप्त जो दृश्यता है, वह असाधारण लगती है। उन्होंने रूबेन्स और वात्तेउ से प्रभाव ग्रहण किया अवश्य, पर व्यक्ति-चित्रण की प्रवृत्ति और भूदृश्यों में रंगों की जो छटा वे दिखा पाए, वह मोहक है। रत्यात्मकता और आननददायी जीवन के क्षण ही उनके सृजन के मुख्य तत्त्व बने, जिन्हें वे पारम्परिक और पौराणिक आख्यानात्मक चित्रण में भी दिखाते हैं। उनके यह चित्र आराधना के चित्र लगते हैं जिसमें शरीर एक सुन्दर लय में डूबे प्रतीत होते हैं। उन्होंने रंगीन पर्दों का आकल्पन भी किया, तो इनग्रेविंग जैसे छापा-माध्यम में भी काम किए। उनके रेखांकन भी उतने ही प्रभावी हैं जितने चित्र। उनके मुख्य कामों में—'Portrait of Marie-Louise O Murphyc' (मारिये लुइस ओ मरफीक का व्यक्ति-चित्र), 'The Secreat Massage' (गोपनीय सन्देश), 'Jupiter and Callisto' (जुपिटर और कलीस्टो), 'The Dovecate' (दड़बा), 'The toilet of Venus' (वीनस का शौचालय), 'Diana after the Bath' (नहाने के बाद डायना) आदि शामिल हैं।

कह सकते हैं कि बाउचर ने यद्यपि कोई ऐसी निजी शक्ति प्रदर्शित नहीं की, जो उनकी कला को आगे की कला की प्रेरणा बना सके। पर सुखद जीवन और रत्यात्मक प्रसंगों में अपूर्व चित्रण-क्षमता प्रदर्शित कर उन्होंने कला में अपनी स्थायी जगह तो बना ही ली।

जिन ओनोर फ्रागोनार (1732-1806)

जिन ओनोर फ्रागोनार (Jean Honore Fragonard) रोकोको शैली के मूर्धन्य कलाकारों में परिगणित किए जाते हैं। फ्रागोनार का जन्म ग्रास्से (Grasse), फ्रांस में 5 अप्रैल, 1732 को हुआ था और निधन 22 अगस्त, 1806 को। उन्होंने रोकोको

शैली के अन्तिम दौर में, जब उसका प्रभाव क्षीण हो रहा था, काम किया था। उन्होंने रोम की फ्रेंच एकेडेमी में कला की शिक्षा ली और जिन बापतिस्ते सिमिओन कार्डिन, चार्ल्स अन्द्रे वान लू तथा फ्रांसोइस बाउचर जैसे कलाकारों की दीक्षा से अपने को सम्पन्न बनाया। फ्रागोनार ने अपने जीवन-काल में 500 से ऊपर कृतियाँ निर्मित कीं जिनमें रोकोको कला की रूढ़ियाँ तो हैं ही, पर उनमें से कुछ में उनकी निजी गुणवत्ता भी प्रकट होती है जो आगे की कला में प्रेरक बनी थी। उनकी कला की विशेषता यह थी कि वे स्थानीय रंगों को अभिव्यंजक बनाकर विश्वस्त तूलिकाघातों से चित्र बनाते थे। कुछ लोगों ने उनकी इसी क्षमता में प्रभाववाद के लक्षणों को देखा था। वे रोकोको में काम करते हुए भी अपनी निजी अभिव्यक्ति से उसका अन्तर करते थे और सतर्क ढंग से उसे इस तरह बरतते कि रोकोको के शिल्प की अधिकता उनकी निजी छाप को कम न कर सके।

उनके चित्रों में प्रकाश की आभा और दृश्य की समग्र सीमा का अंकन ऐसे होता है, मानो वह आँखों को धोखा देकर उसमें उतर रहे हों। सुगठित रेखाओं और फलक के समग्र विस्तार में भूदृश्यों या आकृतियों का अंकन कर फ्रागोनार अभिव्यंजना की शैली के जो सूत्र देते प्रतीत होते हैं, उसके बड़े निहितार्थ हैं। सम्पन्नता और विलास की अधिकता के कारण रोकोको का कला बाजार बहुत बढ़ गया था और प्राय: सभी कलाकार खासे लोकप्रिय थे, पर फ्रागोनार और पीछे उल्लिखित कलाकार केवल बाजार के लिए काम नहीं करते थे, उनमें कला को बरतने और जीने की भूख भी थी। उनके मुख्य काम हैं—'The Swing' (झूला), 'Stolen Kiss' (चोरी गया चुम्बन), 'Sister after 1778' (1778 के बाद बहन), 'The love Letter' (प्रेम पत्र), 'The Bathers' (स्नान करनेवाले), 'The Secreat Meeting' (गोपनीय बैठक), 'The Musical Contest' (संगीत प्रतियोगिता), 'The Birth of Venus' (वीनस का जन्म) आदि।

इस तरह हम देखते हैं कि बारोक की ही तरह रोकोको भी एक दरबारी कला अवश्य रही जिसके चित्रण की अपनी रूढ़ियाँ थीं। पौराणिक और मिथकीय प्रसंगों के साथ दरबारी लोगों के चित्रण की प्रधानता बाध्यकारी जैसी ही थी। किन्तु इसमें कुछ कलाकारों ने निश्चय ही अपनी निजी प्रतिभा का प्रदर्शन कर नई कला की कौंध दिखाई। रंगों के बर्ताव, प्रकाश का प्रभाव, समानुपातिक संयोजन और आकृतिमूलकता के सौन्दर्य को दिखाने में इस कला ने अपना योगदान तो दिया ही, जिससे इनकार नहीं किया जा सकता।

नव-शास्त्रवाद
(Neo Classicism)
(1760-1830)

रूढ़िवादी कला का अन्तिम सोपान

नव-शास्त्रवादी कला आन्दोलन का अभ्युदय 1760 में हुआ, जो 1830 तक चला। इस आन्दोलन का जन्म इटली में भारी राजनैतिक उथल-पुथल के बीच हुआ। रोकोको शैली के समानान्तर और एक तीव्र प्रतिक्रिया के रूप में इसने अपना आकार ग्रहण किया। यह वह दौर था जब जनता में कला को लेकर नई प्रवृत्ति जन्म लेने लगी थी। ठीक इन्हीं दिनों इटली के हरकुलियन तथा पॉम्पेई में पुरातात्त्विक उत्खनन का काम चल रहा था जिसमें बड़ी संख्या में यूनानी मूर्तियाँ प्राप्त हो रही थीं। 1738 से 1755 तक चले इस उत्खनन से भारी संख्या में जो मूर्तियाँ मिलीं, वे इटली तथा फ्रांस की जनता में आकर्षण का कारण बनीं। कला समाज भी इन मूर्तियों की तरफ आकृष्ट हुआ। देखते-देखते कुछ कलाकारों ने चित्रकला और मूर्तिकला में इन मूर्तियों की प्रतिकृतियाँ बनानी शुरू कर दीं, जिनकी माँग जोर पकड़ने लगी।

रोकोको शैली के प्रति लोगों में अरुचि उत्पन्न हुई, तो कलाकारों में यूनानी मूर्तियों की शैली में काम करने की ललक जगने लगी जिनमें एक शास्त्रीय रचना-विधि थी। फ्रांस में लुइस पन्द्रहवें का शासन था। उसने यूनानी मूर्तियों में अपनी दिलचस्पी दिखाई जिससे फ्रांस तथा इटली के आभिजात्य समाज में कला की इस शैली के प्रति रुचि जाग्रत हुई।

यही वह समय था जब उस समय के चर्चित लेखक जोहान जोआ विंकेलमान (Johann Joa Winckelmann) ने उत्खनन में प्राप्त यूनानी मूर्तियों पर कई लेख लिखे जिसमें बताया गया कि हमारी कला को इस शास्त्रीय कला से सीख लेकर पुरानी परम्परा को आगे बढ़ाना चाहिए। फिर उन्होंने 1750 में एक पुस्तक लिखी जिसका नाम था—'Thoughts on the limitations of Greek Works in Painting and Sculpture' (चित्रकला और मूर्तिकला से सम्बन्धित यूनानी

कृतियों की सीमाओं पर विचार)। बाद में उन्होंने 1764 में 'History of Art' (कला-इतिहास) पुस्तक भी लिखी।

अपनी पुस्तकों में उन्होंने रोमन और यूनानी कला में अन्तर दिखाते हुए यूनानी कला की प्रक्षेपवक्र शैली के विकास और उसकी परिपक्वता को स्पष्ट किया और उसकी सीमाएँ बताते हुए उसके पतन के कारण भी दिखाए। यह बताते हुए उन्होंने जोर दिया कि आज के समय में भी हम यूनानी कला की सीमाओं से सीख लेते हुए उससे प्रेरणा लेकर काम कर सकते हैं। उन्होंने कहा कि कला का लक्ष्य महान सादगी होना चाहिए और उसमें वही शान्त भव्यता दिखनी चाहिए जिस तरह प्राचीन यूनान की आदर्शवादी कला में हमें दिखाई दे रही है। उन्होंने कहा—इन प्राचीन मूर्तियों में हम उनके सौन्दर्य में केवल प्रकृति को ही नहीं देखते, बल्कि उससे परे, उसके सौन्दर्य से भी परे कुछ ऐसी चीज दिख पा रही है; जिनके बारे में प्लेटो कहते थे—'केवल मस्तिष्क से रची गई छवियों से बाहर आओ।'

उन्होंने लिखा—'यह सिद्धान्त निश्चय ही पश्चिमी कला से बहुत दूर चला गया है, पर अब जरूरत है कि हमको प्राचीन यूनानी कला से प्रेरणा लेकर उन पर काम करना चाहिए। अगर यह सम्भव हुआ तो हमारी कला महान हो सकेगी; पर यह अनोखी सम्भाव्यता व्यावहारिक रूप तभी ले पाएगी जब हम इस प्राचीन कला की अनुकृति करना सीख सकेंगे।'

कहने की आवश्यकता नहीं कि उत्खनन से प्राप्त मूर्तियों के प्रति इटली और फ्रांस के लोगों में अपार रुचि, तत्कालीन राजशाही का उनके प्रति झुकाव और उसी में विंकेलमान की ये स्थापनाएँ एक साथ वहाँ की कला में नव-शास्त्रवाद के उदय का कारण बनीं, जो स्पष्ट रूप से प्राचीन यूनानी कला की शास्त्रबद्धता को नए रूप में लाने का एक आन्दोलन बना। यह आन्दोलन 1760 में इटली के रोम से शुरू हुआ तो शीघ्र ही फ्रांस में जा पहुँचा और पेरिस पहुँचने के साथ अनेक यूरोपीय देशों तक इसका प्रसार हो गया। लेकिन काम शुरू होने के बावजूद 1780 तक इसमें अनुकरण की प्रवृत्ति ही देखी जाती रही। 1784 में इस कला आन्दोलन को अपना पहला काम 'Oath of the Horatii' (होराती की शपथ) जैक्स दाविद की कृति के रूप में मिला, जिस पर हम आगे विचार करेंगे।

मोटे तौर पर देखें तो नव-शास्त्रवाद, रोमन और प्राचीन यूनानी कला को पुनर्जीवित करने का एक अनुकरणजीवी कला आन्दोलन था। इस आन्दोलन को प्राचीन यूनानी कला की सैद्धान्तिकी से जोड़ा गया, जिसमें सादगी और समरूपता पर बल दिया जाता था। इस तरह सीधे-सीधे यह कला आन्दोलन प्राचीन यूनानी और रोमन कला का पुनरुत्थान ही था जिसमें सादगी और समरूपता के सिद्धान्त को प्रमुखता दी गई। इसमें इन प्राचीन कलाओं की प्रतिकृति को लक्ष्य माना गया और वर्तमान पर प्राचीनता का प्रतिबिम्बन आधार-सूत्र। उस दौर को देखें तो साहित्य, दर्शन सहित

सभी क्षेत्रों में यह प्रवृत्ति मिलेगी। बहरहाल, जब नव-शास्त्रवाद रोकोके के समानान्तर खड़ा हुआ और एक आन्दोलन के रूप में इसने आकार लेना शुरू किया, तो प्रेरणा और अनुकृति में ग्रीक और रोमन युग के पौराणिक-ऐतिहासिक चरित्र, उनके प्रसंग आदि के चित्रण का भी दौर शुरू हुआ। इसमें उस दौर के वीर-पुरुषों के अनावृत्त (Nude) चित्र भी बनाए जाने लगे जो नाटकीय प्रकाश में दमकते प्रतीत होते थे। प्राचीन यूनान और रोमन कला-शैलियों की अनेक विधियाँ भी धीरे-धीरे इसमें आने लगीं जिसे लेकर कलाकार काम करते।

मोटे तौर पर नव-शास्त्रवाद की शैली में वीर-पुरुषों की नग्न देहों के चित्रण के साथ अनेक पौराणिक-ऐतिहासिक प्रसंग भी चित्रित होने लगे। इसमें चित्रण की जो विधि अपनाई गई उसमें नाटकीय प्रकाश से युक्त अंकन मुख्य रहा। अंकन में स्वच्छता, धारदार चमक वाली छवि पर बल देने जैसी विशेषताओं के साथ इस युग के कलाकारों ने प्राथमिक रंगों का प्रयोग बहुतायत में किया। कलाकार कोशिश करते कि उनका चित्रण चरित्रों और प्रसंगों को नए रूप में उभारकर उनकी प्रतिकृति की नई शैली को मान्यता दिलाने में मदद करे। इसमें बहुत कम कलाकारों को सफलता मिली, और कुछ ही ऐसे कलाकार उभर सके जिनकी निजी छाप देखने में आई; जबकि इस परम्परा में काम करनेवाले कलाकारों की संख्या बहुत थी। स्पष्ट रूप से चित्रकला में यह आन्दोलन अधिक दिनों तक जीवित न रह सका था, किन्तु मूर्तिशिल्प में लगातार अपनी उपस्थिति बनाए रखकर यह प्रविधि आज तक जीवित है।

ग्रीक और रोमन इतिहास प्रसिद्ध वीर पुरुषों का निर्माण आज भी हो रहा है। इस शैली में मूर्ति-निर्माण चमकाए हुए चिकने संगमरमर पर होता है जिसमें देहयष्टि के उभार को प्रमुखता दी जाती है। भुजाओं की मांसपेशियों, छाती के उभार सहित प्रभामय मुखमंडल को निर्मित करनेवाली यह शैली तब भी लोकप्रिय थी और अब भी है; क्योंकि मूर्तिशिल्प में चित्रकला की तरह नवाचार की सम्भावनाएँ और उसी के अनुपात में दर्शकों की अपेक्षाएँ, दोनों कम होती हैं। कह सकते हैं कि जैक्स दाविद इस नव-शास्त्रवाद के ऐसे कलाकार रहे जिन्होंने ग्रीक-कला के प्राचीन मानकों को इस नई कला शैली में ढालकर सुन्दर काम किए; किन्तु ऐसे अनेक कलाकार रहे जिन्होंने मानव-देह के सौन्दर्य को उनकी समग्रता में रखने की यूनानी आदर्शवादिता को साकार किया। मोटे तौर पर इससे जुड़े और सक्रिय कलाकारों की एक सूची बनाई जाए, तो यह बनेगी—

जैक्स लुइस दाविद (Jacques Louis David), अन्तोइन जिन ग्रॉ (Antoine Jean Gros), एडिलेड लाबिल्ले गुइलार्ड (Adelaide Labille Guilard), फ्रांसोइस गेरार्ड (Francois Gerard), जेम्स प्रादियर (James Pradier), जिन अगस्ट दोमिनिक्यू इंग्रे (Jean Auguste Dominique Ingres), जिन अन्तोइन हॉदोन (Jean Antoine Houdon), रेन्डॉल्फ रोजर्स (Randolf Rogers),

एस्मस जेकॉब कारस्टेन्स (Asmus Jacob Carstens), अन्तोनियो केनोवा (Antonio Canova) और गाविन हेमिल्टन (Gavin Hamilton)।

इन कलाकारों में वही शामिल हैं जिनकी उपस्थिति ने नव-शास्त्रवाद को प्रतिष्ठा दी। वैसे इस आन्दोलन से जुड़े कलाकारों की संख्या बहुत है; जिनकी सूची देने में हमारी दिलचस्पी नहीं है। इन कलाकारों में भी हम उन्हीं कलाकारों की चर्चा करेंगे जिन्हें अंग्रेजी कला समीक्षक नव-शास्त्रवाद का मेरुदंड मानते हैं। इनमें जैक्स दाविद, फ्रांसोइस गेरार्ड, अन्तोइन जिन ग्रॉ, जिन अगस्ट दोमिनिक्यू इंग्रे और गाविन हेमिल्टन शामिल हैं।

जैक्स लुइस दाविद (1748-1825)

जैक्स लुइस दाविद (Jacques Louis David) नव-शास्त्रवाद के प्रणेता भले न माने जाएँ, पर इसके सबसे महत्त्वपूर्ण कलाकार थे। 30 अगस्त, 1748 को पेरिस में जन्मे दाविद ने 29 दिसम्बर, 1825 को ब्रसेल्स में अन्तिम साँस ली थी। 1784 में उन्होंने अपना महत्त्वपूर्ण चित्र बनाया—'होराती की शपथ' (Oath of the Horatti)। इस कृति ने नव-शास्त्रवाद को प्रतिष्ठा दी, क्योंकि इसमें दाविद ने प्राचीन यूनानी कला मानकों का सुन्दर प्रयोग किया था। दाविद में राजनीतिक सजगता भी बहुत थी। 1789 में जब फ्रांसीसी राज्य-क्रान्ति शुरू हुई थी तो उसमें दाविद ने एक कलाकार की हैसियत से भाग लेते हुए 1793 में 'मरात की मृत्यु' (Death of a Marat) नामक कृति बनाकर इस क्रान्ति के शहीदों को श्रद्धांजलि दी। उन्होंने अनेक क्रान्तिकारी नेताओं के भी चित्र बनाए। इन चित्रों में शास्त्रवादी कला से भी अधिक यथार्थ को देखा गया था। 1775 में जब वे 'प्रिक्स दे रोम' (Prix De Rome) की फेलोशिप पर रोम गए थे, तब वहीं उन्होंने यूनानी कला का अध्ययन किया था और रोम में रहते हुए ही उनका नव-शास्त्रवाद नामक शैली की सम्भावनाओं से परिचय हुआ था। विंकेलमान के यूनानी कला पर लिखे विचारों और उनके आह्वान का परिचय भी उन्हें वहीं हुआ। वे इस विचार से तो प्रभावित हुए ही, यूनानी कला के आदर्श से भी। फ्रांसीसी राज्य-क्रान्ति के क्रान्तिकारियों के चित्रण तथा उनसे लगाव ने भी दाविद को लोकप्रिय बनाया, तो उनके चित्र भी खूब बिके। 1792 में दाविद को फ्रांसीसी संसद-सदस्य के रूप में चुना गया। दाविद इस तरह सत्ता के निकट पहुँचे और जनता के साथ-साथ सत्ता के शीर्ष पर बैठे लोगों की पसन्द भी बने। सत्ता के निकट होने का लाभ लेते हुए उन्होंने छिटपुट रूप से सक्रिय रोकोको कलाकारों पर सख्ती लागू की और सबको नव-शास्त्रवादी कला अपनाने के लिए बाध्य किया। राज्य का संरक्षण अब पूरी तरह नव-शास्त्रवाद के लिए था और रोकोको में राज्य की दिलचस्पी समाप्त हो चुकी थी। 1804 में नेपालियन के

सत्तासीन होने पर उन्हें राज्य-चित्रकार बनाया गया। इससे उनकी कला पर विपरीत असर पड़ा; क्योंकि अब वे राज्याज्ञा के अनुसार चित्रकला, वास्तु, वेशभूषा, भवनों की अन्त:सज्जा आदि के लिए भी सलाह देने लगे थे। नेपोलियन की हार के बाद वे बेल्जियम चले गए थे जहाँ ब्रसेल्स में उनकी मृत्यु हुई थी। बावजूद इसके, कि वे सत्ता में रहे, राजनीतिक नफा-नुकसान के गणित में भी उनकी संलग्नता रही; और राज्याज्ञा का पालन करते हुए उन्होंने कला-समाज पर अपने विचारों और अपेक्षाओं को थोपा था; किन्तु वे नव-शास्त्रवाद के सबसे बड़े कलाकार थे जिनकी कृतियाँ इस बात की गवाही देती हैं। 'मिनर्वा की विजय' (Minerva's Conquest), से लेकर 'होराती की शपथ' (Oath of Horatti), 'सुकरात की मृत्यु' (The death of Socrates), 'सेबाइन्स का बलात्कार' (Rape of the Sebines), 'मादाम रेकामिय' (Madame Recamier), 'गेन्ट की स्त्रियाँ' (Ladies of Ghent) जैसी कृतियाँ उनकी कला में यूनानी कला के आदर्श सहित तत्कालीन जीवन के व्यक्ति-चित्रण; दोनों के उदाहरण हैं। इसके अलावा 'नेपोलियन का आल्प्स को पार करना' (Napoleon Crossing the Alps), 'सशस्त्र कर्मचारियों द्वारा ब्रूटस को उनके बेटों की देह सौंपना' (The Lictors Bring to Brutus of his Sons) जैसे काम भी बहुत महत्त्वपूर्ण माने जाते हैं।

असल में राजनीतिक सक्रियता और मुखरता के कारण दाविद की कला को काफी क्षति पहुँची थी; क्योंकि वे मैक्सिमिलिएन डे रोबस पियरे (Maximilien de Robes Pierre) के नेतृत्व को स्वीकार कर अतिवादी समूह के सदस्य बन गए थे। इसके लिए उनको प्रतिबद्ध सदस्य की तरह अपनी कला को क्रान्तिकारी प्रचार का माध्यम बनाना पड़ा था। अपनी राजनीतिक सक्रियताओं के लिए ही उन्हें जुलाई, 1794 में जेल जाना पड़ा था, जहाँ से वे अगस्त, 1795 में रिहा हुए थे। विचारों में वे क्रान्तिकारी थे और अपने काम में भी सिद्धहस्त थे, पर एक बार राजनीति का स्वाद मिल जाने के बाद उनके भीतर की कला को इसकी भारी कीमत चुकानी पड़ी। जिस नव-शास्त्रवाद की आलोचना करते हुए रोम जाने के पहले पेरिस में उन्होंने घोषणा की थी कि 'प्राचीनता की कला मुझे छेड़ नहीं सकेगी; क्योंकि उसमें जीवन्तता का अभाव है' ('The arts of antiquity will not seduce for me, it lacks liveliness.'), उसी दाविद ने उस कला-शैली को सींचने और विकसित करने में न केवल अपने को लगाया, बल्कि सत्ता का उपयोग कर दूसरी शैलियों के कलाकारों को विवश भी किया कि वे सिर्फ नव-शास्त्रवाद में ही काम करें। जीवन के अन्तिम वर्षों में वे नेपोलियन की हार के बाद बेल्जियम में निर्वासन पर ही थे जहाँ अन्तिम दिनों में उन्हें कई असाध्य बीमारियों ने जकड़ा और ब्रसेल्स में उनका प्राणान्त हुआ। अपने अन्तिम वर्षों में 1822 से 1824 तक उन्होंने एक सुन्दर कृति बनाई थी—'Mars being disarmed by Venus and three Graces' (वीनस और उनकी तीन अनुग्रह शक्तियों द्वारा

मार्स को नि:शस्त्र करना) जो उनकी अन्तिम कृति सिद्ध हुई थी। तैल में बनी यह कृति अपने संयोजन और लालित्य में अद्‌भुत थी।

यह अकारण नहीं है उनके रंग-कौशल और शास्त्रीय विधानों की अपूर्व क्षमता को देखते हुए स्वच्छन्दतावाद (Romanticism) के प्रवर्तक और रंग-चिन्तक यूजीन देलाक्रोइक्स ने कहा था—'कला संसार दाविद को समग्र आधुनिक कला शैलियों के पिता के रूप में देखेगा' (The world refer to David as the father of the Whole Modern School)।

फ्रांसोइस गेरार्ड (1770-1837)

फ्रांसोइस सिमोन गेरार्ड (Francois simon Gerard) नव-शास्त्रवाद के प्रमुख कलाकार थे। 4 मई, 1770 को रोम (इटली) में जन्म लेनेवाले गेरार्ड फ्रांसीसी कलाकार थे जिनकी मृत्यु 11 जनवरी, 1837 को पेरिस में हुई थी। उनकी माता इतालवी थीं और पिता फ्रांसीसी; जो उनके जन्म के समय रोम में स्थित फ्रांसीसी दूतावास में एक अधिकारी थे। प्रारम्भिक शिक्षा उन्होंने पेरिस में ली और उसके बाद मूर्तिकार अगस्टिन पोजोउ (Augustin Pojou) के स्टुडियो में दो वर्ष तक कला-शिक्षा ली। इसके बाद इतिहास चित्रकार निकोलस गुय ब्रेनेट (Nicolas Guy Brenet) तथा जैक्स दाविद उनके कला-गुरु रहे। गेरार्ड नव-शास्त्रवादी शैली में व्यक्ति-चित्र (Portraits) बनानेवाले चित्रकार के रूप में ही जाने जाते हैं जिन्होंने बड़ी संख्या में इतिहास-प्रसिद्ध व्यक्तियों के चित्र बनाए। वे बहुत अच्छे रेखांकनकार भी थे। उनके व्यक्ति-चित्रण में रेखाओं की शुद्धता प्रभावित करती थी। उनके द्वारा बनाए गए स्त्रियों के व्यक्ति-चित्र विशेष रूप से ध्यान आकृष्ट करते हैं जिनमें अक्षत सादगी और स्पष्ट अभिव्यक्ति दिखती है। उनके मुख्य कामों में—'नेपोलियन बोनापार्ट' (Napoleon Bonaparte), 'जोआचिम मूराट' (Joachim Murat), 'मादाम रेकामिर' (Madame Recamir), 'केथरिन ग्रांड' (Catherine Grand), 'क्यूपिड और साइके' (Cupid and Psyche), 'ऑस्टरलिज युद्ध में नेपोलियन' (Napoleon at the Battle of Austerlitz) आदि शामिल हैं।

इस तरह गेरार्ड किसी ऐसे कलाकार की तरह सामने नहीं आते, जिन्होंने कोई उल्लेखनीय काम किया हो। किन्तु उनका नव-शास्त्रवाद में स्थान है। 11 जनवरी, 1837 को तीन दिनों के बुखार के बाद उनका देहान्त हो गया था।

अन्तोइन जिन ग्रॉ (1771-1835)

अन्तोइन जिन ग्रॉ (Antoine Jean Gros) का जन्म 16 मार्च, 1771 में और निधन 25 जून, 1835 में हुआ। वे फ्रांसीसी चित्रकार थे। उन्होंने जैक्स दाविद से पेरिस में

कला की शिक्षा ली थी और फ्रांस राज्य क्रान्ति के समय स्वतंत्र चित्रकार के रूप में अपना जीवन शुरू किया था। उनकी एक खास बात यह रही कि वह नेपोलियन की सेना के साथ अनेक वर्षों तक यात्राएँ करते रहे थे। 1799 में लौटने के बाद उन्होंने नेपोलियन के जीवन और युद्ध से सम्बन्धित कई बड़ी कृतियों की रचना की। उनकी ख्याति युद्ध की विभीषिका को यथार्थवादी शैली में व्यक्त करनेवाले चित्रकार की बन गई थी। बाद में उन्होंने फ्रांसीसी सेना के उच्चाधिकारियों और फ्रांसीसी समाज के बड़े व्यक्तियों के व्यक्ति-चित्र बनाकर अपनी प्रतिष्ठा धूमिल की, जिसमें पहले जैसी न क्षिप्रता रही और न अभिव्यक्ति में वह रंगत। नेपोलियन के पतन के बाद उन्होंने इतिहास से सम्बन्धित चित्रों को बनाने में अपना ध्यान केन्द्रित किया; पर आलोचक इसमें भी वह प्रभाव न देख सके, जो उनके युद्ध-विषयक चित्रों में दिखता था।

उनके मुख्य कामों में—'जाफा पर त्रासद आक्रमण के समय बोनापार्ट का दौरा' (Bonaparte visits the plague Striken in Jaffa), 'इलायु की युद्धभूमि में नेपोलियन' (Napoleon on the Battle field of the Eylau), 'अबुकीर का युद्ध' (The Battle of Abukir) शामिल हैं। नव-शास्त्रवाद की शैली में युद्ध के संवाद को व्यक्त करने में उनकी कुशलता का कोई विकल्प नहीं था। युद्ध-स्थल पर लड़ते सैनिक, रक्त से लथपथ शवों के ढेर, कुँलाचें भरते घोड़ों पर सवार, तलवार भाँजते योद्धा और नग्न हो चुके पराजित सैनिकों की चीख-पुकार जैसे मर्मान्तक दृश्यों को सादृश्य और समरूप शैली में अंकित करनेवाले जिन ग्रॉ स्वयं युद्ध के प्रत्यक्षदर्शी थे। बावजूद इसके, उनके पास ऐसी कृतियाँ नहीं हैं जो किसी नवाचार का उदाहरण बन सकें।

जिन अगस्ट दोमिनिक्यू इंग्रे (1780-1867)

जिन अगस्ट दोमिनिक्यू इंग्रे (Jean Auguste Dominique Ingres) नव-शास्त्रवाद के एक अन्य उल्लेखनीय चित्रकार हैं जिनका जन्म फ्रांस में 29 अगस्त, 1780 में हुआ और निधन 14 जनवरी, 1867 में। वे पारम्परिक कला से प्रभावित थे और अपने कामों में अतीत से चली आ रही कला-रूढ़ियों को माननेवाले भी। वैसे वे निकोलस पॉसिन और जैक्स दाविद की कला परम्परा के कलाकार थे; ऐसा वे स्वयं मानते थे। आकार और अवकाश के अभिव्यक्तिपरक निरूपण में सिद्धहस्त होने के कारण आधुनिकतावादी कलाकारों सहित मातिस और पिकासो भी उनसे प्रभावित हुए थे। इंग्रे ने जैक्स दाविद से कला शिक्षा ली और 1802 में 'प्रिक्स दे रोम' पुरस्कार प्राप्त किया। उन्हें यह पुरस्कार पेरिस के सलोन में जिस कृति पर मिला था, वह कृति भी—'अशिल्स के शिविर में अगामेनोन के राजदूत' (The Ambassadors of Agamenon in the tent of Achilles)। इसके बाद 1806 वे पेरिस से रोम गए,

जहाँ उन्होंने इतालवी और फ्लेमिश पुनर्जागरणकालीन कलाकारों की शैली का गहन अध्ययन किया और उसके रहस्यों के उद्घाटन की तकनीक को समझा। जीवन भर वह इन्हीं कामों से प्रभावित रहे और उन्हें ही नव-शास्त्रवादी कला में बरतते रहे। उनकी शैली की विशेषता यही थी कि वे अपनी अभिव्यक्ति में कुशल थे। रंगों के सहज प्रयोग से वे चित्र की बहिर्रेखा को संयोजित कर दर्शक को हैरत में डाल देते थे।

उनकी कुछ उल्लेखनीय कृतियाँ हैं—'ओडालिस्क्वे स्लाव के साथ' (Odalisque with Slave), 'सन्त सिम्फोरियान की शहादत' (The Martyrdom of Saint Symphorian), 'ओडिपस और स्फिंक्स' (Oedipus and the Sphinx), 'रोजर द्वारा अंजेलिका को मुक्त करना' (Roger Freeing Angelica) आदि। कहा जा चुका है कि इंग्रे पर प्राचीन कला की शैली का गहरा असर था। उन्हें मिथकीय चरित्रों और प्रसंगों के अंकन में खुशी मिलती थी। चित्रों के साथ-साथ उन्होंने बहुत-से रेखांकन भी किए, जो आज भी अपनी ताजगी और गतिमय संयोजन के कारण प्रभावित करते हैं।

गाविन हैमिल्टन (1723-1798)

गाविन हैमिल्टन (Gavin Hamilton) स्कॉटिश चित्रकार थे जिनका जन्म 1723 को लनार्कशाइर (स्कॉटलैंड) में हुआ और निधन रोम में 4 जनवरी, 1798 में हुआ था। वे महत्त्वपूर्ण नव-शास्त्रवादी कलाकार थे जिनको प्राचीन शिकार से सम्बन्धित इतिहासकालीन चित्रों के सर्जक के रूप में जाना जाता है। 1744 में वे इटली गए जहाँ उन्होंने रोम में अगस्टिनो मासुक्की (Agostino Masucci) की चित्रशाला में कला-शिक्षा ली। 1748 से 1750 तक वे कुछ कलाकारों के साथ वहीं रहे, फिर वे उनके साथ नेपल्स और वेनिस गए। वापसी में ब्रिटेन आ गए जहाँ उन्होंने लन्दन में काफी साल बिताए और वहाँ व्यक्ति-चित्रण से सम्बन्धित बहुत-सी कृतियाँ बनाईं। 1751 से 1756 तक वहाँ रहने के बाद वे रोम आ गए, जहाँ वे बयालीस साल तक यानी मृत्यु-पर्यन्त रहे।

अपने कुछ मित्रों के व्यक्ति-चित्रों के बाद उनके रचे गए अधिकतर काम बड़े हैं और यूनानी तथा रोमन शैली की शास्त्रीय पद्धति में निर्मित हैं। उनके विषय भी वही प्राचीन मिथकीय आख्यान और प्रसंग हैं जिनका आग्रह नव-शास्त्रवाद करता था। उनकी महत्त्वपूर्ण कृतियों में होमर की 'इलियद' पर बनाई गई छह कृतियों की शृंखला है जिसे बहुत पसन्द किया गया था। उनके अन्य कामों में—'लुक्रेशिया की मृत्यु' (Death of Lucretia), 'क्लियोपेट्रा' (Cleopatra), 'हेक्टर की मृत्यु पर एन्ड्रोमाचे का विलाप' (Andromache Bewailing the death of Hector), 'पेट्रोक्लूस की मृत्यु पर अशिल्स का शोक' (Achilles Lameuting the death of

Petroclus) आदि हैं। गाविन की ऐतिहासिक कृतियों की शृंखला इतनी भव्य है कि उस पर आँख नहीं ठहर पाती। प्राचीन यूनान और रोमन कला शैली की सादगी सहित शान्त भव्यता और समरूपता का उदाहरण बनीं गाविन की कृतियों को विंकेलमान, मूर्तिकार अन्तोनियो कानोवा तथा महान जर्मन दार्शनिक योहान वुल्फगांग फान गेटे की भरपूर सराहना मिली। किन्तु ब्रिटेन के कलाकारों और कला समीक्षकों की सराहना न मिली। निश्चय ही उनकी हत्या वाली शृंखलाएँ जैक्स दाविद की 'होराती की शपथ' आदि कृतियों से प्रेरित रहीं, पर गाविन ने जिस तन्मयता और कुशलता से नव-शास्त्रवाद को विकसित किया, उतना जैक्स दाविद के सिवाय किसी भी और कलाकार से न हुआ।

इस प्रकार हम देख पाते हैं कि नव-शास्त्रवाद रोकोको शैली की प्रतिक्रिया में उभरकर प्राचीन यूनान और रोमन कला शैली को पुनर्जीवित कर शास्त्रबद्ध कला बनता है जिसमें मिथकीय चरित्रों, प्रसंगों आदि के अंकन का ही प्राधान्य है। किन्तु जब भी हम आधुनिक कला की चर्चा करेंगे; तब अन्य शैलियों की ही तरह नव-शास्त्रवाद को याद करेंगे; क्योंकि इसमें भी चित्र-रचना के कुछ अनछुए रहस्य दिखे थे जो बाद के कलाकारों को प्रेरित कर सके थे। कुछ पश्चिमी कला इतिहासकारों ने नव-शास्त्रवाद की पाँच महत्त्वपूर्ण कृतियों को रेखांकित करते हुए इस आन्दोलन की उपलब्धियों को महत्त्वपूर्ण माना है। इन कृतियों में जैक्स दाविद की 'होराती की शपथ' तो सबसे पहले है और उसके बाद असमस जैकब कारस्टेन्स (Asmus Jacob Carstens) की 'रात और उसके बच्चों का सोना और मरना' (Night and her childrens sleep and Death), अन्तोनियो कानोवा (Antonio Canova) की मूर्तिकृति 'हेबे' (Hebe), जिन अन्तोइन हॉदोन (Jean Antoine Houdon) की कृति 'वाल्टेयर' (Valtaire) और गाविन हेमिल्टन की कृति 'पामीर के खँडहर की खोज करते जेम्स डाउकिन्स और रॉबर्ट वुड' (Jemes Dawkins and Robert Wood Discovering the ruins of Palmyra) शामिल हैं।

बेशक, नव-शास्त्रवाद एक रूढ़िवादी कला-आन्दोलन था जिसमें प्राचीनता के अन्धानुकरण में ही अपनी सार्थकता दिख रही थी। उसमें न तो नवाचार की गुंजाइश थी और न ही कलाकारों ने इसकी कोशिश ही की; जैसी कोशिश पुनर्जारणकालीन कला, बारोक या रोकोको शैलियों के आन्दोलन में दिखी थी; पर उसमें भविष्य की कला के गहरे स्रोत थे और आगे की सृजनधर्मिता की आग भी; जिसे लेकर स्वच्छन्दतावादी कला (Romantic Art) अस्तित्व में आई थी। जाहिर है, स्वच्छन्दतावाद ही वह बीज है जो आधुनिक कला के अंकुरण का कारण बना था।

स्वच्छन्दतावाद
(Romanticism)
(1800-1850)

रूढ़िमुक्ति का पहला अभियान

स्वच्छन्दतावाद (1800-1850) का उदय नव-शास्त्रवाद की जकड़बन्दियों के विरोध-स्वरूप हुआ था। शास्त्रबद्ध कठोरता और चित्रण की हदबन्दियों के कारण वैसे भी नव-शास्त्रवाद के बहुत दूर तक जाने की सम्भावना नहीं थी। कलाकार उसे छूने तक से घबराते थे और जो लोग इसमें काम कर रहे थे, उनके परिश्रम और अनुशासन से नवागत कलाकारों में भय बना रहता था। इसी तरह आसपास के यूरोपीय समाज में भी परिवर्तन आ रहा था। लोग यूनान और रोमन कलाओं की पुनरुत्थानवादी प्रवृत्ति से ऊबने लगे थे; ऐसे में कलाकारों को इस पद्धति से बाहर निकलने का स्वाभाविक मार्ग मिल गया। यह वह समय था, जब ज्याँ जॉक रूसो (Jean Jacques Rousseau) (1712-1778) के विचारों का प्रभाव समूचे यूरोप सहित फ्रांस में भी पड़ा। जिनेवा, स्विट्जरलैंड के इस दार्शनिक ने यूरोपीय बुद्धिवाद की भर्त्सना की और विचार-व्यवहार तथा रचना में सहज मानवीय भावों को महत्त्व देने पर बल दिया। 'The Social Contract'[1] (सामाजिक संविदा) की अपनी सैद्धान्तिकी में उन्होंने सामाजिक बाध्यताओं और राजनीतिक दासत्व सम्बन्धी नीतियों का विरोध करते हुए राज्य को नैतिकता की सीख दी।

फ्रांस में रहते हुए रूसो को वहाँ का नियंत्रित समाज काटता था तथा सत्ता की कठोरता से दम घुटता था। उन्होंने पाया कि यहाँ सब कुछ बन्द-बन्द है और बनावटी है। यद्यपि कि रूसो के विचारों में तरह-तरह के अन्तर्विरोध दिखते हैं, पर व्यक्ति-स्वातंत्र्य को लेकर उनके विचारों का तार्किक महत्त्व है और यही कारण है कि उनका असर भी देखने में आया। बुद्धिवादी व्यक्तिवाद को स्थापित करते हुए रूसो का निरपेक्ष स्वतंत्रता का सिद्धान्त, जहाँ व्यक्ति को समाज और राज्य-निरपेक्ष

---

1. रूसो की यह पुस्तक 1762 में प्रकाशित हुई थी जो राजनैतिक सिद्धान्तों पर आधारित थी।

बनाकर उसकी वैयक्तिक स्वतंत्रता को वैध ठहराता है, वहीं उसे; यानी व्यक्ति को सभी सामाजिक तथा नागरिक दायित्वों से मुक्त कर देता है। इस सैद्धान्तिकी के अतिचार पर विचार करना यहाँ हमारा लक्ष्य नहीं है; लक्ष्य केवल यह है कि हम बता सकें कि राज्य-शासन और सामाजिक रूढ़ियों के कठोर अनुशासन को रूसो के विचारों से चुनौती मिली और इससे बाध्यकारी अनुशासनों से मुक्त होने की प्रेरणा भी। रूसो के ये विचार कि—'मनुष्य में जन्मजात कोई दुर्गुण नहीं होता; इसलिए उसे अन्तत: बुरा नहीं माना जा सकता और उसे अच्छा होने का अवसर दिया जाना चाहिए। संसार में सुख और शान्ति को प्रसारित करने के लिए आवश्यक है कि मनुष्य को स्वाभाविक ढंग से विकसित होने दिया जाए तथा उस पर पारम्परिक अवधारणाओं और आदर्शों को थोपा न जाए। पारम्परिक रूढ़ियों पर आँख मूँदकर आस्था रखने से समाज में संघर्ष की स्थिति बनती है और सर्वत्र अशान्ति फैल जाती है;' यूरोप विशेषकर, फ्रांसीसी समाज को आन्दोलित करने के काम आए।

स्वच्छन्दतावाद के उदय में रूसो के विचारों की बड़ी भूमिका रही। संस्कृति के क्षेत्र में असहमतों के लिए आधार की तरह आए ये विचार साहित्य, संगीत, नाटक, दर्शन सहित कला में एक बड़े परिवर्तन की पृष्ठभूमि बने।

इसके पहले केवल कला ही नहीं, साहित्य आदि सभी क्षेत्रों में रचनाकार के मनोभावों की कोई स्वतंत्रता न भी, न ही स्वतंत्र रूप से पारम्परिक रूढ़ियों और मान्यताओं के विरुद्ध काम करने की छूट थी। अब तक इस बात की परवाह की ही नहीं गई थी कि कला का जन्म कलाकार के मनोभावों से होता है या उसके भावों के विन्यास से ही कला में जीवन का वास होता है। कला की श्रेष्ठता नकल में नहीं, कलाकार की भावना और बुद्धि के सामंजस्य से बनी रचना में हो सकती है। इसके पहले हमने जितने आन्दोलन देखे, उसमें कुछ कलाकारों ने कहीं-कहीं निजी छूट और प्रतिभा के उपयोग से ऐसी कृतियों को निर्मित किया, जिनमें आगे की कला के विकास-सूत्र दिखे थे। पर अधिकतर बड़ी प्रतिभाएँ सत्ता द्वारा थोपे विषयों और चर्च के दबावों से मिथकीय चरित्रों के अंकन में ही मर-खप गई थीं। यह केवल सत्ता और धर्म का ही दबाव न था; कलाकारों में स्वयं इसके विरुद्ध सोचने की क्षमता न थी; क्योंकि वे इसे धर्म विरुद्ध आचरण मानते आ रहे थे—और अपने मन का करना नरक में जाने की तैयारी ही करने जैसा था। ऐसे ही वातावरण में जब समाज की रुचि भी बदलने लगी थी और नए विचारों ने व्यक्ति-स्वातंत्र्य की भावनाओं को जगाया था; स्वच्छन्दतावाद आया। इसके आने का एक कारण यह भी था कि जैक्स दाविद की मृत्यु के बाद नव-शास्त्रवादी पद्धति में काम करनेवाले कलाकारों की दिलचस्पी घटी। जिन जैक्स दाविद 'कला को तर्क के आधार पर होना' श्रेयस्कर मानते थे और कलाकार के मन को, उसके भावों को महत्त्व न देकर नव-शास्त्रवाद की पुनरुत्थानवादी शैली को शासनादेश की तरह लागू करवाते थे, उन्हीं के शिष्यों

और अनुकर्ताओं ने सबसे पहले इस रूढ़ कला-शैली की उपेक्षा की। यह आश्चर्य की बात नहीं है कि अन्तोइन जिन ग्रॉ आदि दाविद के कई शिष्य नव-शास्त्रवाद से मुक्ति लेकर स्वच्छन्दतावाद की शरण में आ गए थे; ऐसे में नए कलाकारों की ही क्या बिसात थी, जो उस कठोर अनुशासन से बँधे रहते।

माना जाता है कि स्वच्छन्दतावाद के उदय में रूसो के विचारों, तत्कालीन सामाजिक स्थितियों और कलाकारों द्वारा पारम्परिकता से मुक्त होकर कुछ नया रचने की बेचैनी के साथ-साथ कवि-चित्रकार विलियम ब्लेक (William Blake) की भी भूमिका थी। स्वच्छन्दतावादी कवियों में एक, लन्दन निवासी ब्लेक कवि के साथ-साथ चित्रकार और छायाकार भी थे। उनका निधन 1827 में हुआ था, जब स्वच्छन्दतावाद अभी आकार ही ले रहा था; इसलिए एक चित्रकार और छायाकार के रूप में स्वच्छन्दतावाद में उनकी उल्लेखनीय उपस्थिति नहीं बन पाई थी जितनी बड़ी उपस्थिति वे स्वच्छन्दतावादी कविता में बना सके थे। लेकिन अपने विचारों से उन्होंने निश्चय ही बड़ी भूमिका निभाई थी। ज्ञातव्य है कि ब्लेक इंग्लैंड में रहते हुए नव-शास्त्रवाद की पद्धति के विपरीत मनोभावों को व्यक्त करनेवाले चित्र बनाया करते थे और सभी रूढ़ विचारों और परम्पराओं को मानने से इनकार कर रहे थे। अपनी मनमानी आदतों के लिए राजदंड तक भुगतनेवाले ब्लेक चर्च की तानाशाही के विरुद्ध आवाज उठानेवाले लोगों में आगे थे। स्वच्छन्दतावादी कला आन्दोलन के आकार पाने में कवि-चित्रकार ब्लेक के विद्रोही विचारों का भी हाथ माना जाता है जिन्हें उन दिनों 'अराजकता का अग्रदूत'[1] (Visionary Anarchist) कहा गया था। उन्होंने जो खुले तौर पर हर तरह की हदबन्दियों के विरुद्ध संघर्ष छेड़ा, उससे कलाकारों को नया करने की प्रेरणा तो अवश्य ही मिली।

इन्हीं स्थितियों में 1800 के आसपास स्वच्छन्दतावाद का प्रादुर्भाव हुआ जिसकी पहली उल्लेखनीय कृति 'The Raft of the Medusa' (मेदुसा का बेड़ा) 1819 में देखने में आई जो थियोदोर गेरिकॉल्ट (Theodore Gericault) की कृति थी और वही इस आन्दोलन के वास्तविक नेता भी थे। कला आन्दोलनों के इस पड़ाव पर आकर यह एहसास होता है कि स्वच्छन्दतावाद सर्वथा पहला ऐसा आन्दोलन था जिसमें व्यक्ति-स्वातंत्र्य के साथ-साथ कलाकार की निजी इच्छाओं-अनिच्छाओं का सम्मान किया गया और कला के विषय-चयन में भी कोई बाध्यता नहीं रखी गई। परम्परा अब बाध्यकारी न थी, प्राचीन मिथकीय चरित्रों के अंकन की हदबन्दियाँ टूट चुकी थीं और कलाकारों पर यह निर्भर था कि उन्हें किस तरह का काम करना है या क्या उन्हें पसन्द है। यह नव-शास्त्रवाद के विरुद्ध स्वच्छन्दता का विद्रोह ही था जो आगे चलकर आधुनिक कला के निर्माण की पृष्ठभूमि बना।

---

1. विलियम ब्लेक के पहले जीवनीकार अलेक्जेण्डर गिलक्रिस्ट ने उनकी जीवन 'Life of William Blake' में तो उनके पागल होने और न होने पर एक अध्याय ही रखा है।

कुछ अंग्रेजों कला-इतिहासकार स्वच्छन्दतावाद के समय को 1800 से 1890 तक मानते हुए इसे 'स्वच्छन्दतावादी युग' (Romantic Era) कहने का प्रस्ताव देते हैं। उनके इस प्रस्ताव का अर्थ यह भी है कि स्वच्छन्दतावाद केवल कला तक सीमित न था। उसकी व्याप्ति साहित्य, संगीत, नाटक तथा दर्शन आदि अनुशासनों तक थी। कला में वह निश्चय ही साहित्य के बाद आता है जिसके एक प्रतिनिधि कवि विलियम ब्लेक कला में भी भागीदार होते हैं।

स्वच्छन्दतावाद को परिभाषित करते हुए इस कला विधि को ऐसी कला माना गया है जो कलात्मक और बौद्धिक पद्धति है जिसमें वैयक्तिक अभिव्यक्तियों को महत्त्व देते हुए कलाकार की कल्पना और उसके मनोभावों के अंकन पर जोर दिया जाता है। इस स्तर पर माना जाता है कि यह कला आन्दोलन नव-शास्त्रवादी मानसिकता और उसके प्रारूप से प्रस्थान तो है ही, हर तरह की व्यवस्थागत और सामाजिक रूढ़ियों और बाध्यकारी अनुशासनों से विद्रोह भी है। यह विद्रोह केवल कला-सृजन तक सीमित न होकर व्यावहारिक जीवन तक पहुँचा था जिसमें समाज के आचार-विचार और मानसिकताएँ तक बदल गई थीं। जब हम रूसो जैसे विचारक और विलियम ब्लेक जैसे कवि-चित्रकार की भूमिकाओं को परखते हैं और तत्कालीन सामाजिक और राजनैतिक स्थितियों का परीक्षण करते हैं तो यह समझ में आता है कि नई राजनीतिक सजगता ने सामाजिक और व्यवस्थागत ढाँचे को परिवर्तन के लिए बाध्य कर दिया था। निश्चय ही यह आन्दोलन फ्रांस की धरती पर हुआ था और पेरिस इसका केन्द्र था; पर इसका प्रभाव पूरे यूरोप के कला-जगत पर पड़ा था।

अन्य कला आन्दोलनों की तरह इसमें भी बड़ी संख्या में कलाकारों की भागीदारी रही, जिनकी सूची बहुत लम्बी है, फिर भी उल्लेख्य कलाकारों के नाम दिए जा सकते हैं। इन कलाकारों में—विलियम ब्लेक (William Blake), फ्रांसिस्को गोया (Francisco Goya), कास्पर डेविड फ्रेडरिक (Casper David Fredrick), यूजीन देलाक्रोइक्स (Eugene Delacroix), जे.एम.वी. टर्नर (JMV Turner), फ्रांसेस्को हायेज (Francesco Hayez), जॉन कांस्टबल (John Constable), थियोदोर गेरिकॉल्ट (Theodore Gericault), गुस्ताव दोरे (Gustav Dore), डेविड डी' अंग्र (David d' Angres), जिन बापटिस्टे कामिल्ले कोरो (Jean Baptiste Camille Corot), विलियम टर्नर (William Turner) आदि मुख्य हैं। इनमें भी जो अत्यन्त महत्त्वपूर्ण हैं, हम उन्हीं को संक्षेप में आगे देखेंगे।

फ्रांसिस्को गोया (1746-1828)

फ्रांसिस्को गोया (Francisco Jo se de Goya Y Lucientes) स्वच्छन्दतावाद के महत्त्वपूर्ण आरम्भिक चित्रकारों में रहे जिन्हें लेकर कला आलोचकों में असमंजस

दिखता रहा है। कोई उन्हें स्वच्छन्दतावादी कहता है, तो कोई यथार्थवादी। पर सच यही है कि कृतियों में यथार्थ के प्रक्षेपण-मात्र से यथार्थवाद की कोटि में रखना उनके साथ अन्याय करना है; क्योंकि तब तक कला में यथार्थवाद आया भी न था। सच यही है कि वे रोकोको कला-शैली के चित्रकार थे जिनके चित्रों में स्वच्छन्दता के सूत्र दिखाई देते थे और वे रोकोको की सीमा में अँटते न थे; इसीलिए हमने उन्हें स्वच्छन्दतावादी कलाकारों में रखा है। इसका एक कारण यह भी है कि उनके चित्रकार जीवन का परिपक्व चरण स्वच्छन्दतावाद के ही हिस्से आया था और इस चरण के उनके काम स्वच्छन्द मनोवृत्तियों और भावों के अच्छे उदाहरण बनकर आते हैं।

गोया का जन्म 30 मार्च, 1746 को स्पेन में हुआ था और वे मूलत: स्पेनी चित्रकार थे। बाद के अनेक वर्ष उनके फ्रांस में ही गुजरे थे जहाँ 16 अप्रैल, 1828 को उनका निधन हुआ था। अन्तिम वर्षों में फ्रांस में चले जाने के बावजूद स्पेन के शीर्ष कलाकारों में उनकी गिनती होती है। गोया एक गरीब किसान के पुत्र थे जिसके कारण बचपन में उन्हें बहुत दुख उठाने पड़े थे। वे अपने पिता के साथ सुबह से शाम तक खेतों में काम करते और जली हुई लकड़ियों से चट्टानों तथा पत्थरों पर कुछ लकीरें खींचकर अस्पष्ट-सी आकृतियाँ बनाने का अभ्यास करते। उनके अभ्यास से बनी कृतियाँ अच्छी बनने लगीं तो ग्रामीणों ने उनको चर्च में टँगने वाले पर्दे के चित्रांकन का काम सौंपा जिसे गोया ने सुन्दरता से अंकित कर सबको मुग्ध कर दिया। गोया की इस प्रतिभा से प्रभावित होकर गाँव के ही एक सम्पन्न व्यक्ति ने आगे की कला-शिक्षा के लिए उन्हें पैसे देकर सरगोसा नामक नगर में भेजा था। तब उनकी उम्र चौदह वर्ष की थी। कला की थोड़ी-बहुत पढ़ाई कर लौट आए गोया उपद्रवी बच्चों की संगति में पड़कर मार-पीट करने लग गए थे जिसके कारण वे मैड्रिड चले गए, फिर वहाँ से इटली गए; क्योंकि मैड्रिड में भी उनकी मारपीट का सिलसिला थमा नहीं। इटली के पार्मा में रहते हुए वे स्पेन के ग्राम्य-चित्र बनाकर बेचते और जो पैसा मिलता, उससे गुजारा करते। फिर वे स्पेन लौटकर आरोगान में रहने लगे। यहीं उनकी शादी हुई थी और उसके बाद एक संस्था में चित्रकार की नौकरी भी मिली। यहीं पर उन्होंने चर्च के पट को रंगने की विधि से मुक्ति लेकर अपनी नई शैली विकसित करने का उपक्रम करना आरम्भ किया। यह वह समय था जब गोया को चर्च पट के चित्रांकन में मिथकीय चरित्रों से ऊब पैदा हुई और वे स्पेन के लोगों के जीवन को अंकित करने में लग गए। उन्हें लगा कि कला अन्तत: मन की स्वाभाविक गति की अभिव्यक्ति है।

धीरे-धीरे उनकी ख्याति बढ़ी तो हैसियत भी बनी। वे स्पेन के राज्य चित्रकार बने, तो वहाँ की कला संस्था के अध्यक्ष भी; पर वे अनीति से आँखें मूँदे रहनेवाले कलाकार न थे। स्पेन की राजशाही से आक्रान्त जनता के दुख-दर्द उनकी कृतियों में

आने लगे। उन्होंने इसी क्रम में भ्रष्ट राजशाही के दृश्य भी उकेरे और अन्त:पुर की अय्याशी का अंकन भी किया, जिससे लोग क्षुब्ध भी हुए।

इस तरह गोया ने अपनी कला में सर्वथा पहली बार जन-जीवन के चित्रण की शुरुआत की थी जिसमें जीवन का यथार्थ रूपायित होता था। इसके साथ-साथ उन्होंने मुक्तभाव से चित्रण की पद्धति अपनाई और जब स्वच्छन्दतावाद आया तो उसे अपने निकट मान उसकी शैली में अपने चित्र बनाए। उनके चित्रण में जीवन-यथार्थ के बारीक पर्यवेक्षण के साथ-साथ मनोभावपरक अंकन की जो विशिष्टता दिखती है, वह आगे की अनेक कला-शैलियों की याद दिलाती है। इसमें कोई दो राय नहीं कि उनकी कृतियों में स्वच्छन्दतावादी शैली के साथ-साथ हम यथार्थवाद, अभिव्यंजनावाद और अति यथार्थवाद के बहुत बारीक सूत्र देख सकते हैं। इन सभी प्रवृत्तियों के बीज होने के कारण ही गोया स्वच्छन्दतावाद में अपनी मूर्धन्यता स्थापित न कर सके थे; क्योंकि वे केवल उसी पर एकाग्र न रहे और जब यह आन्दोलन अपने उठान पर पहुँचने लगा, तो उनकी मृत्यु हो गई। किन्तु वह उस युग के बड़े कलाकारों में थे जिनके उल्लेख के बिना आधुनिक कला की यात्रा पूरी नहीं होती।

उनकी मुख्य कृतियाँ हैं—'माजा वस्त्रसहित' (Maja Clothed), 'माजा अनावृत्त या विवस्त्र' (Maja Nude), 'मनमौजीपना' (La Caprichos), 'युद्ध की त्रासदी' (Horrors of War), 'युद्ध की आपदाएँ' (Disasters of War), 'पुत्र को खानेवाला शनि' (Saturn Devouring his Son), 'चुड़ैलों के विश्राम का समय' (The Witches Sabbath), 'तीन मई' (The Third of May), 'कुत्ता' (The Dog), 'चुड़ैलों की उड़ान' (Witches Flight), 'सारडीन का दफन' (The Burial of the Sardine) आदि हैं। गोया की बहुविध कृतियों में हम बता चुके हैं कि अनेक कला-शैलियों के सूत्र हैं और रंगों के बर्ताव, रेखाओं की दृढ़ता तथा आकारों को तोड़ने की जो कुशलता उनमें है, वह किसी को भी चकित करनेवाली है।

थियोदोर गेरिकॉल्ट (1791-1824)

थियोदोर गेरिकॉल्ट (Jean-louis Andre Theodore Gericault) स्वच्छन्दतावाद के अगुवा कलाकार थे। उनका जन्म 26 सितम्बर, 1791 को रोएन, फ्रांस में हुआ था और निधन 26 जनवरी, 1824 को पेरिस हुआ। सिर्फ बत्तीस वर्ष जीनेवाले इस कलाकार में अद्‌भुत प्रतिभा थी जिसने स्वच्छन्दतावाद को समृद्ध किया। एक चित्रकार और लिथोग्राफर के रूप में ख्यात गेरिकॉल्ट ने अपनी आरम्भिक कला शिक्षा कार्ले वरनेट (Carle Vernet) से ली थी जो क्रीड़ा-विषयक चित्रकारी के प्रशिक्षक थे। उसके बाद पियरे नारसिसे गुएरिन (Pierre Narcisse Guerin) से आकृतियों के संयोजन सीखकर गेरिकॉल्ट ने लुव्र का रास्ता लिया जहाँ उन्होंने 1810

से 1815 के बीच रूबेन्स, टिटियन, रेम्ब्रा तथा वेलाज्क्वेज के कामों की प्रतिकृतियाँ बनाईं। इस अवधि में उन्होंने कला के जीवन-तत्त्व की खोज की और आकार ले रहे स्वच्छन्दतावादी कला आन्दोलन को गति देने का प्रयत्न किया। उनके इसी प्रयत्न को स्वच्छन्दतावादी कला आन्दोलन की शुरुआत माना जाता है और उनको इस आन्दोलन का प्रणेता। छिटपुट रूप से यह आन्दोलन उनके सक्रिय होने से पहले ही शुरू हो गया था जिसकी पृष्ठभूमि हम बता चुके हैं, पर जिसे व्यवस्था देना या नेतृत्व देना कहते हैं, वह कार्य गेरिकॉल्ट ने ही किया था; इसलिए बहुधा उनको इस आन्दोलन का जनक माना जाता है। लुव्र में रहते हुए उन्होंने शरीर-विज्ञान का भी अध्ययन किया, तो घोड़ों की गतियों को भी गहराई से जाना। इस दृष्टि से 1812 में निर्मित उनकी कृति 'The Charging Chasseur'(चेसेउर का आक्रमण), जो पेरिस के सलोन में पहली बार प्रदर्शित हुई, सबको चकित कर गई थी। इस पर पूर्ववर्ती कलाकार रूबेन्स की शैली का प्रभाव तो था पर उसमें समकालीनता का जो आग्रह था, वह हैरत में डालनेवाला था। यह कृति गेरिकॉल्ट की कला में आए नए प्रस्थान की सूचना थी और उसका स्पष्ट संकेत भी कि अब कला को बँधुआ नहीं बनाया जा सकता। यह स्वच्छन्दतावाद के उठ खड़े होने की घोषणा ही थी। इसके बाद उन्होंने 1814 में इसी श्रृंखला की एक अन्य कृति 'Wounded Cuirassier' (घायल कवचधारी सैनिक) सलोन में प्रदर्शित की, पर उन्हें अपेक्षाकृत निराशा ही हाथ लगी। इसके बाद उन्होंने फ्लोरेन्स, रोम और नेपल्स की यात्रा की। 1816-17 के दौरान हुई उनकी यह यात्रा खोजपूर्ण थी और इस उद्देश्य से भी थी कि स्वच्छन्दतावाद को प्रायोगिक कृतियों से सम्पन्न किया जाए। घोड़ों की श्रृंखला पर काम छोड़ वे जब सैन्य-विषयों की तरफ मुड़े, तब उन्हें आश्चर्यजनक सफलता प्राप्त हुई। 1818-19 में उन्होंने 'The Raft of the Medusa' (मेदुसा का बेड़ा) नामक कृति निर्मित कर कला-जगत को हैरत में डाल दिया। माना जाता है कि इसी कृति 'मेदुसा का बेड़ा' से स्वच्छन्दतावादी कला आन्दोलन को स्वीकृति प्राप्त हुई; क्योंकि यह पहली कृति थी जो विशुद्ध स्वच्छन्द और समकालीन विषय से प्रेरित थी। कहा जाता है कि इस कृति में गेरिकॉल्ट ने मेदुसा नामक जहाज के अधिकारियों को सैकड़ों लोगों की मृत्यु का उत्तरदायी मानते हुए उनकी भर्त्सना की थी। 1818 में ही यह जहाज अफ्रीका तट के कुछ दूर समुद्र में दुर्घटनाग्रस्त हो गया था। यह हादसा अधिकारियों की निर्दयता के कारण हुआ था जिन्होंने एक छोटे-से बेड़े में जितने लोग आ सके, उन्हें निकाल लिया था और शेष को मरने दिया था। गेरिकॉल्ट ने उस दुर्घटना में बचे हुए लोगों से मिलकर, जहाज का नमूना पाकर इस चित्र को बनाया था।

फ्रांस के इस राष्ट्रीय गड़बड़झाले पर गेरिकॉल्ट की नाटकीय अभिव्यक्ति ने समकालीन त्रासदी को इस कृति के माध्यम से जो स्मारकीय उल्लेख बनाया था, वह चकित करनेवाला था। विश्वकला में ऐसे स्मारकीय काम कम हैं। पिकासो

की 'गुएर्निका' इसी परम्परा का स्मारकीय काम है। इस काम से युवा देलाक्रोइक्स भी बहुत प्रभावित हुए थे। कला आलोचकों ने इस कृति में शास्त्रीय चित्रण और आकारीय संरचना-संयोजन को नव-शास्त्रवाद और स्वच्छन्दतावाद के सेतु के रूप में देखा और इनमें अनेक पूर्ववर्ती कलाकारों के चित्र-निरूपण की छाया भी देखी।

गेरिकॉल्ट विचित्र तरह के व्यक्ति थे जिनके सनकी व्यवहारों से भी लोग अचरज में रहते थे। उनके द्वारा मेदुसा के दुर्घटनाग्रस्त होने पर मरे हुए लोगों के चित्र बनाना, पागलखाने जाकर पागलों के चित्र बनाना तथा अपने घर में शवों को रखकर उनका अध्ययन करना आदि घटनाएँ उनके असामान्य व्यवहार को बताती हैं। उनकी इस कृति को बहुत दाद मिली, पर फ्रांस का भद्र समाज उनसे कुपित हुआ।

इसे बाद कुछ समय तक (1820-21) इंग्लैण्ड में रहने के बाद जब वे फ्रांस लौटे तो कुछ व्यक्ति-चित्र बनाए और कुछ स्त्रियों के चित्र भी। उनकी साहसिक शैली, अभिव्यक्तिपरक यथार्थवाद और असामान्य निरूपणों में बहुधा लोगों ने उन्हें मनोरोगी के रूप में देखा और उनसे मिलने-जुलने में असुविधा महसूस की। इन्हीं दिनचर्याओं में एक दिन घुड़सवारी के दौरान सिर्फ 32 वर्ष की उम्र में पेरिस में उनका देहान्त हुआ। यह 1824 का वर्ष था। वे तो चले गए, पर स्वच्छन्दतावाद को जिस मुकाम पर वे ला पाए थे, वह उससे आगे निकला और उन्हीं की प्रेरणा से आगे यथार्थवाद भी जन्म ले सका। उनकी मुख्य कृतियों में—'The Raft of the Medusa' (मेदुसा का बेड़ा), 'Anatomical Pices' (शरीर के टुकड़े), 'Evening Landscape' (सांध्य-भूदृश्य), 'Three Lovers' (तीन प्रेमी), 'Horse Race' (घुड़दौड़), 'The Mad Assassin' (पागल हत्यारा) आदि हैं।

यूजीन देलाक्रोइक्स (1798-1863)

यूजीन देलाक्रोइक्स (Ferdinand Victor Eugene Delacroix), जो अपने संक्षिप्त सम्बोधन देलाक्रा नाम से भी जाने जाते हैं, ने स्वच्छन्दतावादी कला आन्दोलन को गति देने के साथ जीवन्तता दी और गेरिकॉल्ट की आशाओं को पूरा किया। देलाक्रोइक्स का जन्म 26 अप्रैल, 1798 के सेंटमॉरिस, फ्रांस में हुआ था और निधन 13 अगस्त, 1863 को पेरिस में। उनकी आरम्भिक शिक्षा लिस्से लुइस ले ग्रांड (Lycce-Louis-le-Grand) और लिस्से पियरे कोरनेइल्ले (Lycce Pierre Corneille) में हुई जहाँ उन्होंने स्वयं को शास्त्रीय कला को सीखने-बनाने में तल्लीन कर दिया और अपने रेखांकनों के लिए पुरस्कार प्राप्त किए। 1815 में उन्होंने पियरे नारसिसे गुएरिन (Pierre Narcisse Guerin) से जैक्स दाविद की शैली का प्रशिक्षण लिया। उसके बाद उन्होंने चर्च के कमीशन पर 'Virgin of the Harvest' (फसल-कन्या) नामक कृति 1819 में बनाई, जिस

पर राफाएल का प्रभाव देखा गया। फिर 1821 में चर्च के ही कमीशन पर बनाए गए उनके काम 'Virgin of the Sacred Heart' (धार्मिक आत्मा की कुमारी) को शास्त्रीय शैली की स्वतंत्र व्याख्या के रूप में देखा गया। इस काम पर बारोक चित्रकार पीटर पॉल रूबेन्स के बहुरंगे और समृद्ध शिल्प का प्रभाव था।

इसके बाद देलाक्रोइक्स गेरिकॉल्ट के 'मेदुसा का बेड़ा' से प्रभावित हुए और उन्होंने स्वच्छन्दतावाद को अपने चित्रण का ध्येय बना लिया। इस दृष्टि से उनका पहला महत्त्वपूर्ण काम 'The Baroque of Dante' या 'Dante and virgil in Hell' (नर्क में दाँते और वर्जिल) था जिसे बहुत सराहना मिली थी। इस कृति को पेरिस सलोन ने 1822 में स्वीकृत किया था। इसके बाद ही उन्होंने एक अन्य महत्त्वपूर्ण कृति बनाई 'The Massacre at Chios' (कियोस में नरसंहार)। इन दोनों कृतियों ने उन्हें न केवल व्यावसायिक सफलता दी, बल्कि सतत् क्रियाशील रहते हुए काम की प्रेरणा भी दी।

सही मायनों में स्वच्छन्दतावाद के सम्पूर्ण कलाकार देलाक्रोइक्स ही थे जिनकी कृतियों में बौद्धिकता, कल्पना और मनोभावों का समन्वय दिखता है, तो शास्त्रीयता से कुशलता के साथ जुड़ाव भी। यही कारण है कि अनेक कला-इतिहासकार देलाक्रोइक्स को ही स्वच्छन्दतावाद का जनक या प्रणेता कहते हैं। देलाक्रोइक्स की कला की एक अन्य विशेषता यह है कि वह गहरे अध्ययन और चिन्तन का परिणाम है जो कि नव-शास्त्रवादी कलाकार जैक्स दाविद की प्रेरणा से उन्हें प्राप्त हुआ था। उनकी तूलिका का संचालन, रंग-प्रयोग, चयनित विषय और समूचे चित्र का संयोजन एक विशेष योजना से संचालित होता था, जिसका कला-जगत में बहुत महत्त्व होता है। अपने आरम्भिक कामों से ही सबको मुग्ध कर देनेवाले देलाक्रोइक्स रूबेन्स का नया अवतार लगे थे, तो कुछ को उनमें पुनर्जागरणकालीन राफाएल की प्रतिभा दिखती थी।

देलाक्रोइक्स ने आनेवाले वर्षों में भरपूर अध्ययन किया और अपनी एक सुस्पष्ट रंगविधि विकसित कर कला-सर्जन को एक बड़ी साधना में बदल दिया। यही कारण है कि बोदलेयर ने कहा था—'देलाक्रोइक्स अपने काम में अभिव्यक्ति को बेहद शान्ति, स्पष्टता और निश्चय के साथ सम्भव करते थे; जबकि उनमें एक गहरा उन्मादी प्रेम था जो उन्हें बहका भी सकता था। कलाकार के साथ-साथ वे कला-विचारक भी थे, जो मानते थे कि किसी भी कलाकृति को चित्रकार और दर्शक की अनुभूति के बीच की कड़ी होना चाहिए। उन्होंने स्वच्छन्दतावाद के ही पूर्ववर्ती कलाकार जॉन कांस्टबल (John Constable) से प्रभावित होकर अपने लिए एक रंग-विधि विकसित की थी, जिसकी कठिन साधना में उनके बहुत-से वर्ष लगे थे।'[1] यह रंग-

1. 'The Life and work of Eugene Delacroix' (यूजीन देलाक्रोइक्स का जीवन और कला) के विशेषज्ञ चार्ल्स बोदलेयर के लेख का अंश; जिसे उन्होंने 'L'opinion nationale' के लिए लिखा था।

विधि आगे के आन्दोलनों में भी बहुत काम आई और उनके रंग-विधान पर पुस्तकें भी लिखी गईं। उनकी सबसे बड़ी देन यह मानी जाती है कि उन्होंने जैक्स दाविद की उन बाध्यकारी शर्तों को हटाया जो उन्होंने चित्रकृति के रंगांकन के लिए लगा रखी थीं। देलाक्रोइक्स के चित्रण में एक तरह की ध्वनि थी। चित्रित वस्तु के लिए चुने गए रंग में चमक का उपयोग कर वे उसके बाहरी तथा छायावकाश को दूसरे रंगों से भरा करते थे। इस प्रयोग से कैनवस पर रेखाओं का अस्तित्व मिट जाता था और उससे चित्रित वस्तु प्रकाशमान होकर उभर जाती थी। इस पूरे दौर में केवल वे ही थे जिन्होंने अपने चित्रण में रंगों की भूमिका को महत्त्वपूर्ण बनाया और कहा कि चित्रकला की आत्मा रंग है, रेखा नहीं; इसलिए कलाकार को रंगों के स्वभाव और चित्रित वस्तु से उसके सम्बन्ध का गहरा ज्ञान होना चाहिए। उन्होंने यह भी कहा था कि चित्र रंगों से अपना स्वरूप ग्रहण करता है, रेखाओं से नहीं।[1] यह मात्र संयोग नहीं है कि प्रभाववाद ने रेखाओं से दूरी बनाकर रंगों से प्रकाश का प्रभाव लेकर सही मायनों में आधुनिक चित्रकला की नींव डाली थी। लेकिन उसे प्रेरणा उन कलाकारों से ही मिली थी, जो उसके पूर्ववर्ती थे। सिजां ने आकार और रंगों को ही अभिन्न माना था और चित्र से बाहरी रेखाओं को हटा दिया था।

इस कलाकार ने कला जगत को बहुमूल्य कृतियाँ दीं जिनमें कुछ का तो स्मारकीय महत्त्व है। चित्रित आकारों, छवियों की प्रकाशमान भव्यता रंगों के कौशल में दिखती है जिसमें देलाक्रोइक्स के स्पष्ट विचार उनके सुचिन्तित बौद्धिक कलाकार की छवि को सामने लाते हैं। उनके श्रेष्ठतम कामों में—'Liberty Leading the People' (स्वतंत्रता का लोगों का नेतृत्व करना), 'The Death of Sardanapalus' (सरदानापालुस की मृत्यु), 'Christ on the sea of Galille' (गेलिल्ले सागर पर ईसा), 'The battle of Nancy' (नैन्सी का युद्ध), 'Medea' (मेडिया), 'Michelengelo in his Studio' (माइकल एंजेलो अपने स्टुडियो में), 'Sultan of Morocco' (मोरोको का सुलतान), 'The Lion Hunt' (शेर का शिकार), 'Aboduction of Rebacca' (रिबेका का अपहरण) शामिल हैं।

सही मायनों में देलाक्रोइक्स ने ही स्वच्छन्दतावाद को उसको सही दिशा दी और उसे शक्ति-सम्पन्न बनाया था, जो आगे की कला के लिए एक बड़ा आधार बना था।

फ्रांसेस्को हायेज (1791-1882)

फ्रांसेस्को हायेज (Francesco Hayez) इतालवी चित्रकार थे जो स्वच्छन्दतावाद के बड़े कलाकारों में गिने जाते हैं। उनका जन्म 1791 में वेनिस में हुआ था तो निधन

1. Moroccan Jurney of Delacroix (देलाक्रोइक्स की मोरक्को यात्रा) इसे 'मोरक्कन नोटबुक' भी कहा जाता है, जिसे देलाक्रोइक्स ने 1832 में तैयार किया था।

मिलान में 1882 में। वे ऐतिहासिक चित्रों, राजनीतिक रूपक-चित्रों तथा व्यक्ति-चित्रों के लिए जाने जाते हैं जिनके उल्लेखनीय काम हैं—'The Kiss' (चुम्बन), 'Refugees of Parga' (प्राग के शरणार्थी), 'Destruction of Temple of Jerusalem' (यरुशेलम में मन्दिर का विध्वंस) आदि।

जॉन कांस्टबल (1776-1837)

जॉन कांस्टेबल (John Constable) भी इस आन्दोलन के एक महत्त्वपूर्ण चित्रकार थे जिनका जन्म ब्रिटेन में 1776 में हुआ था और निधन 1837 में। कांस्टेबल मुख्य रूप से भूदृश्य के चित्रकार थे जिनकी चित्रमयता और रंगों के इस्तेमाल से देलाक्रोइक्स भी बहुत प्रभावित थे। उनके मुख्य कामों में—'The Valley Farm' (घाटी का खेत), 'Flatford mill' (फ्लेटफोर्ड मिल), 'The Lock' (बन्द) आदि शामिल हैं। ये वे कलाकार हैं जो बड़े प्रतिभा-सम्पन्न और समर्पित थे तथा अपने विषय में डूबकर काम करते थे। किन्तु अधिकांश को स्वच्छन्दतावाद में अधिक काम करने का अवसर नहीं मिला। इसका स्पष्ट कारण यही है कि इस आन्दोलन को स्थिर होने में समय लगा था और जब तक उसे पहचान मिलती तब तक इनका जीवन शेष नहीं रहा। पीछे हमने कुछ कलाकारों की सूची दी है, जो इस आन्दोलन में सक्रिय अनेक कलाकारों में महत्त्वपूर्ण हैं। इधर कला-आलोचकों ने स्वच्छन्दतावाद के कुछ अन्य कलाकारों को खोजा है और उनके कामों की चर्चा की है; पर स्पष्ट है कि गेरिकॉल्ट और देलाक्रोइक्स ही इस आन्दोलन के महत्त्वपूर्ण स्तम्भ हैं जिनमें एक ने इसे जन्म दिया, तो दूसरे ने इसे पाल-पोसकर बड़ा किया और उसे जीवन्तता दी।

देखने भर से स्वच्छन्दतावाद एक ऐसा आन्दोलन लगता है जो कला-इतिहास के एक कोने में दुबका हुआ है, किन्तु उसकी देन बड़ी है और अगर वह न जन्मा होता, तो कदाचित कला के इतिहास की दिशा दूसरी होती। इस एक कला आन्दोलन ने उन्मुक्त विचार, मनोभावों की उड़ान, कल्पना और कलाकार-स्वातंत्र्य की जो भावना स्थापित की, वह बहुत प्रगतिगामी थी। यथार्थवादी चित्रण की विधि से लेकर प्रभाववाद, अभिव्यंजनावाद और अतियथार्थवादी कला-प्रवृत्तियों से प्रथम-दृष्टया साक्षात्कार इसी आन्दोलन में होता है; इसलिए इसकी महत्त्वपूर्ण जगह बनती है।

यथार्थवाद
(Realism)
(1840-1870)

सामन्ती श्रेष्ठता और भद्रता को चुनौती

जिस तरह जीवन में सदा प्रतिकूलताएँ नहीं रहतीं और सब समय एकरस, एकरूप नहीं रहता, उसी तरह कला-संस्कृति में भी स्थितियाँ हमेशा एक जैसी नहीं होतीं। स्वच्छन्दतावाद में ही कला की आगत सम्भावनाओं के अंकुरण दिखने लगे थे, जो हमें गेरिकॉल्ट और गोया के कामों में परिलक्षित हुए। जब स्वच्छन्दतावाद के समय का अन्तिम चरण आया; तब उन्हीं प्रवृत्तियों ने सक्रियता दिखाई और कला में यथार्थवाद का उदय हुआ। इस यथार्थवादी आन्दोलन के प्रणेता के रूप में ओनोर दोमिय (Honore Victrin Daumier) को याद किया जाता है जिन्होंने इस आन्दोलन को गति दी। हालाँकि इसे व्यवस्थित मानकों में स्थिर करने का कार्य गुस्ताव कुर्बे (Gustave Courbet) ने किया था। इस आन्दोलन का समय 1840 से 1870 तक निर्धारित किया गया है।

ओनोर दोमिय (1808-1879)

ओनोर दोमिय (Honore Victrin Daumier) फ्रांस में जन्मे कलाकार थे, जो मूलत: व्यंग्य-चित्रकार (कार्टूनिस्ट) थे। उनकी प्रतिभा विलक्षण थी। अपनी उम्र के 22वें वर्ष से ही वे व्यंग्यचित्र बनाने लगे थे। अपने जीवन-काल में उन्होंने पाँच सौ चित्रकृतियाँ (पेन्टिंग्स), चार हजार लिथोग्राफ, एक हजार इन्ग्रेविंग्स, एक हजार रेखांकन तथा सौ मूर्तियाँ बनाईं, जो उनकी विलक्षणता का प्रमाण है। उन्होंने अपनी सर्जना से कला-जगत को हिला दिया था। उन्नीसवीं सदी के उत्तरार्द्ध का यह समय जीवन के प्राय: सभी क्षेत्रों में परिवर्तन का था। सब तरफ अफरा-तफरी थी और पुरातन की जकड़बन्दियों से बाहर आने की तड़प और पारम्परिक मूल्यों, रूढ़ियों और बन्धनों से बाहर आने की ऊभ-चुभ दिख रही थी। यह द्वैत ही था कि जीवन

और कला में स्वच्छन्दता को श्रेयस्कर मान लेने के बावजूद यथार्थ से निकटता लोगों में अधिकाधिक दिखने लगी। ये दोनों साथ-साथ नहीं चल सकते थे। उन्नीसवीं शताब्दी के पूर्वार्द्ध में आए स्वच्छन्दतावाद की अपनी सीमाएँ थीं। वह धीरे-धीरे विलास बन रहा था और बौद्धिक वर्ग के कल्पना-विलास का उपकरण भी। ठीक इसके मध्य दोमिय ने पाया कि सुप्त समाज और आशाहीन नागरिक जीवन के बीच एक द्वैत था। इसमें जहाँ प्रबुद्ध वर्ग अपनी तात्कालिक उत्तेजना की सन्तुष्टि में मस्त था, वहीं शासन, कला को हाथ से निकलता देख उसे एक बार फिर नियंत्रित करने की ताक में था। दोमिय ने इसे भाँपा और इसके प्रतिरोध की कला-शैली को प्रवर्तित किया। उन्होंने अपने चित्रों में समकालीन परिस्थितियों की खोज कर जहाँ रूढ़िवादी परम्पराओं पर प्रहार किया, वहीं शासन और प्रभुवर्ग को लताड़ते हुए उनके उपहास्यास्पद चित्र रचे। अब तक की कला-परम्परा में केवल दोमिय ही थे जिन्होंने परम्परागत, पौराणिक कथा-चरित्रों, मिथकों और कला-रूढ़ियों को पूरी तरह से त्याग दिया और उसके स्थान पर वर्तमान परिस्थितियों के वस्तुपरक अंकन और अन्तर्विरोधों के यथार्थवादी चित्रण को महत्त्व दिया। दोमिय पर बात करते हुए पॉल वालेरी ने ठीक ही लिखा है कि—'अब तक कोई भी व्यक्ति अपने समय के साथ दोमिय जितना एकरूप नहीं हुआ है।'[1]

इतना ही नहीं, वालेरी ने दोमिय की अंग्रेजी उपन्यासकार चार्ल्स डिकेन्स से तुलना कर बताया कि दोनों ने शहरी मनुष्यों के जीवन का गहरा निरीक्षण किया और उसकी भावनाओं, मनोवृत्तियों और अन्त:बाह्य स्थितियों का व्यंग्यात्मक चित्रण किया। दोमिय आरम्भ से ही क्रान्तिकारी विचारों के व्यक्ति रहे। उन्हें झूठ, पाखंड और अन्याय से घृणा थी। अपने शुरुआती दिनों में व्यंग्यचित्रों में राजा का उपहास करने के कारण कारावास भी भोग चुके दोमिय पर 1835 में कानून बनाकर प्रतिबन्ध लगाया गया कि वे व्यंग्य-चित्र न बनाएँ। तब वे 'ला कारिकात्युर' नामक मासिक पत्रिका के लिए चित्र बनाते थे। बाद में वे एक दैनिक अखबार से जुड़कर चित्र बनाने लगे थे। उनके रेखांकन अपूर्व होते थे जिसके कारण उनके चित्र सीधा प्रभाव डालते थे।

बाद में जब वे यथार्थवादी कला के प्रणयन में लगे तो मानो समूचा दृश्य-जगत ही उनके चित्रों का विषय हो गया। उनके चित्र अब सामान्य जन-जीवन की दृश्यता से लेकर मनुष्य की प्रवृत्तियों तक पर केन्द्रित हो गए। सत्ता का पाखंड, अभिजात्य का झूठ और जनता का जीवन जिस तरह दोमिय के चित्रों का हिस्सा बने, वैसा अब तक देखने में न आया था। यही कारण है कि बड़ी संख्या में कलाकार यथार्थवाद की इस कला शैली की तरफ आकर्षित हुए और कला अचानक शासन और परम्परा की जकबड़बन्दी से मुक्त हो गई।

---

1. 'Daumier' (Painting of the French Masters)—Paul Valery, Publisher-Editions D'art Albert Skira.

यथार्थवादी आन्दोलन के इस प्रणेता को जीवनभर संघर्ष करना पड़ा और निर्धनता ने कभी पीछा न छोड़ा। हालत यह थी कि कैनवस पर रंगीन चित्र बनाने के लिए उनके पास पैसे न होते थे कि वे रंग आदि खरीद सकें। जहाँ-जहाँ नौकरी की, वहाँ से वे निकाले जाते रहे। सत्ता और भद्र समाज की आँखों में हमेशा चुभते रहनेवाले दोमिय जब 1879 में मरे तो अन्त्येष्टि के लिए भी पैसे न थे। जिस सत्ता से वे नफरत करते रहे, उनकी पत्नी ने उसी की सहायता लेकर उनकी अन्तिम क्रिया की। बाद में ठग व्यापारियों ने उनकी विधवा पत्नी को बहलाकर मामूली पैसे में उनकी बेशकीमती कृतियाँ खरीद ली थीं।

सच्चे अर्थों में दोमिय आधुनिक कला के ऐसे पहले कलाकार थे जिन्होंने मनुष्य और मनुष्य में भेद करने की नीति का विरोध किया और सबको उनकी औकात दिखाई। दोमिय की कृतियों में समाज का हर वर्ग अपनी स्वाभाविक विशेषता के साथ प्रकट होता है। वे परिवर्तनकामी कलाकार थे। 'Battle of Schools' (शैलियों की लड़ाई), 'The Wagon of the Train' (रेल का डिब्बा), 'Scenes of Theatre' (रंगमंच के दृश्य), 'Don quixote Series' (डॉन क्विकजोट के कथाचित्र) जैसे उनके कामों में हम सहजता से सामाजिक विषमता के बीच जीवन के संघर्ष को देख सकते हैं। 'भिखारी' और 'धोबिन' जैसे काम तो हमें ठिठक जाने पर विवश करते हैं। उनके भावपूर्ण अंकन, रेखाओं की गतिमयता और व्यंग्यात्मक और प्रहारात्मक विन्यास अपूर्व थे। उपन्यासकार बाल्जाक तो उनके रेखाचित्रों पर भी इतने मुग्ध थे कि कह उठे थे—'इस चित्रकार के भीतर माइकल एंजेलो छिप कर बैठे हैं।' दोमिय के अन्य उल्लेखनीय कामों में—'The Third class Carriege' (तृतीय श्रेणी की गाड़ी), 'The Loundress' (धोबिन), 'Crispin and Scapin' (क्रिस्पिन और स्कापिन), 'The Legislative' (विधान), 'The chess Players' (शतरंज के खिलाड़ी), 'The Witnesses-the war Council' (गवाह—युद्ध परिषद्) आदि शामिल हैं।

गुस्ताव कुर्बे (1819-1877)

गुस्ताव कुर्बे (Jean Desire Gustave Courbet) दोमिय के जीवनकाल में ही यथार्थवाद को विकसित करने के लक्ष्य के साथ सामने आए थे। उनका जन्म ओनन्सि, फ्रांस में 10 जून, 1819 को हुआ था और निधन 31 दिसम्बर, 1877 को। कुर्बे ने ही इस आन्दोलन को वैचारिक सम्पन्नता दी। उन्होंने चार्ल्स बोदलेयर की सहायता से यथार्थवाद का घोषणा-पत्र बनाया और उसे कलाकारों के बीच प्रसारित किया। उन्होंने उसमें लिखा—'यथार्थवाद का सिद्धान्त है आदर्शवाद का अस्वीकार। चित्रकला पूर्णतया भौतिक भाषा पर आधारित होती है, इसलिए उसमें आत्मिक या अदृश्य के लिए कोई जगह नहीं है। धार्मिक चित्रण आधुनिक समय के प्रतिकूल है। यंत्रगृह,

खानें और कारखाने उन्नीसवीं शताब्दी के सन्त हैं और चमत्कार भी हैं, इसलिए हमें उनको चित्रित करना चाहिए।'[1] उन्होंने घोषणा-पत्र में स्पष्ट लिखा कि—यथार्थवाद—प्रकृतवाद है जो विषय-वस्तु को बिना किसी छद्म या कृत्रिमता के उसकी सत्यता के साथ चित्रित करता है। इस विधि में किसी भी कला-रूढ़ि के पालन और परम्परा के प्रति स्वीकार-भाव की कोई अनुमति नहीं है। इस घोषणा-पत्र के अतिरिक्त भी यत्र-तत्र कुर्बे जो बातें कहते हैं, उससे स्पष्ट होता है कि उनमें दोमिय की तरह की तत्कालीन व्यवस्था के प्रति आक्रोश है। दोमिय और उनमें एक बड़ा अन्तर यह था कि वे केवल चित्रकार नहीं थे, लिखते भी थे। जो बात वे कला में प्रकट नहीं कर पाते थे, उसे वे बोल या लिखकर व्यक्त करते थे। एक जगह उन्होंने लिखा था—'पूरे बीस वर्ष तक संग्रहालयों को बन्द कर देना चाहिए जिससे आज के चित्रकारों को अपने आसपास के जीवन के सच को, उसके यथार्थ को देखने का ढंग आ सके, उनकी बन्द आँखें खुलें और वे अपनी नजर से भी दुनिया को देखने की कोशिश कर सकें।'

कुर्बे के इस गुस्से के पीछे तत्कालीन समाज-व्यवस्था तो थी ही, मध्यकाल के बाद चली आ रही कला-परम्परा भी थी जिसमें तरह-तरह की कला प्रवृत्तियों ने जन्म लिया और सब पर किसी न किसी तरह धर्म, चर्च, इतिहास और तत्कालीन राजे-रजवाड़ों के दबाव रहे। कभी भी कला को स्वतंत्र नहीं माना गया जिसमें तद् युगीन समय का रेखांकन हो सके। उन्हें इस बात को लेकर भी गुस्सा था कि कला महज आभिजात्यवादी समाज के मनोरंजन की वस्तु बना दी गई थी। उन्हें स्वच्छन्दतावाद से भी शिकायत थी कि वह मनोभावों और कलाकार की कल्पना को महत्त्व देकर प्रकारान्तर से वही कार्य कर रहा है जो उसके पहले धर्म और चर्च के नाम पर होता था; क्योंकि दोनों में समाज के जीवन-यथार्थ की कोई जगह नहीं बनती थी।

1819 में जन्मे गुस्ताव कुर्बे ओर्नान्स नामक एक गाँव के किसान परिवार से ताल्लुक रखते थे। चित्रकार हो जाने के बाद ग्राम्य जीवन उनकी पसन्द का विषय बना। 1840 में उन्होंने पेरिस में कला का अध्ययन किया था। वहाँ रहते वे नियमित लुव्र संग्रहालय जाते और रेम्ब्रा, फ्रांसिस्को, देलाक्रोइक्स आदि चित्रकारों की कृतियों का अध्ययन करते। 1844 में उनका काम 'कुत्ते के साथ कुर्बे' पेरिस की राष्ट्रीय प्रदर्शनी में स्वीकृत हुआ और यहीं से उनका सृजन निरन्तर विकसित होता गया। 1849 में उनके दो काम—'आत्मचित्र' (Self Portrait) और 'ओर्नान्स में रात्रि भोज' (Dinner at Ornans) खासे चर्चित हुए जिनमें 'ओर्ना में रात्रि भोज' पर उन्हें राष्ट्रीय सम्मान भी मिला। इसी क्रम में 1850 में उनका एक विवादास्पद काम 'ओर्नान्स में अन्त्येष्टि' प्रदर्शित हुआ। इस चित्र में उन्होंने दोमिय के यथार्थवादी प्रभाव को दिखाया और अब तक के सभी कला निरूपणों को तज दिया। यह काम

1. 1861 में दिए गए एक वक्तव्य से।

मानव आकृतियों की भीड़भाड़ के साथ प्रकृति को दिखाता था। इस कृति के प्रदर्शन पर उनका कहना था—'ओर्नान्स में अन्त्येष्टि' (Burial at Ornans) वस्तुत: स्वच्छन्दतावाद की अन्त्येष्टि है।' इस कृति की आलोचना ही इसीलिए हुई कि इसमें पारम्परिक कला-रूढ़ि से विद्रोह किया गया था।

हद तो तब हो गई जब माना गया कि इस चित्र के माध्यम से कुर्बे ने समाजवाद का प्रचार करना चाहा है। ऐसे आरोप वे लोग लगा रहे थे, जो राजनीति से जुड़े थे और फ्रांसीसी शासन के राजनय में थे। कुछ कलाविद यह मान रहे थे कि कुर्बे के इस काम में गँवारूपना और भ्रष्टता है। आभिजात्यवादी लोग इस बात से कुपित थे कि देवता, धर्म, राजा, परी और मिथक की परम्परा को तोड़कर कुर्बे ने सामान्य जनों को अंकित कर, उसे यथार्थवादी शक्ल देकर अपराध किया है। यानी सर्वसम्मत राय यही थी कि इस राष्ट्रीय प्रदर्शनी में ऐसा खराब काम लगाकर कला जगत में गलत सन्देश दिया गया है। कुछ समय तक कुर्बे इन प्रतिक्रियाओं से खिन्न तो हुए, पर फिर पूरे उत्साह से अपने अभियान में लग गए। अब कुर्बे नए कलाकारों को प्रेरित करने लगे कि वे कला की पारम्परिक रूढ़ि को तोड़कर जनजीवन में प्रवेश करें। वे अब पहले से अधिक दृढ़ हो गए और कहने लगे—'तुम मुझे देवता दिखाओ तो उसका चित्र बना दूँगा।' (Show me an angel and I will Paint him.)

वे कलाकारों से कहते थे—'कलाकार को कोई अधिकार नहीं है कि वह प्राकृतिक सौन्दर्य में अपनी इच्छा के अनुसार परिवर्तन करे; क्योंकि प्रकृति निर्मित सौन्दर्य कलाकार की कल्पना से अधिक सूक्ष्म, गम्भीर तथा उत्कृष्ट होता है।' 1855 में जब नेपोलियन तृतीय की पहल पर अट्‌ठाइस देशों के कलाकारों को आमंत्रित कर प्रदर्शनी लगाई गई तो उसमें कुर्बे की कृतियों को निरस्त कर दिया गया। इससे नाराज होकर उन्होंने अन्तर्राष्ट्रीय प्रदर्शनी के पास ही एक दीर्घा में 'पाविलो द्यु रियलिज्म (Pavillon du Realisme) नामक प्रदर्शनी लगाई। इसमें उन्होंने चित्रकृतियों के साथ कुछ रेखाचित्र भी प्रदर्शित किए। चालीस कृतियों सहित रेखाचित्रों की यह प्रदर्शनी काफी विवादास्पद रही। इसमें उनकी महत्त्वपूर्ण कृति—'Funeral of Ornans' (ओर्नान्स की अन्त्येष्टि) तो थी ही, नई कृति 'The Artist's Studio' (चित्रकार का स्टुडियो) भी थी, जो खासतौर पर विवाद का कारण बनी। इस कृति में एक बड़े स्टुडियो में कलाकार को काम करते दिखाया गया है। कलाकार के बगल में एक विवस्त्र (Nude) स्त्री खड़ी है। कलाकार को काम करते हुए एक छोटा लड़का देख रहा है और स्टुडियो में चारों तरफ लोग दिखाई दे रहे हैं। इस कृति को लोगों ने पसन्द नहीं किया और इसे विवादास्पद बताया। विवाद का कारण कृति में अंकित विवस्त्र स्त्री नहीं थी; वह तो बहाना मात्र थी। विवाद के मूल में कुर्बे का यथार्थवाद था, जो परोक्ष को महत्त्व ही नहीं देता था। इस काम को यूजीन देलाक्रोइक्स ने पसन्द किया था और कुर्बे को शाबासी दी थी।

इसी के आसपास (25 दिसम्बर, 1861 को) गुस्ताव कुर्बे ने 'रिअलिस्ट मेनिफेस्टो' (यथार्थवाद का घोषणा-पत्र) को 'ऐन ओपेन लेटर' नाम से सार्वजनिक पत्र के जरिये सभी कलाकारों, नवोदितों और कला-छात्रों को सम्बोधित करते हुए लिखा था—'मैं नहीं मानता कि कला सिखाई जा सकती है या वह किसी के बने-बनाए रास्ते पर चलकर हो सकती है। वह तो वैयक्तिक प्रतिभा और समझ पर निर्भर है, किन्तु यह जरूर कहता हूँ कि कला यथार्थ की अभिव्यक्ति है। वह अनदेखे सत्य का आभास नहीं हो सकती। कला शुद्ध रूप में भौतिक भाषा है और इसमें वस्तु-जगत की सच्ची तस्वीर आनी चाहिए। कला में प्रकृति, दिन-प्रतिदिन का जीवन अगर यथार्थ रूप में व्यक्त न हो, तो मुझे उसे कला कहने में संकोच होगा।'[1]

कुर्बे के इस विद्रोही स्वरूप ने जहाँ लोगों में खलबली पैदा की, वहीं एक डर भी उपजाया। उन्हें किसी से भय न था, वे निडर होकर अपना काम कर रहे थे। कुर्बे ने अब उन्हीं कृतियों को 'जनतांत्रिक कला' घोषित करके, जिन पर विवाद था, हॉलैंड, बेल्जियम, स्विट्जरलैंड आदि में प्रदर्शित किया। सत्ता और सामन्तवादी व्यवस्था को नकार कर यथार्थवादी कला के बल पर प्रसिद्ध हो चुके कुर्बे को प्रलोभनवश और अपने पाले में लेने के उद्देश्य से फ्रांस के सम्राट ने पुरस्कृत करना चाहा था, पर कुर्बे ने उस प्रस्ताव को ही ठुकरा दिया था। इसके बाद तो उन्होंने सम्राट को ही अपमानित करने की मंशा से एक चित्र बनाया—'Bonjour Monsieur Courbet' (नमस्कार कुर्बे महोदय)। कुर्बे के इस साहसिक व्यंग्य से सत्ता विचलित हो उठी थी।

बाद में जब सत्ता परिवर्तन हुआ और फ्रांस में नए गणतंत्र की स्थापना हुई तो कुर्बे को बहुत मान-मनौवल के बाद राजी करके फ्रांस का राजकीय कला निदेशक बनाया गया। यह वह समय था जब फ्रांस का जर्मनी से युद्ध चल रहा था। युद्ध से रक्षा के मद्देनजर कुर्बे ने अपनी कृतियों को कहीं सुरक्षित जगह पर रखवा दिया। उन्होंने जर्मन कलाकारों से युद्ध रोकने के लिए उपाय करने को कहा ताकि दोनों देशों में शान्ति बहाल हो सके। जर्मनी के आगे फ्रांस की हार के बाद कुर्बे को पद से हटाकर राष्ट्रीय कला स्मारक के नष्ट होने के भ्रामक अभियोग में बन्दी बना लिया गया। छह महीने वे जेल में रहे। रिहा होने के बाद वे अपने गाँव ओर्नान्स गए तो वहाँ भी लोगों ने उनकी उपेक्षा की। फ्रांसीसी शासन ने उन पर पुन: मुकदमा चलाया, तब वे स्विट्जरलैंड भाग गए। अन्त में सरकार ने उनकी सारी कृतियों को कब्जे में ले लिया और उनकी निजी सम्पत्ति भी जब्त कर ली। ऐसी ही विषम स्थितियों में 1877 में स्विट्जरलैंड में उनका निधन हुआ।

इस तरह जनता की कला को दोमिय की परम्परा में आगे बढ़ानेवाले इस साहसी

1. Realist Manifesto—An open Letter—Gustav Courbet, 1861 (Obelisk Art History)

कलाकार का अन्त हो गया जो कहता था—'कला में शैलियाँ नहीं होतीं, केवल कलाकार होते हैं।' (There can be no schools, There are only Painters.)

इस तरह कुर्बे ने कला में यथार्थवाद को विकसित कर उसे जन-सामान्य के जीवन से जोड़ने का ऐतिहासिक कार्य किया। इस तरह दोमिय ने जहाँ व्यंग्य को ढाल बनाकर तत्कालीन व्यवस्था को उसके चरित्रों सहित उजागर किया, वहीं कुर्बे ने जीवन के प्राय: सभी क्षेत्रों को अपने चित्रण का विषय बनाकर पारम्परिक कला-रूढ़ि को त्यागा और बताया कि कला का अगर जीवन से रिश्ता नहीं है, तो वह व्यर्थ है। सही अर्थों में पहले दोमिय तथा बाद में कुर्बे ने सिद्ध किया कि किसी भी कला-रूढ़ि का पालन किए बिना भी प्रकृति और जीवन का यथार्थ अंकन कर कला को हम सामान्य जन से जोड़ सकते हैं और उसे महज मनोरंजन नहीं, परिवर्तन का एक माध्यम बना सकते हैं। अपने अंकन में बेबाक इन कलाकारों ने स्थितियों के विरूपण को जिस व्यंग्यात्मक भावों के साथ, रूपाकारों की प्रचलित छवियों को तोड़कर आँका, उससे कला जगत हिल गया। उन्होंने यह करके दिखाया कि अब तक की कला-रूढ़ियाँ कलाकार को उसकी चेतना से शून्य करने की साजिश के साथ केवल प्रभु वर्गों की कुंठाओं को सन्तुष्ट करने के काम कर सकी हैं जिनमें वृहदतर जनता की रुचियों, सपनों, संघर्षों और उनकी जीवन-शैली के साथ-साथ उनकी आकांक्षाओं के लिए कोई जगह नहीं रह गई है।

प्रश्न है कि क्या कला बौद्धिक विलास है? क्या वह केवल राज-परम्पराओं और सम्भ्रान्त वर्ग के लिए मनोरंजन है या कि वह केवल सुन्दर सपनों में जीने की कल्पना में भरमाकर हमारी चेतना को ही रौंद डालने की साजिश है? कला में यथार्थवाद ने पहली बार इन प्रश्नों को उठाया और कला के मठों और गढ़ों को ध्वस्त किया। उनके मुख्य कामों में—'The Trout' (ट्राउट—एक समुद्री मछली), 'Spanish Woman' (स्पेनिश औरत), 'After the Storm' (तूफान के बाद), 'The Wave' (लहरें), 'Stream in the Jura Mountaing' (जूरा पर्वत की धारा), 'Snow Effect' (बर्फ का प्रभाव), 'Castle of Chillon' (चिलों का महल), 'After Dinner at Ornans' (ओर्नान्स में रात्रिभोज के बाद), 'The Stone Breakers' (पत्थर तोड़नेवाले), 'Farmers of Flagey on the return from the Market' (बाजार से लौटते हुए फ्लैजी के किसान), 'The Meeting' (बैठक), 'The Wheat Sifters' (गेहूँ ओसवने वाले), 'The fishing Boat' (मछली पकड़नेवाली नौका) शामिल हैं। उन्होंने कुछ दुर्लभ विवस्त्र चित्र भी बनाए हैं, जिनमें—'The Origin of the World' (संसार की उत्पत्ति), 'Young Bather' (युवा स्नानमग्न), 'Nude Woman with Dog' (कुत्ते के साथ विवस्त्र स्त्री) आदि शामिल हैं। 'ओर्नान्स में अन्त्येष्टि' जिसे 'Burial at Ornans' कहते हैं, उनका सर्वाधिक महत्त्वपूर्ण काम है ही, जिसको वे स्वयं स्वच्छन्दतावाद की अन्त्येष्टि करना कहते हैं।

असल में कुर्बे का सारा क्रोध कला की उस प्रवृत्ति पर ही था जिसमें संसार और जन-जीवन का कोई मतलब नहीं रह गया था उन्होंने दोमिय की राह पर चलते हुए कला को सामाजिक दायित्व का विषय बनाया और उसे यथार्थ के निरूपण का कारगर माध्यम भी।

दोमिय और कुर्बे की परम्परा में काम करनेवाले बहुत से कलाकारों ने यथार्थवाद को कला में बरतने का प्रयत्न किया। पेरिस के आसपास छोटे-छोटे गाँवों में अलग-अलग जत्थों में अनेक कलाकारों के छोटे-छोटे दलों ने राजभय और सत्ता के प्रत्यक्ष प्रभाव से अपना बचाव करते हुए अपने को 'बार्बिजां चित्रकार' कहा। इन कलाकारों में मुख्य रूप से जिनके नाम और काम ने यथार्थवाद को पल्लवित किया उनमें थियोदोर रूसो, चार्ल्स दोबिन्यी, जिन फ्रांसोइस मिल्ले तथा कामिल्ल कोरो प्रमुख हैं। इन कलाकारों ने कला को प्रत्यक्ष चित्रण का प्रतिमान बनाया और खेत, खलिहान, प्रकृति, जन-जीवन आदि को प्रत्यक्ष देखकर उन्हें आँका। उन पर कुर्बे के इस कथन का अधिक असर था कि—'यदि तुम्हें गोबर के ढेर का भी चित्र बनाना है तो उसे सीधे अपनी आँखों से देखो और उसे अंकित करो।' इन कलाकारों ने प्रकृति के साथ-साथ मनुष्य जीवन के दुख, अवसाद और उनकी निर्धनता के मार्मिक चित्र बनाए। दोमिय और कुर्बे के यथार्थवाद से बार्बिजां चित्रकारों की भिन्नता मात्र इतनी ही थी कि इसमें व्यंग्य और उपहास के बदले यथार्थ अंकन पर बल था। प्रकृति अवलम्ब थी तो वह जीवन भी था, जो करुणा को जगाता था और जिसे देखकर विद्रोह के भाव प्रकट होते थे।

थियोदोर रूसो (1812-1867)

इन चित्रकारों में पहला नाम थियोदोर रूसो (1812-1867) (Theodore Rousseau) का आता है जिन्होंने प्रकृति-चित्रण में अपने हुनर से सबको चकित किया था। रूसो ने मनुष्य के अंगांगों का अध्ययन किया और उसे यथार्थवादी पद्धति में अंकित किया। उनकी विशेषता यह थी कि वे प्रकृति के हर उपादान को सजीव मानकर आँकते थे और ऐसे रम जाते थे मानो देव-प्रतिमा को रचते हुए खो रहे हों। प्रकृति और जीवन के परिवर्तनों को बारीकी से देखकर उसे जीते हुए तन्मयता से उनके आँके गए चित्र यथार्थवादी कला के नायाब उदाहरण हैं जो दर्शक से सीधा संवाद करते हुए उन्हें आन्दोलित करते हैं।

चार्ल्स दोबिन्यी (1817-1878)

रूसो के बाद चार्ल्स दोबिन्यी (1817-1878) (Charles-Francois Daubigny) का नाम आता है जिन्होंने एक कवि की तरह प्रकृति और मनुष्य जीवन को तन्मय होकर

आँका। प्रकृति को देखकर, जीकर उन्हें आँकना पसन्द था। उनकी स्थिति यह थी कि यदि नदी के किनारों के मनोरम दृश्यों को आँकना होता, तो वे बहुधा नाव पर बैठकर उसका कई दिनों तक अवलोकन करते। उनकी अनेक कृतियों में पानी का प्रवाह, उसकी चमकदार छवि, शाम या सुबह के समय सूर्य की स्थितियों के साथ क्षितिज का प्रभाव ऐसा है कि आप देखें तो तय करना कठिन हो कि आप कोई चित्र देख रहे हैं। दोबिन्यी की इस पद्धति ने प्रत्यक्ष अंकन में कल्पना को नकारकर यथार्थवाद को इतनी लोकप्रियता दी कि लोग उनकी भ्रष्ट नकल कर पैसा कमाने लगे थे।

जिन फ्रांसोइस मिल्ले (1814-1875)

जिन फ्रांसोइस मिल्ले (1814-1875) (Jean Francois Millet) इस कड़ी के अन्य महत्त्वपूर्ण कलाकार थे जिनकी कला ने यथार्थवाद को नई ऊँचाई दी। इस परम्परा में वस्तुत: वे पहले कलाकार हैं जिन्होंने श्रमशील जनता के संघर्षों और उनके दुखों को बहुत आत्मीयता से आँका। किसान परिवार में जन्मे मिल्ले घर से बहुत गरीब थे। उन्होंने करीब से किसान जीवन के दुखों को देखा था। खेतों में काम किया था और छोटी-छोटी जरूरतों के लिए तकलीफ झेली थी। बचपन से ही चित्रकार बनने की लालसा पाले मिल्ले की पारिवारिक हालत ऐसी न थी कि वे शहर जाकर कला की पढ़ाई कर सकें। पर गाँव के लोगों ने चंदा इकट्ठा कर उन्हें पेरिस में कला की शिक्षा के लिए भेजा था। देलारोश, पेरिस में कला का अध्ययन कर रहे मिल्ले की नग्न स्त्रियों, बाइबिल के चरित्रों, राजाओं और सामन्तों के चित्र बनाने में कोई रुचि न थी, इसलिए वे पेरिस में रहने के लायक भी न थे। उन्हें जब दोमिय की कला से परिचय हुआ तब उन्हें लगा कि उन्हें अपनी जमीन की पुकार सुननी चाहिए और दुख भरे किसान जीवन को ही अपनी कला का विषय बनाना चाहिए। उन्होंने पेरिस में अपने एक मित्र से कहा था—'मुझे तो अपनी जमीन की पुकार सुनाई देती है।' (I hear the call of my Earth.)

पेरिस में रहते हुए मिल्ले ने 'Oedipus' (ओडिपस) और 'Winnower' (फटकना) नामक कृतियाँ बनाईं जिन्हें क्रमश: 1847 और 1848 की राष्ट्रीय कला प्रदर्शनियों के लिए चुना गया। इन कामों को बहुत प्रशंसा मिली। पर मिल्ले को इससे सन्तोष न हुआ और वे अपने गाँव लौट आए।

गाँव आने के बाद मिल्ले ने यथार्थवादी पद्धति से गाँव की कठिन स्थितियों में जूझते किसानों के जीवन को आँकना शुरू किया। उन्होंने उनके आँसुओं को आँका और उनके श्रम से खड़ी व्यवस्था पर प्रहार भी किया। यह दिलचस्प वाकया है कि जब एक बार उन्होंने किसान जीवन पर बने एक चित्र को पेरिस की कला प्रदर्शनी के लिए भेजा तो वहाँ के भद्र समीक्षकों को इस काम को देखकर उबकाई आने लगी।

इस चित्र पर राजकीय कला निदेशक ने कहा था—'यह ऐसे लोगों पर काम है जो अपने कपड़े तक नहीं बदलते और प्रतिष्ठित होना चाहते हैं। ऐसी कला हम पसन्द नहीं करते, इनसे मुझे घृणा होती है।' मिल्ले के जो काम पेरिस में नापसन्द होते, उन्हें कई बार अमेरिकी पर्यटक खरीद लेते जिससे उनका काम चल पाता। अमेरिकी पर्यटकों को मिल्ले के काम में जनतंत्रवादी कवि वाल्ट ह्वीटमैन (Walt Whitman) के विचार दिखते थे। धीरे-धीरे मिल्ले फ्रांस से दूर के देशों में भी लोकप्रिय होते गए।

1867 में एक चमत्कार ही हो गया जब मिल्ले के कामों को पेरिस की वैश्विक प्रदर्शनी में सराहना मिली। इन कामों को अमेरिका के कला संग्राहकों ने खरीद लिया। 'The Man with The Hoe' यानी 'फावड़े के साथ आदमी' नामक काम भी इसमें शामिल था। कहते हैं अमेरिकी कवि एडविन मार्खाम इस काम से इतना प्रभावित हुआ कि उसने इसी शीर्षक से एक कविता ही लिख डाली थी। बाद की कला और कलाकारों पर मिल्ले के कामों का बहुत प्रभाव पड़ा। वान गॉग, कांस्टट पेर्मीक, गुस्ताव डे स्मिट और यान स्लुइटेर्स जैसे कलाकारों के किसान-जीवन पर बनाए चित्रों पर मिल्ले का प्रभाव स्पष्ट है।

असल में मिल्ले ने अपनी कला में यथार्थवाद को अपनाते हुए चित्रों में मूर्तिशिल्प के सौष्ठव को बरता। उनके गतिमय और सशक्त रेखांकन तथा रंगों के विषयों के अनुरूप प्रयोग जैसे गुणों ने मिल्ले को बहुत लोकप्रिय तथा प्रेरक बनाया। सबसे महत्त्वपूर्ण बात तो यही थी कि उन्होंने समाज के हाशिये पर जी रहे लोगों के जीवन, संघर्ष तथा उनकी कठिनाइयों को चित्रित किया और उसे प्रकाश का संयोजन देकर विलक्षण सौन्दर्य में बदल दिया। इस तरह यथार्थवादी कला में मिल्ले देश-देशान्तर की सीमाएँ पार कर बहुत लोकप्रिय हुए।

कामिल्ल कोरो (1796-1875)

बार्बिजां में रह रहे यथार्थवादी चित्रकारों में एक अन्य महत्त्वपूर्ण कलाकार कामिल्ल कोरो (Jean Baptiste Cammille Corot) (1796-1875) थे। वे एक व्यापारिक परिवार में जन्मे थे और सीधे-सादे स्वभाव के व्यक्ति थे। पेरिस में 1796 में जन्मे और वहीं 1875 में गुजरनेवाले कोरो शुरू में मन बहलाव के लिए प्रकृति के चित्रण किया करते थे। यह रोचक तथ्य है कि पचास वर्ष की उम्र तक न तो उनका कोई काम बिका और न ही चित्रकार के रूप में उनकी पहचान बन सकी थी। जैसे ही उन्हें पेरिस का राष्ट्रीय सम्मान मिला, उनके काम बिकने लगे और उनकी दूर-दूर तक प्रसिद्धि भी बढ़ गई। कोरो ने आरम्भ में 1824 में स्वच्छन्दतावादी कलाकार कॉन्स्टबल के काम देखे थे और उनके प्रभाव में भी आए थे। तब उन्हें ही अपना गुरु मानकर उन्होंने प्रकृति चित्रण में अपने को समर्पित कर दिया था। वे जब

पेरिस छोड़ बार्बिजां समूह में शामिल हुए तब भी प्रकृति ही उनका मुख्य ध्येय बनी जिसे वे बेहद सधे हुए हाथों से सम्मोहक शैली में आँकते थे। उनकी रंगविधि अत्यन्त सहज होती पर तन्मयता ऐसी कि प्रकृति के एक-एक दृश्य साक्षात् प्रकट हो ज़ाते। यथार्थवादी चित्रण में उनकी कुशलता इतनी थी कि लोग उनके काम निहारते खो से जाते।

कोरो चित्र-रचना के साथ-साथ कला-सृजन पर अपने विचार भी प्रकट करते रहते थे। वे कहते थे कि—'कला में आकार और प्रयोजन सबसे प्रमुख हैं।' वे यह भी कहते कि—'मैं स्त्री के स्तनों को वैसे ही चित्रित करता हूँ जैसे दूध से भरी शीशियों को।' (I paint a Woman's breast exactly as would paint a bottle of milk.) कोरो की खासियत यह थी कि वे बहुत संवेदनशील होकर काम करते थे और चित्रित किए जा रहे विषय के हर पक्ष पर ध्यान देते थे। यही कारण है कि उनके द्वारा रचित कृतियों की बहुत माँग हुई। वन, उपवन, पर्वत, पठार, तालाब, खेत, सूर्य की गति जैसे विषयों पर उनके काम बहुत प्रभावकारी हैं। कहा जाता है कि 'Souvenir de Mortefontaine' (मोर्टेफान्टेन की याद में) नामक उनकी कृति इतनी चर्चित हुई कि उसे पूरे योरोपीय घरों में टाँगने की जैसे होड़ मच गई। उसमें प्रकृति के सौन्दर्य का अंकन है, तो उसकी पृष्ठभूमि साँगीतिक है। हल्का कुहरा है और उसमें से कुछ झुके हुए पेड़ दिखाई देते हैं। इसके साथ-साथ जल-प्रवाह की स्थिरता, सामने के पर्वत के साथ सूर्य की सुनहली किरणों का प्रत्यावर्त्तन इतना प्रभावकारी था कि लोग देखते हुए ठगे-से रह जाते थे।

कोरो ने प्रकृति चित्रण के साथ-साथ व्यक्ति-चित्रण भी खूब किए जिनमें स्त्रियों के चित्र अधिक हैं। यह कम आश्चर्य की बात नहीं है कि उनके कामों की भव्यता इतनी रही कि बाद के कई बड़े कलाकारों और कुछ पीछे के मूर्धन्य कलाकारों की कृतियों से उनका साम्य देखा गया। उनकी कृति 'Interrupted Reading' (खंडित पठन) की छाया पिकासो की कृति 'Lady with a Fan' (पंखेवाली स्त्री) पर देखी गई। इसी तरह कोरो की कृति 'Woman with Pearl' (मोती पहने स्त्री) की तुलना दा विंची की विख्यात कृति—'मोनालिसा' से की गई। स्पष्ट है कि यथार्थवाद ने न केवल श्रमशील जनता के जीवन की छवियों को आँका, बल्कि प्रकृति, स्त्री और सौन्दर्य के विविध स्तरों को रूपायित कर दिखाया कि वह ऐसी विधि है जिसमें कोई पक्ष चित्रित होने से वंचित नहीं रह गया है। यथार्थवाद के अपने वैशिष्ट्य के साथ कोरो ने अपने निजी गुणों; जैसे—रम्य रंग-संगति, सुनियोजित आकार, सौम्य दृश्यता, विषय के प्रति आत्मीयता और गठन की सुदृढ़ता जैसी सर्जनात्मक विशेषताओं के द्वारा समस्त कला जगत को प्रभावित किया। अपनी उदारता, सहृदयता और सबके प्रति सहायता का भाव रखनेवाले कोरो को उनके अन्तिम समय में सन्त कलाकार कहा जाने लगा था।

उनके कुछ अन्य मुख्य काम हैं—'View from the farnese Garden' (फर्निसे गार्डेन से दृश्य), 'The Bridge at Narni' (नार्नी पर पुल), 'Morning in Venice' (वेनिस की सुबह), 'Stormy Weather' (तूफानी मौसम), 'Diana Bathing' (स्नान करती डायना), 'Repose' (पुनर्मुद्रा), 'Bornova' (बोर्नोवा) आदि।

यथार्थवाद में अनेक अन्य कलाकारों ने काम किया था और उल्लेखनीय कृतियों की रचना की थी। इनमें कुछ महत्त्वपूर्ण कलाकार हैं—इल्या रापिन (Ilya Rapin), मिहाली मुंकासी (Mihaly Munkacsy), सेमुअल विलेनबर्ग (Samuel Willenberg), जानेट फिश (Janet Fish), जुआन लुना (Juan Luna), इसाक लेविटान (Isaac Levitan), गुस्ताव कैलेबोटे (Gustave Callebotte), अल्मा थॉमस (Alma Thomas), अल्बर्ट एडेलफेल्ट (Albert Edelfelt), गेरहार्ड रिच्टर (Gerhard Richter), अडोल्फ मेन्जेल (Adolph Menzel), जोसे फेराज डी अल्मेडा (Jose Ferraz de Almeida), एडुअर्ड होपर (Eduard Hopper), विलियम अडोल्फ बोउगेरु (William Adolphe Boughereau) आदि।

कह सकते हैं कि जिस प्रभाववाद से आधुनिक चित्रकला स्थिर हुई और कला की सभी पारम्परिक रूढ़ियों से मुक्त होकर चित्रकला निर्बाध रूप से विकसित हुई, उसकी पृष्ठभूमि जिन पूर्ववर्ती कला-शैलियों से बनी, उसमें यथार्थवादी कला-शैली का महत्त्वपूर्ण योगदान है। पहले स्वच्छन्दतावाद और उसके बाद यथार्थवाद के आगमन ने कला पर हावी सारे दबावों को दूर किया और कला को अपना स्वाभाविक विकास-पथ मिल सका। कला को कल्पना और कलाकार की मनोभावनाओं की अभिव्यक्ति बनाकर स्वच्छन्दतावाद ने जहाँ पारम्परिक परिपाटियों को ध्वस्त किया, वहीं यथार्थवाद ने कला को जीवन के यथार्थ से जोड़ा और उसे महज मनोरंजन मानने से इनकार किया। इस पहल में ओनोर दोमिय, गुस्ताव कुर्बे और कामिल्ल कोरो की भूमिका अत्यन्त महत्त्वपूर्ण है जिनमें थिओदोर रूसो, दोबिन्यी और मिल्ले जैसे कलाकारों का भी सहयोग रहा।

घोषित रूप से यथार्थवाद 1840 से 1870 तक यानी तीस वर्षों तक रहा, पर उसने पूरी दुनिया में कला के सृजन और उसके बर्ताव पर प्रभाव डाला। यथार्थवाद के इसी बीज ने 1920 में समाजवादी यथार्थवाद का रूप लिया और दुनियाभर की कला को समाजवादी ध्येय से जोड़ने की पहल की। कला का सम्बन्ध जीवन से है, श्रमशील जनता के संघर्षों और उसकी आशाओं से भी है तथा कला व्यवस्था तथा सामन्ती मूल्यों का प्रतिरोध-प्रतिकार भी है, यह धारणा यथार्थवाद के कारण प्रभावी हुई। कहना न होगा कि इन्हीं विचारों के कारण बाद की कला को सामाजिक कर्म मानने की धारणा विकसित हुई। दादावाद, अति यथार्थवाद, घनवाद, अभिव्यक्तिवाद जैसे अनेक वैश्विक कला आन्दोलनों पर इस यथार्थवाद की प्रतिरोधी दृष्टि की बहुत

बड़ी भूमिका है। विचार जगत में यद्यपि कार्लमार्क्स के सिद्धान्तों ने उस दौर में भूचाल ला दिया था, पर कला में यथार्थवाद ने ही उस जड़ता को तोड़ा था जिसमें कला को वैचारिक परिवर्तनों से काटकर रखा गया था।

स्पष्ट ही यथार्थवाद पर मार्क्स का प्रभाव था और दोमिय तथा कुर्बे जैसे कलाकारों ने उनके सिद्धान्तों के अनुरूप हाशिये के समाज को आँक कर सामन्ती भद्रता और श्रेष्ठता को चुनौती दी थी। यही बाद में जब समाजवादी यथार्थवाद में बदला तो मार्क्स के दर्शन को अधिक जगह मिली। तब से अब तक चली आ रही कला में यह यथार्थवादी प्रवृत्ति किसी न किसी रूप में पूरी दुनिया में प्रभावी रहती आई है और आज भी कला के सृजन का एक बड़ा पक्ष यथार्थवादी अभिव्यक्ति का है। हालाँकि इस पर यह आरोप अवश्य लगता रहा कि परम्परा और धार्मिक दबावों का विरोध कर इसने भी कला को एक दूसरे दबाव से जोड़ दिया था, और वह था—देखे हुए सच का चित्रण; जैसे कि कला इसके परे होती ही नहीं, या हो ही नहीं सकती।

प्रभाववाद
(Impressnism)
(1870-1880)

कला में आधुनिकतावाद का आरम्भ

प्रभाववाद उन्नीसवीं शताब्दी के तीसरे चरण में उभरा जिसने कला को सही अर्थों में पारम्परिक रूढ़ियों से मुक्त कर उसे आधुनिक बनाया था। 1870 से 1880 तक सक्रिय रहा यह कला आन्दोलन चित्रण की शुद्धता और कलाकार की स्वतंत्रता पर बल देता था तथा कलागत स्वातंत्र्य पर किसी भी तरह के दबाव को नहीं मानता था। इस आन्दोलन से सम्बन्धित अवधारणा में दृश्य के प्रभाव को अधिकाधिक बौद्धिक कल्पना से मुक्त कर छाया-चित्रण के समरूप चित्रांकन की व्यवस्था थी। इसमें प्रकृति को अधिक जगह मिली, तो मनुष्य और उसके जीवन को भी अंकित करने की प्रवृत्ति विकसित हुई। इसमें प्रकाश को सबसे महत्त्वपूर्ण तत्त्व स्वीकार किया गया। दर्शनीय तूलिकाघातों और खुले संयोजनों के साथ प्रकाश के परिवर्तित प्रभावों में प्राकृतिक दृश्यों और मानवी रूपाकारों को दिखाने की यह कला-अवधारणा अपने समग्र परिप्रेक्ष्य को दृश्यमान करने के विचार को दृढ़ता से प्रसारित करती है।

इस कला पद्धति को फ्रांस के पारम्परिक कला समुदाय का बहुत विरोध सहना पड़ा था, जो किसी भी तरह गैर पारम्परिक कला-रूप को, जो स्वतंत्र होकर नवाचार कर सके, पसन्द नहीं करता था। इस विरोध में वे कलाकार भी शामिल हो गए थे, जो पारम्परिक ढंग से काम कर रहे थे और वहाँ के समाज की कला-रूढ़ियों को स्वीकार कर चलते थे। पर प्रभाववाद के कला आन्दोलन ने कला-समाज की रूढ़ियों को तोड़कर अपना रास्ता बनाया। पेरिस के प्रभाववादी कलाकारों में क्लोद मोने (Cloude Monet) का नाम अग्रणी है और वे ही इस आन्दोलन के सूत्रधार माने जाते हैं जिन्होंने 1872 में 'Sunrise' (सूर्योदय) नामक कृति बनाई और उसे प्रभाववादी चित्र कहा।

ज्ञातव्य है कि 19वीं सदी के मध्य में एक शासक के रूप में नेपोलियन तृतीय ने पेरिस को पुनर्निर्मित किया। उस समय फ्रांसीसी समाज में पारम्परिक फ्रांसीसी कला

का प्रभाव भा जिसमें बद्धमूल विषयों और शैलियों में चित्रांकन होता था। इस कला में पूर्व निर्धारित ऐसे मानक विषय होते थे जिसमें मिथकीय और धार्मिक चरित्रों के चित्रण की बाध्यता थी। उन दिनों इतिहास-प्रसिद्ध नायकों और धार्मिक पात्रों की ही प्रतिष्ठा थी और जनता उन्हीं के चित्रण को कला मानकर खुश हो लेती थी। इसकी परम्परा बहुत पहले से चली आ रही थी; जिसे हम पीछे भी देखते आ रहे हैं। ऐसे में प्रकृति-चित्रण और सादृश्य के साथ-साथ भूदृश्य का अंकन भी वर्जित जैसा ही था। उस दौर में हल्के तूलिकाघातों से कलाकार सावधानी से निर्धारित विषयों को आँकते और चित्रित वस्तु को सुनहले रंगों से उभारते थे। इस पारम्परिक कला शैली का नेतृत्व जिन कलाकारों के हाथों में था, वे थे—जॉन लियोन गेरोम (John Lion Gerome) और अलेक्जेंडर काबानेल (Alexander Kabanel)। उन दिनों पेरिस में 'एकेडेमी डे बियोक्स आर्ट (Academie des Beaux-Art) नामक संस्था बहुत सक्रिय थी जो फ्रांस की कला को तय करती थी। इस संस्था द्वारा वार्षिक कला की प्रदर्शनी का आयोजन होता था जिसमें पारम्परिक पद्धति पर रचित काम ही प्रदर्शित होते थे। इनमें से ही कुछ चयनित कलाकारों के कामों को पुरस्कृत किया जाता था। इस पारम्परिक कला मानक को ही वहाँ 'अकादमिक वाद' या 'अकादमिक कला' कहा जाता था। इसी तरह की कला की वहाँ मान्यता थी जिसका नेतृत्व जॉन लियोन गेरोम (John Lion Gerome) तथा अलेक्जेंडर काबोनेल (Alexander Kabanel) के हाथों में था। इनकी अकादमिक शैली में निर्मित कृतियाँ फ्रांस में बहुत लोकप्रिय थीं। वे उन कलाकारों के आदर्श थे, जो कलाकार इस शैली में काम करते थे।

1860 के आरम्भ में चार युवा कलाकारों—क्लोद मोने (Cloude Monet), पियरे अगस्ट रेनॉय (Pierre Auguste Renoir), अल्फ्रेड सिसली (Alfred Sisley) तथा फ्रेडरिक बाजिल्ले (Frederich Bazille) ने उन दिनों के प्रसिद्ध अकादमिक शैली के चित्रकार और समीक्षक चार्ल्स ग्लेरे (Charles Gleyre) से भेंट की थी और उनसे भूदृश्यों के अंकन तथा समकालीन जीवन के चित्रण पर अपनी निजी दृष्टियों और अनुभवों पर बात की थी। इन कलाकारों ने ग्लेरे से इस विषय पर भी बात की थी कि दुनिया के बदलते हुए जीवन और मान्यताओं के साथ-साथ हमारी कला के मानक क्यों नहीं बदल सकते और उसमें क्यों आज भी हम पारम्परिक लकीर पीटने को ही बाध्य हैं? इन कलाकारों ने इस पारम्परिक कला की जगह ऐसी कला-पद्धति की बात उठाई जिसमें ऐतिहासिक तथा धार्मिक विषयों पर काम करने के बजाय जीवन और प्रकृति के नए विषयों पर काम किया जा सके। इन कलाकारों का मानना था कि बन्द स्टुडियो में काम करने की जगह कलाकारों को खुली हवा में काम करने की स्वतंत्रता देनी चाहिए और उन्हें अपने मन से काम करने की छूट भी मिलनी चाहिए। ग्लेरे ने इनकी बातें सुनीं, पर कोई प्रतिक्रिया नहीं दी थी। उन्हें इन कलाकारों में पारम्परिक कला के प्रति रोष और उससे विरोध की प्रवृत्ति दिखाई दे रही थी।

इन कलाकारों ने खुली हवा और सूर्य के प्रकाश में अपने किए गए कामों को 'एकेडेमी डे बियोक्स आर्ट' की सालाना प्रदर्शनी (1860) में भेजा, पर वे सभी काम निरस्त कर दिए गए। इससे निराश हुए बिना इन कलाकारों ने अपनी कृतियों को अधिक उज्ज्वल बनाने और उसमें चमक देने की चेष्टा में अपने को लगाया। यह प्रवृत्ति एक तरह से गुस्ताव कुर्बे (Gustav Curbet) तथा बाबीर्जोन (Barbijone) की यथार्थवादी कला के विकास का अगला चरण ही थी जिसमें रंगों के प्राधान्य में छाया-प्रकाश के संयोजन और प्रकाश के प्रभाव की स्वीकृति थी। इन कलाकारों का मिलन-स्थल पेरिस का कैफे गुरबोइस (Cafe Guerbois) था, जहाँ क्लोद मोने के नेतृत्व में सभी कलाकार जुटते और अपनी रणनीति पर बहस किया करते। इस मुलाकात में एडुआर्ड माने (Eduard Manet) भी शामिल हो गए थे; जिन्होंने क्लोद मोने के प्रयत्नों को क्रियान्वित कर प्रभाववाद को ठोस व्यवस्था दी थी। कुछ ही दिनों में इस जत्थे में कामिल्ले पिस्सारो (Camille Pissarro), पॉल सिजां (Paul Cezanne) तथा अरमंड गुलामिन (Armand Gulamin) भी जुड़ गए। इसके बाद प्रभाववाद का यह आन्दोलन फ्रांसीसी पारम्परिक अकादमिक कला को चुनौती देने की स्थिति में आ गया।

1860 के बाद 1863 में इन कलाकारों ने क्लोद मोने के नेतृत्व में फिर अपने काम भेजे, पर इस बार भी सभी काम निरस्त कर दिए गए। इसमें एडुअर्ड माने का वह प्रसिद्ध काम 'Lunch on the Grass' (घास पर भोजन) भी था; जिसे बाद में मोने के 'Sunrise' के साथ-साथ प्रभाववाद की महत्त्वपूर्ण कृतियों में माना जाता है। इस काम को लेकर इन कलाकारों की बहुत उम्मीद थी। इस काम के बारे में निर्णायकों की टिप्पणी थी कि यह चित्र पिकनिक मनाते दो सजे-धजे व्यक्तियों के समक्ष एक नग्न नवयुवती को दिखाता है, जो अभद्र और अनैतिक है। इन निर्णायकों ने केवल विषय को आपत्तिजनक बताकर इसे निरस्त किया और इसकी पद्धति पर कोई टिप्पणी नहीं की। निर्णायकों ने इस तरह के अश्लील काम करने पर एडुअर्ड माने की निन्दा भी की थी।

1863 में ही जब फ्रांस के राजा नेपोलियन तृतीय ने निरस्त कामों को देखा तो आदेश दिया कि इन्हें जनता को देखने और अपने विचार देने का अवसर देना चाहिए। नेपोलियन के आदेश के बाद लोगों ने सार्वजनिक रूप से प्रदर्शित इन कृतियों को अकादमिक कामों के साथ-साथ देखा, पर इनकी भर्त्सना ही की। कुछ ही लोग ऐसे थे जिनको इनमें नई सम्भावना दिखी थी। यह सिलसिला चलता रहा, पर अकादमिक कला प्रतिष्ठानों में प्रभाववादियों को जगह नहीं मिली।

दिसम्बर 1873 में मोने, रेनॉय, पिस्सारो, सिसली, सिजां, देगास आदि ने मिलकर 'कॉपरेटिव एंड एनोनिमस एसोसिएशन ऑफ पेन्टर्स, स्कल्पटर्स एंड इनग्रेवर्स' नामक संस्था बनाई और इसके माध्यम से अपनी कृतियों की प्रदर्शनी लगाई। इसमें कुछ

अन्य प्रगतिशील कलाकारों की कृतियाँ भी आमंत्रित की गईं। 1874 में पेरिस स्थित 'स्टुडियो ऑफ द फोटोग्राफर नादार' में हुई इस प्रदर्शनी में कुल तीस कलाकारों की कृतियाँ प्रदर्शित हुईं।

इस प्रदर्शनी पर मिलीजुली प्रतिक्रियाएँ आईं, पर अधिकतर आलोचकों ने इन कृतियों की निन्दा ही की। उन दिनों के व्यंग्यकार और समीक्षक लुइस लेरोय (Louis Leroy) ने एक दैनिक पत्र में 'The Exhibition of the Impressnist' (प्रभाववादियों की प्रदर्शनी) शीर्षक से प्रदर्शनी पर टिप्पणी की। इसमें उन्होंने एडुअर्ड माने की कृति पर लिखा कि—'वह सिर्फ एक रेखाचित्र है, उसे पूरा हुआ काम कहा ही नहीं जा सकता।' इसका उत्तर देते हुए माने ने कहा था, 'प्रभाव; निश्चय ही मैं प्रभाव में रहा। मैं जब से प्रभावित हुआ, तब से अपने आप से कुछ कह रहा था कि इसमें कुछ प्रभाव है। स्वतंत्रता क्या है, कलाकार की उपलब्धि क्या है; क्या वह अपने स्वयं का प्रभाव नहीं है? क्या समुद्री दृश्य से अधिक एक भ्रूण ज्यादा पूर्ण नहीं है?'

इस तरह लगातार संघर्ष करते हुए प्रभाववाद ने अपनी जगह बनाई। 1886 तक आते-आते; वह फ्रांस के कला-जगत पर छा गया था, जिसमें दर्शक और कलाप्रेमी समाज भी शामिल हो गया था। तब प्रभाववाद एक नए रूप में सक्रिय हो गया था जिसे नव-प्रभाववाद कहते हैं। लेकिन उसकी जमीन प्रभाववाद ने ही बनाई थी और नव-प्रभाववाद के आने के बाद भी वह जीवित और सक्रिय रहा।

एडुअर्ड माने के नेतृत्व में आगे बढ़ा यह कला आन्दोलन बर्थ मोरिसॉट (Berthe Morisot) और पिस्सारो की कला से समृद्ध हुआ जिन्हें विशुद्ध प्रभाववादी माना जाता है। इसके शेष कलाकारों में सिजां, सेउरा, सिग्नाक, रेनॉय, सिसली, देगास आदि शामिल हैं जिन्होंने प्रभाववाद को तो समृद्ध किया ही, अपनी निजी क्षमताओं की खोज भी की।

स्पष्ट रूप से प्रभाववाद अपने स्वरूप में एक ऐसी कला शैली के रूप में प्रसिद्ध होता गया जो चित्रित की जानेवाली विषय-वस्तु को विविधवर्णी रंगों में आँकती है और जिसमें बाह्य दृश्य का अंकन चटख तथा प्रकाश के समरूप होता है। प्रत्यक्ष का समतुल्य प्रभाव प्रस्तुत करना और उसकी समग्रता में कल्पनात्मक पुट देकर उसे दृश्यमान बनाना प्रभाववाद की एक अन्य विशेषता रही जिसके असर से धीरे-धीरे पूरी दुनिया की कला इसकी जद में आ गई और कला के अब तक के रूढ़ मानक स्वत: अर्थहीन हो गए।

एक तरह से पश्चिमी कला पारम्परिक रूढ़ियों, मानकों और अनुष्ठानों से बाहर आई तो उसमें प्रभाववाद एक बड़ा विचार बनकर सामने आया। कला की तरह साहित्य में भी प्रभाववाद सामने आया जिसके कारण लेखन की स्वतंत्रता प्रकट हुई। पश्चिम का यह दौर कला और साहित्य के लिए समान रूप से रूढ़िवादी था। दोनों ने मानक और रूढ़ विषयों को नकारा तथा दृश्य-यथार्थ को विचार-स्वातंत्र्य

के साथ अंकित करने का प्रयत्न किया। साहित्य में प्रभाववाद जहाँ दैनंदिन जीवन के यथार्थ को व्यक्त करने की दिशा में अग्रसर हुआ, वहीं कला में उसने प्रत्यक्ष को अंकित करने का साहस दिया। प्रकृति का विराट स्वरूप और जीवन-जगत के साथ मानव-व्यवहार इस कला-आन्दोलन का लक्ष्य बना। कलाकार का अन्तर्भाव ही उसकी सर्जना का कारक बना, जो अब तक की कला से ओझल था। लेकिन दृश्य-यथार्थ पर आग्रह के बावजूद कला में आया प्रभाववाद, यथार्थवाद से भिन्न था।

दोनों में भिन्नता का महत्पूर्ण पक्ष यह है कि यथार्थवाद जहाँ विवेच्य या चित्रित विषय को एक लक्ष्य के तहत देखता था, वहीं प्रभाववाद के अंकन का मुख्य ध्येय सौन्दर्यानुभूति को जगाना था और रूढ़ हो चुकी कला को नई सोच के साथ खुली हवा में ले जाना था। एक दूसरा अन्तर यह भी है कि जहाँ यथार्थवाद में प्रकृति को उसकी सही शक्ल में उतारने की कोशिश होती थी, वहीं प्रभाववाद में प्रकाश के परिवर्तित रंगों के भीतर प्रकृति के दृश्यों को एक नए रूप में बरतने का प्रयास होता था। सही मायनों में प्रभाववाद ने ही कलाकारों को विचार-स्वातंत्र्य देकर सृजन की ओर प्रेरित किया और अंकन-पद्धतियों में क्रान्तिकारी परिवर्तन किया। प्रभाववादी कलाकारों ने सर्वथा पहली बार कलाकारों में वैयक्तिक अनुभूतियों पर काम करने का मार्ग दिया।

एडुअर्ड माने (1832-1883)

एडुअर्ड माने (Edouard Manet) इस कला आन्दोलन यानी प्रभाववाद के सर्वाधिक महत्त्वपूर्ण कलाकार ही थे जिन्होंने सबसे अधिक आलोचनाएँ सहीं, पर उन्हीं की कृतियों ने इसे वैश्विक कला में प्रतिष्ठित किया। माने की कला प्रभाववाद के पूरे सूत्र को व्यक्त करती है और अपनी नवीनता से एक नया आलोक रचती है। माने के चित्रों में हल्के और गहरे रंगों का स्पष्ट विभाजन दिखता है। उन्होंने क्रमश: हल्के से गहरे रंग की ओर जाने की पारम्परिक पद्धति को तोड़ा। उनकी एक महत्त्वपूर्ण विशेषता यह भी थी कि उन्होंने चित्रित वस्तु के स्वरूप को किंचित छोटा कर चित्रफलक के आकाश को विस्तृत किया। दूसरे शब्दों में कहें तो उन्होंने चित्र के समतल प्रभाव को बढ़ाया। रोजमर्रा के जीवन को अपना विषय बनाकर माने ने चित्रण की सजीवता पर बल दिया। 'Lunch on the Grass' (घास पर भोजन) या 'Olympia' (ओलम्पिया) जैसे काम उनके अपूर्व चित्रण के दुर्लभ उदाहरण के रूप में सामने आए।

'Lunch on the Grass' (घास पर भोजन) की वस्तु को लेकर चाहे जितना विवाद हुआ हो, किन्तु उसके चित्रण कौशल ने सबको मुग्ध कर दिया था। इसी तरह 'Olympia' (ओलम्पिया) भी एक विलक्षण कृति सिद्ध हुई थी। यह कृति माने की विलक्षण चित्रण शैली का उदाहरण बनकर आई। यह कृति दो प्रधान समतल

भागों में विभाजित है। पहले भाग में एक नग्न युवती बिछावन पर चित लेटी है और उत्सुक दृष्टि से जागृत है, तो दूसरे हिस्से में उसका नौकर उसे एक गुलदस्ता भेंट कर रहा है। कहते हैं कि इस नग्न स्त्री की मॉडल विक्टोरिन मेउरेन्ट (Victorine Meurent) थी, जो उन दिनों अपनी खूबसूरती के लिए विख्यात थी।

इसके बाद माने ने अनेक कृतियों पर काम किया और लगातार अच्छी कृतियों की रचना से प्रभाववाद को वैश्विक आधार दिया। उन्होंने 'A Good class of Beer' (अच्छी श्रेणी की बीयर), 'The Boating' (नाव की सवारी) आदि सुन्दर कृतियों की रचना भी की। 1883 में माने की मृत्यु हो गई थी, पर उनके समूह के कलाकारों ने इस शैली को लगातार समृद्ध किया। महत्त्वपूर्ण चित्रकार गोया ने प्रभाववाद के समर्थन में कहा था—'प्रकृति में कहीं कोई रेखा नहीं है। मुझे तो हमेशा प्रकृति में प्रकाशित और अप्रकाशित आकार ही दिखाई देता है। यदि प्रभाववादी प्रकाश को ही अपना चित्र-ध्येय मानते हैं, तो इसमें बुराई क्या है।'

उन्होंने इसे स्पष्ट करते हुए लिखा है—'चित्र में या स्वयं प्रकृति में समतल ही दिखता है, चाहे वह दूर हो या निकट। मुझे रेखाएँ या बारीकियाँ दिखाई नहीं देतीं। मैं व्यक्ति के सिर के बालों को नहीं गिन सकता और न ही उसके कोट के बटनों को। मुझे जो दिखाई नहीं देता, उसे देखने का मेरी तूलिका को कोई अधिकार नहीं।'

इस कला आन्दोलन को क्लोद मोने ने अपनी सर्जनात्मक तन्मयता से समृद्ध किया और दृश्य अनुभूति को पट पर अपूर्व कुशलता से अंकित करने का नायाब काम किया। इस पर सिजां ने कहा था—'मोने केवल आँख हैं—किन्तु कैसी आँख, अद्‌भुत।' लन्दन में टेम्स नदी के उनके बनाए 37 चित्र आज भी अपनी अपूर्वता से मोह लेते हैं जिसमें कोहरे में लिपटे दृश्य में मनुष्य द्वारा निर्मित निर्जीव वस्तुओं और सूर्य की किरणों के बीच के संघर्ष को कुशलता से अंकित किया गया है।

मोने के बाद अनेक चित्रकारों ने प्रभाववाद को स्थापित करने में महत्त्वपूर्ण भूमिका निभाई। इनमें कामिल्ले पिस्सारो की चित्रित वस्तुओं में आकारों का दृश्य होना, अल्फ्रेड सिसली की रंग-संगति की सौम्यता तथा कृति की काव्यमयता, देगास की अनन्य छाया-चित्रण विधि में प्रकाश की परिवर्तनीयता, अगस्ट रेनॉय की मनोहर और लयात्मक आकृति-सर्जन की विलक्षणता, तुलुज लोत्रेक की विषय-वस्तु में अभिव्यक्ति की दार्शनिकता, मैक्स स्लेवोट (Max Slevogt) की निर्भीक अंकन कुशलता, लोविस कोरिंथ (Lovis Corinth) की आन्तरिकता से समन्वित रंगयुक्ति की वक्रता तथा मॉरिस प्रेडरगास्ट (Maurice Predergasŧ) की रंगों के धब्बों से रोजमर्रा के जीवन को चित्रित करने की शैली ने इस कला आन्दोलन का सृजनात्मक विकास किया।

इस तरह हम देखते हैं कि मुक्त संयोजन, दृश्यात्मक तूलिकाघात, प्रकाश की चित्रमय प्रभावान्विति और निश्चित वस्तु-बिन्दु को अपनी विलक्षण द्युति में

उभारनेवाली यह चित्र-विधि साधारण से साधारण वस्तु को भी प्रकाशित करने में असाधारण सफलता प्राप्त कर सकी थी। असामान्य दृश्य-तत्वों को भी इस पद्धति ने जैसी चित्रमयता दी, वह हैरत की बात थी; क्योंकि उसमें मनुष्य के रोजमर्रा का जीवन भी था, तो प्रकृति की अनुपम मनोहारिता भी थी। यहाँ इस बात का संकेत जरूरी है कि पेरिस के कैफे गुरबोइस (Cafe Guerbois) में प्रभाववादी कलाकारों और साहित्यकारों की अक्सर बैठकें होती थीं जिनमें कला तथा साहित्य के तत्त्वों और प्रभावों की चर्चा होती थी। इसमें साहित्यकार एमिल जोला जैसे लोगों के साथ मोने, माने, सिसली, पिस्सारो, रेनॉय, सिजां आदि कलाकार शामिल होते। इसके बारे में माने ने लिखा है—'इन गोष्ठियों से अधिक सुख देनेवाली कोई भी अन्य चीज नहीं हो सकती। हम सब में अलग-अलग विचार होते, हम एक-दूसरे से असहमत होते और खुलकर उस पर बहस करते। सब लोग तर्कों से अपनी बात को सही सिद्ध करने की कोशिश करते। सब अपने-अपने अनुभव से एक सत्य तक जाने का मार्ग खोजते। इन गोष्ठियों ने हमें संकल्प के साथ काम करने का विश्वास और दृढ़ता दी।'

इन्हीं विचार-विमर्शों से प्रभाववाद ने अपना लक्ष्य निर्धारित किया था—दृश्य के क्षणिक दृष्टि-प्रभाव को चित्रकार की बौद्धिक कल्पना एवं रचना के रूढ़िबद्ध नियमों से स्वतंत्र कर छाया-चित्रण के समरूप यथार्थ का चित्रण करना। इसमें चित्रण के लिए साधारण विषय भी महत्त्वपूर्ण था। इन कलाकारों के सामने जो कुछ भी होता, वह चित्रित करने के अनुकूल था। इस रूप में वह प्रकृतिवादी भी था; क्योंकि प्रकृति को इसमें सर्वाधिक महत्त्व प्राप्त हुआ था। सन् 1870 से 1880 तक यानी सिर्फ दस वर्षों तक सक्रिय रहे इस आन्दोलन को नाम भी मिला था, तो उस कला आलोचक के द्वारा, जिसने व्यंग्य और हास्य से 1874 में आयोजित इस प्रदर्शनी को 'Peitres Impressionists' कहा और वही इसका स्थायी नाम यानी प्रभाववाद हो गया। लुइस लेरॉय (Louis Leroy) को तब पता न था कि यह आन्दोलन वैश्विक कला का नेतृत्व करेगा और एक समय आएगा, जब दुनिया भर के कलाकार इस पद्धति का अनुसरण करेंगे। निश्चय ही दृश्य तूलिकाघात, मुक्त संयोजन, कृति की गुणवत्ता में परिवर्तित प्रकाश की शुद्धता के चित्रण पर बल देनेवाला प्रभाववाद अपने विषय के विवरणों में न जानेवाला ऐसा जीवन्त रंगों का चित्रण था जो पारम्परिक कला प्रतिमानों के बदले एक स्वतंत्र कला-दृष्टि की नींव रख सका। इसमें शुद्ध और चटख रंग कलाकारों के मुलायम स्पर्श से इस तरह बोल पड़ते कि विवेच्य विषय के विवरण की गुंजाइश ही नहीं रहती। यह उस दौर में बड़ी बात थी और पारम्परिक रूढ़ि से निकलकर कला का मुक्त वातावरण में साँस लेना अप्रत्याशित अनुभव था। अगर कला में नई चेतना आई और सर्वथा पहली बार कला को उसकी स्वाभाविक भूमि मिली, तो निश्चय ही यह प्रभाववाद के कारण हुआ।

इस आन्दोलन में अनेक कलाकारों की भागीदारी रही जिनमें क्लोद मोने (Claude Monet), एडुअर्ड माने (Edouard Manet), एडगर डेगास (Edgar Degas), अल्फ्रेड सिसली (Alfred Sisley), कामिल्ले पिस्सारो (Camille Pissarro), बर्थ मारिसॉट (Berth Marisot), अगस्ट रोदिन (Auguste Rodin), फ्रेडरिक बाजिल्ले (Fredric Bazille), यूजीन बाओदिन (Eugene Boudin), हेनरी डी ताउलुस ला उलरेक (Henri de Toulous La Ulrce), मेरी कासाट्ट (Mary Cassatt) मुख्य हैं, जिनके कामों ने प्रभाववाद को न केवल प्रसारित किया वरन् उससे कला जगत को स्वतंत्र कला दृष्टि दी और आगे की कला-सर्जना की आधार-पीठिका निर्मित की। पर इस आन्दोलन में शामिल लगभग तीस कलाकारों में पाँच कलाकार ऐसे स्तम्भ की तरह रहे जिन्होंने प्रभाववाद के साथ-साथ अपनी निजी कला प्रतिभा का विकास करके भी कला-जगत को चकित किया।

इन कलाकारों में सबसे पहला नाम एडुअर्ड माने (Edouard Manet) का आता है जिनकी कृति 'Lunch on Grass' (तृण पर भोजन) प्रभाववाद की पीठिका बनी और कला-जगत में आलोचना के बावजूद पारम्परिक कला-रूढ़ि को तोड़ने का पहला शक्तिशाली उद्यम बनी। माने फ्रांसीसी कला जगत में अनावृत्त स्त्रियों के चित्र बनाने के कारण भी बहुत बदनाम रहे और वहाँ के कथित भद्र समाज ने उनकी कटु निन्दा भी की थी। पर चित्रकला की उनकी शैली अद्वितीय और अनोखी थी। बाद में उन्होंने रोजमर्रा के जीवन को अपने चित्रण का विषय बनाया। शहरी जीवन, शहर की गलियाँ, वहाँ के लोग और उनके जीवन की विभिन्न गतिविधियों को माने ने अपने विलक्षण कौशल से आँका। उनके चित्रों में भिखारी, गायक, श्रमिक तथा सामान्य लोग भी तन्मयता से चित्रित मिलते हैं। उनके चित्रण की एक बड़ी विशेषता यह होती थी कि उनका चित्रफलक पूरी तरह बन्द या समाप्त नहीं होता था। इस मायने में माने एक स्वच्छन्द कलाकार की तरह दिखते थे और उनका तूलिकाघात उन्मुक्त फलक पर ऐसे विचरता प्रतीत होता, जैसे कि वह कुछ नामालूम-से विषय से खेल रहे हों। यही कारण है कि उनके चित्र अधूरे-से लगते, पर व्यापक आनुभूतिक सम्भावनाओं में खुलते। उनके चित्रों में पेरिस नगर के कैफे और बार भी अंकित होते, तो सामान्य जीवन भी। उनके चित्रण की एक विशेषता यह भी थी कि फलक पर चित्रण में वे गहरे और हल्के रंगों के प्रभावों को अलग रखते जिससे चित्र के ये दोनों स्थल रंगों की स्वाभाविक दीप्ति में खिल उठते। उनके उल्लिखित कामों के अलावा, जो काम उनकी वैश्विक ख्याति के कारण बने, वे हैं—'Lunch in the Studio' (स्टुडियो में भोजन) , 'Concert in tuiluries Gardens' (टुइलरिज उद्यान में संगीत समारोह), 'A Bar at The Falie Berger's' (फालिय बर्जर का शराबखाना), 'Portrait of Bearth Marisot' (बर्थ का व्यक्ति चित्र) और 'Road menders in the Rue de Berne' (रू डे बर्न में सड़क बनाने वाले)।

उनके अन्तिम कामों में गिना जानेवाला 'Folie Berger's Bar' (फोलिय बर्जर का शराबखाना) उनकी निजी प्रतिभा के कौशल का प्रमाण माना जाता है। इस कृति में प्रभाववादी रंगों की दीप्ति के साथ विभिन्न वस्तुओं का अंकन उनकी सुपरिचित मुक्त पद्धति में है जिसमें एक परिचारिका अपनी देहयष्टि से इस तरह चित्रित है मानो बोल उठेगी। इस कृति से माने ने यह सन्देश दिया है कि प्रभाववादी चित्रण पद्धति रूपात्मक सौन्दर्य से समन्वित हो सकती है, उसका सृजन-कौशल से कोई विरोध नहीं है। माने बल देकर कहा करते थे कि—'किसी भी चित्र में सबसे प्रमुख व्यक्ति प्रकाश होता है।' (In any Painting, The most important Person is light) माने का यही अन्तिम काम था। इसके बाद स्वास्थ्य बिगड़ा और 1832 में जन्मे माने का सिर्फ 51 वर्ष की आयु में 1883 में निधन हो गया।

क्लोद मोने (1840-1926)

क्लोद मोने (Claude Monet) प्रभाववाद के दूसरे बड़े स्तम्भ थे। अधिकतकर लोग इन्हीं को प्रभाववाद का संस्थापक मानते हैं। मोने को खुले में चित्रांकन करना पसन्द था। वे प्राकृतिक प्रकाश को चित्रों में लाना पसन्द करते थे, इसलिए उन्मुक्त वातावरण को ही सृजन के उपयुक्त मानते थे। उन्हें पारम्परिक कला-सृजन की रूढ़ियाँ पसन्द न थीं जिनमें स्टुडियो के भीतर बैठकर चित्रण करने को ठीक समझा जाता था। वे रूपाकारों को प्रकाश और वातावरण में परिवर्तित करनेवाले विलक्षण कलाकार थे। उनकी कृतियों में हम शक्तिशाली रंगदीप्ति के साथ असामान्य संयोजन देख पाते हैं। उनकी अधिकतर कृतियों में भूदृश्यों का अंकन है, जो छोटे-छोटे तूलिकाघातों से फलक पर रंगारंग चित्रणों से खिल उठते हैं और परस्पर-विरोधी लगनेवाले रंगों से भी उनमें एक गजब का मेल दिखने लगता है। मोने पर जॉन कांस्टबल (John Constable) और जोसेफ मालोर्ड टर्नर (Joseph Mallord Turner) जैसे पूर्ववर्ती कलाकारों का प्रभाव यद्यपि था, पर उन्होंने अपनी प्रतिभा से एक नई रंगदीप्ति से भरी पद्धति विकसित की।

उनके बारे में कहा जाता है कि प्रभाववाद की तकनीक की कुशलता के वे प्रमाण थे। उनका समूचा जीवन उसकी व्यवस्था में गुजरा। वे प्रकृति के बीच बैठकर तन्मय होकर काम करते थे और शेष सब कुछ भूल जाते थे। उन्होंने स्वयं लिखा है—'मुझे जो दिखाई देता है, वह मैं चित्रित करता हूँ। चित्रण करते समय सिद्धान्त जैसी चीज मेरे ध्यान में नहीं आती। कह सकते हैं कि अपनी व्यक्तिगत सौन्दर्य की रुचि को प्रकट करने के प्रयत्न में यदि कोई दोष रहता भी है, तो उसे मैं चित्र में रहने देता हूँ।' उनकी महत्त्वपूर्ण कृतियों में—'Women in the Garden' (बगीचे में महिलाएँ), 'Rouen Cathedral' (रूआँ का गिरिजाघर), 'Water lines'

(जल रेखा), 'Impression' (प्रभाव), 'Woman in the Green Dress' (हरी पोशाक में स्त्री) आदि हैं। उनके अधिकतर चित्र, शृंखलाओं में हैं जो उनकी विशेषता और सीमा दोनों हैं; क्योंकि उन्हें एक साथ देखे बिना उनके वैशिष्ट्य को समझना मुश्किल होता है। जीवन के प्रति आकर्षण और सर्वत्र प्रकृति के सौन्दर्य को देखकर उसे अंकित करने की प्रवृत्ति ने प्रभाववाद को जन्म दिया था और उसके सबसे बड़े उदाहरण माने ही रहे।

एडगर देगास (1834-1917)

एडगर देगास (Edgar Degas) प्रभाववाद के ऐसे कलाकार थे जिनकी कृतियों में प्रभाववादी पद्धति के परिपाक के साथ-साथ कला और जीवन के रहस्यों का परिचय भी मिलता है। उनके अधिकतर काम पेरिस के रोजमर्रा के जीवन पर आधारित हैं, पर उनका मुख्य विषय आकृतियों का अंकन, विशेषकर स्त्री-देहों का चित्रण रहा। प्रभाववाद में काम करते हुए भी वे स्वयं को स्वतंत्र कलाकार कहते थे; क्योंकि वे मानते थे कि चाहे जिस पद्धति में वह काम करे, स्वभाव से कलाकार स्वच्छन्द ही होता है। देगास की कला-शिक्षा आकृति-रचना की ही थी और वे उसे निष्णात-भाव से आँकने में कुशल थे। पेरिस की नर्तकियों, गायिकाओं, संगीतकारों और वेश्याओं को उन्होंने नवोन्मेषी ढंग से चित्रित किया है। उन्होंने उन्हें बनावटी प्रकाश में असामान्य कोणों से कुछ विचित्र मुद्राओं में चित्रित किया है। इन्हीं लक्षणों के कारण अनेक आलोचक उनको प्रभाववादी मानने से इनकार करते हैं। पर वे प्रभाववादी ही थे और उसमें काम करते हुए वे अपनी स्वतंत्रता लेकर कुछ नया करने की कोशिश में अवश्य रहते थे। अपने स्वतंत्र विचारों के कारण भी वे सबका ध्यान आकृष्ट किया करते थे। उन्होंने कहा था—'मैं मनुष्य के जीवन और उसके द्वारा निर्मित प्रकाश को पसन्द करता हूँ। कला मनुष्य द्वारा निर्मित है इसलिए मुझे नहीं लगता कि उसका प्रकृति से कोई सम्बन्ध है।' उनके चित्रों में रूपकात्मक सौन्दर्य की शास्त्रीय विशेषताएँ मिलती हैं। उन्हें सूर्य के प्रकाश की जगह कृत्रिम प्रकाश में काम करने में अधिक आनन्द आता था। उनकी कला की एक अन्य खास बात यह थी कि वे अच्छे मूर्तिकार भी थे। मूर्तिकला की गहरी समझ के कारण ही उनके चित्रों में अंकित स्त्रियों का देह-विन्यास अपने गठन में मूर्ति होने का आभास देता है। देगास एकान्तप्रिय कलाकार थे और अपनी प्रशंसा से चिढ़ा करते थे। अपने सुन्दर विन्यास के अलावा रेखाओं में जैसी कुशलता उनके पास थी, वैसी किसी प्रभाववादी के पास न थी। वे कलाकार से एकाग्रचित्त होकर काम करने को कहते थे और प्रकृति से अलग रहने की चेतावनी भी देते। एक स्थल पर उन्होंने कहा—'कला का अर्थ यह नहीं

है कि कलाकार को प्रकृति की शरण में ही जाना है। चित्र की रचना कलाकार के मस्तिष्क में होती है। कलाकार जब एकाग्रचित होकर उसका निरीक्षण करता है, तब अपनी निजी शैली के अनुरूप मस्तिष्क में रचे चित्र को अन्तिम रूप देता है।' (There was more to art than surrendering oneself to nature, one built a work of art mentaly—through Patient observation and style one carried it out.)।

उनकी उल्लेखनीय कृतियों में—'Woman on Horse Back' (घोड़े पर सवार स्त्री), 'Singers at the Bar' (मदिरालय में गायिकाएँ), 'Portrait of Manet' (माने का व्यक्ति-चित्र), 'La vaiture Aux Courses' (घुड़दौड़ का मैदान), 'The Bellelli Family' (बेलिली का परिवार), 'Estelle Muson' (एस्तेल मुसों), 'Foyer de La Dance' (आँगन में नृत्य) आदि शामिल हैं जिन्होंने प्रभाववाद सहित देगास की कलागत स्वतंत्रता को व्यक्त कर कला जगत को हैरत में डाला।

पियरे अगस्ट रेनॉय (1841-1919)

पियरे अगस्ट रेनॉय (Pierre Auguste Renoir) प्रभाववाद के एक अन्य स्तम्भ हैं जिनके पास चित्र के केन्द्र-बिन्दु को पकड़ने की विलक्षण क्षमता थी। उनके पास सौन्दर्य को देखने की खास नजर थी और एक रंगदक्ष कलाकार का कौशल्य भी, जिससे वे छाया और प्रकाश के समन्वय से कृतियों को रचते थे। उनके चित्रों का वैशिष्ट्य उनमें भरपूर प्रकाश का होना होता था जिसमें जीवन्त रंग दीप्तिमान होते थे। स्त्री-आकृतियों की त्वचा को उभारने में भी वे दीप्त रंगों के सहारे तूलिका का हल्का स्पर्श देते थे। वे दूसरे प्रभाववादियों की तरह भूदृश्यों के अंकन में रुचि नहीं लेते थे। उनकी रुचि का विषय मानवीय रूपाकार ही होते थे। रेनॉय की स्त्रियाँ अपने सौन्दर्य से चकित करनेवाली थीं। रेनॉय की कला की सबसे बड़ी विशेषता यही थी कि वे स्त्री को प्रकृति के समतुल्य मानते थे और उसे इस तरह अंकित करते थे जैसे उसके रूप से ही प्रकाश की द्युतियाँ फूटकर समूचे वातावरण को प्रकाशित करती हों। छाया-प्रकाश को दीप्त रंगों में आँकने की कुशलता के साथ पारम्परिक शास्त्रीय शैली और स्वच्छन्द अंकन पद्धति के समन्वय की दक्षता भी उनमें थी। पर मानवाकृतियों में सौन्दर्य और विलास देखने के कारण वे जीवन के दुखों को देखने में असमर्थ रहे या उससे बचते रहे।

उनके महत्त्वपूर्ण चित्रों में—'Diana's Bath' (डायना का स्नान), 'Bather with a Griffon' (ग्रिफोन की स्नानमग्न युवती), 'La Balancoire' (झूला), 'Dance a Bougival' (बोउगिवाल का नृत्य), 'Girls at the Piano' (पियानो बजाती युवतियाँ), 'Woman in Black' (काले रंग में स्त्री) आदि उल्लेखनीय हैं।

रेनॉय कलाकार के साथ-साथ विचारक भी थे, जो अक्सर कला पर अपने विचार देते थे। उन्होंने अपनी कला पर स्पष्टीकरण माँगने पर लिखा—'आजकल हर बात का स्पष्टीकरण चाहिए। परन्तु यदि किसी चित्र का स्पष्टीकरण जरूरी हो जाए तो समझना चाहिए कि उसमें कला नहीं है।' (These days they try to explain everything, but if a picture could be explained it would not be art.)। एक जगह उन्होंने यह भी कहा था—'One does not Paint with one's hand.' यानी कलाकार हाथ से चित्र नहीं बनाता। समूचे संकल्प के साथ मन से सौन्दर्य को आँकनेवाले रेनॉय निश्चय ही प्रभाववाद के बड़े सिद्ध चित्रकार थे।

कामिल्ले पिस्सारो (1830-1903)

कामिल्ले पिस्सारो (Camille Pissarro) भी प्रभाववादियों में महत्त्वपूर्ण चित्रकार थे। वे एकनिष्ठ प्रभाववादी थे जिन्होंने कभी भी उसकी तकनीक से छूट नहीं ली। वह प्रभाववादियों में सर्वथा अकेले चित्रकार थे जिन्होंने उसकी सभी आठों प्रदर्शनियों में भाग लिया था। पिस्सारो के अधिकतर काम पेरिस के जनजीवन और रोजमर्रा के अनुभव पर आधारित हैं। उन्होंने ग्राम्य-जीवन पर भी चित्र बनाए, तो श्रमिकों के संघर्षों को भी अंकित किया। उनकी तकनीक की सबसे बड़ी विशेषता रंग पर प्रकाश के प्रभाव पर एकाग्र होना रही है। उनके चित्रों में जीवन्त संयोजन हैरानी में डालते हैं। पिस्सारो राजनीति से जुड़े व्यक्ति थे और मानते थे कि कला को राजनीति से अलगा पाना सम्भव नहीं होता। उनके महत्त्वपूर्ण चित्रों में—'Two Man chatting by the Sea' (समुद्र से दो व्यक्तियों की बातचीत), 'St. Thomas' (सेंट थॉमस), 'The Bank of the oise near Pantoise' (पेन्टोइसे के नजदीक ओइसे का किनारा) आदि शामिल हैं।

इनके अलावा हेनरी द तुलुज लोत्रेक (Henri de Toulouse-Lau trce), इवा गोंजालेस (Eva Gonzales), रॉबर्ट रेड (Robert Raid), स्टीफेन लुचियन (Stefan Luchian), हेरियट बेकर (Harrit Backer), फ्रांसिस्को ओल्लेर (Fransico Oller) आदि कलाकार रहे हैं जिन्होंने प्रभाववाद को बड़े आन्दोलन में बदला। पॉल सिजां, वान गॉग, पॉल सिग्नाक आदि बड़े कलाकारों ने भी इस पद्धति में काम किया, पर उनकी कला दूसरी पद्धतियों में निखरकर आई जिसे अन्यत्र यथाप्रसंग देखा जाएगा।

इस तरह हम देखते हैं कि प्रभाववाद ने कला को एक नए युग में ले जाने का प्रयास किया और वर्षों से चली आ रही जड़ता को तोड़ने की दिशा में काम किया। यद्यपि इसकी आलोचना भी खूब हुई और प्रभाववादी कलाकारों की कृतियों को हास्य तथा निन्दा का विषय बनाया गया, पर एक समय के बाद पेरिस से निकलकर

न केवल इसने फ्रांस की सर्वाधिक महत्त्वपूर्ण कलाशैली का स्थान ग्रहण किया, वरन् वैश्विक कला में भी अपनी गहरी छाप छोड़ी।

आलोचनाएँ सबकी होती हैं, इसकी भी हुईं और इस शैली को नीति-विरुद्ध और अनैतिक तक कहा गया। बाद में यह भी कहा गया था कि 'प्रभाववादी झूठ बोलते हैं कि वे जो देखते हैं, वही चित्रित करते हैं।' पर इस सत्य को निरन्तर झुठलाने की कोशिश हुई कि अन्ततः कलाकार देखे हुए को अपने अन्तर में जगह बना चुकी छवि को आँकता है। सच है कि प्रकाश को अंकन का मुख्य उपादान मानकर इस कला-आन्दोलन ने रंगों के प्रभावी संयोजन और रूपाकारों में छायाचित्रण की जिस प्रभावी दक्षता को दिखाया, वह दृश्यकला से कभी ओझल न हो सका। एडुअर्ड माने, मोने, देगास, रेनॉय, सिजां जैसे प्रभाववादियों की कृतियाँ आज भी वैश्विक कला में अपनी श्रेष्ठता का उदाहरण बनकर उपस्थित हैं। बाद में नव-प्रभाववाद और उत्तर-प्रभाववाद ने प्रभाववाद की कतिपय सीमाओं को उजागर किया और उसे आधुनिक चित्रकला का आधार बनाया। वस्तुतः जिसे हम आज आधुनिक कला कहते हैं, वह प्रभाववादी पद्धति की कोख से ही जन्मी; क्योंकि यही वह पद्धति रही जो रंगांकन की तकनीक से लेकर कलाकार की स्वतंत्रता, प्रकृति, मनुष्य के जीवन और समग्रता में मनुष्य की भावनाओं को प्रमुखता दे सकी।

कहने को प्रभाववाद थोड़े समय की सक्रियता के बाद समाप्त हो गया, पर नव-प्रभाववाद और उत्तर-प्रभाववाद तक उसी का विस्तार हुआ जिसने पूरे कला-संसार में नवाचार और चेतना की क्रान्ति ला दी। इस स्तर पर हमें क्लोद मोने, एडुअर्ड माने, एडगर देगास और पियरे अगस्ट रेनॉय जैसे कलाकारों को हमेशा याद रखना होगा; जिनकी कड़ी में नव-प्रभाववाद लेकर जॉर्ज सेउरा और पॉल सिग्नाक आए, तो उत्तर-प्रभाववाद लेकर पॉल सिजां आए जिनको वॉन गाग और पॉल गोगिन जैसे कलाकारों का साथ मिला। सही अर्थों में इन्हीं तीनों प्रभाववादी आन्दोलनों के समन्वित प्रयत्नों से आधुनिक कला अपने को रूपायित कर सकी और दूसरे अर्थों में कहें तो कला आधुनिक हो सकी।

बाद की कला और उसके अनेक आन्दोलनों में प्रभाववाद की केन्द्रीय भूमिका रही जिसमें रंगांकन, प्रकाश की भूमिका, छाया-प्रकाश का संयोजन और कलाकर्म की स्वतंत्रता अपरिहार्य बनी।

नव-प्रभाववाद
(Neo-Impressnism)
(1886-1905)

सर्जनात्मक स्वतंत्रता का उद्घोष

नव-प्रभाववाद (Neo-Impressnism) और उत्तर-प्रभाववाद (Post-Impressnism), प्रभाववाद के बाद हुए आन्दोलन हैं जो उसके विरोधी नहीं, पूरक आन्दोलन ही हैं। इन दोनों का समय 1886 से 1905 तक रहा है। इनमें वही कलाकार हैं जो प्रभाववाद में भी सक्रिय रहे, पर उसकी कुछ सीमाओं को देखते हुए उन्होंने अपना अलग मार्ग चुना था और नई पद्धति में उनके काम अधिक अर्थपूर्ण होकर उभरे थे। यहाँ हम पहले नव-प्रभाववाद को देखेंगे।

प्रभाववाद का चित्रित वस्तु को महत्त्व न देना और कलाकार की सर्जनात्मक स्वतंत्रता का उसमें महत्त्व न होना, जैसे दो मुख्य कारण रहे जिससे नव-प्रभाववाद अस्तित्व में आया। नव-प्रभाववाद कला-सृजन में तार्किक दृष्टिकोण को लेकर सामने आया जिसमें कलाकार की निजी दृष्टि और उसकी भावनाओं के लिए भी स्थान था। इसमें कलाकारों ने जहाँ आधुनिक नगरीय जीवन को अंकित किया, वहीं बहुतायत में भूदृश्य भी बनाए जिसमें समद्र तटीय दृश्य, प्रकृति के रमणीय उपादान सहित वे सभी वस्तुएँ शामिल हैं जो मनुष्य जीवन में प्रभावी भूमिका निभाती हैं। इसमें कलाकारों ने रंगों के प्रभाव और रेखाओं की नई व्याख्या की। प्रभाववाद से नव-प्रभाववाद की भिन्नता का एक सूत्र यह भी है कि जहाँ प्रभाववाद ने पारम्परिक शास्त्रीय शिल्प को नकार दिया था, वहीं नव-प्रभाववादियों ने उसे नई दृष्टि के साथ अपनाया जिसमें कलाकार की निजी कल्पनाओं और भावनाओं के लिए भी जगह बनी।

नव-प्रभाववाद मुख्य रूप से जॉर्ज सेउरा (George Seurat) की कृतियों के कारण विख्यात हुआ, जो प्रभाववाद से भिन्न प्रकाश सम्बन्धी सिद्धान्त में विश्वास करते थे। वे और उनके नेतृत्व में काम करनेवाले कलाकारों ने अपनी कृतियों में मुख्य रंगों से मिले हुए हल्के रंगों का प्रयोग किया और उससे प्रकाश के प्रभाव

को रचा। इस रचाव में तकनीक के साथ कलागत स्वतंत्रता का भी ध्यान रख गया, जो प्रभाववाद में नहीं के बराबर थी। इसके साथ-साथ यह भी देखने में आया कि प्रभाववाद में विषयों को महत्त्व न देते हुए भी यथार्थवाद से मुक्ति सम्भव नहीं हो पा रही थी; क्योंकि वातावरण तथा प्रकाश के सम्यक् प्रभाव को चित्रित करने के लिए प्रभाववाद ने दृश्य-यथार्थ को ही चुनने की अनिवार्यता बना दी थी। इसके कारण उन कलाकारों को असुविधा हो रही थी जो स्वतंत्रता के साथ यथार्थवाद से मुक्त होकर कल्पना तथा रूपात्मक पद्धति से काम करना चाहते थे। इन स्थितियों में निश्चय ही उन प्रतिभा-सम्पन्न कलाकारों को परेशानी हो रही थी, जो चित्र-सर्जन की स्वीकृत पद्धति में अपनी स्वाभाविकता तथा निजी क्षमताओं का समन्वय कर कुछ नया और कुछ उल्लेखनीय करना चाह रहे थे। जाहिर है, मोने, माने और देगास जैसे कलाकारों की छाया में यह सम्भव न था; इसीलिए पहले जॉर्ज सेउरा ने प्रभाववाद से भिन्न प्रभाववादी दृष्टि अपनाई, तो कुछ समय बाद ही वान गॉग (Van Gogh) तथा पॉल सिजां (Paul Cezanne) आदि ने प्रभाववाद की सर्वथा भिन्न व्याख्या सम्भव कर उत्तर-प्रभाववाद नामक कला-पद्धति विकसित की।

जॉर्ज सेउरा (1859-1891)

जॉर्ज सेउरा (George Seuart) ने प्रभाववाद से मुक्ति की घोषणा करते हुए 'La une Baignade' (स्नान-स्थल) नाम कृति को निर्मित किया। 1884 में 'सलोन द इंडिपेंडेंट्स' (Salon des independants) में जब इस कृति को प्रदर्शित किया गया, तो अधिकतर बड़े कलाकारों ने इसकी सराहना की। मालूम हो कि इस संस्था का आरम्भ ही इसलिए हुआ था कि इसके माध्यम से उन कलाकारों की कृतियों का प्रदर्शन हो सकेगा, जो बद्धमूल विचारों के समानान्तर नई दृष्टि के साथ काम कर रहे हों। सेउरा की यह कृति अपनी निर्मिति में एक नए कला-शिल्प को व्यक्त कर रही थी जिसमें हल्के और गहरे रंगों के मेल से वातावरण को अलगाकर रेखाओं में इस तरह विन्यस्त किया गया था कि आकृति अपनी आभा में खिल उठी थी। नव-प्रभाववाद की प्रक्रिया सेउरा ने यहीं से आरम्भ की थी जिसका विधिवत् स्वरूप 1886 में देखने को मिला। माना जाता है कि जॉर्ज सेउरा का इस पद्धति में पहला काम 'A Sunday Afternoon on the island of La Grande Jatte' 'ला ग्रांड द्वीप में रविवार का अपराह्न' था। 'सलोन द इंडिपेंडेंट्स' में 1886 में लगी प्रदर्शनी में जब इस कृति को प्रदर्शित किया गया, तो फ्रांसीसी कला समीक्षक फेलिक्स फेनियोन (Felix Feneon) ने अपनी समीक्षा में इस नई कला-पद्धति को 'नव-प्रभाववाद' (Neo-Imperssnism) नाम दिया था। इस प्रदर्शनी में जॉर्ज सेउरा के अतिरिक्त पॉल सिग्नाक (Paul Signac), हेनरी एडमंड क्रॉस (Henri Edmoud

Cross), अल्बर्ट डुबोइस पिल्ले (Albert Dubois Pillet), मैक्सिमिलिएन लुस (Maximillien Luce), लियो गैसन (Leo Gausson), लोइस हायेत (Louis Hayet), फेलिक्स पिस्सारो (Felix Pissarro), हिप्पोली टे पेट्टिजिन (Hippoly te Petitjean), अलेक्जेंडर कारपेन्टियर (Alexandre Charpantier), थियोवान रिसेलबर्ग (Theovan Rysselberghe), लुसियन पिस्सारो (Lucian Pissarro), अन्तोइन डी ला रोचे फॉकाड (Antoine de la Roche Foucauld), आदि शामिल थे।

फेलिक्स फेनियोन ने अपनी समीक्षा में प्रभाववाद की समाप्ति की घोषणा के साथ इस प्रदर्शनी को नव-प्रभाववाद कहा और इसमें प्रयुक्त बिन्दुवाद की शैली को सराहा। सेउरा और सिग्नाक के कामों की प्रशंसा के साथ-साथ फेनियोन ने प्रदर्शनी में शामिल सभी कलाकारों में नव-प्रभाववाद की विशेषता देखी थी। फेनियोन ने इन कृतियों में 'बिन्दुवाद' (Pointlism) और 'विभाजनवाद' (Divisionlism) भी देखा। अपनी लम्बी समीक्षा में फेनियोन ने इस प्रदर्शनी की कृतियों को विचारपूर्वक संयोजन का ऐसा नमूना बताया था जिसमें चित्रित-वस्तु में कोई कमी नहीं थी। इस समीक्षा से प्रेरित होकर ही कुछ लोगों ने इसे पहला अवाँगार्द आन्दोलन[1] कहा था। 1889 में ही सेउरा के सहयोगी कलाकार पॉल सिग्नाक ने एक पुस्तक लिखी थी—'From Delacroix to Neo-Impressnism' (देलाक्रोइक्स से नव-प्रभाववाद तक)। इस पुस्तक में सिग्नाक ने नव-प्रभाववाद की तकनीक, शैली और लक्ष्य को विस्तार से बताया था। इस पुस्तक को 'नव-प्रभाववाद' का घोषणा-पत्र माना जाता है। इसमें उन्होंने अनेक कृतियों की व्याख्या करते हुए उसमें बिन्दु और विभाजन की तकनीक की बड़ी सूक्ष्म व्याख्या की है। सिग्नाक ने फ्रांसीसी स्वच्छन्दतावादी कलाकार फर्डिनन्ड विक्टर यूजीन देलाक्रोइक्स (Fredinand Victor Eugene Delacroix) की रंग-अंकन की पद्धति और रंग-सम्बन्धी विचारों को मनोयोग से आत्मसात् किया था। पीछे हम देख आए हैं कि दरबारी फ्रांसीसी कला को चुनौती देते हुए देलाक्रोइक्स ने ही स्वच्छन्दतावाद का आरम्भ कर कला को पारम्परिक कैद से बाहर निकालने का महत्त्वपूर्ण काम किया था। सिग्नाक ने नव-प्रभाववाद पर जो कहा है, उसका आशय यह है—'चित्रफलक के समक्ष उपस्थित होकर कलाकार को अपनी योजना के अनुरूप रेखाओं और सतह की रचना के रंगों को निश्चित कर उनकी पूर्व-कल्पना करना चाहिए। पहले दो आघातों के बीच की असंगति को तय करके एक के बाद दूसरे रंग-आयात की योजना की जा सकती है। कलाकार को रंगों के उपयोग के अनुसार उनकी प्राथमिकता तय करनी चाहिए। रंगों में उपयुक्त क्रम की

1. Avant-garde-Advance guard—पुराने समय को छोड़कर समय से आगे जाने वाला आन्दोलन।

संगति संगीत की तरह होती है और रेखा तथा रंग के द्वारा अपने मनोभावों को इस तरह व्यक्त किया जाना चाहिए, जैसे कोई कवि अपने भावों को शब्दों में ढालता है।' कला-सर्जन की प्रक्रिया को व्यक्त करने के बाद उन्होंने नव-प्रभाववाद को स्पष्ट करते हुए लिखा—'चित्र एक लय होता है, जो संगति-असंगति के विधानों के साथ अनुशासन से रचा जाता है। याद रहना चाहिए कि चित्रकार द्वारा सृजित चित्र प्रकृति का अनुकरण नहीं है, वह एक सर्जना है। वह सर्जना, जो प्रकृति के समानान्तर कलाकार द्वारा होती है। प्रकृति के अनुकरण पर बनाया गया चित्र एक उच्छवास है, वह रचना नहीं है। नव-प्रभाववाद चित्र की समग्र लय है, संगति-असंगति के विधानों का अनुसरण कर ऐसी सर्जना की पद्धति है जिसमें रंग और रेखाएँ अपने समस्त गुण-सूत्रों के साथ प्रकट हो जाएँ और उनमें कलाकार का मनोजगत भी सम्मिलित हो सके।'

इस क्रम में नव-प्रभाववाद के कलाकारों ने विज्ञान के नियमों का भी सहारा लिया और प्रकाश तथा रंग-विषयक वैज्ञानिक सिद्धान्तों को भी आजमाया। यह दिलचस्प है कि इन कलाकारों ने प्रभाववाद से अलग मार्ग अपनाते हुए अपने को उससे भिन्न और प्रभावी बनाने के लिए रंग के अंकन के ठोस नियम भी सुनिश्चित किए। इन कलाकारों ने फ्रांसीसी रसायन-शास्त्री मिशेल यूजीन शेवेरॉल (Michelle Eugene Chevreul) के रंगों के 'समयावच्छेदी विरोधाभास के सिद्धान्त' (The Rule of Simultaneous Contrast) का विधिवत् अध्ययन किया और उसे अपने अंकन के नियम में शामिल किया। शेवेरॉल ने इस सिद्धान्त में कहा था कि यदि दो रंग एक-दूसरे के बेहद नजदीक हों तो उन्हें हल्के रंग-प्रयोग से एक-दूसरे का पूरक बनाया जा सकता है। इसे उन्होंने अनेक रंगों की संगति-असंगति में दिखाया है। इसी तरह वैज्ञानिक रूड (Rud) के 'दृष्टिजन्य मिश्रण' (Optical Mixture) सिद्धान्त को भी प्रभाववादियों ने अपनाया जिसमें दो भिन्न रंगों के मिश्रण से एक भिन्न रंग के निर्माण की प्रक्रिया बताई गई है और जिसके प्रयोग से दर्शक एक भिन्न तरह के दृष्टि-विन्यास में खो जाता है। कह सकते हैं कि चित्र-फलक पर प्रयुक्त रंगों का प्रभाव दर्शक पर भिन्न तरह का पड़ता है। इन सिद्धान्तों को मानक मान कर नव-प्रभाववादियों ने चित्र-फलक को बिन्दु और विभाजन में भी वर्गीकृत किया। बिन्दु और विभाजन (Point and Division) नव-प्रभाववादी कृतियों में आधार तत्त्व की तरह रहे जिनमें विभाजनवाद वह कहलाया जो चित्रफलक पर काम करते हुए रंगों को, आघातों को अलगाने का नियम बना, तो बिन्दुवाद उसे कहा गया जिसे फलक पर बिन्दुओं के इस्तेमाल करने के तरीके के रूप में अपनाया गया। मोटे तौर पर कह सकते हैं कि विभाजनवाद ब्रिन्दुओं और रंगों के धब्बों से रंगों को अलगाने की विधि है जो आँखों के खटकने को रोके, तो बिन्दुवाद वह है जो फलक पर चित्र-निर्माण में आकारों को रूप लेने

में सहायता देता है। छोटे और निश्चित बिन्दुओं से बननेवाले रूपाकारों की इसी विधि को फेनियोन ने नव-प्रभाववादियों में देखा था और विभाजन की विधि को भी; इसीलिए उन्होंने इस कला-पद्धति को 'नव-प्रभाववाद' कहने के साथ-साथ 'बिन्दुवाद' और 'विभाजनवाद' भी कहा था।

नव-प्रभाववाद के प्रवर्तन में जॉर्ज सेउरा के साथ पॉल सिग्नाक का भी बराबर का हाथ था और दोनों ने इस नई कला-पद्धति को विकसित करने में अपना योगदान किया था। जॉर्ज सेउरा (1859-1891) ने पेरिस के नेशनल स्कूल ऑफ फाइन आर्ट्स से शिक्षा ली थी। 1884 में ही, जब उनकी उम्र मात्र 25 साल की थी; उन्होंने अपना सबसे महत्त्वपूर्ण चित्र 'A Sunday Afternoon on the Island of La Grande Jatte' (ला ग्रैंड जात्त द्वीप में रविवार का अपराह्न) बनाया था। सेउरा को इस काम पर जितनी प्रशंसा मिली, उससे अधिक व्यंग्य भी मिला। पर वे हारे-थके नहीं। अपने दृढ़ विचारों के कारण प्रसिद्ध इस चित्रकार ने नव-प्रभाववाद को विकसित किया और विभाजन तथा बिन्दु पर आधारित रंगीय-पद्धतियों को वैज्ञानिक सिद्धान्तों से समन्वित कर ऐतिहासिक काम किया। उन्होंने आधारभूत रंगों से प्रकाश के प्रभाव को द्विगुणित करने की सफल चेष्टा की। वे चित्रण को सतह को खोखला करने की कला मानते थे (Painting is the art of hollowing a Surface)। वे अनुशासनप्रिय और योजनाबद्ध तरीके से व्यवस्थित रूप से अपना काम करते थे। उनके कामों पर कुछ आलोचकों ने जापानी कला का प्रभाव भी देखा है। उनकी चित्रण-पद्धति के तीन रूप देखने को मिलते हैं—एक—प्राकृतिक दृश्यों और आकारों का सरलीकरण कर उनको ज्यामितीय शक्ल में परिवर्तन कर उसमें गहरे और हल्के रंगों का विरोधाभासी उपयोग, दूसरा—अलग-अलग रूपाकारों में संगति कर उनका मनोरम संयोजन, तथा तीसरा—रंग सम्बन्धी नियमों के अनुसार विभाजन और बिन्दुओं की पद्धति से चित्रों का निर्माण।

सेउरा की पद्धति में बने चित्र स्वप्न-सरीखे लगते हैं, क्योंकि उनमें वह नहीं दिखता, जो वह होता है। दूर और नजदीक से देखने पर उनकी कृति के बिलकुल भिन्न रूप नजर आते हैं। जो नजदीक से बिन्दुओं में चमकते रंग-से दिखते हैं वही दूर से बिलकुल स्पष्ट रूपाकारों में खिले हुए दिखते हैं। मात्र 32 वर्ष की अवस्था तक जीनेवाले सेउरा ने कला-जगत में नई क्रान्ति ला दी थी जिसमें रंग तकनीक के साथ-साथ कलाकारों के लिए चित्रफलक के विभाजन और बिन्दु के सिद्धान्त शामिल हैं। उनके अन्य उल्लेखनीय काम हैं—'La Cirque' (सर्कस), 'La Poud Rense' (मंच पर नृत्य), 'The Eiffel Tower' (एफिल टॉवर), 'The Models' (मॉडल्स), 'Bathers at Asnieres' (एसनियर्स पर स्नानमग्न), 'Vase of Flowers' (फूलदान)।

पॉल सिग्नाक (1863-1935)

सेउरा के निधन के बाद सिग्नाक (Paul Victor Jules Signac) पर नव-प्रभाववाद के नेतृत्व का भार आया। उन्होंने इसका सफलतापूर्वक निर्वाह करते हुए अनेक चित्रकारों को प्रभावित किया और इस पद्धति से जोड़ा। उनका काम सेउरा के काम से थोड़ा भिन्न था और वे नियमों से परे जाकर भी काम करने में रुचि लेते थे। वे विभाजन और बिन्दु का प्रयोग उस तरह दृढ़ता से करने के आदी न थे, जैसे सेउरा थे। सिग्नाक ने सलोन द इंडिपेंडेंट्स से जुड़े रहकर यूरोपीय तटों की यात्राएँ कीं और भूदृश्य, सागरीय दृश्यों सहित प्रकृति और जीवन के उल्लेखनीय चित्रों की रचना की। उन्होंने जलरंगों में भी कई उल्लेखनीय कृतियों की रचना की। नव-प्रभाववाद के विभाजन और बिन्दु सम्बन्धी सिद्धान्तों से स्वतंत्रता लेकर उन्होंने उसे अधिक सहज बनाने की कोशिश भी की। चित्रकार के साथ-साथ वे कला के गहरे जानकार भी थे। उन्होंने 'From Delacroix to Neo-Impressnism'[1] (1899) नामक पुस्तक लिखकर जहाँ देलाक्रोइक्स के मुक्त रंगचिन्तन पर विचार किया, वहीं उसमें नव-प्रभाववाद के मुख्य तत्त्वों की व्याख्या भी की थी। उन्होंने एक पुस्तक 'Jongkind' (जॉन्गकिंड) (1927) भी लिखी थी। उनकी अनेक उल्लेखनीय कृतियाँ हैं जिनमें—'The Port of Saint Tropez' (सेंट ट्रॉपेज बन्दरगाह), 'Venice, The Pink Cloud' (वेनिस, गुलाबी बादल), 'Women at the Well' (कुएँ पर स्त्री), 'Antibes' (एन्टीबेस), 'Light house at Groix' (ग्रॉइक्स का प्रकाश-गृह) तथा 'Break Fast' (जलपान) शामिल हैं।

नव-प्रभाववाद के अन्य उल्लेखनीय कलाकार और उनके चर्चित चित्र हैं—चार्ल्स एन्ग्रांड (Charles Angrand) का 'Couple Dans Larye' (1887), (लारये में युगल-नृत्य), थियो वान रिस्सेलबर्ग (Theo Van Rysselberghe) का 'Portrait of Alice Sethe—1888', (एलिस सेठे का व्यक्ति-चित्र), जॉर्ज लेम्मेन (Georges Lemmen) का 'The Beach of Heist'-1891 (हेइस का समुद्र तट), अन्ना बोच (Anna Boch) का 'Woman in a Land' (जमीन पर स्त्री), मैक्सिमिलिएन लुस (Maximilien Luce) का 'Factory in the Moon Light' (चाँदनी में कारखाना), लोइस हायेत का (Lousis Hayet) का 'Still Life' (स्थिर जीवन) आदि।

इस आन्दोलन में भी बहुत-से कलाकार शामिल रहे जो इसकी प्रदर्शनियों में अपनी कृतियाँ प्रदर्शित करते रहे और इस पद्धति पर काम भी करते रहे। पर मुख्य रूप से जॉर्ज सेउरा और पॉल सिग्नाक ही इसके आधार स्तम्भ थे। सेउरा के निधन के बाद सिग्नाक ने इस आन्दोलन का नेतृत्व किया था। इसके बाद जब उत्तर-प्रभाववाद

---

1. देलाक्रोइक्स से नव-प्रभाववाद तक।

का दौर आया तो सिग्नाक सहित अधिकांश नव-प्रभाववादी कलाकार उस आन्दोलन में शामिल हो गए थे। नव-प्रभाववाद भले बाद में शिथिल पड़ गया, पर उसका असर बाद के अनेक कलावादों पर पड़ा और उत्तर-प्रभाववाद सहित, फाववाद, भविष्यवाद जैसे रंगाधारित आन्दोलनों पर उसकी स्पष्ट छाप देखी गई। जॉर्ज सेउरा के बिन्दुवाद की सराहना करते हुए उत्तर प्रभाववादी कलाकार वान गॉग ने कहा था—'बिन्दुवाद एक आश्चर्यजनक आविष्कार है।' पर जैसाकि होता है, कोई भी अवधारणा सभी समस्याओं का हल नहीं होती; स्वयं बिन्दुवादी या नव-प्रभाववादी आन्दोलन भी नई अपेक्षाओं को पूरा करने में समर्थ न हो सका और उत्तर-प्रभाववाद अस्तित्व में आ गया।

उत्तर-प्रभाववाद
(Post-Impressnism)
(1880-1920)

चिन्तनपरक कला का सूत्रपात

उत्तर-प्रभाववाद, प्रभाववाद की प्रतिक्रिया में ही आया, ऐसा नहीं कह सकते, किन्तु यह कहा जा सकता है कि प्रभाववाद की अतिशय नियमबद्धता और कलाकार के व्यक्ति-स्वातंत्र्य की उपेक्षा के कारण ही जहाँ नव-प्रभाववाद आया, वहीं उत्तर-प्रभाववाद का उभरना सम्भव हुआ। यह आन्दोलन 1890 में अस्तित्व में आया था। हमने देखा कि 1870 से 1880 तक प्रभाववाद ने फ्रांस की कला में क्रान्तिकारी परिवर्तन ला दिया था और क्लोद मोने के नेतृत्व में इसने अनेक कलाकारों को पारम्परिक कला-रूढ़ियों से निकलने की प्रेरणा दी थी। कृति की गुणवत्ता में परिवर्तित प्रकाश की शुद्धता के चित्रण पर बल देनेवाले इस कला आन्दोलन से छिटककर जॉर्ज सेउरा और पॉल सिग्नाक ने नव-प्रभाववादी कला आन्दोलन की शुरुआत 1886 में की थी और एक बड़ी प्रदर्शनी लगाई थी जिसमें कला-आलोचक फेलिक्स फेनियोन ने प्रभाववाद की समाप्ति की घोषणा कर इस प्रदर्शनी में प्रदर्शित कृतियों को 'नव-प्रभाववादी' कृतियों का नाम दिया था।

ठीक इसी तरह कला समीक्षक और इतिहासकार रोजर फ्राई (Roger Fry) ने प्रभाववाद और नव-प्रभाववाद से भिन्न कला-पद्धति को, जो एक बड़े आन्दोलन के रूप में बदल गई थी; उत्तर-प्रभाववाद (Post-Impressnism) का नाम दिया था। उन्होंने 'An Eassy in Aesthetics' (सौन्दर्यशास्त्र में एक निबन्ध) नामक निबन्ध में लिखा था—'Art appreciates emotion in and for itself. The artist is the most constantly observant of his Surrounding and the least affected by their intrinsic aesthetic value. As he contemplates a Particular field of vision the aesthetically Chaotic and accidental conjuction of forms and colours begin the crystallize in to a harmony' (कला स्वयं में मनोभावों का व्यक्त रूप है। कलाकार निरन्तर अपने चारों

तरफ की चीजों और प्रकृति के अन्तरंग दृश्यों का पर्यवेक्षण करता रहता है जो उसके काम के सौन्दर्य-मूल्य को प्रभावित करते हैं। वह विशेष रूप से उन दृष्टि-क्षेत्रों का सौन्दर्य की दृष्टि से चिन्तन करता रहता है जो अव्यवस्थित हैं और घटनात्मक संयोजन के उपयुक्त हैं। इसके लिए वह काम करते समय शुरुआत में ही उसके रूपाकार और रंगों का संयोजन कर उसको अपने अनुकूल ढालकर उसका सामंजस्य करता है।) यह लिखते हुए रोजर फ्राई ने इस समूह को उत्तर-प्रभाववादी नाम दिया और कहा कि ये विचार इन कलाकारों के कामों को समझने में हमारी सहायता करते हैं।

स्पष्ट है कि 1880 से 1920 तक चलनेवाला यह कला आन्दोलन अपने चित्रण में वस्तुपरक दृष्टि लिए हुआ था जिसमें कलाकारों ने अपनी कृतियों में सादृश्य के निरूपण के मुकाबले भावनाओं के निरूपण पर अधिक बल दिया। रोजर फ्राई ने उत्तर-प्रभाववाद की विशेषताएँ बताते हुए कहा था कि इसमें कलाकार मुक्त भाव से अपने मनोभाव और मस्तिष्क को खुला रखते हुए कृति के सौन्दर्य पक्ष को बनाए रखने पर जोर देते हैं। फ्राई ने यह भी कहा था कि अगर हम उत्तर-प्रभाववाद की शैली का वर्गीकरण करना चाहें तो कह सकते हैं कि अपनी तकनीक में यह ऐतिहासिक और प्रतीकात्मक है और यही इस आन्दोलन का महत्त्व भी है, जो अब तक के आन्दोलनों से इसे अलग करता है। स्पष्टत: उत्तर-प्रभाववाद का सबसे महत्त्वपूर्ण पक्ष इसमें कलाकार की भावनाओं का महत्त्व है जिससे कलाकार को अपनी अभिव्यक्ति की निजता और स्वतंत्रता प्राप्त हुई। उत्तर-प्रभाववाद में भावनाओं का महत्त्व कितना है, यह देखना हो तो इस आन्दोलन के अगुवा कलाकार पॉल सिजां (Paul Cezanne) के इस वक्तव्य को देखना चाहिए—'A Work of art which did not begin in emotion is not a work of art.' (वह कलाकृति, जो भावना से शुरू नहीं होती, वह कलाकृति नहीं है।)

प्रभाववाद के दौर में ही उत्तर-प्रभाववादी कहे जानेवाले कलाकार उसके रूढ़ नियमों से असन्तुष्ट रहा करते थे। उन्होंने बाहरी जगत यानी सादृश्य-चित्रण से नाता तोड़कर अपने मनोभावों के अनुरूप अंकन की पद्धति विकसित करने में रुचि लेनी शुरू की। यह बहुत कठिन काम था और इस पद्धति में काम करनेवाले अधिकतर बड़े कलाकारों को मानसिक विक्षिप्तता का सामना करना पड़ा था। इसके शिकार पॉल गोगिन (Paul Gauguin), वान गॉग (Van Gogh) और पॉल सिजां (Paul Cezanne) भी हुए थे। इन कलाकारों ने बहुत प्रयत्न करके कला को अपने मनोभावों से जोड़ने का कठिन कार्य किया और उसके लिए बाहरी दुनिया से काटकर अन्तर्मुखता का वरण किया। एकान्त साधना और निरन्तर अपने अन्तर से संवाद करने और अन्तर के सत्य को पाने की यात्रा के कारण ये कलाकार व्यावहारिक रूप से भी यथार्थ जगत से कटते चले गए थे। सिजां भी किसी एकान्त में जाकर घंटों अपने से बातें करते और अपने मनोभावों में प्रकाशित रहस्यों में सौन्दर्य की खोज करते रहते।

ध्यान दें तो पाएँगे कि यह समय विज्ञान और औद्योगिक प्रगति के अंधाधुंध विकास का था जिसने वस्तु के महत्त्व को बढ़ा दिया था और उसी अनुपात में मनुष्य का मूल्य घट गया था। उसकी आत्मा, मनोभाव और निजता की कोई जगह बची न थी। ऐसे में वह प्रत्येक संवेदनशील व्यक्ति अन्तर्मुखी और एकान्तप्रिय हो रहा था जो अपनी आत्मा और मनोभावों के साथ जीना चाहता था। दुखद स्थिति यह थी कि यूरोपीय समाजों में उसके लिए जगह बची न थी। जिस संवेदनहीनता और वस्तुवाद को हम पिछले पच्चीस-तीस वर्षों से भारत में देख रहे हैं, उससे कहीं अधिक भयानक स्थिति यूरोप की थी और उसमें भी फ्रांसीसी समाज की हालत अधिक बुरी थी। कहने का मतलब यह है कि उत्तर-प्रभाववादी कला आन्दोलन उन कलाकारों का आन्दोलन था जो वस्तुवादी सत्ता को नकार कर अपनी निजता के साथ जीना चाहते थे। वे कलाकार अपनी भावनाओं और अन्तर के सत्य के साथ जीना चाहते थे जिसमें वे अपनी आवाज सुन सकें और उनके जीवन में करुणा की जगह बनी रह सके। उस दौर में यह बहुत कठिन व्रत था (और आज भी कठिन है) और इसके लिए इन कलाकारों को भारी कीमत चुकानी पड़ी थी; क्योंकि वस्तुवादी समाज में इनकी न तो भावनाओं की कद्र थी और न ही इनके काम की।

लेकिन सचाई यही है कि उत्तर-प्रभाववाद के असर से ही बहुत सारे आन्दोलन प्रकाश में आए और इसी में वे तत्त्व थे, जो दूसरे अनेक कला आन्दोलनों के प्रेरक बने। इस मायने में पॉल सिजां (Paul Cezanne) ही वह कलाकार ठहरते हैं जो सही अर्थों में आधुनिक कला के प्रणेता बने। यह ठीक है कि सिजां की कला उत्तर-प्रभाववाद की कला है, जबकि उनके कामों में ऐसी अनेक विशिष्टताएँ हैं जो उनकी कला को ऐसी निजी छाप देती हैं जो किसी भी दूसरे कलाकार में नहीं पाई जातीं। उनकी कृतियों की सबसे बड़ी विशेषता उनका आकार और रचना की संगति पर बल देना रही है। कला में सृजन के मूल तत्त्वों का उपयोग करना और सरलीकृत आकारों में विवेच्य वस्तु को आँकना; वस्तुत: वे विशेषताएँ हैं जो किसी भी पद्धति में कला-सृजन का आधार हैं। अमूर्त कला के उद्‌भव पर तो सिजां की कला की यह विशेषता सबसे प्रभावी कारक रही। इसी तरह घनवाद के उदय में भी उनकी पद्धति काम आई, तो फाववाद के जन्म का भी कारण बनी। कहा जाता है कि वान गॉग की पद्धति से अभिव्यंजनावाद (Expressnism) को प्रेरणा मिली, तो पॉल गोगिन (Paul Gauguin) की कला से फाववाद को। कला में जितने भी आन्दोलन उत्तर-प्रभाववाद के कारण आए, उनमें इन कलाकारों की परोक्ष-प्रत्यक्ष अगर भूमिका रही, तो उसका स्पष्ट कारण यही है कि सम्भवत: यह पहला कला आन्दोलन था जिसमें कोई कलागत रूढ़ि न थी और सर्वथा पहली बार इसने कलाकार के अन्तर्मन को, उसके विचार-स्वातंत्र्य को महत्त्व देकर सृजन के मूल तत्त्वों की प्रतिष्ठा की।

अन्ततः कला कलाकार की सर्जनात्मक उत्पत्ति है, उसके मनोभावों का प्रतिबिम्ब है। वह कोई भावहीन वस्तु नहीं, जो केवल उच्छवास बनकर सामने आए। प्रभाववाद ने इसे पूरे बल के साथ सामने रखा और बताया कि मनुष्य के आत्म तथा उसके खोजे सत्य का उद्घाटन अगर कला नहीं करती, तो वह अपने समय में मनुष्य का पक्ष नहीं लेती। मनुष्य का पक्ष लेना सादृश्य का चित्रण ही नहीं है, उसका भी चित्रण है, जो दिखता तो नहीं है, पर उसकी सत्ता ही मनुष्य को चलायमान रखती है। कहना न होगा कि उत्तर-प्रभाववादी चित्रकार प्रभाववाद से इसीलिए अलग हुए; क्योंकि उसमें यथार्थ या सादृश्य-चित्रण से अलग कला की कल्पना भी बेमानी थी। उसमें निजी भावनाओं के अंकन की जगह ही न थी; फलतः इन कलाकारों को न तो सृजन का सुख मिलता था, न सृजन का सन्तोष। यह कठिनाई प्रभाववाद और नव-प्रभाववाद, दोनों में थी। दोनों ही कला आन्दोलन प्रकाश के प्रभाव के भिन्न-भिन्न सिद्धान्तों पर आधारित थे, इसलिए इनमें बनाई हुई कृतियाँ एकरसता का शिकार थीं और प्रकाश के चमकीले फलक पर इस तरह सामने आतीं, मानो इनमें चित्रित वस्तु का कोई अस्तित्व ही न हो।

गरज यह कि उत्तर-प्रभाववादी कलाकारों ने, जो प्रभाववाद की विधियों से परिचित थे और उसकी सीमाओं से भी; सर्वथा नई कला पद्धति की राह चुनी जिसमें प्रभाववाद की विशेषताएँ भी रहीं और भावनात्मक निरूपण का कौशल भी आ जुड़ा। प्रभाववाद में जिस तरह विशुद्ध रंगों से चित्रण की योजना थी और हल्के तूलिकाघातों से विरोधी रंगों के सामंजस्य की विधि थी, उसे उत्तर-प्रभाववादी चित्रकारों ने भी बरकरार रखा; क्योंकि ये वे तत्त्व थे जो प्रभाववाद की मौलिक खोज थे और ये तत्त्व बाद के कला-आन्दोलनों में भी उपस्थित रहे। इसमें मनोभाव, कल्पना, आन्तरिक सत्य का साक्षात्कार और सादृश्य के समानान्तर वस्तु-सत्ता को चुनौती देने की युक्तियों की खोज जैसे तत्त्व मिलकर उत्तर-प्रभाववाद को विलक्षण कला-आन्दोलन बनाने में सफल हुए। इस कला-आन्दोलन में भी अनेक कलाकारों की उपस्थिति रही जिनमें कइयों ने बाद के कला आन्दोलनों का नेतृत्व किया। इनमें हेनरी मातिस (Henri Maitisse) तथा पाब्लो पिकासो (Pablo Picasso) भी शामिल हैं जिन्होंने क्रमशः फाववाद तथा घनवाद जैसे कला आन्दोलन चलाए। एडवर्ड मुंक (Edward Munch) अभिव्यंजनावाद के बड़े कलाकारों में रहे, तो ओदिलों रेदों (Odilon Redon) प्रतीकवादी कला आन्दोलन में भी बड़े कलाकार के रूप में उभरे। पॉल सिजां (Paul Cezanne), वान गॉग (Van Gogh) तथा पॉल गोगिन (Paul Gauguin) तो इसके मूलाधार ही थे। शेष कलाकारों में—हेनरी रोस्सेउ (Henri Rousseau), चार्ल्स एन्ग्रांड (Charles Angrand), हेनरी एडमंड क्रॉस (Henri Edmond Cross), मैक्सीमिलिएन लुस (Maximialien Luce) आदि शामिल हैं। इनमें जॉर्ज सेउरा (Georges Seurat) भी शामिल हैं जिन्होंने नव-प्रभाववाद कला आन्दोलन की नींव डाली थी। पर मुख्य रूप से पॉल सिजां,

वान गॉग और पॉल गोगिन के कामों के कारण ही यह कला आन्दोलन जाना और पहचाना जाता है।

अब हम संक्षेप में बारी-बारी से पॉल सिजां, वान गॉग और पॉल गोगिन, जो उत्तर-प्रभाववाद के मुख्य चित्रकार रहे हैं, पर बात करेंगे।

पॉल सिजां (1839-1906)

पॉल सिजां (Paul Cezanne) अपने को 'आधुनिक कला का जनक' (Father of Modern art) कहते थे; क्योंकि प्रभाववाद के बाद चाहे जितने भी कला आन्दोलन हुए हों, उनकी प्रेरणा में सिजां ही रहे और आज भी प्रचलित कला-पद्धतियों में उनके शिल्प की छाया उपस्थित दिखती है। इस कलाकार की कला में वैविध्य है और हर तरह की कला-पद्धति के लिए उनके यहाँ जगह है। उत्तर-प्रभाववाद के जन्मदाता के साथ-साथ कला-सृजन में अपने लचीलेपन के कारण विख्यात इस कलाकार में प्रयोग के जितने रूप मिलते हैं, वे किसी भी दूसरे कलाकार में नहीं मिलते। वे कहा करते थे—'कला दीर्घाओं और संग्रहालयों में कलाकार विचार करना सीखता है और प्रकृति उसे देखना सिखाती है। कला कुकुरमुत्ते की तरह कहीं भी उग नहीं जाती। उसके सृजन में अनेक पीढ़ियों का परिश्रम होता है। हमें अपनी पूर्ववर्ती पीढ़ियों से सीखकर अपनी कला को विकसित करते रहना चाहिए।'

वार्नर हाफ्टमैन (Warner Haftman) ने अपनी पुस्तक 'Master water-colors of the Twentieth Century' (20वीं सदी के श्रेष्ठ जलरंग) में सिजां के जलरंगों में बनाए गए चित्रों की प्रशंसा करते हुए लिखा है कि वे एक माध्यम में काम करते हुए दूसरे माध्यम की खोज कर लेने में सिद्धहस्त कलाकार हैं। इस पुस्तक में उन्होंने सिजां के साथ-साथ पिकासो, सिग्नाक, डफी, पॉल क्ली, हेनरी मूर, शागाल आदि अनेक कलाकारों की कृतियों पर विचार किया है और सिजां को सबमें विलक्षण पाया है। उन्होंने एक अन्य स्थल पर लिखा है—'वान गॉग के समान सिजां वस्तुओं के साथ भावनात्मक सामंजस्य नहीं रखते। वे केवल सृजन पर ध्यान केन्द्रित कर काम करते हैं जिससे उसमें एक मूर्तता प्रकट होती है। उनके चित्रों में प्रकृति की अपेक्षा ज्यामितीय आकारों के उपयोग का आकर्षण है।'

यह सच है कि दृश्य संसार के चित्रण में और उसके आन्तरिक सौन्दर्य के निरूपण में सिजां को जो सफलता मिली, वह किसी अन्य कलाकार को नहीं मिली। सिजां की कला का वैशिष्ट्य ही यह है कि वह प्राकृतिक रूपाकारों के सादृश्य और अपनी समग्रता में तर्कशुद्धता के निश्चय के साथ सामने आती है। आधुनिक कलाकारों में वह सम्भवत: पहले ऐसे कलाकार हैं जिनकी कृतियों को हम केवल आँखों से देखकर नहीं समझ सकते हैं, उसे अनुभूत करना तो दूर की बात है। उसके

लिए दर्शक के चित्त में सौन्दर्यबोध के साथ-साथ संवेदनशीलता, तार्किक दृष्टिकोण तथा दृश्य को अनुभूत करने की भाव-प्रवणता चाहिए। उसमें इतना लोच है और बदलाव के इतने सारे रंग, कि दर्शक बहुधा सोच में पड़ जाते हैं। यही कारण है कि रोजर फ्राई ने उनके आकारों को 'Plastic Form' (लचीला या लोचदार आकार) कहा था। यह अकारण नहीं है कि आधुनिक चित्रकला पर सिजां का सबसे अधिक प्रभाव पड़ा और उनको 'आधुनिक कला का जन्मदाता' (The Father of the Modern art) कहा गया।

वार्नर हाफ्टमैन ने सिजां की कला के भेद को खोलते हुए लिखा—'सिजां ने इस बात को ठीक से समझा था कि तार्किक रूप से शुद्ध और अपरिवर्तनीय सृजन हमेशा कठोर लगनेवाले आकारों के गुलाम नहीं होते, बल्कि बहुत बार ऐसा होता है कि इस कठोर लगनेवाले आकारों से उस सृजन को ऐसी क्षमता प्राप्त हो जाती है कि दर्शक उसको देखकर करबद्ध हो जाता है और उससे नए संसार का दरवाजा खुल जाता है। यह एक तरह से ईश्वर से साक्षात्कार की तरह होता है। संसार का वस्तुगत सत्य बाहर दिखनेवाले सतह के भीतर छुपा रहता है। सृजन में रंग वस्तु का वस्तुजगत या बाहरी जगत का साक्ष्य है, सृजन का असल तत्त्व तो आवरण में छुपा रहता है जिसे हम रंगों के भीतर झाँककर कठोर लगनेवाले आकारों में देख पाते हैं; अगर हममें वहाँ तक पहुँचने की आँख है या उसे अनुभूत कर पाने की क्षमता भी है।' कदाचित् इसीलिए सिजां ने कहा था—'Art is harmony parallel to nature.' (कला प्रकृति के समानान्तर एक सामंजस्य है।)

इस सामंजस्य की क्षमता अगर किसी सर्जक में नहीं है तो वह रचना चाहे जितनी कर लेगा, उसमें वह जीवन नहीं ला पाएगा जो दर्शक के चित्त में उतर सकने में समर्थ हो। यह वह कला-गुण है जिसकी प्रभाववाद ने उपेक्षा की थी और कृति के सत्य को सादृश्य-सत्य का समानार्थी बना दिया था। सिजां ने इसे अपने प्रयत्नों और साधनाओं से अर्जित कर कला-जगत को समृद्ध किया।

यह वही सिजां थे जिनकी कृतियों की पहली प्रदर्शनी 1863 में सलोन दे रेफूसेस (Salon des Refuses) में लगी थी। उनकी प्रदर्शित कृतियों को पेरिस सलोन की आधिकारिक निर्णायक समिति ने निरस्त कर दिया था। इस सलोन ने 1864 से 1869 तक प्रति वर्ष उनकी प्रविष्टियों को निरस्त किया। किन्तु वे लगातार 1882 तक इस सलोन में अपने काम भेजते रहे। 1882 में ही अपने मित्र कलाकार अन्तोइन गुइलमेट (Antoine Guillmet) के कहने पर उन्होंने अपनी कुछ कृतियों को सलोन में प्रदर्शित किया था। उस समय उनके द्वारा प्रदर्शित कृतियों में 'Portrait de M.L.A.' (पोर्ट्रेट डे एम.एल.ए.) (सम्भवत: यह व्यक्ति-चित्र उनके पिता लुइस अग्युस्ट सिजां (Louis-Auguste-Cezanne) का था जो अखबार पढ़ते दिखाए गए थे) शामिल थी, जो वह आज वाशिंगटन डी.सी. के राष्ट्रीय कला संग्रहालय में

प्रदर्शित है। यही काम सिजां की पहली और अन्तिम प्रविष्टि बना था जिसे उन्होंने पेरिस सलोन की निर्णायक समिति के विचारार्थ जमा कराया था और उसे चुन लिया गया था। इसके पहले सिजां ने प्रभाववादियों की पहली प्रदर्शनी (1874) तथा अन्तिम प्रदर्शनी (1877) में भाग लिया था। इसके बाद 1895 तक व्यक्तिगत रूप से अनेक जगहों पर उनकी कृतियाँ प्रदर्शित हुईं जब पेरिस के कला-व्यापारी अम्ब्रोस वोल्लार्ड (Ambroise Vollard) ने उनको पहली एकल प्रदर्शनी का अवसर दिया।

लोगों के बीच स्वीकृति और आर्थिक सफलता के बावजूद उन्होंने हमेशा एकान्त में रहकर काम करना पसन्द किया। इसके लिए उन्होंने दक्षिण-पूर्वी फ्रांस के प्रोवेन्स को चुना जबकि उनकी पत्नी मेरी होर्टेन्से फिक्वेट सिजां (Marie-Hortense Fiquet Cezanne) पेरिस में रहती थीं, जो सिजां के कार्यक्षेत्र प्रोवेन्स से बहुत दूर था।

इस तरह अपनी साधना में तन्मयता से लगे रहनेवाले सिजां ने कला को अनेक स्तरों पर बरता तथा उसे समृद्ध किया। रंग को आकार माननेवाले सिजां अपनी कृतियों पर बहुत श्रम करते थे। वे उसी तरह काम करते थे जैसे कोई मूर्तिकार। यही कारण है कि उनके चित्रों में मूर्तिशिल्प जैसा ठोसपन होता। वे बारीकी से आकार उठाते, रंगीय परिवर्तन करते और उसे हर तरह से नाप-तौल कर फलक पर अंकित करते। किन्तु एक चित्रकार के रूप में वे कभी अपने काम से सन्तुष्ट नहीं हो पाते थे। वे अक्सर कहा करते थे कि उनके मस्तिष्क में जैसी प्रतिमाएँ आकार पाती हैं, ठीक उसी तरह उनका चित्रण करना असम्भव होता है। बहुधा होता कि वे अपने चित्रों पर काम करते हुए झल्लाने लगते तथा अपने अनुकूल न पाकर उन्हें नष्ट कर देते थे। आधुनिक चित्रकला में पश्चिम के परिप्रेक्ष्य में सम्भवत: वे पहले चित्रकार थे, जो कहा करते थे कि 'प्रकृति की नकल करना उनका काम नहीं है, उनका काम तो उसकी पुनर्रचना करना है।' (I do not want to repreduce nature, I want to recreate it.)। ध्यान दें तो पाएँगे कि यह अवधारणा पारम्परिक भारतीय कला की रही है जिसमें प्रकृति के समानान्तर रचना करने और उसे पुनर्निमित करने की दृष्टि मिलती है। इसी क्रम में वे कहा करते थे कि 'कला प्रकृति के वर्तमान को विकसित और प्रयोग करने का सिद्धान्त है' (Art is theory developed and applied in the Presence of nature.)।

सिजां की कला में परीक्षण, बौद्धिकता और विश्लेषण—तीनों का समानुपातिक योगदान है। इस समन्वय के कारण ही दर्शक को उनके चित्रों के दृश्य-प्रभाव तथा रूपकात्मकता को देखकर सन्तोष होता है। इसके साथ-साथ वस्तु के स्वाभाविक सौन्दर्य और चित्रित आकार सौन्दर्य में आश्चर्यजनक सन्तुलन देखने को मिलता है। इसी को सिजां 'चित्रित समरूप' (Pictorial Equivalent) कहते हैं। यह ठीक है कि उन्होंने प्रभाववादी तत्त्व—छाया-प्रकाश के संयोजन की पद्धति को हमेशा प्रयोग में रखा, किन्तु इस पद्धति को सिजां ने अपनी साधना से अलग रूप दिया था। उनके

यहाँ प्रभाववाद की तरह प्रकाश मौसमों और समय के साथ बदलता नहीं और न ही वह किसी रासायनिक सिद्धान्त की तरह इस्तेमाल होता है। सिजां के यहाँ प्रकाश कभी बदलता नहीं और वह समय से परे होता है। इसका कारण यही है कि वे प्रकृति के सादृश्य चित्रण के बजाय अपनी मानसिकता और कल्पना के योग से चित्रित वस्तु के सौन्दर्य को उठाते थे, जो हमेशा अपने प्रभाव में दमकता रहता था।

1839 में प्रोवेन्स (फ्रांस) में जन्मे सिजां अपने समय के महत्त्वपूर्ण लेखक एमिल जोला के मित्र थे। उनके पिता सिजां को कानून की शिक्षा देना चाहते थे, पर इसमें अरुचि देखकर उन्होंने जोला के साथ उन्हें कला की शिक्षा के लिए पेरिस भेज दिया था। सिजां ने एइक्स मार्सेइले युनिवर्सिटी (Aix-Marseille University) तथा अकादेमी सुइस (Academic Suisse) में कला की शिक्षा ली। उनकी शिक्षा 1858 से 1861 तक चली। इसी दौरान क्लोद मोने तथा कामिल्ले पिस्सारो से उनकी भेंट हुई जिसके बाद वे प्रभाववादी चित्रण की तरफ प्रवृत्त हुए थे। एडुअर्ड माने, पिस्सारो, गुस्ताव कुर्बे, यूजीन देलाक्रोइक्स से प्रभावित सिजां ने अपनी प्रतिभा से कला जगत में अद्वितीयता अर्जित की जिनसे बाद में मूर्धन्य कहे जानेवाले कलाकार—जॉर्ज ब्राक, हेनरी मातिस, पाब्लो पिकासो, अर्शिले गोर्की आदि बहुत प्रभावित हुए थे। 22 अक्टूबर, 1906 में सिजां का निधन हो गया था। इस कलाकार की मृत्यु भले हो गई, पर उसकी कृतियों ने अमरता प्राप्त की और असंख्य कलाकारों को प्रभावित किया।

उनके उल्लेखनीय चित्र हैं—'Mont Sainte Victoire' (मॉन्ट सेंट विक्ट्री), 'The Bather' (स्नान-मग्न), 'The Card Player' (ताश खेलनेवाले), 'Pistol-Painter' (पिस्तौल चित्रकार), 'The house of the Hanged Man' (फाँसी दिए गए व्यक्ति का घर), 'Still life with Apple' (सेब का स्थिर चित्र), 'The Basket of Apples' (सेब की टोकरी), 'Boy with Red Vest' (लाल जैकेट में लड़का), 'The Large Bathers' (लम्बे स्नानार्थी), 'The Blue Vase' (नीला गमला), 'A Modern Olympia' (एक आधुनिक ओलम्पिया), 'Pyramid of Skums' (खोपड़ियों का पिरामिड), 'Blue Landscape' (नीला भूदृश्य), 'Girl at the Piano' (पिआनो पर लड़की) आदि।

वान गॉग (1853-1890)

वान गॉग (Vincent Van Gogh) उत्तर-प्रभाववाद के दूसरे महत्त्वपूर्ण चित्रकार हैं जिनका जन्म हॉलैंड के जुन्डेर्ट में हुआ था। मात्र 37 वर्ष की अवस्था में आत्महत्या करनेवाले वान गॉग अत्यन्त संवेदनशील और विलक्षण प्रतिभा के चित्रकार थे। उन्होंने अपनी 37 वर्ष की छोटी-सी उम्र में दो हजार से अधिक अविस्मरणीय कृतियों की रचना की थी। उनका बचपन धार्मिक और सांस्कृतिक वातावरण में गुजरा था। उनमें

भावुकता अधिक थी और आरम्भ में तो आत्मविश्वास की भी बेहद कमी थी जो उन्हें अपनी पहचान के साथ संघर्ष करने की दिशा देती।

कला को आत्माभिव्यक्ति और सत्य को ईसाई सिद्धान्त माननेवाले वान गॉग ने सत्य को लम्बे समय तक खोजने की कोशिश की। बहरहाल, उन्होंने तय किया कि उन्हें चित्रकार बनना है। 1860 से 1880 तक का समय उनके कलाकार बनने का है। इस बीच दो विफल प्रेम-प्रसंगों के अनुभव ने उन्हें दुखी और उदास किया। इस अवधि में वान गॉग ने एक पुस्तक-विक्रेता के यहाँ क्लर्क, एक कला-सेल्समैन तथा बेल्जियम के बैरिनेज में धर्म-उपदेशक का काम भी किया जहाँ से उन्हें उनकी कट्टरता के कारण हटा दिया गया था। लेकिन हटाए जाने के बावजूद वे निश्चय के साथ बेल्जियम में बने रहे ताकि वे कला का अध्ययन कर सकें और सौन्दर्य की रचना कर खुशी अर्जित कर सकें। इस समय के उनके रचनाकाल को, जो 1880 से 85 तक रहा, 'डच-काल' कहा जाता है। इसी दौरान उन्होंने अपना एक प्रसिद्ध चित्र 'Potato Eaters' (आलू खानेवाले) 1885 में बनाया था। इसी समय वे रूबेन्स की कृतियों की खोज में एन्टवर्प भी गए थे, जहाँ से उन्होंने जापानी प्रिंट भी खरीदे थे।

इस दौरान वे अपने भाई थियो वान गॉग (Theo Van Gogh) की गैलरी में काम करने पेरिस गए जहाँ वे गोउपिल्स (Goupil's) गैलरी में प्रबन्धक थे। वहाँ उन्होंने फरनांड कोरमोन (Fernand Cormon) से शिक्षा ली। कोरमोन का स्टुडियो पेरिस में था और वहीं वान गॉग ने उनसे चित्र-शिक्षा ली थी। वहीं क्लोद मोने, पिस्सारो, गोगिन आदि कलाकारों से भेंट की। इसके साथ-साथ नए प्रभाववादी कलाकारों से भी उनकी भेंट हुई जिसका काफी प्रभाव उनकी कला पर पड़ा। इस दौरान वे अनेक बार कशमकश का शिकार हुए। उन्होंने अपनी चिन्ताओं और उलझनों को व्यक्त करते हुए 800 पत्र लिखे, जो भाई थियो सहित परिजनों तथा अन्य पारिवारिक लोगों को सम्बोधित थे।

कुल मिलाकर यह कि वान गॉग का जीवन, जो बहुत छोटा रहा; बहुत उथल-पुथल भरा था। एक कलाकार के रूप में उनका यह छोटा-सा जीवन बहुत प्रेरित करनेवाला रहा। करुणा, दया और स्नेह से भरे वान गॉग को जीवन में बहुत संघर्ष करना पड़ा। उन्हें समझने वाले लोग भी बहुत कम मिले। उन्होंने जो सैकड़ों पत्र अपने परिजनों और थियो को लिखे, उसमें उनके संघर्षों सहित उनकी कला की चिन्ताएँ और विचार, सब प्रकट होते हैं। थियो को एक पत्र में उन्होंने लिखा था—'मैं अपने सामने के दृश्य को यथावत आँकने का प्रयत्न कभी नहीं करता। मेरी कोशिश होती है कि मैं अपने रंगों का प्रयोग अपनी इच्छा से करूँ और उसमें अपनी आन्तरिक भावनाएँ प्रकट करूँ।' हम सब जानते हैं कि वान गॉग ने उत्तर-प्रभाववाद के बाद अभिव्यंजनावाद में भी काम किए और उसके नियमों पर भी चित्र बनाए थे। अभिव्यंजनावाद का आधार सिद्धान्त भी यही था कि कलाकार स्वेच्छया रंगों का प्रयोग कर अपने आन्तरिक भावों को प्रकट करे।

वान गॉग की कला की खास बात यही है कि वह चाहे जिस भी पद्धति में काम करते रहे हों, किसी लकीर के फकीर नहीं रहे। उनके चित्र उनकी यातना और उनके अकेलेपन की निर्मिति हैं जिनमें हम उनकी छटपटाहट को देख पाते हैं। कला आलोचक विलहेम युहदे (Wilhem Uhde) ने उनकी कला पर अपनी प्रसिद्ध पुस्तक 'Van Gogh' (वान गॉग) में बात करते हुए लिखा था—'उनकी कथा सौन्दर्य से विभोर नेत्र, तूलिका या मिश्रित चित्र-फलक की कथा नहीं है, बल्कि ऐसे अकेले हृदय की दशा है जो सुनसान बन्दीगृह में तड़फड़ा रहा था। जो जानता ही न था कि वह क्या चाहता है और दुखी क्यों है।' (His story is not that of an eye, a palette, a brush but the tale of a lonely heart which beat within the walls of a dark Prison longing and suffering and knowing not why.)।

वान गॉग ठुकराए हुए प्रेमी थे। उन्होंने धार्मिक संस्कारों के कारण सबकी सेवा की, सबके प्रति करुण रहे और सदा सत्य की राह से ही उनका वास्ता रहा, किन्तु उन्हें सब तरफ से उपेक्षा और निराशा मिली। यही कारण है कि उनमें कला की पारम्परिक धारणा के बदले अपने जीवन को ही कला बना लेने की भावना विकसित हुई। जो जी रहे, जो पाया, जो यह संसार है जिसमें सब तरफ दुख का पसारा है—उसको व्यक्त करना उनके कलाकार का ध्येय बनता गया। जीवन में जाने क्या-क्या किया, पर अन्त में पाया कि सब व्यर्थ है, सच है तो दुख, जो कभी साथ नहीं छोड़ता। वे ईसा मसीह को सर्वश्रेष्ठ चित्रकार कहते और बताते कि दुख उठाना और दुखियारे की सेवा के अलाव कोई धर्म नहीं।

लम्बे समय तक वे भटकते रहे थे। आर्थिक तंगी रही। भाई थियो की मदद से उनका जीवन जैसे-तैसे चला। उनकी स्थिति यह थी कि वे मजदूरों के साथ बात करते, वहीं घास पर सो जाया करते। इन्हीं दिनों सिएन नामक एक गर्भवती स्त्री उनको मिली थी, जो वेश्या रही थी; उसे घर लाकर वान गॉग ने उसका चित्रण किया था और उसकी देखभाल की। वे उससे शादी करना चाहते थे, पर वह भाग निकली। इस पीड़ा से भी वे बहुत दिनों तक परेशान रहे। उस स्त्री पर बनाया गया उनका रेखांकन 'Sorrow' (दुख) बड़ा मार्मिक है।

वान गॉग की कथा इतनी करुण और दुखद है कि उसमें गए तो निकलना मुश्किल है। एक कलाकार के रूप में उनकी इस वेदना का बड़ा महत्त्व है, जो उनके कामों में प्रकट होती है। उनकी चित्रण-विधि सर्वथा नई थी और विशुद्ध आत्मपरक भी। वे आधारभूत रंगों के शुद्ध प्रयोग के विश्वासी थे, तो मनोभावों के अंकन को चित्र का प्राण मानते थे। वान गॉग की कला में रंग, सतह, वस्तु-संयोजन और चित्रित वस्तु के प्रभाव का मणिकांचन योग है और बहुधा उनके चित्र उत्तर-प्रभाववाद की सीमा से बाहर जाते प्रतीत होते हैं। अपने जीवन के अत्यन्त उर्वर-काल में उन्होंने भी सिजां की तरह फ्रांस के दक्षिणी हिस्से प्रोवेन्स को ही ठिकाना बनाया था जहाँ

के रम्य प्राकृतिक वातावरण में रहकर उन्होंने दो साल तक कला-सृजन की कठिन साधना की। इन दो वर्षों में वान गॉग ने जिस निष्ठा से काम किया और कला को जिस शिखर पर पहुँचाया, उससे उनकी बहुत ख्याति हुई। उन्होंने साधना करके रंगों के प्रतीकात्मक महत्त्व को समझा और रंगों के अनुकूल उसके साथ विशिष्ट मनोभावों को व्यक्त किया। रंग-संगति और संयोजन में वान गॉग से किसी भी दूसरे कलाकार की तुलना मुश्किल है। उन्होंने हरे-भरे खेत, बगीचे, फुलवारी, पुल, मार्ग, चौराहे अंकित किए तो सूरजमुखी के अप्रतिम फूल भी। संघर्ष करते गरीब परिवार भी अंकित किए तो शराबखानों आदि को भी। अपनी रंग-संगति के बारे में उन्होंने कहा था—'मेरी रंग-संगति का लक्ष्य शान्ति, सुरुचि और सत्य को प्रस्तुत करना है जिसमें भावना हो और संगीत के समान शान्ति भी।' 1890 में इस चित्रकार ने दुखद परिस्थितियों में आत्महत्या कर ली थी।

उनकी उल्लेखनीय कृतियाँ हैं—'Potato Eaters' (आलू खानेवाले), 'Road with Cypresses' (सरो वृक्षों का मार्ग), 'Eugine Boch' (यूजीन बोच), 'The Actor' (अभिनेता), 'Armand Roulin' (आर्मण्ड रोलिन), 'The Ravine' (घाटी), 'Starry Night' (तारों भरी रात), 'Sunflowers' (सूरजमुखी के फूल), 'Cafe Terrace at Night' (रात में कैफे का टैरेस), 'Yellow House' (पीला घर), 'Harvest' (कटाई)। दुख, अवसाद, अभाव और उपेक्षा से तंग आकर सत्यशोधी और मानवता के प्रति अपार करुणा से भरे इस कलाकार ने भले ही 37 वर्ष की अल्प-आयु में अपने जीवन का अन्त कर लिया हो, पर अपनी अविस्मरणीय और विपुल कृतियों से वे अमर हो गए। उनकी कला की शक्ति आज भी कलाकारों को प्रेरणा देती है और देती रहेगी।

पॉल गोगिन (1848-1903)

पॉल गोगिन (Paul Gauguin) उत्तर-प्रभाववादी कलाकारों में तीसरे सबसे महत्त्वपूर्ण कलाकार थे। इन्होंने रंगों और रेखाओं के स्वाभाविक गुणों का ध्यान कर कृति को सर्जनात्मक कल्पना का प्रभावी रूप दिया। उनका सबसे अधिक मौलिक योगदान यही है कि उन्होंने रंगों का उपयोग चित्रित वस्तु में छाया-प्रकाश के प्रभाव को दिखाने में न कर स्वयं रंगों और रेखाओं के स्वाभाविक गुणों पर भरोसा किया। वे भी अन्य प्रभाववादियों की तरह सादृश्य और बाह्य वस्तुओं के चित्रण को सीधे स्वीकार करने वाले कलाकार न थे। वे स्पष्ट कहा करते थे कि कोई भी यह पूरे विश्वास के साथ नहीं कह सकता कि प्रभाववादियों के रंग, दृश्य के उसी समय के रंग हैं जब उनका चित्रण किया जा रहा था। कृति में भावजन्य विचार और कल्पना को महत्त्व देकर गोगिन ने भी यथार्थवादी चित्रण से दूरी बरती

और सादृश्य के बदले मन में अंकित रूप को चित्रांकित करने की सफल चेष्टा की। लेकिन गोगिन को भी अपने मित्र कलाकारों की तरह स्वीकृति के लिए लम्बा संघर्ष करना पड़ा था। पहले प्रभाववाद की गहरी छाप, उसके बाद नव-प्रभाववाद की छाया के बाद उत्तर-प्रभाववाद लोगों में सहजता से जगह नहीं बना पा रहा था। कला के अन्तर-सत्य को उद्घाटित करने की ईमानदार कोशिश के बावजूद दूसरे कलाकारों और स्वयं लोगों की हिकारत को झेलना कठिन होने के कारण ही उत्तर-प्रभाववादी स्वभाव से चिड़चिड़े होते गए थे और मानसिक असन्तुलन का शिकार भी। यह स्थिति गोगिन की भी रही।

उनके पिता फ्रांसीसी पत्रकार क्लोविस गोगिन (Clovis Gauguin) एक क्रान्तिकारी पत्रकार थे और माता एलिन चाजाल (Aline Chazal) पेरू की थीं। वे भी क्रान्तिकारी समाजवादी विचारधारा से प्रभावित थीं। शुरुआती संघर्षों के बाद गोगिन का जीवन सुखमय हो गया था और 25 साल की उम्र में डेनमार्क की एक धनवान लड़की मेट्टे सोफी गेड (Matte-Sophie Gad) से 1873 में शादी हो गई थी। सत्रह साल की उम्र में एक व्यापारिक जहाज पर नाविक की नौकरी और तदन्तर दो साल तक पेरिस के स्टॉक ब्रोकर के यहाँ काम करने के दो साल बाद उनकी शादी हुई। यह संयोग ही था कि गोगिन का मकान मालिक मूर्तिकार था। यहीं रहते फुर्सत में वे उसके स्टुडियो में जाकर चित्रकला का अभ्यास करते। इन्हीं दिनों उनका परिचय प्रभाववादी चित्रकारों से हुआ। वे मकान मालिक के स्टुडियो में चित्र और मूर्ति का अभ्यास करते और रेखांकनों पर भी काम करते। बहुत कम दिनों में उन्होंने चित्रकला की विधि और उसके बर्ताव में कुशलता प्राप्त कर ली। कामिल्ले पिस्सारो जैसे सिद्धहस्त प्रभाववादी कलाकार की प्रेरणा और सान्निध्य से गोगिन की कला में निखार आया। इसी का परिणाम हुआ कि 'Salon of 1876' (सलोन 1876) में उनकी एक कृति राष्ट्रीय प्रदर्शनी के लिए चुन ली गई। इसके बाद गोगिन ने पिस्सारो के निर्देशन में काम का अभ्यास किया और 1879 में कुछ समय तक उनके साथ रहकर काम सीखा। इसके बाद 1880 से 1882 तक प्रभाववादियों की प्रदर्शनी में गोगिन के चित्र भी प्रदर्शित किए गए जिसे कलाकारों और दर्शकों की बहुत सराहना मिली। यह वह दौर था जब गोगिन को लगने लगा था कि चित्रकला को जीवन का एकमात्र ध्येय बनाकर जुट जाना चाहिए लेकिन नौकरी उनके लिए बाधा बनकर खड़ी थी। अन्तत: पत्नी के भारी विरोध के बावजूद उन्होंने स्टॉक ब्रोकर कार्यालय की अच्छी-भली नौकरी छोड़कर चित्रकला में समर्पित भाव से लग जाने का निश्चय कर लिया। इससे उनकी पत्नी बहुत नाराज हुई और दोनों में अनबन बढ़ गई। वह अपने बच्चे को लेकर मायके चली गई। गोगिन भी साथ गए, पर अधिक दिन तक वहाँ न रुक सके। पैसे भी समाप्त हो गए थे, फलत: पत्नी और ससुरालवालों से झगड़ा कर 1885 में अपने छह साल के बच्चे को लेकर पेरिस लौट

आये थे। इसके बाद वे पूरा समय चित्रकला को देने लगे और छोटा-मोटा काम कर अपना जीवन बसर करते रहे।

वान गॉग की तरह ही गोगिन भी भावुक थे, पर उनकी तरह सहज और करुण न थे। बात-बात पर उद्विग्न हो जाना उनका स्वभाव था, इसलिए अधिक समय तक उनसे किसी की बनती न थी। वान गॉग से भी उनका कई बार झगड़ा हो चुका था, जिसके कारण दोनों में लम्बे समय तक संवादहीनता रही थी। इधर अर्थाभाव के कारण उनकी स्थिति भयानक कष्टदायक हो गई। यह देखकर उनकी पत्नी पेरिस आकर अपने बच्चे को उठा ले गई और गोगिन को पूर्णतया मुक्त कर गई। बच्चे और पत्नी से स्वतंत्र होने के बाद भी उनकी हालत न सँभली। कुछ समय तक उन्होंने मामूली मेहनताने पर पनामा नहर की खुदाई का काम भी किया। वहाँ वे बीमार होकर पेरिस आए जहाँ वे अपने किए कुछ चित्र भी लाए जो उन्होंने इस बीच बनाए थे। यहीं से वास्तविक गोगिन से कला जगत का परिचय होता है जिसमें वे सर्वथा नई भाव-भंगिमा के साथ प्रकट होते हैं।

गोगिन ने उत्तर-प्रभाववाद में रहते हुए एक नई चित्रण-पद्धति को विकसित किया। उन्होंने चित्रफलक पर बाहरी रेखाओं को सीमित कर चमकदार रंगों से चित्र बनाना शुरू किया। उन्होंने अपनी कृतियों में अनेक पद्धतियों के मिश्रण से एक नई चित्रण प्रणाली विकसित की, जिसके अनुयायी बननेवाले नए कलाकारों को गोगिन प्रेरक की तरह दिखने लगे। अपने इस मिश्रण में वे प्रतीकों से भी काम लेने लगे थे जिससे उनके चित्र प्रतीकात्मक होने लगे थे। रंग, रेखा, आकार और संयोजन के रहस्य को वे अधिकाधिक जानने को उत्सुक रहते जिससे प्रतीक धीरे-धीरे उभरने लगे थे और बाद में प्रतीकार्थ ह्री उनके चित्रों का अर्थ बनने लगा। धीरे-धीरे उत्तर-प्रभाववाद का असर कम होकर उन पर प्रतीकों का इतना अधिक प्रभाव पड़ता गया कि वे प्रतीकवादी चित्रकार कहे जाने में प्रसन्न होने लगे थे। कला में उभर रहा 'प्रतीकवाद' इस तरह उनके कामों की एक अलग पद्धति बनता गया। इसकी यथासम्भव चर्चा हम 'प्रतीकवाद' के मूल्यांकन में करेंगे। बहरहाल वे खुले तौर पर कहा करते कि—'मैं किसी भी किस्म की पद्धति या सिद्धान्त का विरोधी हूँ। इसका अनुसरण करना अपने पड़ोसी की नकल करने की तरह होगा। मेरा लक्ष्य कला को पारम्परिक रूढ़ियों और बाध्यताओं से स्वतंत्र करना है।' उन्होंने यत्र-तत्र कला पर अपने विचार भी व्यक्त किए हैं, जो बहुत मूल्यवान हैं। उन्होंने कला में रेखाओं के महत्त्व पर कहा—'रेखाएँ भी स्वाभाविकता लिए होती हैं, जैसे—सहृदय रेखाएँ, हृदयहीन रेखाएँ, सरल और कठोर रेखाएँ। सरल रेखाओं में अकूत सम्भावनाएँ होती हैं।'

अपने जीवन के उत्तरार्द्ध में कठिनाइयों में जीते गोगिन ने उत्तर-प्रभाववाद को तो समृद्ध किया ही, प्रतीकवादी कला आन्दोलन में भी योगदान दिया। चित्रों में सर्वथा अपनी निजी छाप के साथ गोगिन की कला नए रंग-संधान के साथ वस्तु-सत्य के

प्राकट्य की कला है जिसमें खुशी कम, गहरी उदासी दिखाई देती है। जीवन में आर्थिक तंगी, अवशता और बीमारी ने उन्हें इतना तोड़ दिया था कि उन्होंने भी वान गॉग की तरह आत्महत्या करने की कोशिश की थी। अत्यन्त रुग्ण दशा में उनके द्वारा 1897 में बनाए गए चित्र, 'Whence do we come, what are we, where do we go?' (हम कहाँ से आते हैं, हम क्या हैं, हम कहाँ जा रहे हैं?), ने कला जगत को झकझोर कर रख दिया था। इस चित्र पर कवि स्टीफेन मलार्मे ने कहा था—'यह संगीतमय काव्य है।' 1903 में इस कलाकार की दुखद मृत्यु हुई थी, जब उनके आसपास कोई न था; पर अपनी कृतियों के साथ गोगिन सदैव के लिए कला-जगत में रह गए थे।

उनकी उल्लेखनीय कृतियाँ जो आज भी अपनी ऊर्जा से हमें चकित करती हैं, वे हैं—'Spirit of the dead Watching' (मृत देखने की भावना), 'The Moon and the Earth' (चन्द्रमा और पृथ्वी), 'Yellow Christ' (पीला ईसा), 'Vision after the Sermon' (उपदेश के बाद का दृश्य), 'Self Portrait' (आत्मचित्र), 'Day of the God' (ईश्वर का दिन), 'The King's Wife' (राजा की पत्नी), 'What's New' (नया क्या है), 'Never More' (फिर नहीं)।

इस तरह हम देखते हैं कि प्रभाववाद से नव-प्रभाववाद और उसके बाद उत्तर-प्रभाववाद की यह यात्रा कला-जगत के लिए महत्त्वपूर्ण रही। आगे आनेवाले कला आन्दोलनों की प्रेरणा बन सकने वाले इन आन्दोलनों ने पहली बार कला को आधुनिक बनाने की दिशा में पहल की और कला सही अर्थों में पारम्परिक रूढ़ियों और बन्धनों से स्वतंत्र हो सकी। क्लोद मोने, एडुअर्ड माने, जॉर्ज सेउरा, पॉल सिजां, पॉल सिग्नाक, वान गॉग, पॉल गोगिन ऐसे पहले कलाकार थे जिन्होंने कला को नूतन दृष्टियों से समन्वित किया। यद्यपि कि प्रभाववाद और नव-प्रभाववाद की छाया-प्रकाश के प्रयोगों तथा रासायनिक रंग-सिद्धान्तों की अपनी सीमाएँ रहीं, पर उनको अप्रासंगिक मानने की भूल नहीं की जा सकती; क्योंकि रंगों के बर्ताव, उनकी शुद्धता के मानक सहित सादृश्य चित्रण के अतिरिक्त रंगीय विधियों का चित्रकला में बहुत महत्त्व है और जाने-अनजाने उससे चित्रण हर क्षण प्रभावित होता है। इसी तरह उत्तर-प्रभाववाद ने मनोभावों के अंकन और कल्पनाजन्य चित्रण को महत्त्व देकर हर चीज पर शंका करना सिखाया जो अब तक विश्वसनीय मानी जाती रहीं। एकमात्र सत्य का शोध और निरन्तर प्रकृति के समानान्तर सृजन का उत्तर-प्रभाववादी ध्येय ही आधुनिकता की नींव रखने में सफल हुआ जिसके प्रणेता पॉल सिजां रहे। प्रभाववाद से नव-प्रभाववाद और उत्तर-प्रभाववाद तक आकर कला उन सभी सम्भावनाओं के साथ उठ खड़ी हुई जहाँ से मनुष्य अपने भौतिक विकास के साथ-साथ अपने संघर्षों में छीजते आत्म को देख पाया। यह समेकित रूप से उत्तर-प्रभाववाद की सबसे बड़ी देन थी।

प्रतीकवाद

(Symbolism)

(1886-1940)

कला में प्रतीकात्मकता का प्रवेश

प्रतीकवाद उन्नीसवीं सदी के अन्त में (1880 के आसपास) फ्रांसीसी, बेल्जियन और रूसी भाषाओं के साहित्य में पहले आनेवाला वह आन्दोलन था, जो बाद में दृश्यकला में भी आया। कहा जाता है कि साहित्य में इसका बीजारोपण चार्ल्स बोदलेयर (Charles Baudelaire) की पुस्तक 'लेस फ्लेयर्स डू माल' (Les Fleurs du mal) में हो गया था। बोदलेयर अपने समय के महत्त्वपूर्ण कवि और आलोचक एडगर एलेन पो (Edgar Allan Poe) से बहुत प्रभावित थे। उन्होंने उनकी अधिकांश कविताओं का फ्रांसीसी में अनुवाद किया। उन्होंने पाया कि उनकी रचनाओं में बिम्बों और अर्थछवियों के बहुत-से ऐसे रहस्य हैं जो हमें नए सन्दर्भों की ओर ले जाते हैं। बाद में इसी सौन्दर्यबोधीय दृष्टि को स्टीफेन मलार्मे (Stephane Mallarme) तथा पॉल वरलेन (Paul Verlaine) ने 1860 से 1870 के बीच विकसित किया। इसी अवधि में एडगर एलेन पो में खोजी बिम्बावलियों और अर्थ-छायाओ से मलार्मे तथा वरलेन द्वारा विकसित दृष्टि का विस्तार हुआ। फिर इससे कई पीढ़ियों के कवि प्रभावित दिखने लगे।

माना जाता है कि जिन मॉरिस (Jean Mareas) (जो आलोचक थे) ने सर्वप्रथम अपने लेखन में 'Symbolist' (प्रतीकवादी) शब्द का इस्तेमाल किया और अपने को पहला प्रतीकवादी कहा। मॉरिस ने कहा कि साहित्य और कला में गिरावट आ गई है, अब उसमें बदलाव की जरूरत है। उन्होंने 'प्रतीक' को साहित्य और कलाओं के लिए ऐसा अवयव बताया जिसके माध्यम से उसे नए सिरे से सृजित करना और समझना सहज हो सकेगा। इस तरह 'प्रतीकवाद' एक शैली के रूप में सामने आया, जो स्वच्छन्दतावाद और अभिव्यंजनावाद के प्रतिपक्ष में खड़ा हुआ। प्रतीकवाद पर आग्रह करनेवाले कलाकार कहने लगे कि वे परम सत्य के प्रतिनिधि हैं। उनका एकमात्र काम किसी भी चीज का अप्रत्यक्ष वर्णन है। 18 सितम्बर, 1866 को इसका

घोषणा-पत्र जारी हुआ जिस पर चार्ल्स बोदलेयर, स्टीफेन मलार्मे तथा पॉल वरलेन के नाम और हस्ताक्षर थे। ये सभी उस समय के बड़े कवि थे जो प्रतीकवाद को अपना लक्ष्य मानकर चलने को तैयार हुए थे। 'प्रतीकवाद' के घोषणा-पत्र में जो मुख्य बातें थीं, वे थीं—

'इस पद्धति में काम की जानेवाली रचना में प्रकृति की छवियाँ होंगी। इसमें मानवीय गतिविधियों सहित वास्तविक विश्व की अन्य छवियाँ भी होंगी। लेकिन उनका अंकन इस तरह होगा जो पूरी तरह से प्रतीकात्मक हो। उसे समझने के लिए प्रतीकार्थ का सहारा आवश्यक हो। यानी सर्जक प्रत्यक्ष सतह को (विवेच्य वस्तु को) इस तरह रचेगा कि अंकित या व्यक्त वस्तु की गोपनीयता मौलिक विचारों के सादृश्य का बोध तो कराए, किन्तु वह उसका सादृश्य न हो।'

जिन मॉरिस द्वारा तैयार और उपर्युक्त तीनों कवियों के हस्ताक्षर से जारी किए गए घोषणा-पत्र के साथ मॉरिस ने कहा था—'रचना में स्पष्ट अर्थ न हो, न शब्द-पांडित्य दिखाने की गुंजाइश हो, और न ही असत्य भावनात्मकता के प्रदर्शन की जगह। उसमें वास्तविकता के विवरण के बजाय उसे लेखक की कल्पना को साकार करने का ध्येय हो। इसका लक्ष्य स्वयं रचना होगी, जो अकेले ही अपने विचारों को व्यक्त करने का लक्ष्य लेकर चलेगी, जो प्रत्यक्ष न होगी और वह अपने रूप में ही विन्यस्त हो रहेगी।' (Plain meanings, declaimations, False Sentimentality and Matter of fact description, and that its goal instead was to clothe the ideal in Perceptible form whose goal was not in itself, but whose sole purpose was to express the ideal.)।

इस तरह प्रतीकवादियों ने रचना को सरलीकरण के बन्धन से मुक्त कर उसे यथार्थवाद तथा प्रकृतवाद के विरोध में खड़ा कर दिया। इसके साथ-साथ कविता से कला में प्रवेश कर प्रतीकवाद ने अभिव्यंजनावाद का विरोध भी शुरू कर दिया। इससे सम्बद्ध कलाकारों ने कहना शुरू कर दिया कि चित्रफलक की सतह पर किया हुआ रंगांकन अपने आप में यथार्थ का सृजन है। इस तरह यह आन्दोलन आधुनिकतावाद के सामने एक नए अमूर्तवाद की तरह आकर खड़ा हो गया। इसमें यह दावा किया गया कि इसमें मनोवैज्ञानिक सत्य और विचारों के अलावा किसी भी दूसरे की कोई जगह नहीं है। इसमें स्वप्न और दृश्य की नई सम्भावनाओं को भी रूपायित करने की चेष्टा की गई, तो उन अभिव्यक्तियों को महत्त्व दिया गया जिसमें एंद्रजालिक स्वप्न, प्रतीकात्मक गूढ़ार्थ, प्रतीकित रूपक आदि शामिल हों और उनसे रचना की अर्थ-सम्भावना कई स्तरों पर प्रकट हो सके। मूलत: कविता में आया आन्दोलन धीरे-धीरे दूसरी कलाओं में भी आया और उसमें भी कविता जैसी प्रविधि काम में ली जाने लगी। इस आन्दोलन को दृश्य-कला में बरतने की शुरुआत पॉल गोगिन (Paul Gauguin) ने की। गोगिन ने 'रंगों का संगीत' नामक विचार

की कल्पना की जिसको कविता में वरलेन ने स्वीकार करते हुए कहा—'कविता को संगीतमय होना चाहिए।' दरअसल गोगिन की इस समझ का आधार शॉपेनहावर का यह कथन था—'संसार मेरी आत्मा की प्रतिमा है।' प्रतीकवादी कवियों और कलाकारों ने शॉपेनहावर के इस कथन में दर्शन के साथ संगीत की अनुगूँज भी सुनी और माना कि आत्मा की प्रतिमा का आशय संगीतात्मकता से है क्योंकि अपनी शुभ्रता में ही आत्मा संगीत के निकट होती है।

गोगिन अब प्रभाववादी चित्र पद्धति से मुक्ति लेकर प्रतीकवादी शैली में काम करने लगे थे और उनका यह काम एक तरह से चित्रकला में प्रतीकवाद को स्थिर करने की दिशा में महत्त्वपूर्ण माना जाने लगा था। उन्होंने जब काम शुरू किया तो प्रतीकवाद को लेकर उन्हें अधिक श्रम नहीं करना पड़ा क्योंकि प्रभाववादी होने पर भी उनके कामों में एक विशेष किस्म का अमूर्तन दिखता था जो प्रभाववाद से कम मेल खाता था। कला जगत उनके विचारों से भी अनजान न था जिसमें वे आधुनिक सभ्यता से चिढ़ते थे और उनको औद्योगिकीकरण भी पसन्द न था। वे मानते थे कि आधुनिकता और औद्योगिक विकास से मनुष्य यंत्रवत् होता जाएगा और उसकी भीतरी अच्छाइयाँ मर जाएँगी। अपनी कृतियों में वे मनुष्य को अपने आत्म में लौट जाने को प्रेरित करते देखे जा सकते थे। प्रतीकवाद में गोगिन के द्वारा काम करने की निष्ठा को देखते हुए अलबर्ट एउरिय (Albert Aurier) ने 1891 में एक लेख लिखा था—'चित्रकला में प्रतीकवाद'। इस लेख में एउरिय ने गोगिन के समर्पण की प्रशंसा करते हुए उन्हें 'प्रतीकवादी चित्रकला का अग्रदूत' कहा। एउरिय ने लिखा—'चित्रकार की कल्पना को साकार करना प्रतीकवाद का लक्ष्य है और इस महत् कार्य को वे इस प्रविधि के अग्रदूत की तरह कर रहे हैं।' लेख में उन्होंने जो लिखा, उससे यह स्पष्ट होता है कि यथार्थ दृश्यानुभव को स्वप्न के सदृश अंकन करना, सभ्यता के आरम्भ से लेकर अब तक चर्चा से दूर रहे प्रतीकों का कलाकृतियों में प्रयोग करना प्रतीकवाद के मुख्य ध्येयों में शामिल है। इस तरह हम देखते हैं कि प्रतीकवाद के मुख्य तत्त्व ठहरनेवाले कारक हैं—कल्पना, प्रतीकात्मकता, आत्मनिष्ठ सृजन, अलंकारिता तथा प्रतीकों के प्रयोग से सृजित चित्र-सन्दर्भ। प्रतीकवादी कला को कविता की प्रतीकात्मकता से थोड़ी भिन्नता के साथ अलगाकर देखनेवाले कलाकार पॉल सेरुसिय (Paul Serusier) ने उसे दार्शनिक आधार दिया जिसे अपने चित्रों में ओदिलों रेदों (Odilon Redon) ने रूपायित करने की चेष्टा की। अल्बर्ट एउरिय ने प्रतीकवाद पर लिखे अपने लम्बे निबन्ध में उसके मूलभूत तत्त्वों की व्याख्या करते हुए लिखा था—'कला में आलंकारिता का होना आवश्यक है, ठीक उसी तरह जैसे कि आदिम या मिस्र की कलाओं में आलंकारिता है। कला एक ही साथ प्रतीकात्मक, आत्मनिष्ठ और संश्लेषणात्मक हो सकती है।' एउरिय ने प्रतीकात्मकता को प्राचीन कला परम्पराओं से जोड़ते हुए लिखा—'प्राचीन काल

में चित्रों के निर्माण में मनुष्य द्वारा निर्मित भवनों और दीवारों को सुसज्जित करने के लिए स्वप्नों, कल्पना-प्रसूत चित्रों और अपने मानसिक संवेगों के आधार पर बनाए जा सकने वाले चित्रों का उपयोग होता था।' एउरिय ने पर्याप्त बल देकर लिखा था—'कल्पना और प्रतीकरहित चित्र की निर्मिति सभ्यता के पतित होते जाने का लक्षण है जिसका एकमात्र लक्ष्य व्यापारिकता को बढ़ावा देना तथा प्रतिष्ठित कहे जानेवाले लोगों का मनोरंजन करना है।'

एउरिय के लिखे और कहे का प्रतीकवाद पर इतना प्रभाव पड़ा कि गोगिन सहित सिजां, सेउरा और वान गॉग आदि कलाकारों ने अपनी सर्जना के ध्येय को ही बदल डाला था। इसका असर यह हुआ कि चित्रकला पर काबिज रूढ़ और जड़वादी विचार ध्वस्त हो गए। अब तक कहा जाता रहा था कि—चित्रकला पूर्णत: वस्तुनिष्ठ कला है और उसका लक्ष्य है यथार्थ का सादृश्य चित्रण। अज्ञात, काल्पनिक, आत्मिक या अदृश्य से उसका कोई सम्बन्ध नहीं है। इस पर देलाक्रोइक्स ने स्पष्ट कहा—'चित्रकला के माध्यम से हम ऐन्द्रिय और आत्मिक अनुभूतियों के मध्य के भेद को मिटा डालना चाहते हैं।'

प्रतीकवाद के अग्रणी कलाकार पॉल गोगिन ने प्रभाववादी पद्धति को 1888 में त्याग दिया था। 1886 में प्रतीकवाद के प्रभाव में आने के दो वर्ष बाद ही उनका यह कदम हैरान करनेवाला था लेकिन अधिक नहीं, क्योंकि प्रभाववाद में काम करते हुए भी वे किसी विशेष की खोज में लगे दिखते थे और लगता था जैसे वे अपनी कृतियों में प्रभाववाद की खिल्ली उड़ा रहे हों। गोगिन ने मशीनीकरण का विरोध कर और व्यक्ति के आत्मा को जगाने का आग्रह करते हुए जो काम किए उससे अनेक कलाकारों ने उनका अनुसरण किया जिनमें एमिल बर्नार्ड (Emil Bernard) का नाम प्रमुखता से लिया जा सकता है। गोगिन ने अपने विचारों को प्रसारित किया और चित्र-निर्माण में प्रतीकात्मकता के साथ नई-नई युक्तियों का उपयोग किया। उनके विचारों और सृजन का यह असर हुआ कि 'नाबि' कलाकार भी उनसे प्रभावित हुए बिना न रह सके। नाबि समूह के नए कलाकार उन दिनों चर्चा में थे। वे अपने को श्रेष्ठ कलाकार कहते थे और मानते थे कि उनसे कोई अन्य कलाकार श्रेष्ठ नहीं है इसलिए कि वे अपनी कला में भविष्य को अंकित करते हैं। इन कलाकारों ने अपने लिए 'नाबि' (Nabi) शब्द चुना था जिसका अर्थ होता है—भविष्यज्ञाता। यह 'नाबि' शब्द हिब्रू भाषा का शब्द है। कहा जाता है कि इन कलाकारों के विचारों और सृजन में भविष्य की तार्किक कल्पना को देखकर उस दौर के एक महत्त्वपूर्ण कवि अगस्ट काजालिस (Anguste Cazalis) ने उनके लिए 'नाबि' नाम दिया था। इनमें ऐसे अनेक कलाकार थे जो बाद में बड़े कलाकार बने। इनमें पॉल सेरुसिय (Paul Serusier), पॉल रान्सन (Paul Ranson), मॉरिस देनी (Mourice Denis), थियोदोर रोस्सेल (Theodore Roussel),

फेलिक्स वाल्लोत्तोन (Felix Vallotton) तथा पियरे बोनार्ड (Pierre Bonnard) जैसे नाम शामिल हैं। ये सभी कलाकार पॉल गोगिन और प्रतीकवाद से प्रभावित हुए क्योंकि वे उन दिनों के प्रकृतवादी विचारों से कुपित रहते थे जिसमें कलाकारों को यथार्थ-चित्रण करने की सीख दी जाती थी।

एमिल जोला (Emile Zola) और जोरिस कार्ल हुइमान्स (Joris-Karl Huysmans) जैसे लेखकों से नाबि कलाकार चिढ़ा करते थे क्योंकि वे मानते थे कि सृजन का सच प्रत्यक्ष दृश्यता का सच नहीं होता। उसका सम्बन्ध मनुष्य की कल्पना और सोच से जुड़ता है जो यथार्थ से परे होकर चीजों की खोज करता है और उसे व्यक्त करता है।

गोगिन के प्रतीकवादी विचार भी कुछ इसी तरह के थे जिससे नाबि कलाकार प्रतीकवादी सम्प्रदाय का हिस्सा हो गए। उन्होंने नाबि चित्रकारों को सलाह देते हुए कहा था—'आप यदि चाहते हैं कि पेड़ का हरापन आबाद रहे तो आप अधिकाधिक हरे रंग का प्रयोग करें और यदि छाया में आप नीले रंग की प्रतीति पाएँ तो उसमें नीले रंग के प्रयोग से छाया को उसके स्वाभाविक रंग में ढाल सकते हैं।' लेकिन जब प्रतीकवाद सामने आया तो वास्तविक रंगों के बजाय काल्पनिक रंगों का प्रयोग शुरू हो गया। अल्बर्ट एउरिय ने स्पष्टता से कल्पनाप्रसूत रंगों के इस्तेमाल पर जोर दिया और सर्जना में किसी भी तरह के सादृश्य का विरोध किया। बाद में प्रतीकवाद से जुड़े प्राय: सभी कलाकारों ने इसका अनुसरण किया।

1888 और 1889 में पो आवाँ तथा पेरिस में लगी गोगिन तथा उनके अनुयायी कलाकारों की प्रदर्शनी के बाद प्रतीकवाद का काफी प्रसार हुआ। इसी प्रदर्शनी में सेरुसिय की कृति 'The Talisman' (ताबीज) प्रदर्शित हुई थी जो आज भी कलाप्रेमियों को अपनी विशिष्टताओं से चौंकाती है। इन दोनों प्रदर्शनियों में बड़ी संख्या में कलाकारों की कृतियाँ शामिल थीं। इसी के आसपास मॉरिस देनी ने एक पुस्तक लिखकर प्रतीकवादी कला को प्रचारित भी किया। देनी चित्रकार के साथ-साथ अच्छे लेखक भी थे जिन्होंने कला को प्रतीक से जोड़कर प्रतीकवाद की नई व्याख्या की और प्रतीकवादी कलाकारों की कृतियों की विवेचना कर उनकी सराहना भी की। इसके बाद प्रतीकवाद का प्रभाव आकल्पन, हस्तशिल्प, विज्ञान, व्यंग्यचित्र तथा जीवन-व्यवहार के अनेक अनुशासनों पर पड़ा। एक दौर था, जब साहित्य से लेकर दर्शन के सिद्धान्तों तक पर उसका प्रभाव पड़ा। लेकिन यह भी सच है कि प्रतीकवाद में शामिल होने के बावजूद बहुत कम कलाकार ऐसे थे जो इस पद्धति में काम करते हुए बड़ी पहचान बना पाने में सफल हो पाए थे। अल्बर्ट एउरिय के कथन को ध्यान में रखें तो लगता है कि वे पॉल गोगिन, गुस्ताव मोरिउ (Gustave Moreau), पियरे पुविस डे शावानेस (Pierre Puvis de Chavannes), पॉल सेरुसिय और ओदिलों रेदों (Odilon Redon) को ही महत्त्वपूर्ण

प्रतीकवादी चित्रकार मानते थे। उनका विचार था कि इन कलाकारों ने प्रतीकवाद को वैश्विक प्रतिष्ठा दी और अपनी कृतियों को इस पद्धति का मानक बना दिया।

बावजूद इसके कि अल्बर्ट एउरिय उपर्युक्त कलाकारों को ही महत्त्वपूर्ण प्रतीकवादी कलाकार मानते थे, अनेक ऐसे कलाकार भी दृश्य में आए जिन्होंने इस पद्धति में महत्त्वपूर्ण काम किए। इन कलाकारों में अन्य चर्चित नाम हैं—गुस्ताव क्लिम्ट (Gustave Klimt), मिकालो जुस कोन्स्टाटिनास सिअरलियोनिस (Mikalo Jus Konstantinas Ciurlionis), जासेक मालजेवस्की (Jacek Malezewski), हेनरी फान्टिन लातोर (Henri Fantin Latoar), गास्टॉन बसिरे (Gaston Bussiere), एडवर्ड मुंक (Edvard Munch), फेलिसिएन रॉप्स (Felicien Rops), जान टोरोप (Jan Toorop), मिखाइल वूब्रेल (Mikhail Vubrel), निकोलस रोरिक (Nicholas Roerich), विक्टर बोरिसोव मुसातोव (Victor Borisov Musatov), मार्टिरोस सरयान (Martiros Saryan), मिखाइल नेस्तेरोव (Mikhail Nesterov), लिएन बस्ट (Leon Bakst), एलेना गोरोखोवा (Elena Gorokhova), फ्रिदा काहलो (Frida Kahlo), इल्हु वेद्दर (Elihu Vedder), रेमेदियोस वारो (Remedios Varo), मॉरिस ग्रेव्स (Mourice Graves), डेविड शेतलाहे पलादिन (David Chetlahe Paladin), मार्क शागाल (March Chagall) और अगस्ट रोदिन (Auguste Rodin)।

ये वे कलाकार हैं जिन्होंने दूसरी कला-पद्धतियों के साथ प्रतीकवादी शैली में भी काम किया और इसमें भी अपनी बहुमूल्य कृतियों की रचना की।

पॉल गोगिन (1848-1903)

पॉल गोगिन (Paul Gauguin) की चर्चा हम उत्तर-प्रभाववादी चित्रकार के रूप में कर आए हैं। वे एक चित्रकार के साथ-साथ सेरामिक, मूर्ति और छापा में भी काम करते थे। उनके आरम्भिक कामों पर फ्रांसीसी अवाँगार्द का प्रभाव भी पड़ा था। वे पिकासो तथा मातिस से भी प्रभावित थे। राफेल, इंग्रे, देलाक्रोइक्स तथा देगास के साथ-साथ सिजां से भी वे प्रेरित रहे। उत्तर-प्रभाववाद में काम करते हुए भी मनोविज्ञान उनका साथ नहीं छोड़ पाया था। अपनी इसी प्रवृत्ति के कारण प्रतीकों को आधार बनाकर काम करना भी उनके ध्येय में शामिल हुआ। उनके चित्रों में हम सहजता से स्वतंत्र आधिकारिक छवियों को देख सकते हैं जिनका अस्तित्व वर्तमान का मोहताज नहीं है। 15 मार्च, 1895 को प्रकाशित अपने एक साक्षात्कार में गोगिन ने कहा था—'मेरे चित्र सावधानी से भविष्य को ध्यान में रखकर आँके गए हैं। ये ठीक उसी तरह हैं जैसे कि कोई संगीत-संयोजन होता है। मेरा साधारण-सा विषय होता है जिसे मैं अपने रोजमर्रा के जीवन से उठाता हूँ और उसे निश्चित व्यवस्था

देकर रंगों तथा रेखाओं में पिरोता हूँ। इनसे किसी प्रत्यक्ष विचार की अभिव्यक्ति नहीं होती। इनका एक ही लक्ष्य है—कल्पना को आत्मीयता से प्रत्यक्ष करना; जैसा कि संगीत करता है, बिना किसी विचार या तस्वीर को प्रस्तुत किए। यह कल्पना एक रहस्य जैसा होता है जो रंगों और रेखाओं की निश्चित व्यवस्था के साथ हमारे मस्तिष्क में उपस्थित रहती है।'

उन्होंने एक स्थल पर कहा है—'प्रकृति की सीधे-सीधे नकल न करो। कला अन्ततः अमूर्त ही होती है। प्रकृति को उस रूप में आँको जैसे उसे कल्पना में, स्वप्न में या सोच में देखते हो। ध्यान रखो—सृजन के बारे में जितना सोचो, उससे अधिक उसे फलित होता दिखाओ।'

गोगिन के यह विचार अधिकांशतः प्रतीकवाद में काम करनेवाले कलाकारों के लिए दिए गए विचार हैं; जिसका प्रतीकवाद के सन्दर्भ में निश्चय ही बहुत महत्त्व है। उनके कुछ प्रतीकवादी कामों में—'Sail Boats' (पालवाले जहाज), 'The Royal End' (शाही अन्त), 'The Moon and the Earth' (चन्द्रमा और पृथ्वी), 'Two Tahitian Womens' (दो ताहितियानी औरतें), 'Vision after the Sirmon' (धर्मोपदेश के बाद का दृश्य), 'Spirit of the Dead' (मृतक की आत्मा), 'The yellow Christ' (पीला ईसा मसीह), 'Day of Gods' (ईश्वर का दिन), 'What's New?' (नया क्या है?), 'Never more'[1] (कभी नहीं), 'The Seed of the Aroai' (एरोई का बीज) आदि उल्लेखनीय हैं।

ओदिलों रेदों (1840-1916)

ओदिलों रेदों (Odilon Redon) फ्रांस के विख्यात चित्रकार और छापाकार थे। प्रतीकवादी पद्धति में उनके कामों की बड़ी प्रतिष्ठा रही। उनका जन्म 22 अप्रैल, 1840 को बॉरडेक्स (Bordeaux) फ्रांस में हुआ था और निधन 6 जुलाई, 1916 को पेरिस में। उन्होंने दस वर्ष की आयु में रेखांकन बनाना शुरू कर दिया था और अपने विद्यालय से पुरस्कार भी पाया था। उन्होंने पन्द्रह वर्ष की उम्र में रेखांकन की औपचारिक शिक्षा शुरू की, पर पिता की इच्छा से वास्तुकला में पढ़ाई करने का निश्चय किया। पर दुर्भाग्य से वे पेरिस के Ecole des Beaux-Arts की प्रवेश परीक्षा में उत्तीर्ण न हो सके और वास्तुकला में पढ़ाई का उनका सपना अधूरा रह गया था। उसके बाद उन्होंने जिन लियोन गेरोम (Jean Leon Gerome) से चित्रकला की शिक्षा 1864 में ली। उनकी पिता की इच्छा के मुताबिक चलते हुए उनके छोटे भाई गास्टन रेदों (Gaston Redon) ने वास्तुकला की शिक्षा ली थी और प्रसिद्ध वास्तुविद बने थे।

1. 'Never more' नामक प्रसिद्ध कविता एडगर एलेन पो की है जिस पर गोगिन ने यह चित्र बनाया था।

अपने गृहनगर वापसी के बाद रेदों ने रोडोल्फ ब्रेसडीन (Rodolphe Bresdin) से छापाकला की एचिंग और लिथोग्राफी में प्रशिक्षण लिया। उनका कला-कार्य 1870 से 1871 तक बाधित रहा; क्योंकि उस समय वे फ्रेंको-प्रूसियन युद्ध (Franco-Prussian war) के काम से जुड़ गए थे। युद्ध के बाद जब रेदों वापस आए, तो उन्होंने चारकोल और लिथोग्राफी में काम शुरू किया। 1884 में उन्होंने जॉरिस कार्ल हुइमान्स (Joris Karl Huysmans) के उपन्यास 'Against Nature' (प्रकृति के विरुद्ध) का रेखांकन किया। इसके बाद पेस्टल और तैल उनके प्रिय माध्यम बने। 1899 में उन्होंने नाबि कलाकारों के साथ एक प्रदर्शनी की। रेदों की कला में दिलचस्प चीज यह भी है कि उसमें हिन्दू और बौद्ध कला का प्रभाव दिखता है। उन्हें स्वयं इन कलाओं से बहुत प्रेम था। बुद्ध की आकृति उनके यहाँ अक्सर दिखाई दे जाती है। बुद्ध पर उनकी कई कृतियाँ चर्चित भी हैं, जैसे—'The Death of Budha' (बुद्ध का परिनिर्वाण), 'The Budha' (बुद्ध) आदि।

रेदों चित्रकार होने के साथ-साथ कला के गहरे विवेचक भी थे; इसलिए वे कला पर विचार भी करते रहते थे। उन्होंने एक जगह लिखा है—'जब वास्तुकार का काम समाप्त हो जाता है, तो चित्रकार का काम शुरू होता है।' वे कविता और चित्र को परस्पर कलाएँ मानते थे। उनकी कृतियाँ दृश्यकाव्य का उदाहरण बनकर आती हैं। वे कवि स्टीफेन मलार्मे और पॉल वालेरी के अच्छे मित्रों में थे। वे कहते थे—'चित्रकला असम्भव को सम्भव करनेवाली प्रविधि है।' यह असम्भव शब्द निश्चय ही कल्पनाजन्य विषय की तरफ इंगित करता है जो प्रतीकवाद का ध्येय है। रेदों ने बचपन में दीवार, बादल, खिड़की तथा हिलते पर्दों के पीछे किसी अदृश्य अति मानवी रूपों की कल्पना की थी। वे किसी भी चीज को देखते तो उसमें कोई अदृश्य चीज दिखाई दे जाती थी। यही कारण है कि उनके द्वारा चित्रित वस्तुओं में एक निहित शक्ति दिखती है। उनकी कृतियों में रहस्य का आवरण दिखता है, जो प्रतीकों में खुल पाते हैं। उनकी प्रवृत्ति ही रहस्य और अज्ञात की खोज में रमनेवाली थी; इसलिए प्रतीकवाद ही उन्हें अपना अभीष्ट कला-रूप लगा।

उनकी उल्लेखनीय कृतियाँ हैं—'The Cyelops' (काना दैत्य), 'Flower Cloud' (फूल मेघ), 'The Samilling Spider' (मुस्कुराती मकड़ी), 'The Crying Spider' (चीखती मकड़ी), 'Chairiot of Apollo' (अपोलो का रथ), 'Apparition' (प्रेत), 'The Budha' (बुद्ध), 'The Tree' (वृक्ष) आदि।

इन कृतियों में एक अज्ञात शक्ति सर्वत्र दिखती है जो इन्हें रहस्यमय बनाती है और चित्रों को प्रतीकार्थ देते हुए उसमें उतरने का आह्वान करती है। इनमें कहीं कोई वस्तु निर्जीव नहीं है। सब में एक शक्ति का वास है। वस्तु में ओझल या अदृश्य दिखनेवाली शक्ति भय पैदा करती है। यह रेदों की कला की खास विशेषता है जो अन्तर के भय से प्रतिबिम्बित और दृश्य जगत के अन्तर्भाव में समाहित है।

मॉरिस देनी (1870-1943)

मॉरिस देनी (Maurice Denis) पहले नाबि समूह के चित्रकार थे और बाद में प्रतीकवाद से जुड़े थे। उनका जन्म फ्रांस के ग्रानविले में 25 नवम्बर, 1870 को हुआ था और निधन 13 नवम्बर, 1943 को पेरिस में। वे उत्तर-प्रभाववादी पद्धति में भी काम कर चुके थे। उनकी कला की विशेषता यह थी कि वह आलंकारिक होती थी। नव-शास्त्रवादी पद्धति पर दिए गए उनके सिद्धान्तों से फाववाद और घनवाद जैसे कला-आन्दोलनों को बहुत मदद मिली थी। उन्होंने प्रथम विश्वयुद्ध के बाद 'पवित्र कला कार्यशाला' (Workshops of Sacred Art) संचालित की थी; जिसके माध्यम से उन्होंने क्षतिग्रस्त चर्चों की आन्तरिक सज्जा और कलाकृतियों के उद्धार का काम किया था। किसान पिता की सन्तान देनी को आरम्भ से ही चर्च की सेवा करने का संस्कार मिला था। वे कहते भी थे कि वे ईसाई चित्रकार बनना चाहते हैं और उसके चमत्कारों का उत्सव मनाना चाहते हैं। 1887 में उन्हें पुविस दे शावनेस (Puvis de Chavannes) के कामों से नई प्रेरणा मिली थी।

बाद में उन्हें विख्यात पेरिस स्कूल में प्रवेश मिला जहाँ उन्होंने दर्शनशास्त्र को चुना था। 1887 के अन्त तक वहाँ रहने के बाद उन्होंने 1888 में एकेडमी जूलियां (Academic Julian) में प्रवेश लिया ताकि इकोले डे बक्स-आर्ट्स में नामांकन की तैयारी कर सकें। वहाँ प्रवेश मिलने के बाद उनके सहपाठी बने पॉल सेरुसिय तथा पियरे बोन्नार; जिन्होंने उन्हें कला के बारे में अपनी समझ साझा की थी। वहाँ उनकी अनेक कलाकारों से भेंट हुई जिनमें वुइलार्ड, रान्सों, रॉस्सेल और हरमन पॉल शामिल थे।

कहने का आशय यह है कि देनी को अच्छे कला संस्थान से लेकर जिन लोगों का साथ मिला; वे अच्छे कलाकार थे और कला की उनकी समझ को विकसित करनेवाले भी। इन्हीं अवसरों ने उनको गढ़ा और वे महत्त्वपूर्ण कलाकार सिद्ध हुए। इन सबके सान्निध्य के बावजूद देनी में आलंकारिता और प्रतीकात्मकता का उनका निजी गुण ही अधिक उभर कर आया। उनकी रेखाओं की वक्रता और गतिमानता विलक्षण थी, तो उनमें कला की नई से नई दृष्टि को अपना लेने की अपूर्व क्षमता भी थे। वे कहते थे—'हम यह नहीं भूल सकते कि कोई भी चित्र किसी घोड़े, अनावृत्त स्त्री, कहानी या किसी अन्य विचार का चित्र होने से पहले मुख्य रूप से, रंगों से आच्छादित समतल पृष्ठभूमि है। प्रत्येक कलाकृति ऐन्द्रिय अनुभूति का भावनाओं द्वारा की गई रूपान्तर ही होती है।' इस तरह वे प्रतीकवाद का आश्रय लेकर कला-सृजन में उन्मुख हुए और अनेक अविस्मरणीय कृतियों की रचना की। पर यह भी ध्यान देने की बात है कि देनी पर जापानी कला, फ्लोरेन्टाइन तथा सिएनीज कला का भी प्रभाव पड़ा। चूँकि वे सैद्धान्तिक अधिक थे और कृतियों को उसके अनुरूप बरतने की चेष्टा अधिक करते थे; इसलिए प्रतिभा होने के बावजूद कृतियों का वह

उन्मुक्त विकास और उनका स्वाभाविक सौन्दर्य उतना नहीं दिखता, जितना कि अन्य प्रतीकवादी कलाकारों में दिखता है। बावजूद इसके, वे प्रतीकवाद के महत्त्वपूर्ण स्तम्भ थे और मूर्धन्य चित्रकार-सिद्धान्तविद भी। उनकी चर्चित कृतियाँ हैं— 'April' (अप्रैल), 'Muse' (कला के देवता), 'September Evening' (सितम्बर की शाम), 'Triple Portrait of Marthe' (मार्थे के तीन व्यक्ति-चित्र), 'Easter Mystry' (ईस्टर का रहस्य), 'Homage to Cezanne' (सिजां को श्रद्धांजलि), 'Sand Castle' (रेत महल), 'Martha and Mary' (मार्था और मैरी), 'The Visitation' (भेंट), 'The Road to Calvery' (कलवरी की सड़क), 'The Two Sisters' (दो बहनें), 'The Dancers' (नर्तकियाँ), 'The Annunication' (घोषणा), 'The Ladder in the Foliage' (पत्तों में सीढ़ी) और 'Love' (प्रेम)।

इस तरह हम देखते हैं कि देनी ने बहुत-सी कृतियों की रचना की और अधिकतर कृतियों में कल्पना के साथ सूक्ष्म अनुभूतियों को व्यक्त कर उन्होंने प्रतीकार्थ को एक नई प्रविधि में ढाला।

गुस्ताव क्लिम्ट (1862-1938)

गुस्ताव क्लिम्ट (Gustav Klimt) एक अन्य महत्त्वपूर्ण प्रतीकवादी चित्रकार थे जिनका जन्म 14 जुलाई, 1862 को वियेना, ऑस्ट्रिया में हुआ था। 6 फरवरी, 1938 को वहीं उनका देहान्त भी हुआ था। वे प्रतीकवादी कलाकार होने के साथ-साथ वियेना अलगाववादी आन्दोलन (Secession Movement) के महत्त्वपूर्ण सदस्य थे। क्लिम्ट अपनी चित्रकला, भित्तिचित्रण, रेखांकन आदि के लिए मशहूर रहे। उनका प्राथमिक विषय स्त्रियों का चित्रण रहा जिसमें वे उसके अंगों का प्रतीकात्मक निरूपण करते थे। शुरू-शुरू में तो वास्तुपरक अलंकरण के पारम्परिक विधानों पर काम करने में उन्हें बहुत सफलता मिली थी, पर कमीशन के कामों में स्त्री के अश्लील चित्रण पर उनकी आलोचना भी बहुत हुई जिसके कारण उन्होंने कमीशन पर काम करना बन्द कर दिया था।

अपने माता-पिता की सात सन्तानों में से दूसरी सन्तान क्लिम्ट को भारी गरीबी में जीना पड़ा था। बेहद कठिन स्थितियों में उनकी पढ़ाई-लिखाई हो पाई थी। उन्होंने युनिवर्सिटी ऑफ अप्लाइड आर्ट्स, वियेना से 1876 से 1883 तक वास्तुपरक चित्रकला की शिक्षा ली थी। बाद में वे वियेना अलगाववादी आन्दोलन के सदस्य और अध्यक्ष बने। इस आन्दोलन की माँग थी कि सरकार युवा कलाकारों को प्रदर्शनियाँ करने के लिए जगह दे और बाहरी कलाकारों को वियेना लाने की अनुमति भी, कि यहाँ के कलाकार एक दिशा पा सकें। सरकार ने बाद में इन माँगों को मान लिया था।

क्लिम्ट ने पारम्परिक रूपकों में अश्लील चित्रण की एक प्रतीकात्मक भाषा विकसित की थी, जिसमें यौनिकता की अधिकता ने बहुत लोगों को परेशान किया था। यह काम उन्होंने कमीशन के लिए किया था। उसके बाद इस तरह का काम उन्होंने फिर नहीं किया। पर उनकी प्रतीकात्मक भाषिक पद्धति उनकी कला में हमेशा विद्यमान रही। उनकी कृतियों में सुनहले रंगों की रंगत का एक दौर आया, जो उनके जीवन का सुनहला चरण भी कहलाया। यह चरण 1901 से 1908 तक रहा जिसमें क्लिम्ट ने अनेक उल्लेखनीय कृतियाँ बनाईं। इस चरण के आरम्भ में उन्होंने चित्रों पर सोने की पत्तियों का इस्तेमाल किया। ऐसे कामों में—'Pallas Athene', 'Jutdith' और 'The Kiss' आदि शामिल हैं। प्रतीकों को गहरे रूपाकारों में उतारनेवाले क्लिम्ट की शैली एक नियोजित शैली थी जिसमें चित्रित वस्तु जीवन्त लगती थी, पर एक रहस्य उसमें हमेशा चस्पां रहता था। उन्होंने अपना व्यक्ति-चित्र नहीं बनाया। एक खोज थी, जो वे अपनी कृतियों में करते नजर आते थे। अपने काम के बारे में उन्होंने लिखा था—'मैंने कभी अपना व्यक्ति-चित्र नहीं बनाया। मेरी अपने में कभी कोई रुचि नहीं रही। मैंने हमेशा दूसरों को विषय के रूप में चुना विशेषकर स्त्रियाँ मेरा प्रिय चयन रहीं। मेरे बारे में जानने लायक कोई भी विषय नहीं, जिसे किसी को जानना हो—मैं ऐसा चित्रकार हूँ जो सुबह से शाम तक प्रतिदिन काम करता है, जो मेरे बारे में जानना चाहते हैं वे मेरे कामों को देखें।'

ऐसे समर्पित कलाकार क्लिम्ट के उल्लेखनीय काम हैं—'The Kiss' (चुम्बन), 'Mother and Child' (माँ और शिशु), 'The Tree of Life' (जीवन-वृक्ष), 'Golden Apple' (सोने का सेब), 'A Modern Artist' (एक आधुनिक कलाकार), 'The Story' (कहानी), 'Metalocus' (मेटालोकस), 'Farm Garden with Sunflower' (सूरजमुखी के साथ खेत का उद्यान), 'Three ages of Woman' (स्त्री की तीन अवस्थाएँ), 'Cotton Jirsy Panel' (सूती बंडी का पैनेल), 'Viena-Japan' (वियेना-जापान), 'Lady in Gold inspired' (सोने से प्रेरित स्त्री) आदि।

इस तरह हम देखते हैं कि क्लिम्ट ने प्रतीकवादी पद्धति में काम करते हुए अपनी एक निजी शैली विकसित की और कला को निजी स्वप्न, स्वभाव तथा उसके रहस्यों का प्रतिरूपण बनाया। उनका कोई भी काम शायद ही ऐसा मिले जिसमें हम रहस्यों से न गुजरें, जिसमें कोई छुपा हुआ अर्थ न हो। इस रूप में क्लिम्ट का कला संसार एक जादू की तरह मन पर तारी हो जाता है और हमसे ही पूछता है—कला क्या जादू नहीं है?

मार्क शागाल (1887-1985)

मार्क शागाल (Marc Chagall) रूसी कलाकार थे जो लियोजना, बेलारूस में 7 जुलाई, 1887 में जन्मे थे। उनका निधन 28 मार्च, 1985 को 98 साल की उम्र में

फ्रांस में हुआ था। वे अनेक कला आन्दोलनों से जुड़े थे। प्राय: वे जिन आन्दोलनों से जुड़े, उसमें उन्होंने अपनी छाप भी छोड़ी थी। घनवाद, अभिव्यंजनावाद, फाववाद से जुड़कर उन्होंने काम तो किया ही, प्रतीकवाद में भी उनकी विशेष दखल थी। इस तरह उनके कला संसार का दायरा बहुत बड़ा है जिसे किसी एक पद्धति में देखना मुश्किल है; पर स्वभाव से उनकी प्रकृति प्रतीकात्मकता की दिखती है और इसी आधार पर हम उन्हें प्रतीकवादी आन्दोलन के तहत देख रहे हैं। कला आलोचक रॉबर्ट ह्यूजेस (Robert Hughes) ने उन्हें बीसवीं शताब्दी का सबसे बड़ा यहूदी कलाकार कहा था। शागाल ने अपनी कला के बारे में टिप्पणी की थी—'मैं अपनी कला में किसी एक व्यक्ति का स्वप्न नहीं दिखाता, बल्कि समूची मानवता का दिखाता हूँ।' एक अन्य कला इतिहासकार मिशेल जे. लेविस (Michall J. Lewis) ने उन्हें ऐसा कलाकार बताया था, जो यूरोपीय आधुनिक कला की पहली पीढ़ी का प्रतिनिधित्व करते हुए अकेले अन्त तक जीवित रहे।

विश्वयुद्ध के पहले उन्होंने पेरिस और बर्लिन की यात्रा की थी और इस दौरान उन्होंने मिश्रित आधुनिक शैली में यहूदी लोक संस्कृति को चित्रित किया था। उनके बारे में कहा जाता है कि वे यूरोपीय आधुनिक कला के प्राय: सभी कला-आन्दोलनों के साक्षी रहे और सबका अनुभव उन्हें मिला; इसलिए उनकी कृतियों का एक समृद्ध संसार हमारे सामने आ पाया। यहूदी होने की तकलीफ और यंत्रणा उन्हें बचपन से ही मिली; जहाँ पड़ोस में भी वे अछूत की तरह देखे जाते। उन्होंने अपनी आत्मकथा 'My Life' (मेरा जीवन) में इस यंत्रणा और अपने संघर्षों को विस्तार से बताया है।

रूसी साम्राज्य में उन दिनों किसी यहूदी का किसी विश्वविद्यालय या विद्यालय में प्रवेश लेकर पढ़ना वर्जित था। इस परिस्थिति में शागाल ने प्रारम्भिक शिक्षा यहूदी धार्मिक विद्यालय में पाई। वहाँ उन्होंने हिब्रू और बाइबिल का अध्ययन किया। आगे बहुत संघर्ष करके लियोन बस्ट (Leon Bakst) में प्रवेश लिया था जो रेखांकन और चित्रकला का विद्यालय था और ज्वान्तसेवा (Zvantseva) में था। 1908 से 1910 के इन्हीं वर्षों में उनकी भेंट पॉल गोगिन से हुई थी जिसके बाद उनके जीवन की दिशा बदली। इसके बाद वे पेरिस गए और धीरे-धीरे अपनी शैली विकसित करने की चेष्टा की। इसी क्रम में वे अलग-अलग आन्दोलनों से जुड़ते गए थे। तब उन्होंने त्वरित चित्रण के प्रतीकों को खोजा और मिनिएचर की शैली का भी अध्ययन किया। इसके बाद 1915 में उन्होंने अपने चित्रों की प्रदर्शनी मॉस्को में की, फिर 1916 में सेंट पीट्सबर्ग में; और इस तरह उनकी कला-यात्रा आगे बढ़ती गई जिसे सर्वत्र प्रशंसा और सम्मान मिला।

उनकी कला की सबसे बड़ी विशेषता यही है कि वह दर्शकों का अपने रंगों से ध्यान खींचती है। वे अपने चित्रों में दो या तीन रंग ही लगाते रहे और उससे एक

जीवन्त चित्र-संसार रचते रहे। उनके रंग प्रकृति का अतिक्रमण नहीं करते, वरन् वे उसके समानान्तर रूपायित होते हैं। उनमें गजब की चित्रात्मक मेधा थी जो दृश्य-स्मृति को जीवन्तता के साथ आँकती थी। उनके नमूने कला जगत को आलोचक उनके बेलारूस के अनुभव और स्मृति से जोड़कर देखते हैं जिसमें शागाल अपना जीवन-दर्शन भी व्यक्त करते रहे।

उनके उल्लेखनीय काम हैं—'I and the Village' (मैं और गाँव), 'Birthday' (जन्मदिन), 'Paris Through the Window' (खिड़की से पेरिस), 'Self Portrait with Seven Fingers' (सात अँगुलियों के साथ व्यक्ति-चित्र), 'America Window' (अमेरिका खिड़की), 'Blue Lovers' (नीले प्रेमी), 'The Three Candles' (तीन मोमबत्तियाँ), 'Homage to Apollinaire' (अपोलिनायर को श्रद्धांजलि), 'The Blue Circus' (नीला सर्कस), 'The Praying Jew' (प्रार्थना करती यहूदी), 'Cow with Parasol' (छत्र के साथ गाय), 'Cemetery Gate' (कब्रिस्तान का दरवाजा) और 'Madonna of Village' (गाँव की मैडोना आदि।

शागाल शिल्प सजग कलाकार थे तो दृष्टि-समृद्ध भी। यही कारण है कि उनकी कला अनेक कला-पद्धतियों में आवाजाही करती हुई भी एक स्पष्ट दर्शन के साथ सामने आती है जिसमें उनका जीवन भी है, तो जीवन का संघर्ष भी; और उसके साथ एक गोपन प्रतीकात्मक विन्यास भी; जहाँ जाकर हम कला के रहस्य और स्वयं उनकी कला के दर्शन से परिचित होते हैं।

फ्रिदा काहलो (1907-1954)

फ्रिदा काहलो (Frida Kahlo) प्रतीकवाद की श्रेष्ठतम कलाकारों में एक रही हैं। वे मूलत: मैक्सिकन कलाकार थीं। उन्होंने मैक्सिको की प्रकृति और कलाकृतियों से प्रेरित होकर काम करना शुरू किया था। उनका जन्म 7 जुलाई, 1907 को मैक्सिकन सिटी में हुआ और देहान्त सिर्फ 47 वर्ष की उम्र में 13 जुलाई, 1954 को हो गया। उन्होंने अपने सृजन में अस्मितामूलक प्रश्नों की खोज की और उत्तर पाने का प्रयत्न भी किया। उनकी कला में हमें जाति, वर्ग, उत्तर औपनिवेशिकता तथा मैक्सिकी समाज में व्याप्त लिंगभेदी विषमताओं पर भी प्रश्नांकन मिलता है। उनके चित्रों में आत्मकथ्यात्मक तत्त्व मिलते हैं जो बहुत सशक्त हैं और फंतासी तथा यथार्थ के मेल में व्यक्त होते हैं। अनेक आलोचकों ने मैक्सिकी उत्तर क्रान्तिकारी आन्दोलन से जुड़े होने के कारण उनको अति-यथार्थवादी या जादुई यथार्थवादी कलाकार भी कहा है।

लैटिन अमेरिकी माँ और जर्मन पिता की सन्तान फ्रिदा बचपन में पोलियो का शिकार हो गई थीं। 18 वर्ष की उम्र में उन्हें एक बस-दुर्घटना का शिकार भी होना

पड़ा था। इस कारण जीवन भर वे दर्द से जूझती रही थीं और दवाओं ने उनका साथ कभी नहीं छोड़ा था। अपनी तकलीफों से उबरकर वे बचपन के शौक में लौट आई थीं; कला उनके जीवन का एक लक्ष्य थी। उनमें राजनीति के प्रति दिलचस्पी थी और इसी वजह से वे 1927 में मैक्सिकी कम्युनिस्ट पार्टी की सदस्य बनीं। वहीं उनकी भेंट चित्रकार दिएगो रिवेरा (Diego Rivera) से हुई थी जिनसे बाद में फ्रिदा ने शादी की थी। फ्रिदा उनकी तीसरी पत्नी बनी थीं। यह शादी 1929 में हुई थी। 1930 के आरम्भ में फ्रिदा ने रिवेरा के साथ मैक्सिको और संयुक्त राज्य अमेरिका की यात्रा की और अपनी कला-शैली विकसित की। उन्होंने रेखा-चित्रण पर भी बहुत ध्यान दिया, पर उनका मुख्य प्रेरणा-स्रोत मैक्सिकी कला ही रही। उनकी कला से अति-यथार्थवाद के जनक आन्द्रे ब्रेतों प्रभावित थे और उन्होंने ही न्यूयॉर्क की एक गैलरी में 1938 में उनकी पहली एकल प्रदर्शनी आयोजित कराई थी।

आरम्भिक दिनों में अपने पिता के मित्र छायाकार फर्नान्डे फर्नान्डेज से रेखा चित्रण की सीख लेनेवाली फ्रिदा अपनी डायरी को रेखांकनों से भरने की आदी थीं। पहले स्कूल, फिर स्टेनोग्राफर की नौकरी करनेवाली फ्रिदा 1925 में स्वास्थ्य रेखांकनकार (Medical Illustrator) बनीं। लगातार होती गईं घटनाओं के बीच कला ही एकमात्र ऐसा माध्यम बनी, जो उन्हें अकेला होने से बचाती और उनके भीतर प्रश्नों को जाग्रत करने में मदद करती। दिएगो रिवेरा से शादी करने के बाद अन्ततः कला ही उनकी एकमात्र ध्येय बनी।

उनके आरम्भिक कामों पर पुनर्जागरणकालीन कला का प्रभाव दिखता है, तो बाद की यानी 1920 के बाद की कला पर यूरोपीय अवाँगार्द कला के कलाकार एमेदियो मोदग्लियानी (Amedeo Modgliani) की कला का। बाद में उन्होंने मृत्यु और दुख जैसे विषयों को मैक्सिकी कला के तत्त्वों में अति-यथार्थवाद का मिश्रण कर व्यक्त किया। जीवन के अन्तिम दशक में उनकी कला प्रतीकवादी हुई जिसमें वे प्रतीकों के सहारे अतीत की स्मृति को अतीत के प्रभावों और वर्तमान के साथ जोड़कर व्यक्त करती हैं। वे प्रकृति और वनस्पति-जगत को भी उसकी अन्तर्निहित ऊर्जा में आँकती हैं तो अपनी निजी त्रासदी को प्रतीकात्मक ढंग से व्यक्त करती हैं। रिवेरा के साथ उनका सम्बन्ध अप्रिय ही रहा था जो बराबर उन्हें मारते-पीटते और यातना देते थे। इसे भी उन्होंने अनेक चित्रों में प्रतीकात्मकता के साथ अंकित किया है। वे उस मर्दानगी के पारम्परिक मूल्यों के विरुद्ध रहीं जो उन पर अत्याचार का कारण बने। इस रूप में वे सर्वथा पहली नारीवादी चित्रकार भी हैं जो स्त्री के अस्तित्वगत प्रश्नों को उठाती हैं और पुरुष वर्चस्व का विरोध करती हैं।

फ्रिदा की कला के अलग-अलग चरणों में अलग-अलग कला-विधियाँ दिखती हैं, पर सभी चरणों में वे दुख की छाया में हैं और एक अज्ञात भय हमेशा उनका पीछा करता दिखता है। प्रतीकात्मकता विवाह के बाद आकार पाती है जब उन्हें

पुरुष-वर्चस्व का तीखा अनुभव होता है और लगता है कि स्त्री, पुरुष के लिए उपभोग की वस्तु से अधिक महत्त्व नहीं रखती।

बहरहाल, उनके मुख्य कामों में—'The Mask' (मुखौटा), 'The Flower of Life' (जीवन का फूल), 'Sun of Life' (जीवन का सूर्य), 'Self Portrait as Tehuana' (तेहुआना के रूप में व्यक्ति-चित्र), 'The Suicide of Dorothy Hale' (डोरोथी हाले की आत्महत्या), 'My Dress Hangs There' (मेरे कपड़े वहाँ टंगे हैं), 'Tree of Hope' (आशा का वृक्ष), 'The Broken Columm' (टूटा हुआ स्तम्भ), 'The Two Frida's' (दो फ्रिदाएँ), 'Without Hope' (नाउम्मीदी), 'Wounded Table' (घायल मेज), 'Girl with Death Mask' (मृत्यु के मुखौटे के साथ लड़की), 'Roots' (जड़ें), 'The Bus' (बस), 'My Nurse and I' (मेरी नर्स और मैं) और 'Few Small Nips' (कुछ छोटी चिकोटियाँ) आदि शामिल हैं। ये वे काम हैं जिनमें अधिकतर प्रतीकात्मक पद्धति में निर्मित हैं। सभी कामों में गहरी व्यंजना है। चोट, दुख, अवसाद के साथ अकेले होने की पीड़ा और अस्मिता की खोज से सम्बन्धित ये कृतियाँ न केवल फ्रिदा की बल्कि विश्वकला की अमूल्य निधियाँ हैं।

इस तरह हम देख पाते हैं कि साहित्य से दृश्यकला में आया प्रतीकवाद अपनी व्यंजना और सांकेतिक चित्रण से कला में एक विशेष आन्दोलन का रूप ले पाया। शुरुआती दौर में भले ही कम कलाकारों ने इसमें रुचि ली, पर नाबि चित्रकारों के आ जुड़ने के बाद बड़ी संख्या में कलाकार इससे सम्बद्ध हुए। प्रभाववाद, अभिव्यंजनावाद तथा यथार्थवाद का प्रतिपक्ष रचने के उद्देश्य से अस्तित्व में आया प्रतीकवाद एक तरह से मूर्तन को अमूर्तन में विन्यस्त करनेवाला आन्दोलन था जिसमें सादृश्यता का निषेध था। दृश्य को प्रत्यक्ष आँकने के बजाय इस पद्धति ने कल्पना का आधार लिया और कलाकार की अन्तश्चेतना को सृजन के लिए उपयुक्त माना। इस प्रकार कला को संगीत की तरह संयोजित करते हुए प्रतीकवादियों ने आँख से अधिक मानवीय सोच और कल्पना को प्रमुखता दी। उनके अंकन में चित्रित विषय उतने मुख्य नहीं रह गए जितना महत्त्वपूर्ण रंगांकन और चित्रफलक की सतह बनी। मनोहारी रंगों, आलंकारिकता और दृश्य को कल्पनात्मक विन्यास देकर प्रतीकवादियों ने एक ऐसी कला को जन्म दिया जिसमें निपट यथार्थ के लिए कोई जगह नहीं थी और न ही प्रकृति के प्रत्यक्ष चित्रण के साथ तात्कालिक विषयों के लिए अवकाश। कविता के भावों जैसी सूक्ष्मता और प्रतीकों के जरिये प्रत्यक्ष को परोक्ष और परोक्ष को दृश्य बनाते प्रतीकवादी, कला के उद्भव के साथ जुड़नेवाले वे सर्जक थे जो जानते थे कि कला का जीवन व्यंजकता और कल्पनाशीलता में है।

यह अकारण नहीं है कि 1886 से लगभग 1940 तक सक्रिय रहनेवाला यह आन्दोलन कभी निष्क्रिय नहीं हुआ। आज भी पूरी दुनिया में प्रतीकवाद के प्रभाव में

काम करनेवाले कलाकार मिल जाते हैं। जिस तरह साहित्य में, विशेषकर कविता में प्रतीकात्मकता और कल्पनात्मकता कभी खत्म नहीं हो सकती, और बहुधा वह कविता के अर्थवान होने का कारण भी बनती है, ठीक उसी तरह दृश्यकला में भी प्रतीकात्मकता उसके जीवित रहने का एक महत् गुण बनकर प्रकट होती है। शर्त यह है कि उस पर रचित कृति कलाकार के चिन्तन, भविष्यगामी दृष्टि और उसकी अन्तश्चेतना को अभिव्यक्त करे। आदिलों रेदों ने यूँ ही नहीं कहा था—'जब हम स्वयं को अपने अन्तर (हृदय) के हवाले कर देते हैं तो सब कुछ सम्भव हो जाता है।' प्रकारान्तर से यह अन्तर्यात्रा की कला है, अन्तर की साधना का प्रतिफलन भी।

साहित्य हो या कलाएँ अन्तर की साधना से कटकर अर्थहीन हो जाती हैं। जाहिर है, प्रतीकवाद एक सार्थक कला आन्दोलन था जो आज भी अमूर्तन और कल्पनाजीवी मूर्तन में उपस्थित है।

फाववाद
(Fauvism)
(1905-1908)

रंगों की अभिव्यक्तिपरक भाषा का विकास

आधुनिक चित्रकला के इतिहास में फाववाद (Fauvism) का उदय एक महत्त्वपूर्ण घटना की तरह याद किया जाता है। इसके उन्नायकों में हेनरी मातिस (Henri Emile Benoit Matisse) और आन्द्रे डेरेन (Andre Derain) का नाम लिया जाता है। हालाँकि इस आन्दोलन के सूत्रधार मातिस ही थे, डेरेन की भूमिका उनके सहायक की ही रही है। मातिस बचपन से ही खोजी प्रवृत्ति के थे। उनकी इस प्रवृत्ति को बढ़ावा देने में इकोले डे बक्स (Echole Des Beaux), कला विद्यालय, पेरिस के उनके गुरु गुस्ताव मोरेयू (Gustav Moreau) आगे रहे जो स्वयं एक प्रतीकवादी चित्रकार थे। गुस्ताव मोरेयू ने मातिस के अलावा अल्बर्ट मार्क्वे (Albert Marquet), जॉर्ज रॉउल्ट (George Rouault) तथा चार्ल्स केमोलिन (Charles Camolin) को भी कला शिक्षा दी थी। मातिस कक्षा में बार-बार गुस्ताव से कुछ नया करने-सीखने की बात करते और यदा-कदा कुछ नए सुझाव देकर उनको चकित भी करते। कला शिक्षा पूरी करने के बाद वे काम करते रहे, पर अभी कोई पहचान नहीं बनी थी। 1896 में जब वे अभी अज्ञात कलाकार ही थे, ऑस्ट्रेलियाई चित्रकार जॉन रस्सेल (John Russel) से मिलने पहुँचे थे। रस्सेल तब तक सुपरिचित प्रभाववादी चित्रकार के रूप में प्रसिद्ध हो चुके थे। मातिस ने रस्सेल के प्रभाववादी चित्रों को तन्मयता से देखा। अब तक मातिस ने किसी प्रभाववादी चित्र को नहीं देखा था। इसके बाद उन्होंने कहा था—'अब मैं अपने काम के शिल्प के साथ अधिक दिनों तक नहीं रह पाऊँगा।' कुछ ही समय बाद उन्होंने अपने शिल्प बदल डाले थे। उसके अगले वर्ष उन्होंने रस्सेल के छात्र के रूप में वहाँ आकर कला-शिक्षा ली। प्रभाववादी रंगों से गहरे परिचय ने उनके भीतर नए प्रयोग की सम्भावना पैदा की। वे कहते भी थे कि रस्सेल मेरे अध्यापक थे जिन्होंने रंगों के सिद्धान्त की व्याख्या कर बहुत कुछ सिखाया था। यह रस्सेल, वान गॉग (Vincent Van Gogh) के घनिष्ठ मित्रों में से

थे। धीरे-धीरे मातिस ने वान गॉग सहित पॉल गोगिन (Paul Gauguin), जॉर्ज सेउरा (George Seurat) तथा पॉल सिजाँ (Paul Cezanne) के कामों से परिचित हुए और उनके कामों में आलोकित रंग-दीप्ति ने उन्हें बहुत गहराई से प्रभावित किया। माना जाता है कि मातिस द्वारा रंगों के नए प्रयोग से जन्म लेनेवाला फाववाद इन कलाकारों की कृतियों से प्रेरित भी था।

बहरहाल, ले नाबि चित्रकारों[1] (Les-Nabis) ने द्युरांरूएल कलादीर्घा में 1899 में अपनी अन्तिम प्रदर्शनी आयोजित की थी जिसमें फ्रांसीसी प्रतीकवादी चित्रकार ओदिलों रेदों (Odilon Redon) के चित्रों की प्रदर्शनी लगाई गई थी। इस प्रदर्शनी की खास बात यह थी कि इसमें फ्रांसीसी प्रतीकवादी कवि स्टीफेन मलार्मे (Stephane Mallarme) की कविताएँ भी प्रदर्शित थीं जिन पर ओदिलों रेदों के चित्र थे। तब मलार्मे का निधन (1899) में हो चुका था और रेदों अभी जीवित थे। दोनों माध्यमों की भिन्नता के बावजूद प्रतीकवादी थे, इसलिए दोनों में मधुर सम्बन्ध रहे थे। दोनों ने साथ में काम भी किया था। इस प्रदर्शनी का शीर्षक ही था—'आदिलों रेदों—चित्रकला का मलार्मे।' जाहिर है, यह प्रदर्शनी रेदों और मलार्मे के सम्मान में आयोजित थी। इस प्रदर्शनी में मातिस और डेरेन भी उपस्थित थे और यहीं नई कला शैली के जन्म की पटकथा लिखी गई थी। उन दोनों और दूसरे समानधर्मी कलाकारों में मंत्रणा का लम्बा सिलसिला चला था।

अन्ततः वह संयोग घट ही गया जब 1903 में बेल्जियन लेखक और कला संग्राहक फ्रांज जॉर्दैन (Frantz Jourdain) ने वसन्त प्रदर्शनी परिषद् (Societe du Salon d' Automne) नामक संस्था का गठन किया। इसके गठन की बैठक में मातिस, पियरे बोन्नार्ड (Pierre Bonnard) तथा अल्बर्ट मार्क्वे (Albert Marquet) भी शामिल थे। इस संस्था का लक्ष्य कला में नए प्रयोगों और शैलियों को प्रोत्साहन देना था।

यही वह समय है जब मातिस के नेतृत्व में 1904 में आधुनिक चित्रकारों का एक मंडल बना और उसे 'नव कलाकार मंडल' कहा गया। इसका लक्ष्य निर्धारित हुआ—रंगों की अभिव्यक्तिपरक भाषा का विकास। कुछ लोगों ने रंग पर अत्यधिक आग्रह के कारण इसे Colourism यानी रंगवाद भी कहा। इस वाद का जन्म चूँकि प्रभाववाद और यथार्थवाद की प्रतिक्रिया में हुआ था, इसलिए रंग पर आधारित होने के बावजूद इसे भारी विरोध का सामना करना पड़ा। प्रभाववाद के उस दौर

---

1. ले-नाबि; (Les-Nabis) युवा फ्रांसीसी चित्रकारों का एक समूह, जिसमें प्रभाववादी और प्रतीकवादी चित्रकार शामिल थे। यह समूह 1888 से 1900 तक सक्रिय रहा। इसमें शामिल मुख्य कलाकार थे—मोरिस देनी (Mourice Denis), पियरे बोन्नार्ड (Pierre Bonnard), एडुआर्ड वुइलार्ड (Eduard Vuillard), हेनरी गाबिलबेल्स (Henri Gabilbels), पॉल रॉन्सन (Paul Ronson) और पॉल सेरुसिय (Paul Serusier)।

में, इसके प्रयोगों में लोगों ने सनकीपने को देखा और इसकी कटु आलोचना की। रंगों पर अत्यधिक आग्रह के साथ चित्र में नए प्रयोगों पर बल देनेवाले इस 'नव कलाकार मंडल' का कोई नाम न था और न ही इस शैली का कोई नाम था। इस शिल्प या कला-प्रावाध का नामकरण भी आलोचकों ने ही किया, जिसे मातिस ने स्वीकार कर लिया था।

1905 में जब इस 'नव कलाकार मंडल' के कलाकारों की पहली प्रदर्शनी फ्रांज जॉर्दैन की वसन्त प्रदर्शनी परिषद् (Societe du Salon Automne) में लगी, तो जैसे भूचाल आ गया। इस मंडल के प्राय: सभी कलाकारों के काम परम्परा से हटकर लोगों को विचित्र अनुभव दे रहे थे। इसी प्रदर्शनी में मार्क्वे का एक मूर्तिशिल्प भी प्रदर्शित था। चौदहवीं सदी के शिल्प में मार्क्वे ने एक छोटे बच्चे के सिर को बनाया था, जो लोगों को वीभत्स लग रहा था। यह मूर्ति थी, जो लोगों को डरावनी लग रही थी। चूँकि इस मंडल के कलाकारों का उदय ही प्रभाववाद की छाया से मुक्ति और ले-नाबि कलाकारों की धारणाओं से निकलने की बेचैनी से हुआ था, इसलिए इन कलाकारों ने पारम्परिक साँचे को तोड़ते हुए दर्शकों के मन में रूढ़ हो चुकी रुचियों पर भी प्रहार किया था और कला-सृजन के सभी मानकों को ध्वस्त कर दिया था। ऐसे में विरोध अस्वाभाविक नहीं था। इस विरोध में ही इस 'नव कलाकार मंडल' के कला आन्दोलन को नाम मिल गया, जब कला समीक्षक लुइस वॉक्स सेल्स (Louis Vauxcelles) ने लिखा—'Who because of violence of their work, dubbed the painters fauves (Wild beasts).' (अपने कामों में हिंसा दिखाने के कारण इन चित्रकारों को जंगली जानवरों की उपाधि दी गई।) उन्होंने फ्रांसीसी में यह भी लिखा—'Donatello au Milieu des Fauves' यानी 'देखो जंगली जानवरों के बीच दोनातोलो को।' दोनातोले का नाम लेकर वॉक्स सेल्स ने उनके अपमान का प्रश्न उठाया था, जो एक प्राचीन मूर्तिकार थे और दीर्घा-स्थल पर उनकी मूर्ति पहले से लगी हुई थी। वॉक्स सेल्स ने 'गिल ब्लास' (Gil Blas) नामक पत्रिका में, जिसके वे नियमित कला समीक्षक थे, दूसरे ही दिन टिप्पणी कर अपने कथन को दुहराया और मातिस की कड़ी निन्दा की।

इस प्रदर्शनी में मातिस के अतिरिक्त मार्क्वे, चार्ल्स केमोलिन (Charles Camolin), लुइस वाल्टाट (Luis Valtat), जिन पुई (Jean Puy), हेनरी मैंगुइन (Henry Manguin), राउल डफी (Raoul Dufy), ऑथेन फ्रिज (Othen Friesz), जॉर्ज राउल्ट (Georges Rouault), जिन मेटजिंगर (Jean Metzinger), किस वान डोन्जेन (Kees Van Dongen), मोरिस डेरेन (Mourice Derain) और जॉर्ज ब्रॉक[1] (George Braque) की कृतियाँ शामिल थीं। प्रदर्शनी में थोड़ी-सी सराहना जिन कलाकारों के कामों को मिली थी, वे अपेक्षाकृत बड़े कलाकार थे और

1. जॉर्ज ब्राक घनवाद में पाब्लो पिकासो के सहयोगी रह चुके थे।

तकनीकी कुशलता के साथ भाव-सम्प्रेषण में भी उनके काम अलग नजर आ रहे थे। पर वे भी अब फाववादी तो बन ही गए थे। मातिस ने वॉक्स सेल्स की उपाधि को स्वीकार कर लिया और अपने नए कला अभियान का नाम दिया—फाववाद (Fauvism) और अपने मंडल को फाव यानी 'जंगली जानवर' मान लिया। आलोचना और भर्त्सना के बीच इस फाववाद को कुछ भरोसा देनेवाले लोग भी थे, जो उसमें भविष्य की आश्वस्ति देखते थे, पर अधिकतर तो उसके निन्दक ही थे। ले-नाबि समूह के महत्त्वपूर्ण चित्रकार पॉल सेरुसिय (Paul Serusier) ने फाववाद से असहमति के बावजूद वेकार्द को सम्बोधित करते हुए लिखा—'चित्रकारों का एक नया संगठन प्रकाश में आया है। इसके चित्रकार अपनी भावनाओं को विशुद्ध रंगों द्वारा अभिव्यक्त करना चाहते हैं। इनके काम अच्छे नहीं हैं, किन्तु जिस दिशा में अपने खोजी प्रयत्नों के साथ ये आगे बढ़ रहे हैं, उसे देखते हुए मुझे विश्वास हो रहा है कि ये भविष्य में अवश्य सफल होकर उभरेंगे।'

जे.बी. हॉल (J.B. Hall) ने भी प्रदर्शनी की आलोचना की और कहा कि 'यह सभी काम दोषपूर्ण हैं, दृष्टि दोषपूर्ण है तथा इनमें रंगों का पागलपन दिखाई देता है।' कुछ कलाकारों ने तो फाववादियों को मनोचिकित्सक से इलाज कराने की भी सलाह दी। फ्रांसीसी समाज में वह दौर शुद्धतावाद का भी था और हालत यह थी कि लोग चित्र के साथ-साथ चित्रकार के चरित्र भी नजर रखते थे। लोग ऐसे चित्रकार की उपेक्षा कर उसके काम न तो देखते थे, न खरीदते ही थे जिसने उनकी दृष्टि में कोई अनैतिक आचरण किया हो। यही हाल प्रयोगों को लेकर था। परम्परा-प्रिय बौद्धिक समाज में लीक से हटकर कुछ सोचने का अवकाश न था। प्रभाववादी कलाकारों की दुर्दशा का यही कारण था; क्योंकि वे परम्परा का विरोध कर आगे आए थे। वान गॉग तथा सिजां जैसे कलाकारों को मिली उपेक्षा से इस तथ्य को भलीभाँति समझा जा सकता है।

फाववाद के आने का मूल कारण यही रहा और उस प्रदर्शनी के बाद, जो 1905 में 'Societe Du Salon' (सोसायटी द सैलून) में हुई; फाववाद को एक कला-विचार और एक बड़े आन्दोलन के रूप में स्वीकार किया गया। इसके बाद फाववाद की दो अन्य प्रदर्शनियाँ 1906 में हुईं। 1906 में आयोजित दूसरी प्रदर्शनी में सभी फाववादी कलाकारों की कृतियाँ प्रदर्शित की गईं जिसमें मातिस की प्रसिद्ध कृति 'The Joy of Life' (जीवन का आनन्द) भी प्रदर्शित थी। कला-आलोचकों ने इस कृति की लचीली शैली, चमकीले रंग और मिश्रित तकनीक को देखकर हैरानी प्रकट की थी। इसका त्रिकोणात्मक संयोजन पॉल सिजां की कृतियों की याद दिला रहा था जो बाद में पिकासो की प्रसिद्ध कृति 'Womans of Avinio' (आविन्यो की स्त्रियाँ) के सृजन की प्रेरणा बनी थी।

फाववाद की तीसरी और अन्तिम प्रदर्शनी 6 से 15 नवम्बर, 1906 में 'Salon d' Attomne' में लगी। इसमें देलानॉय ने मेटजिंगर का व्यक्ति-चित्र प्रदर्शित

किया था, तो मातिस ने दो स्थिर जीवन के चित्र प्रदर्शित किए थे—'Tapisrouge and La Statutte' और 'Flowers and Landscape'। इसमें पिंचन की कृति 'Muse de Louviers' भी थी जो फाववादी शैली में सुनहले, पीताभ और नीले रंग से बड़े तूलिकाघातों से बना था। इस तरह 1905 से आरम्भ हुआ और सिर्फ तीन प्रदर्शनियों तक सीमित रह जानेवाला फाववाद 1908 तक ही अस्तित्व में रहा, पर उसने कला जगत में अविस्मरणीय छाप छोड़ने में सफलता पाई।

पश्चिमी कला-विचारक मानते भी हैं कि फाव के विस्फोट का मूल कारण सहज और स्वाभाविक जीवन को क्रियान्वित करने तथा उसे रूपायित करने से रोकना था। यह भी लक्षित किया जाता है कि उन्नीसवीं सदी के अन्त तक यूरोप का बौद्धिक समाज आधुनिक कही जानेवाली सभ्यता और उसके बनावटी रंग-ढंग से ऊब गया था। वह चाहता था कि उसे मुक्त हवा में साँस लेने से रोका न जाए। सहज जीवन के प्रति बढ़ती हुई चाह ने और स्वयं आन्द्रे जिद[1] (Andre Paul Guillaume Gide) ने उस वर्ग को प्रकृति की सहजता में आँखें खोलने को प्रेरित किया। उन दिनों मोरिस ब्लाँ ने लिखा था—'हमारे बड़े लेखकों ने कला में साहस, कल्पना और स्वप्न पर बहुत बातें की हैं, किन्तु हम काल्पनिक अज्ञात पर विश्वास नहीं करते। समूची सृष्टि ही हमारे लिए ईश्वर है।' उपन्यासकार शार्ल लुई फिलिप ने 1897 में अपने एक पत्र में लिखा था—'अब हमारी आवश्यकता सहज प्राकृतिक जीवन है। अब से भावनाओं का युग आरम्भ होगा।'

कहना न होगा कि फाववाद का जन्म इसी प्रतिक्रिया में हुआ, जिसका लक्ष्य था—चैतन्यपूर्ण प्राकृतिक आनन्द को प्राप्त करना। इस वाद के पीछे कोई बौद्धिक घोषणा-पत्र न था, वरन् एक समेकित विचार था जो प्रसारित हुआ। सहज मानवीय प्रवृत्तियों पर निर्भर रहकर चित्रण की यह पद्धति दृश्य में दिख सकनेवाले आकारों को तोड़ने और मूल रंगों के प्रयोग पर बल देती है। फाववादियों का मानना था कि प्रभाववादी और प्रतीकवादी चित्रकारों के चित्रों में यथार्थ से सादृश्य तो है, पर रंगों के कलात्मक गुणों का अभाव है। इसके कारण उनकी कृतियों में चेतना न के बराबर है। फाववादी यह भी मानते थे कि कला में मूल चेतना तक पहुँचने और उसे जगाने के लिए आवश्यकता है रंगों का विशुद्ध अवस्था में प्रयोग किया जाना और अंकन पद्धति में कलाकार में स्वाभाविक उत्साह तथा स्वच्छन्द रंगों के बर्ताव के प्रति सजगता।

इस विचारधारा से जुड़े कलाकारों ने अपने आकारों को अधिक सरल बनाया तथा समतल को अधिक चमकीले रंगों से उद्दीप्त किया। पॉल गोगिन (Paul Gauguin) ने रंगांकन सम्बन्धी जो धारणा दी थी, उसके प्रयोग से बाद के दौर में फाववादियों ने रंगों के प्रयोग को नया विस्तार दिया। अपने दौर के महत्त्वपूर्ण कला-विचारक

1. आन्द्रे जिद नोबेल पुरस्कार प्राप्त फ्रांसीसी लेखक थे जिनके लेखन की शुरुआत प्रतीकवादी आन्दोलन से हुई थी।

क्रैस्पेल ने फाववाद पर विचार करते हुए लिखा था—'फाव चित्रकारों ने चित्रण के विशुद्ध परिणाम को बढ़ावा देने के लिए माध्यमों के सहज-सुलभ प्रयोगों पर बल दिया। अंकन पद्धति की नवीनता और उसका वैचित्र्य उनकी कला के आकर्षण के मुख्य अंग बन गए।'

मोरिस देनी (Mourice Denis) ने फाववाद की परिभाषा देते हुए कहा था—'यह ऐसा चित्रण है जिसका कोई बाह्य लक्ष्य नहीं है। यह केवल विशुद्ध चित्रण है। इन कलाकृतियों में कोई व्यक्तिगत विचार या दर्शन नहीं है। ये कलाकार विशुद्ध निरपेक्ष की खोज में हैं किन्तु, इस विशुद्ध खोज की भी एक मर्यादा है जो सापेक्ष है, वह है व्यक्तिगत भावना।'

हेनरी मातिस (1969-1954)

फाववाद के प्रवर्तक और युगान्तरकारी चित्रकार हेनरी मातिस (Henri Emile Benoit Matisse) ने अनेक आरोपों-प्रत्यारोपों का उत्तर देते हुए जो कहा, वह फाववाद के लिए प्रस्थान बिन्दु बना। उन्होंने कहा था—'जब हमने फाववाद की शुरुआत की, तो हमारे विचार स्पष्ट थे और यह थे—रंगीन आकारों से चित्रों की रचना करना, रंगों की स्वाभाविक चमक की रक्षा करना और प्रकाश के प्रभाव को चित्रित करने के लिए वस्तु के निजी रंग की उपेक्षा करने के सिद्धान्त का विरोध। अपने चित्र 'संगीत' में मैंने आसमान को सबसे तेज नीले रंग से, वृक्ष को सबसे तेज हरे से और मानव शरीर को सिन्दूर से चित्रित किया है। इन तीनों रंगों से मैंने प्रकाश के प्रभाव के साथ रंगों की सुसंगति की भी रक्षा की है जिसके लिए रंगों का विशुद्ध रूप में प्रयोग आवश्यक था। चित्र का सम्पूर्ण प्रभाव रंगों के विभिन्न क्षेत्रों की सुसंगति से बनता है जो दर्शक समझ लेते हैं। प्रकाश को हमने हटाया नहीं है बल्कि भिन्न विशुद्ध रंगों से उसको अधिक सतेज बनाया है।'

हेनरी मातिस के स्पष्टीकरण के बाद फाववाद को हास्यास्पद मानकर हँसी उड़ानेवालों की बोलती बन्द हो गई थी। फ्रांसीसी कला-जगत में इस आन्दोलन ने बाद के दौर में एक भूचाल ला दिया था और इसमें जिन कृतियों की बहुतायात में रचना हुई उनसे एक अलग तरह का कला-परिदृश्य निर्मित हुआ। इस आन्दोलन ने थोड़े ही दिनों में दूसरी कला-धाराओं को भी प्रभावित किया था और बड़े-बड़े चित्रकार इसके प्रभाव से अछूते न रह पाए थे।

चर्चित कला समीक्षकों ने अपने विश्लेषणों से यह स्पष्ट किया कि फाववादियों की सबसे बड़ी देन थी चित्रकला में रंगों का चमकीला प्रयोग तथा रूपाकारों में गतिमयता। यह इसलिए भी सम्भव हो पाया कि इनके विषय समुद्र तट, समारोह, पर्यटन स्थल आदि होते थे। रंगों में चमक का उभार इन कलाकारों का मुख्य लक्ष्य

था तथा रेखाओं का कम से कम प्रयोग इनका साध्य था। इस आन्दोलन ने सहज मानवीय भावों को उभारने की चेष्टा की तथा पारम्परिक रूप से थोपी गई पद्धति और चित्रण की प्रक्रिया को नकारा। इस आन्दोलन को सिजां और वान गॉग जैसे प्रभाववादी कलाकारों से भी प्रेरणा मिली और कलाकारों को लगा कि थोपी वृत्तियों से बाहर आने का यही एकमात्र रास्ता है, 'सहजता से जो महसूस करो, उस तरफ बढ़ चलो।' फाववाद उस तरह का कोई कला आन्दोलन नहीं था जैसाकि प्रभाववाद, घनवाद या अतियथार्थवाद रहा, पर अपनी नवीन दृष्टि के कारण उसका बाद की कला-सर्जना पर बहुत प्रभाव पड़ा। हेनरी मातिस ने अपने नेतृत्व से इस आन्दोलन को इस तरह से सुरक्षित भी रखा कि दूसरे कला-विचार उसे छू न सकें। इस आन्दोलन की एक बड़ी विशेषता यह भी थी कि इसमें शामिल प्राय: सभी कलाकारों की कार्य-पद्धतियाँ अलग-अलग थीं। केवल प्रयोग के स्तर पर उनमें समानता देखी जा सकती थी। यही कारण है कि इसकी आलोचना भी बहुत हुई। मोरिस देनी, मोरिस व्लामिंक तथा स्वयं हेनरी मातिस ने अपने-अपने ढंग से इन आलोचनाओं का खंडन किया, जिन्हें हम पीछे देख चुके हैं।

मातिस की बातों को ध्यान में रखें और इस आन्दोलन के दूसरे कलाकारों के कामों पर गौर करें तो स्पष्ट हो जाएगा कि इनके यहाँ गोगिन के प्रभाव से रंगों की प्रतीकात्मक पद्धति विकसित होती गई। वान गॉग के प्रभाव से इनमें आत्मीय अभिव्यक्ति और भावपूर्ण अंकन पद्धति का समन्वय हुआ। इनमें चित्रण की विशुद्धता पर बल है तथा रेखात्मक संयोजनों का एक हद तक परित्याग है। फ्रांसीसी कला जगत में फाववाद एक भूचाल की तरह आया और कलाकारों की निजी अस्मिताओं में रमे रहने के कारण शीघ्र ही अपनी उपादेयता खो बैठा। लेकिन उसके कुछ कलाकार दृश्य में हमेशा के लिए बने रह गए जिनमें हेनरी मातिस तो थे ही, व्लामिंक, डेरेन और डफी भी थे जिनका नाम विश्वकला में अमर हो गया। इस वाद ने अनेक देशों के कला-समाजों को प्रभावितकिया जिसमें बेल्जियम के रिके बुटर्स, जर्मनी के किर्शनेर के नाम लिए जा सकते हैं। म्युनिख़ में कैंडिस्की, क्ली, मार्क, वालेन्स्की आदि ने भी एक संस्था बनाई। यद्यपि ये सभी कलाकार प्रभाववादी थे, पर इनकी कृतियों में फाववाद की स्पष्ट झलक देखी जा सकती है।

फाववाद की विशिष्टता सहज और आत्मीय अभिव्यक्ति थी जिसमें हेनरी मातिस की अग्रणी भूमिका रही। फाववाद या फिर मातिस की जिन विशिष्टताओं को बीसवीं शताब्दी के आरम्भ में 'पागलपन' करार दिया गया था, वे वस्तुत: आनेवाली कला सर्जना के लिए वरदान सिद्ध हुईं। रंगों को लेकर चलनेवाली बहसों में फाववाद हावी तो रहा ही, स्वच्छन्द विषयों के चयन, नैसर्गिक भावों की अभिव्यक्ति तथा रंगों के प्रतीकात्मक प्रयोगों में भी इस वाद को वरीयता दी गई। रंगों के वास्तविक प्रयोग के साथ अंकन को देखें या घनत्व का आभास, वातावरण की दूरी या नजदीकी में बरते

गए रंगों के प्रयोगों को देखें या प्रतीकवाद की कुशलता का संयोजन देखें, यह हैरत में डालनेवाली बात है कि इस आन्दोलन ने आगे की चित्रकला को बहुत प्रभावित किया और यह प्रभाव आज भी किसी न किसी रूप में बना हुआ है।

फाववाद के सूत्रधार कलाकार हेनरी मातिस के चित्रकार व्यक्तित्व और उनकी यात्रा पर बात करने का यहाँ अवकाश नहीं है, फिर भी उन बिन्दुओं की चर्चा संक्षेप में करना आवश्यक लगता है, जिससे उनकी योजना को ठीक से समझने में मदद मिले। 'Le Grande Revue' (ले ग्रांड रिव्यू), जो 1897 में निकलनेवाली पत्रिका थी, उसके 1908 के अंक में 'चित्रकार की टिप्पणी' शीर्षक लेख में मातिस ने फाववाद पर विस्तृत टिप्पणी की थी। इसमें उन्होंने लिखा था कि फाववाद के उदय के पीछे योजना यही थी कि प्रभाववाद ने जिस तरह प्रकाश को महत्त्व दिया, उसी तरह हमें रंगों का प्रयोग करना चाहिए। रंगों से ही चित्रफलक पर अवकाश का सृजन हो, उसमें घनत्व की जगह समतल क्षेत्रों का उपयोग हो तथा चित्र के संयोजन, अंकन तथा अभिव्यक्ति के बीच सन्तुलन स्थापित किया जा सके। उनका कहना था कि फाववाद और स्वयं मेरे चित्रकर्म का लक्ष्य अपनी आत्मा को अभिव्यक्त करना है। जीवन में जिन स्थितियों से हम गुजरते हैं और जिन-जिन भावनात्मक परिस्थितियों से हमारा सामना होता है, उनको चित्रों में व्यक्त किया जाना चाहिए। इस स्तर पर अनुभूति और उसको व्यक्त करने की कला में मैं कोई अन्तर नहीं देख पाता। मनुष्य के चेहरे की प्रवृत्तियों या उसकी उन अनुभूतियों को, जो क्षणिक और नाटकीय हैं, इसलिए उनकी स्थायी प्रवृत्ति नहीं हैं—अभिव्यक्त करने की मेरी धारणा के विरुद्ध हैं। असल में मैं चित्र को सम्पूर्णता में अभिव्यक्त करना चाहता हूँ यानी मेरे चित्र सम्पूर्णता में रचनात्मक अभिव्यक्ति हैं। वे स्पष्ट कहते हैं कि—'There is inherent truth which must be disenga ged from the out ward apperance. This is the only truth that matters.' अर्थात् 'कलाकार के लिए वस्तु के बाहरी रूप से अपने अन्तर यानी हृदय के सत्य को अलग रखना आवश्यक है। यह वह सत्य है जिसके अतिरिक्त सब कुछ व्यर्थ है।' वे इस विचार को आधुनिक कला के विकास का एक अनिवार्य सूत्र कहते हैं। उनकी दृष्टि में कलाकार के लिए अपनी अनुभूतियों की अभिव्यक्ति के निमित्त कला के सभी अंगों को समझना और उनका समानुपातिक संयोजन करना ही चित्र संयोजन है।

फाववाद और स्वयं अपने चित्र-कर्म पर जिन विचारों को मातिस ने स्पष्ट किया, उसे उनके अनेक कामों में देखा-परखा जा सकता है। 'Bathers with a Turtle', 'Red Studio', 'Piano Lesson', Interior with a Piano' और 'White Plumes' यानी—कछुआ के साथ स्नान करनेवाले (1908), लाल स्टुडियो (1911), पियानोवादन का अभ्यास (1916), पियानो के साथ घर के भीतर का भाग (1918), सफेद पंख (1919) उनके वे नायाब चित्र हैं जिनमें मातिस की कला के

कौशल के साथ उनकी महान सृजनात्मक प्रतिभा का पता चलता है। इसमें 1908 के बाद के बनाए चित्र, फाववाद की समाप्ति के बाद के हैं, पर यह याद रखना चाहिए कि रंगवाद की उनकी धारणाएँ जीवन-पर्यन्त उनके साथ बनी रहीं और वे अपने विचारों से कभी पीछे नहीं हटे। मातिस पर प्रभाववादी कलाकारों के प्रभाव के आरोप भी लगे और यह भी सच है कि प्रभाववाद तथा प्रतीकवाद की प्रतिक्रिया में जन्म लेनेवाला फाववाद भी अन्ततः प्रभाववाद की प्रेरणा से ही मुखर हुआ। पर मातिस ने इन आरोपों का यथासम्भव प्रतिकार किया। सिजां की 'Bathers' नामक कृति से प्रेरित 'Bathers with a Turtle' बतानेवालों को मातिस ने उत्तर देते हुए कहा था कि सिजां ने अपने काम में सफेद तथा काले रंगों से आकारों को शक्ति दी है जबकि मेरा काम विशुद्ध रंग-प्रयोग पर आधारित है। 1908 में जब मातिस ने अपनी कार्यशाला शुरू की, तो तुरन्त कलाकार बन जाने की मंशा से बहुत-से कलाकार उनके पास आने लगे थे। उन्हें लगता था कि फाववाद ऐसा माध्यम है, जो किसी को तत्काल चित्रकार बना सकता है। उन्होंने ऐसे नवागतों से कहा था—'पहले तुम प्रकृति को और उसके नियमों को समझो, बाद में उसे खंडित कर दो। रस्सी पर चलने की मंशा रखो, प्रयत्न भी करो, पर पहले जमीन पर चलना आना चाहिए।' निश्चय ही फाववाद अगर एक अविस्मरणीय कला आन्दोलन बन सका तो इसमें मातिस की ही केन्द्रीय भूमिका थी और उन्होंने अपने कामों में हलचल भरे रंगों, आवेशजनित अंकन को शास्त्रीय शैली के रूप में स्थिर किया और रम्यता, अनुपम रंग-संगति, लयबद्धता में समन्वित रेखाओं से युक्त अनूठे संयोजन से अपने चित्रों को रमणीय बना दिया। शुकिन के विशेष अनुरोध पर 'Music' और 'Dance' शीर्षक उनकी कृतियाँ तो इतनी मोहक बन गईं कि लोग उसे देखते ही हत्प्रभ हो गए थे।

अपने अन्तिम वर्षों में वे रेखात्मक कामों की ओर लौटे थे, पर रंगों की उनकी दृष्टि यथावत् रही थी। अन्तिम वर्षों के उनके काम कुछ-कुछ अमूर्तन की शक्ल में भी उभर रहे थे। उन्होंने बाद में बहुत-से प्रयोग किए। चित्रकार के साथ-साथ वे छापाकार तथा मूर्तिकार भी थे, हालाँकि एक चित्रकार के रूप में ही दुनिया उन्हें जानती है, पर उन्होंने अपने अन्तिम आश्रय-स्थल वान्स के गिरिजाघर की दीवारों पर भित्तिचित्र बनाए थे और शीशे पर चित्र उकेरने के साथ धार्मिक वस्त्रों के अलंकरण भी किए थे। 1952 में फ्रांस के 'Le cateau-Combresis' में मातिस के चित्रों का संग्रहालय खुला जिसमें उनकी उल्लेखनीय कृतियों को रखा गया। 1954 में देहान्त से पहले उन्होंने कहा था—'मैं जिसको स्वप्न में देखता हूँ, वह ऐसी कला है जिसमें सन्तुलन, शुद्धता और प्रसन्नता है जो आरामकुर्सी के समान विश्राम देनेवाली है।' (What I dream of is an art of balance, of Purity and Serinity...Something like a good arm chair to rest.)। उन्होंने यह भी लिखा—'कलाकृति प्रत्यक्ष का निरूपण नहीं है। उसका जन्म कलाकार के मन में होता है। उसमें स्थायी

कलात्मक गुण और विचार होना चाहिए और उसको रचने की प्रसन्नता भी। यह सब तभी आ सकता है जब सृजन की समस्याओं पर हम लम्बे समय तक चिन्तन करें।' (The work of art is not immediate, it is work of mind, it must have enduring character and content, a character of Serenity and this is arrived at by long contemplation of the problem of expression.)

ध्यान दें तो पाएँगे कि मातिस के ये विचार भारतीय कला-चिन्तन की याद दिलाते हैं जिसमें कला के जन्म के बारे में कहा गया है कि वह कलाकार के मन में पहले रची जा चुकती है और बाद में प्रकट होती है। वह प्रत्यक्ष का नहीं, परोक्ष का प्रकटन है और परोक्ष में भी कलाकार अपने चित्त में समग्र जगत को अनुभूत कर लेता है।

कुल मिलाकर कह सकते हैं कि मातिस का समूचा रंगदर्शन प्रकृति को अन्तस्थ कर व्यक्त करने का दर्शन है जो फाववाद के माध्यम से प्रकट हुआ और स्वयं उनकी कृतियों को वैश्विक प्रतिष्ठा प्राप्त हुई। यह अकारण नहीं कि आधुनिक चित्रकला के इतिहास में वे पिकासो के समकक्ष मानकर याद किए जाते हैं।

आन्द्रे डेरेन (1880-1954)

फाववाद के दूसरे बड़े स्तम्भ आन्द्रे डेरेन (Andre Derain) रहे जिन्होंने अपनी कृतियों और विचारों से कला-जगत को प्रभावित किया। डेरेन ने प्रभाववादियों में श्रेष्ठ चित्रकार वान गॉग से बहुत से प्रभाव ग्रहण किए थे। उनके चित्रों में चटख रंग बहुधा हल्की स्फीति में दिखते हैं जो बेहद शान्त नजर आते हैं। वे बहुत जिज्ञासु स्वभाव के व्यक्ति थे और बहुत कुछ एक साथ जानना चाहते थे। वान गॉग के अलावा उनकी कला पर सिजां, पिकासो तथा फर्नांड लेजर (Fernand Lager) का प्रभाव दिखता है। पिकासो, ब्राक आदि से तो उनके गहरे सम्पर्क भी रहे थे। घनवाद से फाववाद में आए डेरेन के घनवादी काम भी बहुत महत्त्वपूर्ण माने जाते हैं, जिनमें—'Last Supper' (अन्तिम भोजन), 'Two Sisters' (दो बहनें), Saturday (शनिवार) आदि महत्त्वपूर्ण हैं। डेरेन की कृतियों में फाववाद की रंग-संगति चित्त को खींचती है, तो उसमें एक उल्लास दिखता है जो रंगों के सावधान प्रयोग से सम्भव हुआ है। पर सबसे बड़ी विशेषता उनकी कृतियों में अनुभूत हो सकने वाली शीतलता है। फाववाद में रचित उनकी महत्त्वपूर्ण कृतियों में—'Waterloo Bridj' (वाटरलू ब्रिज), 'Bathers' (स्नानार्थी), 'The turning Road' (घुमावदार सड़क), Landscapes and City View' (भूदृश्य और नगर-दृश्य), 'Fishing Boat', 'Cross Bridge London' (क्रॉस ब्रिज लंदन), 'The Light House' (द लाइट हाउस) आदि हैं। डेरेन की जिज्ञासु-वृत्ति और सरल-सहज स्वभाव के साथ उनकी निरीक्षण पद्धति पर रॉबर्ट रे (Robert Ray) ने लिखा है—'वे दुनिया में सब कुछ जानना चाहते

थे और स्वयं को भी। वे अपनी कृतियों को बिना किसी अहंकार के जाँचते। वे उस पर दूसरों के विचारों को सुनते और सुधारने की कोशिश करते। वे जब तक अपनी गलतियों को खोजकर सुधार नहीं लेते थे, तब तक उन्हें सन्तोष न होता।' डेरेन कहते भी थे—'Too much knowldge is harmeful to art.' (अधिक ज्ञान कला के लिए हानिकारक है)।

उनके इस कथन का आशय यही है कि वे कला-सृजन को ज्ञान का नहीं, भाव का विषय मानते थे। फाववाद को अपने सृजन से समृद्ध करनेवाले डेरेन की मृत्यु भी 1954 में एक सड़क दुर्घटना में हो गई थी।

मोरिस व्लामिंक (1876-1958)

मोरिस व्लामिंक (Maurice de Vlamink) भी अग्रणी फाववादी कलाकार थे जो कला चित्रण को कोई व्यवसाय नहीं, वरन् सहज स्वभाव मानते थे—'I Paint in order to clearify my thoughts...Painting is no more than anarchy, love-making, dreaming, Its an accident of nature.' (अपने विचारों को स्पष्ट करने के लिए मैं चित्र बनाता हूँ। अराजक होना, प्रेम करना, सपने देखना जिस तरह कोई व्यवसाय नहीं, एक प्राकृतिक घटना है, उसी तरह चित्रण करना एक स्वभाव-वृत्ति या प्राकृतिक घटना ही है।) संगीतज्ञ पिता की सन्तान व्लामिंक को कला विरासत में मिली। वे सहज-सिद्ध प्रतिभा के कलाकार थे और दूसरे के अनुकरण को पसन्द नहीं करते थे। सन् 1900 में आन्द्रे डेरेन से उनका परिचय हुआ जिन्होंने उनका परिचय मातिस से कराया था। परिचय का स्थान एक दीर्घा थी जहाँ वान गॉग के चित्रों की प्रदर्शनी चल रही थी। वे सेना में भी थे। सेना से मुक्ति के बाद वे कविताएँ लिखने लगे और बीस से अधिक उपन्यास भी लिख डाले। व्लामिंक जब चित्र-सृजन में प्रवृत्त हुए तो सिजां और वान गॉग के प्रभाव से नए मार्ग बनाए। उन्होंने पत्ताहीन वृक्ष, झोंपड़ियों, जल पर तैरती नावों, बर्फ से आच्छादित सड़कों तथा ग्रामीण दृश्यों को फावशैली में आँक कर बड़ी ख्याति अर्जित की। उनकी कृतियों में लाल, पीला, हरा नहीं दिखता बल्कि इन रंगों के मुकाबले सफेद, काले और मटमैले रंगों में वे अपनी कृतियों को उसके समग्र प्रभाव में आँकते।

वे फ्रांस के उत्तर में एक गाँव में रहते थे और वहाँ के एकान्त को ही अपनी अनुभूति का विषय बनाते थे। वे कहते भी थे कि उन्हें किसान कहा जाना पसन्द है। यद्यपि वे पिकासो, वान डोन्जेन (Van Donjen), माक्स (Maks), अपोलिनेयर (Apollinaire) आदि के निकट सम्पर्क में रहे, पर किसी का अनपेक्षित प्रभाव उन पर नहीं पड़ा। उनकी उल्लेखनीय कृतियों में—'Village' (गाँव), 'Le Gara' (ले गारा), 'Board' (चित्र बोर्ड), 'Expert Art' (कला विशेषज्ञ), 'Art Net'

(कला जाल), 'Marina-Harwe' (हार्वे तट), 'La Route' (मार्ग), 'Poster Mart' (पोस्टर बाजार) आदि शामिल हैं जो अपनी रंग-भाषा और उदास छवियों के मिले-जुले प्रभाव में हमें ले जाकर चकित करने के साथ-साथ उदास भी करती हैं; क्योंकि इनमें सूनी सड़कें, उदास गाँव और प्रकृति की नीरवता में पत्रहीन वृक्षों की कतारें हैं। अपनी इन्हीं विशेषताओं के कारण व्लामिंक फाववादी कलाकारों में अलग से पहचाने गए।

इनके अलावा राउल डफी (Raoul Dufy), वान डोन्जेन (Van Dongen), जॉर्ज राउल्ट (Georges Rouault), जिन पुइ (Jean Puy), अल्बर्ट मार्क्वे (Albert Marquet), चार्ल्स केमोलिन (Charls Camoline), लुइस वाल्टाट (Louis Valtat), जिन मेटजिंगर (Jean Metzinger) आदि फाववाद के महत्त्वपूर्ण कलाकारों में रहे, जिन्होंने समूचे कला-जगत को अपने कामों से चकित किया। फाववाद में रहते हुए प्रायः सभी कलाकारों ने अपना स्वतंत्र व्यक्तित्व विकसित किया था और चित्रकला को नई युक्तियों से समृद्ध भी। स्त्री, पुरुष, प्रकृति, गाँव-देहात, नदी, नदी के पुल, वन, सूर्य की आभा, दिन और रात के संचरण जैसे विषय इनके प्रिय विषय रहे जिनमें रम्य और मनोरम रंग-संगति से भरी रंग-दीप्ति दृश्य के स्वाभाविक रूपों में झाँकती प्रतीत होती है। इनके कामों में—डफी के 'Water Field' (जल क्षेत्र), 'Paris' (पेरिस), 'Profile' (प्रोफाइल), 'Port of La Harve, (हार्वे का बन्दरगाह) डोन्जेन के 'The Dancer Anita' (नर्तकी अनिता), 'Lucie and Her Dance Partner' (लुसी और उसकी साथी नर्तकी), 'Lutteuses Tabarin' (लुट्टियस ताबारिन), 'Woman with Large Hat' (बड़े टोप के साथ स्त्री), 'La robe Rose' (ला रोब रोज), The Sphinks, (गूढ़ व्यक्ति) राउल्ट के 'Clown' (विदूषक), 'Twilight' (साँझ), 'The Italian Woman' (इतालवी स्त्री), 'The three Judges' (तीन न्यायाधीश), जिन पुइ के 'Artnet' (कला जाल), 'Sketeh Line' (रेखाचित्र रेखा), 'Roman Bridj in Saint' (सेंट में रोमन पुल), मार्क्वे के 'Place Aux Herbes' (ऑक्स हर्ब्स का स्थान), 'Le Resposdevont la' (ले रेसपोसडेवॉन्ट ला), केमोलिन के 'Ackermans fine Art' (एकरमेन्स फाइन आर्ट), 'With Images' (छवियों के साथ), लुइस वाल्टाट के 'Anemones on a Blue Back Ground' (नीली पृष्ठभूमि पर एनीमोनस), जिन मेटजिंगर के 'At the Cycle' (साइकिल पर), 'Dancer in a Cafe' (कैफे में नर्तक), 'De ux Nus' (डी ऑक्स नस) आदि उल्लेखनीय हैं।

ये सभी कृतियाँ फाववाद के रंग वैविध्य के साथ अपनी अलग युक्तियों में भी दिखाई देती हैं जिनमें प्रकृति अपनी स्वाभाविकता के साथ दिखती है तो चित्रित मानवाकृतियाँ सहज रूप में रंगों में झाँकती प्रतीत होती हैं। जॉर्ज ब्राक (George Braque) भी महत्त्वपूर्ण फाववादी चित्रकार थे, पर उनका अधिक योगदान घनवाद

में सामने आया जिन्होंने पिकासो के साथ मिलकर घनवाद को प्रतिष्ठा देने का प्रयत्न किया। फाववाद में रहते हुए ब्राक की तरह अनेक ऐसे कलाकारों ने उल्लेखनीय काम किए जो बाद में दूसरे कला आन्दोलनों में भागीदार हुए।

कुल मिलाकर यह कहा जा सकता है कि मात्र तीन-चार वर्ष की अवधि में सक्रिय रहे इस आन्दोलन ने कला जगत को अपनी सक्रियता से आन्दोलित किए रखा और मातिस की केन्द्रीय भूमिका ने कला की सर्जना और विचार दोनों को प्रभावित किया। फाववाद में रंग की केन्द्रीयता चित्रकला को जो नया रंग-दर्शन दे सकी, उसी से घनवाद के उभरने की सम्भावना भी बनी और उसमें सर्जना के वैशिष्ट्य को अलग ढंग से उभारने के प्रयत्न हो पाए। फाववाद का उदय और उसका महत्त्व यदि एक सदी बाद भी बना हुआ है तो निश्चय ही यह उसकी सर्जनात्मक उपलब्धियों में एक है। सहज-स्वाभाविक भावों को रंगों की दीप्ति में समझने और बरतने की चेष्टा फाववादियों ने बहुत बाद तक की, जब दूसरे आन्दोलन कला-जगत में आए और गए।

यह कोई सामान्य बात नहीं कि रेखाओं की उपेक्षा करके वस्तुओं का ऐसा प्रभावकारी चित्रण हो कि रंग भी अपने प्रभाव में उभर सकें और विषय जीवन्त होकर गतिमय हो जाएँ। चित्रकला में रेखाओं और रंगों के अपने नियम हैं जिनके बिना चित्र-सर्जना सम्भव नहीं। पर रंगों के स्वत:स्फूर्त विचार ने उसे नकार कर भी सफलता पाई, यह आश्चर्य से कम नहीं। वैसे रेखाओं पर आग्रह करने के बावजूद रंगों की वैविध्य भरी समझ और युक्ति की वकालत प्राय: सभी बड़े कलाकारों तथा विचारकों ने की है, क्योंकि रंग चित्र के प्राण हैं और वे कृति की सर्जना को अर्थ, भाव, स्पन्दन तथा अनुभूति देते हैं। हेनरी मातिस की कृतियाँ रंगों का बारीकी से प्रयोग और उससे नए अर्थ-संधान की दिशा में क्रान्तिकारी कदम हैं।

यह सर्वथा चकित करनेवाली बात है कि भारतीय कला मूर्धन्यों में एक के.जी. सुब्रमण्यन को हेनरी मातिस, पाब्लो पिकासो के मुकाबले अधिक निकट लगते रहे। के.जी. की कृतियों में रंगों की बारीकी, रंगों से भावपूर्ण विषयों का संयोजन और उनके मौलिक प्रभाव के उभार को देखें तो स्पष्ट होगा कि लगभग एक शताब्दी पूर्व हुए फाववाद के उदय का प्रभाव अब भी बना हुआ है, पर अब वह 'जंगलीपना' या 'पागलपना' नहीं है। उसकी विशिष्टताएँ रंगों से नए अर्थों के सृजन में विन्यस्त हो गई हैं, उनमें अब विचार की शक्ति है, पारम्परिक प्रतीकों में भी नए सन्दर्भों को शामिल करने की युक्ति शामिल हो गई है। के.जी. की तरह ही अकबर पदमसी जैसे दूसरे भारतीय कलाकार भी मातिस की रंग-योजना से प्रेरित रहे। भारतीय समकालीन कलाकारों में भी कई पीढ़ियों के कलाकार अब अपने प्रयोगों में पारम्परिक पद्धतियों के समानान्तर रंगों को एक नई चेतना देने की ओर बढ़ रहे हैं और उसके बर्ताव के नए-नए कौशल दिखा रहे हैं। रंग का बरतना, उसके प्रभाव को समझना, उसकी छवि में प्रकृति और जीवन के रहस्यों को देखना—चित्रकार का अपनी कला को

ही नहीं, स्वयं को देखना है। वह चित्रभाषा का अक्षर-बिम्ब है जिसे साधकर ही कलाकार चित्र को नए-नए रहस्यों में ले जा सकता है। फाववाद ने कला में रंग के रहस्य को समझने की प्रेरणा दी और उसे नए अर्थ-प्रयत्नों से जा मिलाया। यही कारण है कि समय के दबाव, प्रयोगों और तकनीकी युक्तियों और चुनौतियों के बीच भी कला का अस्तित्व यदि है, तो रंग ही उसके प्राण हैं। वे ही उसकी भाषा हैं; इसलिए यदि रंग, चित्रकला के दूसरे तत्त्वों की भूमिका निभाने की तरफ बढ़ रहे हैं, उसकी संरचनात्मक आयामों को व्यवस्था देने की कोशिश में लगे हैं, तो कोई आश्चर्य की बात नहीं।

निश्चय ही यह फाववाद की व्याप्ति का ही प्रभाव है कि एक शताब्दी बाद भी हम उसके असर को देख रहे हैं। उसके आगे जो आन्दोलन खड़े हुए उसकी पृष्ठभूमि फाववाद भी बना; जिसे हम आगे देखेंगे।

अभिव्यंजनावाद
(Expressnism)
(1905-1920)

अन्तर्मन के द्वैत का चित्रण

अभिव्यंजनावाद का उदय विश्व-कला के लिए एक बड़ी घटना की तरह हुआ। 'Expressnism' शब्द का प्रयोग सबसे पहले 1850 में हुआ था। 1901 में जूलियन अगस्ट हर्वे (Jullien Auguste Herve) ने पेरिस की एक दीर्घा में अपनी कृतियों की प्रदर्शनी की और उन्हें 'अभिव्यंजनावादी चित्र' कहा। इससे भी पहले मेथियास ग्रुनेवाल्ड (Matthias Grunewald) तथा अलग्रेको (El Greco) ने भी अपने को अभिव्यंजनावादी कहा था।

इसकी पृष्ठभूमि के रूप में यह तथ्य सामने आता है कि जर्मन दार्शनिक फ्रेडरिक नीत्शे (1844-1950) ने अपने दार्शनिक उपन्यास 'Thus Spoke Zarathrustra' (दस स्पोक जरथ्रुस्ट), स्वीडिश नाटककार अगस्ट स्ट्रीनबर्ग (August Strinberg) ने अपने नाटकों 'टू डामास्कस', 'ए ड्रीम प्ले', अमेरिकन कवि वाल्ट ह्विटमैन (Walt Whitman) ने अपने कविता संग्रह 'लीव्स ऑफ द ग्रास', रूसी उपन्यासकार फ्योदोर दोस्तोएवस्की तथा सिग्मंड फ्रायड जैसे मनोवैज्ञानिक ने भी अपनी रचनाओं में इस पद का प्रयोग किया था। एडवर्ड मुंक, वान गॉग, जेम्स एन्सोर आदि चित्रकारों ने भी अपने वक्तव्यों में इस पद का कई बार उपयोग किया।

बाद में यानी 1905 के आरम्भ में लुडविग किर्शनेर (Ernst Ludwig Kirchner) के नेतृत्व में चार जर्मन कलाकारों का एक समूह बना जिसे 'The Bridg' (पुल) कहा गया। यह समूह ड्रेसडेन नगर में बना। यह समूह एक तरह से जर्मन अभिव्यंजनावादी कला आन्दोलन की ही शुरुआत था, जिसमें तब तक अभिव्यंजनावाद शब्द का प्रयोग नहीं किया गया था।

इस आन्दोन की कविता, फिल्म तथा संगीत में भी जगह बन सकी। इस आन्दोलन को विधेयवाद (Positivism) और प्रभाववाद की प्रतिक्रिया के रूप में भी देखा गया जो प्रकृतवाद (Naturalism) के समतुल्य था। असल बात यह है कि यह पद्धति

कलाकार के सामान्य विवेक के साथ उसके अहं से जुड़ी रचना पद्धति है जो अपने पर थोपे गए किसी भी ऐसे विचार को मानने से इनकार करती है जो कलाकार के मन और स्वभाव के विपरीत हो। दूसरे शब्दों में कह सकते हैं कि अभिव्यंजनावाद कला को वस्तुगत परिप्रेक्ष्य से मुक्त कर कलाकार के आत्म से जोड़ता है और कलाकार के मन और विचारों को उसके स्वभाव के अनुकूल जाग्रत करता है। कह सकते हैं कि यह पद्धति भौतिक वास्तविकताओं यानी दृश्य यथार्थ के मुकाबले भावनात्मक अनुभव को प्राथमिकता देती है।

एक अन्य सन्दर्भ से यह ज्ञात होता है कि हेवार्ट वाल्डेन (Haiwart Waldain) के संयोजन में बर्लिन की एक कलादीर्घा में लगनेवाली प्रदर्शनी को 'अभिव्यंजनावादी कृतियों की प्रदर्शनी' कहा गया। इन कृतियों में आदर्शवाद, प्रभाववाद तथा आदर्शवाद की झलक के साथ एक नई पद्धति दिखाई दे रही थी जो देखने में अलग प्रभाव के साथ उद्‌भासित हो रही थी। बुक्खाइम ने कहा था कि इस शब्द का प्रयोग पहले पहल पॉल कॉसिरेर ने किया था। जो भी हो, एक बड़े कला आन्दोलन के रूप में अभिव्यंजनावाद बीसवीं सदी के आरम्भ में प्रकाश में आया जिसका जर्मनी में ही बड़ा विरोध हुआ। अनेक कला आलोचकों ने इसका विरोध करते हुए लिखा कि यह पद्धति फ्रांसीसी चित्रकारों की नकल है और इसमें देश-प्रेम की भावना का अभाव है। वास्तविकता यह थी कि अभिव्यंजनावाद फाववाद की ही तरह सभी कलात्मक विचारों के समन्वय पर बल देता था, पर चित्र की मूलात्मा उसने कलाकार के चित्त को माना। यही कारण है कि अभिव्यंजनावादी पद्धति में काम करनेवाले विभिन्न कलाकार अलग-अलग पद्धतियों में काम करते हुए आए थे। एरिक हेकेल (Erich Heckel) को देखें तो वे फाववादी थे, तो फाइनिंगेर (Fininger) घनवादी। कैंडिस्की की कला वस्तुनिरपेक्ष यानी अमूर्त थी, तो पॉल क्ली में आन्तरिक चेतना का प्रभाव था। यह ठीक उसी तरह था, जैसे फ्रांसीसी प्रभाववाद में शामिल कलाकार विभिन्न देशों और पद्धतियों से आकर शामिल हुए थे। उदाहरण के लिए स्पेन से पिकासो, इटली से मोदग्लियानी (Amedeo Modigliani), रूस से मार्क शागाल (Marc Chagall) और चेम सुटिन (Chaim Soutine)। इसी तरह अभिव्यंजनावादी कलाकार ज्यादातर जर्मनी से बाहर के थे। ये कलाकार यह भी मानते थे कि चित्रकला का संगीत, नृत्य तथा कविता से गहरा नाता है।

चित्रांकन पद्धति में साम्यता के बावजूद फाववाद से अभिव्यंजनावाद इस रूप में अलग था कि उसमें दृश्यता के मुकाबले कलाकार की अन्तर्भावना को प्राथमिक माना जाता था। व्लामिंक ने तो यहाँ तक कहा था कि—'सहज और स्वाभाविक प्रवृत्ति कलाकार के सृजन का आधार है।' थियोदोर नोल्डे (Theodor Noldeke) ने इससे भी बढ़कर कहा कि—'कलाकार की स्वाभाविक अन्तःस्फूर्त प्रवृत्ति ज्ञान से दस गुना बड़ी है।' वर्नेर हाफ्टमैन (Warner Haftman) ने लिखा था—'अब मनुष्य

दृश्यज्ञान को महत्त्व नहीं देता। कलाकार के मानस पटल पर जो छवि अनायास उभर जाती है, महत्त्व उसी का है।' उसने प्रकृति के अनुकरण का विरोध करते हुए कहा कि—'प्रकृति एक बहाना मात्र है। अब यह आवश्यक है कि कलाकार प्रकृति-चित्रण से अलग हटकर अपने अन्तर के संसार को प्रकाशित करे।'

अभिव्यंजनावाद पर उक्त सन्दर्भों में विचार करने पर स्पष्ट होता है कि यह केवल कला का आन्दोलन नहीं था जिसका सम्बन्ध चित्रांकन की पद्धति तक सीमित था, वरन् वह कला को अधिकाधिक सहज, स्वाभाविक और मौलिक बनाने का क्रान्तिकारी विचार था। इसमें एक व्यक्तिवादी आग्रह भी था, जो कलाकार के अहं से संचालित होता था। अभिव्यंजनावादी कलाकारों में ज्यादातर अपने अहं से ग्रस्त थे और उनका दूसरों से संवाद भी न के बराबर ही रहता था। यह अकारण नहीं था कि आत्मकेन्द्रिता की अधिकता के कारण अभिव्यंजनावाद के ज्यादातर कलाकार मानसिक आशंकाओं से ग्रस्त रहते थे। वान गॉग, एडवर्ड मुंक, किर्शनेर, सुटिन आदि सबकी यही स्थिति थी। इसमें सबने आत्महत्या के प्रयास किए थे जिनमें तीन ने बाद में अपनी जीवन-लीला स्वयं समाप्त की। अभिव्यंजनावाद की अच्छाइयों के साथ सबसे बड़ी बुराई भी यही थी कि यह कलाकारों को अहंकारी और मनोग्रस्त बनाकर सबसे अलग कर देता था, फलत: वे अकेले पड़ जाया करते थे। इस पद्धति के बड़े कलाकारों, जैसे—मुंक, वान गॉग, किर्शनेर, ऑस्कर कोकोश्का (Osker Kokoschka) आदि में अन्तर्द्वन्द्ध की अधिकता यूँ ही नहीं दिखती। ये सभी अन्तर के उथल-पुथल में इतने लीन हुए कि बाहर की दुनिया का इन्हें जैसे भान ही न था। यही कारण है कि इन सबने सबसे अधिक अपने आत्मचित्र बनाए जो विभिन्न छवियों में दिखाई देते हैं। इनके मानसिक विक्षोभ की स्थिति यह है कि इनके अधिकतर चित्रों में अन्याय, अवसाद और चीखें हैं। निराशा और शोक से भरी इनकी अधिकतर कृतियों से उनकी मानसिकता का अनुमान लगाना कठिन नहीं होता। उनकी यह सोच स्वयं उनके लिए भारी पड़ी और वे अपने को मिटा डालने की ओर प्रवृत्त हुए। हालाँकि ये सभी कलाकार विश्वकला के श्रेष्ठतम कलाकारों में थे जिनके निधन के बाद उनके वैश्विक महत्त्व को समझा गया और उनकी कृतियों को भी अद्वितीयता मिल पाई।

असल में इस कला विचार पर हेनरी बर्गसां (Henry Bergson) जैसे फ्रेंच दार्शनिक के विचारों का भी बहुत प्रभाव पड़ा जिन्होंने अपनी पुस्तक 'क्रिएटिव इवोल्यूशन' (1907) में स्वच्छन्दतावादी विचारों की व्याख्या करते हुए सर्जकों को बाह्य बन्धनों से मुक्त होने की बात की थी। उन्होंने कहा था—'जब कोई बाह्य बन्धनों से मुक्त होकर कार्य करता है तो सर्जन होता है।' उनके इस विचार ने तत्कालीन कलाकारों को मुक्त मन से कार्य करने को प्रेरित किया। उनकी फ्रेंच में लिखी इस पुस्तक का अनुवाद विन्डेल वान्ट तथा जिम्मेल ने किया था और उसका विशद् प्रचार

भी। अभिव्यंजनावाद के अस्तित्व में आने में बर्गसां के इन विचारों का निश्चय ही बहुत महत्त्व था। बर्गसां के इन विचारों का विल्हेम वोरिंगेर (Wilhem Voringer) ने अपनी पुस्तक 'एब्सट्रैक्शन एंड इम्पैथी' में समर्थन किया और विस्तार से बताया कि मानव मन में उपजे भाव ही कला-सृजन के आधार तत्त्व हो सकते हैं, बाह्य उपादान कला को नष्ट करते हैं।

कह सकते हैं कि लुडविग किर्शनेर के नेतृत्व में चित्रकारों के एक समूह ने एक संगठन बनाकर जर्मन अभिव्यंजनावादी आन्दोलन को खड़ा किया। लेकिन इस आन्दोलन को व्यवस्था 1911 में मिली जब युवा कलाकारों के समान विचार वाले चित्रकारों के एक समूह ने एडवर्ड मुंक (Edvard Munch) के नेतृत्व में काम करना शुरू किया। इस आन्दोलन को मुंक के साथ वास्सिली कैंडिस्की (Wassily Kandisky), पॉल क्ली (Paul Klee), फ्रांज मार्क (Franz Marc) तथा अगस्ट मैक (Auguste Macke) ने भी विकसित होने में मदद दी। यह आन्दोलन आरम्भ में जर्मन कला आन्दोलन के रूप में ही उभरा। पर इसके बाद यह आन्दोलन लगातार विकसित होता रहा। बाद में इसका प्रभाव चित्रकला के साथ कविता तथा नाटक पर भी पड़ने लगा।

असल में अभिव्यंजनावाद विशुद्ध आधुनिकतावादी कला का आन्दोलन था जिसने कला के साथ-साथ कविता में भी अपनी जगह बनाई। बीसवीं सदी के आरम्भ में और प्रथम विश्वयुद्ध के पूर्व यह क्रान्तिकारी शैली एक बड़े आन्दोलन के रूप में सामने आई। यह बर्लिन में बहुत लोकप्रिय हुई। कुछ समय बाद यह कला पद्धति अपने विचारों के कारण चित्रकला के अतिरिक्त वास्तु, साहित्य, नाटक के क्षेत्र में भी लोकप्रिय हो गई। ठीक इसी विचार पर काम करते हुए बॉकलिन, फायरबाख, क्लिंगेर और मॉरिस की पलायनवादी कला की प्रतिक्रिया-स्वरूप फर्डिनांड होडलर (Ferdinand Hodler), एडवर्ड मुंक आदि ने अभिव्यंजनावाद के तहत सामान्य मनुष्य के निराश और अंधकारमय जीवन का चित्रण किया जिसका भविष्य धुंधला था। यह चित्रण मनोविज्ञान को भी अपना पाथेय बनाता रहा। एक स्तर पर यह समाजवादी यथार्थवाद भी था जो शास्त्रीय कला के विरोध में प्रकट हुआ था। इस विचार को माननेवाले कलाकारों को औद्योगिक विकास और अंधाधुंध शहरीकरण जैसे भौतिक विकास में मानव भविष्य अंधकारमय दिख रहा था; क्योंकि वह पीछे छूटा जा रहा था और उसकी भावनाओं के लिए कोई जगह बच नहीं रही थी।

इन कलाकारों की प्रतिक्रिया फ्रांसीसी कला के विरोध में दिखती है जिनमें ज्यादातर कलाकार प्रकृति के बाह्य सौन्दर्य को अंकित कर खुश हो रहे थे। जर्मन कला की इस पद्धति ने मनुष्य और संसार के अन्तर्यथार्थ को आँकने की कोशिश की और बाह्य सौन्दर्य की सीमाओं को बताने की चेष्टा की। यह देखकर हैरानी होती है कि अभिव्यंजनावाद के उदय का प्रभाव उत्तरी यूरोप में ही पड़ा जिसके कारण

वान गॉग, एडवर्ड मुंक, फर्डिनांड होडलर, जेम्स एन्सोर, वास्सिली कैंडिस्की आदि कलाकारों ने अपने जीवन को इस पद्धति के लिए समर्पित कर दिया। निश्चय ही बाद के दौर में यह कला विचार पूरे यूरोप में फैला और एक समय के बाद पूरी दुनिया के कलाकारों को प्रभावित कर सका।

कुछ समीक्षकों के अनुसार अभिव्यंजनावाद की तुलना वास्तुशिल्प विधान गोथिक से की जा सकती है जो अपनी गूढ़ता के लिए प्रसिद्ध है। इस पद्धति में भी कलाकार मनुष्य की देह को अपनी मानसिकता के अनुसार विकृत शक्ल में अंकित करते हैं। इसमें रंग-संगति की परवाह नहीं होती, और न ही उसे आकर्षक बनाने पर विचार होता है। इसे प्रभाववाद की प्रतिक्रिया में ही देखना होगा जो एक शास्त्रीय पद्धति रही है और जिसमें बाह्य संसार और प्रकृति के सौन्दर्य को अंकित करने का स्पष्ट विधान है। इस कला पद्धति को बीसवीं सदी के आरम्भ में यूरोपीय मनुष्य और समाजों की जटिल जीवन स्थिति और उनके अंधकारमय भविष्य की परिणति के रूप में भी देखा जा सकता है। उस समय का अवलोकन करने पर स्पष्ट होता है कि तत्कालीन जर्मनी और फ्रांस में औद्योगिक विकास के साथ-साथ मनुष्य अकेला पड़ता जा रहा था और हर क्षण युद्ध की आशंका बनी हुई थी जिसके फलस्वरूप विकार से भरी मानसिकता जन्म ले रही थी। उस दौर की संस्कृति हो या साहित्य, कला हो या जीवन-आचार, सब पर भविष्य की आशंका हावी थी और एक भयावह किस्म की उदासीनता व्याप्त थी। यह प्रथम विश्वयुद्ध के पूर्व की स्थिति थी जिसको ध्यान में रखने से अभिव्यंजनावाद के जन्म और उसके दर्शन को समझने में आसानी होती है। फ्रांस के मुकाबले यह स्थिति जर्मनी में अधिक भयावह थी और यही वजह है कि जर्मन विचारकों तथा कलाकारों में औद्योगिक विकास और यांत्रिक मानव जीवन के बनावटीपन से घृणा की भावना पैदा होती है। उनका आत्मस्थ होना, मनोभावों को व्यक्त करना और प्रतीकात्मक छवियों में विभ्रमपूर्ण जीवन तथा सौन्दर्य का प्रतिकार करना इन्हीं परिस्थितियों की देन थी, जिसका अपना महत्त्व है।

यह भी ध्यान में रखना चाहिए कि तत्कालीन जर्मन समाज जिस तरह के शासन का शिकार था, उसमें क्रूरता, अन्याय और अमानवीयता का जोर था। इस कला पद्धति ने व्यक्ति-स्वातंत्र्य को अपना ध्येय बनाया और आन्तरिक प्रतिरोध को भी अपने चित्रण में जगह दी। यह दुखद लगता है कि इस कला विचार के पुरस्कर्ताओं में आत्मविचलन दिखा और वे अपने समय की विरूपताओं से तंग आकर जान देने को उद्यत हुए। पर उनकी ये परिस्थितियाँ ही थीं; क्योंकि वे जर्मन लोगों के भारी विरोध का शिकार हुए, उपेक्षित हुए और जर्मन प्रभु वर्गों ने उन्हें घुटकर मरने को विवश किया। ये वे लोग थे जो मानते थे कि यह कला उन्हीं के प्रतिकार से उपजी है।

याद करें तो इटली के दार्शनिक बेनेदितो क्रोचे (**Benedetto Croce**) (1866-1952) ने भी कला में आए इस आन्दोलन के पूर्व **'अभिव्यंजनावाद'** की

एक दार्शनिक अवधारणा दी थी। क्रोचे के 'अभिव्यंजनावाद' के सिद्धान्त में साहित्य में आत्मा को मूल सत्ता मानने की प्रतिज्ञा है। मूल रूप से आत्मवादी दार्शनिक क्रोचे ने हीगेल की तरह अन्तर तथा बाह्य जगत के समन्वय को स्वीकार नहीं किया। दृश्य जगत उनके लिए महत्त्वहीन था। साहित्य में मानसिक क्रिया व्यापार को महत्त्व देकर क्रोचे ने अन्ततः कला के मूल तत्त्व को ही खोजने का प्रयास किया था। आत्मतत्त्व ही वह मूल तत्त्व है जिसे क्रोचे आन्तरिक अभिव्यक्ति कहते हैं। उनके इस सिद्धान्त से भारतीय आचार्य कुन्तक के वक्रोक्ति सम्बन्धी सिद्धान्त को साथ रखकर भी देखा जाता है जो बहुत उचित नहीं। क्रोचे तो सहजानुभूति के जागृत होकर अभिव्यंजित होने से कला का जन्म होना मानते हैं पर कुन्तक उक्ति-वैचित्र्य को।

बहरहाल, हमारा उद्देश्य यहाँ क्रोचे और कुन्तक के विचारों का परीक्षण करना नहीं है, बल्कि यह है कि हम देख सकें कि दृश्यकला में बीसवीं सदी के आरम्भ में आए अभिव्यंजनावाद की स्थापना में भी क्रोचे की कोई भूमिका है?

सीधे तौर पर क्रोचे की इस दार्शनिक निष्पत्ति का कला के अभिव्यंजनावाद से सम्बन्ध नहीं दिखता, पर उनका कला की सृष्टि को कलाकार के अन्तर में स्वीकार करना और उसे सर्जक की अन्तःप्रज्ञा से जुड़ा मानने के साथ उसका बाह्य जगत से निषेध मानना अभिव्यंजनवाद की मूल अवधारणा से जुड़ता है। इटली, जर्मनी और फ्रांस के पड़ोस में स्थित है तथा इन सभी देशों के बीच विचारों की परस्पर आवाजाही रही है, इसलिए यह सहज सम्भव है कि क्रोचे का सिद्धान्त भी कहीं न कहीं कला के अभिव्यंजनावाद के उदय से जुड़ता हो।

दृश्यकला में शुरू हुआ यह आन्दोलन धीरे-धीरे कविता, संगीत, फिल्म और नाटक के क्षेत्र में भी अपनी जगह बना पाया और एक विशेष देश में उभरने के बावजूद एक दौर के बाद पूरी दुनिया में फैल गया और आज भी चित्रकला के साथ-साथ सभी कला-अनुशासनों में कहीं न कहीं उपस्थित है। मन के भीतर की आशंकाओं, डर, भयावह अंधेरे की चिन्ताओं और मानव-भविष्य की कठिन परिस्थितियों को अपनी अन्तःप्रेरणाओं से रच कर आकृतियों को शक्ल देते कलाकार जाने-अनजाने अभिव्यंजनावाद को ही व्यक्त कर रहे होते हैं।

प्रथम विश्वयुद्ध के बाद स्थितियों के अचानक बदल जाने और मनुष्य-जीवन के संत्रास के बढ़ जाने के बाद अभिव्यंजनावादी कलाकारों को अन्तर्मुखता से बाहर निकलकर जीवन की ठोस वास्तविकताओं से सामना करने की प्रेरणा मिली। तब अधिकतर कलाकारों ने अपने सामाजिक दायित्व का निर्वाह करते हुए युद्ध, युद्ध की विभीषिका से संत्रस्त मनुष्य और भयावह तबाहियों की जिम्मेदार शक्तियों को लक्ष्य कर अपने चित्र बनाए। ऐसे ही अनेक कलाकारों की एक बड़ी प्रदर्शनी 1925 में कुंस्थाल्ले मान्नहेम (Kunsthalle Mannheim) कला दीर्घा, जर्मनी में लगी, जिसे देखकर जर्मन कला-इतिहासकार जी.एफ. हार्टलैब (G.F. Hartlaub)

ने 'नव यथार्थवादी चित्रों की प्रदर्शनी' कहा था। अभिव्यंजनावाद में उभर आई इस नई प्रवृत्ति को देखते हुए फ्रात्स रोह ने 'Post Expressnism' (उत्तर अभिव्यंजनावाद) पुस्तक लिखकर 'Magical Realism' (जादुई यथार्थवाद) नाम दिया।

इस तरह अभिव्यंजनावाद के मूल समूह में से ही एक अन्य नए समूह का उदय हुआ, जो अन्तर्मुखता त्यागकर बाहरी संसार से जुड़ा। दूसरी तरफ अभिव्यंजनावादी कलाकारों का मूल समूह यथावत बना रहा, जो अपनी मूल प्रवृत्ति से प्रेरित होकर काम करता रहा। इस कला-आन्दोलन से किसी भी अन्य आन्दोलन के मुकाबले जुड़नेवाले कलाकार अधिक रहे। इनमें जर्मनी, इटली और फ्रांस के ही कलाकार न थे, बल्कि यूरोप से बाहर के भी कलाकार बड़ी संख्या में थे। आगे चलकर अभिव्यंजनवाद कई रूपों में दिखाई पड़ा और उसे अनेक नाम मिले, जिनमें—'नव-अभिव्यंजनावाद' (Neo-Expressnism), 'गीतात्मक अमूर्तता' (Lyrical Abstraction), 'अमूर्त अभिव्यंजनावाद' (Abstract Expressnism), 'न्यूयॉर्क आकृतिमूलक अभिव्यंजनावाद' (Newyork Figurative Expressnism), 'अमेरिकन आकृतिमूलक अभिव्यंजनावाद' (American Figurative Expressnism), 'The Blue Rider Expressnism' (नीला सवार अभिव्यंजनावाद) आदि शामिल हैं। इनमें अधिकतर समूह द्वितीय विश्वयुद्ध के बाद सामने आए जिनमें बाद के कई महत्त्वपूर्ण कलाकार जुड़े। इन कलाकारों में—जर्मनी के जॉर्ज बासेलित्ज (George Baselitz), सं. रा. अमेरिका के एरिक फिस्ची (Eric Fischi), स्पेन के पेरिस कारबोनेल (Peris Carbonell), फ्रांस के बर्नार्ड बफे (Bernard Buffet), इटली के सान्द्रो चिया (Sandro Chia) और इंग्लैंड के डेविड हॉकनी (David Hockney) के नाम महत्त्वपूर्ण हैं। ये वे कलाकार हैं जिन्होंने समकालीन कला में भी अभिव्यंजनात्मक पद्धति को जिलाए रखा और उसे नए रूपों, भावों और अभिव्यक्तियों से जोड़ा और सफलता पाई।

आशय यह कि व्यक्तिपरक परिप्रेक्ष्य को ही एकमात्र पद्धति बनाकर अभिव्यंजनावाद ने भावनात्मक प्रभाव के साथ मानसिकता और विचारों को अपना ध्येय बनाकर चित्र-रचना को एक क्रान्तिकारी आन्दोलन का रूप दिया था, जो अब तक के कला-आन्दोलनों से सर्वथा भिन्न था। मूल रूप से अभिव्यंजनावाद का मार्ग यही था। उससे निकले या बने विभिन्न समूहों ने चाहे उसे जिस रूप में बरता या जिस रूप में उसे ढाला, किन्तु इस पद्धति का एकमात्र लक्ष्य बाह्य बन्धनों से मुक्ति ही था और इससे काटकर उसे समझने की कोशिश करना उसे न समझना है। अपने मूल प्रस्थान में वह जितने कलाकारों को लेकर चला, वह आश्चर्यजनक है; फिर भी उसके मुख्य कलाकारों की संक्षिप्त चर्चा के पहले इन कलाकारों की सूची देख लेना अनुचित नहीं है। ये वे चुनिन्दा कलाकार हैं, जो अभिव्यंजनावाद से जुड़कर काम करते रहे—एडवर्ड मुंक (Edvard Munch),

वास्सिली कैन्डिंस्की (Wassily Kaindinsky), अर्नस्ट लुडविग किर्शनेर (Ernst Ludwig Kirchner), इगॉन शिले (Egon Schiele), फ्रांज मार्क (Franz Marc), पॉल क्ली (Paul Klee), एमिल नोडे (Emil Nolde), एनिटा मालफाट्टी (Anita Malfatti), जेम्स एन्सोर (James Ensor), ओटो डिक्स (Otto Dix), मार्क शागाल (Marc Chagall), एमेदियो मोदग्लियानी (Amedeo Modigliani), पिएट मौन्ड्रियाँ (Piet Mondrian), अगस्ट मैक (August Macke), एरिच हेकेल (Erich Heckel), लासर सिगॉल (Lasar Segall), फ्रांसिस बेकन (Francis Becon), काथे कॉलविज (Kathe Kallwitz), ग्रेब्रिएले मंटर (Gabriele Munter), पॉला मॉडरशन बेकर (Paula Modersonn Becker), मेक्स पेचस्टेन (Max Pechstein), जॉर्ज ग्रोस (George Grosz), लुसियन फ्रायड (Lucian Freud), कार्ल शमिद्त रॉटल्फ (Karl Schmidt Rottluff), कारेल अप्पेल (Karel Appel), अल्बर्टो जियाकोमेट्टी (Alberto Giacometti), हेलेन सजरबेक (Helene Schjerbeck), अंर्स्ट बारलाक (Ernst Barlach), इलेन थेस्लेफ (Elen Thesleff), एंग कियोक (Ang Kiukok), बर्नार्ड बफे (Bernard Buffet), अन्तोनियो बेरनी (Antonio Berni), अल्फ्रेड कुबिन (Alfred Kubin), इसाक ग्रुनेवाल्ड (Isac Grunewald), ईस्टर अल्मक्विस्ट (Easter Almqvist), पीटर मैक्स (Piter Max), अगस्ट स्ट्रीनबर्ग (August Strindberg), विल्हेम लेह्मब्रक (Wilhelm Lehmbruck), चेम सुटीन (Chaim Soutine), ल्युनेल फेनिंगर (Lyonel Feininger), मरिआने वॉन वेरेकिन (Marianne Werefkin), जॉर्ज राउल्ट (Georges Rouault), जोहान्नेस इट्टेन (Johannes Itten), क्सूल सोलर (Xul Solar), चांग डाइ-शेन (Chang Die Chien), अल्मा थॉमस (Alma Thaomas), चारलोट्टे सालोमोन (Charlotte Salomon), लियोन स्पिलिएर्ट (Leon Spilliaert), अमादेओ डी सूजा कारडोसो (Amadeo de Souza Cardoso) और अंर्स्ट नेजवेस्टनी (Ernest Neizvestny)।

उपर्युक्त सूची पर ध्यान दें तो पाएँगे कि इनमें शामिल कलाकार केवल यूरोप के नहीं हैं। इनमें इटली, फ्रांस, जर्मनी, बेल्जियम, इंग्लैंड, स्पेन, हंगरी जैसे योरोपीय देशों के कलाकार हैं तो ऑस्ट्रेलिया, अमेरिका, रूस, जापान, चीन आदि देशों के भी हैं। इसका मतलब यह हुआ कि अभिव्यंजनावाद के प्रति बड़े पैमाने पर कलाकारों में आकर्षण था और इस पद्धति में काम करने की उत्सुकता भी थी। कलाकारों का इसके प्रति आकर्षण का ही परिणाम था कि कई तरह की अभिव्यंजना पद्धतियाँ विकसित हुईं और उनमें काम करते हुए कलाकारों ने न केवल उसे समृद्ध किया बल्कि कला के सृजन और विचार में नया परिवर्तन सम्भव किया। अब हम उन सर्वाधिक महत्त्वपूर्ण कलाकारों की चर्चा संक्षेप में

करते हैं, जिन्होंने इस आन्दोलन को खड़ा किया और जिनके प्रयत्नों से यह वैश्विक आन्दोलन बन सका।

एडवर्ड मुंक (1863-1944)

एडवर्ड मुंक (Edvard Munch) अभिव्यंजनावाद के प्रणेता कलाकार थे। वे नॉर्वे के निवासी थे। उनकी बहुचर्चित कृति 'Scream' (चीख) विडम्बनात्मक जीवन की विलक्षण अभिव्यक्ति है जिसे अभिव्यंजनाववाद की प्रतिनिधि कृति माना जाता है। उनका जन्म 12 दिसम्बर, 1863 को अडाल्सब्रक, नॉर्वे में हुआ और मृत्यु भी ऑस्लो, नॉर्वे में 23 जनवरी, 1944 को हुई थी। उन्होंने प्रभाववाद, उत्तर-प्रभाववाद, प्रतीकवाद आदि कला-आन्दोलनों से भी जुड़कर काम किया था, पर अभिव्यंजनावाद ही उनकी कीर्ति का आधार बना था। चित्रकला के साथ-साथ उन्होंने छापाकला में भी काम किया और उसमें भी उल्लेखनीय सफलता मिली थी।

मुंक का बचपन कठिन परिस्थितियों में गुजरा। उनके पिता क्रिश्चियन मुंक एक डॉक्टर थे। बेहद कम उम्र में ही मुंक की माँ गुजर गई थीं। उनकी मृत्यु के पहले ही उनके पिता ने अपने से आधी उम्र की एक लड़की से शादी कर ली थी। वह चार भाई-बहनों के साथ मुंक को भी बहुत परेशान करती थी। पिता का व्यवहार भी सनकी जैसा ही था। आरम्भ से ही उनके परिवार में दुख और अवसाद की छाया रही जिसका बहुत गहरा असर मुंक पर पड़ा था। उन्होंने स्वयं 'Behind The Scream' (चीख के पीछे) में लिखा है—'My father was temperamentally nervous and obsessively religious to the point of Psyohoneurosis. From him I inherited the seeds of madness. The angles of fear, sorrow, and death stood my side since the day I was born.' ('Behind the Scream'-Edvard Munch; New Haven, C.T. Yale University)।

यानी 'मेरे पिता स्वभाव से ही उत्तेजित और उग्र किस्म के धार्मिक थे तथा मनोव्याधि से पीड़ित भी, उनसे वंशानुगत रूप में हममें पागलपन का बीज आया। इस तरह जन्म के साथ ही डर, दुख और मृत्यु हमेशा मेरे साथ रहे।'

इन यंत्रणादाई स्थितियों ने मुंक को भी मनोरोगी बना दिया था। वे कभी सन्तुलित नहीं रहते और हमेशा एक अज्ञात भय उन्हें घेरे रहता था जिसमें वे अन्दर से सिकुड़े और निरन्तर दुख से घिरे रहते।

शुरू-शुरू में मुंक ने घर के भीतर की चीजों के रेखांकन बनाए जिनमें दवा की बोतलें और दूसरे उपकरण थे। कुछ भूदृश्य भी बनाए। बचपन की ये आदतें उन्हें कला की दुनिया की तरफ ले जा रही थीं। पर स्थितियाँ प्रतिकूल थीं और घर काटने को दौड़ता। तेरह वर्ष की उम्र में उन्हें बड़े कलाकारों से मिलने का अवसर मिला,

जब कुछ कलाकारों ने एक संघ बनाया। वहाँ वे जाते और लौटकर चित्रों की नकल तैलरंग में करने का अभ्यास करते। 1879 में मुंक ने टेक्निकल कॉलेज में प्रवेश लिया जहाँ भौतिकी, रसायन और गणित को उन्होंने पढ़ने के लिए चुना। पर कुछ ही समय बाद बीमारी के कारण पढ़ाई में बाधा आई। कुछ दिनों बाद वे कॉलेज छोड़कर चित्रकार बनने के निर्णय पर पहुँचे। यही निर्णय उनका अन्तिम सिद्ध हुआ और वे चित्रकला के लिए समर्पित हो गए। पर चित्रकला उनके जीवन का प्रतिबिम्बन ही बनी। उन्होंने अपनी डायरी में लिखा था—'In my art I attempt to explain life and its meaning to myself.' (अपनी कला में मैं जीवन की और स्वयं की व्याख्या करता हूँ।) 1881 में 'रॉयल स्कूल ऑफ आर्ट एंड डिजाइन' में नामांकन उनकी कला-यात्रा का आरम्भ सिद्ध हुआ जिसके बाद वे लगातार काम करते रहे।

1889 में फ्रांस सरकार की फेलोशिप पर उनका पेरिस जाना और वान गॉग, सेउरा आदि के कामों से प्रभावित होना उनके कलाकार के लिए वरदान सिद्ध हुआ। वे काम करने लगे और कलाकारों-लेखकों के सम्पर्क में आते गए। इसी दौरान मुंक ने 'Frieze of life' (जीवन की चित्रावली) की एक श्रृंखला बनाई जिसे 1892 से 1902 के बीच पेरिस, बर्लिन और ऑस्लो की कला-दीर्घाओं में प्रदर्शित किया गया था। इन प्रदर्शनियों ने उन्हें बहुत लोकप्रिय बनाया था।

इस तरह मुंक की कला-यात्रा जारी रही, जो बाद में अभिव्यंजनावाद के आन्दोलन से जुड़ी और वे लगातार काम करते रहे। दुख, अवसाद, टूटन, भय और मृत्यु-बोध के सर्वथा भयावह भावों को आँकते मुंक अपने जीवन के उन करुण-दृश्यों को व्यक्त करते रहे, जो हमेशा उनसे चिपके रहे। उन्होंने हमेशा ऐसे चित्र बनाए जो डर पैदा करते हैं। उसमें अंकित पुरुष और स्त्री आकृतियाँ सहज-स्वाभाविक रूपाकारों में नहीं होतीं। काले और स्याह रंगों के साथ सन्तरा रंगों के मिश्रण से बनीं उनकी अधिकतर कृतियाँ अपनी भयावहता से हमें विचलित कर देती हैं। मुंक दूसरे अभिव्यंजनावादी कलाकारों से इस रूप में भिन्न थे कि वे जहाँ बाह्य रूप पर आग्रही थे, वहीं दूसरे कलाकार आत्मिक रूप के। वे स्वयं कहा करते थ—'मुझे जो दिखाई दे रहा है, उसे मैं चित्रित नहीं करता, बल्कि उसे चित्रित करता हूँ जो मैंने देखा है।' यह उनका देखना, वस्तुत: उन पर गुजरने के अर्थ में है। जीवन में मृत्यु, यंत्रणा, दुख और यातना ने मुंक को मानसिक रूप से भी स्वस्थ नहीं रहने दिया था; इसलिए प्रकृति और जीवन के सुन्दर पक्षों पर उनकी दृष्टि जाते-जाते ठहर जाती थी।

सही मायनों में कला को जीवन की तरह जीते और जीवन को कला में उतारनेवाले मुंक वह कलाकार थे जो अपने जीवन को कला-सत्य के रूप में रूपायित कर सके थे। उनकी अनेक कृतियों का आज ऐतिहासिक महत्त्व है जिसमें 1893 में बनाई गई उनकी बहुचर्चित कृति 'The Scream' (चीख) सहित 'Cry' (चिल्लाना), 'Anxiety' (चिन्ता), 'Jealousy' (ईर्ष्या), 'Melancholy' (उदासी), 'Woman in three

Stages' (तीन अवस्थाओं में औरत), 'The Dance of Life' (जीवन का नृत्य), 'Ashes' (राख), 'The Kiss' (चुम्बन), 'Eye in Eye' (आँख में आँख), 'Red and White' (लाल और सफेद), 'The Voice' (आवाज), 'Night In Saint Cloud' (सेंट क्लाउड की रात), 'The Deathbed Fever' (मृत्युशैया में बुखार) और 'Dead Mother and Child' (मृत माँ और बच्चा) आदि शामिल हैं। यह वे कृतियाँ हैं जिन्हें उन्होंने 'जीवन की चित्रावली' की दो शृंखलाओं में प्रदर्शित किया।

इसके अतिरिक्त उनकी अन्य उल्लेखनीय कृतियाँ हैं—'Ghost' (भूत), 'Puberty' (यौवन-प्राप्ति), 'Sick Girl' (बीमार लड़की), 'Death Chamber' (काल कोठरी), 'Death Bed' (मृत्यु शय्या), 'Death' (मृत्यु), 'Starry Night' (तारों भरी रात), 'Separation' (अलगाव), 'Self Potrait in-Hell' (नर्क में व्यक्ति-चित्र) आदि।

इस तरह हम देखते हैं कि एडवर्ड मुंक जीवन को कला में रूपायित करते उस भयावह सचाई को सामने लाते हैं जो मनुष्य जीवन के साथ बद्धमूल है। अभिव्यंजनावाद का नेतृत्व करते हुए मुंक जहाँ उसे जीवन के चित्रण की शैली बनाते हैं, वहीं व्यक्ति के निज को उसकी समूची विडम्बनाओं के साथ अंकित करते हैं। विश्वकला में इसीलिए मुंक को मनुष्य के संत्रास का सबसे बड़ा चित्रकार कहा जाता है।

फर्डिनन्ड होडलर (1853-1918)

फर्डिनन्ड होडलर (Ferdinand Hodler) अभिव्यंजनावाद के महत्त्वपूर्ण स्तम्भ थे। उनका जन्म स्विट्जरलैंड के बर्न में 14 मार्च, 1853 को और निधन जिनेवा में 19 मई, 1918 को हुआ। प्रभाववादी और उत्तर-प्रभाववादी कला-आन्दोलनों से जुड़कर काम कर चुके होडलर की पुख्ता पहचान अभिव्यंजनावाद से ही बनी। अपने आरम्भिक दिनों में वे भूदृश्य, व्यक्तिचित्र और अंग-निरूपण का काम यथार्थवादी शैली में करते थे, पर बाद में उन्होंने अभिव्यंजनावाद में भी रहते हुए प्रतीकार्थक शैली 'Parallelism' (समान्तरवाद) विकसित किया। यही कारण है कि अभिव्यंजनावादी होते हुए भी उनकी कृतियों में अभिव्यंजना के वे तत्त्व कम मिलते हैं, जो उसकी मूलात्मा रहे। मनोभावों, स्वप्नों और संत्रस्त जीवन की छवियों के अंकन पर उनका अधिक बल न था।

वे अपने माता-पिता की छह सन्तानों में एक थे। उनके पिता जिन होडलर बढ़ई का काम करते थे। माता मार्गुरिट्टे किसान परिवार से थीं। होडलर जब आठ वर्ष के हुए, तो उनके पिता का देहान्त हो गया। उनके गुजरने के आसपास ही उनके दो भाई भी चले बसे। इस विकट परिस्थिति में उनकी माँ ने एक आलंकारिक चित्रकार (Decorative Painter) ने शादी की, जिसके पहले से ही पाँच बच्चे थे। परिवार

की आर्थिक स्थिति बेहद खराब थी; ऐसे में होडलर को कई व्यावसायिक काम करने पड़े। आलंकारिक चित्रण में सहायक का काम करते हुए ही होडलर ने चित्रकला की शैली समझी और भूदृश्य बनाने के ढंग से परिचित हुए थे। इस तरह माँ की मृत्यु, स्वयं की शादी और तलाक आदि विपरीत स्थितियों से जूझते हुए होडलर ने एक चित्रकार का जीवन शुरू किया था जिसमें पॉसिन, वेलाज्क्वेज, प्राडो और हांस हॉल्सबेन आदि चित्रकारों के कामों की प्रेरणा थी।

1889 के आसपास उन्होंने आलंकारिक अंग-चित्रण की पद्धति 'समान्तरवाद' (Parallelism) की शुरुआत की थी, जो एक तरह से प्रतीकवादी पद्धति ही थी। इसमें एक ही कृति में समरूप आकृति को कई मुद्राओं में दिखाया जाता है। उनका इस विधि पर बनाया हुआ काम 'Night' (रात) बहुत पसन्द किया गया। जीवन में होडलर ने भी बहुत संघर्ष किया, दुख और निराशा से जूझते भी रहे, इससे उनकी मनोदशा भी प्रभावित हुई थी। एक जगह स्थिर चित्त और पद्धति पर न रहने के कारण उनकी कृतियों में एक साथ कई पद्धतियाँ दिखती हैं, किन्तु थे वे एक प्रतिभावान चित्रकार जो विषय को बिखराव से बचाकर एक सुस्पष्ट विन्यास देने में समर्थ हो जाते थे। उनकी महत्त्वपूर्ण कृतियों में—'Night' (रात) के साथ-साथ 'Procession of Wrestlers' (पहलवानों का जुलूस), 'Weary of Life' (जीवन से संत्रस्त), 'Disillusioned Souls' (आत्माओं का मोहभंग), 'Wilhem Tell' (विल्हेम कथा), 'The Tired of Life' (जीवन से थके हुए), 'Wood Cutter' (लकड़हारा), 'Woman in Ecstasy' (आह्लाद में स्त्री), 'Giulia Leonardi' (गिउलिया लियोनार्दी) आदि शामिल हैं।

होडलर ने जीवन की निराशा, दुख और तिक्त मन को यद्यपि व्यक्त किया, पर दूसरी पद्धतियों से कुछ ऐसे चित्र भी बनाए जो अभिव्यंजनावादी चित्रों से भिन्न आह्लाद और खुशहाली को दिखाते हैं। बावजूद इसके, होडलर अभिव्यंजनावाद के स्तम्भ रहे और इसके विकास के प्रेरक भी।

लुडविग किर्शनेर (1880-1938)

अंर्स्ट लुडविग किर्शनेर (Ernst Ludwig Kirchner) अभिव्यंजनावाद के महत्त्वपूर्ण चित्रकारों में गिने जाते हैं। उनका जन्म 6 मई, 1880 को जर्मनी के अस्चाफेनबर्ग में हुआ था और निधन 15 जून, 1938 को स्विट्जरलैंड के दावोस में। वे चित्रकार के साथ-साथ एक कुशल छापा-चित्रकार भी थे। उन्होंने अभिव्यंजनावादी समूह में रहते हुए 'Die Brucke' यानी 'The Bridj' (सेतु) नामक एक संस्था भी बनाई थी जिसका लक्ष्य अतीत और वर्तमान की कला के बीच समन्वय स्थापित करना था। किर्शनेर ने फ्रैंकफर्ट के स्कूल में शिक्षा ली थी। उनके पिता विज्ञान के एक

अध्यापक थे। उनके माता-पिता ने कला में उनकी रुचि को देखते हुए उन्हें प्रोत्साहित किया और 1901 में ड्रेसडेन के तकनीकी विश्वविद्यालय में वास्तुकला में प्रवेश दिलाया। यहीं पर उन्होंने रेखांकन का अभ्यास पाठ्यक्रम के तहत किया और कला पर विस्तृत विचार-विमर्श भी उनके अध्ययन का हिस्सा बना। 1905 में जब उनकी पढ़ाई पूरी हुई तो उन्होंने 'The Bridj' (सेतु) नामक संस्था बनाई जिसमें एरिच हेकेल, राउटलफ्फ आदि कलाकार शामिल हुए। 1906 में किर्शनेर ने इस संस्था का घोषणा-पत्र जारी किया, जिसमें कहा—'प्रत्येक व्यक्ति जो भी चित्रित करेगा, प्रत्यक्ष या परोक्ष; वह किसी भ्रम का शिकार नहीं होगा और वह हम सबसे जुड़ी हुई रचना को अपनी चेतना से रचेगा।'[1]

बहरहाल, यह अभिव्यंजनावाद के एक समूह की बात है; अब हमें किर्शनेर की कला पर थोड़ी-सी चर्चा कर लेनी चाहिए। किर्शनेर अभिव्यंजनावादी दौर के बड़े कलाकार थे और प्रथम विश्वयुद्ध के स्वेच्छिक सैनिक भी; इसलिए उनके पास युद्ध और उसकी विभीषिका के गहरे अनुभव भी थे। युद्ध से लौटने के बाद उन्होंने बहुत-से चित्र बनाए और बेचे; जिससे वे सम्पन्न भी हुए। सैन्य-सेवा में वे मानसिक रूप से बीमार भी हुए थे जिसके बाद उनको वापस घर भेज दिया गया था। किर्शनेर भी मानसिक रूप से बहुत संयत न थे और उनका जीवन नाना आशंकाओं से घिरा हुआ था—ऐसा उन्हें स्वयं लगता। किर्शनेर का स्टुडियो कुल मिलाकर एक सार्वजनिक मिलन-स्थल बन गया था जहाँ जोड़ों को प्यार करने और तत्क्षण विवस्त्र तक हो जाने की छूट थी। यहाँ मॉडेल्स को बुलाकर काम करने की भी छूट थी।

उनकी मानसिक अवस्था की हालत यह थी कि बर्लिन स्थित अपने स्टुडियो में बहुधा वे विवस्त्र ही रहते। उस समय यानी 1915 की ऐसी ही एक तस्वीर अब सार्वजनिक है जिसमें वे एक राजकुमारी के समक्ष विवस्त्र हैं। किर्शनेर ने अपनी इसी मनोदशा और रहस्यवादी मनोवृत्ति के कारण आत्महत्या का रास्ता चुना था। सिर्फ 58 साल की उम्र में मरने के पहले तक उनकी बनाई गई कृतियों में अभिव्यंजनात्मक तत्त्वों के साथ उनकी मनोदशा का अंकन भी दिखता है। उनकी कृतियाँ सुगठित रेखांकन और सुन्दर रंग न्यास के साथ अलग से पहचानी जा सकती हैं। उनके मुख्य कामों में—'Konigstein Station' (कोनिंगस्टेन स्टेशन), 'Three Bathers in the Sea' (सागर में तीन स्नानमग्न), (बर्लिन की गली) 'Barlin Street', ' Naked Playing People' (विवस्त्र लोगों का खेलना), 'Naked Girls Talking' (विवस्त्र लड़कियों की बातचीत), 'Female Nude with Hat' (टोप के साथ विवस्त्र स्त्री), 'Artillery man in the Shower' (शावर के नीचे तोपची) आदि शामिल हैं।

---

1. The Artist's Association 'Bruke' —Chronology, Bruke Museum, Retrived 29, September 2016.

किर्शनेर की कृतियों में भी उनकी मानसिक अवस्था के साथ जीवन की ऊब और उसकी तृष्णाएँ दिखती हैं। उनकी कृतियों में नीले रंग की पृष्ठभूमि विशेष रूप से आकर्षित करती है जो कैंडिंस्की की कृति 'Blue Rider' (नीला सवार) नामक कृति से प्रेरित है और जिसे वे अपने समूह का नाम भी देते हैं—'दे ब्लौ राइटेर' (Der Blaue Reiter)।

पॉल क्ली (1879-1940)

पॉल क्ली (Paul Klee) मूलत: जर्मन चित्रकार थे जिनका जन्म 18 दिसम्बर, 1879 को स्विट्जरलैंड में हुआ और 60 वर्ष की अवस्था में 29 जून, 1940 को वहीं उनका निधन हुआ। एकेडेमी ऑफ फाइन आर्ट्स, म्युनिख से कला-शिक्षा प्राप्त पॉल क्ली बहुमुखी प्रतिभा के धनी चित्रकार थे। वे चित्रकला के साथ-साथ छापाकला में भी हस्तसिद्ध थे। अपने अपेक्षाकृत छोटे से जीवन में उन्होंने दस हजार से अधिक कृतियों की रचना की। अभिव्यंजनावाद और अति-यथार्थवाद की पद्धति में उन्होंने अपने काम किए थे, पर उन्हें अभिव्यंजनावादी शैली में ही अधिक प्रसिद्धि मिली। कुछ काम उन्होंने घनवाद में भी किए थे। उनकी कला की विशेषता यह रही कि उन्होंने अभिव्यंजनावाद के साथ रहते हुए अपनी निजी शैली विकसित की और रंग-सिद्धान्तों के आधार पर चित्रों में नए प्रयोग सम्भव किए। उनके व्याख्यानों, टिप्पणियों और रूपाकारों पर लिखे हुए उनके लेखों का संकलन 'Paul Klee Note books' (पॉल क्ली नोटबुक्स) प्रकाशित है। क्ली और उनके रूसी चित्रकार दोस्त कैंडिस्की ने एक साथ जर्मनी के 'बाहौस स्कूल ऑफ आर्ट, डिजाइन एंड आर्किटेक्चर' में पढ़ाया था। क्ली के कामों में हमें विनोद और शिशु सुलभ चपलताएँ भी दिखती हैं तो उनकी वैयक्तिक मानसिकता, विश्वास और सांगीतिकता भी। उनके पिता जर्मन संगीतकार थे, तो माता फ्रांसीसी संगीतज्ञ। इस समन्वित सांगीतिक वातावरण का उन पर बहुत असर हुआ। वे बड़े अच्छे वायलिक वादक भी थे। उन पर कैंडिंस्की की रंग-योजना का भी असर पड़ा तो प्राकृतिक सौन्दर्य और संगीत का भी। उनकी कला को निर्मित करने में सौन्दर्य की आन्तरिक प्रेरणा बहुत काम आई और उनका ध्येय भी वही था कि वे सौन्दर्य की अन्तवर्ती सृष्टि को अंकित करें। बाद में कैंडिंस्की की रंग-योजना के साथ-साथ फ्रांज मार्क (Franz Marc) की अन्त:सृष्टि के वास्तविक रहस्य को समझने की कला ने एक उनकी एक दिशा में बनाने मदद की। 1903 में उन्होंने अपनी डायरी में लिखा था—'कला के सृजन में बहुत ऊँचे विचारों का होना उतना महत्त्वपूर्ण नहीं है जितना कि कलाकार की सच्ची अनुभूति का। कलाकार को अपनी ज्ञानेन्द्रियों को जाग्रत रखना चाहिए जिससे जीवन और मन के विरोधाभासी

तत्त्वों का ज्ञान हो जाए। उस ज्ञान को उसकी आत्यंतिक सीमा तक जाकर उसे अपने में विलीन करना चाहिए।'

पॉल क्ली ने रंगों की चमक को विशेष महत्त्व देते हुए, कृति की रचना रांगति पर बल दिया और ज्यामितीय आकारों के साथ गतिमय रेखाओं का अत्यन्त आत्मीय प्रयोग किया। क्ली ने गणितीय सिद्धान्तों के साथ-साथ रचना में अमूर्त संयोजनों को भी महत्त्व देकर अद्‌भुत कृतियों की रचना की। उनकी उल्लेखनीय कृतियों की संख्या बहुत है जो अनेक स्तरों पर कला के सौष्ठव और उसके प्रभाव को दिखाती हैं। सही अर्थों में पॉल क्ली ऐसे कलाकार थे, जो कला को अन्तर की साधना मानते थे और उसे मनुष्य की ज्ञानेन्द्रियों से अनुभूत सत्य की अभिव्यक्ति। उनकी उल्लेखनीय कृतियों में इन विशेषताओं को हम आसानी से देख-समझ सकते हैं—'Star Bound' (तारों की ओर), 'Head Hewn with an Axe' (कुल्हाड़ी से कटा शीर्ष), 'Uncomposed objects in Space' (बिखरे हुए वस्तु-समूह), 'Landscapes with blue Birds' (नीले पक्षियों के साथ भूदृश्य), 'Sindbad the Sailor' (नाविक सिन्दबाद), 'Villa R' (निवास आर'), 'Field Produce' (खेत की फसल), 'Plan for a Garden' (उद्यान की योजना), 'The Meadow' (चारागाह), 'Comedian' (विदूषक), 'Dance play of the red Skirts' (लाल पोशाक वाले नर्तकों का नृत्य करना), 'Lost in Thought' (विचारमग्न), 'Death of Fire' (आग की मृत्यु), 'Fish Magic' (मछली का जादू) 'Cat and Bird' (बिल्ली और चिड़िया) और 'Castle and Sun' (महल और सूरज) उनके कुछ चर्चित काम हैं।

निश्चय ही क्ली का वैशिष्ट्य इसमें था कि वे अन्तर की सूक्ष्म अनुभूतियों को रूपायित करने में समर्थ थे और यह क्षमता बहुत कम कलाकारों के हिस्से में आई।

फ्रांज मार्क (1880-1916)

फ्रांज मार्क (Franz Moritz Wilhem Marc) अभिव्यंजनावाद के श्रेष्ठतम कलाकारों में गिने जाते हैं। मार्क का जन्म म्युनिख, जर्मनी में 8 फरवरी, 1880 को हुआ और निधन 4 मार्च, 1916 को ब्राक्विस, फ्रांस में। उनका सम्बन्ध घनवाद से भी रहा। उनका निधन अल्पायु में ही हो गया था, पर बहुत कम समय में उन्होंने प्रभावकारी कृतियों की रचना की। वे धार्मिक प्रवृत्ति के व्यक्ति थे और सांसारिक प्रलोभनों से उन्हें वितृष्णा थी। 1900 में उन्होंने म्युनिख कला अकादेमी में प्रवेश लिया और 1903 से 1907 तक फ्रांस की यात्रा की जहाँ उन्होंने अनेक कलाकारों से भेंट की। इसी दौरान उन्होंने वान गॉग के चित्रों को भी देखा, तो दूसरे कलाकारों के भी काम देखे। उनकी भी मनोदशा ठीक न थी। वे अपने से ही आतंकित रहा

करते और मानसिक तनाव उन्हें घेरे रहता था। बीस वर्ष की अवस्था तक उनके कई प्रेम-सम्बन्ध बने और टूटे। छोटी-सी अवस्था में ही उनकी दो शादियाँ हुईं और वे दोनों स्त्रियाँ कलाकार थीं। वे एक पत्र में लिखते हैं—'मैं चाहता हूँ कि चित्रकला मुझे आतंकित अवस्था से मुक्त करे।' वान गॉग की कला से परिचित होने के बाद उन्होंने लिखा था—'कला में अपने सपनों की अभिव्यक्ति के सिवाय कुछ नहीं है।'

मार्क की कला में प्रकृति और प्राणि-मात्र की एकता और उनमें परस्पर प्रेम देखनेवाले कलाकार थे और उसे वे 'कला का पशुकरण' (Animalization of art) कहते थे।

उनके चित्रों में प्रकृति और जानवर एकमेव दिखते हैं और आकर्षक रंग-द्युतियों में रचे होकर सजीव हो उठते हैं। उनकी उल्लेखनीय कृतियों में—'Tower of the Blue Horses' (नीले घोड़ों का मीनार), 'Animal Destinies' (जानवरों का भविष्य), 'Deer in the Woods' (जंगल में हिरन), 'Blue Horses' (नीले घोड़े), 'The Foxes' (लोमड़ियाँ), 'The Fate of Animals' (जानवरों का भाग्य), 'Animals in Landscape' (भूदृश्य में जानवर), 'The yellow Cow' (पीली गाय) आदि शामिल हैं।

अपनी कला को वे एक ध्येय के साथ लेकर चलते थे और कहते थे कि—'अविनाशी आत्मा की प्राप्ति के लिए तड़प—नश्वर ऐन्द्रिय जीवन से मुक्ति है और इसी मनोदशा में कला की उत्पत्ति होती है।' 1916 में प्रथम विश्वयुद्ध के दौरान गोली लगने से इस कलाकार का देहान्त हुआ था।

एमेदियो मोदग्लियानी (1884-1920)

एमेदियो मोदग्लियानी (Amedo Modigliani) एक दुर्भाग्यशाली चित्रकार और मूर्तिकार रहे जिन्हें अपने समय में स्वीकृति नहीं मिल पाई। 12 जुलाई, 1884 को इटली के लिवोर्नो में जन्मे इस कलाकार की 24 जनवरी, 1920 को सेन्ट-एटिएन्ने, फ्रांस के एक अस्पताल में मृत्यु हो गई थी। मात्र 36 वर्ष की जीवन-यात्रा में मोदग्लियानी एक शापित व्यक्ति की तरह जीते रहे जिन्हें सम्मान की जगह लांछना ही मिल पाई। वेनिस स्थित कला महाविद्यालय में अध्ययन के बाद वे 1906 में पेरिस गए थे जहाँ उनकी भेंट पिकासो तथा अन्य कलाकारों से हुई थी। यही वह दौर है जिसे उनके रचनात्मक समझ का काल कहा जा सकता है। जब वे पिकासो से मिले थे, तब वे अपनी बहुचर्चित कृति 'आविन्यों की स्त्रियाँ' पर काम कर रहे थे। घनवाद को बहुत नजदीक से जानने के बाद भी वे उससे प्रभावित न हुए। मातिस तथा रेदों से उन्हें रेखाओं के सौन्दर्य को समझने में बहुत मदद मिली। ताउलॉज लेउट्रेक से उन्होंने कला को मनोभावों में बरतने की समझ विकसित की। आश्चर्य ही है कि

पिकासो द्वारा नीग्रो कला के आदिम और सरल आकारों की क्षमता उन्हें छू सकी, पर उनके कामों में वह जगह न बना सकी। माना जाता है कि 1909 में ब्रांकुसी ने उन्हें समझकर प्रोत्साहित कर उनके कलाकार को जगाया जिससे प्रेरित होकर उन्होंने कई महत्त्वपूर्ण मूर्तिशिल्पों की रचना की जिनसे आदिम देवताओं की मूर्तियों से तुलना कर मोदग्लियानी की कला के महत्त्व को समझा गया।

1909 में उन्होंने सिजां की एक प्रदर्शनी देखी और उनके कई चित्रों के प्रभाव में भी आए। लेकिन यह प्रभाव अधिक दिनों तक नहीं रहा। 1914 से जीवन के अंतिम काल यानी 1920 तक वे अपनी निजी शैली के विकास में लगे रहे। इस अवधि में उन्होंने अनेक दर्शनीय व्यक्तिचित्र बनाए जिनके रेखांकन अपूर्व कौशल के प्रमाण लगते हैं। उनकी कृतियों में आत्मीय संस्पर्श तथा काव्यमयता विलक्षण प्रभावों की सृष्टि करते हैं। उनके चित्र उनकी हार्दिकता के साथ उस सम्मोहन को सूचित करते हैं जिसमें वे डूब कर आँकते थे। भावनात्मक और रागात्मक चित्रण का यह कौशल बहुत कम कलाकारों में पाया जा सकता है। सबसे महत्त्वपूर्ण बात यह है कि यह दक्षता उन्होंने स्त्री-पुरुषों के अनावृत्त शरीर को रचने में दिखाई जिसमें दर्शक चित्रों के जादू में खोकर अहसास तक नहीं कर पाता कि वह अनावृत्त देहों के सामने खड़ा है। यही बात उनके बनाए व्यक्तिचित्रों में भी है।

वे अनेक आन्दोलनों के गवाह रहे, पर किसी भी एक आन्दोलन से न तो जुड़े; और न ही उससे प्रभावित होकर काम कर सके। पर अभिव्यंजनावाद और अति-यथार्थवाद उनके मन के निकट के कला-विचार लगते प्रतीत होते हैं। उनकी भावनात्मकता, उदासीनता तथा एकांतप्रियता अभिव्यंजनावाद के निकट है जिसके प्रभाव में उन्होंने अनेक काम किए थे। पर शिल्प की दृष्टि से देखें तो वे 'अति-यथार्थवाद' के दायरे में आते हैं। इसका स्पष्ट प्रमाण चेहरे, गले और आकृतियों का अति-यथार्थवादी अंकन है। जाहिर है, इसमें अवचेतन और स्वप्न की वह अनुभूतियाँ काम करती हैं जिनका सम्बन्ध प्रत्यक्ष जीवन से नहीं है।

दुखद ही रहा कि मोदिग्लियानी को उनकी तीव्र संवेदनशीलता के अनुकूल सहानुभूति न मिली और न ही जीते जी वह सम्मान ही, जो उनको मृत्यु के मुँह में असमय जाने से रोक पाते। वे प्रेम, सद्‌भाव, तीव्र भावना और आत्मीय राग के व्यक्ति थे और इसीलिए अकेले रहने को अभिशप्त हुए; क्योंकि कोई भी उनके प्रति विश्वसनीय नहीं हो पाया। यही कारण था कि वे शराब की लत के शिकार हुए, उनके जीवन में अराजकता आई और तिल-तिल वे अपने को मारते चले गए। यद्यपि कि जिआन्ने हेबुटेरने उनकी पत्नी थी, उससे उनकी एक बच्ची भी हुई थी; पर वे भावनात्मक रिक्ति के शिकार रहा करते थे। इसी दौरान बिआट्रिस हेस्टिंग्ज नामक कवयित्री से उनका परस्पर सम्बन्ध बना। उसके साथ ने उन्हें सहारा देने के बजाय उन्हें और अकेला कर दिया; क्योंकि वे उसमें समग्रता से डूब गए थे। आसक्ति और

शराब के परस्पर मेल ने उनके जीवन को तहस-नहस कर दिया और अंततः उन्हें असमय जाना पड़ा।

मोदग्लियानी पर 2004 में मिक डेविस ने एक फिल्म बनाई थी जिसका आलेख और निर्देशन उन्हीं का था। एंडी गार्सिया, एल्सा जिलबरस्टेन, ओमिड दज्जाली, हिप्पोलिट गिआर्डो, इवा हर्जिगोवा तथा युडो किर अभिनीत इस फिल्म में मोदग्लियानी के जीवन, संघर्ष तथा कला की बारीकियों को बहुत आत्मीयता से दिखाया गया है।

इस कलाकार के महत्त्वपूर्ण कामों में 'Alice' (एलिस), 'Women with Red Hair' (लाल केशोंवाली स्त्री), 'Wine' (शराब), 'Secreat Modgliani' (गुप्त मोदग्लियानी), 'A seated Nude' (बैठी हुई अनावृत्त स्त्री), 'Madame Pompadour' (मादाम पोम्पादूर), 'Reelining Nude' (लेटी हुई अनावृत्त स्त्री) शामिल हैं। इसके अतिरिक्त उन्होंने अनेक मूर्तिशिल्प भी निर्मित किए जिनका अपना महत्त्व है। चित्रों और मूर्तियों में भाव-विन्यास, टूटते चेहरे, अचरज-भरी दृष्टि और असामान्य-सी लगतीं रूपाकृतियाँ उनके अवचेतन के परा-यथार्थ की अभिव्यक्तियाँ लगती हैं इसीलिए उन्हें 'अति-यथार्थवाद' के तहत रखकर भी देखा जा सकता है, पर वे 'अभिव्यंजनावाद' के ही प्रतिनिधि कलाकार हैं।

इस प्रकार हम देखते हैं कि कलाकार की भावनाओं, उसकी मानसिक दशाओं तथा उसकी निजी स्थितियों को अभिव्यक्ति देने की पद्धति के रूप में अभिव्यंजनावाद का निश्चय ही बहुत महत्त्व है। इसमें काम करनेवाले कलाकारों और विभिन्न देशों की भागीदारी को देखते हुए यह सहज ही समझ में आता है कि इस आन्दोलन ने पूरी दुनिया को आन्दोलित कर दिया था। 1905 से 1920 तक यानी महज 15 वर्षों तक सक्रिय रहनेवाले इस कला आन्दोलन ने कला के सृजन, विषय, भाव तथा कलाकार की चेतना को समन्वित कर उसे आधुनिक मूल्यों के साथ जोड़ा और एक तरह से उसके भौतिक विकास का प्रतिपक्ष भी रचा।

घनवाद

(Cubism)

(1907-1914)

बुद्धिनिष्ठ कला का आविर्भाव

घनवाद का उदय वैश्विक चित्रकला के परिदृश्य पर एक महत्त्वपूर्ण घटना के रूप में लिया जाता है। इसका आरम्भ पेरिस में 1907 में हुआ; जिसका नेतृत्व पाब्लो पिकासो (Pablo Picasso) तथा जॉर्ज ब्राक (Georges Braque) जैसे कलाकारों ने किया। घनवाद ने सदियों से चली आ रही कला-सृजन की प्रक्रिया और उसकी संरचनात्मक विधि (Structural Format) को तोड़ा और चित्रफलक के एकल दृश्य-बिन्दु (Single Visual Point) को अपर्याप्त माना। इसके स्थान पर घनवादियों ने चित्रफलक पर त्रिआयामी विश्लेषणात्मक घनवाद की प्रविधि विकसित की। इसे ही 'Analytical Cubism' कहा गया। इसके प्रयोग से दृश्यता को अनेक बिन्दुओं के बीच स्थित कर उसके प्रभाव को बढ़ाने का प्रयत्न हुआ। इस आन्दोलन का उद्‌देश्य—'दुनिया के प्रतिनिधित्व का नया मार्ग बनाना और पारम्परिक मार्गों के समानान्तर इसे अधिकाधिक सार्थकता प्रदान करना था।'

यह अफ्रीकी कला की ही तरह एक नया सृजन-विचार बना जिसमें आइन्स्टीन के 'सम्बद्धता के सिद्धान्त' की तरह यथार्थ की प्रकृति (Nature of Reality) को समझने के सिद्धान्त के रूप में देखने का आग्रह था। इस तरह विभिन्न कला आन्दोलनों के बीच घनवाद ने एक नई दृष्टि और सिद्धान्त के साथ आकर कलाकारों के रोमांच को बढ़ा दिया था। यह घनवाद दो चरणों में सामने आया। पहला चरण—विश्लेषणात्मक था जो प्रायोगिक परीक्षणों के बाद सामने आया। यह चरण 1907 से 1912 तक रहा। दूसरा चरण—संश्लेषणात्मक चरण कहा गया जो 1913 से 1920 तक रहा। पहले चरण में जहाँ कलाकारों ने आँख के बजाय मस्तिष्क में चीजों को देखने और कल्पना से उसको विन्यस्त करने की प्रक्रिया को अपनाया, वहीं दूसरे चरण में साधारण-सी रेखाओं में चमकीले रंगों से वस्तु-चित्र प्रस्तुत किए और नए-नए उपादान प्रयुक्त हुए।

कला आलोचकों की मान्यता रही है कि घनवाद सही मायनों में एक क्रान्तिकारी कला पद्धति रही जिसने सम्भवत: सबसे पहले अमूर्त कला को स्थिरता देकर उसे अधिक अर्थ-समृद्ध किया। इस पद्धति ने पारम्परिक रूपाकारों को चुनौती दी और चित्र के परिप्रेक्ष्य को अधिक व्यंजक बनाया जिसे इतावली नवजागरण ने अपनी मान्यताओं और सैद्धान्तिकियों में आबद्ध कर रखा था। कहते हैं कि इस कला पद्धति की प्रेरणा अफ्रीकी नीग्रो कला से मिली। नीग्रो कला के सौन्दर्य-निरूपण ने पिकासो को इस नई पद्धति के प्रति जागृत किया। 1907 में सिजां ने अपनी कृतियों की प्रदर्शनी के बाद एमिल वार्नर को भेजे अपने पत्र में लिखा था—'प्रकृति को वृत्तचिति, गोल और शंकु के आकारों में देखकर भी चित्रित करने का प्रयास करना चाहिए।' सिजां का यह विचार भी इस नई कला पद्धति के जन्म का एक कारण बना। पाब्लो पिकासो ने 1907 में ही अपना एक प्रसिद्ध चित्र 'आविन्यों की स्त्रियाँ' (Demoiselles d' Avignon) पूरा किया था। इसे घनवादी पद्धति का पहला काम माना जाता है। गौर से देखने पर लगता है कि इस कृति में पिकासो ने घनवाद सम्बन्धी अपनी मान्यताओं को रूपायित करने की चेष्टा की है। इस कृति में पिकासो ने चित्रित वस्तु के लिए थोड़ी-सी जगह सुरक्षित रखी है। इस कृति के जरिये पिकासो ने आकार और सौन्दर्य की पारम्परिक धारणाओं को नकारा और यह दिखाने की सफल चेष्टा की कि कला में सौन्दर्य की रचना के लिए (मानव देह को रचने के लिए) परम्परा से चली आ रही परिपाटी को मानना आवश्यक नहीं है। उन्होंने अपने काम से यह स्पष्ट किया कि आकारों का सौन्दर्य और चित्रित वस्तु के रूप-सौन्दर्य भिन्न-भिन्न तत्त्वों से प्रभावित हो सकते हैं तथा उनके अंकन की प्रविधि भिन्न हो सकती है। अपनी इस सोच को फलित करने के लिए पिकासो ने नवजागरण-कालीन शरीर निर्मिति के रूढ़ नियमों को निरस्त कर उसे आइबिरियन मूर्तियों के समकक्ष देखने का यत्न किया। आदिमता के प्रति रचनात्मक आग्रह ने पिकासो को इस कृति और बाद की अनेक कृतियों के पारम्परिक विधानों को तोड़कर उन्हें एक अलग ढब में ढालने की प्रेरणा दी। इसे उन्होंने ज्यामितीय विभाजन के अनेक स्तरों में सृजित किया। जॉर्ज ब्राक ने भी पिकासो की ही तरह नीग्रो मूर्तियों से प्रेरणा लेकर 'विवस्त्र स्त्री' नामक कृति सृजित की। ब्राक की इस कृति में भी पिकासो की ही तरह की प्रविधि थी जिसमें प्राकृतिक आकारों को तोड़कर उन्हें ज्यामितीय संरचना में ढालने की चेष्टा थी।

मोटे तौर पर कह सकते हैं कि परिप्रेक्ष्य और सौन्दर्य निरूपण की पारम्परिक धारणाओं को नकारकर चित्र को द्विआयामी सतह पर रचना और उभार, आकार, रंग, स्थान की अनुकृति से बचते हुए ज्यामितीय विभाजन से वस्तु के आयतन को, एक शंकु में विन्यस्त करने का क्रान्तिकारी पहल करना; जिसमें आदिमता हो और जो अपने मूल स्वरूप के अधिकाधिक निकट हो, घनवाद कहलाया। पिकासो ने घनवाद को समझाते हुए लिखा है—'घनवाद कलाकार के निजस्व से जीवित रहनेवाला

कलारूप है जो रूपकात्मक कला विधि है।' बाद में पिकासो ने उन प्रयत्नों को नकारा जिसमें गणित, मनोविज्ञान, संगीत, वास्तुशास्त्र आदि विषयों के सिद्धान्तों के आधार पर घनवाद को समझने की कोशिश हुई। उन्होंने स्पष्ट किया कि ऐसी कोशिशें व्यर्थ हैं क्योंकि कला के मान से ज्यादा उसे कुछ भी अलग मानना दिशाभ्रम से ज्यादा कुछ नहीं है। आरम्भ में पिकासो और ब्राक ने घनवाद को दिशा दी तथा साथ-साथ काम किया। उन दोनों के मत और मानस इतने अभिन्न हो चले थे कि दोनों के काम में भिन्नता नहीं दिखती थी। पर ध्यान देने पर लगता था कि पिकासो की कृतियों में गतिमयता और कल्पनात्मकता का प्रभाव ज्यादा है जबकि ब्राक के यहाँ कृतियों में वस्तु नियंत्रण के साथ आलंकारिक योजना पिकासो से भिन्न है।

1907 के बाद 1909 तथा 1910 में पिकासो तथा ब्राक ने कई महत्त्वपूर्ण घनवादी चित्रों की रचना की और घनवाद को स्थायी शक्ल देकर चित्र को अविभक्त और सदैव जीवित रूप में रखा। इसी को लक्ष्य कर कुछ आलोचकों ने घनवाद को 'आदिम प्रेरणाओं का पुनर्जागरण' कहा।

यह अकारण नहीं है कि ठीक इसी समय कविता और संगीत में भी आदिवासियों की आवाजों को, उनकी संवेदनाओं को स्वर दिया जाने लगा था। इसी दौर में टी.एस. इलियट ने अपने काव्य—'वेस्टलैंड' में कथित रूप से तत्कालीन सभ्य मनुष्यों की अतृप्ति और मानसिक विक्षोभ का चित्रण किया और बताया कि आदिवासी जीवन में व्याप्त श्रद्धाभाव और आस्थाजनित सहृदयता ही वह मार्ग है जो इस संत्रास से मुक्ति देकर सही मार्ग दिखा सके।

पिकासो और ब्राक ने बदले हुए दौर में अनेक महत्त्वपूर्ण कृतियों को निर्मित किया और कई उल्लेखनीय व्यक्ति-चित्र भी बनाए। इसी के साथ इन दोनों कलाकारों ने मेज, कुर्सी, वाद्य, घरेलू सामानों को भी घनवादी शैली में बनाया। अब तक जहाँ घनवाद में भूदृश्य, प्रकृति, शरीर-सौन्दर्य आदि होते थे, वहाँ अब रोजमर्रा के विषयों को लेकर अंकन होने लगा। बाद में इन दोनों कलाकारों ने यह स्पष्ट करने की कोशिश की कि चित्र की रचना कलाकार अपनी आन्तरिक प्रेरणा से करता है न कि बाहरी बन्धन या बाध्यता से। चित्रित की जानेवाली वस्तु की बाह्य छवि उसकी आन्तरिक प्रेरणा को जाग्रत करने का ही कार्य कर सकती है। इसी दिशा में अपनी सोच को स्थिर करते हुए घनवादी कलाकारों ने घनत्व की जगह आन्तरिक प्रेरणा को महत्त्व देना शुरू कर दिया और कल्पना को अधिकाधिक प्रयोग में लाकर कृतियों में वस्तु-सादृश्य के प्रभाव को कम किया।

लगातार दो वर्षों तक काम करते रहने के बाद भी पिकासो और ब्राक को घनवाद में रुचि लेनेवाले कलाकार नहीं मिल पाए। लेकिन कुछ अन्तराल के बाद धीरे-धीरे इस पद्धति में काम करने की इच्छा से कलाकार जुड़ने लगे। शुरू में जिन कलाकारों ने इसमें काम करने की रुचि दिखाई, वे थे—अल्बर्ट ग्लेजे

(Albert Glaizes), फ्रांसिस पिकाबिया (Francis Picabia) और आन्द्रे ल्होते (Andre Lhote)। इसके बाद रोजर द ला फ्रेस्नय (Roger de la Fresnye), मार्सेल द्यूशां (Marcel Duchamp), फर्नान्ड लेजर (Fernand Lager) और जुआन ग्रीस (Juan Gris)। इन कलाकारों ने घनवाद को रुचि के साथ स्वीकार करते हुए इसमें काम करने की शुरुआत की। ये सभी कलाकार दूसरी कला-पद्धतियों से इसमें आए थे और इस तरह की आवाजाही कलाकारों के लिए सामान्य बात होती थी। अब घनवाद एक अहम कला पद्धति के रूप में अधिक प्रभावी होकर सामने आने लगा। लेकिन इसमें पिकासो और ब्राक की प्रयोगधर्मिता थमने का नाम नहीं ले रही थी। पिकासो के पहले ब्राक ने 1911 में चित्रों में अक्षरों का प्रयोग आरम्भ किया। ब्राक ने पेरिस के बाजारों में सजे-धजे नामपट्टों पर खुदे अक्षरों के घनत्व को उसकी माप के अनुसार कृतियों में बरतना आरम्भ किया। इसके बाद 1912 के बाद दूसरे घनवादी कलाकारों ने चित्रफलक पर विभिन्न चीजों को चिपकाकर कोलाज बनाना शुरू किया। यह कोलाज-निर्माण भी घनवाद के अपने नियमों और उसके आयतन के समरूप ही हुआ, इसलिए एक नया माध्यम सामने आने के बावजूद इसे घनवाद के तहत ही देखा जा सकता है।

लेकिन यह सच है कि आधुनिक दृश्यकला में कोलाज बनाने की शुरुआत 1912 में हुई और विश्व की पहली कोलाज कृति—'बेंत की कुर्सी' पिकासो ने बनाई। इसके बाद ब्राक ने 'फलों की थाली' नामक कोलाज बनाया। धीरे-धीरे घनवादी चित्रकारों ने रेत, लकड़ी का बुरादा, मिट्टी आदि चीजों को चित्रफलक पर चिपकाना या रंगों में मिलाकर उसका प्रयोग शुरू किया जिससे संश्लेषणात्मक घनवाद (Synthetic Cubism) का दौर आरम्भ हुआ। इस तरह 1907 से 1912 तक विश्लेषणात्मक घनवाद (Analytical Cubism) में प्रायोगिक परीक्षण से काम हुआ, वहीं 1913 से 1920 तक संश्लेषणात्मक घनवाद में चित्र-रचना के लिए नए-नए माध्यम जुटाए गए और वस्तु की सादृश्यता को सही परिप्रेक्ष्य में रखने का महत्त्वपूर्ण कार्य किया गया। आज बहु-माध्यमों (मल्टी-मीडिया) का जो प्रसार है, कदाचित् उसकी प्रेरणा घनवाद का प्रार्दुभाव ही है, जहाँ से कला-निर्मिति के नए-नए माध्यम खोजे गए।

इसके पूर्व, जैसाकि मैंने कहा है, 1912 तक विश्लेषणात्मक घनवाद काफी प्रौढ़ हो चुका था जिसका सबूत सलों अन्देपांदां में इसकी सफल प्रदर्शनी में मिला। उस समय तक कला के दर्शक घनवाद को जान-समझ चुके थे। उसी के आसपास गुइलाम अपोलिनायर (Guillaume Apollinaire) ने घनवाद को समझाते हुए लेख भी लिखे थे। इन्हीं दिनों मेजिंजे और ग्लेजे ने विश्लेषणात्मक घनवाद को सैद्धान्तिक विमर्शों के साथ समझाते हुए पुस्तक भी तैयार की।

अब जब 1912 के बाद संश्लेषणात्मक घनवाद शुरू हुआ तो इसमें भी पिकासो और ब्राक ही अगुवा रहे जिसमें जुआन ग्रीस ने भी अपना महत्त्वपूर्ण योगदान दिया।

इस नई पद्धति में समतल आकारों में छवियों द्वारा स्थान विभाजन को दिखाने की योजना कलाकारों को पसन्द आने लगी। कोलाज माध्यम से विपुल रचनाएँ आगे के तीन-चार वर्षों तक हुईं जिससे घनवाद को एक नई प्रविधि में भी बरतना सम्भव हो पाया। देखते-देखते 1914 तक पेरिस के अधिकतर कलाकारों ने इस पद्धति में काम शुरू कर दिया। धीरे-धीरे यह पद्धति यूरोप के अनेक देशों के साथ-साथ एशिया और अमेरिका में भी जा पहुँची। अपनी कुछ तकनीकी दिक्कतों के बावजूद घनवाद अपने दोनों चरणों में 1914 तक व्यवस्थित हो गया था। अब इस पद्धति से निर्मित कृतियों में छवियों का स्पष्ट उभार, सुकर रंग-योजना के साथ बननेवाली कृतियाँ अपनी चमक के साथ ज्यामिति के नियमों से अधिक बँध गईं। इससे घनवाद के नाम पर अतिरिक्त छूट लेने की सम्भावनाएँ कम होने लगीं। संश्लेषणात्मक चरण का घनवाद का दूसरा दौर इसे एक सुलभ कला-विचार में बदलने में सहायक हुआ। इस दृष्टि से उल्लेखनीय मानी गई कृतियों में—'पाइप और गिलास का चित्र' (पिकासो), 'तुरेन का आदमी' (ग्रीस) शामिल हैं।

इसके बाद यह कलावाद पूरी दुनिया में फैल गया और अनेक देशों के कलाकार इस पद्धति में काम करने लगे। लेकिन 1925 तक आते-आते पिकासो सहित अन्य घनवादी कलाकारों को अहसास हुआ कि अपने स्वरूप में यह कला-पद्धति विकास की अन्तिम अवस्था तक पहुँच चुकी है, अतएव इस मार्ग में बदलाव आवश्यक है। इसी को ध्यान में रखते हुए घनवाद के प्रवर्तक पाब्लो पिकासो ने 1925 में 'तीन नर्तक' नामक कृति निर्मित कर घनवाद से मुक्ति लेने की घोषणा की। पर घनवाद एक कला पद्धति के रूप में थोड़े-से समय में ही कला जगत पर छा गया था और आज तक उसकी प्रवृत्ति किसी न किसी रूप में विश्वकला में उपस्थित है।

यह भी देखने में आता है कि घनवाद के विचार में जितने पिकासो और ब्राक सिद्ध हो पाए उतने दूसरे कलाकार नहीं। दूसरे कलाकारों में ग्लेजे, ला फ्रेस्नय, ला फोकोनिय, मेजिंज आदि की कृतियों में घनवाद उतनी निजस्विता, कल्पनाशीलता तथा दृश्य-निरपेक्ष विचार का पल्लवन न कर सका।

इसके बावजूद घनवाद पूरी दुनिया में एक बड़े कला आन्दोलन के रूप में जगह बना सका और उसने वैश्विक कला को वस्तु और दृश्य-निरपेक्ष दृष्टि का विचार देकर कलाकार को अधिकाधिक अन्तर्दृष्टि-सम्पन्न बनाया। इसके कुछ आलोचक आज भी यह मानते हैं कि घनवाद जड़वादी था और वह मानवीय भावों से विरत रहा। पर इसमें आंशिक सचाई है, पूर्णत: नहीं। यह तो स्पष्ट है कि घनवाद के पीछे कोई दार्शनिक सिद्धान्त नहीं था और न ही कोई बड़ा विचार ही, पर घनवादी कलाकारों को जड़वादी इसलिए नहीं कहा जा सकता कि वे दृश्य या रूप के दृश्य से निरपेक्ष कल्पना में चित्र-वस्तु का आकलन करते थे। विडंम लुइस ने भी घनवाद को जड़वादी कला पद्धति मानने से इनकार करते हुए कहा कि—'घनवाद को इस रूप में समझने

की चेष्टा की जानी चाहिए कि वह ऐसे वक्त का कला विचार है जब मनुष्य भावहीन हो गया है और उसके लिए आत्मिक मूल्यों के संरक्षण के बजाय येन-केन-प्रकारेण भौतिक समृद्धि पाना एकमात्र ध्येय रह गया है।' इससे सहमत होते हुए संम हंटर ने घनवाद के तहत पिकासो तथा ब्राक की कृतियों को बुद्धिनिष्ठ तो कहा, पर यह भी कहा कि—'ब्राक तथा पिकासो की बुद्धिनिष्ठ रचनाओं के पीछे सौन्दर्य का आदर्श है जिससे श्रेष्ठ ऐन्द्रिय अनुभूति और रचना-सामर्थ्य से परिपूर्ण अपूर्व सृष्टि की रचना हुई है।' पिकासो ने भी घनवाद पर लगाए गए बहुत से आरोपों का खंडन किया और यथासम्भव उनका प्रतिवाद भी किया। पिकासो ने कला को देखने के ढंग पर भी प्रश्न उठाए और उसको देखने तथा महसूस करने की समझ विकसित करने की माँग भी की। घनवाद पर लगाए गए आरोपों में कई आरोप बड़े दिलचस्प लगते रहे। एक आरोप के जवाब में ब्राक ने कहा—'कील, कील से नहीं, बल्कि लोहे से बनती है।' उनके ही समानधर्मा कलाकार ग्रीस ने प्रतिवाद करते हुए कहा था—'कील, कील से ही बनाई जाती है। यदि कील की कल्पना बनानेवाले के मस्तिष्क में नहीं रहती तो कील बनाने की जगह हथौड़ा या कोई अन्य चीज बनती।' पिकासो ने एक प्रतिवाद में कहा—'सिर का मतलब है—नाक, कान, आँख, चेहरा। हमें सिर को केवल कान या आँख में देखने से बचे बिना कृति की समझ नहीं हो सकती।' उन्होंने कलाकारों को भी नसीहत दी थी कि 'चित्रकार को इस बात का समग्र भान होना चाहिए कि वह क्या बना रहा है। अगर इसका भान उसे नहीं है तो न तो दर्शक उसके काम को समझ पाएगा और न ही कला के सुख को ही वह पा सकेगा।'

जो हो, घनवाद अपने विश्लेषणात्मक और संश्लेषणात्मक दोनों रूपों में विश्वकला को प्रभावित कर सका। उसकी सबसे बड़ी बात विश्वकला के प्रसिद्ध कलाकार पिकासो की संलग्नता रही जिन्होंने अपने प्रयोगों से इस विचार को समृद्ध किया। कला में कोलाज का प्रवर्तन भी इसी घनवाद के कारण हुआ जो आज एक मुख्य कला माध्यम है। यह भी ध्यान में रखनेवाली बात है कि बाद के अनेक कला आन्दोलन, जैसे—भविष्यवाद, सर्वोच्चवाद, अमूर्तवाद आदि इसी की कोख से जन्मे। यह भी गौर करने की बात है कि आज भी आकारों को लेकर जो सृजन होता है, उसके मूल में घनवाद ही है। घनवाद के आकारिक और ज्यामितीय सूत्रों ने कला के अतिरिक्त भवन-निर्माण, वस्त्र, अलंकरण, बर्तन, फर्नीचर आदि में भी अपनी उपयोगिता सिद्ध की है। पिकासो जैसे कलाकार ने अन्य सभी कला विचारों के मुकाबले घनवाद को अभिव्यक्ति की स्वतंत्रता का संवाहक माना था। याद रखने की बात यह है कि पिकासो ने विश्वयुद्ध के विरुद्ध प्रतिरोध में जो चित्र बनाए थे, वे सभी घनवादी चित्र थे और वे बड़ी बारीकी से युद्ध की अमानवीयता का प्रतिवाद कर रहे थे।

पाब्लो पिकासो (1881-1973)

पाब्लो पिकासो (Pablo Picasso) केवल घनवाद के जन्मदाता ही नहीं थे, वे अनेक कला आन्दोलनों के प्रेरक रहे और एक कलाकार के रूप में जो वैश्विक प्रतिष्ठा उन्हें मिली, वह किसी भी दूसरे कलाकार के भाग्य में नहीं आई। घनवाद के प्रवर्तन के साथ-साथ दूसरे कई कला-आन्दोलनों में शामिल रहे पिकासो ने केवल चित्रकला को ही समृद्ध नहीं किया, वरन् मूर्तिकला, छापाकला, सेरामिक और कोलाज विधाओं को भी अपनी प्रतिभा से सम्पन्न बनाया। पिकासो के चित्रण की सबसे बड़ी विशेषता यही थी कि वे पूर्व-नियोजित होती थीं। उनके कामों में विचार का तत्त्व सर्वाधिक प्रभावी रहता था। उनकी मूर्धन्यता का सबसे बड़ा कारण उनकी चिन्तनपरकता थी, जो उनके निरन्तर विकास में दिखाई देती थी। अपनी उम्र के चौदहवें वर्ष में ही 'बार्सिलोना कला संस्थान' में केवल एक ही दिन में अपने सभी चित्रों को तैयार कर वे परीक्षा में सफल होनेवाले सम्भवत: पहले चित्रकार बने थे। स्पेन के मलागा नामक छोटे से गाँव में जन्मे पिकासो एक कला शिक्षक के पुत्र थे जिन्हें कला का संस्कार पिता से मिला, पर जो विलक्षणता मिली, वह चकित करनेवाली थी।

1881 में जन्मे पिकासो ने सिर्फ दस वर्ष की आयु में 'वृद्ध जोड़ा' (1891) में बनाया था, तो 1893 में 'पैर का परीक्षण चित्र' और 1895 में 'दोनहोसे का व्यक्ति-चित्र' निर्मित कर सबको हैरत में डाल दिया था। 1897 में मैड्रिड के सान फर्नान्डो अकादेमी में पढ़ने के दौरान उन्हें प्राडा संग्रहालय में जाकर पुराने चित्रकारों के कामों को देखना और उन पर विचार करना बहुत पसन्द आया था। 1900 तक आते-आते उन्नीस वर्ष की अवस्था में ही उनके काम पत्रिकाओं में छपने लगे थे। 1901 में उन्होंने स्वयं एक पत्रिका निकाली, जिसका नाम था—'Arte Joven' (युवा कला)। इसी साल उन्होंने पेरिस में अपने चित्रों की प्रदर्शनी लगाई। इतनी कम उम्र में 75 चित्रों के साथ लगी यह प्रदर्शनी हत्प्रभ करनेवाली थी। प्रदर्शनी के बाद 1091 से 1904 तक उन्होंने नीले रंग को प्रमुखता देकर चित्रों की रचना की जिसमें भिक्षुक, दुखियारे लोग, श्रमिक आदि पर बनाए गए चित्र विशेष रूप से चर्चित हुए थे। 1903 में बनाया गया 'बूढ़ा गिटारवादक' भी उनका अविस्मरणीय चित्र है। उनके इस काल को कला-इतिहास में 'Blue Period' यानी नीला काल कहा जाता है। 1904 से 1909 तक की अवधि में पिकासो को अर्थाभाव में दिन काटने पड़े थे और वह पेरिस की एक मलिन बस्ती में रहने को विवश हुए थे।

1905 के आसपास उन्होंने नीला रंग छोड़कर गुलाबी रंग को केन्द्रीयता दी। उनके गुलाबी रंग के चित्रण में भी मनुष्य के दुख और अवसाद को ही जगह मिली थी। इस काल को 'Rose Period' यानी गुलाबी काल कहा जाता है। नट-नटों के जीवन और उनकी तकलीफों को दर्ज करते उनके इस दौर के कामों ने भी बड़ी

ख्याति अर्जित की। उनके ये चित्र उनके साहित्यिक मित्रों को बहुत पसन्द आए थे। 1905 में ही उनका परिचय फाववाद के जनक मातिस से हुआ था जिनका प्रभाव उनके कामों पर दिखाई देता है। यही वह समय है, जब पिकासो अमेरिकन कला संग्राहक लियो (Leo) और गरट्रूड स्टेन (Gertrude Stain) के सम्पर्क में आए और अमेरिकी कला जगत की पसन्द बने। स्टेन के बड़े भाई मिशेल स्टेन (Michael Stain) और उनकी पत्नी सराह (Sarah) भी उनके कामों के संग्राहक बने जिनके व्यक्ति-चित्र उन्होंने बनाए। 1907 में उन्होंने एक कलादीर्घा में नौकरी की जिसे जर्मन कला इतिहासकार और कला संग्राहक डेनियल हेनरी कानवेलर (Deniel Henry Kahnweller) ने खोला था। कानवेलर की इस दीर्घा में ही पिकासो की ब्राक, वान डोन्जेन, फर्नान्ड लेजर, जुआन ग्रीस और ब्लामिंक आदि से भेंट हुई थी।

1907 से 1909 तक का समय पिकासो के जीवन का महत्त्वपूर्ण समय था जब उन्हें अफ्रीकी कला ने प्रेरित किया था। वे इबेरियन मूर्तिशिल्प से ही प्रभावित होकर 'आविन्यों की स्त्रियाँ' (Les Demoisells Avignon) बना पाए थे। अफ्रीकी कला के प्रभाव पर बनी यह कृति भले ही घनवाद की पहली कृति मानी जाती हो, पर इससे बहुत-से कलाकार नाराज हुए थे। स्वयं मातिस ने भी इसे खारिज कर दिया था। इसी कारण उस काम को पिकासो ने 1916 तक प्रदर्शित नहीं किया था। अफ्रीकी कला से प्रभावित इस काल को 'Negro Period' या नीग्रो काल कहा जाता है। कुछ लोग इसे पिकासो का आदिमवाद (Primitivism) भी कहते हैं। अफ्रीकी कला से प्रभावित 'आविन्यों की स्त्रियाँ' अपनी जिन शक्तिशाली रेखाओं में बलिष्ठ उभार के साथ प्रकट हुई, उसमें घनत्वीय विशिष्टता देखी गई और स्वयं पिकासो ने उसे अपना प्रस्थान स्वीकार किया। अफ्रीकी कला के प्रभाव और घनत्वीय विशिष्टता के साथ पिकासो ने 'Nude with Raised Arms' (उठाए हुए हाथ के साथ विवस्त्र) (1907) और 'Three Womans' (तीन औरतें) (1908) नामक चित्र बनाए।

व्यावहारिक रूप से घनवाद का आरम्भ 1909 से ही माना जा सकता है जब पिकासो ने ब्राक के साथ विश्लेषणात्मक घनवाद (Analytical Cubism) की शुरुआत की। दोनों कलाकारों ने प्राकृतिक रंगों में आकारों का विश्लेषण करते हुए जो काम किए, वे विश्लेषणात्मक घनवादी काम कहलाए। 1912 से 1919 तक का समय संश्लेषणात्मक घनवाद (Synthetic Cubism) का रहा जिसमें अखबारी कतरनों से कोलाज बनाने का काम शुरू हुआ। 1915 से 1917 के बीच पिकासो ने घनवादी उपादानों से चित्र शृंखलाएँ बनाईं जो ज्यामितीय आकारों में रची गईं। घनवाद उनके लिए एक पड़ाव मात्र था; क्योंकि उन्हें आगे के अनेक कला-आन्दोलनों में भागीदारी करनी थी। अमूर्तन, अतियथार्थवाद जैसे अनेक कला आन्दोलनों में रहते और काम करते पिकासो ने चित्र और मूर्ति, दोनों माध्यमों में अद्वितीय कृतियों की रचना की। घनवाद और बाद की कला-पद्धतियों में काम करते हुए पिकासो ने

अनगिनत चित्र बनाए जिनमें 'Three Dancers' (तीन नर्तक) (1925), 'Dancer of Death' (मृत्यु का नृत्य), 'Mother and Child' (माता और बालक) (1922), 'Women in White' (सफेद वस्त्र में स्त्री) (1921), 'Three Women at the Fountain' (पनघट पर तीन स्त्रियाँ) (1921), 'Three Musicians' (तीन वादक), 'Dream' (स्वप्न) (1932) जैसे चित्र बहुत प्रसिद्ध हैं। 'War and Peace' (युद्ध और शान्ति) (1952) जैसा उत्कृष्ट भित्तिचित्र (जो उन्होंने वालोरी के चर्च की दीवारों पर बनाया था) और 'Jester' (मजाकिया) (1905), 'Cock' (मुर्गा) (1932), 'Metal Construction' (धातु की रचना) (1930), 'Cat' (बिल्ली) (1941), 'Man with The Sheep' (भेड़वाला आदमी) (1943) और 'Goat' (बकरी) जैसे मूर्तिशिल्प बनानेवाले पिकासो अपने सजग राजनीतिक विचारों के लिए भी जाने जाते थे। 1937 में स्पेन के गुएर्निका में जर्मनी द्वारा की गई बमबारी से आहत होकर बनाई गई विशालकाय चित्रकृति 'Guernica' (गुएर्निका) उनकी अमरता की प्रतीक है। 'गुएर्निका' गुएर्निका के ध्वंस की त्रासद कथा का चित्र है जिसमें बैल, रोती हुई स्त्री, घोड़ा आदि प्रतीक रूप में अंकित हैं। इस कृति में बैल अन्याय और अत्याचार का प्रतीक है, तो घोड़ा जनता का प्रतीक है। कला इतिहासकार पैट्रिशिया फालिंग (Patricia Falling) की राय है कि बैल और घोड़ा स्पेनिश संस्कृति में बहुत महत्त्व रखते हैं। पिकासो ने इनका प्रतीकात्मक प्रयोग कर अपने समय की त्रासदी में अनेक भूमिकाएँ अदा की हैं। यही कारण है कि बैल और घोड़े की व्याख्या से और उनका अर्थ निकालने से लोग बचते रहे हैं, क्योंकि यह बहुत कठिन है। स्वयं पिकासो इस पर कहते हैं—'This bull is a bull and this horse is horse, if you give a meaning to certain things in my paintings it may be very true but it is not my idea to give this meaning.'।

(यह बैल बैल है और घोड़ा घोड़ा है। यदि आप मेरे चित्रों में इनका कोई निश्चित अर्थ लेते हैं तो यह सही हो सकता है, पर यह अर्थ देने का विचार मेरा नहीं रहा है।)

'गुएर्निका' निश्चित रूप से युद्ध की बर्बरता की भर्त्सना का चित्र है जो मानव-सभ्यता के क्रूर समय से हमारा परिचय कराता है। यह चित्र स्वयं पिकासो की कला का उत्कर्ष है जिसमें विश्लेषणात्मक घनवाद की भी भूमिका है।

हम जानते हैं कि पिकासो राजनीतिक रूप से सजग कलाकार थे। वह शोषण और अन्याय का प्रतिवाद करनेवाले व्यक्ति थे और इसीलिए वे फ्रांसीसी कम्युनिस्ट पार्टी के सदस्य भी बने तो पोलैंड और सोवियत संघ की सरकारों से सम्मानित भी हुए थे। पद्धति चाहे जो भी रही हो, पिकासो ने अपने समय के प्रश्नों से मुठभेड़ करते हुए चित्र बनाए तो मानव-जीवन के हर्ष-विषाद को भी आँका। उन्होंने लगभग 300 कविताएँ लिखीं जिनमें मनुष्य के संघर्षों की अभिव्यक्ति अधिक है। 'गुएर्निका निश्चय ही शक्तिशाली प्रतीक है जो युद्ध की यातना और विध्वंस के विरुद्ध मानवता को

चेतावनी देती है।' ('Guernica has become a universal symbol warning humanity against the suffering and devastation of war'—Escalona Alenjandra, The Huffington Post, 23 May, 2012)

स्वयं पिकासो ने लिखा—'आप कलाकार के बारे में क्या धारणा रखते हैं? क्या वह ऐसा बुद्धिहीन प्राणी है जो केवल आँखों से देख सकता है, यदि वह चित्रकार है, जो केवल कानों से सुन सकता है, यदि वह संगीतकार है, जिसकी सब शक्ति केवल मन में ही है, यदि वह कवि है, या जिसके पास शक्तिशाली मांसपेशियों के अतिरिक्त और कोई साधन नहीं है यदि वह मजबूत योद्धा है? इसके विपरीत उसके राजनीतिक विचार भी होते हैं। जिस समाज में वह अनुभूतिपूर्ण जीवन पाता है उस समाज के प्रति कर्तव्यच्युत होकर अपने निजी सुख के लिए कला-साधना करते रहना कलाकार के लिए कैसे सम्भव है?'

निश्चित रूप से पिकासो कला-सृजन के साथ अपने विचारों के लिए भी याद रखे जाते हैं जो घनवाद सहित अनेक कला-पद्धतियों में अविस्मरणीय कामों के लिए जाने जाते हैं, यद्यपि कि उनका प्रस्थान घनवाद ही था। इस महान कलाकार का 8 अप्रैल, 1973 को फ्रांस के माउगिन्स (Mougins) में निधन हो गया था।

जॉर्ज ब्राक (1882-1963)

जॉर्ज ब्राक (Georges Braque) घर की साज-सज्जा का काम करनेवाले एक कलाकार से कला की शिक्षा लेकर पेरिस आए थे। उन्होंने पिकासो के साथ काम अवश्य किया, पर उनका अपना विशिष्ट सर्जनात्मक व्यक्तित्व था। उनकी कृतियों में काव्यात्मक सौन्दर्य का ऐसा विस्तार है कि दर्शक देखते ही मुग्ध हो जाते हैं। ब्राक की विशेषता यह थी कि उन्होंने प्रकाश और अवकाश का भेद मिटाकर चित्रों को नई आभा से भर दिया था। फाववाद में काम कर चुके ब्राक पहले प्रकृति का चित्रण ही किया करते थे, पर जब घनवाद की तरफ लौटे तो उन्होंने विभिन्न उपादानों को चित्रित किया, जिनमें अखबार, वाद्ययंत्र, रसोई की वस्तुएँ आदि शामिल हैं। ब्राक ने वस्तुओं को ज्यामितीय आकारों में ढाला और गृहस्थ जीवन के वातावरण को अंकित करने में अधिक रस अनुभव किया। उन्होंने पहले विश्वयुद्ध में एक सैनिक के रूप में अपनी सेवाएँ देने के बाद घनवादी रचनाओं को फिर से शुरू किया था। उनके विषय समुद्र तट के प्रकृति चित्र, मेघ-आच्छादित आसमान, सूर्य की चमकीली किरणों भी होती थीं, जिनको घनवादी पद्धति में अंकित कर ब्राक ने सबका मन मोह लिया था। समुद्र तट पर खड़ी नौकाओं और काली पड़ गई भूमि पर सूर्य के प्रकाश को ब्राक ने जिस तरह आँका, वह अपूर्व है। उनके महत्त्वपूर्ण काम हैं—'Musician' (संगीतकार), 'Cenephorus' (सेनेफोरस), 'Chairiot of the Sun' (सूर्य का रथ),

'Chimney Pices' (चिमनी की वस्तुएँ), 'Women with Mandolin' (मेन्डोलिन के साथ स्त्री), 'Vanita' (अहंकार), 'Atelier' (चित्रशाला) आदि। 1882 में जन्मे ब्राक का निधन 1963 में हो गया था।

उनके निधन पर युहडे (Uhde) नामक कला समीक्षक ने लिखा था—'In the spiritual marriege which they enterd into one (Braque) contnibuted a great sensiblity and the other (Picasso) a great plastic awarness.' आध्यात्मिक विवाह में वे एक दूसरे में प्रवेश करते हैं जिसमें ब्राक ने सूक्ष्मग्राही संवेदनशीलता का तथा पिकासो ने असाधारण लचीली दृष्टि का योगदान दिया।

घनवाद के अनेक कलाकारों में फर्नान्ड लेजर (Fernand Lager) तथा जुआन ग्रीस (Juan Gris) भी शामिल हैं जिन्होंने इस पद्धति में महत्त्वपूर्ण कृतियाँ रचीं और घनवाद को नई भूमिका के लिए तैयार किया। लेजर की उल्लेखनीय कृतियों में—'Contrast of the forms' (आकारों का विरोध), 'Opera Gallery' (ऑपेरा दीर्घा) तथा 'Ballet Meohanique' (यंत्रों का समूह नृत्य) तथा ग्रीस की कृतियों में—'Portraint of Picasso' (पिकासो का व्यक्ति चित्र), 'The Brakfast' (नाश्ता), 'The Guitar' (गिटार), 'Houses in Paris' (पेरिस के घर) आदि महत्त्वपूर्ण हैं। ग्रीस ने अपनी कृतियों में चमक भरे रंगों के प्रयोग तथा ज्यामितीय आकारों की गतिमयता से जो चित्र रचे वे अनोखे प्रभाव के बने। यही कारण है कि पिकासो ने उनकी प्रशंसा करते हुए लिखा—'जो चित्रकार अपना काम करते हुए उस काम की समग्र समझ रखता है, उसका काम देखने में अनोखा आनन्द मिलता है।' (It is wonderful to see the work of a painter who know what he is doing.)

घनवाद निश्चय ही अपने दौर का एक महत्त्वपूर्ण कला आन्दोलन बना जिसने कला को रंगों, आकारों के साथ ज्यामितीय संरचनाओं में ढाला और उससे शक्तिशाली रेखाओं के उभार में रूपकात्मक सौन्दर्य भी अनोखे ढंग से प्रकट हुआ। इसके अन्य कलाकारों में डेविड हॉकनी (David Hockney), काजिमिर मालेविच (Kazimir Malevich), फ्रांज मार्क (Franze Marc), पॉल क्ली (Paul Klee), फ्रिदा काहलो (Frida Kahlo), जेकॉब लॉरेन्स (Jacob Lowrence), आन्द्रे लहोते (Andre Lhote) आदि उल्लेखनीय हैं जिनकी कृतियों ने घनवाद को विकसित किया और कला जगत को प्रभावित किया। ये कलाकार आगे के अनेक कला आन्दोलनों में भी शामिल हुए। 1907 से 1925 तक सक्रिय रहा यह कलारूप आज भी कला जगत में किसी न किसी रूप में मौजूद है।

भविष्यवाद
(Futurism)
(1909-1914)

हिंसा को प्रश्रय देता अराजकतावाद

यह सर्वविदित है कि प्रथम विश्वयुद्ध के समय तक वैश्विक कला में कई कला आन्दोलनों ने जन्म लिया और उसके प्रभाव से विश्वकला निर्धारित तो हुई ही, आधुनिक भी हुई। इसी समय एक अन्य कला आन्दोलन ने जन्म लिया; जिसे भविष्यवाद कहा जाता है। यह आन्दोलन पूर्णत: इटली में जन्मा था जिसके उदय का वर्ष 1909 स्वीकार किया जाता है।

माना जाता है कि इटली के वेनिस में आयोजित पहली वेनिस अन्तर्राष्ट्रीय कला द्वैवार्षिकी (Venice Art Biennale) के अन्तर्गत 1895 में फ्रांसीसी, स्विस, जर्मन तथा ऑस्ट्रियाई चित्रकारों की कृतियों की प्रदर्शनी हुई जिसका स्पष्ट प्रभाव इटली के चित्रकारों पर पड़ा। इस प्रभाव से इटली के चित्रकारों ने अपनी कला का आकलन किया और पाया कि शेष यूरोप की कला में ऐसे बहुत-से तत्त्व हैं जो उनकी कला में नहीं हैं। उन्हें यह भी महसूस हुआ कि वे औद्योगिक कला के उन प्रभावों से भी वंचित ही रहे हैं जो इटली को छोड़कर यूरोप के प्राय: सभी देशों में दिखाई दे रहे हैं। उसके बाद ट्युरिन में 1909 में एक अन्तर्राष्ट्रीय कला प्रदर्शनी हुई जिसे देखकर इतालवी कलाकारों ने महसूस किया कि कला में औद्योगिक क्रान्ति के प्रभावों और उसके समानान्तर पैदा हुई स्थितियों को कला में ले आने की आवश्यकता है। इस प्रदर्शनी पर कला आलोचक सोफिची (Sophichi) ने एक समीक्षात्मक लेख लिखा और उसमें प्रभाववाद की सराहना करते हुए इटली के कलाकारों को सलाह दी कि वे प्रभाववादी चित्रकारों से प्रेरणा लेकर काम करें। बाद में सोफिची ने जो सलाह दी, उस पर इतालवी कलाकारों ने गम्भीरता से विचार किया था। पर यह विचार प्रभाववाद के अनुकरण के बजाय एक नए कला आन्दोलन के जन्म के रूप में प्रतिफलित हुआ।

इस तरह एक क्रान्तिकारी कला आन्दोलन के रूप में भविष्यवाद का जन्म 1909 में इटली के मिलान नगर में हुआ जिसके जन्मदाता इतालवी कवि फिलिप्पो तोम्मासो

मारिनेट्टी (Filippo Tommaso Marinetti) बने। मारिनेट्टी कवि के साथ-साथ कला सिद्धान्तकार और लेखक भी थे। उन्होंने फ्रांस के सोर्बोन विश्वविद्यालय से शिक्षा ली थी और लम्बे समय तक पेरिस में प्रवास भी किया था। उन्होंने 1905 में 'पोएशिया' (Poesia) नामक पत्रिका भी सम्पादित की थी और उसमें प्रतीकवादी साहित्य के प्रचार पर जोर दिया था। वे नियमित रूप से साहित्यिक विषयों पर लेख भी लिखा करते थे। मूलत: मिस्री नागरिक (जन्म—22 दिसम्बर, 1876, मिस्र, निधन—2 दिसम्बर, 1944, इटली) मारिनेट्टी ने 5 फरवरी, 1909 को 'भविष्यवाद' का घोषणा-पत्र जारी किया। यह घोषणा-पत्र 20 फरवरी, 1909 के फ्रांसीसी दैनिक समाचार-पत्र 'Le Figaro' (ल फिगारो) में प्रकाशित हुआ। इसके बाद इस आन्दोलन से अम्बर्तो बोसिओनी (Umberto Boccioni), कार्लो कारा (Carlo Carra), जियाकोमो बाल्ला (Giacomo Balla), गिनो सेवेरिनी (Gino Severini) तथा लुइगी रूस्सोलो (Luigi Russolo) जैसे चित्रकार आ जुड़े।

इसके बाद 'भविष्यवाद की कला' की परिभाषा देते हुए उसके विस्तृत सिद्धान्त का प्रकाशन हुआ। उसमें जो कहा गया, उसका सारांश है—

'हम सब इस बात से सहमत हैं कि गति का सौन्दर्य सबसे महत्त्वपूर्ण है। समय और आकाश का अन्त हो चुका है। हम अब निरपेक्ष अमूर्त में रह रहे हैं। अब हमने सबमें व्याप्त होनेवाली सर्वव्यापी गतिवाद (Universal Dynamism) की खोज की है। सौन्दर्य संघर्ष में होता है। जिसमें आक्रामकता नहीं, वह श्रेष्ठ कलाकृति नहीं कही जा सकती।'

यह घोषणा-पत्र पहले इतावली में 'पोएशिया' (Poesia), मिलान के 11 अप्रैल, 1910 के अंक में छपा। मारिनेट्टी ने इस घोषणा-पत्र को केवल कला तक सीमित नहीं रखा था, बल्कि इसे वास्तुकला, संगीत, साहित्य, धर्म, स्त्री-विमर्श आदि अनुशासनों तक विस्तार दिया था। कला में यह कोई सकारात्मक कार्यक्रम न था, बल्कि एक तकनीकी योजना का हिस्सा था जिसमें गति की सैद्धान्तिकी निर्मित कर शक्ति-सिद्धान्त और उसकी श्रेष्ठता को प्रतिपादित करना था। इससे कला-जगत में तीखी प्रतिक्रिया शुरू हो गई। इसके प्रभाव में कलाकारों ने दंगों में पुलिस कार्रवाई, काम करते मजदूरों के बीच घोड़ों की दौड़ और ऐसे अनेक विषयों को उठाया जिसमें गति और शक्ति का महत्त्व प्रतिपादित होता था। गति महत्त्वपूर्ण है और शक्ति से उसका गहरा सम्बन्ध है, यह दिखाते हुए कलाकार चलने, जाने, दौड़ने आदि सक्रिय क्रियाओं को भविष्यवाद का धर्म बना रहे थे और उसे चित्रित कर रहे थे।

इस कला-विचार के मुख्य वैचारिक तत्त्व थे—संकट से प्रेम, आक्रामकता, युद्ध की सराहना, देशराग, जीवन में हो रहे अन्याय का औचित्य और अपने गौरव की अभिव्यक्ति। इस तरह गति को अपना ध्येय मानकर चलनेवाले इस कला आन्दोलन का 1912 तक यूरोप के दूसरे देशों में प्रसार हुआ। लेकिन इसके अन्तर्विरोधों का

विरोध भी साथ-साथ हुआ। कलाकारों में युद्ध की प्रशंसा सम्बन्धी 'भविष्यवादी' घोषणा को लेकर भारी रोष रहता था। इटली के बाहर के देशों में जगह-जगह इसका विरोध भी होता। कई बार तो ऐसा होता कि भविष्यवादी कलाकारों की प्रदर्शनी और उनके सम्मेलनों में कलाकार घुसकर हाथापाई पर उतर आते और गाली-गलौज करके इस विचार की भर्त्सना करते। खुद भविष्यवादी कलाकार देश से बाहर निकलते तो बहुत डरे होते। इटली के भीतर भी उनके विरोध की सुगबुगाहट थी, पर वह अभी इतनी मुखर न थी कि उसके लिए कोई बड़ा संकट बनती। पर उसके लिए यह चिन्ता का कारण तो था ही।

असल में प्रभाववाद के नकार में खड़ा हुआ यह आन्दोलन इस कारण ज्यादा आलोचना का शिकार हुआ कि उसने कला को युद्ध के समर्थन में ला खड़ा किया था। पर अपनी मान्यताओं में वह उतना बुरा न था जिसकी हर बात को निरस्त किया जा सके। गति का सिद्धान्त और उस पर आग्रह करनेवाली दृष्टि के कारण 'भविष्यवाद' के महत्त्व से इनकार नहीं किया जा सकता। 'भविष्यवादी' कलाकारों ने चित्र निर्मिति के जो सिद्धान्त तय किए थे, वे गौरतलब हैं—

1. कलाकार के पास इतनी दृष्टि-सामर्थ्य होनी चाहिए कि वह एक्स-किरणों की तरह वस्तुओं के आर-पार देख सके। यानी भविष्यवादी कलाकार के लिए हर तरह की वस्तु पारदर्शी है।
2. गति के कारण ही वस्तुएँ आन्दोलित होती हैं, उनमें वेग आता है।
3. हमें हर तरह की वस्तु के चित्रण के लिए उसमें गति का ध्यान रखना होगा।
4. संसार की प्रत्येक वस्तु गतिशील है और प्रत्येक वस्तु परिवर्तनीय है।
5. आँखों की दृष्टि की सीमा के कारण अंकित कोई भी वस्तु देखने पर वही नहीं रहती, जो वास्तव में वह होती है। वह गतिमय लहरों की तरह दूसरी वस्तु को विभाजित करती है।
6. गति की स्थिति और आँखों की दृष्टि अपनी सीमाबद्धता के कारण दौड़ने वाले घोड़े की चार टाँगें नहीं देख पाती। वह उसे बीस टाँगों में देखती है। यह गति आकारिक विभाजन में त्रिभुज की शक्ल में होती है।

भविष्यवादियों की चित्रांकन की उक्त पद्धति को ध्यान में रखते हुए 1912 में कई प्रदर्शनियों का आयोजन किया गया जिन्हें यूरोपीय नगरों में दिखाया गया। प्रदर्शनी के केटलॉग में कुछ नई बातें जोड़ी गई थीं—

1. वस्तु को अचल स्थिति में अंकित करना मूर्खता है।
2. वस्तु के पीछे की अदेखी शक्ति को भी चित्रित करना चाहिए, जो वस्तु को चलाती है।
3. चित्रकार को दृश्य के केन्द्र में स्वयं को आँकना चाहिए, जैसेकि वह अपने चारों तरफ हो रहे कार्य-व्यापार को देखकर अंकित कर रहा है।

इस कला आन्दोलन में दुखी मनुष्य और जलते-बुझते बिजली के बल्ब एक समान थे, इसलिए चित्र-सर्जना में उनका कोई महत्त्व न था। इस आन्दोलन की एक बड़ी देन—'समयावच्छेद का सिद्धान्त' (Theory of Simultaneous State of Mind) था जिसके अनुसार भिन्न कालों के दृश्य प्रभावों की एक साथ चित्रित करने की तकनीक को समझना कलाकार के लिए चित्रांकन की मूलभूत शर्त है। यानी चित्रित किया जा रहा एक दृश्य अगर एक पर्वत का है तो पर्वत के पेड़ों की गतिमयता, बादल, आकाश सहित समूचा दृश्य चित्र का हिस्सा होना चाहिए, तभी वह एक विशेष समय के सभी दृश्यों को एक साथ रूपायित किया जा सकता है।

अपने सृजन-कर्म में भविष्यवादी कलाकारों ने घनवाद और नव प्रभाववाद के तत्त्वों को भी शामिल करके अपने चित्रों में वस्तु के वास्तविक प्रभाव को दृश्य के समग्र आयतन के साथ अंकित करने की कोशिश की।

इसके सूत्रधार रहे मारिनेट्टी के कामों और प्रभावों को बाद के दिनों में बहुत-से लोगों ने ग्रहण किया जिनमें रूस के काजिमिर मालेविच (Kazimir Malevich)तथा व्लादीमिर मायकोवस्की (Vladimir Mayakovsky) शामिल हैं। इन कलाकारों ने मारिनेट्टी के आकारों को अपने अंकन में विशेष महत्त्व दिया था।

भविष्यवादी कलाविदों-कलाकारों में लुइगी रूस्सोलो, कार्लो कारा, फिलिप्पो तोम्मासो मारिनेट्टी, अम्बर्तो बोसिओनी ओर गिनो सेवेरिनी जैसे नाम प्रमुखता से लिये जाते हैं, जिन्होंने इस कला आन्दोलन को एक व्यवस्थित सिद्धान्त में बाँधा था और उसे एक व्यवस्था दी थी। मारिनेट्टी कलाविद के साथ एक प्रसिद्ध कवि थे। उन्होंने साहित्य सम्बन्धी जो भविष्यवादी सिद्धान्त दिया था, वही कला में भी किंचित बदलावों के साथ आया और एक बड़े आन्दोलन के रूप में प्रसारित हो सका। मारिनेट्टी ने कहा था—'हम अतीत का हिस्सा नहीं होना चाहते। हम युवा हैं और शक्तिशाली भविष्यवादी हैं।' इस विचार में और स्वयं भविष्यवाद में गति, तकनीक, युवापन और हिंसा की प्रधानता थी। गति सम्बन्धी विचारों और अंकन के नियमों से बनीं भविष्यवादी कृतियों में वे कृतियाँ महत्त्वपूर्ण मानी गईं, जो उस दौर में प्रेरणा और विस्मय की तरह थीं। इन कृतियों में—कार्लो कारा की 'Funeral of the Anarchist Galli' (अराजकतावादी गाल्ली की अन्त्येष्टि), 'Living the Theatre' (रंगमंच में जीवित), अम्बर्तो बोसिओनी की 'The City Rises' (शहर का उदय), 'The Street enter the House' (गली का घर में घुसना), गिनो सेवेरिनी की 'Dynamic Hieroglyphic of the Bal Tabarin' (ताबारिन नृत्य का गत्यात्मक चित्रलेख) और लुइगी रूस्सोलो की 'Automobile Speed' (मोटर की गति) नामक कृतियाँ भविष्यवाद की उन अर्थपूर्ण कृतियों में गिनी जाती हैं जिन पर इस आन्दोलन का आधार है।

गौर से देखें तो पाएँगे कि इन कृतियों के अंकन, संयोजन, विन्यास, रंग-प्रयोग और फलक-विभाजन में भविष्यवाद का सिद्धान्त मूर्त रूप लेता है। इनमें गति का नियम तो है ही, समयावच्छेद का सिद्धान्त भी है। शक्ति का नियम और उसके महत्त्व को भी आप इनमें प्रतिरूपित होता देख सकते हैं; क्योंकि गति एवं शक्ति एक ही साथ संयोजित हैं और परस्परपूरक भी। इसमें कोई सन्देह नहीं कि यह कला आन्दोलन अपने स्वरूप में क्रान्तिकारी था, पर अपने अमानवीय विचारों के कारण इसे असमय काल कवलित होना पड़ा। युद्ध को समर्थन देकर इसने कला के विरोध को ही अपना ध्येय बना लिया। अब तक के सारे विचारों को खारिज करते हुए इसके चित्रकारों ने युद्ध की आहट को पहचान लिया था, पर इस बात को भुला दिया था कि कला युद्ध का या किसी भी अमानवीय कुकृत्य का समर्थन नहीं कर सकती। मनुष्य की जान की कीमत पर कोई भी कला-रूप न तो जिन्दा रह सकता है और न उसको समर्थन मिल सकता है, चाहे वह कितना ही बड़ा विचार या मूल्यवान सर्जना ही क्यों न हो।

जो होना था, वही हुआ। 1914 में प्रथम विश्वयुद्ध के आरम्भ होते ही भविष्यवादी कलाकारों की आँखें फटी की फटी रही गईं, जब एक बड़े कलाकार अम्बर्तो बोसिओनी की युद्ध में ही मृत्यु हो गई। इसके बाद भविष्यवादी कला-आन्दोलन लोगों की घृणा का पात्र बन गया। लोग इन कलाकारों के कामों से घृणा करने लगे, कलाकारों से भी उनकी कोई प्रीति न रही और यह कला आन्दोलन युद्ध तथा हिंसा को अपना समर्थन देकर असमय ही अन्तिम साँसें लेने लगा। इसके प्रवर्तक मारिनेट्टी ने बहुत प्रयास किया कि भविष्यवाद को जीवन दे सकें, उसे पुन: लोगों के बीच ले जा सकें, पर उनका प्रयास व्यर्थ सिद्ध हुआ। अन्तत: सिद्ध हुआ कि युद्ध और हिंसा को समर्थन देकर तात्कालिक लाभ भले पा लिया जा सकता हो, पर एक समय बाद ऐसे विचारों को मिट जाने से कोई रोक नहीं सकता। दुखद सच तो यही सामने आता है कि ऐसे विचार देनेवाले स्वयं उसी का शिकार होकर मारे जाते हैं जैसे बोसिओनी मारे गए। बोसिओनी युद्ध की भेंट चढ़े और युद्ध का सिर्फ एक चित्र बना सके। सेवेरिनी ने 1915 में युद्ध के कुछ चित्रों की रचना की; जिनमें—'War' (युद्ध), 'Armed Train' (सशस्त्र ट्रेन) तथा 'Red Cross Train' (रेड क्रॉस ट्रेन) शामिल हैं।

अन्तत: जब भविष्यवाद मरने लगा, तो बाद के दिनों में इसे अलग-अलग चरणों से बाँटकर नए नामों से जिन्दा रखने की कोशिश भी हुई, जैसे—'Plastic Dynamism' (लचीला गतिवाद), 'Machanical Art' (तकनीकी कला), 'Airo Aesthetics' (वायव्य सौन्दर्यशास्त्र) आदि। इन्हें अलग-अलग दशकों में रखने की कोशिश की गई पर मूल रूप से कला आन्दोलन बनकर छा गया 'भविष्यवाद' कला की दुनिया से प्रथम विश्वयुद्ध के साथ 1918 तक अपनी अन्तिम साँस ले चुका था।

इसमें दो राय नहीं कि भविष्यवाद अगर अति-उत्साह में अमानवीय विचारों का समर्थन न करता, तो उसमें कला के विकास की अपूर्व सम्भावनाएँ थीं। विश्वयुद्ध

के पहले भविष्यवादियों ने जो कृतियाँ बनाई थीं, उनमें गहरी व्यंजकता थी और उनके द्वारा बनाई गई कृतियों में अनेक आज भी विश्वकला की धरोहर हैं जिनमें से कुछ का उल्लेख पीछे किया जा चुका है। स्वयं बोसिओनी ने चित्र के साथ-साथ मूर्तिशिल्प में भी काम किया था और अपनी मूर्तियों को त्रिआयामी रूप में ढालकर भविष्यवादी कला को नई ऊँचाई दी थी। वस्तु और वातावरण के सम्बन्ध को भी परिभाषित करते हुए इस आन्दोलन ने कुछ महत्त्वपूर्ण काम सम्भव किए जो आज भी किसी बड़ी चुनौती से कम नहीं हैं। बोसिओनी, बर्गसां के इस कला-सिद्धान्त से बेहद प्रभावित थे कि 'साधारण, अदृश्य अनुभवजनित सहानुभूति को वस्तु के संयोजन में इस तरह इस्तेमाल करना चाहिए कि वस्तु का रूप अपने भासित प्रकाश में खिल सके।'

पर इटली को अतीत के भार और दबाव से बचाने तथा प्रभाववाद सरीखे कला-आन्दोलनों के प्रतिरोध में हिंसा के सहारे खड़ा किया गया यह आन्दोलन जब मरा तो इसके नाम पर कोई आँसू बहानेवाला न था।

इस बात पर निश्चय ही दुख होता है कि अनेक प्रतिभाशाली कलाकारों के इस समूह ने ऐसा आत्मघाती रास्ता क्यों चुना, क्यों वे कला को हिंसा का पर्याय मानकर खुश हुए, क्यों कला का प्रयोजन उनकी समझ में न आया? अगर अपनी संकल्पना में वे हिंसक न होते और युद्ध जैसी अमानवीयता का समर्थन न करते तो निश्चय ही अनेक भविष्यवादी कलाकार श्रेष्ठतम कलाकारों में शुमार होते; क्योंकि उनमें ऐसी सम्भावनाएँ थीं। इस आन्दोलन की कला-प्रविधि का इससे बड़ा उदाहरण भला और क्या हो सकता है कि अंग्रेज चित्रकार नेविनसन (Christopher R.W. Navinson) और अमेरिकी चित्रकार जोसेफ स्टेला (Joseph Stella) ने भविष्यवाद की प्रवृत्तियों को आधार बनाकर बहुत-सी कृतियों की रचना की, जिन्हें वैश्विक स्तर पर प्रतिष्ठा मिली।

जो हो, भविष्यवादी कला की गतिमयता के सिद्धान्त के साथ अंकन पद्धति की समग्रता, आकारों के स्थापन की दक्षता, ज्यामितीय आकारों में गतित्व का समायोजन, दृश्य को सम्पूर्ण प्रभाव में लाने की क्षमता जैसी विशेषताएँ इसी भविष्यवाद की बड़ी देन मानी जाती हैं जिसने वैश्विक चित्रकला में एक नए विचार के साथ सृजन को एक बड़ी साधना में बदल दिया। भविष्यवाद जब शुरू हुआ तो इसमें सैकड़ों इतालवी कलाकारों की शिरकत हुई और प्राय: सबने महत्त्वपूर्ण कृतियों की रचना की, पर भविष्यवाद के अन्त के बाद वे कलाकार ही याद रह गए जो इसके सूत्रधार थे और कदाचित् इसके अन्त का कारण भी बने। सच है कि—'संकट से प्यार, आक्रामकता, युद्ध की प्रशंसा, जीवन के अन्यायों का औचित्य और गौरव के लांछित विचारों के साथ कोई भी विचार ज्यादा देर तक जीवित नहीं रह सकता था, तब भला भविष्यवाद ही कब तक टिका रहता।'

असल में भविष्यवाद के अतिवाद को भूलकर यदि उसके कुछ सैद्धान्तिक पक्षों पर बात करें तो समझ सकते हैं कि वह निरर्थक न था। चित्रकला की अंकन पद्धति के बारे में भविष्यवाद जो कहता है, वह बहुत मूल्यवान है—'हम अपनी दृष्टि-क्षमता से एक्स-किरणों के समान वस्तुओं के आरपार देख सकते हैं; अतएव हमारे लिये सभी वस्तुएँ पारदर्शी हैं। सभी वस्तुएँ गति के कारण चलायमान होती हैं और आगे-पीछे होते हुए, एक-दूसरे पर टिकती भी हैं। रंग और प्रकाश के मेल से हमको इन वस्तुओं की सूक्ष्म गतियों को उनकी चंचलता के साथ चित्रित करना होगा। इसके लिए उनका विभाजन सम्बन्धी सिद्धान्त समीचीन है, प्रासंगिक है।'

भविष्यवादियों ने यह भी कहा था कि 'वस्तु या मनुष्य को स्थिर स्थिति में आँकना मूर्खता है। वस्तु के पीछे जो अदृश्य शक्ति है, जो वस्तु को गति प्रदान करती है, उसे भी चित्रित किया जाना चाहिए।' यह सिद्धान्त बताता है कि गतित्व का निर्माण या कहें कि अंकन; दो तरह से हो सकता है—पहले रूप में रेखाओं की स्वाभाविक शक्ति से आकारों में गति की निरपेक्षता सचेत दिखाई देती है। दूसरे रूप में गतिमान वस्तुओं के चित्रण से गतित्व को प्राप्त किया जा सकता है; जैसे—दौड़ने वाली आकृति; चाहे वह घोड़ा हो, पहिया हो, गाड़ी हो या स्वयं मनुष्य हो। इस आन्दोलन में अम्बर्तो बोसिओनी, जियाकोमो बाल्ला, कार्लो कारा, गिनो सेवेरिनी और लुइगी रूस्सोलो जैसे संस्थापक कलाकारों के अलावा बहुत से कलाकारों ने काम किया और भविष्यवाद के पतन के बाद भी अपनी कृतियों में उसके चित्रण कौशल को जीवित रखा। ऐसे कलाकारों में इटली के अलावा अनेक देशों के कलाकार रहे हैं, जिनमें शामिल हैं—एलिस बेल्ली (Alice Bailly), सेनिया बोगुस्लावस्काया (Keseniya Boguslavskaya), अन्तोन गिउलियो ब्रागाग्लिया (Anton Giulio Bragaglia), डेविड बुर्लिक (David Burliuk), व्लादीमिर बुर्लिक (Vladimir Burliuk), बेनेदेत्ता काप्पा (Benedetta Cappa), अम्ब्रोगिया कासाटी (Ambrogio Casati), प्रिमो कॉन्टी (Primo Conti), तुलियो क्राली (Tullio Crali), लुइगी डे गिउडिसी (Luigi De Guidici), नातालिया गोंचारोवा (Natalia Goncharova), फरचुनाटो देपेरो (Fortunato Depero), गेर्राडो दोत्तोरी (Gerardo Dottori), फिलिया (Filia), फेलिक्स डेल मारले (Felix Del Marle), काजिमिर मालेविच (Kazimir Malevich), सान्ते मोनाचेसी (Sante Monachesi), मारिसा मोरी (Marisa Mori), अल्माडा निग्रेरस (Almada Negreiros), मिखाइल लेरिओनोव (Mikhail Larionov), रूजेना जात्कोवा (Ruzena Zatkova), मेरी स्वांजी (Mary Swanzy), फ्रांसेस सिम्पसन स्टेवेन्स (Frances Simpson Stevens), अरेडेंगो सोफिसी (Ardengo Soffici), जुल्स शामालजिगॉग (Jules Schmalzigaug), ओल्गा रोजानेवा (Olga Rozaneva), इवान पुरी (Ivan Puri), एनरिको प्राम्पोलिनी

(Enrico Prampolini), ल्यूबोव पोपोवा (Lyubov Popova) और गिओवानी पापिनी (Givovanni Papini)।

अब हम संक्षेप में भविष्यवाद के श्रेष्ठतम कलाकारों की चर्चा करेंगे।

फिलिप्पो तोम्मासो मारिनेट्टी (1876-1994)

फिलिप्पो तोम्मासो मारिनेट्टी (Fillppo Tommaso Emilio Marinetti) भविष्यवाद के प्रवर्तक थे। जैसाकि हम बता चुके हैं, उनका जन्म 22 दिसम्बर, 1876 को अलेक्जेंड्रिया, मिस्र में हुआ था और निधन 2 दिसम्बर, 1944 को बेलागियो, इटली में। वे कवि, कला-सिद्धान्तकार, सम्पादक और लेखक थे। वे चित्रकार नहीं थे, पर कला-सिद्धान्तों को व्यवस्था देने और राजनीतिक प्रतिबद्धता के लिए जाने जाते थे। वे 'पोएशिया' नामक पत्रिका के सम्पादक भी रहे। उन्होंने 1918 में फ्यूचरिस्ट पॉलिटिकल पार्टी (Futurisl Political Party) बनाई थी जिसका विलय फासीवादी शासक बेनितो मुसोलिनी की पार्टी 'फासिस्ट पार्टी' में हो गया था। उनकी राजनीतिक उग्रता ही थी कि उन्होंने 'भविष्यवाद' जैसा कला और साहित्यिक आन्दोलन खड़ा किया था तथा उसे युद्ध और हिंसा का प्रेरक बना दिया था। 1919 में इतालवी फासिस्ट पार्टी के घोषणा-पत्र को तैयार करने में उनकी महत्त्वपूर्ण भूमिका रही। उन्होंने उसे अलेसेस्टे डे एम्बरीस (Alcesle De Ambris) के साथ मिलकर लिखा था।

हिंसा, क्रूरता और अन्याय की पक्षधरता करनेवाले मारिनेट्टी ने भविष्यवाद को अराजकतावाद और फासीवाद के तत्त्व के रूप में प्रसारित किया। वे कलाकारों को अतीत की शैलियों से मुक्त होने की अपील करते थे और अतीत से हर तरह के सम्बन्ध को समाप्त करने की बात भी। दिलचस्प है कि इस व्यक्ति ने संग्रहालयों को मिटा डालने, पुस्तकालयों को जला देने की बात की और युद्ध को गौरवान्वित किया। उन्होंने कविताएँ लिखीं, उपन्यास लिखे और नाटक लिखकर मंचित कराया; किन्तु सबमें वे अपने इसी हिंसक सिद्धान्त का प्रचार करते रहे।

उन्होंने एक सैन्य अधिकारी की तरह 1916 में इटली के पक्ष में विश्वयुद्ध में भागीदारी की थी। 1917 में गम्भीर रूप से घायल होने और ठीक होने पर वे फिर सीमा पर चले गए थे। वे पहले नास्तिक थे, जो बाद में कैथोलिक चर्च से जुड़ने के बाद धार्मिक हो गए थे; यह 1930 के आसपास की बात है। उनके चरित्र के अन्तर्विरोध भी बहुत थे। वे राष्ट्रवादी थे; पर वैश्विक भी रहे। मिस्र में जन्मे, मिस्र और फ्रांस में शिक्षा प्राप्त की। पहली कविता फ्रांसीसी में लिखी और प्रकाशित हुई और भविष्यवाद का घोषणा-पत्र भी फ्रांसीसी में पहले-पहल प्रकाशित हुआ। उसका प्रचार करने वे फ्रांस में ही सबसे पहले गए भी थे।

1942 में दूसरे इटली और आबिसिनियन युद्ध और विश्वयुद्ध में पूर्वी सीमा पर कुछ हफ्तों के लिए वे तब लड़े थे; जब उनकी आयु 65 वर्ष की हो गई थी। 2 दिसम्बर, 1944 को हृदय-गति रुकने से 67 साल की उम्र में उनका देहान्त हुआ था। इस तरह अपनी प्रतिभा और विलक्षण बुद्धि को अमानवीय दर्शन में उलझाकर उन्होंने निश्चय ही एक ऐसी राजनीतिक पक्षधरता दिखाई, जो क्रूर और हिंसक थी। मारिनेट्टी को पढ़ना और उनके दर्शन को समझना इसलिए भी आवश्यक लगता है कि यह समझा जा सके कि कला और संस्कृति में काम करनेवाले लोग अन्ततः उन मूल विचारों को क्यों और कैसे भूल जाते हैं जिनसे कलाएँ जन्मती हैं और संस्कृति विकसित होती है। कला के इतिहास में भविष्यवाद वैसा ही कलंकित है जैसा जर्मन का नाजीवाद और इटली का फासीवाद। यह एक तरह का सबक भी है कि राजनीतिक पक्षधरता कला को उसके मूल विचार से काटती है; और कहीं न कहीं उसे अमानवीय भी बनाती है।

अम्बर्तो बोसिओनी (1882-1916)

अम्बर्तो बोसिओनी (Umberto Boccioni) प्रसिद्ध इतालवी चित्रकार और मूर्तिकार थे। वे भविष्यवाद के संस्थापक सदस्य थे और उन्होंने उसके सैद्धान्तिक तथा सौन्दर्य-पक्ष को व्यवस्थित करने में महत्त्वपूर्ण भूमिका निभाई थी। अपने छोटे-से जीवन में उन्होंने रेखाओं की गत्यात्मक विधि के सिद्धान्त को निर्मित किया तथा ठोस वस्तुओं के विखंडन सम्बन्धी सिद्धान्त को भी प्रतिपादित किया। 19 अक्टूबर, 1882 को रेग्गियो, कालाब्रिया, इटली में जन्मे बोसिओनी 17 अगस्त, 1916 को वेरोना, इटली में ही विश्वयुद्ध में लड़ते हुए मारे गए थे।

बोसिओनी ने प्रभाववाद, उत्तर-प्रभाववाद तथा घनवाद की कला शैलियों में भी काम किया था; पर उनका मन भविष्यवाद में ही रमा और उनकी पहचान उसी से है। वे शुरू से ही उग्र स्वभाव के व्यक्ति थे। उनके पिता एक मामूली सरकारी नौकर थे जो उत्तरी इटली के रोमाग्ना (Romagna) क्षेत्र के मूल निवासी थे। उनका स्थानान्तरण नियमित रूप से होता रहता था। अम्बर्तो की जब पन्द्रह वर्ष की उम्र हो गई और उनके पिता केटानिया, सिसली में 1897 में आए तब वे विद्यालीय शिक्षा पूरी कर पाए थे। इसके बाद उन्होंने 1898 में रोम की कला एकेडेमी में प्रवेश लिया और चित्रकार गिओवान्नी माटालोनी (Giovanni Mataloni) के अधीन कला-शिक्षा ली। 1901 में उन्होंने नीत्शे के विचारों में रुचि लेनी शुरू की, फिर अपने विद्रोही स्वभाव के अनुरूप वे समाजवादी विचारों से भी प्रभावित हुए और अन्ततः उनके स्वभाव का मेल नाजीवादी विचारों से बैठ गया। मारिनेट्टी की तरह उनके स्वभाव में भी भयानक अन्तर्विरोध था। वे कभी अस्तित्ववादी दिखते, कभी समाजवादी, तो कभी उग्रता की

सीमा पार कर सब तरफ से विद्रोही हो उठते। उनकी जगह नाजीवादी विचारों में ही थी; जिससे जुड़कर वे हर तरह की विचारधारा का विरोध करने लगे थे। इस तरह अपनी प्रतिभा, परिश्रम और चिन्तन को उन्होंने भविष्यवाद को गढने में लगाया और हिंसा, उपद्रव, अमानवीयता आदि को इस कला आन्दोलन का मूल ध्येय बना दिया।

विद्यार्थी काल में ही रोम में कला-शिक्षा लेने के बाद बोसिओनी ने गियाकोमो बाल्ला (Giacomo Balla) जैसे सधे हुए चित्रकार से आधुनिक कला की विभाजनवादी तकनीक सीखी थी। फिर 1906 में पेरिस की यात्रा कर उन्होंने प्रभाववाद और उत्तर-प्रभाववाद की शैली को सीखा-समझा। इसी दौरान वे तीन महीने के लिए रूस गए थे जहाँ उन्होंने नागरिक अशान्ति और उस पर की जा रही सरकारी कार्रवाई का अनुभव प्राप्त किया। इसका सीधा मतलब यही था कि वे विशुद्ध रूप से राजनीतिक हो चुके थे और कला को भी उसी के अनुरूप ढालने की मानसिकता बना चुके थे। वहाँ से लौटने के बाद बोसिओनी ने वेनिस की कला एकेडेमी में कुछ समय तक अध्यापन भी किया जहाँ उन्होंने रेखा चित्रण की कक्षाएँ लीं।

1912 से 1914 के बीच उन्होंने लन्दन में भविष्यवादी कला की समूह प्रदर्शनियों में हिस्सेदारी की थी जिससे अनेक अंग्रेज कलाकार प्रभावित हुए थे। इन्हीं में सी.आर. डब्ल्यू. नेविनसन (C.R.W. Nevinson) भी थे, जिन्होंने भविष्यवादी समूह में शामिल होने की घोषणा की थी। जैसाकि हमने संकेत किया है, वे निश्चय ही बड़े कलाकार थे और उनकी कृतियाँ इतालवी कला की उत्कृष्ट अंकन-पद्धति के उदाहरण के रूप में रखी जा सकती हैं जिनके विषय भी नितान्त मानवीय और जीवन-सापेक्ष हैं और वे समग्र चित्र-रचना के सिद्धान्त को अपनाती हैं। किन्तु अपनी वैचारिकता को लेकर ही वे सन्दिग्ध होते हैं तथा लोग नाजीवाद के समर्थन के कारण उन्हें वह स्थान नहीं देते, जिनके वे अधिकारी ठहरते हैं। उनके चित्रों का विन्यास और दीप्त रंग-कौशल उनकी उत्कट प्रतिभा का उदाहरण बनते हैं जिसमें हम सहजता से अनेक कला-शैलियों के सम्मिश्रण के साथ भविष्यवाद के गति सिद्धान्त को भी देख सकते हैं। सिर्फ 33 वर्ष की उम्र में अपनी राजनीतिक आकांक्षाओं की भेंट चढ़ गए बोसिओनी ने बेहद कम समय में जैसी कृतियों की रचना की; वह कला जगत के लिए निश्चय ही एक उपलब्धि की तरह है। उनकी उल्लेखनीय कृतियों में—'The Laugh' (हँसी), 'States of Mind' (मानसिक अवस्था), 'Dynamism of Cyclist' (साइकिल सवार की गत्यात्मकता), 'The Morning' (सुबह), 'Three Women' (तीन औरतें), 'The City Rises' (शहर का उदित होना), 'The Elasticity' (लोच), 'The Street Enters the House' (गली का घर में घुसना) तथा मूर्तिशिल्पों में—'Spiral Expansion of Muscles in Action' (कार्य के दौरान मांसपेशियों का सर्पिल विस्तार) और 'Sky in Unique sizes of Continuity' (आकाश में अद्वितीय आकारों की निरन्तरता)।

इन कामों में आलोचकों ने उनके रंग-कौशल और गति के नियमों के साथ-साथ उसमें विचारों के अनुरूप चित्रण के कारण सराहा है; जाहिर है, उसमें विचार की सराहना नहीं, कृति की सराहना है। उदाहरण के लिए 'The Morning' जैसे काम में आलोचकों ने 'युवा और मजबूत रंगों की हिंसा' देखी है जिसमें छोटी-छोटी आकृतियाँ गति में हैं। सुबह की लालिमा पूरी बस्ती पर बिखरी है और क्षितिज भी सुनहली आभा में खिल उठा है। इस कृति में आलोचकों ने प्रभाववाद और बिन्दुवाद की छाया भी देखी है। कुल मिलाकर यह कि बोसिओनी बड़े चित्रकार थे, जो यदि जीवित रहे होते तो यह कला-जगत के लिए बहुत शुभ रहा होता।

कार्लो कारा (1881-1966)

कार्लो कारा (Carlo Carra) भविष्यवादी कला के महत्त्वपूर्ण स्तम्भ थे। 11 फरवरी, 1881 को क्वारग्नेटो, इटली में उनका जन्म हुआ था और पचासी वर्ष की उम्र में 13 अप्रैल, 1966 को मिलान में उनका देहान्त हुआ था। वे महत्त्वपूर्ण चित्रकार होने के साथ-साथ कला आलोचक भी थे; जिनकी कई पुस्तकें प्रकाशित हैं। 12 वर्ष की उम्र में उन्होंने एक भित्ति (म्यूरल) चित्रण का काम मिलने पर घर छोड़ दिया था। उसके बाद 1899 से 1900 तक वे पेरिस में रहे जहाँ उन्होंने पेवेलियनों की सज्जा का काम किया। वहीं उन्हें समकालीन फ्रांसीसी कला का ज्ञान हुआ। उसके बाद वे कुछ महीनों के लिए लन्दन भी रहे जहाँ उनकी भेंट निर्वासित इतालवी अराजकतावादियों से हुई थी। वे 1901 में मिलान लौट आए। 1906 में कारा ने ब्रेरा एकेडेमी (Brera Academy) में नामांकन कराया जहाँ सिजारे तल्लोने (Cesare Tallone) से कला-शिक्षा ली। उसके बाद उन्होंने 1910 में भविष्यवादी घोषणा-पत्र पर बोसिओनी, रूस्सोलो तथा गियाकोमो बाल्ला के साथ हस्ताक्षर किए थे। उसके बाद उन्होंने चित्रकला पर भी काम शुरू किया, जो बाद में उनकी ख्याति का एक बड़ा आधार बना।

कारा का भविष्यवाद से सम्बन्ध प्रथम विश्वयुद्ध के शुरू होने तक ही रहा। लेकिन उनकी कृतियों पर उसकी अवधारणाओं का प्रभाव आगे तक रहा। बावजूद इसके, भविष्यवाद की गति और अनुभूति के बजाय स्थिर चित्रण और आकारों की स्पष्टता को कारा ने अधिक महत्त्व दिया तथा साधारण वस्तुओं के यथार्थ चित्रण को रुचि के साथ सम्भव किया। प्रथम विश्वयुद्ध के शुरू होने तक वे भविष्यवाद से जुड़े रहे थे; तब तक फासीवादी राजनीति में उनकी संलग्नता न थी। किन्तु 1918 के बाद उन्होंने फासीवाद को अपना समर्थन दिया। 1930 में उन्होंने एक घोषणा-पत्र पर हस्ताक्षर करके यह घोषणा की थी कि राष्ट्रीय राजनीति को कला के माध्यम से समर्थन देंगे। इस तरह प्रथम विश्वयुद्ध के बाद उनमें उग्र राष्ट्रवाद का उभार हुआ था।

कारा का चित्रण स्पष्ट था और विषय-चयन में भी उनकी स्वतंत्रता दिखाई देती है। ज्यामितीय संयोजनों, गतिमयता के साथ वस्तु के आकारिक विन्यासों और रंगों की शास्त्रीय युक्ति और प्रयोगशीलता के कारण उनकी कृतियाँ भविष्यवादी कला की उपलब्धि मानी जाती हैं। उनके महत्त्वपूर्ण कामों में—'Woman on the Balcony' (बालकनी पर औरत), 'The Funeral of Anarchist Galli' (अराजकतावादी गाल्ली की अन्त्येष्टि), 'Rhythms of Objects' (वस्तुओं की लय), 'Western Horsman' (पश्चिमी घुड़सवार), 'The Daughter of the West' (पश्चिम की बेटी), 'The Engineer's Love' (अभियन्ता का प्रेमी), 'The Metaphysical Muse' (आध्यात्मिक देवी), 'The Enchaited Chamber' (मुग्ध कक्ष) 'The Oval of Apparition' (अंडाकार मूर्ति) शामिल हैं।

कार्लो कारा की कृतियाँ अलग से पहचानी जा सकती हैं; क्योंकि उनमें रूपाकारों का ज्यामितीय संयोजन और उनकी स्थिरता एक विशेष लय में दिखते हैं। इनका रंग-न्यास इतना अनोखा है कि एकबारगी आप घनवादी कृतियों के साथ-साथ शास्त्रीय कला-चित्रण की बारीकियों में जा पहुँचें। किन्तु यह कारा का काम है जो स्वयं उनके कौशल और दृष्टि का परिचायक है।

गिनो सेवेरिनी (1883-1966)

गिनो सेवेरिनी (Gino Severini) भविष्यवाद के महत्त्वपूर्ण कलाकार और सिद्धान्तकार के रूप में जाने जाते हैं। वे इतालवी कलाकार थे और उनके जीवन का अधिकांश हिस्सा रोम और पेरिस में बीता। उन्होंने नव-शास्त्रवादी, प्रभाववादी तथा घनवादी पद्धतियों में भी काम किया था, पर उनकी मुख्य पहचान भविष्यवादी कलाकार की ही है। उनका जन्म 7 अप्रैल, 1883 को कोर्टोना (Cortona), इटली में हुआ तथा निधन 26 फरवरी, 1966 को पेरिस में। वे कोर्टोना के एक गरीब परिवार से थे जिनके पिता स्थानीय अदालत में मामूली कर्मचारी थे और माता कपड़े सिलने का काम करती थीं। पन्द्रह वर्ष की उम्र में सेवेरिनी और उनके सहपाठियों के समूह को इतालवी विद्यालयीय व्यवस्था से निलम्बित कर दिया गया था जिसका कारण परीक्षा का प्रश्नपत्र चुराना था। कुछ दिनों तक उन्होंने अपने पिता के साथ काम किया, उसके बाद वे अपनी माँ के साथ 1899 में रोम चले गए थे। वहाँ शिपिंग क्लर्क की नौकरी करने के दौरान उनमें चित्रकला को लेकर रुचि जागी और वे अतिरिक्त समय में कुछ-कुछ बनाने का अभ्यास करने लगे थे। वे कोर्टोनो के एक व्यक्ति की मदद से कला की कक्षाओं में जाने लगे। वहाँ उन्होंने विवस्त्र अध्ययन (Nude Study) की एक निजी संस्था में नामांकन करा लिया था जो रोम फाइन आर्ट इंस्टिट्यूट से सम्बद्ध थी और छात्रों को नि:शुल्क शिक्षा देती थी।

इसके बाद 1900 में उनकी भेंट अम्बेर्तो बोसिओनी से हुई थी जिनके साथ उन्होंने भी गियोकोमो बाल्ला से कला-शिक्षा ली। वहाँ बाल्ला ने उन्हें विभाजन की तकनीक के साथ मिश्रित रंगों की तकनीक और चित्रफलक की सतह को रचने की विधि से परिचित कराया। विभाजन की तकनीक की समझ सेवेरिनी के लिए एक वरदान सिद्ध हुई जिस पर उन्होंने 1910 से 1911 तक भविष्यवाद की आरम्भिक कृतियों की रचना की। वे 1906 में पेरिस जाकर बस गए थे जहाँ बौद्धिक रूप से उनकी समझ का विकास हुआ था और वहाँ उन्होंने मोदिग्लियानी, राउल डफी, जॉर्ज ब्राक आदि कलाकारों के काम और उनकी शैली से परिचय पाया था। यहीं रहते हुए मारिनेट्टी के आमंत्रण पर उन्होंने भविष्यवाद से जुड़ना स्वीकार किया था। बाद में उन्होंने जो आत्मकथा लिखी, उसमें विस्तार से इन सभी तथ्यों की चर्चा है। उन्होंने कला पर कुछ किताबें भी लिखीं। सेवेरिनी ने सिर्फ 1910 से 1911 तक ही भविष्यवादी कृतियाँ बनाईं, उसके बाद उन्होंने शास्त्रीय कला का विकास करते हुए उस पर कृतियों की रचना की। उनकी कृतियों की सबसे बड़ी विशेषता वस्तु की प्रकृति का चित्रण है जिसमें रंगीय कौशल भी दर्शनीय है।

उनकी महत्त्वपूर्ण कृतियों में—'Dynamism of a Dancer' (एक नर्तक की गत्यात्मकता), 'Dynemic Hieroglyphic of the Bal Tabarin' (टाबारिन नृत्य का गत्यात्मक चित्रलेख), 'Dancer of Pigalle' (पिगाल्ले का नर्तक), 'Memories of Jurney' (यात्रा की स्मृतियाँ), 'Pan Pan Dance' (पान पान नृत्य), 'Maternity' (मातृत्व) आदि शामिल हैं। उनके कुछ भित्तिचित्र भी बहुत महत्त्वपूर्ण माने जाते हैं।

लुइगी रूस्सोलो (1885-1945)

लुइगी रूस्सोलो (Luigi Carlo Fillippo Russolo) विख्यात इतालवी भविष्यवादी कलाकार के रूप में जाने जाते हैं। उन्होंने सांगीतिक वाद्यों पर कई तरह के प्रयोग भी किए थे और 'The Art of Noises' (शोरों का कला आन्दोलन) का घोषणा-पत्र भी लिखा था। इसे 'भविष्यववादी संगीत और ध्वनि कला आन्दोलन' भी कहा जाता है। यह सांगीतिक आन्दोलन था जिसमें तरह-तरह के शोरों को समन्वित कर एक शैली विकसित की गई थी जिसे 'Intorarumori' (आनन्दमय) कहते हैं। रूस्सोलो का जन्म 30 अप्रैल, 1885 को पोर्टोग्रुअरो (Portogruaro), इटली में हुआ था और निधन 4 फरवरी, 1947 को बोट्टानुको (Bottanuco), इटली में हुआ था। उनकी सांगीतिक पहचान एक चित्रकार की अपेक्षा कम थी; फिर भी उन्होंने कुछ अच्छी सांगीतिक कृतियाँ निर्मित की हैं। उन्होंने मारिनेट्टी के साथ मिलकर 'भविष्यवाद' की सैद्धान्तिकी निर्मित की थी और घोषणा-पत्र भी बनवाया था। उनके सांगीतिक

संयोजनों में भविष्यवाद की स्पष्ट छाप थी। दूसरे विश्वयुद्ध के समय उनके अधिकतर वाद्य-यंत्रों को नष्ट कर दिया गया था और कुछ की चोरी हो गई थी।

एक चित्रकार के रूप में रूस्सोलो ने भी भविष्यवादी सिद्धान्तों का पालन किया और उसके गति सिद्धान्त के साथ-साथ युद्ध तथा हिंसा के बहुत-से चित्र बनाए। उनमें बोसिओनी तथा कारा जैसी चित्र-दक्षता नहीं थी; फिर भी वे अपनी चित्रण क्षमता से प्रभावित करते हैं। उनकी कृतियों में—'The Revolt' (विद्रोह), 'Landscape with Tree' (वृक्ष के साथ भूदृश्य), 'Dynamism of a Car' (कार की गत्यात्मकता), 'Solidity of Fog' (कोहरे का ठोसपन), 'A Pianist Playing for the Audience' (दर्शकों के लिए पियानोवादक का पियानो बजाना), 'Fragrance' (सुगंध), 'Dynamic Volumes' (गतिमय धुन), 'Music' (संगीत), 'Lines of Force a Thunderbolt' (बिजली की बल रेखाएँ), 'Speed of Motor' (मोटर की गति) आदि शामिल हैं।

इस प्रकार हम देखते हैं कि भविष्यवादी कला आन्दोलन इटली की फासीवादी राष्ट्रीयता के खतरे में पड़ जाने के बचाव में आया वह कला आन्दोलन था; जिसने कला और राजनीति दोनों में, उग्रता और हिंसा का समर्थन किया तथा युद्ध को अपरिहार्य बताकर शक्ति को श्रेष्ठता का आधार स्वीकार किया। गति का सिद्धान्त भी इसी श्रेष्ठताबोध का एक उपकरण था। इसके बावजूद बड़ी संख्या में इसका लोकप्रिय होना और वैश्विक स्तर पर इसे कलाकारों द्वारा स्वीकार किया जाना इस बात का प्रमाण तो है ही कि मानव-मन के अशान्त और अराजक भावों के लिए भी कला में जगह है। इस आन्दोलन में शामिल अनेक कलाकारों में बोसिओनी और कार्लो कारा जरूर ऐसे कलाकार रहे जिनके काम आधुनिक कला में अपनी जगह रखते हैं। 'गति का सिद्धान्त' देकर भी इस आन्दोलन ने कला को उसी तरह विज्ञान से जोड़ा था जैसे घनवाद ने गणित से तथा प्रभाववाद-उत्तर-प्रभाववाद ने रसायन विज्ञान से। आधुनिक कला की यात्रा को समझने के लिए भविष्यवाद को किसी भी तरह छोड़ सकना सम्भव नहीं है।

अमूर्त कला
(Abstract Art)
(1910-1950)

कलाकार के आत्म की अभिव्यक्ति

अमूर्त कला का उद्भव अन्य कला आन्दोलनों की तरह किसी व्यवस्थित आन्दोलन की उपज नहीं था। किन्तु न तो उसने किसी भी अन्य आन्दोलन से कम महत्त्व प्राप्त किया और न ही विस्तार। हम इस तथ्य से भलीभाँति परिचित हैं कि जिस कला में रूपाकार या आकृति की कोई भौतिक सत्ता नहीं होती, वह अमूर्त कला होती है। उसे 'Abstract' या 'Non Figurative' कहकर पुकारा जाता है। कुछ लोग इसे वस्तु-निरपेक्ष भी कहते हैं; क्योंकि वह ठोस वस्तु का छविमय निरूपण नहीं करती। प्लेटो ने भी कहा था—'I mean straight lines and curves and the shape made from them. These are beautiful not for any particular reason or Purpose.. but are always by their very nature beautiful and give pleasure of their own, quite free from the itch of desire and colors of this kind are beautiful too and give similar pleasure.' (यानी वृत्त, आयत्त ऐसे आकार हैं जो किसी बाह्य कारण से या उपयुक्तता की वजह से सुन्दर नहीं लगते, बल्कि सौन्दर्य उनका स्वभाव है। उनसे ऐसे सौन्दर्य की अनुभूति होती है जो आकारहीन और इच्छारहित है। मतलब यह कि रंगों के विशुद्ध प्रयोग से भी इस तरह के सौन्दर्य की सृष्टि होती है।)

कला के विभिन्न आन्दोलनों और पद्धतियों के बीच अमूर्तन की कल्पना कोई अस्वाभाविक चीज नहीं थी। यही कारण है कि जब चार्ल्स बोदलेयर (Charles Baudelaire) और ओनोर बाल्ज़ाक (Honore Balzac) ने तद्युगीन कला में अमूर्तन की सम्भावनाएँ देखते हुए पत्र-पत्रिकाओं में लेख लिखे, तो उससे एक विचार प्रवाहित होने लगा। इन दिनों कला जगत में प्रभाववाद, उत्तर प्रभाववाद और फाववाद के चित्रांकन में अमूर्तन की दिशा बन रही थी और कलाकार जाने-अनजाने उसे प्रयोग में ला रहे थे, पर उसकी अभी कोई स्पष्ट दिशा नहीं बनी थी।

स्थिति यह बनती गई थी कि उन दिनों यानी उन्नीसवीं सदी के अन्तिम वर्षों में जहाँ प्रभाववादियों ने चित्रफलक के समग्र विस्तार को चित्र का प्रभाव मानकर चित्रित वस्तु के महत्त्व को सीमित कर दिया था, वहीं वे प्रभाववाद से मुक्त होकर अंकन की स्वच्छन्दता के साथ रंगों के स्वाभाविक सौन्दर्य के साथ-साथ चित्रफलक पर वस्तु-चित्रण की नई भंगिमा की ओर जाते दिख रहे थे। ठीक इसी तरह फाववादी तथा अभिव्यंजनावादी कलाकारों ने अपनी रूढ़ अंकन-पद्धतियों से इतर चित्रण में रंगों के स्वाभाविक विकास पर ध्यान देना शुरू किया था। घनवाद और भविष्यवादी कलाकारों ने भी अपने चित्रों में ज्यामितीय आकारों के सृजन पर जोर देना शुरू किया जिससे उनकी कला में अमूर्तता की क्षीण ही सही, सम्भावना प्रकट होने लगी। दिलचस्प यह है कि इन कलाकारों के चित्रों में अमूर्तन की उद्‌भावना मानसिकता के रूप में हुई; जो उन दिनों बहस-मुबाहिसों से एक वातावरण का कारण बन रही थी; पर उसको लेकर अब तक कोई व्यवस्थित सूत्र हाथ न लगा था।

ऐसा न था कि अमूर्तन कला में कोई नई चीज थी या उसे पहले कभी सोच-विचार या निर्मिति में लाया ही नहीं गया था। वह मानव-अस्तित्व के साथ हमेशा से ही जुड़ा रहा है और अनेक रूपों में, चाहे वह घर की वस्तुओं पर की गई आलंकारिता हो या दीवारों, वस्त्रों आदि पर रंगांकन हो; पर चूँकि उनमें वह भाव प्रबलता और मनोभावों के सूक्ष्म अंकन के साथ अनुभूतियों के उद्रेक की कोई स्पष्ट व्यवस्था नहीं होती थी; इसलिए उसे कभी कला के रूप में स्वीकार करने की सम्भावना भी नहीं बनी। यह सम्भावना चार्ल्स बोदलेयर और बाल्जाक की बहसों के साथ-साथ विभिन्न कला-प्रविधियों में आए अमूर्तन के लक्षणों से बनी जिसे पिएट मौन्द्रियाँ (Piet Mondrian) तथा वास्सिली कैंडिंस्की (Wassily Kandisky) ने निश्चित दिशा दी।

हम जानते हैं कि चार्ल्स बोदलेयर सुप्रसिद्ध कवि थे, तो उतने ही बड़े कला आलोचक भी। इसी तरह वे एक चित्रकार भी थे। ओनोर बाल्जाक भी सुप्रसिद्ध कहानीकार, उपन्यासकार के साथ-साथ चित्रकार, कला संग्राहक और कला विचारक भी थे। इन दोनों ने समय-समय पर कला में आ रहे परिवर्तनों और आगत सम्भावनाओं को जिस तरह देखा तथा व्यक्त किया, उसी तरह उसका प्रभाव भी पड़ा। बोदलेयर अपने चित्रों में नव-प्रयोग तो करते ही आ रहे थे, पर जब उन्होंने पिकासो और मातिस की कला पर विस्तृत निबन्धों के माध्यम से चित्रकला में जिन कई सम्भावनाओं को देखा, उसका कला-समाज पर बड़ा प्रभाव पड़ा। उसी तरह बाल्जाक ने भी तद्‌युगीन कला में जिस सूक्ष्मता की सम्भावना देखी, वह भी चित्रकारों का ध्यान आकृष्ट कर सकी। उन्होंने हेनरी मातिस (Henri Matisse) के शचकिन (Shchukin) त्रिफलक पर लिखते हुए कहा—'अब आवश्यकता इस बात की है कि कलाकार अपने उस अनुभव को उभारें जो उनके मनोलोक में सौन्दर्य, शान्ति और इन्द्रिय ग्राह्य अनुभूतियों की एक सुन्दर व्यवस्था के रूप में उपस्थित है। वह

आकाश (Space) को एक नई अनुभूति दे सकेगा जो उसके चित्त की आत्मसन्तुष्टि का ही प्रतिनिधित्व करता है।' उन्होंने अपनी एक प्रसिद्ध कविता 'Invitation to the Vogue' (प्रचलन का आमंत्रण) में भी इसी विचार को प्रकट किया था। ठीक इसी तरह बाल्जाक ने भी तत्कालीन कला-सृजन में लगातार हो रहे दुहराव को लक्ष्य कर एक ऐसी सूक्ष्मता को अर्जित करने का संकेत किया था जिससे कला अपने नए अर्थ और विचार को पा सके। फ्रांसीसी समाज की सामन्ती पतनशीलता को लक्ष्य कर उन्होंने जो कहानियाँ और उपन्यास लिखे थे, उस यथार्थ के बरक्स चित्रों में उन्होंने समकालीनता के नए लक्षणों की पहचान की थी।

यह वह समय था जब नाना प्रयोगों में रची जा रही कला चित्रकारों में नई खोज की प्रेरणा दे रही थी जिसमें बोदलेयर और बाल्जाक जैसे लेखकों-विचारकों के विचारों ने भी एक नई सर्जनात्मक भूमि बनाने में सहायता दी। पर ऐसा नहीं था कि इसकी पृष्ठभूमि में केवल बोदलेयर और बाल्जाक जैसे लेखक -चित्रकार ही थे। उस समय की परिस्थितियाँ कुछ ऐसी ही हो चली थीं, जब कहीं कोई दूरी नहीं रह गई थी। समूची दुनिया एक होने लगी थी। आवागमन के साधनों ने दुनिया को एक मंच पर ला खड़ा किया था। विज्ञान हो या समाज-अध्ययन का क्षेत्र, उद्योग हो या शोध के इलाके; सबमें अंधाधुंध प्रगति हुई और देशों के मध्य दूरियों के घटने से सांस्कृतिक विनिमय का नया दौर भी आरम्भ हुआ। इस नए बदलाव और अनेकानेक कला आन्दोलनों में लगे कलाकारों में भी कुछ नया करने का भाव बलवती हुआ और वैचारिक स्तर पर भी इसकी भूमिका बनने लगी। यह भी देखने में आया कि भौतिक सम्पन्नता और अंधाधुंध विकास ने जिस तरह मनुष्य के अस्तित्व को क्षणों में सीमित कर दिया और सौन्दर्य तथा अनुभूति के मानक बदलने लगे, उसमें अमूर्तन का यह विकल्प अधिक प्रासंगिक होकर उभरा। इसका एक कारण यह भी था कि अब तक हुए कला आन्दोलनों में रूप और दृश्य-सादृश्य की जो भूमिका रही तथा यथार्थ के आग्रह से भी अंकन में कलाकारों ने जिस वस्तु-सत्य को रूपायित करने की चेष्टा की, उसका प्रभाव नए बदले हुए दौर में क्षीण होने लगा और स्वयं कलाकारों का एक बड़ा वर्ग कुछ अप्रत्याशित, कल्पनाशील और अन्तर्भाव को आँकने में रुचि दिखाने लगा।

यह ठीक है कि अमूर्तन का विचार कला में नया-नया आया था, पर मानवी सभ्यता में वह नया न था। धर्म और अध्यात्म में बोध का स्वरूप बहुत-कुछ अमूर्तन ही रहता आया था जिसमें ईश्वरीय अनुभूति या अपने आत्म के संवेदन की अनुभूति सदा कल्पनाजन्य और अमूर्त ही रही थी। प्लेटो ने जब कला में सौन्दर्य की बात की थी, तब उन्होंने ऐसे आयत की बात की थी जिसके सुन्दर लगने का एकमात्र कारण उसके स्वभाव में ही सौन्दर्य की उपस्थिति थी। वे सौन्दर्य को रंगों के प्रयोग में ही देखते थे जिससे कोई व्यवस्थित रूप ही सृष्टि हो, यह आवश्यक न था।

कला के विविध आन्दोलनों से गुजरने के बाद आप स्वयं देख सकते हैं कि रूप और वस्तु-सादृश्य से भिन्न एक ऐसी दृष्टि प्रत्येक कला प्रविधि में उपस्थित रही है जिसमें वस्तु का प्रतिपादन ऐसे अमूर्तन में होता रहा है जिसका कोई स्पष्ट आकार या रूप नहीं रहा है। एक अस्पष्ट, कल्पनाप्रसूत, मानवीय भावों की सूक्ष्मता के साथ जीवन, समाज और प्रकृति के साथ-साथ घटित-अघटित परोक्ष को आँकने की प्रक्रिया तब भी रही, जब उसको लेकर कोई स्पष्ट विचार अस्तित्व में न था। इस तरह स्पष्ट रूप से रूप और वस्तु सादृश्य के समानान्तर एक ऐसी कला का जन्म लेना अस्वाभाविक न था जो भिन्न धरातल ग्रहण करती और जिसमें मूर्तन की सम्भावनाओं के लिए जगह न थी।

इसी बीच जर्मन दार्शनिक आर्थर शॉपेनहावर ने कलाओं से संगीत के साम्य को दिखाते हुए कहा—'All arts tend towards Music.' (सभी कलाएँ संगीत की ओर अग्रसर होती हैं।) बोदलेयर और बाल्जाक के साथ शॉपेनहावर जैसे विख्यात लोगों के विचारों ने न केवल कला बल्कि जीवन के उन अनुशासनों में भी परिवर्तनकारी भूमिका निभाई जिसमें स्वाभाविक विकास के सिद्धान्त को महत्त्व नहीं दिया जाता था। उन्नीसवीं सदी के अन्तिम वर्षों से दृश्य में दिख रहे अमूर्तनकारी प्रभावों को तब व्यवस्था मिली, जब कैन्डिंस्की और मौन्ड्रियाँ जैसे कलाकारों का साथ मिला। मोटे तौर पर 1906 से लेकर 1914 तक का समय अमूर्त कला की व्यवस्था का है। इसमें निश्चित रूप से कैन्डिंस्की की महत्त्वपूर्ण भूमिका है जिसने अमूर्तन में अपने चित्रों की रचना शुरू की और विरोध के स्वरों को यह कहकर दबाया कि 'कला में हर बात की स्वतंत्रता है' (Everything is Permitted in art)।

ऐसा नहीं था कि समय के बदलाव के बावजूद अमूर्तन को सहजता से स्वीकृति मिल गई। उसके लिए कलाकारों को संघर्ष करना पड़ा और विचार तथा रचना के स्तर पर इस कलारूप की श्रेष्ठता सिद्ध करनी पड़ी। मौन्ड्रियाँ ने तो अमूर्तन को कलाकार के आन्तरिक चैतन्य से जोड़ दिया और अपनी डायरी में लिखा—'वस्तु के बाहरी रूप से आनन्द मिलता है तो आन्तरिक चैतन्य से जीवन प्राप्त होता है' (The Surface things gives pleasure, their interiority gives life)। जाहिर है, आनन्द, जीवन से तो बड़ा नहीं होता।

जाहिर है, कैन्डिंस्की और मौन्ड्रियाँ ने अमूर्त कला की व्यवस्था देने का प्रयत्न किया जिसके फलस्वरूप वह पूरी दुनिया में प्रसारित हुई। लेकिन यह कहना निश्चय ही अधूरा कहना है कि केवल इन्हीं के प्रयासों से अमूर्तन को स्थिरता मिली। सच यह भी है, और जैसाकि हमने पीछे संकेत भी किया है कि परिवर्तन के उस दौर में कलाकार विभिन्न कला-आन्दोलनों के कारण कुछ नया और कुछ विशेष कला-मार्ग चाह रहे थे जो उनके मनोभावों को सफलतापूर्वक पूरा कर पाता। अमूर्तन में सबसे पहला काम डच चित्रकार हेनरी वान डेवेल्ड (Henry Van Develde) ने 1893

में किया था। उसने अमूर्त शैली में एक माहवारी पत्रिका के लिए कुछ काम लकड़ी पर खुदाई के जरिए किया था। 1906 में चित्रकार होल्त्सेल ने भी कुछ अमूर्तन के काम किए थे, तो चित्रकार मार्क ने भी। मार्क ने लिखा भी था—'चित्रकार को यथार्थ वस्तु का विचार किए बिना केवल रंगों द्वारा चित्रण करके देखना चाहिए।' मार्क ने कलाकार मैके से किए गए पत्र-संवाद में संगीत के समान अमूर्त रंग संगति के मनोवैज्ञानिक परिणामों और भावों के प्राकट्य की सम्भावनाओं पर विचार प्रकट किया था। 1906 में ही अल्फ्रेड कुबिन (Alfred Kubin) मायक्रोस्कोप का उपयोग कर इस नतीजे पर पहुँचे थे कि हम जिस दृश्य को आँखों से देखते हैं उसे स्पष्टतया चित्रफलक पर आँक पाना असम्भव और जटिल है। इस क्रम में यह देखना कम महत्त्वपूर्ण नहीं है कि संगीतकार मिकालोजस कोंस्टांटिनास स्युर्लिओनिस (Mikalojus Konstantinas Ciurlionis) ने 1905 में संगीत को दृश्य में बाँधने के उद्देश्य से कुछ चित्र भी बनाए थे, जिनके शीर्षक थे—सागर संगीत, सूर्य संगीत तथा सर्प संगीत (Ocean Sonata, Sun Sonata, Snake Sonata)। 1908 में फ्रांसिस पिकाबिया (Francis Picabia) ने 'रबर' (Rubber) नामक अमूर्त कृति तथा जोसेफ लाकास (Joseph Lacasse) ने भी अमूर्तन पद्धति में कुछ कृतियों की रचना की थी।

इसी क्रम में अमूर्त कला को व्यवस्था देते हुए कैंडिंस्की ने 1910 में अपना पहला अमूर्त चित्र बनाया जिसका माध्यम जलरंग था। इस कृति के साथ अमूर्तन का विचार दृढ़ता से प्रसारित होने लगा जिस श्रृंखला में 1911 में रूसी चित्रकार मिखाइल लारियोनोव (Mikhail Larionov), 1912 में फ्रांसीसी चित्रकार रॉबर्ट देलानॉय (Robert Delaunay) तथा फ्रांटिसेक कुपका (Frantisek Kupka) ने भी अमूर्तन में अपनी कई कृतियों को रचा। 1913 में फर्नान्ड लेजर (Fernand Lager) ने अमूर्तन में जिन कृतियों की रचना की उनमें Contrast of Forms (आकारों की असंगति) में अमूर्तन का पर्याप्त विकास दिखाई देता है।

विभिन्न कला आन्दोलनों से जुड़े कलाकारों में अमूर्तन को लेकर जो एक आकर्षण उत्पन्न हुआ, उसके मूल में वह धारणा रही जो कलाकार के चित्त को भावना और कल्पना के सामंजस्य से जोड़ती थी। 1912 का वह वर्ष इस दृष्टि से कला के इतिहास में महत्त्वपूर्ण वर्ष रहा, जब घनवाद अपने आत्यन्तिक विकास के मोड़ पर पहुँचा और स्वयं मौन्द्रियाँ ने घनवाद को एक सहज तथा लचीले कलारूप में मोड़ना चाहा। यही वह समय है जब कैन्डिंस्की की पुस्तक Concerning the spiritual in Art (कला में आध्यात्मिकता) प्रकाशित हुई। इसमें उन्होंने कला स्वातंत्र्य की विस्तार से चर्चा की और कला को पारम्परिक बाध्यताओं से लेकर भौतिक यथार्थ की सीमाओं से परे बताया। पुस्तक में दो भाग हैं। पहला भाग कला के सौन्दर्यशास्त्र पर केन्द्रित है। इसमें वे कला में आध्यात्मिकता का प्रश्न उठाते

हैं और बताते हैं कि जब कलाकार अपने अन्तर-भाव को अमूर्त पद्धति में व्यक्त करेगा तब वह कला में अपने अन्तर को महसूस कर सकेगा। इसमें उन्होंने संगीत का उदाहरण देकर बताया कि संगीत भौतिक संसार पर निर्भर नहीं होता। उसका संसार उसके अपने अन्तर-जगत या हृदय का होता है जिसमें वह डूब कर मुग्ध होता है और उससे श्रोताओं को भी आध्यात्मिक सुख की प्राप्ति होती है। पुस्तक का दूसरा भाग चित्रकला के बारे में है जिसमें वे रंगों के मनोविज्ञान सहित रंगों और आकारों की भाषा तथा कलाकार के उत्तरदायित्व की भी विशद चर्चा करते हैं।

निश्चित रूप से कैन्डिंस्की की इस पुस्तक ने अमूर्त कला को स्थापित करने की दिशा में महत्त्वपूर्ण भूमिका निभाई। निश्चय ही 19वीं शताब्दी के अन्त में और बीसवीं सदी के आरम्भ में जब अमूर्त कला का जन्म हुआ था तब दृश्यात्मक यथार्थ के विभ्रम के एक परिप्रेक्ष्य के साथ उसे प्रस्तुत करने का तर्क दिया गया था। इसकी जो परिभाषा दी गई वह बताती है कि जब कोई कलाकार आकार, रूप, रेखा, रंग से युक्त दृश्य-भाषा में एक संयोजन सृजित करता है जिसमें उसकी स्वतंत्रता और बोध एक दृश्य-सन्दर्भ प्राप्त कर लेते हैं तो उसे अमूर्त कला कहते हैं। मालूम हो कि पश्चिमी कला ने रेनेसां से 19वीं सदी के मध्य में सन्दर्भों की तार्किकता के आधार पर दृश्य यथार्थ के विभ्रम को प्रस्तुत करने के एक प्रयास के रूप में अमूर्त कला को लिया। अमूर्त कला यथार्थ से प्रस्थान का संकेत करती है जो बिम्बों के माध्यम से स्वयं को प्रकट करती है। अमूर्तन ज्यामितीय और गीतात्मक दोनों तरह के हो सकते हैं। इसमें फाववाद की रंगयोजना और घनवाद के अंश भी दिखते हैं जिसमें यथार्थ से परे एक ऐसे संसार को दिखाने की चेष्टा होती है जो हमारे अन्तर का, अन्तस्तल का यथार्थ हो सकता है। यह जानना भी आवश्यक है कि अमूर्त कला के प्रभाव में आने के बाद अनेक कलाकारों ने इसे 'शुद्ध कला' कहकर परिभाषित करने की चेष्टा की थी।

कैन्डिंस्की का विश्वास था कि रंग भावों को प्रेरित करते हैं। लाल को वे जीवन्त तथा विश्वस्त रंग कहते थे तो हरे को शान्त और आन्तरिक शक्ति से सम्पन्न मानते थे। नीले को अलौकिक, पीले को गर्म और उत्तेजित करनेवाला, परेशान कर देने वाले भावों से भरने में चतुर तथा सफेद को मौन तथा सम्भावनाओं से भरा हुआ रंग मानते थे। उन्होंने हमेशा प्रत्येक रंग के साथ उसके अनुकूल बर्ताव किया। उन्होंने रंगों के अनुकूल ध्वनियों से उसे जोड़ा, जैसे लाल से तुरही की ध्वनि आती है तो हरे से वायलिन के मध्य लय-सी ध्वनि आती है। नीले की ध्वनि बाँसुरी-सी होती है तो गहरे काले की ध्वनि बड़े आकार के वायलिन-सी होती है। पीले की ध्वनि तुरही नाद जैसी होती है तो सफेद की एकतान संगीत के ठहराव-सी। रंगों में ध्वनियों का प्रभाव कैन्डिंस्की ने संगीत से लिया था। कहा जाता है कि वियेना के उनके समकालीन संगीत संयोजक अर्नोल्ड स्कोएनबर्ग से उन्होंने यह प्रभाव ग्रहण किया था। कैन्डिंस्की

की कृतियों के नामों में सांगीतिक शब्दों की छाया दिखती है, जैसे—अप्रस्तुत। फ्रांसीसी कलाकार रॉबर्ट देलानॉय कैन्डिंस्की के 'ब्ल्यू राइडर' समूह से जुड़े थे जिसमें उनकी रूस में जन्मी पत्नी सोनिया देलानॉय भी शामिल थीं। ये दोनों उनके आन्दोलन 'ऑफिज्म' से अमूर्तता के प्रति आकर्षित हुए थे। गरज यह कि अमूर्तता कोई वायवीय अवधारणा नहीं है। अमूर्तन बाद में विभिन्न देश-काल और सांस्कृतिक आयामों में विन्यस्त होता गया तथा वह एक ऐसे मनोलोक की अभिव्यक्ति की रचना बन गया जिसे हम देखते तो नहीं हैं, पर उसे महसूस कर पाते हैं। दृश्यता के लिए कृति की आकृतिमूलकता आवश्यक नहीं है क्योंकि जिसे भी हम देखते हैं, उसमें स्वयं को समाहित पाते हैं और हमारे अन्तर का आकाश उसमें प्रदीप्त हो उठता है।

कला में शुद्ध यथार्थ का निषेध करता अमूर्तन स्वप्न सरीखा होता है जिसमें हम अपनी ही अमूर्त छायाओं और अक्सों को देखते हैं। पश्चिम से लेकर भारत में ऐसे अनेक कलाकारों ने अमूर्तन में विलक्षण प्रयोग किए और आज तो समकालीन कला जगत में बहुतायत में ऐसे प्रयोग करनेवाले कलाकार दृश्य में उपस्थित हैं जिन्होंने अमूर्तन को दृश्यकला का पर्याय बना दिया है। दृश्यकला में महत्त्वपूर्ण है दृश्यता, जिसमें रूप बाधा नहीं है क्योंकि उसमें हमारा अन्तर्जगत अपने रहस्यों के साथ विभिन्न ध्वनियों, छवियों और अर्थों में खुलता है।

अमूर्तता भले ही चित्रकला में 20वीं सदी में एक अवधारणा के रूप में आई, पर ऐसा नहीं है कि इसके पहले अमूर्तता जैसी कोई चीज कला में थी ही नहीं। शताब्दियों पूर्व शैलाश्रयों में अमूर्त रेखाएँ ही उकेरी मिलती हैं जिनसे हम सभ्यता के आरम्भ को देखते हैं। जीवन में बहुत कुछ अमूर्तता में घटित होता है। हमारी सोच का एक सिरा हमेशा अमूर्त रहता है। हमारे स्वप्न के अक्स ज्यादातर खंडित दिखते हैं। सबसे महत्त्वपूर्ण बात यह है कि स्मृति सदा धुँधले अमूर्तनों में ही प्रकट होती है जो तनिक ठहराव के बाद रूप धरती है। निराकार, निर्गुण, अरूप की चर्चा सदियों से होती आई है जिसमें साकार, सगुण और सरूप कहीं पक्ष में तो कहीं विपक्ष में खड़े मिलते हैं। अमूर्तन वस्तुत: वह शून्य है जो निदाग है। उसमें रूप की कल्पना होती है और जागतिक उपादान से लेकर हमारे अन्तर के अँधेरे कोने उजास से भर उठते हैं। अमूर्त कला उस अन्तरध्वनि की तरह होती है जिसे हम सुनते हैं, मुग्ध भी होते हैं, पर जिसको देखने में हमारी बुद्धि कम, कल्पना अधिक काम आती है। दर्शन, अध्यात्म, जीवन, रहस्य, प्रकृति, परा संसार और अलौकिक सूक्ष्मताओं तथा भेदों से भरी सृष्टि को अंकित करना और उसे एक दृश्यात्मक लय में निबद्ध करना अमूर्त कलाकार की महत्ता को सूचित करता है।

दृश्य कला, जिसे रूपंकर कला कहते हैं; दूसरी कलाओं की तरह ही आत्म-विसर्जन है। आत्म को तिरोहित किए बिना दृश्य नहीं रचा जा सकता, क्योंकि जो प्रकाश चित्रफलक पर उद्भाषित होता है वह वस्तुत: आत्म की आभा ही है। यह

आभा जितनी आत्म के अन्तर की होती है, उतनी ही उसके बाहर की भी। आत्म में रचे-बसे संसार की छाया ही जब आत्म के उजास में प्रकट होती है तो वह दृश्य हो जाती है। रूपंकर यानी दृश्यकला का सबसे विलक्षण सत्य यह है कि वह मनुष्य और प्रकृति से भिन्नता की छाव है, पर इस भिन्नता को पाटने का यत्न करती हुई कला सर्वोत्तम मानवीय कर्म भी बनती है। इस भेद को अभेद बना सकने का निरन्तर प्रयत्न कला का सबसे महत् कर्म है। यह आश्चर्य है कि कला होती तो यथार्थ है, पर वह स्वप्न और यथार्थ की उस सीमा रेखा पर अवस्थित होती है जहाँ हम स्मृति से उसे देख पाते हैं। दूसरे शब्दों में कहें तो हमारे देखने में या अनुभव करने में ऐसा बहुत कुछ छूट जाता है जिसे हम कला में खोजने-पाने की चेष्टा करते हैं और कला हमें वहाँ ले जाने में समर्थ होती है। यह ठीक उसी तरह से है जैसे कि हम जितना सोच पाते हैं उसका दसांश भी याद नहीं रख पाते या जो देख पाते हैं, उसका बहुत थोड़ा हिस्सा ही हमारे मस्तिष्क में रह पाता है। जिस तरह हमारे सोचे या देखे गए का अधिकांश शून्य में जा पड़ता है, उसी तरह हमारे लिए बहुत कुछ अदेखा या अनजाना भी रहता है। कला उस छूट गए दृश्य, सोच, स्मृति और हमारे अन्तर के रहस्य का प्राकट्य भी है जिसे किसी रूप में ही देखने का आग्रह करना उसका सरलीकरण करना है।

सबसे महत्त्वपूर्ण बात यह है कि कला अभिव्यक्ति का माध्यम तो है, पर अभिव्यक्त होनेवाली वस्तु बिना किसी धारणा, विचार, कल्पना या भाव के नहीं रची जा सकती। कैन्डिंस्की ने रंगों में जिन ध्वनियों की बात की है और जिस तरह अमूर्तन को दृश्यात्मक वास्तविकता में विभ्रम की तरह दिखाने का विचार दिया है, उसे ध्यान से देखें तो लगेगा कि अमूर्त कला भले ही अरूप होती है, पर उसका भी एक निश्चित रंगात्मक व्याकरण है जिसे संवेदनात्मक धारणाओं के बिना न तो रचा जा सकता है और न समझने में समर्थ हुआ जा सकता है।

अमूर्तता की यह प्रविधि इस तरह धीरे-धीरे विकसित होने की तरफ अग्रसर होती गई। रॉबर्ट देलानॉय की रचना 'वृत्तीय लय' तथा फर्नान्ड लेजर की कृति 'आकारों की असंगति' ने घनवाद को अमूर्तन की शक्ल देकर उसे चमकीले रंगों में इस तरह चित्रित किया कि वह एक नई चमक के साथ दृश्य हो गई। इसे देख जी. अपोलीनायर (Guillame Apollinaire) ने कहा—'इन कृतियों से फ्रांस में अमूर्त कला प्रकट हो गई है।' इसी क्रम में आगे मौन्द्रियाँ ने लगातार कई कृतियों की रचना कर अमूर्तन को प्रसारित करने में मदद की। इस दौर में उन्होंने जो चित्र बनाए, वे थे—'Still life with ginger Pot' और 'Tree in Bloom' (जिन्जर पॉट का वस्तुचित्र तथा पुष्पित वृक्ष)। मौन्द्रियाँ ने अपनी कृतियों में रेखाओं के साथ भी प्रयोग किया और उसे अमूर्तन के लाघव में बदल दिया। उसने इसे पुल्लिंग तथा स्त्रीलिंग कहा और उसे 'Vertical' और 'Horizontal' यानी उर्ध्व या सीध तथा क्षैतिज या

समतल कहा। रेखाओं के इस तरह के प्रयोग से कला प्रारूपों में अनेक का अमूर्तन में विलय सहज हुआ। इस तरह कैन्डिंस्की तथा मौन्द्रियाँ के प्रयत्नों से अमूर्तन को नई दिशा ही नहीं, व्यवस्था भी मिली। इसमें जहाँ कैन्डिंस्की ने अभिव्यंजनावाद और फाववाद को उसकी सघन भावात्मकता सहित अमूर्तन में विन्यस्त किया, वहीं मौन्द्रियाँ ने घनवाद के रचना विधान सहित उसके निहित सौन्दर्य को अमूर्तन में बदल दिया। धीरे-धीरे अमूर्तन ने देश की सीमाओं का अतिक्रमण शुरू किया और अमेरिका में भी उसने अपने लिए राह निकाल ली। देलानॉय के कामों से प्रभावित होकर जिन दो अमेरिकी चित्रकारों ने अमूर्तन में काम शुरू किया, उन्होंने ही वहाँ अमूर्तन को प्रसारित करने में अपनी भूमिका निभाई। इन कलाकारों में शामिल थे—मॉर्गन रस्सेल (Morgan Russell) तथा एस. मैक्डोनल्ड राइट (Stnlan Macdonald Rite)। इसमें राइट से रस्सेल आगे थे जो अपने को सिन्क्रोमिस्ट यानी 'समकालवादी' कहा करते थे। रस्सेल के अमूर्त चित्रों की प्रदर्शनी 1913 में पहले म्युनिख में हुई तथा बाद में पेरिस में। इन दो के अलावा शुरुआती दौर में एक अन्य अमेरिकी चित्रकार शामिल हुए जिनका नाम था—पैट्रिक हेनरी ब्रूस (Patric Henry Bruce)। 1913 में ही इन तीनों की समूह प्रदर्शनी अमेरिका में 'आर्मरी शो' नाम से हुई।

अमूर्तन की यात्रा धीरे-धीरे आगे बढ़ती गई और घनवाद, अभिव्यंजनावाद आदि की तरह ही भविष्यवाद भी इसमें समाहित हो गया। अमेरिका के बाद रूस ऐसा दूसरा बड़ा देश इसका क्षेत्र बना जिसके अगुवा बने मालेविच (Malevich)। मालेविच ने त्रिभुज, वृत्त, आयत्त आदि ज्यामितीय रूपाकारों से बनी कृतियों में अमूर्तन की पद्धति को विन्यस्त किया और उसे अधिक सूक्ष्मता से अंकित कर वहाँ के कलाकारों को प्रभावित किया। यहाँ तक आते-आते हम देख पाते हैं कि अमूर्तन के दो विभाग बन जाते हैं। एक वह विभाग, जो कलाकारों की पूर्व पद्धति का विभाग है और उस शिल्प में ही वे अमूर्तन को वस्तु-अंकन में प्रयुक्त करते हैं जिसमें काम रहे होते हैं। दूसरा विभाग विशुद्ध अमूर्तन का है जिसमें कोई पूर्व की प्रविधि काम में नहीं लाई जाती। इसमें कल्पना ही एकमात्र ध्येय होती है। वैसे ठीक से देखें तो इन दोनों के चित्रण में आत्यंतिक अन्तर नहीं है, क्योंकि मूल ध्येय कृति का अमूर्तन ही है।

1915 में मौन्द्रियाँ की भेंट थियोवान डोसबर्ग (Theovan Doesburg) से हुई। यह वही डोसबर्ग थे जिन्होंने एम्सटर्डम स्कूल मूवमेंट 'बारोक' की प्रतिक्रिया में 'De Stiel' (द स्टाइल) नामक एक आन्दोलन शुरू किया था। यह आन्दोलन 'न्यू प्लास्टिक मूवमेंट' के रूप में जाना जाता था जिसका मुख्य प्रतिपाद्य था—आकार को चित्र-निर्माण का आधार समझना। डोसबर्ग ने 'द स्टाइल' नामक पत्रिका भी निकाली। इस आन्दोलन से मौन्द्रियाँ सहित विल्मस हूजर (Vilmos Huszar), बार्टवान हूजर (Bartvan Huszar) तथा बार्टवान डेर लेक (Bartvan Der Leck) जैसे कलाकार भी जुड़े थे। यह आन्दोलन भी कला में लचीलेपन को ही

प्रमुखता देता था। मौन्द्रियाँ ने इस पद्धति में भी आयतों, समतल तथा तिरछी रेखाओं से संगतिपूर्ण कृतियों का निर्माण कर और अपने प्रयोगों से उसे अमूर्तन की शैली में ढालकर अमूर्तन की एक दार्शनिक संहिता विकसित की। दूसरी तरफ अमूर्तन के विरोध के कारण अनेक रूसी कलाकारों का यूरोपीय देशों में पलायन हुआ जो पेरिस, लन्दन और बर्लिन में रहकर अमूर्त शैली में सक्रिय रूप से काम करने लगे। इसका प्रभाव यह हुआ कि दादावाद के आधार स्तम्भों में रहे पिकाबिया (Fraicis Picabia) भी अमूर्तन से प्रेरित रचनाएँ करने लगे। 1918 तक आते-आते अनेक कला-पद्धतियों के कलाकारों में अमूर्तन को लेकर एक नशा-सा सवार हो गया। 1920 तक अमूर्तन पर अनेक पत्र-पत्रिकाओं में निबन्ध प्रकाशित होने लगे जो 'द स्टाइल', डेर स्टर्म', 'ब्लॉक', जेनिथ', 'लेस्प्रि नुवो' (De Stilj, Der Sturm, Block, Zenith, L' Esprit Nouveau) आदि क्रमश: हॉलैंड, जर्मनी, पोलैंड, युगोस्लाविया तथा फ्रांस से प्रकाशित हो रही थीं। अमूर्तन और कला के अब तक के आन्दोलनों की उपेक्षा कर नूतन कलादृष्टि से प्रेरित सर्जनात्मक आँधी के बावजूद कलाकारों के काम दर्शकों की रुचि में नहीं आ रहे थे, इसलिए उनकी खरीद पर बुरा असर पड़ा। मौन्द्रियाँ जैसे कलाकार की हालत यह हो गई थी कि जीवन-यापन के लिए उन्हें फूलों का अंकन कर बेचने पर विवश होना पड़ा।

लेकिन कलाकारों ने इससे हार नहीं मानी। इस समय तक अमूर्तन दो रूपों में दृष्टिगोचर हो रहा था—एक में मुक्त भावों का अंकन हो रहा था जिसमें कल्पना की अधिकता थी और रंगों के स्वाभाविक प्रयोग पर बल, तो दूसरे में आकारों के साथ रंग-संगति पर बल देते हुए गणितीय सूत्रों पर चित्र-सृजन। पहले के प्रतिनिधि मौन्द्रियाँ थे, तो दूसरे के जैक्सन पोलॉक (Jackson Pollock)।

इन्हीं दिनों, 1919 के आसपास जर्मनी के वाइमार में बाहौस की शुरुआत हुई जिसमें 1922 में कैन्डिंस्की, लास्लो मोहोली नागी (Laszlo Moholy Nagy) तथा पॉल क्ली (Paul Klee) की नियुक्ति हुई। इससे आधुनिक कला को विकसित करने में बहुत मदद मिली। बाहौस (Bauhous) एक जर्मन कला विद्यालय था जिसमें शिल्प और ललित कला को पढ़ाया जाता था। इसकी स्थापना वाल्टर ग्रोपियस (Walter Gropius) ने की थी। संयोग ही था कि वान डोसबर्ग और मौन्द्रियाँ भी वहीं रह रहे थे जिन्होंने अमूर्तन को व्यवस्था देने के उद्देश्य से कई लेख लिखे। इन लेखों का जो आशय है, वह अमूर्तन का आधार समझा जाता है। मौन्द्रियाँ ने लिखा—'नए लचीलेपन का स्रोत घनवाद है और हम उसे सही अर्थों में अमूर्त कह सकते हैं। अब तक चित्रकला के सृजन का जो लक्ष्य था, वही अब भी है, पर अब उसकी अभिव्यक्ति अप्रकट और परोक्ष है। आकाश (Space) या भित्ति तथा रंगारंग सतह को महत्त्व देने के कारण, इस नए लचीले माध्यम के द्वारा इन सबके पारस्परिक सम्बन्धों को व्यक्त किया जा रहा है। यहाँ किसी आकार को नहीं रचा

जा रहा है। सबके बीच के सम्बन्धों की पारस्परिकता का ध्यान रखते हुए इस नई प्रविधि में वैश्विक संवाद बनाने की पहल की जा रही है। कुछ समय तक कला में की जा रही खोज कला के क्षेत्र में ही सीमित रहेगी। अभी समस्त कला-वातावरण को संवादात्मकता से निर्मित किसी विशेष सौन्दर्यशास्त्र से नहीं जोड़ा जा सकता। आज कला की वही स्थिति है, जो किसी समय धर्म की थी। सही अर्थों में धर्म प्रकृति के किसी विशेष स्तर पर किया गया अवस्थातान्तरण यानी अवस्था में परिवर्तन है।' वान डोसबर्ग ने लिखा—'कलात्मक अनुभूति और धर्म की आनन्दानुभूति में कोई गुणात्मक अन्तर नहीं होता। कलाकृति कलाकार के अन्त:करण की अभिव्यक्ति है किन्तु यह समझना होगा कि सच्ची कलानुभूति की विशुद्ध अवस्था न तो सन्देहजनित होती है, न स्वप्नवत्। उसे सचेत और यथार्थ अनुभूति होनी चाहिए।'

इसी समय बाहौस में पॉल क्ली की पुस्तक 'पेडागोगिकल स्केच बुक', 'प्वाइंट एंड लाइन टू प्लेन' (कैन्डिंस्की) तथा 'द नॉन-ऑब्जेक्टिव वर्ल्ड' (मालेविच)[1] नामक पुस्तकें प्रकाशित हुईं। अपनी-अपनी पुस्तकों में क्रमश: जहाँ पॉल क्ली ने रेखांकनों के जरिए अमूर्तन को समझाया, वहीं कैन्डिंस्की ने बिन्दु और रेखा से समतल फलक की बारीकियों को बताया। मालेविच ने अमूर्त जगत को कला में देखने-दिखाने की चेष्टा की। इसका परिणाम यह हुआ कि कलाकारों में ज्यामितीय आकारों में अमूर्तन में काम करने की लहर-सी दौड़ पड़ी। अमूर्तन को लेकर तब के एक कलाकार जोजेफ पीटर्स (Jozef Peeters) ने अपनी पत्रिका 'Het Overzicht' (हेट ओवरजिस्ट) में उठ रहे प्रश्नों का उत्तर देते हुए लिखा था—'रचनात्मक कलाकृति को देखते हुए यह नहीं कहना चाहिए कि मेरी समझ में कुछ भी नहीं आ रहा है। यहाँ बुद्धि नहीं संवेदनशीलता चाहिए। आप अनुभूत कर सकें या न कर सकें, कलाकृति का सच यही है। उसे देखते हुए यह न पूछो कि उसका अर्थ क्या है, चित्र स्वयं बोलकर अपना अर्थ नहीं बता सकता।'

धीरे-धीरे अमूर्तन का विस्तार अन्य देशों में होने लगा। देलानॉय, कैन्डिंस्की, मैकडोनाल्ड राइट, मालेविच, मौन्द्रियाँ, मॉर्गन रस्सेल आदि कलाकारों की कृतियों ने अमूर्तन को नई पहचान दी। 1925 में पोलैंड के कलाकार विक्टर पोजनान्स्की (Victor Poznanski) ने पेरिस में 'आर्ट डी एजर्डडुइ' नामक प्रदर्शनी की जिसमें 87 चित्रकार शामिल हुए। इनमें अधिकांश अमूर्त कलाकार थे। इनमें मुख्य थे—मौन्द्रियाँ, पॉल क्ली, ब्रांकुसी, ब्रूस, देलॉनाय, जॉन मिरो, सर्वरांक, वान डोसबर्ग आदि। इसके केटलॉग में प्रदर्शनी के उद्‌देश्य पर घोषणा थी—

'आकृतिहीन लचीली कला के विकास की समीक्षा—जिसकी सम्भावना की तरफ सबसे पहले घनवाद ने इशारा किया था—कला को यथार्थ के भार से मुक्ति

---

1. 'Pedagogical sketch book' –Paul Klee, 'Point and Line to plane'–Kandinsky, 'The Non-objective world'–Malevich

दिलाना है। दर्शक इन चित्रों को अपने मन की आन्तरिकता के साथ केवल अपनी आँखों से देखकर महसूस करें। इसके लिए उन्हें ऐसी अवस्था को ग्रहण करना होगा जो आलोचना या विवादजनित तर्क से परे हो।'

इस कला पद्धति में अनेक महत्त्वपूर्ण कलाकारों ने काम किया, जिनकी सूची बहुत लम्बी है, किन्तु उनकी चयनित सूची है—वास्सिली कैन्डिंस्की (Wassily Kandinsky), पिएट मौन्द्रियाँ (Piet Mondrian), जैक्सन पॉलॉक (Jackson Pollock), मार्क रोथको (Marc Rothko), विल्लेम डी कूनिंग (Willem de Kooning), हेनरी मातिस (Henri Matisse), पाब्लो पिकासो (Pablo Picasso), फ्रांज क्लीन (Franz Kline), हेलेन फ्रांकेनथालेर (Helen Frankenthaler), पॉल क्ली (Paul Klee), ली क्रसनेर (Lee Krasner), काजिमिर मालेविच (Kazimir Malevich), जॉन मिरो (Joan Miro), रॉबर्ट देलानॉय (Robert Delaunay), गेरहार्ड रिचटर (Gerhard Richter), थियो वान डोसबर्ग (Theo Van Doesburg), सोनिया देलानॉय (Sonia Delaunay), हांस हाफ्टमैन (Hans Haftman), जॉर्ज ब्राक (Georges Braque), फ्रांक स्टेला (Frack Stella), जास्पर जॉन्स (Jasper Johns), फ्रांसिस पिकाबिया (Francis Picabia), सल्वाडोर डाली (Salvador Dali), मॉरिस लुइस (Morris Louis), हांस आर्प (Hans Arp), बेन निकोलसन (Ben Nicholson), अम्बर्तो बोसिओनी (Umberto Boceioni), मार्क टोबे (Mark Tobey), जिन डबफेट (Jean Dobuffet), कारेल अप्पेल (Karel Appel), एंडी वारहोल (Andy Worhol), आर्थर डोवे (Arthur Dove), एल्सवर्थ केली (Alesworth Kely), अर्शिले गोर्की (Arshile Gorky) और बारनेट निउमैन (Barnett Newman) आदि।

इनमें अभी और भी बहुत-से कलाकार हैं जिनके नामोल्लेख से बचते हुए हम यहाँ उन्हीं कलाकारों की संक्षिप्त चर्चा करेंगे जिन्होंने अमूर्त कला पद्धति को प्रसारित कर एक आन्दोलन का रूप दिया। दी गई सूची से स्पष्ट है कि अमूर्तन में उन अनेक बड़े कलाकारों ने भी काम किया, जो दूसरे कला-आन्दोलनों के जन्मदाता रहे या उनमें प्रभावी कलाकार रहे। ऐसा प्राय: हर कला आन्दोलन में दिखता है जिसमें एक साथ कई कला-शैलियों के कलाकार आ जुटते हैं और काम करते हैं। यहाँ हम उन्हीं कलाकारों को देखेंगे जो इस कला-शैली के सूत्रधार रहे।

वास्सिली कैन्डिंस्की (1866-1944)

वास्सिली कैन्डिंस्की (Wassily Wassilyevich Kandinsky) अमूर्त कला आन्दोलन के सूत्रधार और प्रणेता रहे। पीछे हम उनके और मौन्द्रियाँ के प्रयत्नों

को देख चुके हैं जिससे अमूर्तन अपना स्वरूप पा सका था। कैन्डिंस्की का जन्म 16 दिसम्बर, 1866 को मॉस्को (रूस) में हुआ था और निधन 77 वर्ष की उम्र में 13 दिसम्बर, 1944 को फ्रांस में। उन्होंने प्रभाववादी पद्धति में भी काम किया था, पर उनकी असल पहचान एक अमूर्त चित्रकार की ही है। उनका बचपन ओडेस्सा में गुजरा, जो अब युक्रेन में है। वहीं उन्होंने एक कला विद्यालय से स्नातक की उपाधि पाई थी जिसका नाम ग्रेकोव ओडेस्सा आर्ट स्कूल (Grekov Odessa Art School) था। उसके बाद उन्होंने मॉस्को विश्वविद्यालय में प्रवेश लिया जहाँ से उन्होंने सफलतापूर्वक अर्थशास्त्र और विधि विषयों की पढ़ाई पूरी की। इसके बाद उनको डोरपेट विश्वविद्यालय (University of Dorpat) में कानून के विभागाध्यक्ष पद की जिम्मेदारी मिली थी। तीस वर्ष की उम्र में वे देह-चित्रण, रेखा-चित्रण और मानव शरीर-चित्रण के अध्ययन में लग गए थे। 1896 में कैन्डिंस्की म्युनिख चले गए थे जहाँ उन्होंने पहले एक निजी विद्यालय में कला-अध्ययन किया, उसके बाद एकेडेमी ऑफ फाइन आर्ट्स में नामांकन कराया। कैन्डिंस्की ने इसी क्रम में 1910 में अपना पहला अमूर्त चित्र बनाया था; जिसकी चर्चा और अमूर्तन के लिए उनके द्वारा किए गए कार्य को हम पीछे देख आए हैं। बहरहाल, वे 1914 को मॉस्को लौटे। प्रथम विश्वयुद्ध और तदन्तर रूसी क्रान्ति (1917) के बाद वे अनातोली लुनाचार्स्की के सांस्कृतिक प्रशासक बने और चित्रकला संस्कृति संग्रहालय की स्थापना में मदद की। सोवियत समाज ने उन्हें आध्यात्मिक चिन्तन की तरफ मोड़ा, जहाँ वाद-विवाद, तर्क-कुतर्क और भौतिकता का जोर बढ़ रहा था। वे इसी क्रम में 1920 में जर्मनी आए। वहाँ उन्होंने बाहौस स्कूल में अध्ययन किया। इस कला विद्यालय में उन्होंने 1922 से 1933 तक पढ़ाया जब तक नाजी शासन ने उसे बन्द नहीं कर दिया। उसके बाद वे फ्रांस गए जहाँ उन्होंने 1939 में फ्रांस की नागरिकता लेकर अपना शेष जीवन बिताया। इस दौरान उन्होंने अमूर्तन में बेहद अमूल्य काम किए थे। वहीं 1944 में उनका निधन हो गया था।

अमूर्तन में कार्य उनके लम्बे अनुभव का परिणाम था जो उनकी कलात्मक और चिन्तनात्मक अनुभूति के साथ विकसित हुआ। उसे वे आन्तरिक सौन्दर्य के प्रति समर्पण कहते थे। उनकी कला का केन्द्रीय सूत्र एक अविनाशी आत्मिक शक्ति का जागरण था, जो हर समय देह में रहती है और कार्य करती है। उनका यह चिन्तन भारतीय आध्यात्मिक चिन्तन से मेल खाता है जिसे वे 'कला में आध्यात्मिकता' नामक पुस्तक में विस्तार से बताते हैं। चित्रकार को असाधारण महत्त्व देनेवाले कैन्डिंस्की ने कला को कलाकार की 'आत्मा का संगीत' कहा था और अमूर्तन को उसके 'आत्म की चेतस छवियाँ'। उन्होंने अलग-अलग अवधि में अनेक महत्त्वपूर्ण कृतियों की रचना की थी; जिनमें उल्लेख्य हैं—'Composition 8' (संयोजन 8), 'Yellow, Red, Blue' (पीला, लाल, नीला), 'The Blue Rider' (नीला सवार),

'Several Circles' (बहुचक्र), 'Color Study : Squares with concentnic Circles' (रंग अध्ययन : संकेन्द्रक चक्रों के साथ वृत्त), 'Circles in Circle' (चक्रों में चक्र), 'Houses in Munich' (म्युनिख में घर), 'Black Lines' (काली रेखाएँ), 'Blue Mountains' (नीले पर्वत), 'Small Pleasurs' (छोटी खुशियाँ), 'Picture with a Black Arch' (काले मेहराब के साथ एक तस्वीर) आदि।

इन कामों में कैन्डिंस्की की रंग-अवधारणा भी सामने आती है जिस पर उन्होंने अनेक कृतियों की रचना की थी। रंग कैसे अपना स्वरूप बदलते हैं, कैसे वे आत्म-आकुल व्यक्ति को दिखाते हैं या कैसे वे समस्त संसार की क्रियाओं का प्रतिबिम्बन करते हैं; यह देखना भी कम दिलचस्प नहीं। कैन्डिंस्की ने कला की आधुनिकता को एक सतत् चेतस आत्म सौंपा था जो कभी निस्पन्द नहीं होता। सही मायनों में अमूर्तन को एक आधुनिक दर्शन बनाकर कला में आत्मिकता को प्रतिष्ठित कर कैन्डिंस्की ने असाधारण कार्य किया था, इसलिए उनका अमूर्तन पर बहुत ऋण है।

पिएट मौन्ड्रियाँ (1872-1944)

पिएट मौन्ड्रियाँ (Piet Mondrian) अमूर्त कला के दूसरे बड़े शिल्पकार और महत्त्वपूर्ण चित्रकार थे। वे कला सिद्धान्तकार भी थे और कला में प्रयोगशीलता के उन्नायक भी। उन्हें बीसवीं शताब्दी के शीर्ष चित्रकारों में गिना जाता है। उनका जन्म 7 मार्च, 1872 की अमर्सफूर्ट (Amersfoort), नीदरलैंड में हुआ था और निधन 1 फरवरी, 1944 को मैनहट्टन, न्यूयॉर्क (अमेरिका) में हुआ। अन्य कलाकारों की तरह मोन्ड्रियाँ ने भी प्रभाववाद, उत्तर-प्रभाववाद, फाववाद, घनवाद आदि कला शैलियों में काम किया था, किन्तु उनकी असल पहचान एक अमूर्तवादी कलाकार की है। उनकी कला बहुत स्वप्नदर्शी है जो वैश्विक मूल्य और सौन्दर्य की खोज करती है। उन्होंने 1914 में घोषणा की थी कि—'कला यथार्थ से अधिक ऊँची है और उसका यथार्थ से सीधा सम्बन्ध नहीं है। अध्यात्म तक पहुँचने में हम यत्किंचित सम्भव यथार्थ की सहायता ले सकते हैं क्योंकि यथार्थ अध्यात्म का विरोध करता है। हम अपने को अमूर्त कला में उपस्थित पाते हैं। कला को यथार्थ से परे होना चाहिए; अन्यथा किसी व्यक्ति के लिए उसका कोई उपयोग नहीं रह जाएगा।'[1] (Art is higher than reality and has no direct relation to reality. To approach the spiritual in art, one will make as little use as possible reality, because reality is opposed to the spiritual. We find ourselves in the presence of an abstract art. Art Should be above reality, otherwise it would have no value for man.)

1. Piet Mondrian : Life and Work — Michel Senphor, Newyork, Abrams, 117

मौन्द्रियाँ ने आकृतिमूलक चित्रकला की पूरी दिशा बदल दी और उसे अमूर्तन शैली में रूपान्तरण की प्रेरणा दी। इस अर्थ में वे बीसवीं शताब्दी में अमूर्त कला के मार्गदर्शक कलाकार ठहरते हैं। उन्होंने स्वयं अपनी कला में ज्यामितीय तत्त्वों का उपयोग कर अमूर्तन को भी एक नया स्वरूप दिया था। कला इतिहासकार स्टीफेन बायले (Stephen Baylay) ने तो यहाँ तक कहा था कि 'मौन्द्रियाँ का नाम ही आधुनिकतावाद का पूरक हो गया है। उनका नाम और उनका काम उच्च आधुनिकता के आदर्श हैं।'[1]

मौन्द्रियाँ को कला विरासत में मिली थी और बचपन से ही कला से उनका परिचय हो गया था। इसका कारण यह था कि उनके पिता स्वयं एक ड्रॉइंग अध्यापक थे। मौन्द्रियाँ बचपन में ही अपने पिता के साथ गेन (Gain) नदी पर रेखाचित्र बनाते और तस्वीरें उकेरेते थे। 1892 में उन्होंने एम्सटरडम के एकेडेमी ऑफ फाइन आर्ट्स में प्रवेश लिया था। वे प्राथमिक शिक्षक का प्रशिक्षण भी ले चुके थे इसलिए उन्होंने अध्यापन से अपने व्यावसायिक जीवन की शुरुआत की। अध्यापन से समय निकालकर वे बीच-बीच में चित्रकला का अभ्यास करते रहते थे। उन दिनों जो वह काम करते, उसमें प्रकृतवादी और प्रभाववादी शैलियों की छाया होती थी, खासकर जब वे भूदृश्य का चित्रण करते। इसमें खेत, नदी आदि का चित्रण होता जिसे वे अपने देश की प्राकृतिक छवियों को प्रभाववादी शैली में आँकते और उसमें कुछ निजी छाप देने का प्रयत्न भी करते। इसमें बिन्दुवाद भी दिखता तो रंगों के प्रयोग में फाववाद भी। 1905 से 1908 तक उनके कामों में अमूर्तन दिखाई देने लगता है जिसमें पेड़, घर और स्थिर नदी-जल दिखाई देते हैं जो आगे चलकर अमूर्तन की उनकी जमीन बनते हैं। 1908 में वे थियोसोफिकल आन्दोलन में रुचि लेने लगे थे और 1909 में उसमें शामिल हो गए थे। उनकी कृतियों में आध्यात्मिक और दार्शनिक प्रभाव की जड़ यह आन्दोलन ही था जिससे वे गहराई से प्रभावित रहे। इसके बाद 1911 में वे पेरिस आए थे जहाँ पेरिस की कला से परिचित–प्रभावित हुए। उन दिनों की उनकी कृतियों पर पिकासो, ब्राक आदि कलाकारों की घनवादी शैली का असर भी पड़ा था।

यही असर उनके अमूर्तन में दिखता है जिसमें वे घनवाद के स्थायी रचना-सौन्दर्य को अमूर्तन की तरफ ले जाने में सफल हुए। यहीं से उनमें ज्यामितीय आकार आने शुरू होते हैं जो बाद में उनकी कृतियों की पहचान ही बन गए। इस तरह अमूर्तन की जमीन बनती गई और मौन्द्रियाँ ने तरह-तरह के प्रयोग कर अपने अमूर्तन को एक निश्चित आयतन में ढाला जो उनका स्थायी हस्ताक्षर बन गया। फरवरी, 1944

---

1. 'Forever Modern' (optima)—Stephen Baylay, 25-8-2020 (Mondrian has come to mean Modernism. His name and his work sum up the high Modernist ideal.)

में मैनहट्टन, न्यूयॉर्क में उनके देहान्त के बाद उनके दो कलाकार मित्रों—हैर्री हॉल्जमान (Harry Holtzman) और फ्रित्ज ग्लार्नर (Fritz Glarner) ने उनके स्टुडियो और चित्रों की फिल्म बनवाई और उसे प्रदर्शित कराया। इन दोनों के प्रयास से उनकी कृतियों की अनेक देशों में प्रदर्शनियाँ आयोजित हुईं।

मौन्द्रियाँ के उल्लेखनीय कामों में—'Still life with ginger Pot' (अदरक पात्र का स्थिर चित्र), 'Tree in Bloom' (पुष्पित वृक्ष), 'Composition in Oval' (अंडाकार संयोजन), 'Composition with Red and Blue' (लाल और नीले का संयोजन), 'Grey Tree' (धूसर वृक्ष), 'Evening' (शाम), 'The Red Mill' (लाल मिल), 'Tableau Composition' (झाँकी संयोजन), 'Village Church' (गाँव का गिरिजाघर), 'Composition with Grid' (नाली के साथ संयोजन) आदि शामिल हैं।

कह सकते हैं कि मौन्द्रियाँ अमूर्त कला के वह शिखर हैं जिनके यहाँ आकार, रंग, आयतन, कोण तथा अदृश्य को दृश्य देते ऐसे-ऐसे गणितीय संयोजन हैं जिसमें कला का अभिव्यंजन-पक्ष उसकी पूरी बनावट में सामने आता है जिसमें अध्यात्म और दर्शन का भी गहरा पुट है।

रॉबर्ट देलानॉय (1885-1941)

रॉबर्ट देलानॉय (Robert Delaunay) भी अमूर्त कला के आरम्भिक बड़े कलाकारों में हैं। वे फ्रांसीसी कलाकार थे और उनकी पत्नी सोनिया देलानॉय ने भी अमूर्तन में महत्त्वपूर्ण काम किया था। देलानॉय का जन्म 12 अप्रैल, 1885 को पेरिस में हुआ था और निधन 56 वर्ष की उम्र में 1941 को। वे शक्तिशाली रंग-संयोजन और ज्यामितीय आकारों के लिए जाने जाते हैं। उनकी कला गहरे रंगों के प्रयोग के साथ-साथ चित्र की गहराई और हल्के तूलिका-स्पर्श की प्रयोगशीलता के कारण भी विख्यात है। 1902 में रॉन्सिन के अतेलियर (चित्रशाला) में दाखिला लेकर देलानॉय ने आलंकारिक कला का अध्ययन किया था। यह अतेलियर पेरिस के बेलेविल्ले (Belleville) में था। 19 वर्ष की उम्र में उन्होंने यह चित्रशाला छोड़कर पूरा समय चित्र-रचना में लगाया और खूब काम किया। 1904 में उन्होंने अपने छह काम पेरिस के आर्ट सलोन में जमा कराये थे। इसके बाद उन्होंने कई यात्राएँ कीं, जिसमें अनेक कलाकारों से मिलकर उनकी शैलियों का अध्ययन किया और फिर अनेक शृंखला-चित्रों का सृजन किया। उनके 'एफिल टावर सीरीज', 'पेरिस सीरीज', 'द विन्डो सीरीज' आदि शृंखला-चित्र बड़े लोकप्रिय हुए, जो उनके अमूर्तन के सिद्ध काम साबित हुए।

कैन्डिंस्की और मौन्द्रियाँ के साथ उनका योगदान अमूर्तन को स्थापित करने में रहा, जिसे याद किया जाता है। उनके कामों की विशेषता यह है कि वे दृश्यात्मक

छवियाँ तो लिए होते हैं, पर अमूर्त होते हैं। उनके कामों में रंग गतिवान दिखते हैं जो आकारों की तरह दिखते हैं। सृजन के साथ देलानॉय ने जो रंग और प्रकाश पर सिद्धान्त निर्मित किए, उनका प्रभाव भी उनकी कृतियों पर दिखता है। उनकी इस सिद्धान्त निर्मिति में मॉर्गन रूस्सेल, फ्रांज मार्क, पॉल क्ली, फेनिंगर और अपोलिनायर आदि का प्रभाव देखा जा सकता है। किन्तु देलानॉय के अमूर्तन की विधि वैज्ञानिक है, तो रंगों का संयोजन और प्रयोग विशुद्ध सैद्धान्तिक। निश्चय ही इस कलाकार ने अमूर्तन को आधुनिक कला का पर्याय बनाने में अपनी महत्त्वपूर्ण भूमिका निभाई थी।

उनकी महत्त्वपूर्ण कृतियाँ हैं—'Tour Eiffel' (एफिल की यात्रा),'Eiffel Tower' (एफिल टवर), 'Endless Rhythm' (अन्तहीन लय), 'Circular Forms' (वृत्ताकार आकार), 'Red Eiffel Tower' (लाल एफिल टावर), 'Homage in Bleriot' (ब्लेरिट को श्रद्धांजलि), 'Saint Severin' (सन्त सेवेरिन), 'The Runners' (धावक), 'Air, Iron and Water' (हवा, लोहा और पानी), 'Study of the City' (शहर का अध्ययन), 'Colour Discs' (रंगीन चक्र), 'Nude Woman Reading' (अनावृत्त स्त्री पढ़ती हुई), 'Windows' (खिड़कियाँ), 'The Three windwos, The Tower and The Wheel' (तीन खिड़कियाँ, टावर और चक्र), 'Rhythm' (लय) आदि।

निश्चय ही रॉबर्ट देलानॉय ने अमूर्तन को एक महत्त्वपूर्ण कला-रूप देने में अपना महत्त्वपूर्ण योगदान दिया।

इस तरह हम देखते हैं कि कैन्डिंस्की और मौन्द्रियाँ के प्रयत्नों से अमूर्त कला शैली धीरे-धीरे पूरी दुनिया में फैलती गई। यह कम आश्चर्य की बात नहीं है कि अनेक देशों में इसे लेकर कला मंडल स्थापित हुए तो पत्रिकाएँ भी निकलीं। 1930 में 'Cercle Carre' (सर्किल कैरे) नामक पत्रिका का प्रकाशन शुरू कर मिशेल सेफो (Michel Seuphor) तथा जॉक्विन तोरे गारिया (Joaquin Torres Garia) ने पेरिस में अमूर्त कलाकारों की एक वृहत् प्रदर्शनी लगाई जिसमें कैन्डिंस्की, मौन्द्रियाँ, आर्प, रूस्सोलो आदि कलाकारों की कृतियाँ प्रदर्शित हुईं। इससे प्रेरित होकर जॉर्ज वान्टोनगरलू (Georges Vantongerloo), वान डोसबर्ग, जिन हेलॉन (Jean Hellon) आदि ने मिलकर 'अमूर्त सृजन संघ' की स्थापना 1931 में की, जो आन्द्रे ब्रेन्तों (Andre Breton) के नेतृत्व में चल रहे अतियथार्थवादी समूह की प्रतिक्रिया में गठित हुआ। इस संघ ने 1932 से 1936 तक अमूर्त कला का काफी प्रसार किया। इस संघ ने 'अमूर्त सृजन' (Abstract Creation) नामक पत्रिका भी निकाली थी जिसका अन्तिम अंक 1936 में निकला। इस समय तक यूरोप की स्थिति जर्मन फासीवाद के कारण बहुत खराब हो चुकी थी। कला-सृजन पर भी इसका बुरा असर पड़ा। लेकिन अमेरिका में अमूर्तन फलता-फूलता रहा। वहाँ 'अमेरिकन अमूर्त

कलाकार संघ' बना और न्यूयॉर्क के आधुनिक कला संग्रहालय ने घनवादी और अमूर्त चित्रकारों की एक बड़ी प्रदर्शनी आयोजित की। इस संग्रहालय ने ही अल्फ्रेड बार (Alfred Bar) की पुस्तक 'घनवाद और अमूर्त कला' प्रकाशित की। इससे पूर्व वहाँ के कई संग्रहालयों ने अमूर्त चित्रों की प्रदर्शनी आयोजित कर अमेरिकी दर्शकों में अमूर्त कला के प्रति आकर्षण पैदा कर दिया था।

दूसरे विश्वयुद्ध ने यूरोप को तहस-नहस कर दिया। वहाँ के बहुत-से कलाकार अमेरिका में जा बसे। वहाँ जानेवालों में मौन्द्रियाँ भी थे जहाँ उन्होंने अनेक महत्त्वपूर्ण कृतियों को रचा और वहाँ की कला-गतिविधियों को सक्रिय किया। युद्ध के बाद निर्विवाद रूप से अमूर्त कला पद्धति पूरी दुनिया में फैली और अनेक धाराओं में समृद्ध होती गई। समूचे कला जगत ने महसूस किया कि यह अकेली कला शैली है जो देशकाल से परे सहज मानवीय भावों को आँक सकती है और कल्पना के साथ कलाकार इसमें अपने मनोलोक को दृश्य कर सकता है।

यह सच है कि आज अमूर्तन पद्धति संसार की सबसे लोकप्रिय पद्धति है जिसमें हर क्षेत्र के कलाकार काम कर रहे हैं। कैन्डिंस्की और मौन्द्रियाँ के प्रयत्नों से प्राय: सभी कला-पद्धतियों के कलाकारों ने इसमें काम किया और आज स्थिति यह है कि सबसे बड़ी संख्या अमूर्त कलाकारों की है। सबके विचार, भाव, परिस्थिति और निज के मनोलोक के साथ-साथ कैन्डिंस्की की रंग-ध्वनि भी यहाँ स्वरूप पाती है तो मौन्द्रियाँ का कल्पनाजन्य निरूपण भी। दुनिया भर के कलाकारों ने मान लिया कि रूप की सहजता के मुकाबले अरूप की यह साधना कठिन है और इसमें अमूर्तन में परोक्ष मूर्तन तथा मूर्तन में परोक्ष अमूर्तन ही है—दोनों एक-दूसरे में विलीन हो जाते हैं, पर वे दोनों प्रत्यक्षत: जो दिखते हैं, वे होते नहीं हैं। इसी भिन्नता में कला का स्वप्न या भ्रम होना शामिल है। शायद यही कारण है कि कैन्डिंस्की ने कलाकार्यों का उच्चतम रंगों और गैर-स्वाभाविक तूलिकाघात के बदले अमूर्तन में कलाकार की आन्तरिक अनुभूति को महत्त्व दिया था जो कलाकार सहित व्यक्ति के आध्यात्मिक यथार्थ को दिखा सके।

यह अकारण नहीं है कि दुनिया के महत्त्वपूर्ण आलोचकों ने सबसे अधिक अमूर्तन पर ही लिखा है। थिओडोर अर्डोनो ने जहाँ उसे सामाजिक-ऐतिहासिक स्तर पर महसूस करते लिखा—'अमूर्तन औद्योगिक समाजों के सामाजिकीकरण में उभर रहे अमूर्तन का प्रतिबिम्बन है और वह इसी की प्रतिक्रिया में जन्मा है।' तो फ्रेडरिक जेम्सन ने लिखा—'आधुनिकतावादी अमूर्तन को धन, समानता और उन सभी चीजों की अमूर्त शक्ति के रूप में देखना चाहिए जिसमें मूल्यों के विनिमय की सम्भावनाएँ हैं। अमूर्तन के विषय यकीनन सामाजिक अस्तित्व के अमूर्त स्वभाव, न्यायिक प्रक्रियाओं, नौकरशाही के छल और आधुनिकता के उदय की रचना शक्तियों से सम्बन्धित हैं।' कुछ अन्य आलोचकों ने इसे रूप और वस्तु की

पारम्परिक अवधारणाओं से मुक्ति माना है और आधुनिक कला में अमूर्तन को वैश्विक असमानता की प्रतिक्रिया में देखा है।

जो हो, सच यही है कि आज अमूर्त कला पद्धति संसार के अधिकतर कलाकारों की पसन्द है जिसमें अब केवल कलाकार का स्वप्न, मनोलोक, कल्पना या अन्तर्भाव ही प्रकट नहीं हो रहे, उससे दृश्यजगत की चिन्ताएँ भी आकार ले रही हैं। धीरे-धीरे इसमें वास्तु, मूर्ति, छापा आदि कला-माध्यम भी शामिल होकर रूप को अरूप के नाना स्तरों में ढाल रहे हैं और अमूर्तन को एक नया अर्थ-सन्दर्भ दे रहे हैं।

दादावाद
(Dadaism)
(1916-1922)

परम्परागत मान्यताओं का नकार

दादावाद का आन्दोलन वैश्विक कला में एक घटना की तरह आया। इसका आरम्भ 1916 में हुआ था और 1922 तक आते-आते इसका पतन हो गया था। किन्तु मात्र छह वर्षों में ही इसने कला सहित साहित्य, नाटक, संगीत आदि संस्कृति के विभिन्न क्षेत्रों में भूचाल ला दिया था। इसका उदय किसी स्पष्ट विचार या सिद्धान्त को लागू करके सृजन की व्यवस्था देना नहीं था, बल्कि एक तीखी प्रतिक्रिया के कारण हुआ था। उसके उदय में जो कारक सहायक थे उनका अराजक जीवन-व्यवहार से गहरा वास्ता था। प्रथम विश्वयुद्ध के कारण अब तक चली आ रही व्यवस्थाओं, मूल्यों और मान्यताओं के तिरस्कार और क्षोभ ने इसे जन्म दिया था जिसके मूल में सभी पारम्परिक विचारों का तिरस्कार था और कला, जीवन तथा संस्कृति में अराजक विचारों को प्रसारित करने का ध्येय था।

यह विदित है कि प्रथम विश्वयुद्ध ने समाज में व्याप्त सौमनस्य को नष्ट कर दिया था। सारी मानवतावादी स्थापनाएँ नष्ट हो चुकी थीं। इस निराशा भरे समय में दादावाद पहले की मान्यताओं की खिल्ली उड़ाने तथा अपनी ओर से एक व्यंग्य-भरा दर्शन देने के लक्ष्य से उदित हुआ। कला आलोचकों ने इस आन्दोलन को 'Nihilism' यानी विनाशवाद की संज्ञा दी। घृणा, क्षोभ और कटुता से संचालित मानसिकता से उभरे इस आन्दोलन को उस दौर में कलाकारों का भारी समर्थन मिला था। सब में एक उदासीनता व्याप्त थी और भविष्य के प्रति आशंकाओं ने जीवन तथा कला पर आस्था को डिगा दिया था। इस स्थिति में प्राय: सभी कलाकार एक स्वर से ऐसे किसी आन्दोलन के पक्ष में थे जो जीवन और कला में अनास्था को व्यक्त करे तथा अपना विरोध भी जताए।

इस आन्दोलन का जन्म 1916 में स्विट्जरलैंड के शहर ज्यूरिख में हुआ जहाँ 'कैबरे वाल्टेयर' (Cabare Valtaire) नामक स्थान पर विभिन्न देशों के कलाकार,

लेखक और संस्कृतिकर्मी मिलते और आपस में विभिन्न विषयों पर बात करते थे। ये वे लोग थे जो विश्वयुद्ध की चपेट में आने से बचने के लिए ज्यूरिख में शरण लिए हुए थे। सबको भय था कि युद्ध में कहीं उनकी जीवन-लीला समाप्त न हो जाए। भय, आशंका, चिन्ता और त्रासद स्थितियों के बीच इन लोगों का मिलना और परस्पर संवाद करना ऐसा होता मानो कल का पता न हो कि वे जिन्दा भी रहेंगे कि नहीं। 28 जुलाई, 1914 से शुरू हुआ विश्वयुद्ध जारी था और पूरा यूरोप भयानक त्रासदी से गुजर रहा था। इन कलाकारों-लेखकों में सौन्दर्य, शील, मानवता से सम्बन्धित मान्यताओं और विश्वासों के प्रति क्षोभ था। वे सभी हताश थे और बातचीत में ऐसे बर्ताव करते जैसे अब तक का किया धरा पाखंड के सिवा कुछ न था। वे सबकी खिल्ली उड़ाते और फूहड़ हँसी में अपने भय को छुपाते हुए मानते कि ये वे लोग हैं, जो अपनी जगह सही हैं।

ज्यूरिख के 'कैबरे वाल्टेयर' का शुभारम्भ जर्मन लेखक ह्यूगो बॉल (Hugo Ball) ने किया था। इसका उद्देश्य विश्वयुद्ध की भयावहता के मध्य उन सिद्धान्तों और मान्यताओं पर पुनर्विचार करना था जिनके होने के बावजूद युद्ध जैसी भयानक त्रासदी को रोका न जा सका था। इसमें समाज, संस्कृति, नीति-नियम सहित कला और साहित्य की वे सभी मान्यताएँ थीं जिनके विचार में मानवता सर्वश्रेष्ठ जीवन-मूल्य है तथा शान्ति परम ध्येय। बहुधा लेखक-कलाकार इन विचारों पर बात करते उपहास की मुद्रा में होते और एक स्वर में कहते कि यह सब व्यर्थ है, आदर्श का कोई मतलब नहीं है, मानवता धोखा है और शुभ के लिए सपने देखने से बड़ी दूसरी कोई मूर्खता नहीं है। इन बहसों के सूत्रधार जर्मन लेखक ह्यूगो बॉल (Hugo Ball) होते जिनका साथ रूमानियन कवि ट्रिस्तान त्जारा (Tristan Tzara), फ्रांसीसी चित्रकार हान्स आर्प (Hans Arp) और हंगेरियन चित्रकार मार्सेल जांको (Marcel Janco) देते और ठहाके लगाकर अब तक के आदर्शवादी विचारों का मखौल उड़ाते।

इसी माहौल में और नाना विचित्रताओं के बीच 1916 में ज्यूरिख के 'कैबरे वाल्टेयर' में दादावाद का जन्म हुआ जिसका नामकरण भी अजूबे ढंग से हुआ। सबने तय किया कि जर्मन-फ्रांसीसी शब्दकोष को चाकू से खोला जाए। शब्दकोष का जो पृष्ठ पहले खुल जाए और बाएँ पृष्ठ के सबसे ऊपर जो शब्द दिख जाए, उसी के नाम इस आन्दोलन का नामकरण हो। यही हुआ, जर्मन कलाकार रिचर्ड हुएलसनबेक (Richard Huelsenback) ने एक चाकू उठाया, अचानक शब्दकोष को खोलकर उसे रखा और शब्दकोष के खुले पृष्ठ के पहले अक्षर 'दादा' को इसका नाम दिया, जिसका शाब्दिक अर्थ था—झूलनेवाली लकड़ी का घोड़ा। यह महज संयोग ही था; क्योंकि इस नाम से आन्दोलन का कोई सम्बन्ध न था। अब यह आन्दोलन अपने अस्तित्व में आ गया था जिसका उद्देश्य संसार को अर्थहीन मानकर अब तक चली आ रही मान्यताओं का विरोध करना और कला विरोधी अभिव्यक्तियों को प्रदर्शित करना था।

इसे महज संयोग नहीं मानना चाहिए कि दादावादी कलाकारों ने रस्सी के टुकड़ों, कटे-फटे बस टिकटों, खराब घड़ियों, टूटे बटनों, फटी तस्वीरों, टूटी कुर्सियों, चिन्दी-चिन्दी उड़ी किताबों, कबाड़ की फालतू चीजों की प्रदर्शनियाँ शुरू कीं और उनके अजीबोगरीब शीर्षक रखे। इन वस्तुओं को कैनवस पर चिपकाकर या सतह पर फैलाकर प्रदर्शनी करते दादावादी कलाकारों ने कला को मजाक में बदल दिया और ऐसा अगम्भीर वातावरण बनाया कि लोगों ने कला-दीर्घाओं में आना बन्द-सा कर दिया।

फ्रांसीसी चित्रकार हान्स आर्प (Hans Arp) तो कागज को टुकड़ों में काटकर, उसे बिखेरकर, फिर उल्टे-सीधे ढंग से कैनवस पर चिपका कर उसे कलाकृति का नाम देते। रूमानियन कवि ट्रिस्तान त्जारा का हाल इससे भी विचित्र था। वे कागज के टुकड़ों पर कुछ शब्द लिखते जाते, फिर उसे एक बड़ी टोपी में डाल देते। उसके बाद टोपी से कागज के टुकड़ों को एक-एक कर निकालते। अब जो शब्द जिस क्रम से आता, उन्हें वे लिखते जाते और उसे कविता का नाम देते। इससे कला और कविता का खूब मजाक बनता जो उन्हें खुश करने के अवसर देता।

यही हाल दादावादियों के सम्मेलनों में होता जहाँ वे चीख-चीखकर उम्मीद और सुनहरे भविष्य तथा स्वप्न का उपहास करते। वे निराशा, क्षोभ और उदासीनता को ही कला या जीवन का सत्य कहते। इस पर खूब हंगामा होता, धक्का-मुक्की होती। कई बार गुस्से में लोग दादावादियों से मारपीट पर भी उतारू होते, पर दादावादी टस से मस न होते। वे चीख-चीख कर कहते कि कला हमारे भीतर के क्षोभ और खीझ की अभिव्यक्ति है, उसका किसी तर्क से कोई लेना-देना नहीं है। कविता को भी वे अपनी जुगुप्सा को व्यक्त करने का ही साधन मानते थे मानो अब तक जो होता आ रहा था, वह व्यर्थ ही न था, मूर्खतापूर्ण भी था।

स्पष्ट तौर पर दादावाद की अवधारणा थी—'पारम्परिक कलात्मक और सांस्कृतिक धारणाओं का नकार और अतार्किक, कला-विरोधी तत्त्वों का प्रसार, जिससे लोगों में अब तक चली आ रही प्रवृत्तियाँ समाप्त हों और वे समझ सकें कि जो चला आ रहा था, वह स्वप्न से ज्यादा कुछ न था। वह एक ऐसा आदर्श था जो पूरा होने के पहले ही विकृत हो गया—यह हम युद्ध के परिणाम के रूप में देख रहे हैं जिसमें कहीं कोई शुभ बचा ही नहीं है।'

कहना न होगा कि युद्ध की विभीषिका ने दादावाद को वैश्विक कला आन्दोलन बना दिया जो यूरोप के कला केन्द्रों के साथ-साथ अमेरिका, रूस, जापान, जॉर्जिया आदि देशों में फैल गया। नीदरलैंड, युगोस्लाविया आदि के साथ बर्लिन, पेरिस जैसे यूरोपीय कला-केन्द्रों में हजारों की संख्या में कलाकार दादावाद से ऐसे जुड़े रहे थे जैसे वे युद्धोन्माद के विरुद्ध कोई बड़ा प्रतिरोध करने को इकट्ठे हो रहे हों। यह एक ज्वार की तरह आया था जिसमें सब के सब बहे आ रहे थे।

हांस रिचर (Hans Richter) (1965) ने अपनी पुस्तक—'दादा : आर्ट एंड एंटी आर्ट' (ऑक्सफॉर्ड युनिवर्सिटी प्रेस, न्यूयॉर्क और टोरंटो) में लिखा है—

'दादावाद एक अनौपचारिक अन्तर्राष्ट्रीय कला आन्दोलन था जिसमें यूरोप और उत्तर अमेरिकी कलाकारों की बड़ी संख्या में भागीदारी हुई। इसका जन्म प्रथम विश्वयुद्ध से उपजी वितृष्णा और खीझ से हुआ। इसमें शामिल अनेक कलाकारों के लिए दादावाद बुर्जुआजी राष्ट्रवाद और उपनिवेशवादी स्वार्थों के विरुद्ध एक प्रतिरोध था। दादावादी कलाकार मानते थे कि 'युद्ध का कारण राष्ट्रवाद और उपनिवेशवादी स्वार्थ तो है ही, सांस्कृतिक और बौद्धिक परम्पराएँ और विचार भी हैं जो समाज को बाँटती हैं तो उन्हें एक-दूसरे के विरुद्ध खड़ा भी करती हैं।'

इस तरह अपने क्षोभ से जन्मा दादावाद धीरे-धीरे उन सभी हलकों में जा पहुँचा जहाँ युद्ध ने मनुष्यों की शान्ति छीन ली थी और वे आशंका में अपने दिन काटने को विवश हो रहे थे। इस आन्दोलन में मार्सेल द्यूशां (Marcel Duchamp)और फ्रांसिस पिकाबिया (Francis Picabia) के जुड़ने से नई जान आ गई। फ्रांसिस पिकाबिया ने दादावाद को एक नई चित्रण-शैली में बाँधने की चेष्टा की। पिकाबिया और मार्सेल द्यूशां एक-दूसरे के घनिष्ठ मित्र थे और वे न्यूयॉर्क में चल रहे एक ऐसे ही कला-समूह का नेतृत्व कर रहे थे जिसके विचार दादावाद से मिलते थे। वे दोनों अब इस बड़े आन्दोलन का हिस्सा होकर दूसरे दादावादी कलाकारों को कला की अपनी तकनीक से परिचय देने की ओर प्रवृत्त हुए। पिकाबिया और द्यूशां ने अपनी तरफ से जो तकनीक प्रस्तावित की, वह तकनीक थोड़ी भिन्नता के बावजूद दादावाद की मूल स्थापनाओं से मेल ही खाती थी।

1917 में जर्मन कलाकार रिचर्ड हुएलसन बेक ज्यूरिख से बर्लिन लौटे तो वहाँ की हालत देख क्षोभ से भर उठे। युद्ध के कारण वहाँ का आम जीवन बेहाल था। लोग भूख से मर रहे थे। दुख सर्वत्र पसरा था और हर पल आशंकाओं में बीत रहा था। तब बेक ने दादावाद का व्यवस्थित घोषणा-पत्र तैयार किया जिसमें मुख्य बातें थीं—

'दादा के साथ एक नये यथार्थ ने जन्म लिया है। जीवन में आज हम देख रहे हैं कि एक ही साथ ध्वनि, रंग और अनुभूतियों की पूरी व्यवस्था नष्ट हो चुकी है। इसे दादावाद ने अपरिहार्य रूप से एक ऐसी व्यवस्था के रूप में स्वीकार किया है जो बदलनेवाली नहीं है, यानी वही यथार्थ का ज्वलन्त स्वरूप है। हम देख रहे हैं कि हर तरफ हृदय को दहला देनेवाली करुण पुकारें हैं, लोगों के विवेक ने जवाब दे दिया है। हर तरफ पशुता और आतंक है—अब यही सत्य है, सत्य कुछ और नहीं। दादावाद ने ही सबसे पहले जीवन के प्रति परम्परा से चली आ रही सौन्दर्य-दृष्टि को नकारा है। अब दादावाद ने नीति, संस्कृति और कपोल-कल्पना से प्रेरित अवास्तविक मान्यताओं को खारिज किया है क्योंकि यह लाचार मनुष्यों के लिए बहाना से अधिक कुछ नहीं है।'

दादावाद की इस घोषणा को जर्मन कलाकार जॉर्ज ग्रोस (George Grosz) ने अपने चित्रों के माध्यम से व्यक्त किया। जॉर्ज ग्रोस राजनैतिक व्यंग्य और मारक उपहास करनेवाले महत्त्वपूर्ण चित्रकार थे जिन्होंने उस दौर की यातना, भूख, राजनैतिक विडम्बनाओं और सैनिकों के अत्याचारों के साथ-साथ शासन में व्याप्त भ्रष्टाचार को विषय बनाकर अपने चित्रों में आदर्श को विकृत रूप में व्यक्त किया और तत्कालीन भयावहता को रूपायित किया। इसी तरह मैक्स अर्न्स्ट ने भी दादावादी कृतियों के जरिए तत्कालीन भयावह स्थितियों को व्यंग्य और विडम्बना के साथ प्रस्तुत किया और उसे हास्य से जोड़कर दिखाने की चेष्टा की।

मार्सेल द्यूशां ने अपने कामों के जरिए हर तरह की परम्परावादी शुद्धता को नकारा और उसका मजाक उड़ाया। अपनी कृति 'कॉफी मिल' के जरिए उन्होंने जंगली और क्रूर देवताओं की पूजा का आधुनिक मनुष्य की मशीन-पूजा से साम्य बिठाकर मनुष्य की बेवकूफी का मजाक उड़ाया। मार्सेल द्यूशां ने सामान्य वस्तुओं को भी विचित्र शक्लों में रखकर इस तरह संयोजित करने की कला का विकास किया कि उससे हास्य पैदा होता। वे कृतियों के शीर्षक भी ऐसे ही देते जैसेकि दादावादियों ने तय कर रखे थे—हास्य और विडम्बना से युक्त व्यंग्यात्मक नाम, जिसे देखते ही हँसी आ जाए। द्यूशां ने अपनी कला की जो परिभाषा की है, उसे दादावाद की कला की परिभाषा के रूप में भी देखा जा सकता है। उन्होंने लिखा है—

'कला का अर्थ है करना। अत: प्रत्येक व्यक्ति कला निर्मित करता है। मेरे प्रयत्नों के बिना जब कोई चीज बनती है तो मुझे खुशी होती है। यह संसार संयोग पर आधारित है। जिस संसार में हम जीवित हैं, उसकी घटनाओं की परिभाषा ही संयोग है। ऐसी बहुत-सी चीजें हैं जिनका चुनाव आप नहीं करते, वे स्वयं आपको चुन लेती हैं। कला की एक कोटि यह भी है जो बनाई गई होती है, जिसको बनाना नहीं पड़ता, उनको सिर्फ नाम देना होता है।'

कला की उक्त परिभाषा दादावाद के ध्येय का एक प्रकार है जिसमें प्रदत्त वस्तुओं के प्रयोग को निजी हित में मानकर कलाकारों ने उसे कलाकृति का दर्जा दिया और कला के नाम पर सदियों से चली आ रही सौन्दर्य-दृष्टि का प्रतिवाद किया। इसका एक ही उदाहरण पर्याप्त होगा, वह यह कि न्यूयॉर्क की एक कला दीर्घा में सोसायटी ऑफ इंडिपेन्डेन्ट आर्टिस्ट्स के आमंत्रण पर मार्सेल द्यूशां ने प्रदर्शनी के लिए 'यूरिनल' को 'फाउन्टेन' शीर्षक से भेजा था और कला की भद्रता का मजाक उड़ाया था। उन्होंने इसका प्रतिवाद होने पर कहा था कि 'हम उसे कला क्यों नहीं मान सकते जो हमारे लिए सबसे ज्यादा उपयोगी वस्तु है।'

इस तरह दादावाद ने अपने हर तरह के कला प्रयत्नों से उस सत्य को नकारने की कोशिश की, जो सौन्दर्य पर आधारित था, जिसमें अभिजातपन था और जो एक आदर्श की तरह मनुष्य की चेतना पर छाया हुआ था। सत्य कुछ और नहीं,

वह यथार्थ का वीभत्स रूप था जिसे युद्ध की बर्बरता ने सिद्ध कर दिखाया था। 'दादावादी' कला में अपनी भिन्न भंगिमा के द्वारा कुर्ट श्विटर्स (Kurt Schwitters) नामक कलाकार ने भी ख्याति अर्जित की थी। वे लोहे की कीलों, पुराने टिकटों, कटे-फटे कागजों आदि से चित्र बनाकर बड़ा प्रभाव छोड़ते। वे अपनी कृतियों को 'मेर्ज' (Merz) कहते थे। दादावाद के व्यंग्य और परिहास के दौर में भी श्विटर्स की कृतियाँ अपने स्वरूप में दर्शनीय होती थीं क्योंकि रंगों के प्रयोग और रेखाओं की दक्षता ने उन्हें अलग से पहचान दी थी। उन्हें पुरानी वस्तुओं के संग्रह का बड़ा शौक था। इसके लिए उन्होंने बड़े-बड़े मन्दिरनुमा भवन बनवाकर उसमें पुरानी वस्तुओं का संग्रह किया था।

दादावाद का वैश्विक अभियान जारी था। कला के अभिजात और पारम्परिक मान्यताओं के नकार से उसमें जो आक्रामकता आई वह लगातार बढ़ रही थी। लेकिन इसी के साथ 1919 में आन्द्रे ब्रेतों, लुइस अरागों आदि कलाकारों ने अपनी कृतियों में अवचेतना के अक्सों और स्वप्नवत अनुभूतियों को चित्रित करने का काम शुरू किया जो बाहरी यथार्थ के प्रतिरोध से जन्मा। इन दादावादी कलाकारों ने अन्तस की विकृतियों को नाना प्रतीकों के माध्यम से प्रस्तुत कर दादावाद को हास्य-व्यंग्य से अधिक मानसिक द्वन्द्व की अवस्था में ले जाकर रूपायित किया जिसमें सत्य का, सौन्दर्य का नकार तो था, पर उसके साथ-साथ चित्रित वस्तु की आत्यन्तिक भयावहता भी थी जो दर्शकों को झकझोर देती थी। इन कृतियों के साथ दादावाद का झुकाव यथार्थ को आत्यन्तिक स्वरूप में ले जाकर आँकने की तरफ गया जिसमें आशा नहीं, चीत्कार और भयावहता के दृश्य हुआ करते।

युद्धोतर विभीषिका से संत्रस्त विश्व के एक सजग नागरिक के नाते पाब्लो पिकासो जैसे कलाकार भी दादावाद से जुड़े। कुछ समय तक काम करने के बाद पिकासो को लगा कि उन पर यहाँ एक दबाव है जिसके कारण वे स्वतंत्र रूप से काम नहीं कर पा रहे। कुछ समय तक दादावादी कार्यों के सृजन के बाद वे अलग हो गए थे। लेकिन उनके दादावाद में रुचि लेने से जाहिर हो गया था कि युद्ध से त्रस्त चेतना कोई एक जगह खोज रही थी जहाँ वह अपने क्षोभ को व्यक्त कर सके। दादावादी आन्दोलन से जुड़े कलाकारों और लेखकों के साथ संगीतकारों, कवियों आदि का एक भव्य आयोजन 1920 में पेरिस में हुआ जिसमें कवि-सम्मेलन, सांगीतिक कार्यक्रम आदि तो हुए ही, एक बड़ी चित्र प्रदर्शनी भी हुई। आयोजनों में वही हुल्लड़, शोर-शराबा और व्यंग्य की भरमार थी जो दादावाद के सिद्धान्त में शामिल था। सत्य का खंडन, सौन्दर्य का विरूपण और अभिजात पर व्यंग्य करता यह आयोजन प्रदर्शनी में प्रदर्शित कृतियों के कारण बहुत चर्चित रहा। इसमें प्रदर्शित कृतियों में मार्सेल द्यूशां की एक कृति मनोरंजन का केन्द्र बन गई थी, जिसे उन्होंने ल्हूक (Lhooq) नाम दिया था। इस कृति में द्यूशां ने मोनालिसा को मूँछों के साथ

अंकित किया था। फ्रांसिस पिकाबिया ने एक खाने में बन्दर की छवि रख दी थी और नाम दे दिया था—'सिजां का पोर्ट्रेट'।

ऐसे ही अनेक मूर्तिभंजक चित्रों से सजी यह प्रदर्शनी आदर्शों, श्रेष्ठ कला मानकों, व्यक्तियों और विचारों का मखौल थी। जाहिर है, दादावाद का ध्येय ही उस हर चीज की भर्त्सना करना था जिसकी प्रतिष्ठा रही है। सत्य को झूठ और आदर्श को पाखंड मानकर कलाकारों ने अपनी कृतियों में जिस क्षोभ का प्रदर्शन किया था, वह अचानक या अनायास न था।

अपने अभियान में दादावाद ने दुनिया के अनेक देशों के कलाकारों को जोड़ा और इससे जुड़नेवाले प्राय: सभी कलाकारों ने तत्कालीन स्थितियों पर क्षोभ और असन्तोष व्यक्त कर अपनी वैसी कृतियाँ बनाईं, जिनमें गुस्सा, आक्रोश, घृणा और परिहास-भाव था। इस आन्दोलन से जुड़कर जिन कलाकारों ने काम किया, उनमें मुख्य थे—फ्रांसिस पिकाबिया (Francis Picabia), मार्सेल द्यूशां (Marcel Duchamp), ट्रिस्तान त्जारा (Tristan Tzara), हान्स आर्प (Hans Arp), मैन रे (Man Ray), ह्यूगो बॉल (Hugo Ball), सल्वाडोर डाली (Salvador Dali), मैक्स अंर्स्ट (Max Ernst), रेने माग्रिट्टे (Rene Magritte), हन्ना हॉच (Hannah Hoch), आन्द्रे ब्रेतों (Andre Breton), कुर्ट श्विटर्स (Kurt Schwitters), राउल हॉस्मान (Radul Hausmann), जॉन मिरो (Joan Miro), जॉर्ज ग्रोस (George Grosz), मार्सेल जांको (Marcel Janco), जॉन ब्रोसा (Joan Brossa), जिन आर्प (Jean Arp), थियो वान डोसबर्ग (Theo Van Doseburg), पॉल एडुआर्ड (Paul Eduard), जूलियस इवोला (Julies Evola), लुइस अरागों (Louis Aragon), हांस बेल्मेर (Hans Bellmer), एलिस बेली (Alice Bailly), जॉर्ज हंगने (Georges Hungnet), देमित्री पेत्रोव (Demitri Petrov) आदि।

गौर करें तो पाएँगे कि दादावाद के इस आन्दोलन में यूरोप के प्राय: सभी देशों तथा रूस, अमेरिका आदि देशों के कलाकार शामिल मिलेंगे। इसका मतलब यह है कि इस आन्दोलन के विचारों से ज्यादातर कलाकारों ने अपनी सहमति बिठाई और इसके उद्देश्यों को अपने काम का हिस्सा बनाया। पर इसमें काम करनेवाले जो सर्वाधिक महत्त्वपूर्ण कलाकार-लेखक रहे और जिनकी कृतियों से इस आन्दोलन की पहचान बनी, उन्हें संक्षेप में यहाँ देखना चाहिए।

ट्रिस्तान त्जारा (1896-1963)

इस क्रम में पहला नाम ट्रिस्तान त्जारा (Tristan Tzara) का है। त्जारा रोमानियाई कवि और प्रदर्शनकारी कलाकार थे जिन्होंने दादावादी विचारों को कविताओं में व्यक्त

किया और उसे प्रदर्शित भी किया। वे दादावाद के प्रवक्ता के रूप में भी जाने जाते हैं। वे तर्क को गलत करार देते थे और उसे मारक बताते थे। उन्होंने 'कट अप' (Cut Up) नामक तकनीक विकसित की थी। इसमें कविताओं को विभिन्न उपादानों से जोड़कर कागज पर चिपकाकर प्रस्तुत किया जाता था। ऐसी ही उनकी एक कृति है—'टू राइट ए दादाइस्ट पोएम'—(To Write a Dadaist Poem—दादावादी कविता लिखने के लिए) इसमें अखबारी कागज पर चिपकी कविता के साथ कैंची और बाल्टी की तस्वीरें भी दी गई हैं। यह कृति दादावाद के दौर में बहुत महत्त्वपूर्ण मानी गई थी।

जिन आर्प उर्फ हान्स आर्प (1886-1966)

जिन आर्प या हान्स आर्प (Jean Arp —Hans Arp) चित्रकार और मूर्तिकार थे। कला आलोचकों का मानना है कि वे डाली और पिकासो की तरह के दुर्लभ कलाकार थे जो किसी भी वस्तु को तत्काल कला में बदल डालने की चमत्कारिक क्षमता से सम्पन्न थे। वे समरूप वस्तुओं को उसके स्वाभाविक रूप में रखते हुए मनचाहा अर्थ देते थे। उनकी बनाई कृति 'Shirt front and Fork' (कमीज के सामने का हिस्सा और काँटा) विचित्र विरोधाभासी समय को व्यक्त करने के कारण महत्त्वपूर्ण मानी जाती है।

हन्ना हॉच (1889-1978)

हन्ना हॉच (Hannah Hoch) महिला कोलाज कलाकार थीं। फोटो मोन्ताज तकनीक को शुरू करने में वे अग्रणी मानी जाती हैं। उन्होंने दादावादी पद्धति में स्त्रीवादी प्रश्न तो उठाए ही, कोलाज में विस्मयमारी कृतियाँ बनाईं। उनकी बनाई कृति 'Hoch cut with kitchen Knife' (रसोई के चाकू से हॉच कट) कोलाज़ पद्धति की महत्त्वपूर्ण दादावादी कृति मानी जाती है। इस कृति में तरह-तरह के ध्वस्त मकान और युद्ध के हथियार दिखाई देते हैं। हन्ना हॉच की कुछ अन्य उल्लेखनीय कृतियों में—'The Puppet Balsamine' (कठपुतली), 'Dada-Review' (दादा-समीक्षा), 'Die Journlisaten' (पत्रकार की मौत), 'Equilibre' (संतुलन), 'Bourgeois Wedding Couple' (बुर्जुआ विवाहित जोड़ा) आदि शामिल हैं।

ह्यूगो बॉल (1886-1927)

ह्यूगो बॉल (Hugo Ball) कैबरे वाल्टेयर के संस्थापक थे। उन्होंने 1916 में दादावाद का पहला घोषणा-पत्र लिखा था। वे जर्मन लेखक थे और महत्त्वपूर्ण कवि भी;

जिन्होंने दादावादी पद्धति पर कविताएँ लिखीं और अपने विचारों को प्रसारित किया। उन्होंने युद्ध की विभीषिका से संत्रस्त विश्व को कविताओं में सम्बोधित किया और अर्थहीन हो चले समय में नई समझ का आह्वान किया। उन्होंने ध्वनि कविता का भी विकास किया था। ह्यूगो बॉल की महत्त्वपूर्ण पुस्तकें हैं—'Dada Manifesto' (दादा-घोषणा पत्र), 'Karawane' (कारावाने), 'Cabaret Valtaire' (कैबरे वाल्टेयर), 'Ball and Hammer' (बॉल एंड हैम्मर), 'Seven Sound Poems' (सात ध्वनि कविताएँ) आदि।

मैन रे (1890-1976)

मैन रे (Man Ray) ने ठीक उसी तरह छायाचित्र (Photograph) को कैमरा से मुक्त किया जिस तरह बीसवीं शताब्दी में चित्रकला, मूर्तिकला और कविता बद्धमूल रूपात्मक छवि से बाहर आई थी। मैन रे ने तस्वीरों को दादावादी पद्धति में विन्यस्त कर कैमरे से मुक्त किया और फोटो-पेपर पर आकृतियों को अंकित कर उससे एक नई शैली को जन्म दिया। ऐसी ही उनकी एक कृति 'Rayon X' (रेयॉन एक्स) है जिसमें दो चेहरे आमने-सामने से जुड़े प्रतीत होते हैं और दोनों चेहरों पर हाथ के पंजे उभरे दिखते हैं। इस कृति को दादावाद की एक उपलब्धि माना जाता है।

राउल हॉस्मान (1886-1971)

राउल हॉस्मान (Raoul Hausmann) भी एक कवि, कोलाजकार तथा प्रदर्शनधर्मी कलाकार थे। उनकी एक मूर्ति-कृति—'Machanical Head' (यांत्रिक सिर), जिसे 'Spirit of our Time' भी कहा जाता है; दादावाद की एक अन्य उपलब्धि है। इस कृति को हॉसमान ने ऐसा बनाया है जिसे देखकर विस्मय होता है और हम कुछ विचलन-सा महसूस करते हैं। यह कृति हेगेल के इस विचार—'सब कुछ मस्तिष्क है' का विलोम रचती है और क्रान्तिकारी मार्क्सवादी धारणा से बताती है कि 'मनुष्य का सिर खाली है।' इनकी कुछ चर्चित कृतियाँ हैं—'Art Critic' (कला समीक्षक), 'ABCD' (ए.बी.सी.डी.), 'Portrait of Moma' (मोमा का व्यक्ति चित्र), 'Right to Copy' (नकल का अधिकार) आदि।

मार्सेल ड्यूशां (1887-1968)

मार्सेल ड्यूशां (Marcel Duchamp) दादावाद के अकेले सबसे बड़े कलाकार हैं जिनकी कृति 'Fountain' (फव्वारे) पर पीछे चर्चा की जा चुकी है। ड्यूशां ने

दादावादी कृतियों के माध्यम से 'प्रत्ययवादी कला' को जन्म दिया और पारम्परिक सौन्दर्यबोध को विरूपित कर कला को समकालीन विचार से जोड़ा। तैयार वस्तुओं को कला में एक विचार से बदल देने की और अपने समय की विडम्बनाओं को कला के रूपक में ढाल देने की क्षमता द्यूशां को समकालीन कला के बेहद करीब लाती है, जो असाधारण महत्त्व की बात है। द्यूशां के उल्लेखनीय कामों में—'Bottle Rack' (बोतल रखने की रैक), 'Bycycle Wheel' (द्विचक्रीय पहिया), 'Given : 1. The Water Fall' (दिय गया : 1. जल प्रपात), 'Nude Descending a Staircase' (विवस्त्र सीढ़ियाँ उतरते हुए), 'From the cubist to Dadaist' (घनवादी से दादावादी तक) शामिल हैं।

लेकिन जैसाकि हमने पीछे संकेत किया है, 1920 के आसपास दादावाद के कुछ कलाकारों ने अपनी कृतियों में अवेचन के अक्सों और स्वप्नवत् अनुभूतियों को रूपायित करने का काम शुरू किया जो यथार्थ को उसके आत्यन्तिक रूप में अभिव्यक्त करना था। इस तरह के कामों की शुरुआत आन्द्रे ब्रेतों तथा लुइस अरागों जैसे कलाकारों ने की जिसमें कई अन्य कलाकार भी शामिल होते गए।

यह संयोग ही कहना चाहिए कि 1922 तक आते-आते एक बड़े कला-कॉन्फ्रेंस में त्जारा और ब्रेतों में मनमुटाव हो गया जो शीघ्र ही दादावाद के विघटन का कारण बन गया। ब्रेतों ने एक नया दल बना लिया जिसमें लुइस अरागों, एल्वार, सुपो आदि कलाकार शामिल हो गए। देखते-देखते इस दल ने दादावाद के निहित उद्देश्य और संकल्पना को यथार्थ के आत्यन्तिक स्वरूप में विन्यस्त कर दिया। इस तरह युद्धजनित क्षोभ से उपजे दादावाद ने अपना नया रूप ग्रहण किया, जो अति यथार्थवाद के रूप में कला जगत के सामने आया। इसके बाद इस नए रूप में अतियथार्थवाद ने लम्बे समय तक कला को प्रभावित किया और इस तरह दादावाद 1916 से 1922 यानी छह वर्षों की अवधि तक विश्वकला को रोमांचित करता हुआ अस्त हो गया।

दादावाद अस्त तो हो गया, पर अपनी कृतियों के कारण कभी ओझल न हुआ। अपनी चिन्ताओं में जिस क्षोभ को लेकर चलते हुए उसने परम्परा के मानकों को नकारा, सौन्दर्य-दृष्टि को निरस्त किया और बड़े आदर्शों और स्वप्नों को झूठ करार देकर निरे वर्तमान को ही आँकने की चेष्टा की, उसमें हम मनुष्यों को आशंकाओं और निरे स्वार्थों में मार देने की धारणा का खुला प्रतिकार था। सत्य का नाम लेकर घृणित अहं को लेकर जिस-जिस तरह के घृणित खेल खेले गए, उसके विरोध में दादावाद का उपहास महज मखौल न था, बल्कि एक बड़े अमानवीय और आततायी विचार के प्रति विद्रोह भी था।

बाद में अति यथार्थवाद ने दादावाद के अधूरे उद्देश्यों को पूरा कर कला सहित संस्कृति के हर क्षेत्र को प्रभावित किया।

अति-यथार्थवाद
(Surrealism)
(1920-1965)

तार्किकता और विश्वासों की अस्वीकृति

अति-यथार्थवाद 1920 में आया वह कला आन्दोलन था जिसने कला-सर्जना को सर्वाधिक प्रभावित किया था। यह आन्दोलन केवल कला में नहीं, संस्कृति के सभी क्षेत्रों में आया था। इसमें अनियमित, असम्बद्ध घटनाओं एवं आकृतियों को अतार्किक रूप से संयोजित कर मस्तिष्कीय विचलनों को दिखाने का प्रयास किया जाता था। यह कला-रूप हर तरह के तर्क का खंडन करता था और अवचेतन के द्वन्द्वों, संघातों आदि को व्यक्त करने की कोशिश करता था। बहुधा लोग अमूर्तन से तुलना कर अति-यथार्थवाद से उसे जोड़कर देखते हैं, किन्तु यह तुलना गलत है। अमूर्तन जहाँ पारम्परिकता और मूर्तता का खंडन करता है, वहीं अति-यथार्थवाद उन समस्त तार्किकता और विश्वासों को, जिन्हें हम सत्य मानते हैं। उसकी दृष्टि में सत्य निरा भ्रम है, दृश्य भी निरा भ्रम है और सत्य का सिरा हमेशा हमारी चेतना के द्वैतों में होता है जिसे हम जाग्रत नहीं, बल्कि अवचेतन अवस्था में महसूस करते हैं।

एक समय था, जब अति यथार्थवाद सभी वैचारिक मान्यताओं को पीछे छोड़कर कला का मानक तय करने लगा था। एक विचार के रूप में पूरी दुनिया में फैल जानेवाला यह सांस्कृतिक आन्दोलन भले ही अब उतना प्रभावकारी नहीं रहा, पर इसमें काम करनेवाले कलाकार पूरी दुनिया में उपस्थित हैं। इस वैचारिक आन्दोलन का इतिहास बड़ा दिलचस्प है। पहले विश्वयुद्ध की भयावह त्रासदी से उपजे दादावाद से प्रभावित और एक तरह से उसकी प्रतिक्रिया में जन्मा यह आन्दोलन आन्द्रे ब्रेतों (Andre Breton) के नेतृत्व में चला था।

'Surrealism' यानी अति-यथार्थवाद शब्द का प्रयोग सर्वप्रथम मार्च, 1917 में गुइलाम अपोलिनायर (Guillaume Apollinaire) ने किया था। उन्होंने पॉल डर्मी (Paul Durmee) को एक पत्र लिखा था जिसमें लिखा था कि—'आज

के सभी चित्रों को देखने के बाद लगता है कि इसे अतियथार्थवादी कहना चाहिए।' अपोलिनायर ने इस शब्द का प्रयोग अपने एक कार्यक्रम की प्रस्तावना में किया था जो सर्गिए दियाघिलेव (Sergie Diaghilev) के 'बैले रसेज परेड' (Ballets Russes, Parade) के लिए था। यह बैले एक अंक का था जिसमें जिन काकटेउ (Jean Cocteau) की भूमिका थी। इस बैले का संगीत एरिक सेटी (Eric Satie) ने दिया था। उस समय काकटेउ ने इसे 'यथार्थवादी' कहा था, पर बाद में इसे अपोलिनायर ने 'अति-यथार्थवादी' कहा। इस शब्द का पहला प्रयोग अपोलिनायर ने 'लेस मामेल्स डे टायरेसियस' (Les Mamelles de Tiresias : Drame Surreliste) नामक नाटक में किया, जो 1903 में लिखा गया था और 1917 में खेला गया था।

पहले विश्वयुद्ध के दौरान जो कलाकार और लेखक पेरिस में रह रहे थे, उनमें से अनेक दादावाद से प्रभावित थे। वे मानते थे कि अधिकतम तार्किक विचार और बुर्जुआजी मूल्य पहले विश्व-युद्ध में द्वन्द्व लेकर आए। दादावाद का विरोध भी तब 'कला विरोध समूह' के रूप में हुआ। विश्वयुद्ध के बाद इस विरोध के बावजूद दादावादी कलाकारों ने अपने सृजन को जारी रखा था।

कहते हैं कि प्रसिद्ध चित्रकार आन्द्रे ब्रेतों (Andre Breton) को युद्ध के दौरान दवाओं और मनोचिकित्सा का प्रशिक्षण दिया गया था। तब ब्रेतों ने सिग्मंड फ्रायड (Sigmund Freud) की मनोचिकित्सा पद्धति से विश्वयुद्ध के समय मानसिक आघात के शिकार सैनिकों की चिकित्सा की थी। इन्हीं दिनों ब्रेतों की भेंट युवा लेखक जैक्स वाच (Jacques Vache) से हुई जो लेखक अल्फ्रेड जेरी (Alfred Jarry) के पुत्र थे। उन्होंने लेखकों की समाज विरोधी गतिविधियों को स्वीकार किया था। बाद में ब्रेतों ने लिखा था—'मैंने इस आन्दोलन में रिम्बॉड (Rimbaud), जेरी (Jarry), नावेयू (Nauveau) तथा लैटरमॉन्ट (Lautreamount) से प्रेरणा ली थी, पर जैक्स वाच से बहुत कुछ ग्रहण किया।' पेरिस से लौटने के बाद दादावाद की गतिविधियों में शामिल होकर लुइस अरागों (Louis Argon) और फिलीप साओपॉल (Philippe Saupaule) के साथ मिलकर ब्रेतों ने साहित्यिक पत्रिका 'लिट्रेचर' शुरू की। इसमें स्वत:स्फूर्त और सपनों से भरे लेखन को महत्त्व दिया गया। ब्रेतों और साओपॉल ने 1920 में 'द मैग्नेटिक फील्ड' लिखा। इस स्वत:वाद का विश्वास था कि यह युक्ति सामाजिक परिवर्तन लाएगी। इन्होंने दावावाद की पारम्परिक पद्धति को भी तोड़ने की कोशिश की। बाद में इस विचार से अनेक कलाकार और लेखक जुड़े। तब इसका एक मुकम्मल दर्शन बना। माना गया कि अति यथार्थवाद साधारण अभिव्यक्ति को भी बड़े महत्त्वपूर्ण विचार में बदल सकता है। यह वाद साधारण अभिव्यक्ति के असाधारण हो जाने की समझ है। इसके दर्शन को तय करने में ब्रेतों आदि ने मार्क्सवाद की परख की और मार्क्सवादी सिद्धान्तकारों—वाल्टर बेन्जामिन तथा हर्बर्ट मारक्यूज के सिद्धान्तों से भी प्रेरणा ली।

इस तरह अतियथार्थवाद का दर्शन बना जिसका विश्वास था कि परा-यथार्थ (Ultra Reality) पहले के सभी निश्चित रूपों और पद्धतियों के नकार में है। इसमें जीवन की सभी समस्याओं के हल के स्रोत हैं क्योंकि यह स्वप्न और अवचेतन के गहरे बोध से जन्मता है।

अतियथार्थवाद के घोषणा-पत्र (1924) में ब्रेतों ने यह स्पष्ट किया कि सृजन एक विशुद्ध स्वयं संचालित मनोवैज्ञानिक प्रक्रिया है जिसमें भाव बिना आग्रह या दबाव के व्यक्त होना चाहिए। ब्रेतों का स्पष्ट कहना था कि यह भाव किसी भी नैतिक आग्रह, बाह्य नियंत्रण तथा सत्यासत्य के प्रतिमानों से मुक्त है। सिग्मंड फ्रायड के मनोदर्शन के बुनियादी तत्त्वों को शामिल कर अतियथार्थवाद की धारणाओं में इस बात पर बल दिया गया कि तर्कबुद्धि निरा भ्रम है और बौद्धिक क्रिया से ही मानव जीवन की समग्र अनुभूति का ज्ञान पाना सम्भव नहीं है। कल्पना, ज्ञान और सहज बुद्धि को महत्त्व देते हुए अतियथार्थवाद अवचेतन की क्रियाओं को प्रमुखता देता है तथा उससे प्राप्त विरोधी प्रेरणाओं को समन्वित करने और तर्क-बुद्धि के प्रतिपक्षी तत्त्वों—मृत्यु-जीवन, भूत-वर्तमान-भविष्य, यथार्थ-कल्पना आदि में एकात्मकता स्थापित करने पर बल देता है। इस वाद में स्वप्न, यौन आदि से सम्बन्धित बिम्बों का बहुत महत्त्व है। स्वप्न, मतिभ्रम जैसी अवस्थाएँ भी इसका अंग हैं। दिलचस्प यह भी है कि इसमें परस्पर विरोधी और असंगत लगनेवाली चीजें भी एकरूप हो जाती हैं तथा कुछ भी रहस्यमय, स्वप्नमय या भ्रमपूर्ण नहीं रहता; क्योंकि ये सब मनुष्य के अवचेतन के खंडित तत्त्वों को जोड़ने का कार्य करती हैं।

1924 में अति-यथार्थवाद के दो गुट बन गए। दोनों के अब अलग-अलग घोषणा-पत्र थे। इसी वर्ष 'ब्यूरो ऑफ सुरियलिस्टिक रिसर्च' ने एक पत्रिका भी प्रकाशित की थी, जिसका नाम था—'ला रेवोल्यूशन सुरियलिस्ट' (La Revolution Surrealiste)। इन दो गुटों में मूल गुट आन्द्रे ब्रेतों का रहा, जिन्हें इस आन्दोलन का जनक कहा जाता है। इसमें लुइस अरागों (Louis Arangon), सल्वाडोर डाली (Salvador Dali), जॉन मिरो (John Miro), मार्सेल द्यूशां (Marcel Duchamp), जैक्स बारोन (Jaeques Baron) आदि शामिल हुए, तो यवान गॉल (Yvan Goll) के नेतृत्व में पॉल डर्मी (Paul Durmee), फ्रांसिस पिकाबिया (Francis Picabia), रॉबर्ट देलानॉय (Robert Delaunay), मार्शल अर्लान्ड (Marcel Arland) आदि।

इस आन्दोलन में दो गुट भले हो गए हों, वे एक ही लक्ष्य के साथ काम करते रहे और अति-यथार्थवाद को अधिकाधिक प्रभावी कला आन्दोलन बनाने की ही सबकी मंशा रही। इसका प्रभाव दुनिया के प्राय: सभी कला-सजग देशों पर पड़ा। बाद के दिनों में कला के साथ साहित्य, नाटक तथा सिनेमा पर भी इसका प्रभाव देखा गया। इसको सर्जकों ने यथार्थ के अतिरेक को भी दिखाने का माध्यम माना, जो

इसकी मूल स्थापना से भिन्न दृष्टि है और आज भी बहुत से कलाकार उसे मनमाने ढंग से बरतते हैं। सचाई यह नहीं है जिसे मानकर अधिकतर लोग अति-यथार्थवाद का सरलीकरण करते हैं। असल में सिग्मंड फ्रायड के जिन विचारों को इसे पुष्ट करने में उपयोगी माना गया था; वह अवचेतन तथा मनुष्य के अन्तर-संसार सहित उसके स्वप्न को एक विचार और एक अर्थ के रूप में समझने का प्रयत्न है। फ्रायड ने माना था कि व्यक्तित्व का स्वरूप गत्यात्मक होता है। वे मानते हैं कि व्यक्तित्व हमारे मस्तिष्क एवं शरीर की क्रियाओं का नाम है। वे यह भी मानते हैं कि मनुष्य में बहुत-से मानसिक तत्त्व होते हैं जो चेतन में नहीं आ पाते और सम्मोहन अथवा चेतना लोप की स्थिति में अवचेतन में आते हैं। इसे अगर अति-यथार्थवाद के आईने में समझना चाहें तो कह सकते हैं कि वह अपने दृश्यात्मक कामों और लेखन के कारण जाना जाता है जिसमें कलाकार (या लेखक भी) अतार्किक, अवास्तविक दृश्यों, प्रसंगों को छायाचित्र की पृष्ठभूमि में दिखाते हैं। इसमें विचित्रता ही दृश्य होती है। विचित्र जीवों की रचना कर कलाकार रोजमर्रा की वस्तुओं से उसे समन्वित कर चित्रकला की तकनीक से अवचेतन को भी अभिव्यक्त करता है। इसका लक्ष्य रहा—स्वप्न के पूर्व की अन्तर्विरोधी स्थितियों, वास्तविकताओं को ठोस वास्तविकता और उसे परा-यथार्थ में रूपान्तरित करके प्रस्तुत करना।

अति-यथार्थवाद में स्पष्ट है कि यह विचार स्वप्न-व्याख्या और कलाकार के अवचेतन की यात्रा है जिसमें कल्पना से मुक्ति भी है। इसे एक हद तक पागलपन भी कहा गया। इसका उत्तर देते हुए सल्वाडोर डाली ने कहा था—'एक पागल आदमी और मुझमें यही अन्तर है कि वह पागल आदमी है और मैं सिर्फ आदमी हूँ।'

यह ठीक है कि किसी भी विचार का एक निश्चित समय होता है, पर यह भी सच है कि उसकी प्रवृत्ति बाद के समय में भी बनी रहती है। भारत सहित विश्व के अनेक देशों में यदि अति यथार्थवाद पद्धति से बड़े पैमाने पर सृजन हो रहा है और दृश्यकला के लगभग सभी माध्यमों में, जैसे—चित्रकला, मूर्तिकला, सेरामिक तथा छापाकला में नए-नए प्रयोगात्मक काम हो रहे हैं, तो यह मान लेने में कोई हर्ज नहीं है कि अति यथार्थवाद आज के समय के जीवन, विडम्बनाओं और अधिकाधिक हिंसक होते समाज की नग्न वास्तविकताओं को अंकित करनेवाला सृजन-विचार है। इसमें रूप की परम्परागत छवि टूटती है, शरीर के अंगों की भूमिकाएँ बदल जाती हैं तो वह भी होता है जो हमारे मन और हमारी आँखों को रुचिकर नहीं लगता। वास्तविकता यह है कि जिसे हम देखते हैं, वह उसका ऊपरी या बाह्य रूप है। वह वैसा ही नहीं जो दृश्य है। उसके भीतर का सच असुन्दर, विकृत और भयानक है। वह चाहे संसार हो या मनुष्य। बाह्य को उसके अन्तर की विकृति में देखना रुचिकर नहीं हो सकता। उससे मानसिक विक्षोभ होता है। इसी विक्षोभ से विचलन होता है और व्यक्ति वर्तमान से क्षुब्ध होकर विद्रोह करता है। आन्द्रे ब्रेतों ने जब कहा था

कि यह विचारधारा मानवीय समस्याओं के हल का स्रोत है, तो उनके कहे का यही निहितार्थ था। एक स्तर पर यह अपने समय की विरूपता के विरुद्ध एक विद्रोह ही था जो प्रथम विश्वयुद्ध के भयानक नर संहार, लूट और अमानवीय यंत्रणा के विरुद्ध कला का प्रतिरोध था।

ब्रेतों कहते थे कि 'बौद्धिक विचार प्रक्रिया से मनुष्य के जीवन की समग्र अनुभूति को हम बहुत थोड़ा ही जान सकते हैं, दुर्भाग्यवश उसे ही हम उसका समूचा सत्य मानकर खुश हो लेते हैं। सच यह है कि कल्पना, अनुमान और व्यावहारिक सहजता की समझ से हम किसी भी मनुष्य की आन्तरिक अनुभूति तक पहुँच सकते हैं, जो हमें तर्क-बुद्धि के विरोध के बावजूद बार-बार विचलित करती है।' यही कारण है कि अति-यथार्थवादी कलाकार अन्तर्मुखता को अपनाकर सबसे पहले अपने आत्म परीक्षण का प्रयत्न करते हुए संसार के सच और उसकी वास्तविकता की खोज में लगे रहते थे। कह सकते हैं कि इस कला आन्दोलन में कला की तकनीक पर जोर देने की अपेक्षा वैज्ञानिक दृष्टि पर आग्रह अधिक था। ये कलाकार अवचेतन मन की गतिविधियों और क्रियाओं पर एकाग्र रहते, उससे उपलब्ध विरोधी प्रेरणाओं को उससे एकात्म करने का प्रयास करते और जीवन के शाश्वत सत्यों से उसकी संगति बिठाने की चेष्टा करते। इन सत्यों में मृत्यु, जीवन, अतीत, वर्तमान, भविष्य और आशंकाओं से उपजे भय के समाहार की कोशिश भी होती। इसी को लक्ष्य कर ब्रेतों ने कहा था कि—मेरा विश्वास है कि प्रत्यक्ष रूप से विरोधी अवस्थाएँ—स्वप्न और जागृति; निरपेक्ष यथार्थ में अर्थात् अति-यथार्थ में एकरूप हो सकेंगी।' (I belive that in future the two apparently contradictory states—The dream and the reality—will Merge into a reality absolute, a Surreality.)

यह आन्दोलन 1960 में न्यूयॉर्क में आयोजित हुई प्रदर्शनी के बाद आधिकारिक रूप से समाप्त हो गया था, पर उसका प्रभाव कला-जगत में बना रहा और हमेशा के लिए कला-सृजन की एक शैली के रूप में अति-यथार्थवाद जीवित रह गया। इस कला आन्दोलन की अनेक अन्तर्राष्ट्रीय प्रदर्शनियाँ बड़े आकार की हुईं जिनमें पहली 1936 में लन्दन में लगी थी। इस प्रदर्शनी को कला इतिहासकार हर्बर्ट रीड (Herbert Read) ने आयोजित किया था और परिचय लिखा था आन्द्रे ब्रेतों ने। दूसरी बड़ी प्रदर्शनी 1936 में न्यूयॉर्क में लगी और फिर एक बड़ी प्रदर्शनी पेरिस में लगी थी जिसमें 60 कलाकारों ने भाग लिया था। इसमें शामिल कलाकार चयनित थे और वे विभिन्न देशों से आए थे। प्रदर्शनी में तीन सौ चित्रकृति (पेंटिंग), वस्तुएँ, कोलाज, फोटोग्राफ (छायाचित्र) तथा संस्थापन प्रदर्शित किए गए थे। इस ऐतिहासिक प्रदर्शनी के प्रवेश द्वार पर ही सल्वाडोर डाली ने 'Rainy Taxi' (रेनी टैक्सी) नामक एक कृति प्रदर्शित की थी, जिसमें एक पुरानी कार को अति-यथार्थवादी शैली में विरूपित कर दिखाया गया था।

इस प्रदर्शनी में फ्रांस और दूसरे देशों से आए प्राय: सभी बड़े कलाकारों की उपस्थिति थी और उनके काम भी प्रदर्शित थे। इसके बाद क्रमश: न्यूयॉर्क (1942), पेरिस (1944), पेरिस (1959) और न्यूयॉर्क (1960) में प्रदर्शनियाँ लगीं और उसके बाद एक सक्रिय आन्दोलन के रूप में चालीस वर्षों तक कला-जगत को आन्दोलित करनेवाला अति-यथार्थवाद समाप्त हो गया। पर उसके बाद एक लोकप्रिय कला-शैली के रूप में दुनियाभर के कलाकारों के बीच उसकी लोकप्रियता में कभी कमी नहीं आई।

ध्यान दें तो पाएँगे कि इस शैली के कलाकारों पर और स्वयं इस कला आन्दोलन पर दादावाद और अमूर्तवाद का प्रभाव था; पर इसने अपने बर्ताव में एक नायाब कला-पद्धति का रूप ले लिया था। कुछ कला इतिहासकार इस पर अभिव्यंजनावाद का प्रभाव भी देखते हैं। किन्तु यह आश्चर्य का ही विषय है कि अवचेतन और स्वप्न के भीतर उतरकर मनुष्य के सत्य को देखने की इस मुश्किल कला शैली ने अपने कृतित्व से सबको हैरत में डाला। चित्रकला के साथ-साथ निर्जीव वस्तुओं को अपनी अभिव्यक्ति का माध्यम बनाकर उसे जीवन्त करना हो या मूर्तिशिल्प को अवचेतन मन का प्राकट्य बनाना हो, तो इस कला-शैली ने एक चमत्कार पैदा किया जिसे बाद में आए संस्थापन कला (Instalation Art) के जन्म का कारण माना जाता है। आगे चलकर अति-यथार्थवाद जीवात्मवाद (Animism) भी बनता है जिसमें निर्जीव पर जीवित को आरोपित किया जाता है। यह शैली कुछ भिन्न भेदों में भी रेखांकित की जाती है जिसमें 'Object Surrealism' (वस्तु-अति-यथार्थवाद), 'Veriest Surrealism' (भिन्न-अति-यथार्थवाद) और 'Abstract Surrealism' (अमूर्त-अति-यथार्थवाद) शामिल हैं।

कला आलोचकों ने माना है कि अति-यथार्थवाद में अनेक कलाओं की छायाएँ रही हैं और विचार भी; जिसे गहरे विचार में उतरकर समझा जा सकता है। वस्तुत: अति-यथार्थ की अनुभूति दो तरह की छवियों से हो पाती है। मनुष्य के अन्तर्मन में कई तरह की छवियाँ या छायाएँ मौजूद रहती हैं, जो स्वप्न, मति या दृष्टिभ्रम की स्थितियों में प्रकट होकर किसी अबूझ रहस्य पर से पर्दा हटाती हैं और हमें चकित करती हैं। अति-यथार्थ की अनुभूति के निर्मित होने में पहला कारक ये छवियाँ हैं। दूसरे कारक के रूप में उन वस्तुओं को देखा जाता है जिनसे हमारा कोई परिचय नहीं होता, पर उनसे साहचर्य या संगति बिठाकर अनोखी, रहस्य-सी अनुभूति पाई जा सकती है। लोत्रेयमो ने ठीक ही कहा है कि—'वस्तु का सौन्दर्य वही है जो एक सर्जन की टेबुल पर सिलाई मशीन और छाते के साथ एकरूप होने से आभासित होता है।'

सल्वाडोर डाली ने भी कहा था—'बाहरी जगत का यथार्थ मन के यथार्थ का छायांकन है।' निर्मितियों और शैलियों की दृष्टि से अति-यथार्थवाद के तीनों रूपों (जिसका उल्लेख ऊपर किया गया है) को उदाहरण से समझना चाहें तो पहली तरह की यानी वस्तु-अतियथार्थवाद की शैली डाली की कृतियों में मिलेगी; जहाँ रूप का विरूपण कर वस्तु-सत्य को दिखाने की चेष्टा है, तो भिन्न यथार्थवादी शैली के

उदाहरण मार्सेल द्यूशां की कृतियाँ हैं। अमूर्त-अति-यथार्थवादी शैलियों में जॉन मिरो आदि के काम आते हैं जहाँ अभिव्यक्ति में अमूर्तन है और उसी से अन्तर-भाव को रूपायित करने की चेष्टा भी है।

अति-यथार्थवाद में काम करनेवाले बहुत-से कलाकार रहे। आरम्भ में ही वे दो गुटों में भी बँट गए; जिसे हमने पीछे देखा है। किन्तु उनका ध्येय और कलादृष्टि में कोई अन्तर नहीं है। इस तरह दोनों गुटों को मिलाकर जिन बड़े कलाकारों की भागीदारी इसमें रही, उनमें शामिल हैं—आन्द्रे ब्रेतों (Andre Breton), सल्वाडोर डाली (Salvador Dali), पॉल एलुआर्ड (Paul Eluard), बेन्जामिन पेरे (Benjamin Peret), रेने क्रेवेल (Rene Crevel), रॉबर्ट डेसनस (Robert Desnos), जैक्स बारोन (Jacques Baron), मैक्स मोरिस, (Max Morise), पिअरे नाविल्ले (Pierre Naville), रोजर विट्राक (Roger Vitrac), गाला एलुआर्ड (Gala Eluard), मैक्स अंर्स्ट (Max Ernst), लुइस बनुएल (Luis Bunuel), मैन रे (Man Ray), हांस आर्प (Hans Arp), जॉर्ज मलकिने (Georges Malkine), मिशेल लेइरिस (Michel Leiris), जॉर्ज लिम्बुर (Georges Limbour), अन्तोनिन अर्टउड (Antouin Artaud), जॉन मिरो (John Miro), मार्सेल द्यूशां (Marcel Duchamp), रेमंड क्वेनेयू (Georges Queneau), जैक्स प्रेवर्ट (Jacques Prevert), वेस टांगू (Yves Tanguy), युवान गॉल (Yvan Goll), पियरे अलबर्ट बिरो (Pierre Albert Birot), पॉल डर्मी (Paul Durmee), सेलिन अर्लांड (Ceiline Arnauld), फ्रांसिस पिकाबिया (Fraucis Picabia), ट्रिस्तान त्जारा (Tristan Tzara), गिउसेप्पो अनगारेट्टी (Giuseppe Ungaretti), पियरे रिवर्डी (Pierre Reverdy), मार्सेल अर्लण्ड (Marcel Arland), जोसेफ डेलटेल (Joseph Delteil), जिन पेनलेवे (Jean Painleve), रॉबर्ट देलानॉय (Robert Delaunay), रेने माग्रिट्टे (Rene Magritte) और पाब्लो पिकासो (Pablo Picasso)।

अति-यथार्थवादी आन्दोलन में आन्द्रे ब्रेतों, सल्वाडोर डाली, मैक्स अंर्स्ट, रेने माग्रिट्टे और जॉन मिरो सर्वाधिक महत्त्वपूर्ण नाम हैं। इस आन्दोलन से वे कलाकार भी जुड़े थे जो दादावाद, अमूर्तवाद, घनवाद आदि आन्दोलनों से जुड़े रहे हैं, जिनके प्रमुख कलाकारों की चर्चा प्रसंगात उन आन्दोलनों पर विचार करने के क्रम में की जा चुकी है। यहाँ हम अति-यथार्थवाद के श्रेष्ठतम कलाकारों की संक्षेप में चर्चा करेंगे।

आन्द्रे ब्रेतों (1896-1966)

आन्द्रे ब्रेतों (Andre Breton) अति-यथार्थवाद के प्रणेता के साथ-साथ फ्रांसीसी भाषा के महत्त्वपूर्ण लेखक और कवि थे। उनका जन्म फ्रांस के टिंचेब्रे-बोकेज

(Tinchebray-Bocage) में 18 फरवरी, 1896 में हुआ तथा निधन 28 फरवरी, 1966 को पेरिस में। वे पहले दादावादी कला आन्दोलन से जुड़े थे और बाद में मनमुटाव के कारण उससे अलग हो गए थे। कला जगत में ब्रेतों की मुख्य पहचान अति-यथार्थवाद के संस्थापक और उसके घोषणा-पत्र लिखने के कारण है। कवि और लेखक के रूप में उनकी अधिक हैसियत थी जिनके पद-लालित्य और विचार बहुत लोकप्रिय रहे। पर कला में संलग्नता भी उनमें बहुत थी। वे पहले दादावाद के उदय के सूत्रधारों में रहे, तो बाद में स्वयं अति-यथार्थवाद के प्रणेता बने। अति-यथार्थवाद के घोषणा-पत्र बनाने से लेकर उसे एक वैश्विक कला आन्दोलन बनाने में उनकी बहुत बड़ी भूमिका रही। उन्होंने कलाकारों को एक मंच पर लाकर इस मनोविश्लेषणात्मक कला पद्धति को विकसित किया। 1924 में बनाया गया उनका अति-यथार्थवाद का घोषणा-पत्र ऐतिहासिक दस्तावेज की तरह महत्त्वपूर्ण माना जाता है। उनके पिता सिपाही थे और माता नास्तिक प्रवृत्ति की महिला थीं। ब्रेतों पर भी इसका प्रभाव पड़ा था और वे नास्तिकता में ही यकीन करते थे। ब्रेतों की प्रारम्भिक शिक्षा मानसिक रोगों के उपचार से जुड़ी थी। जब विश्व-युद्ध शुरू हुआ तो उनकी पढ़ाई छूट गई; क्योंकि वे उस पर आवश्यक प्रारूप बनाने का काम करने लगे थे। उनमें कला संग्रह की अनोखी प्रवृत्ति थी। वे आधुनिक चित्रकृतियों, रेखांकनों, छायाचित्रों, पुस्तकों, कला-केटलॉग्स, मूर्तिशिल्प, पत्रिकाओं आदि के संग्रहण में बहुत रुचि लेते थे। 1922 तक उनका घर ही संग्रहालय बन गया था जिसमें 5,300 (पाँच हजार तीन सौ) वस्तुएँ जमा हो गई थीं। उन्होंने 1927 में फ्रेंच कम्युनिस्ट पार्टी की सदस्यता ली थी; क्योंकि वे कार्ल मार्क्स के विचारों से बहुत प्रभावित थे। 1933 में पार्टी पर प्रश्न उठाने के आरोप में उन्हें निलम्बित कर दिया गया था; पर वे आजीवन प्रतिबद्ध कम्युनिस्ट बने रहे। सल्वाडोर डाली ने एक जगह लिखा है कि 'सभी अति-यथार्थवादियों में वे एकमात्र गम्भीर कम्युनिस्ट रहे।'

1935 में सोवियत लेखिका और पत्रकार इल्या एहरनबर्ग (Ilya Ehrenburg) से पहले अन्तर्राष्ट्रीय कांग्रेस में उनका मनमुटाव हो गया था जहाँ संस्कृति की रक्षा की चिन्ता में लेखक जमा हुए थे। इल्या ने पेरिस में हुए इस कांग्रेस में उन्हें समलैंगिक कह दिया जिससे नाराज होकर ब्रेतों ने उन्हें थप्पड़ जड़ दिया था। इसके बाद उन्हें इस कांग्रेस से ही निष्कासित कर दिया गया था। वे बेबाक थे और कला और संस्कृति की दुनिया में भावुकता से काम करनेवालों के प्रबल विरोधी भी। अति-यथार्थवाद की सक्रियता के बीच 1942 में उन्होंने अपनी कविताओं का संकलन 'Fata Margana' (फाटा मारगाना) नाम से प्रकाशित कराया जिसमें चित्रकार 'LAM' (लैम) के रेखांकन थे। 1946 में उन्होंने फ्रांसीसी उपनिवेशवाद का विरोध किया और अल्जेरियन युद्ध के विरुद्ध हस्ताक्षर अभियान चलाया था।

1966 में 70 वर्ष की अवस्था में निधन से पूर्व उन्होंने एक प्रखर बौद्धिक, प्रतिबद्ध कम्युनिस्ट और मानवता के हित में काम करनेवाले व्यक्ति के रूप में वैश्विक पहचान बना ली थी।

उनकी कविताओं, लेखों, उपन्यासों और राजनीतिक टिप्पणियों को संग्रहित कर तीन खंडों में उनकी रचनावली 'Literally Breton : The Complete works' (लिट्रली ब्रेतों : द कम्पलीट वर्क्स) नाम से प्रकाशित हुई। इसमें 'Nadja' (नाद्जा) नामक वह प्रसिद्ध उपन्यास भी है जिसमें उन्होंने मानसिक रूप से अस्वस्थ एक महिला के जीवन को दर्ज किया है। उन्होंने विश्वयुद्ध के संत्रास पर भी एक रचना 'Arcane-17' (अरकाने-17) लिखी। उनके चर्चित कविता संग्रहों के नाम हैं—'If you please' (इफ यू प्लीज), 'Earthlight' (अर्थलाइट), 'The Lost Steps' (द लॉस्ट स्टेप्स), 'Misery' (मिजरी), 'Break of Day' (ब्रेक ऑफ द डे), 'The Air of the water' (द एअर ऑफ द वाटर), 'Mad Love' (मैड लव), 'Jrajectory of Dream' (जार्जेक्ट्री ऑफ ड्रीम), 'Full Margin' (फुल मार्जिन), 'The Lamp in the Clock' (द लैम्प इन द क्लॉक) आदि।

निश्चय ही ब्रेतों मूलत: कवि थे, प्रतिबद्ध कम्युनिस्ट विचारक थे और मानवता के प्रबल पक्षधर लेखक; पर कला संग्राहक, कला के गहरे जानकार और कला नेता भी थे। वे न होते, तो दादावाद आ भी गया होता, पर अति-यथार्थवाद जैसा विश्वव्यापी और मनोविश्लेषणात्मक कला आन्दोलन सम्भव न होता; इसलिए ब्रेतों को समझे बिना अति-यथार्थवाद को समझना मुश्किल है। अति-यथार्थवाद और ब्रेतों एक ही सिक्के के दो पहलू हैं, अतएव ब्रेतों को इसलिए नहीं भुला देना चाहिए कि वे प्रचलित अर्थों में चित्रकार न थे।

मैक्स अंर्स्ट (1891-1976)

मैक्स अंर्स्ट (Max Ernst) अति-यथार्थवाद के श्रेष्ठतम कलाकारों में शामिल हैं। वे जर्मन कलाकार थे जिनका जन्म ब्रुही (Bruhi) जर्मनी में 2 अप्रैल, 1891 को हुआ था और निधन 1 अप्रैल, 1976 को पेरिस में हुआ था। उनकी सक्रियता दादावाद, अभिव्यंजनावाद, घनवाद आदि में भी रही, पर अति-यथार्थवादी कृतियों के कारण ही वे प्रसिद्ध हुए। आश्चर्य की बात यह है कि उन्होंने कला की कोई औपचारिक शिक्षा नहीं ली थी, किन्तु अपनी प्रयोगधर्मिता और सतत् जिज्ञासुभाव से अभ्यास करते रहने के कारण वे बहुत बड़े चित्रकार बने थे। इसके साथ-साथ वे अपने समय के बड़े उपन्यासकार भी थे और अपने समय की विरूपता को उन्होंने बहुत बारीकी से चित्रित किया था। चिरी हुई लकड़ी की पटरियों और फर्श पर बिछी लकड़ियों में उभरी आकृतियों को देखकर कागज पर पेंसिल से उभारी गई

उनकी आकृतियों से उन्होंने एक पद्धति विकसित की, जिसे 'फ्रोताज पद्धति' (Frottage Technique) कहा जाता है।

जर्मनी के कोलोन के निकट ब्रुही में जन्मे अंर्स्ट के पिता फिलीप एक शिक्षक थे और चित्रकार भी। समर्पित ईसाई होने के साथ उनमें कड़ा अनुशासन था। उन्हीं की प्रेरणा से अंर्स्ट में अनुशासन के साथ काम करने की प्रवृत्ति विकसित हुई और चित्रकला तथा रेखांकन बनाने में रुचि भी जागी। लेकिन चित्रकला में रुचि होने के बावजूद उन्होंने उसकी कोई औपचारिक शिक्षा नहीं ली। 1909 में उनका नामांकन बॉन विश्वविद्यालय में हुआ जहाँ उन्होंने दर्शनशास्त्र, इतिहास, साहित्य तथा मनोविज्ञान का अध्ययन किया। उसके बाद उन्होंने असिलमस (Asylums) का भ्रमण किया और मनोरोगियों के बनाए गए चित्रों को देखकर चकित हुए। उसी वर्ष से उन्होंने चित्र बनाना शुरू किया। सबसे पहले उन्होंने ब्रुही के महलों और उद्यानों के रेखांकन किए, उसके बाद अपना तथा अपनी बहन का व्यक्ति-चित्र बनाया।

1911 में वे चित्रकार अगस्ट मेके (August Macke) के दोस्त बने और डाइ रेनिस्चेन एक्सप्रेशनिस्टेन (Die Rheinischen Expressionisten) समूह से जुड़े और तय किया कि उनको कलाकार ही बनना है। 1912 में कोलोन में लगी प्रदर्शनी उन्होंने देखी जहाँ पिकासो, वान गॉग और पॉल गोगिन जैसे कलाकारों की कृतियाँ प्रदर्शित थीं। वे उनसे प्रभावित होकर काम करने लगे थे और उनकी कृतियों को अनेक समूह प्रदर्शनियों में रखा गया। उन दिनों की कृतियों में अंर्स्ट ने एक विडम्बनात्मक शैली (Ironic Style) विकसित की थी जो घनवादी और अभिव्यंजनावादी प्रतीकों से मिलती-जुलती थी। 1914 में वे हांस आर्प (Hans Arp) से मिले और उनके बीच गहरी दोस्ती हुई जो आगे के पचास वर्षों तक चली। अंर्स्ट की शिक्षा जैसे ही पूरी हुई, विश्वयुद्ध ने जिन्दगी थाम दी। अंर्स्ट ने तब पश्चिमी और पूर्वी सीमान्त का नक्शा तैयार किया था और एक सैनिक के रूप में अपनी सेवा दी थी। युद्ध की तबाही का वर्णन करते हुए उन्होंने अपनी आत्मकथा में लिखा है—'1914 की पहली अगस्त को मैक्स अंर्स्ट मर गया था। वह 11 नवम्बर, 1918 को पुनर्जीवित हुआ। उसे पश्चिमी सीमान्त का नक्शा बनाने का काम दिया गया और चित्र बनाने की अनुमति भी दी गई। इस युद्ध में बहुत-से जर्मन अभिव्यंजनावादी कलाकार मारे गए जिनमें अगस्ट मेके और फ्रांज मार्क शामिल हैं।'

1918 में अंर्स्ट उससे अलग होकर कोलोन आए, उनकी शादी हुई। फिर वे म्युनिख में पॉल क्ली (Paul Klee) से मिले और बाद में दादावाद से जुड़कर काम करने लगे, फिर अति-यथार्थवाद के एक स्तम्भ बने।

इस घटना-बहुल जीवन को बताने का यही उद्देश्य था कि हम समझ सकें कि अंर्स्ट का समय किन-किन स्तरों पर प्रभावित हुआ। अन्तिम और सबसे त्रासद अनुभव उन्हें विश्वयुद्ध से ही मिला जिसकी बहुत गहरी छाया उनके समूचे कला-कर्म पर

पड़ी। इसी का नतीजा था कि उन्होंने तरह-तरह के प्रयोग किए और एक असुरक्षा सदा उनका पीछा करती रही। 1922 में उन्होंने दो परस्पर भिन्न चित्रों को काटकर, उन्हें चिपकाकर एक दृश्य-प्रभाव उत्पन्न करने की कोशिश भी की, तो विक्टोरियन युग के छपे हुए चित्रों को काटकर उन्हें दैत्यों का आकार दिया। इस तरह के कोलाज चित्रों में उनकी अलग तरह की कुशलता दिखती है। उन्होंने 'फ्रोताज पद्धति' भी कुछ इसी तरह के प्रयोग से विकसित की, जिसकी चर्चा की जा चुकी है। उन्होंने अपनी इन्हीं विधियों को आगे बढ़ाते हुए जंगल, वनस्पति सहित मिथकीय देवताओं, दैत्यों आदि के अभासी चित्र निर्मित किए, तो अनुपयोगी और जंग लगे लोहे के टुकड़ों, पत्तियों के ढेर को विषय के रूप में चुनकर ऐसे शहरों को आँका जिसमें मनुष्य नहीं रहता। अंर्स्ट की कला की सबसे बड़ी विशेषता उनका प्रयोगधर्मी होना है जिसमें प्रकृति और मनुष्य का भेद मिट गया है और सर्वत्र मानवीय संत्रास की व्याप्ति है। चीत्कार, भय, आतंक और भयावहता के बीच मनुष्य का अस्तित्व मानो खो-सा गया है। इन कामों में, विडम्बनाओं की अभिव्यक्ति है जिसे 'Ironic Style' भी कहा जाता है। अति-यथार्थवाद को अपनी अर्थपूर्ण कृतियों से अंर्स्ट ने बहुत समृद्ध किया।

उनकी उल्लेखनीय कृतियाँ हैं—'History Nature' (प्रकृति का इतिहास), 'Garden of France' (फ्रांस का उद्यान), 'The Large Forest' (लम्बा जंगल), 'Pleiades' (कृतिका नक्षत्र), 'A Friends Reunion' (मित्रों का पुनर्मिलन), 'The Horde' (भीड़), 'The Beautifull Season' (सुन्दर मौसम), 'The Barbariens' (जंगली), 'The King playing with the Queen' (राजा का रानी के साथ खेलना), 'The Robbing of the Bride' (दुल्हन को वस्त्र पहनाना), 'The Entire City' (समूचा शहर) आदि।

जॉन मिरो (1893-1983)

जॉन मिरो (Joan Miro I Ferra) की पहचान एक विख्यात अति-यथार्थवादी चित्रकार और मूर्तिकार की है। उन्होंने भित्तिचित्र भी बनाए तो सेरामिक में भी महत्त्वपूर्ण प्रयोग किए। मिरो का जन्म 20 अप्रैल, 1893 को बार्सिलोना, केटालोनिया, स्पेन में हुआ था और निधन 25 दिसम्बर, 1983 में पाल्मा (Palma, Spain) में हुआ। मिरो अंर्स्ट की ही तरह दादावाद से भी जुड़े रहे थे, पर उनकी पहचान अति-यथार्थवाद से ही बनी। उन्होंने 7 वर्ष की उम्र में रेखांकन की कक्षा में जाना शुरू कर दिया था। उसके बाद 1907 में फाइन आर्ट एकेडेमी में उनका दाखिला हुआ। उनकी पहली प्रदर्शनी 1918 में गैलरी डालमउ में हुई थी। बार्सिलोना में हुई घनवाद और फाववाद की प्रदर्शनियों का भी उन पर प्रभाव पड़ा। 1920 में वे पेरिस आ गए थे, पर गर्मी के दिनों में अक्सर वे अपने गृह नगर लौट जाते थे। आरम्भ में उन्होंने एक लिपिक

की नौकरी की थी, पर बाद में उससे मुक्त होकर कला को पूर्णकालिक कार्य का हिस्सा बना लिया था। वान गॉग और पॉल सिजां से प्रभावित होने वाले मिरो 1924 में अति-यथार्थवादी कला समूह से जुड़ गए थे।

मिरो की कला में विस्तार बहुत है। पर अति-यथार्थवाद के मनोशास्त्र की भूमिका की न्यूनता है। प्रकृति, खेत-खलिहान, पेड़-पौधे उनके चित्रों में बहुतायात में आते हैं। शुरू में सादृश्य चित्रण करने के बाद में उन्होंने कल्पना से प्रकृति और भूदृश्य के चित्र बनाए। मिरो की कला पर कैन्डिंस्की के अमूर्त चित्रों का भी असर दिखता है, तो पॉल क्ली के कल्पनात्मक छवि-निरूपण का भी। लेकिन मिरो की कला का वैशिष्ट्य यही है कि वे प्रभाव चाहें जहाँ से लेते, उसे इस तरह अपना बना लेते थे कि वह उनकी अपनी खोज प्रतीत होती थी। मिरो के चित्र सहज-स्वाभाविक चित्रण से परे एक विचित्र विन्यास में रचे प्रतीत होते हैं जिनमें अति-यथार्थवादी विरूपण दिखता है, जो हमारे बद्धमूल सौन्दर्यबोध को तोड़ता है। मनुष्य के अवचेतन के विरूपित रूपाकारों को उनकी विभिन्न क्रियाओं के साथ आँकते मिरो एक चित्रकार के रूप में अलग नजर आते हैं।

इसी तरह मूर्तिकार और सेरामिक कलाकार के रूप में उनकी उपस्थिति अलग से महसूस की जा सकती है, जिसमें वे तरह-तरह के प्रयोग करते हैं और आकारों को तोड़कर नई अर्थ-सम्भावनाओं का विस्तार करते हैं। उनकी मुख्य चित्रकृतियों में—'Portrait of Vincent Nubiola' (विन्सेन्ट नुबिओला का व्यक्ति-चित्र), 'House with Palm Tree' (ताड़ वृक्ष के साथ घर), 'Nude with a Mirror' (दर्पण के साथ विवस्त्र स्त्री), 'The Spanish playing Cards' (स्पेनिश ताश के पत्ते), 'Horse, Pipe and Red Flower' (घोड़ा, पाइप और लाल फूल), 'The Hunter' (शिकारी), 'The Farm' (खेत), 'Woman and Bird' (औरत और चिड़िया), 'Dog Barking at the Moon' (चाँद पर कुत्ते का भौंकना) आदि हैं तो मूर्तिशिल्पों में—'The Reaper' (काटनेवाला), 'Lunar Bird' (चन्द्र पक्षी), 'La Defense' (सुरक्षा), 'Inspired' (प्रेरित), 'Wish' (कामना) आदि शामिल हैं। इन सभी कामों में मिरो के कौशल और संयोजन की कल्पनाशीलता दर्शकों को चकित कर देती है।

रेने माग्रिट्टे (1898-1967)

रेने माग्रिट्टे (Rene Francois Ghislain Magritte) बेल्जियम के चित्रकार थे और अति-यथार्थवाद के एक महत्त्वपूर्ण स्तम्भ भी। उनका जन्म 21 नवम्बर, 1898 में लेस्सिनेस (Lessines), बेल्जियम में हुआ और 15 अगस्त, 1967 को निधन। उनका कई कला आदोलनों से जुड़ाव रहा, जिनमें घनवाद, उत्तर-प्रभाववाद और दादावाद

शामिल हैं। किन्तु अति-यथार्थवाद में किए गए उनके काम अधिक महत्त्वपूर्ण माने जाते हैं। उनके चित्रों की खूबी यह है कि वे विनोदपूर्ण होते हुए विचारों को उद्वेलित करनेवाले होते हैं। उनके कामों के बारे में आलोचकों की राय है कि वे साधारण वस्तुओं से निर्मित हैं, पर उनमें चुनौतीपूर्ण पर्यवेक्षण है। उनमें यथार्थ का पहचाना हुआ स्वरूप खंडित होता है और वे हमें विचलित करने में समर्थ होते हैं। माग्रिट्टे पर उनके जीवन में घटी घटनाओं का बड़ा प्रतिकूल प्रभाव पड़ा था। उनकी माता रेगिना (Regina) ने उनको रेखांकन का अभ्यास कराया था। 12 मार्च, 1912 को रेगिना ने साम्ब्रे नदी में कूदकर आत्महत्या कर ली थी। इसके पहले भी कई बार वे आत्महत्या का प्रयास कर चुकी थीं। इस डर से माग्रिट्टे के पिता लियोपोल्ड ने उन्हें कमरे में बन्द भी कर रखा था, पर वे निकलकर भाग गई थीं। उनका मृत शरीर बहुत बाद में मिल पाया था।

तेरह वर्षीय बालक माग्रिट्टे पर इस घटना का बहुत बुरा असर पड़ा था। माग्रिट्टे ने कई श्रृंखलाओं में अपनी मृत-माँ को अवसाद के साथ अंकित किया। उनका दाम्पत्य भी बहुत सुखमय न रहा; क्योंकि कुछ प्रेम-सम्बन्धों के कारण आपसी तनाव की स्थिति बाद के दिनों तक बनी रही, यद्यपि माग्रिट्टे ने दूसरी शादी नहीं की।

एक कलाकार के रूप में माग्रिट्टे पर जीवन की असारता और उसके रहस्यों का गहरा असर दिखता है जिसमें अति-यथार्थवादी धारणाएँ उन्हें सहारा देती हैं। ऐसा माना जाता है कि उनकी कला बाद की कला-सम्भावनाओं का सूत्र है। इसका उदाहरण यही है कि समकालीन कलाकार उन्हीं के कामों से सर्वाधिक प्रभावित दिखते हैं। पॉप कला और समकालीन कला के सबसे चहेते कलाकार माग्रिट्टे अपनी कृतियों में संसार को वैसा ही दिखाते हैं, जैसा वह है। वैसा नहीं, जैसा वह दिखता है। आकृतियों को तोड़कर, उसे विचार-क्रम में विन्यस्त कर विनोदी-कृति के साथ रूपाकारों से खेलना और रंगों का बेहद अलग बर्ताव करना; उनकी सर्जनात्मकता का वह उदाहरण है, जो प्राय: किसी दूसरे कलाकार में नहीं मिलता।

उनके कुछ उल्लेखनीय कामों में—'The Bather and the Window' (स्नानार्थी और खिड़की), 'Midnight Marriege' (आधी रात की शादी), 'The Lost Jokey' (खोया हुआ जॉकी), 'Young Girl eating a Bird' (युवा लड़की का पक्षी को खाना), 'The Tiredness of Life' (जीवन की थकान), 'The Rape' (बलात्कार), 'Surprise Answer' (आश्चर्यजनक उत्तर), 'The Black Flag' (काला झंडा), 'Invisible World' (अदृश्य संसार), 'The Mysteries of Horizen' (क्षितिज का रहस्य) आदि शामिल हैं।

नि:सन्देह माग्रिट्टे वह कलाकार थे जो अति-यथार्थवादी शैली में काम करते हुए समकालीन जीवंन की विडम्बनाओं को व्यक्त कर रहे थे; इसीलिए बाद की कला पर उनका गहरा असर है।

सल्वाडोर डाली (1904-1989)

सल्वाडोर डाली (Salvador Domingo Felipe Jacinto Dali I Domenech) स्पेनी चित्रकार थे और अति-यथार्थवाद के सर्वाधिक महत्त्वपूर्ण कलाकार। उनकी तकनीकी कुशलता, विस्मयकारी और विचित्र छवियों तथा दक्ष रेखांकनों का कायल समूचा कला जगत है। डाली का जन्म फिगुएरेस, केटालोनिया (Catalonia), स्पेन में 11 मई, 1904 को हुआ था और निधन 23 जनवरी, 1989 को। अन्तिम साँस भी उन्होंने अपने गृहनगर में ही ली थी। उन्होंने भी प्रभाववाद, उत्तर-प्रभाववाद, यथार्थवाद, घनवाद आदि कला-शैलियों में काम किया था, पर उनकी असल पहचान अति-यथार्थवादी कलाकार की ही रही; क्योंकि यही कला शैली उनके स्वभाव से मिलती थी। उन्होंने कला की औपचारिक शिक्षा मैड्रिड के कला विद्यालय से ली थी। युवा दिनों में वे घनवाद से भी जुड़े थे। 1920 में वे अति-यथार्थवाद से प्रभावित हुए और 1929 के आरम्भ में वे उसके समूह में शामिल हो गए थे। इसी समूह में रहते हुए अगस्त, 1931 में उन्होंने 'The Persistence of Memory' (स्मृति की दृढ़ता) नामक अपनी एक उल्लेखनीय कृति बनाई थी, जो अति-यथार्थवाद की एक उपलब्धि मानी जाती है।

1936 से 1939 तक होनेवाले स्पेनी गृह-युद्ध के समय में वे फ्रांस में ही रहे। 1940 में उन्होंने संयुक्त राज्य अमेरिका की यात्रा की, जो उनकी व्यावसायिक सफलता का माध्यम बनी। वे 1948 में स्पेन लौटे, तो इस घोषणा के साथ कि उन्हें 'कैथोलिक विश्वास' है। उसके बाद उन्होंने 'नाभिकीय रहस्यवाद' (Nuclear Mysticism) शैली को विकसित किया जो शास्त्रवाद, रहस्यवाद से लेकर तत्कालीन वैज्ञानिक विकास पर आधारित था। वे विलक्षण प्रतिभा के कलाकार थे जिन्होंने चित्रकला, छापाकला, मूर्ति शिल्प, आकल्पन, छायांकन—प्राय: सभी में काम किया तो फिल्में भी बनाईं। उन्होंने कहानियाँ लिखीं, कविताएँ, लेख, आलोचना सहित अपनी आत्मकथा भी लिखी। उनके काम के विषय स्वप्न होते, तो अवचेतन की क्रियाएँ, यौनिकता, धर्म, विज्ञान और उनके निजी सम्बन्ध भी होते।

उनका निजी व्यवहार विचित्र और अस्वाभाविक था, इसलिए बहुधा वे अपने काम के मुकाबले अपने व्यवहार से लोगों का ध्यान आकृष्ट करते। कभी-कभी उनके काम भी इतने विवादास्पद हो जाते कि उस पर हंगामा खड़ा हो जाता। माग्रिट्टे की तरह वे भी 'पॉप कला' तथा 'समकालीन कला' से जुड़े कलाकारों के आदर्श बने, जो उनसे बहुत प्रभावित हुए। ऐसे कलाकारों में जेफ कून्स (Jeff Koons) और डेमियन हर्स्ट (Damien Hirst) शामिल हैं। बाद में दो कला संग्रहालय उनके नाम पर बने जिसमें एक तो गृहनगर फिगुएरेस, स्पेन में है जिसका नाम 'डाली थिएटर म्यूजियम' है, तो दूसरा फ्लोरिडा में—'सल्वाडोर डाली म्यूजियम' है।

उनका जीवन भी कई तरह की उलझनों और दुखद प्रसंगों से जुड़ा है। उनके किशोर रहते माँ का कैंसर से मरना और भाई का असमय गुजर जाना उन्हें हमेशा सालता रहा जिन पर उन्होंने कई कृतियाँ बनाईं। डाली को सिग्मंड फ्रायड के सिद्धान्तों के गहरे अध्ययन से स्वप्नों की कल्पनात्मक गतियों और आयामों की समझ हुई थी और उन्होंने उसे कलात्मक निर्मितियों में ढाला था। चिकित्सकीय मनोविज्ञान के अध्ययन से भी जो उन्होंने समझा, उससे यही निष्कर्ष निकाला था कि सभी सर्जक मानसिक विकृति से पीड़ित रहते हैं। कुल मिलाकर यह कह सकते हैं कि डाली ने सत्य और यथार्थ के परोक्ष की भयावह स्थितियों का अंकन किया तथा हिंसा, रक्त, हत्या, षड्यंत्र आदि को रूपायित किया। डाली की कला विडम्बनात्मक जीवन का पूरा संग्रहालय है जिसे सहज होकर देखना सम्भव नहीं। इस अजीबोगरीब कला में ऐसा नहीं है कि चित्रण की दक्षता, रेखांकन की दृढ़ता या रंग-लाघव में तिल भर भी कोई कमी हो। वस्तुत: डाली अन्त:बाह्य स्थितियों को समन्वित कर बिना किसी परदेदारी के चित्रित कर देते हैं। सही अर्थों में कहें तो डाली अति-यथार्थवादी दर्शन के समग्र कलाकार हैं।

उनकी उल्लेखनीय कृतियों में—'The Persistence of Memory' (स्मृतियों की दृढ़ता), 'The Burning Giraffe' (जलता हुआ जिराफ), 'Metamor-Phosis of Narcissus' (नारसिसस का कायापलट), 'Labster Telephone' (झींगा टेलीफोन), 'The Elephant' (हाथी), 'The Face of War' (युद्ध का चेहरा), 'The Metting Watch' (गलती हुई घड़ी), 'The Salrament of the last Supper' (अन्तिम भोज का संस्कार), 'Young Woman at a Window' (खिड़की पर युवती), 'The Enigma of Desire' (इच्छा की पहेली), 'Portrait of my Dead Brother' (मेरे मृत भाई का व्यक्ति-चित्र), 'The Dream of Venus' (वीनस का स्वप्न), 'Slave market with the disappearing bust of Valtaire' (गायब वाल्टेयर की आवक्ष मूर्ति के साथ स्लाव बाजार), 'The First day of Spring' (वसन्त का पहला दिन), 'Basket of Bread' (रोटी की टोकरी), 'Enigma of Hitler' (हिटलर की पहेली), 'The Lugobrious Game' (शोकाकुल खेल) आदि शामिल हैं।

इस तरह हम देखते हैं कि 1920 से शुरू होकर 1960 के मध्य तक तक चलनेवाले इस कला-आन्दोलन ने कला-जगत को बहुत प्रभावित किया। अन्तर्मन की गुत्थियों को खोलने के साथ-साथ इसने जीवन की विडम्बनाओं, क्रूरताओं और कथित सत्य के पीछे छिपी हिंसक मनोवृत्तियों को व्यक्त करने की सफल चेष्टा की। यह परम्परा कला में नई थी; हालाँकि ऐसी चेष्टाएँ मानव-समाज में विभिन्न रूपों में सदियों से चलती आ रही हैं; पर चूँकि कला में यह नया प्रयत्न था और इसमें अपने समय

और उसके संत्रास को देखने की मनोविश्लेषणात्मक कोशिश की गई, इसलिए यह लोकप्रिय भी बहुत हुई। इस पद्धति का अन्त भले 1965 के आसपास हो गया, पर इसका प्रभाव समकालीन कला, पॉप कला तथा संस्थापन आदि के कामों पर बहुत पड़ा। एक आन्दोलन के रूप में भले वह समाप्त हो गया, पर एक कला-पद्धति और प्रवृत्ति के रूप में आज भी वह जीवित है जिसमें काम होते रहे हैं।

समाहार-खंड

आधुनिकता से समकालीनता की यात्रा

कला सतत् परिवर्तनशील होती है युगानुरूप भी; इसलिए उसमें स्थायी जैसी कोई चीज हमेशा के लिए नहीं होती। वह कोई चमत्कारिक या यांत्रिक निर्मिति भी नहीं, जो अचानक प्रकट हो जाए। वह तो मानव-निर्मित है इसलिए मनुष्य के संघर्ष, विचार, स्वप्न और उसमें आए परिवर्तन कला में घटित ही नहीं होते; उसे बदलते भी हैं। पुनर्जागरणकालीन से लेकर अति-यथार्थवाद तक के कला आन्दोलन से गुजरते हुए हम देख पाते हैं कि कला किन-किन स्तरों पर बदलती है और उसके बदलाव के लिए कलाकारों को किस-किस तरह के संघर्ष करने पड़ते हैं। कला के आधुनिक होने की यात्रा जितनी रोचक है, उतनी ही पीड़ादायी भी; क्योंकि इसमें कलाकारों ने नाना तरह की यंत्रणाएँ झेलीं, तो प्रसन्नता भी प्राप्त की।

पुनर्जागरण काल कला में परिवर्तन का पहला चरण बनता है जिसमें कलाकार नई दुनिया से परिचय प्राप्त कर समझने की कोशिश करते हैं कि कला वही नहीं है जो रच दी जाती है। वह भी है जो रचने से पूर्व कलाकार के चित्त और चेतना को उद्वेलित करती है तथा उसे कुछ नया, अदेखा या विस्मित-सा करने को प्रेरित करती है। संरक्षण में रहने और बद्धमूल मान्यताओं के दबाव में रहते हुए भी कलाकारों ने निज की अभिव्यक्ति का अवकाश निकाला और अपने से संघर्ष करते हुए कुछ विस्मित करनेवाले प्रयोग किए। दा विंची, राफाएल और माइकल एंजेलों की कला से कला के आधुनिक होने की प्रक्रिया उसके निरन्तर प्रवहमान होने की सूचना देती है। उसके बाद एक पर एक आते गए आन्दोलन कला को धीरे-धीरे विचार-सम्पन्न तथा श्लिष्ट बनाते गए जिसके कारण वह केवल देखने-भर की ही चीज न रह गई वरन् विचारणीय भी हुई और हमें प्रेरित-आन्दोलित करनेवाली दृष्टि भी बनी। इस दृष्टि के बनने के पीछे निश्चय ही भौतिक विकास के साथ-साथ वैज्ञानिक विकास और यूरोपीय देशों से एशियाई देशों के विचार-विनिमय तथा आवाजाही की भूमिका रही। सत्ता, परम्परा, भौतिक विकास, आवश्यकताएँ और व्यक्ति के निज की चिन्ताएँ वस्तुतः ये छह तत्त्व हैं जो किसी भी देश-काल में कला ही नहीं, समूचे जीवन को प्रभावित करते हैं और उसे बदल डालते हैं।

बदलाव की प्रक्रिया इनसे लड़कर और प्रभावित होकर ही चल पाती है। स्वच्छन्दतावाद से लेकर प्रभाववाद तक यह संघर्ष तीखा है जिसमें कलाकारों को तरह-तरह के अनुभव होते हैं तो वे कला को नए मिजाज में ढालने का प्रयत्न भी करते हैं; सफल-असफल होते हैं किन्तु प्रयत्न करते हैं। एक समय ऐसा आता है जब शासन से लेकर समाज तक कला के नए रूप पर प्रश्न करते हैं; पर उनसे विचलित हुए बिना रूढ़ियों से लड़कर, परम्परा की अंधी दौड़ से निकलकर और हर तरह के प्रलोभनों से मुँह मोड़कर इन कलाकारों ने कला को वह दृष्टि दी, जो हमें उद्वेलित करने में समर्थ थी। कला में बदलाव दृष्टि से आता है वरना वह वही रहती है। रचना में रूप, लय, विन्यास, रंग, आयत्त, अवकाश, आकार, सन्तुलन और प्रभाव जैसे कला के सर्जनात्मक तत्त्व नहीं बदलते, परिवर्तन उनके प्रयोग में ही होता है और परिवर्तित विचारों के साथ दृष्टि बदलती है जो कृति के समूचे विन्यास को एक नए आयाम में ढालती है। रचना की तकनीक के साथ इन परिवर्तित विचारों का ही महत्त्व होता है जो कला को अपने समय के अनुरूप ढालकर उसे प्रासंगिक या अप्रासंगिक बनाते हैं। समय के बदल जाने से दृष्टि भले बदलती हो चित्र के आधारभूत तत्त्व नहीं बदलते। हम जानते हैं कि भारतीय चित्रकला में षडंग दर्शन है जो वात्स्यायन के 'कामसूत्र' में उल्लिखित है—

'रूपभेद: प्रमाणानि भावलावण्य योजनम्।
सादृश्यं वर्णिकाभंगम् इति चित्रं षडंगकम्॥'

अर्थात् चित्रकर्म के छह अंग हैं—रूपभेद, प्रमाण, भाव, लावण्य-योजना, सादृश्य तथा वर्णिकाभंग। 'कामसूत्र' की टीका के रूप में विख्यात यशोधर पंडित की कृति 'जय मंगला' में इन तत्त्वों की विस्तृत व्याख्या है। चित्र निर्मिति के और उसके सौन्दर्य के शाश्वत आधार माने गए इन तत्त्वों का हमेशा महत्त्व रहा है; क्योंकि ये वे तत्त्व हैं जिनसे कृति रची जाती है और जिनसे उसका सौन्दर्य निर्धारित होता है। इसके विवरण में जाने का यहाँ अवकाश नहीं है, फिर भी इतना कहा जा सकता है कि रूप अनन्त रूप है जिसे आँख और आत्मा के रूप में पहचाना जाता है, तो प्रमाण कृति की विवरणात्मक प्रामाणिकता की समझ को कहते हैं। भाव कृति में विन्यस्त अनुभव है, तो लावण्य रूप की संगति और परिमिति को माना जाता है। कृति की मूल वस्तु से समानता दिखाने को सादृश्य कहते हैं तो वर्णिकाभंग रंग-योजना को कहा जाता है। ये वे तत्त्व हैं जो चित्र को उसकी समग्रता देते हैं और प्रभाव भी। भारतीय चिन्तन परम्परा में इन तत्त्वों की विशद व्याख्याएँ हैं जिन्हें हमने सिर्फ सरलीकरण करके ही समझाया है।

इसी तरह पश्चिमी कला में चित्र रचना के सात तत्त्व माने गए हैं—Line (रेखा), Shape (आकार), Form (रूप), Space (अन्तराल/अवकाश), Value (मान), Texture (बनावट) तथा Color (रंग)।

अब चूँकि पाम्परिक चित्र-रचना का चलन कम हुआ है; इसलिए पश्चिमी कला-तत्वों पर ही कृतियों की रचना अधिक होती है। पर ध्यान दें तो पाएँगे कि भारतीय और पश्चिमी कला-चित्रण की तकनीक में बहुत अधिक अन्तर नहीं है। अन्तर सिर्फ सादृश्य और लावण्य में है; वह भी Form और Value के साथ आ मिलता है। कहने का मतलब सिर्फ यह है कि कला चाहे प्राचीन युग की हो या आधुनिक युग की, उसमें चित्रण के आधारभूत तत्त्व वही रहते हैं; उन्हें बरतने के ढंग भले बदल जाएँ। यही बरतने का ढंग और चित्रण में विषय के चयन में विचार का विन्यास किसी कृति में नई या पुरानी दृष्टि का परिचय देता है। इस रूप में समूची कला परम्परा; जो आन्दोलनों के जरिए हमारे सामने आई, उसमें दृष्टि का विस्तार और तद्‌युगीन समय को दर्ज करने की सफल चेष्टा दिखती है। बाद के दौर में अंकन की पद्धतियाँ बदलीं, विषय बदले, नए विचारों ने कला को अपने समय से जोड़ने की पहल की; और इस तरह कला मध्ययुगीन रूढ़ियों से मुक्त होकर नई हवा में साँस ले सकी। कला में निरन्तर विकास चित्रण की पद्धति और विचारों के परिवर्तन तक लगातार दिखता है। पुनर्जागरणकालीन कलाकार माइकेल एंजेलो ने यूनानी और रोमन परम्पराओं की रचना-विधि लेकर कला को अपने समय में ढालने की कोशिश की, तो पॉसिन की चित्रण-विधि बाद के कलाकारों—सिजां तथा पिकासो को प्रभावित कर सकी। देलाक्रोइक्स की रंग-योजना उत्तर-प्रभाववादी सेउरा तथा सिग्नाक के लिए जीवन्त हो सकी, तो स्वच्छन्दतावादी गेरिकॉल्ट की यथार्थवादी दृष्टि बाद के यथार्थवादियों के काम तो आई ही, व्यंग्य और विडम्बनाबोध के स्तर पर दादावाद और उत्तर प्रभाववादी कलाकार भी उससे प्रेरणा ले सके।

यथार्थवादी कुर्बे के आक्रोश और यथार्थ के प्रति उनके आग्रह ने कला को अपने समय में होने की सीख देकर कलाकार को जो अपनी आँखों से दुनिया को देखने की सीख दी, उससे भी कलादृष्टि में भारी परिवर्तन आया और कला को रचने का एक निश्चित लक्ष्य निर्धारित हुआ। प्रभाववाद ने इसी से प्रेरित होकर कला-सृजन को बन्द कार्यशालाओं से बाहर निकाला और उसे प्रकाश के प्रभाव से जोड़ा। नव-प्रभाव से उत्तर-प्रभाववाद तक प्रभाववाद की यात्रा देखें तो एक साथ हमें कला के पारम्परिक ढंग में बदलाव और नई दृष्टियों के विन्यास का पता चलता है। रंग और चित्रण के स्तर पर तकनीकी रूप से कला समृद्ध तो हुई ही, विषय-चयन और संयोजन में कलाकार की भावनाओं को जो महत्त्व मिला, उससे कला में न केवल मानव-मन को प्रतिष्ठा मिली बल्कि व्यक्ति-जीवन के दुख-सुख से कला का सीधा नाता जुड़ा। सही मायनों में कलाकार की निजता को सुरक्षित रखते हुए उसकी भावनाओं को महत्त्व देना उत्तर-प्रभाववाद की ऐसी विशेषता है जो कला को जीवन में देख सकी और उसे पूरी तरह कलाकार के आत्म से जोड़ सकी। इस रूप में प्रभाववाद (प्रभाववाद, नव-प्रभाववाद और उत्तर-प्रभाववाद का समन्वित रूप) कला को

आधुनिक बनाने का सबसे बड़ा प्रयत्न सिद्ध हुआ जिसका आगे की कला-दृष्टियों पर जबरदस्त असर हुआ।

प्रतीकवाद ने चित्र को प्रतीकात्मक बनाने पर बल देकर कला को व्यंजक बनाने की चेष्टा की। यह चेष्टा कला के अभिधेयार्थ को बदलने में कारगर सिद्ध हुई जिसका प्रभाव हम घनवाद, अमूर्तकला आदि कला पद्धतियों पर भी देख सकते हैं। आगे जब हम मातिस के फाववादी 'रंगवाद' पर नजर डालते हैं या अभिव्यंजनावाद में एडवर्ड मुंक के प्रयत्नों को देखते हैं तो पाते हैं कि कला जैसे अब कलाकार की सोच से तय होने लगती है। वह जैसा है, जैसा सोचता है, जिस परिस्थिति में है—उसका प्रतिरूपण कला में दिखता है। अब कला बताई या दिखाई नहीं जा सकती। वह होती है; उसे तो सिर्फ व्यक्त करना है और कलाकार के चित्त और आस्वाद में ही उसे प्रकट होना है। यह अकारण नहीं है कि मातिस फाववादी रंग प्रयोग को 'आन्तरिक आवश्यकताओं की पूर्ति' में देखते हैं या मुंक, वान, गॉग आदि के लिए चित्र-सर्जना 'अपने अन्तर के संसार का प्रकाशन' है। यह विक्षोभ है और भौतिक विकास के समानान्तर मनुष्य के संतप्त मन की कराह है, उसकी चीखें हैं। अपने जीवित रहने के संशय और न होने के भय के बीच यह कला पारम्परिक कला के उन रूपों और दृष्टियों से भिन्न है जिसमें आस्वाद का सुख ही श्रेयस्कर है, जीवन का दुख नहीं।

कहने की आवश्यकता नहीं कि इन दृष्टियों का कला पर गहरा असर पड़ा और कला जीवन के त्रास और दुखद अनुभवों का गवाह भी बनी। पिकासो और जॉर्ज ब्राक के प्रयत्नों से आए घनवाद ने नीग्रो कला के समानान्तर स्वरूप ग्रहण कर सौन्दर्य के पारम्परिक प्रतिमानों को बदला, तो कला में ज्यामितीय संयोजनों के प्रयोग को रास्ता दिया। घनवाद की बहुचर्चित कृति 'गुएर्निका' में युद्धकालीन विध्वंस की जो त्रासदायी तस्वीर हम देख पाते हैं, उसे अगर स्वच्छन्दतावादी कलाकार थियोदोर गेरिकॉल्ट की कृति 'मेदुसा का बेड़ा' से साम्य बिठाकर देखें तो समझ पाएँगे कि कला कैसे परम्परा से विकास के सूत्र लेती हुई आगे बढ़ती है। गेरिकॉल्ट ने अपनी कृति में स्मारकीय विन्यास देते हुए मेदुसा नामक जहाज के दुर्घटनाग्रस्त होने पर सैकड़ों लोगों की मृत्यु को दर्ज किया है। उसी परम्परा में पिकासो ने ध्वस्त गुएर्निका को यादगार बनाया है। इन कृतियों में यथार्थ चित्रण है तो क्षुब्ध करनेवाली रंग-दृष्टि भी।

आन्दोलनों की इस परम्परा में जहाँ 'भविष्यवाद' कला को अमानवीय कृत्य में बदलकर उसे युद्ध और हिंसा के समर्थन में उतारता है, वहीं दादावाद और 'अति-यथार्थवाद' युद्ध के त्रासद अनुभवों, हत्याओं और अमानवीय राष्ट्रवाद की घिनौनी करतूतों पर प्रहार कर अब तक के विचारों का उपहास करते हैं। यह वे आन्दोलन थे जिन्होंने उन तर्कों और विश्वासों का खंडन किया, जिन्हें हम सत्य मानते हैं तो अमूर्त

कला कलाकार के आध्यात्मिक चित्त और मनोजगत के द्वैतों की अभिव्यक्ति का माध्यम बनी। इन आन्दोलनों के निरन्तर विकास-क्रम को दखने से न केवल परम्परा के आधुनिक होने की प्रक्रिया का पता चलता है वरन् आधुनिकता के अहंबोध से भी सामना होता है जिसमें हम श्रेष्ठता के दंभ में अमानवीय नृशंसताएँ तो देखते ही हैं, मनुष्य के आत्म का क्षोभ और उसका विघटन भी देखते हैं। कला अपने संसार में इन सब विचारों, विचलनों और विक्षोभों को एक साथ लेकर चलती है जिसमें अब परम्परा का दाय कम है और आधुनिकता का दबाव अधिक।

सभी कला-पद्धतियों की दृष्टि में, विन्यास में और रचनात्मक संरचनाओं में अन्तर है, वे एक-दूसरे से सीखती हैं, उनका विरोध भी करती हैं और उनके किए-धरे को प्रश्नांकित भी करती हैं। पर एक नवोन्मेषी चेतना के स्तर पर सब में एक ही धारा प्रवाहित है और वह है अधिक से अधिक जीवन-सत्य को पाना, दृश्य-जगत को उसके सौन्दर्य सहित उसके विरूपण में देखना और एक सुन्दर दृश्यलोक को जन्म देना। अगर यह न होता तो निश्चय ही इन आन्दोलनों में कलाकारों की आवाजाही नहीं होती। स्पष्ट है कि कई-कई आन्दोलनों में वही-वही कलाकार अधिक दिखते हैं जो पीछे के आन्दोलन के विरोध में खड़े होते हैं। अगर ऐसा न होता तो वान गॉग प्रभाववादी, नव-प्रभाववादी न बनते। पिकासो घनवादी होने के बाद अति-यथार्थवादी, अभिव्यंजनावादी न बनते। इसी तरह सिजां को प्रभाववादी होने के बाद नव-प्रभाववादी या उत्तर प्रभाववादी होने की जरूरत नहीं पड़ती। ऐसा प्राय: अनेक बड़े कलाकारों के साथ हुआ है जो लगातार कई आन्दोलनों में भागीदार हुए हैं। इसका स्पष्ट कारण उनकी सतत् खोज की चेष्टा है जो निरन्तर उन्हें विचलित करती रही और वे एक सत्य की साधना में सचेष्ट रहे।

यह कला को अधिकाधिक आधुनिक और मानवीय बनाने की चेष्टा भी रही है। इन आन्दोलनों से असम्बद्ध रहे बहुत-से कलाकारों ने भी कला में नए तरह के प्रयोग किए और कला को आधुनिक बनाने में अपनी भूमिका निभाई।

इन आन्दोलनों के समानान्तर अमेरिका में भी तरह-तरह के कला प्रयोग हुए और अनेक कलाकारों ने अपने प्रयोगों से आधुनिक कला को समृद्ध किया जिनमें अल्बर्ट बिरस्टाट (Albert Bierstadt), मेरी कास्साट्ट (Mary Cassatt), जे.एम. व्हिसलर (J.M. Whistler), इमेनुअल लेअत्जे (Emanuel Leatze), थॉमस कॉल (Thomas Cole), एडवर्ड हिक्स (Edward Hicks), जॉन जे. ऑडोबन (John J. Audubon), जॉर्ज कालेब बिंगम (George Caleb Bingham), जॉर्ज केटलिन (George Catlin), फ्रेडरिक एडविन चर्च (Fredric Edwin Church), जॉर्ज इन्नेस (George Innes), जॉन केन्सेट्ट (John Kensett), थॉमस याकिन्स (Thomas Eakins), जॉन सिंगर सार्जेन्ट (John Singer Sargent), चिल्डे हासम (Childe Hassam), चार्ल्स एम. रस्सेल (Charles M. Russel),

विन्स्लो होमर (Winslow Homer), ग्रांड वुड (Grand Wood), जॉर्ज बेलोज (George Bellows), मार्सडेन हार्टले (Marsden Hartley) और ज्योर्जिया ओ कीफ्फे (Georgia O' Keeffe) शामिल हैं।

इन कलाकारों ने भूदृश्य, आकृतिमूलक तथा अमूर्तन में दर्शनीय काम किए और कला को अधिकाधिक तार्किक और सादृश्य के अनुकूल बनाने की चेष्टा भी की। इनकी रंग-योजना और चित्रण-पद्धति भी परम्परा की रूढ़ियों को तोड़ती हैं और नवाचार का सन्देश देती हैं। इन कलाकारों के कामों में जीवन के संघर्ष और मनुष्य के अन्तर्द्वन्द्वों को रूपायित करने की चेष्टा भी मिलती है। इस क्रम में कई महत्त्वपूर्ण कलाकार और भी हैं जिनकी चर्चा का अवकाश यहाँ नहीं है।

मैक्सिकन कला भी अपनी लोक-समृद्ध कला-परम्परा के लिए मशहूर रही है। वहाँ की कला मैक्सिकी क्रान्ति के बाद 1910 में नया स्वरूप ग्रहण कर सकी जिसमें हम आधुनिक चेतना देख सकते हैं। वहाँ की लोक कलाओं की समृद्ध परम्परा भित्तिचित्रण आदि में भी दिखती है जिसका बाद में पर्याप्त विकास हुआ। मूर्तिशिल्प, चित्रकला, सेरामिक आदि में नए प्रयोगों के साथ छायाचित्रण, संगीत और सिनेमा में भी मैक्सिको की कला ने बहुत विकास किया। वहाँ के जिन कलाकारों ने कला की आधुनिकता में अपना योग दिया उनमें दिएगो रिवेरा (Diego Revera), फर्नान्डो लील (Fernando Leel), डेविड अल्फारो सिक्वेइरोस (David Alfaro Siqueiros), जोसे क्लेमेंटे ओरोजको (Jose Clemento Orozco) आदि शामिल हैं जिन्होंने वहाँ के भित्ति-चित्रण को चित्रफलक पर लाकर एक नई प्रविधि विकसित करने की चेष्टा की।

इन कलाकारों में जोसे क्लेमेंटे ओरोजको अविस्मरणीय कलाकार की तरह जाने जाते हैं। ओरोजको (1883-1949) के नेतृत्व में कलाकारों ने वहाँ के भित्तिचित्रण का नवाचार कर उसे वैश्विक प्रतिष्ठा दी थी। उनके बनाए कुछ भित्तिचित्र आज वैश्विक कला की धरोहर की तरह हैं। इनमें—'Dive Bombers' (गोताखोर बमवर्षक) तथा 'Epic of culture of the new World' (नए विश्व की संस्कृति का महाकाव्य) शामिल हैं।

कुल मिलाकर कला की आधुनिकता या आधुनिक कला को यूरोपीय पुनर्जागरण से लेकर उसके अनेक महत्त्वपूर्ण आन्दोलनों के परिप्रेक्ष्य में देखने से यह स्पष्ट होता है कि प्रभाववाद से लेकर फाववाद, प्रतीकवाद, अभिव्यंजनावाद, दादावाद, अमूर्तवाद तथा अति-यथार्थवाद ने कला को आधुनिक बनाया और उसे आधुनिक चेतना से सम्पन्न किया। आधुनिकतावाद जैसा कोई विशेष आन्दोलन कला में नहीं हुआ। ये आन्दोलन ही कला को आधुनिक बनाने में प्रवृत्त रहे और पारम्परिक कला रूढ़ियों को तोड़कर, कलाकारों की बाध्यकारी स्थितियों से लड़ते हुए ये कला को निरन्तर गतिमान और समयानुरूप बनाते गए। बाद में इन आन्दोलनों की अनेक शाखाएँ-

प्रशाखाएँ फैलीं, जिनमें अमूर्त अभिव्यंजनावाद (Abstract Expressnism), अमूर्त प्रभाववाद (Abstract Impressnism), अमूर्त अक्षर कला (Abstract Lypography), सांकेतिक चित्रकला (Gesture Painting), अमूर्त सुलेखन कला (Abstract Calligraphy) आदि हैं। ध्यान दें तो पाएँगे कि इन शाखाओं में अमूर्त कला की ही प्रधानता है। इससे स्पष्ट होता है कि आधुनिक कला का पर्याय बनती गई अमूर्तन कला जितनी आधुनिक हुई, उतनी ही समकालीन बनती गई।

इस समकालीनता का आधुनिकता से कोई वैमनस्य नहीं है, बल्कि कहना यह चाहिए कि आधुनिकता की तात्त्विक सम्भावनाओं ने ही समकालीनता को जन्म दिया है। इसमें उन्हीं कलाकारों का योगदान भी है जिन्होंने कला को आधुनिक जीवन की विसंगतियों और समस्याओं के बीच खड़ा किया है। कला-निर्मितियाँ अधिकतर अपने स्वरूप में आधुनिक होते हुए समकालीन जीवन के प्रश्नों से जुड़कर समकालीन भी होती गई हैं जैसे कोई भी आधुनिक कला ऐसी नहीं; जिसे हम समकालीन न मान पाएँ। वैसे ही समकालीनता का पैमाना आधुनिकता ही है। दोनों में अन्तर सिर्फ इतना है कि समकालीन कला वर्तमान जीवन और प्रश्नों के प्रति सापेक्ष दृष्टि रखती है तथा उसमें बर्ताव का मुख्य ध्येय अपने समकाल की संवेदना की अभिव्यक्ति है।

मोटे तौर पर आज समकालीन कला उस कला को कहने का चलन है जिसमें परस्पर सांस्कृतिक संवाद और वैचारिक विनिमय होता है। परस्पर सांस्कृतिक संवाद और वैचारिक विनिमय का आधार वैश्विकता है; क्योंकि इसमें राष्ट्रीय सीमाएँ बाधा नहीं बनतीं। एक की तकनीक, विचार, माध्यम और संवेदना—दूसरे का प्रभाव-क्षेत्र बन जाता है। इस रूप में समकालीनता वैयक्तिक पहचान, समुदाय, परिवार और राष्ट्रीयता को लाँघकर एकरूप हो रही है। इसमें अनेकता में एकता तथा असन्तुलन में सन्तुलन की प्रधानता है। विषय, विधि, सामग्री तथा तकनीक के स्तर पर दूरियों के मिटने से जो एकरूपता या समरूपता की स्थिति बन रही है, उससे समकालीनता की स्थानीयता निश्चय ही संकट में पड़ी है जिसकी तरफ बार-बार ध्यान दिलाया जाता है।

अनेक कला इतिहासकार आधुनिकता को एक ऐतिहासिक कला आन्दोलन मानते हुए 'आधुनिक' शब्द को 'समकालीन' कहने लगे हैं। कुछ आलोचकों ने दादावाद, अमूर्तवाद, अति-यथार्थवाद जैसे आन्दोलनों के अनेक कामों को समकालीन कला का उदाहरण करार दिया और उनके सर्जक कलाकारों को समकालीन कला का प्रणेता कहा। इसमें जॉन मिरो का बनाया 'डोना आई आसेल' ('Dona I Ocell'-1982) और मार्सेल द्यूशां की कृति 'फव्वारा' ('Fountain'-1917) का उल्लेख किया गया है। कहने का मतलब यह है कि समय की विडम्बनाओं और उसकी विसंगतियों को प्रक्षेपित करने की कला ही समकालीन कला मानी गई; वह पहले की रची भी हो तो प्रेरक ठहरती है। समाजशास्त्री नथाली हेइनिक (Nathalie Heinich) मानती हैं कि आधुनिक कला और समकालीन कला में अन्तर यह है कि जहाँ आधुनिक कला

पारम्परिक प्रातिनिधिकता की चुनौतियों से लड़कर खड़ी हुई, वहीं समकालीन कला कला-सृजन की धारणा की चुनौतियों से टकरा रही है।

स्पष्ट शब्दों में कहें तो समकालीन कला बीसवीं सदी के मध्य से शुरू हुई वह कला है जिसमें धारणाओं, विधियों, विषयों का गत्यात्मक मिश्रण है जो निरन्तर अपनी सीमाओं की चुनौतियों से संघर्ष करती है और लगातार अभिव्यक्ति की नई खोजों में लगी रहकर अपने समकाल को उसकी समूची सम्भावनाओं, विडम्बनाओं और विद्रूपों के साथ उजागर करती है। निश्चय ही उसके इस अभियान में आधुनिक कला एक आधार की तरह उपस्थित है; क्योंकि उसे समकालीन बनने के लिए आधुनिक बने रहने की प्राथमिक शर्त भी है। इसमें न तो माध्यम की लाचारी है और न सामग्री की। इसके लिए उसने अनेक नए-नए कलारूप भी खोजे हैं जिसमें कम्प्यूटर कला, वीडियो कला, संस्थापन, देह-प्रदर्शन, मिश्रित माध्यम कार्यक्रम, सिनेमाई दृश्य-प्रभाव, संगीत-नृत्य जैसे कलारूप मुख्य हैं और इनकी लोकप्रियता भी बढ़ी है। समकालीन कला की इन्हीं खोजों में एक खोज—'प्रत्ययवादी कला' (Conceptual Art) भी है जिसमें कलाकृति को एक प्रत्यय या कल्पना माना जाता है। इस कला के जनक भी मार्शल द्यूशां ही माने जाते हैं जिन्होंने 1917 में 'यूरिनल' को 'फाउन्टेन' का नाम देकर उसे दादावादी कृति कहा था और उसे प्रत्ययवाद से जोड़ा था। इसी से प्रेरित होकर 1960 के आसपास कुछ कलाकारों ने प्रत्ययवादी काम किए और इसमें पारम्परिक सौन्दर्यबोध को नकारने की बात की। 'Conceptual Art' (कॉन्सेप्चुअल आर्ट) के लेखक टोनी गॉडफ्रे (Tony Godfrey) स्पष्ट कहते हैं कि प्रत्ययवाद कला की परम्परागत प्रकृति पर ही प्रश्न खड़े करता है। इसमें किसी भी वस्तु को कला कहकर प्रदर्शित करने की धारणा है; जैसे कि द्यूशां ने किया था। 1965 में एक प्रत्ययवादी कलाकार जोसेफ बेयूज (Joseph Beuys) ने एक कार्यक्रम किया जिसका नाम रखा—'How to explain Pictures to a dead hare' (मृत खरगोश के चित्र की व्याख्या कैसे की जाए)। वे इस कार्यक्रम में मरे हुए खरगोश के सामने बैठकर घंटों तक मूक संवाद करते रहे थे।

समकालीन कला में संस्थापन के साथ-साथ वस्तुओं के बहुविध प्रदर्शन में या स्वयं कलाकारां के आंगिक-दैहिक प्रदर्शनों में प्रत्ययवाद दिखता है जिसमें पारम्परिक कला की धारणाओं और सौन्दर्यबोध का नकार है। इधर कई तरह के प्रत्ययवादी प्रयोग होते ही रहे हैं जिनमें कलाकार कभी साइकिल को धरती बताता है तो गोबर से बने उपले को अतीत-राग। स्पष्ट है कि समकालीन कला अपने प्रयोगों में बहुत आगे बढ़ चुकी है जिसमें तकनीक और माध्यमों की आवाजाही के साथ रचना-सामग्री की बहुतायत में उपलब्धता भी महत्त्वपूर्ण है। आज समकालीन कला में हर तरह के प्रयोग हो रहे हैं जिसमें प्रत्ययवादी धारणा अधिक दिखती है, तो दादावादी कृतियों, अति-यथार्थवादी प्रभावों सहित प्रतीकात्मकता जैसी आधुनिक कला-प्रवृत्तियों का असर

दिखता है। जीवन के भागमभाग में जब सब प्रश्नांकन की सीमा में है, मूल्यों के परिवर्तन और विचारों के खंडन-मंडन में कहीं कोई स्थिर ठौर नहीं बचा है; कलाकार अपने को ही खोजने-पाने की विकलता में ऐसे प्रयोग भी कर रहे हैं। लेकिन प्रश्न अपनी जगह कायम ही है कि कला, सृजन है—वह आत्मिक व्यापार है। जैसे संगीत में सुर, लय, ताल नहीं बदल सकते, वैसे ही सर्जनात्मक प्रयोग तो सम्भव है, पर मनुष्य की चित्तवृत्तियों का निषेध कर प्रत्यय को कला मान लेना और सौन्दर्यबोधीय दृष्टि को ही निरस्त कर देना—प्रयोग और प्रदर्शन की दृष्टि से कथित समकालीनता घातक है।

इस समकालीनता में वही कृतियाँ उल्लेख्य रहेंगी जो सृजन की विधियों के साथ अमूर्त-मूर्त प्रयोग करके भी मनुष्य के चित्त और चेतना को शान्त करने के साथ-साथ विचलित भी करती हैं। इस समकालीनता का सबसे बड़ा संकट यह है कि इसमें स्थानीय कला परम्पराओं, रूपकों, युक्तियों और देशज कला-विन्यासों की भरपूर उपेक्षा हो रही है। समकालीन कलाकार चूँकि अपने को वैश्विक मानता है (यद्यपि यह वैश्विकता व्यापारिक है और विशुद्ध विरोधाभासी भी; जिसमें एक राष्ट्र दूसरे राष्ट्र की सीमा, रंग, नस्ल और हैसियत को भूल नहीं पाता और बराबर उस पर हमले करता है) इसलिए स्थानीय होना या राष्ट्रीय होना उसे न सुहाता है और न वह उसकी परवाह करता है। यह दिक्कत उन प्रयोगशील, प्रत्ययात्मक कलाकारों में अधिक है जिनके लिए कला-सृजन की वस्तु न तो कैनवस रह गया है, न पत्थर, लकड़ी या लोहा। माध्यम के बदलाव ने कला की परम्परागत रचना-विधि और सौन्दर्य दृष्टि दोनों को बदला है। ध्यान दें तो पाएँगे कि दादावाद और अति-यथार्थवाद—दोनों में ऐसे अतिरेकी प्रयोगों को मान्यता नहीं मिली थी।

बावजूद इसके, आधुनिक कला के स्थिर हो जाने के बाद उत्तर आधुनिकतावाद का विचार आया, कला के बर्ताव और उसे देखने-रचने में भी अन्तर आया; किन्तु आधुनिकता जिस रूप में एक सचेत मानवीय दृष्टि बनकर आई, वह अब भी मानवीय विचारों का एक विश्वसनीय स्रोत है। कला की आधुनिकता उसी विश्वसनीयता का एक सतत् प्रवहमान सृजन-विचार है जो समकालीन कला में भी उपस्थित है। वह जहाँ रचना का निर्धारण करती है वहीं उसके प्रभाव और परिणाम को भी दिखाती है। आधुनिक कला के आन्दोलन पारम्परिक कला-रूढ़ियों से कला को निकालकर जहाँ स्थित करने में सफल हुए, समकालीन का उद्गम वहीं से होता है जिसमें भेद सृजन-विधि को लेकर भले हो, रचना-सामग्री और वैचारिक द्वैतों का भले हो—आत्यन्तिक रूप से कोई भेद नहीं दिखता; क्योंकि कला अपने रचना-समय में समकालीन ही होती है। महत्त्व वस्तुत: विचार का ही होता है और इस रूप में समकालीन कला भी आधुनिक कला-रूप ही है, उससे भिन्न नहीं।

वस्तुत: समकालीनता एक सर्जक की दूरदर्शिता का प्रमाण होती है। दूरदर्शी कलाकार की रचना जितनी अपने समय में होती है, उतनी ही भविष्य में होती है,

इसीलिए वह अपने समय का अतिक्रमण कर पाती है। अगर हम वर्षों पहले की गुस्ताव कुर्बे की कृति 'मेदुसा का बेड़ा', पिकासो की 'गुएर्निका' तथा वान गॉग की 'तारों भरी रात' को समकालीन प्रासंगिकता में देखते हैं, तो निश्चय ही उस बहस को व्यर्थ पाते हैं जिसमें समय का निर्धारण कर हम 'आधुनिक' और 'समकालीन' का बनावटी विभाजन करते हैं। ऐसे दो-चार नहीं सैकड़ों उदाहरण दिए जा सकते हैं। मार्सेल द्यूशां, फ्रिदा काहलो, सल्वाडोर डाली, पॉल सिजां, एडवर्ड मुंक, मौन्द्रियाँ, पॉल गोगिन, जॉर्ज ब्राक जैसे अनेक कलाकारों की कृतियों की समकालीन प्रासंगिकता है। यहीं तक क्यों, स्वच्छन्दतावाद के यूजिन देलाक्रोइक्स और पुनर्जागरणकालीन—लियोनार्दो दा विंची और माइकेल एंजेलो के कुछ काम क्या आज भी प्रासंगिक नहीं हैं? असल बात अपने समय में होने की है और वर्तमान में रहकर दूरदर्शिता के साथ ऐसी कृति रचने की है जो भविष्य में भी प्रासंगिक हो सके। ऐसा जो नहीं कर पाता, वह 'समकाल' को 'तत्काल' समझता है और इस तरह उसका रचा अपने समय में ही अर्थहीन हो जाता है। काल कृति को निर्धारित नहीं करता, कलाकार की दृष्टि उसे निर्धारित करती है। आज क्या समकालीन कलाकारों में ऐसे कलाकार नहीं जो मध्ययुगीन कला-प्रवृत्तियों या शैलियों में काम करते हैं? अनेक हैं और हर दौर में सदियों पीछे की प्रवृत्तियाँ जीवित रहती हैं; पर उन्हें समकालीनता की कसौटी पर नहीं देखा जा सकता। मूल रूप से वह दृष्टि ही नियामक होती है जो कलाकार को अपने समय और परिवेश से जोड़कर उसे एक सार्थक भूमिका देती है।

कहना न होगा कि आधुनिक कला आन्दोलनों या प्रकारान्तर से कला के क्रमागत इतिहास से कला आधुनिक चेतना पा सकी और उसी की प्रेरणा से कला समकालीन होकर अपनी भूमिका निभा रही है।

दूसरा खंड

आधुनिक भारतीय कला

भारतीय कला और आधुनिकता

भारत में कला उतना ही प्राचीन है जितनी मानव सभ्यता। जिसे हम पाषाण काल कहते हैं, उसी काल से भारतीय मनुष्यों ने गुफा-चित्रण आरम्भ कर दिया था। कालक्रम का निश्चित अनुमान न होने पर भी गुफा-चित्रण की परम्परा हजारों वर्ष पुरानी ठहरती है। हजारीबाग (झारखंड) में स्थित गुफा-चित्रण, मध्यप्रदेश के होशंगाबाद तथा भीमबेटका की कंदराओं और गुफाओं में चित्रण की परम्परा बहुत पुरानी है। इन चित्रणों में हम शिकार करते लोगों, तरह-तरह की मानवाकृतियों सहित पशु-पक्षियों का चित्रण देख पाते हैं। इसी तरह अजन्ता के गुफाचित्रों का इतिहास भी बहुत पुराना है जिसमें बुद्ध के विभिन्न रूपों सहित तत्कालीन राज्य-व्यवस्था और बौद्ध धर्म कालीन भारतीय व्यवस्था का जो चित्रण है, वह वैश्विक कला में आज भी आश्चर्य की तरह देखा जाता है। इसी तरह नरसिंहगढ़ (महाराष्ट्र) की गुफाओं में हिरण, हिरण की सूखती हुई खाल आदि चित्रित हैं। शिकार और पशुओं के चित्र हजारों वर्ष पूर्व की हड़प्पाकालीन सभ्यता में मुद्राओं पर अंकित मिलते हैं जो हमारी कला परम्परा के प्राचीनतम होने का प्रमाण देते हैं।

प्राचीन भारतीय कला में तीन तरह की चित्र-विधि दिखती है। पहली है—**लेप्यचित्र;** जो लेप से बनाने की विधि है। इसका सम्बन्ध लोक-कथाओं से माना जाता है। दूसरे शब्दों में कहें तो लोक-कथाओं को लेप्यचित्र में चित्रित किया जाता था। दूसरी विधि **लेखाचित्र** की है जिसमें प्रागैतिहासिक काल के वस्त्रों पर अलंकरण का काम होता था। तीसरी चित्रविधि **धूलिचित्र** की है जिसमें भूमि पर चित्रांकन होता था।

भारत विश्व में सम्भवत: पहला देश है जहाँ सर्वप्रथम कला-चित्रण के षडंग दर्शन का उद्‌भव हुआ। वास्त्यायन ने अपने 'कामसूत्र' में चित्रकला के इन छह अंगों का वर्णन किया। 'कामसूत्र' के प्रथम अधिकरण के तीसरे अध्याय की टीका करते हुए यशोधर पंडित ने 'जय मंगला टीका' में रूप भेद, प्रमाण (माप, सन्तुलन), भाव, लावण्य योजना, सादृश्य विधान और वर्णिकाभंग के रूप में चित्रकला के छह अंगों की चर्चा और व्याख्या की। इससे सम्बन्धित श्लोक है—

रूपभेदा: प्रमाणानि भाव लावण्ययोजनम्।
सादृश्यं वर्णिकाभंग इति चित्र षडंगकम्॥

यह वह देश है जहाँ हजारों वर्ष पूर्व चित्रकला का उल्लेख मिलता है। 'वेद', 'वैदिक साहित्य', 'रामायण', 'महाभारत', जैन और बौद्ध धर्म ग्रंथ तथा साहित्य, 'पुराण', 'शुक्रनीति सार', 'नाट्यशास्त्र', 'कामसूत्र', 'ज्योतिष', 'आयुर्वेद', 'शिल्प-शास्त्र', काव्य, नाटक, आख्यायिका ग्रंथ चित्रकला के उल्लेख और व्याख्या से भरे पड़े हैं। मार्कण्डेय रचित 'विष्णुधर्मोत्तर पुराण' का 'चित्र सूत्र', महाराज भोज का 'समरांगण सूत्राधार', सोमेश्वर भूपति का 'मानसोल्लास', श्रीपाद रूप गोस्वामी का 'उज्ज्वल नीलमणि' आदि ग्रंथ भारत में चित्रकला की समृद्ध परम्परा के साथ उसका विकास सूचित करते हैं। 'कौषितकी ब्राह्मण' में कलाओं के लिए 'शिल्प' शब्द का प्रयोग मिलता है। 'ऐतरेय उपनिषद' में कहा गया है—'परमात्मा का निवास मूर्त-अमूर्त दोनों रूपों में है।' तो बृहदारण्यक उपनिषद कहता है—'अमूर्त ब्रह्म के रूप की अनुभूति ही यह सृष्टि है, यही उसकी कलाकृति है।'

ऐसे बहुत-से ग्रंथ हैं जो भारत में कला की समृद्धि और उसके क्रमिक विकास को सूचित करते हैं। जिनका उल्लेख यहाँ बहुत समीचीन नहीं है इसलिए उसका लोभ संवरण करते हुए हम 'विष्णुधर्मोत्तर पुराण' के 'चित्रसूत्रम' के उस श्लोक को उद्धृत करते हैं जिसमें चित्रकला के महत्त्व को प्रतिपादित किया गया है—

कलानां प्रवरं चित्रम् धर्मार्थ काम मोक्षदम।
मांगल्य प्रथम् दोतद गृहे यत्र प्रतिष्ठितम्॥

अर्थात् कलाओं में चित्रकला सर्वोत्तम है जिससे धर्म, अर्थ, काम एवं मोक्ष की प्राप्ति होती है। अत: जिस घर में चित्रों की प्रतिष्ठा अधिक रहती है, वहाँ सदा मंगल का वास होता है।

कहने का आशय यह है कि भारत में कला का सृजन जितना समृद्ध रहा है उतना ही उसका महत्त्व भी। यही कारण है कि धर्मशास्त्रों से लेकर विभिन्न अनुशासनात्मक ग्रंथों में कला के महत्त्व का प्रतिपादन मिलता है। बहुत पहले की चित्र-रचना के स्पष्ट उदाहरण अब अधिक शेष नहीं हैं, सिवाय गुफा और कंदरा-चित्रों के; पर क्रमवार राज्यकालों से जो कला हमारे देखने में आती है, वह उसी परम्परा का विकास लगती है जिसका उल्लेख हमारे ग्रंथ बार-बार करते हैं। अजन्ता की गुफाओं में अंकित चित्र, भित्तिचित्रण और मूर्तिकला के सर्वोत्तम उदाहरण हैं जिनकी तुलना किसी भी देश की, उस काल की कला से सम्भव नहीं है। इनमें बुद्ध के जीवन और जातक कथाओं के चित्रण का जो अनुपम संसार है, वह चमत्कारिक प्रभाव छोड़ता है।

इसके अलावा 'बाघ' के गुफाचित्र और छठवीं से नवीं शताब्दी तक दक्षिण भारत में स्थित गुफाओं में भी बौद्धकालीन चित्र मिलते हैं जो बहुत प्रभावकारी हैं। इसके साथ-साथ बादामी (कर्नाटक) की गुफा में अंकित चित्र, सित्तनवासल (तमिलनाडु) की गुफाओं में अंकित चित्रों, एलोरा में उत्कीर्णित चित्रों तथा दक्षिण

भारतीय मन्दिरों में पाए जानेवाले चित्रों और मूर्तियों को देखकर यह अनुमान करना कठिन नहीं है कि भारतीय कला की परम्परा समृद्ध रही है और उसका सम्बन्ध अपने समाज के रहन-सहन से भी रहा है। यह ठीक है कि इन चित्रों में अधिकतर का सम्बन्ध धार्मिक देवांकनों से है, पर उसमें नगर-जीवन और सामाजिक व्यवस्थाएँ भी दिखती हैं। यह दिलचस्प है कि इन चित्रणों में हमें मूर्तन और अमूर्तन दोनों तरह की कलाविधियाँ दिखती हैं जिसमें मूर्तन त्रिआयामी स्वरूप में दिखते हैं तो अमूर्तन चित्रण रेखीय आकल्पन में।

अनेक शोधों से कई जानकारियाँ और भी मिली हैं जिनसे प्रागैतिहासिकालीन चित्रण के कुछ अन्य उदाहरण भी मिले हैं जिनके अनुसार उत्तर प्रदेश के मिर्जापुर और बाँदा जिलों, बुन्देलखंड के विन्ध्य पर्वतमाला क्षेत्र की महादेव पहाड़ियों, बघेलखंड के कैमूर की पहाड़ियों, रायगढ़ की सिंहनपुर की पहाड़ियों तथा दक्षिण के बेलारी पहाड़ियों में शिकार के दृश्य मिले हैं जिनमें मनुष्य तथा वन्य-पशुओं की भिड़ंत को अंकित किया गया है। बाद के दौर में सातवाहन (दूसरी सदी ईसा पूर्व से दूसरी सदी ईसवी तक), कुषाण (पहली से तीसरी सदी), गुप्त (चौथी से छठवीं सदी), वाकाटक (चौथी से छठवीं सदी), चालुक्य (छठवीं से आठवीं सदी), भंज (आठवीं सदी), पल्लव (सातवीं से नवीं सदी), पांड्य (सातवीं से नवीं सदी), चेर (आठवीं से नवीं सदी), राष्ट्रकूट (आठवीं से दसवीं सदी), चोल (नवीं से तेरहवीं सदी), होयसल (ग्यारहवीं से तेरहवीं सदी) और काकतीय (ग्यारहवीं से तेरहवीं सदी) के शासन काल में भारतीय कला का वैभव दर्शनीय रहा है। अजन्ता के गुफा चित्र सातवाहन और वाकाटक काल की निर्मितियाँ हैं। इन कालों में हम आसानी से चित्रण शैलियों के अनुपम रूपों के साथ कुषाण तथा गुप्तकाल के मूर्तिशिल्प को उनके कौशल तथा उनकी चमत्कारिक पॉलिश में देख सकते हैं जो हजारों वर्षों के पश्चात् उसी तरह आज भी अपनी नवीनता का परिचय देते हैं।

इसके अलावा विजयनगर (चौदहवीं से सत्रहवीं सदी) राज्यकाल में मन्दिरों के भीतर का भव्य चित्रांकन हो या नायक (सत्रहवीं से अट्ठारहवीं सदी) के काल के मूर्तिशिल्प हों, मध्यकालीन केरल (सोलहवीं से अट्ठारहवीं सदी) के राज्यकाल का अद्वितीय निरूपण हो या रेखाचित्रण, सभी अपने आप में अनुपम हैं। इसी तरह पाल तथा मध्यकालीन पूर्वी शैलियों (नवीं से सोलहवीं सदी) ने भी अपनी खास पहचान बनाए रखी थी। ये शैलियाँ बिहार, बंगाल तथा उड़ीसा में रहीं जिनमें मूर्तिकला, ताड़पत्रों पर पोथियों का चित्रण तथा पाल-पोथियों का अंकन उस युग की कला-समृद्धि का प्रमाण है। पाल शैली की मूर्तिकला कुषाण और गुप्त काल की मूर्तिकला की याद दिलाती है। इसके बाद मुगल काल (सोलहवीं से अट्ठारहवीं सदी) का समय आता है जिसमें भारतीय कला-चित्रण पर ईरानी कला का प्रभाव पड़ता है तथा उसमें वह शास्त्रीय शुद्धता शेष नहीं रहती, जो उसकी परम्परा रही। मुगल काल में

चीनी, तुर्किस्तानी और ईरानी कला का मिश्रण हुआ जिससे एक दरबारी शैली ने जन्म लिया। ईरान से आए अनेक चित्रकारों ने भारतीय चित्रकारों को ईरानी कला का प्रशिक्षण देकर उनको स्थानीय चित्र-विधि से दूर करने का प्रयत्न भी किया।

इसके समानान्तर राजस्थानी और पहाड़ी (सोलहवीं से उन्नीसवीं सदी) शैलियों में चित्रण की परम्परा में भित्तिचित्रण और मिनियेचर (लघु-चित्रमाला) पर काम होता रहा जिसका अपना अलग आकर्षण था। यह शैली परम्परा प्रसूत विषयों को लेकर चलती रही जिसके वस्तु-चित्रण में रूढ़ियाँ मौजूद थीं। इसके अलावा दक्कनी तथा दूसरी कई चित्र-शैलियों में चित्रण भी उस युग की समृद्ध कला विरासत का उदाहरण बनकर आते हैं जिनमें मराठा, दक्षिण भारत के राज्य-केन्द्रों में कई चित्र शैलियों में काम होता था। मराठा शासकों के काल में ही विख्यात तंजवौर चित्र शैली विकसित हुई थी जिसमें पोथी चित्रण के अलावा कपड़ों पर भी चित्रण-कार्य होता था।

ध्यान से देखें तो काकतीय राज्यकाल (ग्यारहवीं सदी से आरम्भ) से मध्यकालीन भारतीय कला का आरम्भ होता है जिसमें मुगल काल तक आते-आते वह अपनी शुद्धता खोकर मिश्रण की जिस शैली में दरबारी बनती है, वहीं से उसका पराभव या पतन शुरू होता है। जिस मुगल काल में ईरानी सहित दूसरी कला शैलियाँ आईं, उससे मुगल कला नामक नई बनी दरबारी शैली व्यक्तिवादी बनी और प्रशस्तिपरकता में डूबी, वहीं राजस्थानी और पहाड़ी चित्रशैलियों को भी अपनी जद में लेकर लघु-चित्रशैली की विशुद्ध शास्त्रीय कला को ईरानी प्रभावों से ध्वस्त करने की चेष्टा हुई। चित्रण की शास्त्रशुद्ध पारम्परिक शैली, जिसकी अपनी एक खास चित्रण-विधि थी, इस मुगल दरबारी मिश्रण से न तो अपना रूप सुरक्षित रख सकी और न ही वह मुगल कला में निष्णात हो सकी। मुगल काल की दरबारी कला का उत्कर्ष-काल अकबर का ही काल रहा जिसमें अकबरनामा, रज्मनामा, हम्जानामा आदि ग्रंथ चित्रित किए गए। इस काल की कला की उपलब्धि ये ग्रंथ-चित्रण ही अधिक रहे हैं। इनमें भूदृश्य, शिकार, शृंगार के कुछ मोहक चित्र हैं। इस काल के चित्रकारों में—मुकुन्द, माधो, खेमकरण, हरबंस, केशवलाल आदि का उल्लेख मिलता है। जहाँगीर के शासनकाल में भी कला फली-फूली दिखती है। इस काल में व्यक्ति-चित्रण (पोट्रेट्स) की रचना भी शुरू हुई जो इस काल की एक उपलब्धि रही।

शाहजहाँ ने भी कला के विकास पर ध्यान दिया, पर औरंगजेब के शासन में आने के बाद मुगल कला शैली पूरी तरह से नष्ट हो गई। उसने दरबारी चित्रकारों को निकाल दिया और चित्र-रचना को इस्लाम के विरुद्ध मानकर चित्रण को हतोत्साहित किया। इन दिनों अंग्रेज कलाकारों का आना-जाना शुरू हो गया था; क्योंकि ईस्ट इंडिया कम्पनी आ चुकी थी और उसने अपना पैर पसारना भी शुरू कर दिया था। औरगंजेब द्वारा दरबार से निष्कासित कलाकारों ने जहाँ-तहाँ ठौर पाकर अनेक मिश्रित शैलियों का आरम्भ किया था जिन्हें पटना कलम, दिल्ली कलम, दक्षिण कलम आदि

नामों से जाना गया। ये शैलियाँ पूरी तरह से परम्पराच्युत होकर न मुगल शैली की रह गईं, न भारतीय परम्परा में स्थिर रह सकीं।

दूसरी तरफ अंग्रेजों की आवाजाही से धीरे-धीरे यहाँ की कला में पाश्चात्य मिश्रण भी शुरू हुआ जिससे एक समय के बाद स्थानीय चित्र-शैलियों और लोक-कला रूपों के अलावा मुख्यधारा से जुड़ी चित्र-शैली का पूरी तरह से पतन हो गया और इस तरह हजारों वर्षों की गौरवशाली कला परम्परा का सुनहरा अध्याय अतीत हो गया।

1857 में मुगलों के पतन और पहले स्वाधीनता संग्राम की विफलता के बाद जब भारत पर अंग्रेजी शासन की स्थापना हुई, तो उसके बाद यहाँ की सारी व्यवस्थाएँ छिन्न-भिन्न हुईं और जीवन के हर क्षेत्र में पश्चिमी दृष्टि पाँव पसारने लगी। यही वह समय है जब भारत के प्रसिद्ध चित्रकारों से अंग्रेजों ने पश्चिम की प्रकृतवादी (Naturlistic) शैली में व्यक्ति-चित्रण के साथ-साथ परिवार के सदस्यों का चित्रण कराना शुरू कर दिया और उनसे आँचलिक दृश्य-चित्रण भी कराने आरम्भ किए। यह भारतीय कला के लिए सबसे बड़ा दुर्भाग्य-काल था जिसमें उसकी परम्परा सूख-सी गई, चित्रांकन की शैलियाँ भूल-बिसर गईं और स्वाभाविक विषय-चयन की कलागत स्वतंत्रता का हनन हुआ। कलाकारों को रोजगार और पैसों के लोभ के साथ राजदंड ने विवश किया कि वे वही करें जो कहा जा रहा है।

इसके बाद जो सरकारी नीतियाँ बनीं, उनमें भारतीय शिक्षा सहित सभी सांस्कृतिक उपक्रमों को दोषपूर्ण बताने का अभियान शुरू हुआ। इसमें कला भी बराबर की भागीदार रही। कहा जाने लगा कि भारतीय कला पिछड़ी है और उसकी चित्रण-विधि से लेकर विषय-चयन तक दोषपूर्ण हैं। अब केवल पश्चिम की प्रकृतवादी कला ही श्रेष्ठ है जो विक्टोरियन काल की देन है। शासन की नीतियों के इस निन्दा अभियान में अंग्रेज कला समीक्षक भारतीय कला का मजाक उड़ाने लगे और उसे अतिवादी, रहस्यमय और अविकसित करार देने लगे, जिसका जीवन-जगत से कोई सम्बन्ध ही नहीं रह गया है। इसका परिणाम यह हुआ कि भारतीय समाज में हीनता-ग्रन्थि ने घर करना शुरू किया। अब अपने को विकसित और प्रगतिशील सिद्ध करने का यही एक मार्ग रह गया था कि कलाकार पश्चिम की कला का अंधानुकरण करें और अब तक के किए-धरे को भूल जाएँ।

पश्चिमी कला समीक्षकों के उपहास और कटुक्तियों का उत्तर कलाविद आनन्द कुमारस्वामी ने भलीभाँति दिया था और पश्चिम की कला-दृष्टि की सीमाएँ उजागर की थीं। उस बहस में जाने का यहाँ अवकाश नहीं है; फिर भी उसका संकेत अनुचित नहीं है। कुमारस्वामी ने भारतीय कला को प्रकार्यात्मक यानी (Functional) कहा और पश्चिमी कला में निर्धारित उपयोगी कला (Applied Art) के विभाजन को नकारा। उन्होंने स्पष्ट रूप से कहा कि भारतीय कला शुद्ध रूप से जीवन है और जीवन के लिए है। कला को उन्होंने मनुष्य के मनोमय कोष का भोजन कहा और

उसे जीवन के ऊँचे उठने के कार्य से जोड़ा। इस विमर्श में उन्होंने भारतीय कला के जन्म की प्रक्रिया को समझाया और बताया कि यहाँ कला सृष्टि पहले हो जाती है, उसका रूप रच जाता है, चित्त में उसकी पहचान, उसका पूरा रूप आ जाता है, वह वस्तु के रूप में बाद में रूपायित होती है। इसे रूपान्तरण के सिद्धान्त से समझाते हुए उन्होंने रचना-प्रक्रिया के भीतर कलाकार की अनुष्ठानिक मृत्यु को दिखाया और बताया कि कला, कलाकार के समग्र समर्पण और उसकी प्राण-प्रतिष्ठा है। उन्होंने पश्चिमी कला के प्रकृतवाद का उपहास उड़ाया और उसके सुसदृश होने की विधि को कला की मूल-विधि के विपरीत कहा। अंग्रेज कलाविद इस पर निरूत्तर तो हुए, पर उनका अभियान जारी रहा।

यह दुखद सचाई ही है कि पश्चिमी कला आन्दोलनों में प्रभाववाद से लेकर अभिव्यंजनावाद और अमूर्तवाद तक भारतीय कलावधारणाओं का प्रत्यक्ष प्रभाव ही नहीं, उनकी वैचारिक मान्यताओं पर भी गहरा असर है किन्तु भारत को उपनिवेश बना चुकी अंग्रेजियत खुले मन से कभी इस सच को स्वीकार करने का साहस न कर सकी और न हमारे कलाकार कभी खुलकर अपनी सर्जनात्मक मान्यताओं की श्रेष्ठता का पक्ष रख सके। हालत यह होती गई कि उनका कहा ही आप्त नियम बनता गया और पश्चिम का निकृष्ट प्रकृतवाद हमारी कला की पहचान बन गया। इस दिशा में जो सरकारी प्रयास व्यवस्थित ढंग से हुआ, उसमें एक ठोस योजना के तहत भारत के चार प्रमुख कला केन्द्रों में अंग्रेजी ढंग के चार कला स्कूलों को खोलने की नीति अधिक कारगर साबित हुई। अंग्रेज समझते थे कि स्कूल ही वे जरूरी केन्द्र हो सकते हैं जिनके माध्यम से कला के छात्रों को अंग्रेजी ढंग की पश्चिमी कला का प्रशिक्षण दिया जा सकता है और उनके माध्यम से पूरे भारत की कला को पश्चिमी पद्धति में ढाला जा सकता है।

इस ढंग का पहला कला विद्यालय मद्रास (अब चेन्नई) में 1850 में खुला। उसके बाद कलकत्ता (अब कोलकाता) में 1854 में और बम्बई (अब मुम्बई) तथा लाहौर में 1857 में कला विद्यालय खोले गए। इन कला विद्यालयों में निदेशक का दायित्व उन अंग्रेज चित्रकारों को दिया गया जिन पर अंग्रेजी शासन को विश्वास था कि वे छात्रों को पूरी तरह से पश्चिमी वातावरण की तरह कला-शिक्षा दे सकेंगे। इन विद्यालयों में वही हुआ। व्यक्तियों को सामने बिठाकर उनके सुसदृश चित्रण के अलावा यूनानी मूर्तियों की नकल कराई जाने लगी। वहाँ कला छात्रों से दस्तकारी और ग्रामीण वस्तुओं को बनवाने का कार्य भी शुरू हुआ जिसे बाहर निर्यात किया जा सके। कुल मिलाकर पश्चिमी ढंग की कला के प्रशिक्षण का उद्देश्य भारतीय कलाकारों को नकलची बनाना और उनके द्वारा अनुकरण पर आधारित निर्मितियों को बाहर भेजकर धन कमाना था। इस घृणित शासनात्मक योजना के पीछे यह कुटिल नीति भी थी कि भारतीय कलाकारों की अन्त:सर्जनात्मक क्षमता को नष्ट

कर दिया जाए ताकि वे केवल किसी वस्तु की नकल करने से अधिक कुछ सोच भी न सकें।

भारतीय कला में नई हलचल लाने का पहला प्रयत्न राजा रवि वर्मा द्वारा हुआ; यद्यपि उनकी कला पर प्रकृतवादी और पश्चिमी कला के अनुकरण का आरोप लगाकर उनके अवदान को प्रश्नांकित करने के प्रयत्न हुए हैं, पर सचाई यही है कि वे पहले ऐसे भारतीय कलाकार थे जिन्होंने सर्वथा नई तकनीक से काम किया। इस क्रम में सबसे पहले उन पर विचार करना अपेक्षित है। उसके बाद चार ऐसे महत्त्वपूर्ण कलाकार रहे हैं जिन्होंने बंगाल कला आन्दोलन के समानान्तर भारतीय कला को आधुनिक बनाने के प्रयत्न किए। इनमें गगनेन्द्रनाथ ठाकुर, रवीन्द्रनाथ ठाकुर, जामिनी राय और अमृता शेरगिल शामिल हैं। अवनीन्द्रनाथ ठाकुर का वैसे सर्वाधिक महत्त्व है जिनके अवदान को हम 'बंगाल कला आन्दोलन' में उनकी परम्परा के विकास के साथ देखने का प्रयास करेंगे।

रवि वर्मा (1848-1906)

भारतीय कला को आधुनिक बनाने की दिशा में राजा रवि वर्मा के प्रयत्नों का बहुत महत्त्व है। वे सबसे पहले ऐसे कलाकार हुए जिन्होंने पौराणिक और धार्मिक आख्यानों और चरित्रों को चित्रित कर उन्हें जीवन्त किया और इस तरह कला को जन-जन में प्रतिष्ठित किया। केरल के किलीमान्नूर में 29 अप्रैल, 1848 को जन्मे रवि वर्मा के परिवार का निकट सम्बन्ध तत्कालीन त्रावणकोर के राजघराने से था। उनकी प्रारम्भिक शिक्षा स्थानीय स्तर पर हुई और कला की प्राथमिक शिक्षा त्रिवेन्द्रम राज्य के कलाकार तथा तंजवौर चित्रकला के प्रसिद्ध चित्रकार आलागिरी नायडू की देखरेख में हुई। यह राजघराना कला में गहरी रुचि लेनेवाला था, इसलिए बालक रवि वर्मा को विकसित होने और कला का संस्कार पाने में मदद मिली। रवि वर्मा के चाचा राजा वर्मा स्वयं तंजवौर शैली के चित्रकार थे और वे अपने भतीजे की प्रतिभा से परिचित हो चुके थे इसलिए त्रावणकोर के राजा अयिल्लम तिरुनल के पास उन्हें ले गए थे। इसी राजा तिरुनल के दरबारी चित्रकार रामस्वामी नायकर से उन्होंने जलरंग में काम करना सीखा था। रवि वर्मा के प्रारम्भिक काल के बारे में बहुत-सी भ्रान्तियाँ प्रचलित थीं जिनमें सचाई नहीं है। इसी तरह की एक भ्रान्ति यह है कि आलागिरी नायडू ने उनको प्रारम्भिक कला शिक्षा दी थी। कुछ लोग रामास्वामी नायकर को लेकर भी सन्देह करते हैं। लेकिन सचाई यही है कि रामास्वामी नायकर ने त्रावणकोर के राजा के कहने पर रवि वर्मा को जलरंग की पद्धति में काम करना सिखाया था। यह भी सच है कि आलागिरी नायडू ने उनको शुरुआती कला-संस्कार दिए। असल में उनके चाचा राजा वर्मा का तंजवौर शैली का चित्रकार होना काम आया था और

वही वे सेतु थे जो रवि वर्मा को त्रावणकोर के राज-परिवार से जोड़ते थे, वरना रवि वर्मा का परिवार सामान्य हैसियत का परिवार ही था।

राजा वर्मा के प्रयासों और रामास्वामी नायकर की दीक्षा से प्रतिभावान रवि वर्मा को बहुत लाभ हुआ। पर उन्हें तैल रंगों के प्रयोग की तकनीक मालूम न थी। उन्हीं दिनों त्रावणकोर राज दरबार में शबीह (पोर्ट्रेट) बनाने के लिए एक अंग्रेज चित्रकार थियोडोर जॉन्सन आया था जिसका बड़ा नाम था। उससे आग्रह किया गया था कि वह रवि वर्मा को तैल रंगों में काम करने का प्रशिक्षण दे दे, लेकिन वह तैयार न हुआ। वह यह जान चुका था कि जलरंगों के प्रयोग में इस बालक ने जो प्रतिभा दिखाई है, वह यदि तैल रंगों में भी दिखाने लगा तो किसी भी कलाकार को अपने आगे टिकने न देगा। बार-बार आग्रह के बाद भी ईर्ष्या और घृणा से भरा हुआ जॉन्सन नहीं पिघला। उसने अपने कामों को दिखाने भर की ही तकलीफ उठाई थी। रवि वर्मा ने उन कामों को बहुत ध्यान से देखा था। यह तो उनकी प्रतिभा का कमाल था कि उन्होंने उसके बनाए कामों को देखकर अनुमान और विवेक का उपयोग कर रंग-मिश्रण तथा रंग-संयोजन की तकनीक सीख ली। इसके बाद जब उन्होंने त्रावणकोर के राजा-रानी की तस्वीर तैल रंग में बनाई तो सभी चकित हो गए थे; क्योंकि वह तस्वीर जॉन्सन की बनाई तस्वीर से अधिक अच्छी थी।

विचित्र ही है कि यह भ्रम आज भी बनाए रखा गया है कि जॉन्सन ने रवि वर्मा को तैल रंग के प्रयोग की तकनीक सिखाई। जाहिर है, यह विशुद्ध भ्रामक तथ्य है।

सच तो यही है कि इस कलाकार ने किसी कला संस्था से कला की कोई विधिवत् शिक्षा नहीं ली और जो कुछ अर्जित किया, वह अपनी प्रतिभा और अभ्यास से किया। यह असाधारण बात है कि एक प्रशिक्षण-विहीन युवा कलाकार ने पश्चिम की प्रकृतवादी तकनीक को आत्मसात् किया और एक तरह से भारतीय कला को आधुनिक बनाने की पहल की। उनके काम राजपूत और मुगल शैली की उत्कर्षकालीन कला का विकल्प भी थे तो भारतीय कला में पश्चिम की तकनीक का परिचय भी। उन्होंने भारतीय पुराकथाओं, मिथकीय आख्यानों का अध्ययन कर पश्चिम की प्रकृतवादी पद्धति पर दुर्लभ कृतियों की रचना की जिसने पूरे देश को आन्दोलित कर दिया। असल में रवि वर्मा की कला में पश्चिमी प्रकृतवाद के साथ-साथ राजपूत कलम, मुगल शैली, भारतीय मूर्तिकला, स्थापत्य तथा दक्षिण भारत की नृत्य-शैलियों का अद्भुत समन्वय था। इसके साथ-साथ रंग-योजना इतनी विलक्षण थी कि उनके काम रेम्ब्रा के कामों के समतुल्य देखे जाने लगे थे। हालाँकि रेम्ब्रा को भी उतनी ख्याति नहीं मिल पाई थी, जो रवि वर्मा को मिली। बिना भारत से बाहर गए, अन्तर्राष्ट्रीय चित्र-प्रदर्शनियों में उन्हें अनेक सम्मान भी मिले जिसमें वियना की एक अन्तर्राष्ट्रीय कला प्रदर्शनी में उनकी प्रदर्शित कृति पर 'सम्मान योग्य उल्लेख' (Honourable Mention) का मिलना शामिल था। उनकी कला में ऐन्द्रिकता के

वैशिष्ट्य को देखकर पश्चिम के कलाकारों ने रेम्ब्रा के साथ-साथ फ्रांसिस गोया से भी उनकी तुलना की थी।

भारतीय कला-शैलियों के मिश्रण, पश्चिमी प्रकृतवाद का उपयोग, रंग-बर्ताव का वैशिष्ट्य और काव्यात्मक लय में उतरती उनकी आकृतियों को अपने यहाँ पश्चिमी कला का सादृश्य मानकर उनके अवदान को झुठलाने की कोशिश की गई, जो अनुचित कार्य था। 'समुद्र का गर्व', 'सीताहरण', 'भीष्म प्रतिज्ञा', 'नल-दमयन्ती', 'शकुन्तला', 'मन्दोदरी', 'हंस और महिला', 'रावण और जटायु' जैसे अमर चित्रों के अलावा इस कलाकार ने 'माँ और शिशु', 'दरिद्रता', 'भिखारी बालक' जैसे विशुद्ध यथार्थवादी और तद्‌युगीन समय को प्रतिबिम्बित करनेवाले चित्र भी बनाए थे। 2 अक्टूबर, 1906 को उनकी मृत्यु हो गई थी।

भारतीय कला में आधुनिकता का प्रवेश तकनीक की दृष्टि से रवि वर्मा से हुआ; इसमें सन्देह नहीं लगता। दृष्टि के स्तर पर कला निश्चय ही बाद में आधुनिक हो सकी जिसका श्रेय बंगाल कला आन्दोलन को भी जाता ही है जिसने आधुनिकता को भारतीय चेतना से जोड़ने की पहल की।

बंगाल कला आन्दोलन
(1903-1947)

भारतीय कला के नए युग का आरम्भ

वैश्विक कला आन्दोलन के समानान्तर भारत में एक क्रान्ति की तरह प्रकट हुई बंगाल चित्रशैली से सम्बन्धित बंगाल कला आन्दोलन का भारतीय चित्रकला के इतिहास में विशेष और ऐतिहासिक महत्त्व है। इस महत्त्व का एक बड़ा कारण यह भी है कि पराधीन भारत में कला में आया यह एकमात्र कला आन्दोलन था जिसने भारतीयों में स्वदेशी चेतना का संचार किया। यह आन्दोलन 1903 में प्रकाश में आया। मालूम हो कि 1903 में ई.बी. हैवेल (E.B. Havell) ने कलकत्ता के गवर्नमेंट स्कूल ऑफ आर्ट में एक अलग विभाग खोलने का निर्णय लिया था जिससे भारतीय चित्रकला को प्रोन्नत किया जा सके। उस विभाग का दायित्व उन्होंने अवनीन्द्रनाथ ठाकुर को सौंपा। अवनीन्द्रनाथ जिस बेचैनी को लगातार महसूस कर रहे थे और कुछ नया कर पाने की जुगत में थे, वह इच्छा इस नए विभाग के खुलने के साथ ही मानो पूरी होने को आई। ऐतिहासिक रूप से 1093 को ही बंगाल कला आन्दोलन की शुरुआत का समय माना जाता है क्योंकि भारतीय चित्रकला विभाग इसी वर्ष देश के किसी कला विद्यालय में अस्तित्व में आया। इसके साथ एक अहम बात यह भी है कि ब्रिटिश हुकूमत ने भी ई.बी. हैवेल के माध्यम से इसे संरक्षित किया। कुछ वर्षों बाद 1910 में जब लेडी हैरिंघम भारत आईं तो उन्होंने अजन्ता के भित्तिचित्रों की अनुकृति कराने की इच्छा व्यक्त की। तब तक कलागुरु अवनीन्द्रनाथ के निर्देशन में नए खुले विभाग में उनके कई योग्य शिष्य आ जुड़े थे जिनमें नन्दलाल बोस, असित कुमार हालदार, क्षितीन्द्रनाथ मजुमदार आदि शामिल थे। अवनीन्द्रनाथ के शिष्यों ने तब बड़े श्रम से अजन्ता की अनुकृति की और उसकी भव्यता के दर्शन भी किए। इस तरह अजन्ता, राजपूत, मुगल, फारसी, जापानी, यूरोपीय तथा स्थानीय कला शैलियों के समन्वय से एक नूतन कला शैली प्रकाश में आई जो बंगाल चित्रशैली कहलाई। इसे लेकर चाहे जितना विवाद हो, पर यह सच है कि इस शैली ने ही अवसादग्रस्त भारतीय कला को नई स्फूर्ति दी, उसे नए जागरण से जोड़ा और सही

मायनों में भारतीय कला के उत्थान का दौर शुरू हुआ। रंगों की सुकुमारता, रेखाओं से आच्छादित परिवेश, भारतीय अस्मिता से सम्बन्धित विषयों का चयन और एक प्रकार से अपने जातीय गौरव की खोज करनेवाली यह कला सचमुच पराधीन भारत में कला में आई एक बड़ी क्रान्ति ही थी जिसके प्रवर्तक अवनीन्द्रनाथ ठाकुर थे।

अवनीन्द्रनाथ ठाकुर (1871-1951)

बंगाल कला आन्दोलन के महत्त्व और कलागुरु अवनीन्द्रनाथ ठाकुर के अवदान पर बात करते हुए कला आचार्य बिनोद बिहारी मुखर्जी ने लिखा है—'अवनीन्द्रनाथ चित्रकला की किसी परम्परा के संस्थापक नहीं, बल्कि एक नई शैली के सर्जक थे। उन्होंने पूरब और पश्चिम की तकनीकों का समन्वय किया और उससे एक नई कला शैली का विकास किया। पश्चिमी तकनीक की विशेषताओं को बिना जाँचे-परखे अपनी कला में समन्वित कर लेने की समस्या आधुनिक चित्रकारों के लिए गम्भीर रही है। अवनीन्द्रनाथ ने जिस सफलता के साथ इस समस्या का समाधान किया, वह आधुनिक पौर्वात्य कला के इतिहास में अनूठा है।'

कला के जानकार जानते हैं कि भारतीय चित्रकला के इतिहास में बंगाल कला शैली का महत्त्व मध्ययुगीन राजपूत, मुगल तथा पहाड़ी शैली की ही तरह है, पर चूँकि उसके साथ एक विशिष्ट कला दर्शन और विश्वकला की तत्कालीन प्रवृत्तियों का विनिमय भी जुड़ा हुआ है इसलिए उसे भारतीय कला की एक विशिष्ट कला पद्धति का महत्त्व हासिल है।

इस तरह बंगाल शैली अवनीन्द्रनाथ ठाकुर के नेतृत्व में उनके शिष्यों के प्रयास से उभरा आन्दोलन बनी जिसने भारतीय कला को आन्दोलित कर दिया। शुरू में इसे 'ठाकुर शैली' भी कहा गया। जब 1914 में इस शैली में रचित कृतियों की प्रदर्शनी पेरिस में हुई तो वहाँ भी इस शैली में सृजित कृतियों को 'टैगोर स्कूल ऑफ पेंटिंग' ही कहा गया। यह प्रदर्शनी इसी शीर्षक से बर्लिन, लन्दन और न्यूयॉर्क में भी हुई और उन्हें बहुत प्रशंसा मिली। इस चित्रशैली को 'बंगाल आर्ट स्कूल' और 'ओरिएंटल स्कूल' भी कहा गया। लेकिन इसको बंगाल चित्र शैली नाम से ही ख्याति मिली। कुछ कलाविद् यह कहते हैं कि इसमें बंगाल के स्थानीय तत्त्व का प्रभाव नहीं के बराबर है इसलिए इसे भारतीय कला शैली ही कहना चाहिए। स्वयं असित कुमार हालदार ने लिखा है—'इस कला को बंगाल शैली कहना उपयुक्त न होगा। यदि लक्षण और तकनीक की ओर ध्यान रखते हुए इसे 'बंगाल कला की जागृति के आन्दोलन की कला' कहा जाए तो अधिक उचित होगा।' इसके नाम को लेकर स्टेला क्रेमरिश ने जो कहा वह भी लोगों को पसन्द आया था। उन्होंने इसे 'आधुनिक भारतीय चित्रकला' का नाम दिया था।

बंगाल कला की चित्रशैली के तीन चरण माने जाते हैं। पहला चरण 1903 से 1915 तक माना जाता है। इसी चरण में अवनीन्द्रनाथ ने इस शैली में अपनी कृतियों की रचना की और अपने अनुयायियों को इस शिल्प में कला रचना की शिक्षा दी। ज्ञातव्य है कि अवनीन्द्रनाथ ने इस शैली में काम करने से पूर्व राजपूत शैली को बखूबी समझा। जयपुर शैली के उस्ताद रामप्रसाद से इसकी विधिवत शिक्षा उन्होंने 1895 से 1905 के बीच ली। इसका प्रमाण उनके द्वारा बनाई गई अनेक कृतियों में दिखता है जिसमें 'कृष्णलीला' चित्र शृंखला महत्त्वपूर्ण है। इसी अवधि में उन्होंने फारसी चित्रविधि को भी समझने की चेष्टा की। इस विधि पर उनके बनाए कामों में 'मेघदूत' शृंखला की 'ग्रीष्म', 'वसन्त', 'पथिक' और 'कमल' शीर्षक कृतियाँ उल्लेखनीय हैं। फारसी शैली पर बनाए उनके चित्रों में 'अभिसारिका' बेहद महत्त्वपूर्ण मानी जाती है। अपने घर पर चित्रकला की प्रारम्भिक शिक्षा लेनेवाले अवनीन्द्रनाथ ने इटली के चित्रकार सिग्नोर गिल्हार्दी से तीन वर्ष तक यूरोपीय कला की शिक्षा भी ली। माना जाता है कि 'अभिसारिका' नाम की उनकी बहुचर्चित कृति पर यूरोपीय तकनीक और इस शिक्षा का प्रभाव रहा। इसके बाद अवनीन्द्रनाथ ने एक अन्य यूरोपीय चित्रकार चार्ल्स एल. पामर से भी 1893 से 1895 तक यानी दो वर्षों तक कला की शिक्षा ली। इसी क्रम में उन्होंने जापानी चित्रकारों—याकोहामा तैक्वान तथा हिसिदा से भी जापानी तकनीक का ज्ञान प्राप्त किया। इसके बाद इन विभिन्न चित्रशैलियों से उन्होंने एक नूतन कला शैली का विकास किया।

'अभिसारिका', 'भारतमाता', 'तिष्यरक्षित', 'यात्रा का अन्त' सहित रवीन्द्रनाथ ठाकुर के नाटक 'चित्रांगदा' के लिए बनाए उनके 32 रेखांकन सहित उमर खैयाम की रुबाइयों पर आधारित चित्र उनकी कला की यादगार कृतियाँ रहीं जिनसे एक नए कला वातावरण की भूमिका बनी। इसके बाद उन्होंने शताधिक चित्रों की रचना की जिसमें इतिहास, परम्परा, भारतीय परिवेश सहित तत्कालीन भारत की छवियाँ दिखाई देती हैं। इनमें 'दस्तखत', 'मेरी माँ', 'नूरजहाँ', 'खोया हुआ बालक', 'महात्मा गांधी', 'संथाल बालिका', 'प्रार्थनालीन बौद्ध भिक्षु' आदि शामिल हैं। अवनीन्द्रनाथ ने जयपुर की भित्तिचित्रण तकनीक को भी सीखा जिसके माध्यम से उन्होंने 'कच देवयानी' तथा 'राधा कृष्ण' नामक कृतियाँ बनाईं।

इस तरह हम देख पाते हैं कि अवनीन्द्रनाथ ने इस नूतन कला शैली का विकास विभिन्न प्रभावों को लेकर किया और उस समय की प्राय: सभी चित्रशैलियों का अध्ययन कर उनका समन्वय किया। इस समन्वय से ही वे अपने निजी कलादर्शन को सिद्ध कर पाए। उनकी इस उपलब्धि पर बिनोद बिहारी मुखर्जी ने कहा था—'आज किसी को यह स्वीकार करते हुए हिचकिचाहट की आवश्यकता नहीं कि अवनीन्द्रनाथ की तकनीक यथार्थवादी है। लेकिन उनकी यह यथार्थवादी शैली न तो ब्रिटिश अकादमिकता से मिलती है न जापानी या मुगल पद्धति से। कहना चाहिए

कि यह उनकी निजी चित्रशैली है। यह भी कहा जा सकता है कि उन्होंने मुगल शैली के आलंकारिक रूपाकारों को उनकी समस्त सूक्ष्मता और कोमलता के साथ अपने चित्रों में स्थान दिया, जो कहीं अधिक यथार्थ थे और इसके चित्रण में उन्होंने जो तकनीक अपनाई वह स्पष्टत: किसी परम्परा से सम्बन्धित न होकर सम्पूर्णत: उनकी अपनी निजी तकनीक थी जिसे अपने विचारों की अभिव्यक्ति के लिए उन्होंने स्वयं विकसित किया।'

अवनीन्द्रनाथ की इस नूतन प्रविधि पर रचित कृतियों की हैवेल तथा आनन्द कुमारस्वामी ने प्रशंसा की और 'भारतीयता' पर एकाग्र उनकी कला को देखते हुए उन्हें भारत का राष्ट्रीय चित्रकार कहा। इसके बाद एक लहर-सी आई और एक स्वर से पूरे देश में अवनीन्द्रनाथ के इस यत्न का राष्ट्रीय आन्दोलन की तरह स्वागत किया गया। इस शैली को एक आन्दोलन के रूप में स्थापित करने में सबसे बड़ा योगदान कला संगठनों, पत्रिकाओं तथा उन व्यक्तियों का रहा जिन्होंने अवनीन्द्रनाथ के इस उद्यम को अभूतपूर्व माना। गगनेन्द्रनाथ ठाकुर ने इंडियन सोसाइटी ऑफ ओरिएंटल आर्ट के जरिए इस शैली के प्रचार के लिए काम किया। दूसरी तरफ रामानन्द चटर्जी ने 'मॉडर्न रिव्यू' पत्रिका में उनके चित्रों को प्रकाशित कर लेख भी लिखे। इसके साथ-साथ बंगला पत्रिका 'प्रवासी' ने भी उनके इस कार्य को उल्लेखनीय माना। अवनीन्द्रनाथ की इस निजी पद्धति को आन्दोलन बनाने में हैवेल और आनन्द कुमारस्वामी के अतिरिक्त भगिनी निवेदिता, अरविन्द घोष, सर जॉन बुडरूफ, लॉर्ड हार्डिंग, लॉर्ड कारमाइकल, लॉर्ड रोनॉल्डसे आदि की भी भूमिका रही जिन्होंने लिखकर और बोलकर इसे देशव्यापी स्वरूप दिया और वैश्विक स्तर पर भी इसे प्रतिष्ठित होने में मदद की। यह 1903 से 1915 तक का समय रहा जिसे बंगाल शैली के उदय और विकास का पहला चरण कहा जाता है।

बंगाल कला आन्दोलन का दूसरा चरण 1915 से 1935 तक माना जा सकता है जिस काल में अवनीन्द्रनाथ ने अपने शिष्यों को इस कलाविधि में शिक्षित किया और इस कला आन्दोलन को राष्ट्रीय परिप्रेक्ष्य दिया। इस चरण में अवनीन्द्रनाथ ने अपने जिन शिष्यों को प्रशिक्षित किया, उनमें—नन्दलाल बोस, असित कुमार हालदार, समरेन्द्रनाथ गुप्त, के. वेंकटप्पा, शैलेन्द्रनाथ डे, क्षितीन्द्रनाथ मजुमदार, शारदा चरण उकील, बारदा चरण उकील, प्रमोदकुमार चटर्जी तथा पुलिन बिहारी दत्त शामिल हैं।

नन्दलाल बोस (1882-1966)

इन शिष्यों में निश्चय ही नन्दलाल बोस की प्रतिभा सबसे प्रखर थी जिन्होंने न केवल अवनीन्द्रनाथ के प्रयासों को गति दी वरन् अपने कार्यों से भी इस शैली में नई सम्भावनाओं को विकसित किया। ये वही नन्दलाल बोस थे जिनके बारे में गुरुदेव

रवीन्द्रनाथ ठाकुर ने कहा था—'उनकी शिल्प दृष्टि अत्यन्त शुद्ध और चिन्तन शक्ति अन्तर्दर्शी है। कला उनके लिए सजीव वस्तु है जिसे वह स्पर्श, दृष्टि और सहानुभूति से अनुभव करते हैं।' अजन्ता के कला वैभव को अत्यन्त आत्मीयता से जीनेवाले नन्दलाल बोस ने अपने चित्रों में उसे जिया। उनकी कृतियों के बारे में आचार्यों का मानना है कि प्रकृति, वस्तु और व्यक्ति से सम्बन्धित सभी विषयों में नन्दलाल बोस की रेखाओं की सौन्दर्यात्मकता, कोमलता और शक्ति जैसी गुणवत्ता दूसरे कलाकारों में दुर्लभ है। उनकी रेखाओं में बल, प्रवाह और लय का समन्वय देखते हुए लोगों ने उनकी मौलिक उद्भावना को उनकी सृजन क्षमता में देखा और उनके अवदान को बंगाल चित्र शैली की एक बड़ी उपलब्धि बताया। यह वास्तविकता है कि नन्दलाल बोस ने भारतीय कला के गौरवशाली अतीत को हृदयंगम करते हुए उसका गहन अध्ययन और मनन कर उसके सृजनात्मक उपयोग की जिस युक्ति का आश्रय लिया वह कोई और न कर सका। यही कारण है कि परम्परा का नूतन उपयोग करनेवाले नन्दलाल बोस सामयिक जीवन और समाज के चित्रण में भी उत्तीर्ण हुए और स्थानीयता के साथ समन्वित कर उसें लोकधर्मी बनाया। नन्दलाल बोस की उल्लेखनीय कृतियों में—'विषपायी शिव', 'सती दाह', 'तपोनिष्ठ पार्वती', 'सुजाता', 'बुद्ध का गृहत्याग', 'ऋतु संहार', 'अर्धनारीश्वर', 'गोपालपुर में मछेरे' और 'नटीर पूजा' आदि हैं।

असित कुमार हालदार (1890-1964)

बंगाल शैली के दूसरे बड़े चित्रकारों में असित कुमार हालदार हैं जिन्होंने अपनी कृतियों में रूप कल्पना, चित्रण सामर्थ्य एवं रंग सामर्थ्य में अद्भुत प्रतिभा का परिचय दिया। वे चित्रकार के साथ-साथ विलक्षण कवि भी थे। उनके चित्रों को देखने से यह स्पष्ट होता है कि उसमें कविता-सी लयात्मकता और रससिक्तता है। उनके द्वारा बनाई गई खैयाम की रुबाइयों पर चित्र शृंखला बहुत मूल्यवान है। इसके अलावा उन्होंने संथाल जीवन को भी अंकित करने की सफल चेष्टा की तथा बुद्ध और कृष्ण से सम्बन्धित चित्र शृंखलाएँ बनाईं। उन्होंने जलरंग, टेम्परा और तैल रंगों में चित्र बनाने के साथ-साथ लकड़ी पर लाख से चित्र बनाने का भी बहुमूल्य काम किया। उनके महत्त्वपूर्ण चित्रों में 'अनन्त जीवन', 'संगीत की लौ', 'अशोक वाटिका में सीता', 'अप्सरा', 'दमयन्ती', 'कृष्ण यशोदा' तथा 'वासवदत्ता' आदि उल्लेख्य हैं।

समरेन्द्रनाथ गुप्त (1887-1964)

समरेन्द्रनाथ गुप्त इस शैली के तीसरे बड़े कलाकार हैं जो अवनीन्द्रनाथ के शिष्यों में रहे। उन्होंने बंगाल और यूरोपीय शैली में समन्वयक की भूमिका निभाई। उनकी

महत्त्वपूर्ण कृतियों में 'टूटा हुआ तार', 'कोयल की पुकार' और 'कजरी नृत्य' के साथ-साथ एचिंग में बनाई 'सोनिया', 'हजरत बल' और 'माला गुंथन' बेहद सराहनीय रही हैं।

के. वेंकटप्पा (1886-1965)

के. वेंकटप्पा एक अन्य अहम कलाकार रहे जो बंगाल शैली में काम करते हुए भी एक स्वतंत्र कला प्रविधि विकसित करने में सफल रहे थे। अपने चित्र संयोजनों में बारीकी और अनुशासन से काम करनेवाले वेंकटप्पा के चित्र अपने सौन्दर्य, लालित्य तथा प्रभाव में अपूर्व नजर आते हैं। उन्होंने भी परम्परा पर विशेष आग्रह किया और आदर्श चिन्तन के साथ चित्रों की निर्मिति की। उनके बनाए चित्रों में 'सेतुबन्ध', 'बुद्ध और सुजाता', 'राधा और हिरन', 'दमयन्ती', 'अर्धनारीश्वर' और 'बंगाल फ्लोरिकन' आदि महत्त्वपूर्ण हैं।

शैलेन्द्रनाथ डे (1891-1975)

शैलेन्द्रनाथ डे एक अन्य महत्त्वपूर्ण चित्रकार हैं जिन्होंने अवनीन्द्रनाथ के शिष्यों में शामिल होते हुए मेघदूत पर चित्रमाला बनाई। 'माँ और शिशु', 'जगई-मघई' और 'ग्वालिन' जैसी कृतियाँ उनके उल्लेखनीय काम हैं।

क्षितीन्द्रनाथ मजुमदार (1891-1975)

क्षितीन्द्रनाथ मजुमदार बंगाल चित्र शैली के एक अन्य महत्त्वपूर्ण कलाकार हैं जिन्होंने प्रेम और विरह पर विलक्षण कृतियाँ बनाईं। उनकी आस्था वैष्णव धर्म में रही जिसका प्रभाव भी उनकी कृतियों में दिखता है। उनकी कृतियों में 'कैकेयी और दशरथ', 'कीर्तन', 'शकुन्तला', 'लक्ष्मी', 'रासलीला', 'यक्ष की पत्नी', 'मीराबाई', 'राधा', 'स्वामी हरिदास' आदि उल्लेख्य हैं।

शारदा चरण उकील (1888-1940)

इसके अलावा शारदा चरण उकील भी अवनीन्द्रनाथ के शिष्यों में रहे जिन्होंने इस शैली में अग्रणी कलाकार की भूमिका निभाई। उन्होंने भारतीय चिन्तन और दर्शन की परम्परा को अपने कृतित्व का विषय बनाया जिसमें सहजता से हम अन्तरंगता और मार्मिकता के दर्शन कर सकते हैं। रोथेन्सटिन ने उनकी कृतियों पर बात करते हुए

लिखा था—'उकील की कृतियों की भावुकता रवीन्द्रनाथ ठाकुर के गीतिकाव्य जैसी बन पड़ी है। उनकी आभिजात्य और कलागत विचारमग्नता भारतीय संगीत की भाँति दर्शक को भारतीय आत्मा में झाँकने का एक अवसर प्रदान करती है।' उनके चित्रों में—'ईद का चाँद देखते हुए', 'दरगाह में गाते हुए बालक', 'दिन भर के परिश्रम के बाद', 'घड़ा लिए हुए लड़की', 'हार्डवेयर मर्चेन्ट', 'चाँदनी रात', 'लुका छिपी', 'क्रुद्ध लहरें', 'जीवन चक्र' आदि महत्त्वपूर्ण हैं।

प्रमोद कुमार चटर्जी (1888-1979)

प्रमोद कुमार चटर्जी इस परम्परा के एक अन्य महत्त्वपूर्ण कलाकार रहे जिनकी कृतियों में पहले विद्रोही स्वर सुनाई पड़ता है। पर बाद के चरण में वे बंगाल शैली में आकर रम गए। उनके कामों में—'शिव', 'दुर्गा', 'मनसा देवी', 'विश्वकर्मा', 'सम्राट अशोक', 'नर्तकी अम्बपाली', 'प्रकाश का आह्वान' आदि उल्लेख्य हैं।

पुलिन बिहारी दत्त (1895-1975)

पुलिन बिहारी दत्त अवनीन्द्रनाथ के शिष्यों में अन्तिम कलाकार रहे जिन्होंने बंगाल शैली में अनेक उल्लेखनीय कृतियों की रचना की। उनकी रेखाओं में बल तथा रंगों की सौम्यता आकर्षक रही जिसकी प्राय: सबने प्रशंसा की है। उनके चित्रों में—'मीरा', 'महात्मा गांधी', 'भिक्षुक बुद्ध', 'सिद्धार्थ और यशोधरा', 'चित्तौड़ की पद्मिनी' आदि महत्त्वपूर्ण हैं।

इस तरह बंगाल शैली को अवनीन्द्रनाथ तथा उनके योग्य शिष्यों ने एक नया आकाश दिया जिसे बाद में नन्दलाल बोस के शिष्यों ने उसके प्रभाव को बहुत विस्तार दिया।

ज्ञातव्य है कि अवनीन्द्रनाथ के योग्य शिष्यों में नन्दलाल बोस अन्यतम थे। उन्होंने बंगाल शैली को अपने प्रयासों और सर्जना के बल पर अधिक विस्तार दिया। मालूम हो कि नन्दलाल बोस की कला में कल्पनात्मकता, पर्यवेक्षण तथा सर्जनात्मक प्रतिभा का मणिकांचन योग था। उन्होंने अपनी सर्जनात्मकता और विलक्षण निर्देशन के संयुक्त प्रभाव से इस शैली में अपने शिष्यों को दीक्षित किया जिसके फलस्वरूप बंगाल शैली देश की अन्यतम कला शैली बन गई। 1923 में नन्दलाल बोस कला भवन के अध्यक्ष बने और 1953 तक इस पद पर रहे। इन वर्षों में स्वयं अपनी सर्जना में अद्वितीयता का परिचय देते हुए वह बंगाल शैली को भी शिखर पर ले गए। कला भवन, शान्तिनिकेतन में नन्दलाल बोस के सान्निध्य में काम कर बंगाल शैली को प्रसारित करने में लगे कलाकारों की सूची बहुत लम्बी है। इनमें सर्वाधिक

उल्लेखनीय कलाकारों में—मुकुल डे, अर्धेन्दु प्रसाद बनर्जी, बीरेश्वर सेन, बिनोद बिहारी मुखर्जी, सत्येन्द्रनाथ बनर्जी, विनायक मासोजी, शैलेश देवबर्मन, सुधीर रंजन खास्तगीर, कृपाल सिंह शेखावत, रामकिंकर बैज, अवतार सिंह पंवार, प्रभात नियोगी, कनु देसाई, हरिहरन, डी. बद्री, रमेन्द्रनाथ चक्रवर्ती आदि शामिल हैं। नन्दलाल बोस के इन शिष्यों में मुकुल डे और रमेन्द्रनाथ चक्रवर्ती ने कलकत्ता में, बीरेश्वर सेन ने लखनऊ में, प्रभात नियोगी ने ग्वालियर में, शैलेश देवबर्मन ने अहमदाबाद में, डी. बद्री ने दिल्ली में तथा हरिहरन ने जापान में इस शैली का प्रचार कर अनेक कलाकारों को बंगाल शैली में काम करने को प्रेरित किया। यहाँ तक आते-आते दूसरा चरण समाप्त हो जाता है।

मुकुल डे (1895-1989)

तीसरा चरण 1936 से 1947 तक रहा। इस चरण में नन्दलाल बोस के सभी शिष्यों में उनको, जिनके काम सबसे अधिक इस शैली को प्रसारित करने में सहायक हुए, संक्षेप में यहाँ देखना आवश्यक है। इनमें सबसे पहला नाम मुकुल डे का है जिन्होंने बंगाल शैली को विदेशी तकनीक से समन्वित कर अपनी एक ऐसी निजी पद्धति विकसित की जो सबका ध्यान खींच सकी। यह रेखांकित करनेवाली बात है कि अपनी परम्परा के प्रति आलोचनात्मक दृष्टि रखनेवाले मुकुल डे विशुद्ध भारतीय शैली में अपनी निजता की खोज कर सके। अपनी रेखाओं के सुमधुर विन्यास के साथ उनकी पद्धति में जो गम्भीरता थी, वह उस दौर में अलग से आकर्षण का विषय बनी। जापानी और यूरोपीय तकनीकों के प्रभाव के बावजूद भारतीय सोच के साथ काम करने की लगनशीलता के कारण इनको बड़ी सफलता मिली और इनकी प्रदर्शनियाँ दुनिया के अनेक हिस्सों में हुईं। 'जीवन वृक्ष' और 'तर्पण' जैसी कृतियाँ उनके महत्त्व को सूचित करती हैं। वे कला के आलोचक भी थे, उनकी मुख्य किताबों में—'टेम्पल टेराकोटाज ऑफ वीरभूम', 'माई पिलग्रीमेज टू अजन्ता एंड बाघ' शामिल हैं।

बीरेश्वर सेन (1897-1974)

बीरेश्वर सेन नन्दलाल बोस के शिष्यों में दूसरे बड़े चित्रकार थे जिन्होंने अपनी कृतियों में सुघड़ रेखाओं में जादुई रंगांकन से सबको मन्त्रमुग्ध कर दिया था। उनके हिमालय पर बनाए गए चित्र भी बहुत आकर्षित करते हैं। उनका भूदृश्य अंकन बेहद प्रभावकारी रहा। उनके उल्लेखनीय चित्रों में—'गोपियाँ', 'प्रभात', 'ब्लैक बैरियर्स', 'मैडिटेशन' आदि महत्त्वपूर्ण हैं।

बिनोद बिहारी मुखर्जी (1904-1980)

बिनोद बिहारी मुखर्जी इस परम्परा के एक अन्य बड़े चित्रकार हैं जो अपने विद्रोही स्वभाव के कारण भी जाने जाते हैं। अपने चित्रों में निजी सोच के साथ रूपाकारों में सरल रेखाओं के प्रयोग और संयोजनों की लयात्मकता इन्हें महत्त्वपूर्ण बनाती है। इन्होंने जलरंगों के साथ-साथ टेम्परा में भी काम किया। इसके साथ-साथ भित्ति चित्रण में भी उनकी गति रही और उन्होंने ग्राफिक माध्यम में भी उल्लेखनीय काम किए। उनके चर्चित कामों में—'वृक्षप्रेमी', 'मन्दिर की घंटी', 'नेपाल प्रोसेशन', 'पल', 'जंगल', 'जाड़े की दोपहर' और 'दीपावली' उल्लेखनीय हैं। अपने सृजन के निजी आग्रहों के कारण वे बहुधा बंगाल शैली के रूढ़ बन्धनों से बाहर जाते रहे जिसके कारण उन्हें विरोध भी सहना पड़ा।

रामकिंकर बैज (1906-1980)

इस कड़ी में रामकिंकर बैज का नाम भी जुड़ता है जो मूर्तिकला में अपूर्व प्रतिभा के साथ सामने आए। आधुनिक भारत के वे सम्भवत: पहले सम्पूर्ण मूर्तिकार हैं जिन्होंने मूर्ति के रूढ़िगत ढाँचे को तोड़ दिया और उसमें अमूर्त छवियों को ढाला। उनकी सृजनात्मकता में हम अपूर्व कल्पनाशीलता, वैयक्तिकता, नवाचार तथा गति, शक्ति और स्फूर्ति का दुर्लभ संयोग देख पाते हैं। यह विस्मय ही है कि उनका प्रशिक्षण एक चित्रकार के रूप में हुआ था और उन्होंने शुरू में कुछ चित्र भी बनाए, पर 1935 के बाद उनके रचना विधान में अचानक क्रान्तिकारी परिवर्तन आया और वे मूर्तिशिल्प के सृजन में जुट गए। दिलचस्प यह है कि मूर्तिशिल्प जैसे ठोस और यथार्थ माध्यम को उन्होंने कल्पनाजन्य रूपाकारों में विन्यस्त कर उसे अमूर्त शैली में गढ़ा। बंगाल शैली को अपने जीवन्त स्वदेशी बोध से एक नए मार्ग पर ले जाते हुए रामकिंकर ने उसे चरम विकास तक पहुँचाया। चित्रों में जलरंग, तैल और टेम्परा में विषय, तकनीक और भाव के स्तर पर उनकी चर्चित कृतियाँ रहीं—'माँ और बेटी', 'कृष्ण जन्म', 'मेघों से घिरी संध्या', 'संथाल परिवार', 'मिल की ओर', 'दोपहर की विश्रान्ति'। उनके मूर्तिशिल्पों में—'रवीन्द्रनाथ', 'यक्ष यक्षी', 'मिस मधुरा सिंह' और 'मिल की ओर' उल्लेख्य हैं।

सुधीर खस्तगीर (1907-1974)

इस कड़ी में नन्दलाल बोस के अन्तिम शिष्यों में सुधीर खस्तगीर आते हैं जिनके कामों में हम पश्चिमी तकनीकी और स्वदेशी दृष्टि के समन्वय से एक विशुद्ध

भारतीय कलाबोध का साक्षात्कार कर पाते हैं। वे चूँकि भारतीय स्वतंत्रता आन्दोलन से भी प्रेरित थे इसलिए उनके कामों में हम सहजता से देश के तत्कालीन समय को देखते हैं। उनके चित्रों में अनायास ही सामान्य जनजीवन के प्रसंग, रोजमर्रा के जीवन, उत्सव तथा तत्कालीन समाज के दृश्य दिखाई पड़ते हैं। उनकी विशिष्टता कृतियों की लय और गति में मिलती है। चेहरे की मुद्राओं के अंकन में भी वे बहुत सफल रहे। बाद में उन्होंने मूर्तिशिल्प में भी काम किया और उसमें भी अपनी निजी छाप छोड़ी। उनके उल्लेखनीय चित्रों में—'भिक्षुणी', 'गरीब की दुनिया', 'दुख', 'तूफान', 'वसन्त नृत्य', 'भगवान बुद्ध' आदि शामिल हैं तो मूर्तिशिल्पों में—'महाकवि', 'विचारक', 'नर्तक अशोक', 'बाउल' आदि चर्चित हैं।

बंगाल शैली के विकास में उपर्युक्त कलाकारों के अलावा कुछ अन्य बड़े कलाकारों का योग रहा जो सीधे तौर पर अवनीन्द्रनाथ के शिष्य नहीं रहे पर उनसे प्रेरित प्रभवित होकर उन्होंने अपने अपने क्षेत्रों में अभूतपूर्व काम किया। इन कलाकारों में देवीप्रसाद रायचौधुरी, अब्दुर्रहमान चुगताई तथा सुनयनी देवी के नाम महत्त्वपूर्ण हैं। इनमें देवीप्रसाद का नाम अवनीन्द्रनाथ के शिष्यों की तिकड़ी के साथ रखकर देखा जाता है। यह तिकड़ी ख्यात है जिसमें नन्दलाल बोस, के. वेंकटप्पा और असित कुमार हालदार का नाम लिया जाता है।

देवीप्रसाद रायचौधुरी (1899-1975)

देवीप्रसाद रायचौधुरी की खूबी यह थी कि वे पूरब और पश्चिम की तकनीक को समन्वित कर एक विशेष शैली को प्रतिपादित कर सके। यह शैली बंगाल शैली की स्वदेशी विधि के निकट रही इसलिए उनके कामों को इस शैली के विकास में देखा जाता है। यही कारण है कि अवनीन्द्रनाथ के शिष्य न होने के बावजूद उनको उनके सफलतम अनुयायी के तौर पर याद किया जाता है। पर उनको यूरोप की यथार्थवादी शैली ने ज्यादा प्रभावित किया था। अन्य कलाकारों की भाँति वे भी पहले चित्रकला में ही काम करते रहे। रचना प्रविधि में उनके अधिकतर चित्र बंगाल शैली में रहे पर रंग संयोजनों में उन पर पश्चिमी कलाकारों का प्रभाव दिखता है। प्रकृति भी उन्हें लुभाती थी तो दैनिक जीवन के दृश्य भी उन्हें छूते थे। उनके चित्रों में—'जब वर्षा आती है', 'हिमालय में उषाकाल', 'भोटिया युवती', 'कमल सरोवर' आदि महत्त्वपूर्ण हैं। बाद में वे मूर्तिशिल्प की तरफ गए। यह बात याद रखने की है कि जब वे मूर्तिकला की तरफ प्रवृत्त हुए तब अपने यहाँ इस क्षेत्र में एक शून्यता की स्थिति थी। तब उन्होंने मूर्तिकला की अकादमिक शिक्षा ली और इस क्षेत्र में अपूर्व काम करके सबको हैरत में डाल दिया। उनके मूर्तिशिल्प अपने देह विन्यास, शक्ति और गतिमयता के लिए विख्यात हैं। ऐसा माना जाता है कि उन्होंने भारत की मध्यकालीन मूर्ति परम्परा

को अपनाकर दक्षिण भारत के होयसल और गुजरात के सोलंकी राजवंश के समय के मूर्तिशिल्प से प्रेरणा ग्रहण की। उनकी मूर्तियों में हम स्मारकीय तत्त्व भी पाते हैं जो स्वाधीनता सेनानियों की शबीहों और प्रसंगों से सम्बन्धित कामों में लक्षित होता है। उनके उल्लेख्य मूर्तिशिल्पों में—'श्रम का महत्त्व', 'शहीद स्मारक', 'भूख के शिकार', 'जब जाड़ा आता है' आदि महत्त्वपूर्ण हैं।

अब्दुर्रहमान चुगताई (1897-1975)

इस परम्परा में अब्दुर्रहमान चुगताई का नाम भी प्रमुखता से लिया जाता है जो बंगाल शैली से जुड़े न होने के बावजूद इसके विकास में महत्त्वपूर्ण योग दे सके। वे विशुद्ध रूप से पारम्परिक भारतीय पद्धति के चित्रकार रहे जिन पर काँगड़ा शैली के साथ-साथ ईरानी प्रभाव भी रहा। स्पष्ट रेखाओं में लय और मोहक रंग संयोजन से निर्मित उनके चित्र अद्‌भुत प्रभाव छोड़ते हैं। आलंकारिकता, कल्पनाशीलता, सौन्दर्य, मधुरता जैसे गुण उनको श्रेष्ठ भारतीय कलाकार बनाते हैं। ये वे गुण हैं जिन्हें हम बंगाल चित्रशैली में देखने के अभ्यस्त हैं। उन्होंने बड़े पैमाने पर चित्र रचे जिनमें—'संगीत का जन्म', 'दीपक और चन्द्रमा', 'शाहजादा सलीम', 'जीवन जाल', 'राधाकृष्ण', 'नटराज', 'दीवानी लैला' आदि महत्त्वपूर्ण हैं।

सुनयनी देवी (1875-1962)

इस कड़ी की आखिरी चित्रकार सुनयनी देवी थीं जो अवनीन्द्रनाथ की छोटी बहन थीं। उन्होंने कला की कोई विधिवत शिक्षा नहीं ली थी पर पारिवारिक वातावरण से प्रेरित होकर उन्होंने चित्र रचना शुरू की। उनके चित्रों में लोककला और भारतीय प्राचीन कला का प्रभाव दिखता है। पर विस्मय होता है कि कला की शिक्षा न लेने के बावजूद उनके चित्रों का रंग विधान, मनोहर विन्यास और रेखाओं की गतिमयता किसी भी सिद्ध कलाकार से कम प्रभावकारी नहीं है। स्त्री होने के कारण उनके चित्रों के अधिकतर विषय स्त्रियों से सम्बन्धित हैं। उनके उल्लेखनीय चित्रों में—'अर्धनारीश्वर', 'पुष्प सहित महिला', 'लक्ष्मी और गोपियाँ' महत्त्वपूर्ण हैं। इन्होंने भी अपने प्रयत्नों से बंगाल शैली की चित्रकला को विस्तार देने में अपनी अहम भूमिका निभाई।

पर ध्यान में रखने की बात यह है कि बंगाल चित्र शैली का देशव्यापी विस्तार केवल बंगाल कला स्कूल (कला भवन, शान्तिनिकेतन और शासकीय कला विद्यालय, कलकत्ता) से जुड़े कलाकारों के कारण नहीं हुआ। तथ्य यह है कि पूरे देश में दर्जनों कला समूहों ने इसमें रुचि ली और उनके प्रभाव में हजारों कलाकारों ने इसके

विकास को सुनिश्चित किया। इसमें 'इंडियन सोसाइटी ऑफ़ ओरिएंटल आर्ट' नामक संस्था का भी योगदान है जिसकी स्थापना 1907 में हुई थी। इस संस्था को बनाया ही इसलिए गया था कि यह आन्दोलन देश के साथ-साथ विश्वव्यापी स्वरूप ले सके। इसमें भारतीय कलाकारों और कलाविदों के साथ-साथ अंग्रेज अधिकारियों की भी उपस्थिति थी। इसमें शामिल लोगों में—लॉर्ड किचनर, सर जॉन वुडरूफ, ई.बी. हैवेल, पर्सी ब्राउन जैसे अंग्रेजों के साथ आनन्द कुमारस्वामी, रामानन्द चटर्जी, अवनीन्द्रनाथ ठाकुर, गगनेन्द्रनाथ ठाकुर तथा अर्धेन्दु कुमार गांगुली मुख्य थे। इस संस्था के पहले अध्यक्ष लॉर्ड किचनर थे जिनकी पहल पर पहले 1908 में अवनीन्द्रनाथ के शिष्यों की प्रदर्शनी कलकत्ता में लगी और जन सामान्य ने इन चित्रों को देखकर शाबासी दी। इसके बाद क्रमश: 1911, 1912 और 1914 में इस शैली के चित्रकारों की प्रदर्शनियाँ लन्दन, पेरिस, बर्लिन तथा न्यूयॉर्क में आयोजित की गई। 1911 में ही इस संस्था के साथ-साथ लन्दन में बंगाल के ही एक पूर्व गवर्नर की अध्यक्षता में इंडिया सोसाइटी की स्थापना भी की गई थी। इस प्रयास से यह आन्दोलन वैश्विक चर्चा में आया और इस चित्र शैली को अभूतपूर्व ख्याति अर्जित हो सकी।

इसी दौरान इस चित्रशैली ने कला के लगभग सभी माध्यमों को अपने प्रभाव में ले लिया। मूर्ति, वास्तु, छापा आदि के साथ यह शैली बर्तन, जेवर, वस्त्र आदि की परिकल्पना में भी आ गई जो इसके व्यापक प्रभाव का परिणाम ही था।

किन्तु 1903 से शुरू हुआ यह आन्दोलन 1947 तक थमता हुआ नजर आने लगा जब पश्चिम के प्रभाव से आधुनिकता का उदय हुआ। इस दौरान भारत में अनेक ऐसे कलाकारों का उदय हुआ जिन्होंने इसे चुनौती दी और अपने कामों से इसके आगे का रास्ता तय किया। कुछ कलाविद यह मानते हैं कि इसके जन्म का लक्ष्य पराधीन भारत में स्वदेशी जागरण था, इसलिए स्वाधीनता मिल जाने के बाद इसका ह्रास स्वाभाविक था। भारतीयता का मानक आजादी के बाद बदल गया जिसके कारण यह आन्दोलन पहले की तरह प्रभावी नहीं रह पाया और इसमें निरन्तर गिरावट आती गई।

बहुत से लोग बंगाल कला आन्दोलन की इस चित्र शैली में गिरावट आने के कारणों में जिन दोषों को दिखाते हैं, वे हैं—असमंजस से भरी अनिश्चित रेखाएँ, धुंधली और संशयपूर्ण आकृतियाँ, अवसाद से भरे हल्के रंगों का इस्तेमाल, भयपूर्ण चित्रांकन, शक्तिहीन रमणीयता, भावुकता से भरी चित्रमयता और तकनीकी अक्षमता। पर यह कारण गिनाकर इस शैली को महत्त्वहीन बना देने की कवायद से ज्यादा कुछ नहीं है। सच तो यह है कि इस एक कला आन्दोलन ने लगभग पचास वर्षों तक देशव्यापी कला प्रविधि बनकर पूरे भारत की कला सर्जना को प्रभावित किया और दुनिया भर में अपने विषय, रंग बर्ताव, संयोजन, आकल्पन, रेखाओं की गतिमयता, चित्रण की सुकरता और मोहक छविमयता से चर्चा के केन्द्र में रहा। पश्चिम में जितने भी आन्दोलन हुए, चाहे वह अभिव्यक्तिवाद हो, चाहे अभिव्यंजनावाद हो, चाहे

घनवाद हो, चाहे फाववाद हो या चाहे प्रतीकवाद, अति-यथार्थवाद हो या अमूर्तवाद हो, किसी भी आन्दोलन के साथ इतने बड़े पैमाने पर न कलाकार जुड़े और न किसी का भी जीवन इतने लम्बे समय तक रहा। सही मायनों में पराधीन भारत में देशज तत्त्वों की खोज और भारतीयता के भाव को कला में प्रसारित करने का यह दुर्लभ कला आन्दोलन था जिसके महत्त्व को लेकर कोई सन्देह नहीं हो सकता। सन्देह करने के न तो तर्कों की कमी होती है और न उसके अनुकूल बहस करने के तथ्यों की, पर जो सच है वह यही कि अंग्रेज कलाविदों ने भी इसे प्रसारित करने में योग दिया (इसकी आलोचना का एक कारण यह भी है) और निश्चय ही इस आन्दोलन ने भारतीय कला के विकास की एक नई राह भी दिखाई जिस पर हमारी आगे की कला विकसित हो पाई।

यह कतई तार्किक सचाई नहीं है कि गगनेन्द्रनाथ ठाकुर, रवीन्द्रनाथ ठाकुर और जामिनी राय जैसे कलाकार बंगाल शैली से विद्रोह करके आगे आए। कहा जा चुका है कि समय बदल गया था और बदले हुए समय में पश्चिम से जो विचार आए उनसे कला ही नहीं जीवन व्यवहार भी बदला। यह बदलाव ही भारतीय कला के नए मार्ग का सूचक था जिस पर चलते हुए इसके समानान्तर कला के एक नए अध्याय की शुरुआत हुई। गगनेन्द्रनाथ, रवीन्द्रनाथ और जामिनी राय की कला नए बदलाव के साथ सामने आई जिसमें हम अमृता शेरगिल के कामों को भी देख सकते हैं। यह दौर एक नए भारत को देखने का था और कला में आगे की राह पाने का था। इसका मतलब यह नहीं था कि उसके प्रति विद्रोह इनके सर्जन का कारण बना। बेशक अमृता शेरगिल ने बंगाल चित्रशैली की आलोचना की है और उसकी भारतीयता को भी सन्देह से देखा है, पर स्वयं अमृता की भारतीयता भी प्रश्नांकित हुई है। कुल मिलाकर यह कहना समीचीन होगा कि बंगाल कला आन्दोलन एक सार्थक और देशव्यापी कला आन्दोलन रहा जिसके प्रभाव को हम अब भी महसूस कर सकते हैं। यह सच है कि लगभग पचास वर्ष तक सक्रिय रहकर इस कला शैली ने भारतीय कला को परिभाषित कर उसे विकसित करने का महत्त्वपूर्ण काम किया।

आधुनिक कला के आरम्भिक स्थपति

यहाँ हम उन कलाकारों के कला-प्रयत्नों को देखेंगे जिन्होंने बंगाल कला आन्दोलन से स्वतंत्र रहकर भारतीय कला को आधुनिक बनाने की चेष्टा की।

गगनेन्द्रनाथ ठाकुर (1867-1938)

इन कलाकारों में पहला नाम गगनेन्द्रनाथ ठाकुर का आता है, जो अवनीन्द्रनाथ ठाकुर के बड़े भाई थे। 1867 में कलकत्ता में जन्मे गगनेन्द्रनाथ शुरू से ही कुशाग्र थे। किन्तु पढ़ने-लिखने में उनका मन नहीं लगता था। असमय पिता के देहान्त के बाद घर की जिम्मेवारियाँ उनके कंधों पर आ गईं। अवनीन्द्र और समरेन्द्र उनके छोटे भाई थे जिनको पढ़ाने-लिखाने का दायित्व उनका ही था। घरेलू झंझटों के कारण कलाशिक्षा से वे दूर रहे, पर कला के पारिवारिक वातावरण ने उन्हें प्रेरित किया कि वे भी कुछ प्रयत्न करें।

देर से ही सही, उन्होंने तूलिका पकड़ी और कला की स्वाभाविक प्रतिभा के बल पर कुछ विलक्षण कृतियों की रचना की। छाया-प्रकाश की समझ से उन्होंने पहले-पहल स्याही से चित्रांकन शुरू किया। गगनेन्द्रनाथ को अपने पिता गुणेन्द्रनाथ ठाकुर से नाट्य कला के गुर सीखने को मिले थे। गुणेन्द्रनाथ ठाकुर रंग-सज्जा के प्रसिद्ध परिकल्पक (डिजाइनर) थे जो शौकिया तौर पर नाट्य मंचनों के समय रंग-सज्जा का काम करते थे। पिता की इस तकनीकी कुशलता को गगनेन्द्र ने नजदीक से देखा था। उनकी कृतियों की रंग-योजना का आधार यह रंग-सज्जा की स्मृति ही बनी थी। इसके अतिरिक्त उन्हें पुस्तकें पढ़ने का बहुत शौक था जिससे उनकी दृष्टि का विस्तार हुआ था। उनकी कल्पनाशीलता का उद्गम उनका अध्ययन ही बना था।

जब गगनेन्द्रनाथ कला-सृजन की ओर उन्मुख हुए थे तब नन्दलाल बोस, असित कुमार हाल्दार और अब्दुर्रहमान चुगताई आदि कलाकारों की कृतियों की बड़ी धूम थी, पर वे किसी के प्रभाव में न आए। वे कल्पनाशील सर्जक की तरह अपने क्षेत्र में विचरते रहे और उनका मन उन प्रयोगों में लगा रहा जिससे

नई कला चेतना जन्म ले सके। वे उन्मुक्त प्रकृति के सर्जक थे इसीलिए उनकी आरम्भिक कृतियों में उन्मुक्त सर्जना के उदाहरण दिखते हैं। इन शुरुआती कामों में बंगाल कला आन्दोलन का प्रभाव भी दिखता है, लेकिन बाद में घनवाद और प्रभाववाद को स्वीकार कर उन्होंने जो काम किए, वे भारतीय कला को नई दिशा देने में अग्रणी रहे; यही कारण है कि उनको पहला आधुनिक भारतीय चित्रकार कहा जाता है।

माना जाता है कि उनको रेखाचित्रण की प्रेरणा जापानी चित्रकार याकोहामा और हिसिदा से मिली। उनके रेखाचित्र भी प्रभावकारी हैं जिनमें व्यक्ति-चित्र भी शामिल हैं। व्यक्ति-चित्रों में ओकाकुरा, कुमारस्वामी, अवनीन्द्रनाथ, ज्योतिन्द्रनाथ आदि व्यक्ति चित्रित हैं तो 'एक वृद्ध', 'सोता हुआ वृद्ध', 'दो पंडित' आदि उल्लेखनीय रेखाचित्र हैं। इन रेखाचित्रों में भी छाया-प्रकाश का उभार दिखता है जिसे वे तूलिका के प्रयोग से उभारते हैं। रेखाचित्रों की ही तरह उन्होंने बहुत-से व्यंग्यचित्र निर्मित किए जिनमें अदालती परिवेश का चित्रण है। जज, वकील, मुवक्किल की दशा और तनाव को वे मुकदमा लड़ने जाने के क्रम में देखा करते थे जिन्हें इन व्यंग्यचित्रों में आँककर उन्होंने बहुत ख्याति अर्जित की थी। कहा तो यह भी जाता है कि सामयिक-राजनीतिक कटाक्ष और विद्रूप को व्यंग्य में अभिव्यक्त करने के रेखाचित्रण और व्यंग्य की शुरुआत गगनेन्द्रनाथ ठाकुर के इन प्रयासों से ही हुई। 1908 में 'इंडियन सोसायटी ऑफ ओरिएंटल आर्ट' की पहली प्रदर्शनी में उनकी कृतियों को देखा गया था। इसके चार वर्ष बाद 1912 मे रवीन्द्रनाथ ठाकुर की जीवन-स्मृति से सम्बन्धित उनके चित्र आए, तो रेखांकन भी, जिसे देखकर लोग हैरान हुए थे।

गगनेन्द्रनाथ की कृतियों को चार भिन्न प्रकारों में बाँटा जाता है—रेखाचित्र, पौराणिक और आख्यानात्मक चित्रण, भूदृश्य तथा छायाप्रकाश के संयोजनों से निर्मित अमूर्त, घनवादी तथा प्रभाववादी चित्र। इतने शिल्पों और पद्धतियों में काम करनेवाले वे उस समय अकेले चित्रकार थे। ध्यान देने की बात यह भी है कि दृश्य-चित्रण में मानवाकृतियों से परहेज कर भूदृश्यों का चित्रण भी उनके कला-वैशिष्ट्य का एक महत्त्वपूर्ण पक्ष है। इन चित्रणों में वे यथार्थवादी पद्धति से काम करते दिखते हैं। उनके यथार्थवादी चित्रों में 'कंचनजंघा', 'हिमालय के दृश्य', 'पुरी का मन्दिर', 'पद्मा नदी', 'एवरेस्ट की चोटी' आदि शामिल हैं, तो सिजां, सेउरा तथा सिग्नाक जैसे प्रभाववादियों की भाँति 'परी लोक', 'सात भाई चम्पा', 'वीरान घर', 'अलादीन की गुफा' आदि प्रभाववादी चित्रों की रचना की। आश्चर्यजनक तथ्य यह है कि कि गगनेन्द्र ने उक्त प्रभाववादियों की नकल न की और प्रभाववाद के विचारों से प्रेरित होकर काम किया। उन्होंने कैमरे की तकनीक का प्रयोग कर छाया-प्रकाश का अध्ययन किया और अभ्यास तथा अन्तर्दृष्टि के उपयोग से प्रभाववादी कृतियों की रचना की जिसमें रंग-योजना का अनूठापन आज भी देखने पर विस्मय में डाल देता है।

इसी तरह अमूर्तन में भी उनके काम सुन्दर बने, जो पूरी तरह अमूर्त नहीं थे। इन अमूर्तनों को अर्द्ध-अमूर्तन कहा जा सकता है जिसमें रहस्य-सा दिखता है। खाली घर, वीरान सड़कें, भयानक-से दिखते खँडहर अमूर्तन को क्या अर्थ देते हैं? इस पर नीरद सी. चौधरी ने कहा था—'गगनेन्द्रनाथ की प्रेरणा कलात्मक होने की अपेक्षा मनोवैज्ञानिक अधिक है।' इसी तरह पिकासो और ब्राक द्वारा प्रवर्तित घनवादी पद्धति में भी उन्होंने काम किए, तो प्रतीकात्मक कला पद्धति में भी। उनके घनवादी काम में जहाँ शंकुआकार आकृतियों में सजीव रूपाकृतियाँ दिखती हैं, वहीं प्रतीकात्मक कामों में जीवन के गहरे रहस्य दिखते हैं। 'आत्मा का गमन', 'कलाकार की मृत्यु' जैसी कृतियाँ उनकी प्रतीकात्मकता के उदाहरण हैं।

कहने की आवश्यकता नहीं कि भारतीय कला के आधुनिक होने में सर्वाधिक योगदान गगनेन्द्रनाथ ठाकुर का है जिन्होंने उस समय की महत्त्वपूर्ण वैश्विक आधुनिक पद्धतियों का उपयोग कर भारतीय कला को एक व्यवस्थित दिशा दी। 1938 में उनका देहान्त हुआ था; किन्तु उसके पूर्व ही चित्रण, संवेदना, विषय, विचार और दृष्टि के स्तर पर उनकी कला आधुनिकता ग्रहण कर चुकी थी जिसमें चेतना भारतीय थी और विचारों में रूढ़िमुक्त दृष्टि भी।

रवीन्द्रनाथ ठाकुर (1861-1941)

रवीन्द्रनाथ ठाकुर का भारतीय कला को आधुनिक बनाने में महत्त्वपूर्ण योगदान है। गगनेन्द्रनाथ ठाकुर के बाद वे दूसरे कलाकार हैं जिन्होंने कला में आधुनिक चेतना से सम्पन्न कृतियों की रचना की। कवि, कथाकार, नाटककार और चिन्तक के रूप में वैश्विक प्रतिष्ठा पानेवाले रवीन्द्रनाथ ने जीवन के अन्तिम चरण यानी 76वें साल में तूलिका सँभाली थी और अपनी कृतियों से सबको चमत्कृत कर दिया था। कलकत्ता में 1861 में जन्मे रवीन्द्रनाथ का लालन-पालन अच्छे परिवेश में हुआ था और सांस्कृतिक संस्कार भी उत्तम कोटि के मिले थे। साहित्य में अपार लोकप्रियता पाने के बाद उनका कला की ओर झुकाव हुआ था। उनकी शुरुआती कृतियों को हल्के ढंग से लिया गया; चित्र हों या रेखांकन, उन्हें बहुत गम्भीरता से न लिया गया। किन्तु समय बीतने के साथ उनकी कला की गम्भीरता की ओर दृष्टि गई और कलाविदों ने माना कि इनमें मौलिकता, स्वतंत्रता और व्यक्ति के निजस्व की प्रधानता है। रवीन्द्रनाथ ने कला की कोई अकादमिक शिक्षा नहीं ली, पर अन्त:प्रेरणा से उन्होंने जो रचा उसमें पारम्परिक कला-रूढ़ियों के नकार के साथ एक नई कलादृष्टि की उद्भावना मिलती है।

यह आश्चर्यजनक तथ्य है कि उनके चित्रों में रंग, रंगीन स्याही और क्रेयोन आदि का प्रयोग है। जब उनकी उपलब्धता में दिक्कत होती थी तो वे फूल और

पत्तियों को रगड़कर कृतियों में रंग भरा करते थे। यह स्वच्छन्दता उन दिनों विरल थी। अपने कामों में भी वे शुद्ध रूप से मौलिक ही थे। कल्पना, निर्द्वन्द्व भाव और यायावरी प्रवृत्ति के कारण उनकी कृतियाँ उन दिनों 'आधुनिकता के प्रेरक' की तरह आईं। उन्होंने स्वयं कहा है—'चित्रकला के क्षेत्र में मात्र रंग और रेखाएँ ही कोई सन्देश नहीं देतीं, अपितु उनमें ध्वनि होती है, लय होती है जिनका अन्तिम लक्ष्य कलाकार की आन्तरिक और बाह्य कल्पना का सम्प्रेषण एवं एक समानुपातिक समग्रता का विकास करना होता है।'

उनके चित्रों के बारे में कहा जाता है वे कल्पना-प्रसूत, लयात्मक और स्वत:स्फूर्त ढंग से निर्मित हुए हैं। कवि होने के कारण उनके लिए हमेशा लय का विशेष महत्त्व रहा है। यही कारण है कि लय उनके चित्रों में महत्त्वपूर्ण भूमिका में है जो उनके चित्रों को सौन्दर्यपूर्ण बनाती है। इस तथ्य से हम परिचित हैं कि उन्होंने अपनी रुचि के कारण चित्रों की रचना की, इसलिए वे किसी रूढ़िबद्ध नियम से नहीं रचे गए। इन चित्रों का आरम्भ पांडुलिपियों के सुधार-क्रम में हुआ; जिनमें काट-छाँट से आकृतियाँ उभरती गईं। इन्हीं आकृतियों को उन्होंने रंगों में ढाला। उन्होंने अपने चित्रों के बारे में स्वयं कहा था—'चित्रकला में मेरी गहरी रुचि है, पर मुझे कला के सिद्धान्त की स्थापना नहीं करनी है। मुझे तो केवल यही कहकर सन्तोष कर लेना है कि मेरे चित्रों के मूल में कोई सीखी हुई दक्षता नहीं है। मेरे चित्र किसी परम्परा या जानबूझकर किए गए प्रयत्नों के प्रतिफल नहीं हैं। इनका जन्म तो सहज कला प्रवृत्ति, रेखाओं और रंगों के सामंजस्य एवं संघात तथा मेरी रुचि और प्रसन्नता के कारण हुआ है।'

उनकी अधिकतर कृतियाँ महत्त्वपूर्ण हैं जिनमें ज्यादातर शीर्षकहीन हैं। किन्तु उनकी जिन कृतियों से भारतीय कला में आधुनिकता के प्रवेश को देखा जाता है, वे हैं—'पात्र लिए हुए स्त्री', 'वह', 'दृश्य', 'चित्र', 'दग्ध हृदया', 'आत्म निरीक्षण', 'पानीवाली', 'मशीन मैन', 'चिड़िया' और 'पक्षी-युगल'। इसके अतिरिक्त उनका बनाया 'आत्मचित्र' भी बहुत महत्त्वपूर्ण है तो 'स्थिर जीवन' के उनके बनाए चित्र अद्‌भुत प्रभावों की सृष्टि करते हैं। कवि गुरु की कुछ कृतियाँ व्यक्ति के अन्तर्मन और उसके मनोवेगों को भी तन्मयता से व्यक्त करती हैं। यह भी लक्ष्य किया जाता है कि उनकी कला पर उनके कवि और चिन्तक का काफी असर है जिसमें जगत का सौन्दर्य और उसकी करुणा का बड़ा जीवन्त साक्षात्कार है। उनकी कृतियों पर स्वदेश और विदेश में नजदीक आए कलाकारों की कला का प्रभाव भी है। फ्रांसीसी अभिव्यंजनावाद का प्रभाव भी उन पर है। मालूम हो कि उनकी पेरिस की एक कलादीर्घा में चित्र-प्रदर्शनी भी लगी थी, जिसकी बड़ी सराहना हुई थी।

यह तथ्य है कि उन्होंने कभी किसी विषय को आधार बनाकर कृतियों की रचना नहीं की, बल्कि त्वरित भाव ही उनकी रचना के आधार बनते थे। कटे हुए रूपों में, खंडित आकृतियों के रूप में और आड़ी-तिरछी रेखाओं के कटे-पिटे विन्यास में बनीं

उनकी आकृतियाँ भारतीय कला को आधुनिक बनाने की दिशा में बेहद महत्त्वपूर्ण थीं। यह भी ध्यान देने लायक तथ्य है कि इस कला संसार में पशु-पक्षियों की बहुत-सी कृतियाँ हैं जो कविगुरु के प्रकृति-प्रेम और उनकी उदार संवेदना का प्रमाण हैं। दृश्यचित्रों में भी उनकी दक्षता चकित करती थी जिसका अंकन उन्होंने अपनी भावपूर्ण कल्पना से किया था। यही कारण है कि कुछ कलाविदों ने उनके दृश्यचित्रों की तुलना पॉल क्ली और कैन्डिंस्की जैसे श्रेष्ठ कलाकारों से की है। इसका आधार यह भी है कि उन्होंने आधुनिक कला का गहरा अध्ययन किया था और वैश्विक कला में आ रहे परिवर्तनों को नजदीक से देखा था। यह अकारण नहीं है कि उन्होंने पश्चिमी कला जगत के परिवर्तनों से प्रेरणा लेकर भारतीय कला को रूढ़िमुक्त करने का प्रयत्न किया था। उनकी कला की विशिष्टतता ही स्वतंत्रता और निर्बाध सृजन है।

अमूर्तन, अभिव्यंजना, यथार्थ और प्रतीकात्मकता के वे सभी तत्त्व उनकी कला में दिखते हैं जो उन दिनों वैश्विक कला की आधुनिकता के प्रस्थान-मूल्य बने थे। लेकिन ये कला-मूल्य रवीन्द्रनाथ की कृतियों में बाहरी बनकर नहीं आए, बल्कि उन्होंने उन्हें भारतीय परिवेश के तहत रखकर देखने और उससे एक नई आधुनिक दृष्टि विकसित करने की चेष्टा की। कहना न होगा कि 1941 में अपने निधन से पूर्व उन्होंने भारतीय कला को खुली हवा में साँस लेते देखा था जिसमें उनकी भूमिका असन्दिग्ध रूप से अविस्मरणीय रही।

जामिनी राय (1887-1972)

जामिनी राय की कला भारतीय कला को आधुनिक बनाने में महत्त्वपूर्ण रही है, पर उनकी आधुनिकता विशुद्ध भारतीय चेतना-सम्पन्न आधुनिकता है जिसमें लोक का और लोक-संस्कृति का गहरा रंग है। 10 अप्रैल, 1887 को बंगाल के बाँकुड़ा जिले के बेलियातोर गाँव में जन्मे जामिनी राय समृद्ध परिवार से थे। उनकी रुचि बचपन से ही कला में थी; जिसको उनके पिता रामरतन राय ने प्रोत्साहित किया और नामांकन कलकत्ता के कला विद्यालय में करा दिया। जामिनी में शुरू से ही आदत थी कि वे कुछ भी देखते, उसको घंटों निहारते, उसमें खोये रहते और उसकी प्रतिकृति बनाने में लग जाते। उनका मन लोक-जीवन और प्रकृति में बहुत लगता था। कलकत्ता आकर उनका मन उचटने लगा। कला विद्यालय में पश्चिम की तकनीक और विचारों से अलग कुछ पढ़ाया ही नहीं जाता था। जामिनी का मन बार-बार विद्रोह करता। इसका परिणाम यह हुआ कि उन्होंने डिप्लोमा लेने से पहले ही पढ़ाई छोड़ दी। 1903 में जब वे कलकत्ता के कला विद्यालय में दाखिल हुए थे, तब उनकी उम्र सोलह वर्ष की थी। डिप्लोमा लेने से पूर्व और उसे छोड़ने तक उनकी उम्र इतनी पक गई थी कि वे यह जानने-समझने लगे थे कि उनकी कला को कैसा होना चाहिए।

यह भी देखने की बात है कि आरम्भ में उन्होंने पश्चिमी तकनीक को अपनाकर भी कुछ काम किए जिससे उन्हें पैसा और प्रतिष्ठा दोनों अर्जित हुए; और यह काम उन्होंने कलागुरु अवनीन्द्रनाथ के सम्पर्क में रहकर ही किया था, पर उनको सन्तोष न हुआ। उन्हें लग रहा कि कुछ छूट रहा है। पश्चिमी तकनीक पर उनके वे काम बंगाल शैली के ही काम थे, जो उनको सन्तोष नहीं दे पा रहे थे। उनका मन बार-बार एक ही तरह के विषय को बरतने और एक ही तरह की तकनीक को घिसते रहने से विद्रोह कर उठा। वे तो थे ही विद्रोही, इस पिष्टपेषण की प्रक्रिया ने उनकी अन्तर्ज्वाला को उग्र कर दिया।

यही वह समय है जब वास्तविक जामिनी राय का जन्म होता है। इसके बाद उन्होंने कालीघाट के पटुवा कलाकारों के कामों को गम्भीरता से देखना शुरू किया। उन कलाकारों की कृतियों की गाढ़ी रंग-योजना, आकृतियों की लयात्मकता आदि ने उन्हें बहुत प्रभावित किया। उन्होंने अब यह तय कर लिया कि उनको लोककला के इसी विन्यास को अपनी कला का आधार बनाना है और तब वे अपने नए सर्जनात्मक प्रयत्नों में लग गए। उन्होंने तब संथालों के जीवन का गहरा अध्ययन किया, लोक-कलाकारों को नजदीक से देखा, परम्परा में रची-बसी सांस्कृतिक अस्मिताओं से नाता जोड़ा और तय कर लिया कि वे अपनी कला को जीवन की कला बनाएँगे जिसमें अपने देश की मिट्टी की गंध होगी तो लोक-स्पन्दित जीवन होगा। यह अकारण नहीं है कि संथालों का उन्मुक्त जीवन, ग्राम्य पर्व-त्योहार, गुड़िया, खिलौने, रासलीला के चरित्रों की मुद्राएँ और पोशाक तक जामिनी की कला के उपादान हैं। इसके पीछे उनका स्पष्ट दर्शन है—उस कला का दर्शन जिसमें लोक की महती भूमिका है। कला को अभिजन बना देनेवाली अवधारणा का प्रतिकार करनेवाले जामिनी ने जहाँ यूरोपीय तकनीक को नकारा, वहीं दृश्य में व्याप्त कला से दूरी बनाई; क्योंकि उसमें लोक की गंध न थी।

1921 से अपनी नई भूमिका के साथ जामिनी राय ने जिस नूतन कलाधारा का प्रणयन किया, उसमें भारतीय सांस्कृतिकता जीवन्त हो उठी। बंगाल का लोक जीवन अपनी समग्रता में प्रकट होकर अगर उनकी कला को नई पहचान दे पाया तो इसमें स्वयं जामिनी की लोकग्राही प्रतिभा का योगदान है। आलंकारिता, विशुद्ध रंग प्रयोग, रेखाओं की सुदृढ़ता तथा लयात्मकता के साथ लोक जीवन के वैविध्य ने इस कला को जन-जन तक पहुँचा दिया। इसमें जीवन का वैराग, भक्ति, संघर्ष, उत्सव तथा सपनों की ऐसी रंगारंग प्रस्तुति हुई जैसे पहले कभी न हुई थी। अपने रूप विधान की आधुनिकता तथा विशुद्ध देशज अनुभूतियों के कारण कलाविदों की दृष्टि में जामिनी राय ऐसे विशिष्ट कलाकार की कोटि में आ गए थे जिनकी कला आधुनिकता के साथ परम्परा के पोषण में लगी थी। कलाविद वासुदेवशरण अग्रवाल ने ठीक ही कहा था कि—'उनके चित्रों और

भावों के रूप भारतीय धरती की देन हैं। उनकी कला मनोभूमि से स्वाभाविक रूप से जन्मी और संवर्द्धित हुई है।'

बावजूद इसके कि उन्होंने देशज तत्त्वों को आधार बनाकर स्थानीयता को अपनी कला में प्रतिष्ठित किया तथा लोक कला के वैशिष्ट्य को आत्मसात् कर एक नई कला परम्परा ही विकसित कर डाली जो विशुद्ध भारतीय आधुनिकता से अनुप्राणित थी, उन्हें अनेक कलाकारों और कलाविदों के कोप का भाजन बनना पड़ा। इसके कारण उन्हें बहुत बाद में प्रतिष्ठा मिल पाई जब उनके संघर्ष की सीमा चुक गई। भला हो उन अन्तर्राष्ट्रीय कलाविदों का, जिन्होंने उनके कामों की बारीकी को समझा और 1953 में न्यूयॉर्क की ए.सी.ए. कलादीर्घा में उनकी कृतियों की एक प्रदर्शनी की पहल की। इस प्रदर्शनी के बाद दृश्य अचानक बदल गया। पूरी दुनिया में उनकी कृतियों की वाहवाही होने लगी। तब 'न्यूयॉर्क टाइम्स' ने उनकी कला पर एक विशेषांक प्रकाशित किया और उन्हें एक महानतम भारतीय कलाकार के रूप में रेखांकित किया। इसमें स्पष्टता से घोषणा की गई कि—'केवल जामिनी राय की कृतियों में पेरिस की छाप नहीं है। उनमें मौलिकता और ताजगी है जो विशुद्ध भारतीय हैं।' इस प्रदर्शनी के बाद 1956 में वेनिस में लगी अन्तर्राष्ट्रीय प्रदर्शनी में उनकी कृतियाँ प्रदर्शित हुईं और इसके बाद पूरे यूरोप में उनकी कला की मौलिकता, स्थानीय तत्त्वों की गहरी समझ, रंगों की स्वाभाविकता तथा सांस्कृतिकता की भरपूर प्रशंसा हुई। इस अन्तर्राष्ट्रीय मान्यता के बाद जामिनी राय रातोरात वैश्विक कलाकार बन गए थे और भारतीय कला जगत का थोथा दुराग्रह टूट गया था।

उनकी महत्त्वपूर्ण कृतियों में—'संथाल महिला', 'माँ और शिशु', 'कृषक', 'तीन पुजारिनें', 'संथाल बाला', 'बाउल साधु', 'रामायण', 'कृष्णलीला', 'सीता की अग्निपरीक्षा', 'टैगोर और गांधी', 'ढोलवादक', 'रथयात्रा', 'रामभक्त हनुमान' आदि शामिल हैं। उनके रंग-प्रयोग की तुलना मातिस से की गई तो प्रतिभा की तुलना सिजां और पिकासो से। कुछ यूरोपीय कलाविदों ने उन्हें 'भारतीय कला का पैगम्बर' तक कहा था। पर सही अर्थों में देशज आधुनिकता के वे पहले ऐसे भारतीय कलाकार थे जिन्होंने भारतीय कला को स्वदेशी आधुनिकता की वह दिशा दी थी जिसका आधार लोक था। यह सच है कि यह आधुनिकता न चली, किन्तु बाद का शायद ही कोई बड़ा कलाकार हुआ जिसकी कला पर जामिनी राय के लोकतत्त्वजनित देशज आधुनिकता का प्रभाव न पड़ा हो। 24 अप्रैल, 1972 को उनका देहान्त हुआ था।

अमृता शेरगिल (1913-1941)

अमृता शेरगिल इस कड़ी की एक अन्य महत्त्वपूर्ण चित्रकार हैं जिन्होंने आधुनिकता को अपने मुहावरे में व्यक्त किया और तद्‌युगीन कला को गहरे अर्थों में प्रभावित

किया। अमृता का जन्म 30 जनवरी, 1913 को बुडापेस्ट, हंगरी में हुआ था। उनके पिता उमराव सिंह मजीठिया भारतीय नागरिक थे जबकि माँ हंगेरियन थीं। 1914 में प्रथम विश्वयुद्ध के आरम्भ होने के कारण उनके माता-पिता भारत नहीं लौट पाए थे और बुडापेस्ट छोड़कर उसी के आसपास एक गाँव में आश्रय लेना पड़ा था। यहीं गाँव के प्राकृतिक वातावरण में अमृता का बचपन गुजरा था। युद्ध के समाप्त होने और स्थितियों के सामान्य होने के बाद 1921 में अमृता अपने माता-पिता के साथ भारत लौटी थीं, तब उनकी उम्र 8 साल की थी। उनके पिता का पैतृक घर गोरखपुर के निकट सरयाँ में था जहाँ के प्राकृतिक वातावरण में उनका पोषण हुआ। इसके बाद उनकी आरम्भिक शिक्षा शिमला में हुई। पहले बुडापेस्ट के एक गाँव, फिर गोरखपुर का सरयाँ और उसके बाद शिमला की सुषमा ने प्रकृति तथा उसके सौन्दर्य के प्रति उनमें बचपन से ही राग को उपजा दिया था जो बाद में उनकी कला की प्रेरणा बना।

1924 में अमृता को ग्यारह वर्ष की उम्र में फ्लोरेन्स भेजा गया जहाँ वे कला की शिक्षा ले सकें। उनका मन वहाँ न लगा और वे भारत लौट आईं। फ्लोरेन्स की रूढ़िवादिता और जड़ता ने उनमें एक विद्रोह उपजा दिया था। उन्हें जिस चीज की तलाश थी, वह फ्लोरेन्स में भी न मिली। भारत में पाँच वर्ष बिताने के बाद वे 1929 में कला शिक्षा के लिए पेरिस गईं। वहाँ 'ग्रांड चाउमिरे' में कला शिक्षा लेकर वे 'एकोल नेशनल्ज डी ब्यूरो सलोन' में दाखिल हुईं। यह महत्त्वपूर्ण था कि उन्नीस वर्षीया अमृता को इसमें प्रवेश मिला था। यहाँ वे लगातार पाँच वर्षों तक रहकर कला का अध्ययन करती रहीं और वहाँ सक्रिय कलाकारों के निकट सम्पर्क में भी रहीं। वहीं वे सिजां और पॉल गोगिन की कृतियों से परिचित हुईं जिसके प्रभाव से उनमें आधुनिक कला की तकनीक के साथ कल्पना, भाव, संयोजन, विषय-चयन, रंग-बर्ताव आदि की गहरी समझ बनी।

1934 में जब वे इक्कीस वर्ष की उम्र में भारत आईं तो एक सपना उनकी आँखों में था। अपने पितृदेश की भव्यता का किस्सा पुराना था और जो सामने था, वह भयावह और डरावना। एक पकी हुई उम्र में उनको भारत वह न दिखा, जो वह देखना चाहती थीं। न भव्यता, न सम्पन्नता, न खुशहाल जीवन। प्रकृति की सुषमा तो थी, रमणीय संसार भी था किन्तु दुखी और उदास चेहरे ही दिखते, जहाँ तक उनकी दृष्टि जाती। वे लिखती हैं—'सुन्दर हरे-भरे मैदानों में धीरे-धीरे चलते-फिरते काले शरीर, दुखी और उदास चेहरे, अत्यन्त कमजोर और दुबले-पतले स्त्री-पुरुष ऐसे दिखाई देते हैं, जैसे तस्वीरें चल रही हों और उनके ऊपर एक अकथ उदासी का साम्राज्य छाया हुआ हो।'

यही वह प्रस्थान-बिन्दु है जहाँ से उनकी कला की यात्रा शुरू होती है जिसमें कल्पना नहीं, यथार्थ है और उसमें गहरी उदासी, दुख और करुणा का पसारा है। यहीं से अमृता के चित्रों का दृश्य उभरता है जिसमें हम दुख और उदासी से बोझिल

भारतीय स्त्री-पुरुष को देख सकते हैं। इनमें नियति की परवशता, दैन्य, आभाहीन चेहरे मन पर अवसाद छोड़ देते हैं। उनकी उल्लेखनीय कृतियों में—'केले बेचनेवाले', 'नीबूवाले', 'पर्वतीय पुरुष', 'तीन जवान लड़कियाँ', 'दुल्हन', 'दुल्हन का श्रृंगार', 'ब्रह्मचारी', 'ऊँट', 'मदर इंडिया', 'दो हाथी', 'प्राचीन कथा वाचक', 'सोई हुई स्त्री', 'नीले में छोटी लड़की' आदि हैं जो एक समाज-व्यवस्था की दयनीयता और उसकी नियति को दृश्यमान करती हैं। इन चित्रों में एक आख्यान है जिसकी आत्मीयता और द्रवित करनेवाली दृष्टि है जिससे हम भारतीय जीवन की बेबसी को समझ सकते हैं। अपनी इस यथार्थवादी दृष्टि को अमृता एक नई शैली कहकर सम्बोधित करती हैं और अपने पर विदेशी शैली की नकल का प्रतिकार करती हैं। लेकिन निश्चित रूप से उनकी शैली फ्रांसीसी शैली है और उनके अधिकतर काम उत्तर-प्रभाववादी कलाकार पॉल गोगिन की विषय-वस्तु और रंग-योजना से प्रभावित हैं जिनमें अन्तर की व्यथा और उदासी का चित्रण अधिक होता है। रंग-न्यास भी वही है।

अन्तर के सत्य के उद्घाटन का विन्यास अमृता के यहाँ सादृश्य में बदल गया है जो छाया-प्रकाश के संयोजन में रंगों के मटमैले प्रयोग में दिखता है। जिस तरह उत्तर-प्रभाववादी चित्रकार मनोव्यथा से गुजरकर चित्रण को एक उदास भंगिमा में देखते थे, वही कुछ-कुछ भाव अमृता में भी दिखता है। अन्तर सिर्फ यह है कि उत्तर-प्रभाववादी फ्रांसीसी चित्रकार सादृश्य के मुकाबले सूने अन्तर को रूपायित करते हैं तो अमृता सादृश्य को उसकी विरूपता में आँकती हैं। अवसाद जैसा वहाँ है, वैसा ही अमृता में भी है।

यह सही है कि वह पहली भारतीय चित्रकार हैं जिन्होंने उस समय पेरिस में कला-शिक्षा ली थी, जब भारत में पश्चिम की कला से तालमेल का ठीक-ठाक सूत्रपात भी न हुआ था। उत्तर-प्रभाववादी पद्धति को उन्होंने अपनाया, पर उसे भारतीय जीवन में विन्यस्त कर उसे नया संस्कार दिया। इस तरह ठोस यथार्थ और दृश्य के अवसाद को रूपायित कर उन्होंने भारतीय आधुनिक कला की एक नई इबारत लिखी और समग्रता में पहली आधुनिक भारतीय कलाकार का दर्जा भी पाया; पर उनका बंगाल कला शैली की कटु आलोचना करना और उसमें निहित भारतीयता को प्रश्नांकित करना कहीं से भी तार्किक नहीं था।

भारतीयता केवल दुख, अवसाद और नियति-प्रेरित छवियों के अंकन में ही नहीं होती; वह देश के मेले-ठेले, उत्सव, राष्ट्रीय गौरव और पुरा-चित्रण में भी होती है। वह उस शिल्प में भी होती है जो लोक से आता है और उस आख्यान में भी होती है जिसमें देश की आत्मा धड़कती है। 1903 में बनाई गई अवनीन्द्रनाथ की कृति 'भारतमाता' जिस भारतीयता का उद्घोष थी, उसे समग्र बंगाल कला आन्दोलन रूपायित करता रहा; कदाचित इसीलिए हैवेल और कुमारस्वामी ने बार-बार इस कला शैली को 'भारतीय कला की आत्मा बचानेवाला भारत की राष्ट्रीय प्रेरणा कहा' है।

यह ठीक है कि अमृता ने सिर्फ 28 वर्ष की उम्र तक बहुमूल्य कृतियों की रचना की और 1941 तक असामयिक निधन के पहले उन्होंने अपनी एक मुकम्मल आधुनिक चित्रकार की जगह बना ली थी पर उनमें जो एक पश्चिमी भाव था, उसमें भारतीयता और उसकी कला को लेकर जो एक नकारात्मक दृष्टि थी, वह पशंसनीय नहीं कही जा सकती।

कलकत्ता कलाकार समूह
(Calcutta Artist's Group)
(1943-1949)

बंगाल कला आन्दोलन के बाद वैयक्तिक प्रयत्नों से अनेक कलाकारों ने भारतीय कला को आधुनिक बनाने की चेष्टा की। इस चेष्टा को हमने कुछ मूर्धन्य कलाकारों की चर्चा में पीछे देखा है। अब उन कला समूहों और संगठनों को देखना चाहिए जिनके प्रयत्नों ने भारतीय कला की आधुनिकता को परिभाषित किया और ठोस विचारों के साथ कला को आधुनिक जीवन की विसंगतियों और समस्याओं के भीतर रखकर देखा। इसकी प्रेरणा निश्चय ही अमृता शेरगिल रहीं जिन्होंने भारतीय कला की आधुनिकता को वैश्विक कला-परिप्रेक्ष्य में परिभाषित किया और भारतीय जीवन की त्रासद स्थितियों, मनोदशाओं और छीजते जीवन को उनके अवसाद में उठाते हुए स्वाभाविक प्रश्नों से कला को जोड़ा। अमृता की कला ने बंगाल के नवोदित कलाकारों के साथ-साथ देश के अनेक उदीयमान और संभावनाशील कलाकारों को उद्वेलित किया, जिनमें से कुछ ने संगठन बनाकर उनकी चिन्ताओं को आगे बढ़ाया, तो कुछ ने निजी प्रयत्नों से उनकी दृष्टि का विस्तार किया।

उनसे सीधे प्रेरित-प्रभावित कलाकारों में उन नामों को प्रमुखता से जोड़ा जाता है, जो बाद में भारतीय आधुनिक कला के महत्त्वपूर्ण कलाकार सिद्ध हुए। इनमें के.के. हेब्बार, प्रेमल चौधरी, सुधीर सोजवाल, के.एस. कुलकर्णी, ए.ए. अलमलेकर, चेतन आर्या, बी. प्रभा, लक्ष्मण पै, कुमारिल स्वामी, श्रीनिवासुलु, प्रदोष दासगुप्ता, परितोष सेन, गोपाल घोष, नीरोद मजुमदार, शुभो टैगोर आदि कलाकार शामिल हैं। अमृता के निधन के बाद भारतीय स्वाधीनता आन्दोलन के अन्तिम चरण में कुछ महत्त्वपूर्ण कला संगठन अस्तित्व में आए जिनका लक्ष्य कला को प्रगतिशील विचारों से जोड़कर एक ऐसा कला वातावरण बनाना था जिसके प्रभाव से अतीत-राग से मुक्ति मिले और कलाकार जीवन की वास्तविकता से परिचित होकर काम कर सकें।

कलकत्ता कलाकार समूह ऐसा पहला समूह था जिसकी स्थापना अमृता शेरगिल की मृत्यु के कुछ ही समय बाद 1943 में हुई थी। इस कलाकार समूह में

आठ कलाकार शामिल थे। इसकी विचारधारा अमृता शेरगिल की कला-चिन्ताओं से मिलती थी। इसने अपना घोषणा-पत्र तैयार किया और उसमें यह घोषणा की—

'इस समूह का मार्गदर्शक सिद्धान्त है अन्तर्राष्ट्रीय होना। हमारे लिए कला का लक्ष्य ही यही है और हम अन्तर्राष्ट्रीय हुए बिना कला के लक्ष्य को नहीं पा सकेंगे, ऐसा समझते हैं। दूसरे शब्दों में कहें तो यदि हम अतीत के गौरव को ताकते रहेंगे, उसी का गुणगान करना अपना कला-धर्म समझते रहेंगे और हर स्थिति में अपनी परम्परा से जुड़े रहेंगे तो हमारी कला किसी भी तरह से अपना विकास या प्रगति नहीं कर सकेगी। अतीत-राग जीवन या सृजन के लिए वहीं तक ठीक है जहाँ तक वह हमें जीवन-रस देता है और प्रगति के लिए प्रेरक की भूमिका निभाता है। यदि वह हमारे विकास को रोकता है और हम उसके दबाव या राग में फँसकर अपने भविष्य की आहट नहीं सुन सकते, तो यह विनाशक होता है। कला की व्यापक दुनिया, जो विश्व के महान कलाकारों द्वारा समृद्ध तथा विविधधर्मी बनी हुई है, वह हमें पुकार रही है। हमें इस कला का गहराई से अध्ययन करना होगा, उसका रसास्वादन करना होगा और वह सब अपनाना होगा, जिसका हम अपनी जरूरत और परम्परा के अनुरूप संश्लेषण कर सकते हैं। यह इसलिए भी जरूरी है कि हमारी कला में अट्ठाहरवीं सदी से ही ठहराव की स्थिति बनी हुई है। पिछले दो सौ वर्षों में भारत से बाहर की दुनिया ने कला में कई लम्बे डग भरे हैं, रूपाकार और तकनीक के क्षेत्र में युग-प्रवर्तक खोजें की हैं। अत: हमारे लिए यह बहुत जरूरी है कि हम इस खालीपन को भरें तथा पश्चिमी दुनिया में हुए विकास से लाभ उठाएँ।'

इस समूह से जुड़नेवाले कलाकार थे—नीरोद मजुमदार, शुभो टैगोर, गोपाल घोष, परितोष सेन, रथिन मोयित्रा, प्राणकृष्ण पाल, प्रदोष दासगुप्ता तथा कमला दासगुप्ता। इन आठ कलाकारों से आरम्भ हुए इस समूह में बाद में कुछ अन्य कलाकार आ जुड़े जिससे इसकी योजना और प्रगति पर सकारात्मक प्रभाव पड़ा। बाद में जुड़नेवाले कलाकारों में—रामकृष्ण बैज, गोवर्धन एश, अबनी सेन, सुनील माधव सेन और हेमन्त मिश्र थे। इस समूह के बारे में आम धारणा बनी कि यह भारत में आधुनिकता का आन्दोलन शुरू करने की दिशा में उठाया गया एक सार्थक कदम था।

इस समूह से कुछ कला आलोचक भी जुड़े तो कुछ लेखक और दूसरे बुद्धिजीवी भी। इनमें शाहिद सुहरावर्दी, सुधीन्द्र दत्ता और विष्णु डे जैसे कला-आलोचक शामिल थे। कहा जाता है कि इस समूह की एक स्पष्ट विचारधारा थी और वह थी मार्क्सवादी विचारधारा। लेखक मुल्कराज आनन्द भी बाद में इससे जुड़े थे। 1944 में हुई इस समूह की प्रदर्शनी से प्रभावित होकर उन्होंने यह विचार व्यक्त किया था—'कलकत्ता समूह की प्रदर्शनी से स्पष्ट हो गया कि युवा बंगाली बहुत प्रभावशाली और भारतीय चित्रकला के संकट के प्रति सजग थे। इनमें से प्रत्येक कलाकार का स्वतंत्र व्यक्तित्व

था और उन्होंने परस्पर मिलकर इस समूह की स्थापना की थी। अत: सौभाग्यवश उनका काम अद्वितीय दिशाओं की ओर बढ़ा और घोषणा-पत्र के लिखित वक्तव्य तक सीमित नहीं रहा। भले ही उन्होंने अच्छे कामों की निर्मिति कम की हो, लेकिन उन्होंने सृजनात्मक कला की नई दिशाओं को अपनाकर परम्परावादियों से भिड़ने में साहस का परिचय दिया था।'[1]

चर्चित कलाविद प्राणनाथ मागो लिखते हैं—'पर 1945 में ही, आनन्द बाजार पत्रिका के कला संवाददाता ने उन्हें राजनीतिक प्रचारकों के जाल में उलझ जाने के खतरों से सावधान कर दिया था। समूह की 1949 की प्रदर्शनी के सन्दर्भ में प्रदोष दासगुप्ता बताते हैं कि रूपाकार, रंग, सुसंगति, सन्तुलन आदि के बुनियादी सौन्दर्यशास्त्र की समझ के क्षेत्र में समूह के सदस्यों ने कई नव-प्रवर्तनकारी तथा प्रगतिशील कदम उठाए थे। जहाँ रूपाकार तथा विषय आपस में घुलमिल जाते हैं, वहाँ सार्थक रचना-दृष्टि का परिचय दिया, ताकि इनमें से कोई एक-दूसरे पर हावी न हो जाए।'[2]

इस समूह ने बाद में 1944 और 1945 में मुम्बई में चित्र प्रदर्शनियाँ आयोजित की थीं; जिनमें वहाँ के स्थानीय कलाकारों ने बहुत उत्साह तथा रुचि के साथ उनका स्वागत किया था। इस पर प्रतिक्रिया देते हुए 'टाइम्स ऑफ इंडिया' के कला स्तम्भकार रूडोल्फ वान लाइडेन ने लिखा था—'बंगाल ने आधुनिक भारतीय कला को बहुत प्रभावित किया है और ऐसा अवनीन्द्रनाथ टैगोर तथा उनके अनुयायियों द्वारा करीब चालीस साल पहले आरम्भ किए गए 'भारतीय नवजागरण आन्दोलन' से ही हो रहा है। हम कलकत्ता समूह की प्रदर्शनी का स्वागत करते हैं; क्योंकि इस प्रदर्शनी में, तीन वर्ष पहले आयोजित जामिनी राय की प्रदर्शनी के बाद, फिर से आधुनिक बंगाली कला के नमूने मुम्बई देख पा रहा है।'

कहा जाता है कि मुम्बई के युवा कलाकार, जो स्वयं को दिशाहीन पा रहे थे और अस्थिर तथा अशान्त चित्त थे, इस प्रदर्शनी से उत्साहित हो उठे थे। उन्होंने इसकी प्रेरणा से कुछ अलग और नया करने का जोश महसूस किया था। इन युवा कलाकारों में के.एच. आरा तथा फ्रांसिस न्यूटन सूजा शामिल थे।

कलकत्ता समूह के कलाकारों ने जिन पश्चिमी कला आन्दोलनों का आश्रय लिया था और उनकी प्रेरणा से भारतीय कला को समुन्नत करने का संकल्प लिया था उनमें शामिल कलाकारों में पिकासो, मातिस, वॉन गॉग, व्लामिंक, ब्राक, मूर, ब्रांकुसी आदि थे। इसके अतिरिक्त कुछ अन्य कलाकार भी थे जिनकी कृतियों का असर समूह के कलाकारों पर था। शुरू-शुरू में यह प्रभाव उन पर हावी था, किन्तु

---

1. भारत की समकालीन-कला-एक परिप्रेक्ष्य—प्राणनाथ मागो, अनुवाद-सौमित्र मोहन, नेशनल बुक ट्रस्ट, दिल्ली, पृ. 65
2. वही, पृ. 65

बाद में उनके कामों में आती गई परिपक्वता ने प्रभाव की छाया को कम कर दिया था। इस तरह कहें तो इस समूह पर उत्तर-प्रभाववाद, घनवाद, अमूर्तवाद तथा अति-यथार्थवाद की गहरी छाया थी; और उससे जुड़े कलाकार मानते थे कि उनके असर से वे भारतीय कला को वैश्विक बनाने के साथ-साथ अतीत-राग से मुक्त कर सही अर्थों में आधुनिक बना सकेंगे।

इस समूह के कलाकारों में प्रभाव ग्रहण करने की तीव्रता अधिक थी, पर वे अपनी जमीन से जुड़ाव के प्रति भी रुचि रखते थे। यह लक्षित किया जाता है कि समूह के अग्रणी कलाकारों में—जहाँ गोपाल घोष के भूदृश्य अपनी लयात्मकता के कारण प्रभावित करते थे, वहीं प्रदोष दासगुप्ता की मूर्तियाँ भावप्रवण होने के साथ-साथ सुगठित तथा जीवन्त प्रतीत होती थीं। इसमें शामिल परितोष सेन अपने चित्रों में अति-यथार्थवादी छवियाँ उकेरते थे, तो रथिन मोयित्रा और प्राणकृष्ण पाल अलंकृत शैली में अपेक्षाकृत लम्बवत आकृतियाँ निर्मित करते थे। 1943 से 1953 तक यानी दस वर्षों तक सक्रिय रहे इस समूह ने विदेशी आन्दोलनों से प्रेरित कला-पद्धतियों का प्रभाव तो अवश्य लिया, पर इसके कलाकारों की कोशिश रही कि वे अपनी भूमि से जुड़े रहें और परम्परा-प्रसूत आधार सामग्री तथा भाव-संयोजन के प्रति भी उदारता बरतें। इसमें कोई सन्देह नहीं कि इस समूह ने नई धारणाओं के साथ काम किया और बंगाल कला आन्दोलन की 'कथित भावुकता' से मुक्त होने की चेष्टा की। इसने वैचारिक रूप से वैश्विक कला परिदृश्य को भी अपनी कला में जगह देने की कोशिश की; पर उसका प्रभाव सीमित था और वह बंगाल कला आन्दोलन जैसा राष्ट्रीय फलक न पा सका। जहाँ तक बंगाल कला आन्दोलन के प्रभाव से मुक्त होने की बात थी; तो वह मार्ग बहुत पहले ही गगनेन्द्रनाथ ठाकुर, रवीन्द्रनाथ ठाकुर, जामिनी राय और अमृता शेरगिल के सृजन से खुल चुका था; इसलिए यह कोई ऐसा नया मार्ग न था जिसे बंगाल कला आन्दोलन के प्रति विद्रोह कहा जा सके।

फिर भी, इस समूह का यह अवदान निश्चय ही याद करने लायक है कि इसने साहस के साथ पश्चिम से अपना नाता जोड़ा, उससे प्रेरित होकर निजी पहचान की खोज की चेष्टा की। इसमें उनकी भावनाएँ अधिक प्रभावी थीं, सामूहिक यत्न से किसी नई कलाधारा को जन्म देने की इच्छाशक्ति नहीं। बावजूद इसके, इस समूह का महत्त्व इसलिए भी है कि इसने समय के साथ चलने की वकालत की। प्रदोष दासगुप्ता का यह कहना इसकी पुष्टि करता है कि—'देवी-देवताओं में खुद को व्यस्त रखने का समय अब बीत चुका। अब कलाकार अपने युग और परिवेश, अपने लोगों तथा समाज से आँखें मूँदे नहीं रह सकता।'

इस समूह से जुड़े कलाकारों में जो सबसे महत्त्वपूर्ण सिद्ध हुए उन्हें संक्षेप में हम देखने का प्रयत्न करेंगे।

नीरोद मजुमदार (1916-1982)

नीरोद मजुमदार इस समूह के महत्त्वपूर्ण चित्रकार थे। उनका जन्म 11 मई, 1916 को कलकत्ता में हुआ था और 66 वर्ष की उम्र में 26 सितम्बर, 1982 को निधन। नीरोद ने अवनीन्द्रनाथ ठाकुर के शिष्य क्षितीन्द्रनाथ मजुमदार से कलकत्ता के 'सोसायटी ऑफ ओरिएंटल आर्ट' में कला शिक्षा ली। यहाँ से पढ़ाई पूरी होते ही उन्हें 'नॉर्मन ब्लाउंट मेमोरियल अवार्ड' मिला था। 1943 में गठित 'कलकत्ता समूह' के संस्थापक सदस्यों में एक नीरोद की एकल प्रदर्शनी 1944 में उक्त समूह ने ही कलकत्ता में की थी। उसके बाद फ्रांस सरकार की एक स्कॉलरशिप पर वे पेरिस चले गए थे जहाँ उन्होंने फ्रांसीसी कलाकार आन्द्रे ल्होते की एकेडेमी में इन्ग्रेविंग का अध्ययन किया। 1951 में उन्होंने लन्दन के इंडिया हाउस की एक समूह प्रदर्शनी में भाग लिया। 1957 में उनकी एक एकल प्रदर्शनी पेरिस की 'गैलरिज बारबिजोन' में लगी। वे लगभग दस वर्षों तक यूरोप में रहे और वहाँ के अनेक लेखकों और कलाकारों के निकट सम्पर्क में आए; जिनमें ब्रांकुसी, जॉर्ज ब्राक तथा जिन जेनेट जैसे कलाकार शामिल हैं।

वे 1958 में कलकत्ता लौटे थे। आने के बाद उन्होंने बड़े कैनवस पर तांत्रिक विषयों पर चित्र बनाए थे। इस विषय पर उनकी अनेक चित्र शृंखलाएँ हैं। उनके कामों में हम बंगाल शैली की चित्रमयता देख सकते हैं जिसका यूरोपीय आधुनिकतावाद से गहरा मेल है। उनके कामों में—'लिदा एंड द स्वान', 'कम्पोजीशन', 'काली पूजा' आदि हैं। माना जाता है कि उनकी कला पर यूरोप के बड़े कलाकारों—सिजां, पिकासो, ब्राक आदि का प्रभाव है। उन्होंने अपनी कलात्मक भाषा पाने की लगातार कोशिश की थी। उन पर यूरोपीय कला का यद्यपि प्रभाव था, किन्तु उन्होंने महसूस किया था कि आधुनिक शैली उन्हें तब तक पहचान नहीं दे सकेगी, जब तक कि वे अपनी जड़ों से उसे नहीं जोड़ेंगे। यही कारण है कि नीरोद ने तंत्र के प्रतीकों और छवियों की खोज की और पश्चिम की रूपात्मकता को तांत्रिक प्रतीकों में विन्यस्त कर अपनी कला को एक ऐसे समृद्ध विचार और रूप में बदल दिया जो अनोखा था। उन्होंने कई प्रसिद्ध कविताओं—'Image Eclogue' (इमेज इक्लोग), 'Wings of no End' (विंग्स ऑफ नो एंड), 'Nine variations of symbolic Nine' (नाइन वेरिएशन्स ऑफ सिम्बोलिक नाइन) पर चित्र बनाए और उनको प्रदर्शित किया। 1977 और 1978 में वे फिर पेरिस गए थे जहाँ पेरिस के बदले हुए रूप ने उन्हें डरा दिया था। उन्होंने देखा था कि प्रसिद्ध चित्रकार ब्रांकुसी के स्टुडियो को नष्ट कर वहाँ एक गैराज खोल दिया गया है। पेरिस के बदले हुए रूप पर लौटकर उन्होंने 'पुनश्चो पारी' (Paris Revisited) नामक संस्मरणात्मक पुस्तक लिखी थी। पुस्तक को उन्होंने चित्रों और रेखांकनों से सजाकर गीतात्मक बना दिया था।

नीरोद सही अर्थों में भारतीय आधुनिक कला के उन्नायकों में एक थे जिन्हें लगभग भुला दिया गया है।

प्रदोष दासगुप्ता (1912-1991)

प्रदोष दासगुप्ता कलकत्ता समूह के महत्त्वपूर्ण कलाकार थे। उनका जन्म ढाका के बैरकपुर में 1912 में हुआ था। उन्होंने कलकत्ता विश्वविद्यालय से स्नातक की उपाधि ली थी और उसके बाद मद्रास के शासकीय कला विद्यालय और लखनऊ कला विद्यालय से मूर्तिशिल्प का अध्ययन किया। मद्रास (अब चेन्नई) रहते हुए देवीप्रसाद रायचौधुरी से प्रशिक्षण लेने के बाद उन्हें कलकत्ता विश्वविद्यालय की फेलोशिप मिली जिस पर उन्होंने लन्दन के रॉयल एकेडेमी ऑफ आर्ट तथा पेरिस के ग्रांड चाउमिरे में कांस्य ढलाई तथा मूर्तिशिल्प की कुशलता अर्जित की। 1937 से 1939 तक वे लन्दन से पेरिस तक रहे। लौटने पर कलकत्ता समूह की स्थापना के सूत्रधार वे ही रहे।

प्रदोष दासगुप्ता ऐसे मूर्तिकार के रूप में सामने आए जिन्होंने भारतीय मूर्तिशिल्प में क्रान्तिकारी बदलाव किया और उस ढाँचे को तोड़ा जो उपनिवेशी के साथ-साथ भारतीय अतीत के रंग में ढला था। सही मायनों में प्रदोष ऐसे पहले आधुनिक भारतीय मूर्तिकार थे जिनकी कला में गहरे प्रक्षेपण और पाठ की क्षमता थी। वे गूढ़ विचारों को भी इस तरह निरूपित कर देते थे कि उनकी मूर्तियाँ एक वैचारिक पाठ की तरह खुलने लगती थीं। उनका विन्यास अपना था और मूर्ति के समग्र ढाँचे को आकारिक प्रयोग में बदलनेवाले वे विलक्षण मूर्तिकार थे। 1957 में उनको राष्ट्रीय आधुनिक कला दीर्घा (National Gallry of Modern Art), नई दिल्ली का क्यूटेकर बनाया गया जहाँ रहते हुए उन्होंने एम.एफ. हुसेन, एफ.एन. सूजा, तैयब मेहता, रामकुमार और ए. रामचन्द्रन के बड़े कामों को खरीद कर दीर्घा के स्थायी संग्रह की शुरुआत की थी। इस रूप में वे आधुनिक कला को प्रोत्साहित करनेवाले कला-प्रशासक के तौर पर भी याद रखे जाते हैं।

उनके मूर्तिशिल्प के वैशिष्ट्य पर एक विचार यह भी है कि उनकी मूर्तियों पर पश्चिम का प्रभाव तो है, पर वे भारतीय जड़ों से गहरे जुड़ी हैं। भाव और रूप की विलक्षण समरसता हो या विचारों के साथ प्रयोग करते हुए तत्काल मूर्ति-सृजन करने की कुशलता हो, इसमें प्रदोष का कोई जवाब न था। कहा भी जाता है कि वे 'Instant Sculpture' के मास्टर मूर्तिकार थे जो कुछ ही मिनटों में मूर्तियाँ बना देते थे। उनके महत्त्वपूर्ण मूर्तिशिल्पों में—'मदर एंड द चाइल्ड', 'क्रेडल', 'राग फैमिली' (विख्यात राग सीरीज का काम), 'सन वर्शिप', 'ब्रोकेन आइडल', 'ट्वीस्टेड फॉर्म', 'थ्री ग्रेसेज', 'हाल्वेस', 'ब्राइड', 'मासेस', 'सूर्यमुखी', 'वोमेन विद बॉस्केट', 'रिमॉर्स ऑफ एन एग' शामिल हैं।

सही मायनों में मूर्तिशिल्प को पारम्परिक ढाँचे से बाहर लाकर उसे आधुनिक शक्लों में तोड़ने, नए विचारों में ढालने तथा जीवन के प्रश्नों से उसे जोड़ने में जो काम प्रदोष दासगुप्ता ने किया था, वह मूर्तिशिल्प में आधुनिकता का प्रवेश ही था। 1991 में उनका निधन हो गया था।

परितोष सेन (1918-2008)

परितोष सेन इस समूह के अनन्य कलाकार होने के साथ-साथ भारतीय आधुनिक कला के महत्त्वपूर्ण हस्ताक्षर हैं। उनका जन्म 18 अक्टूबर, 1918 को ढाका में हुआ और निधन कलकत्ता में 22 अक्टूबर, 2008 को। 18 वर्ष की अवस्था में वे मद्रास शासकीय कला विद्यालय गए जहाँ उन्होंने 1940 तक (1936 से 1940 तक) यानी चार वर्षों तक प्राचार्य देवीप्रसाद रायचौधुरी से कला-शिक्षा ली। वहाँ रहते उन्हें के.सी. एस. पणिकर, प्रदोष दासगुप्ता तथा गोपाल घोष का साथ मिला जो बड़ा उर्वर सिद्ध हुआ। शुरुआती दिनों में उनकी कला आकृतिमूलक ही थी। बाद के दिनों में भी वे अपनी आकृतिमूलकता पर अटल रहे जिसमें शुद्धतावाद और रूपवाद की कोई जगह न थी। इन वादों को वे कला की मौलिकता से भागने का एक बहाना ही मानते रहे, जो उनकी साहसिकता का एक प्रमाण भी है। लाल, पीले तथा नीले रंगों से पटुआ शैली में गहरी तूलिकाघातों से बनी उनकी आकृतियाँ गम्भीर प्रभावों को रचती हैं। इनमें व्यंग्य और विनोद की सृष्टि कर वे कला को आधुनिक चेतना देने में समर्थक हो सके थे। उनकी दृश्यात्मकता में विलक्षण युक्तियों का प्रयोग और व्यंग्य की प्रविधि का समावेश सामाजिक प्रश्नों पर उनके विचारों का सम्प्रेषण है। इस रूप में पारम्परिक कला-विन्यास को आधुनिक रूप देकर उसे व्यंग्य-प्रधान बनानेवाले वे आरम्भिक आधुनिक मूर्धन्यों में हैं।

1949 में पेरिस जाकर उन्होंने आन्द्रे ल्होते की एकेडेमी में कला-शिक्षा ली। यह प्रवास उनके लिए वरदान सिद्ध हुआ। इसी यात्रा में उन्होंने पाब्लो पिकासो से भेंट की थी और उनकी कला को बारीकी से परखा था। लौटने पर उनके कामों में आकृतियों के निरूपण के साथ उसमें विन्यस्त व्यंग्य की युक्तियों पर पिकासो का गहरा असर पड़ा था। 1954 में भारत लौटने पर उन्होंने बिहार के पलामू जिले के नेतरहाट में जीविकोपार्जन के लिए नौकरी की। 1960 में फ्रांस सरकार ने उनको रवीन्द्रनाथ ठाकुर की हस्तलिपियों पर बांग्ला डिजाइन बनाने के लिए पेरिस बुलाया था। 1961 में तैयब मेहता के साथ उनके चित्रों की एक प्रदर्शनी लन्दन में लगी, जो बहुत सराही गई थी। उनके कला-सृजन में दो चरण प्रमुखता से उभरते हैं जिसमें वे स्वयं दूसरे चरण को अधिक प्रभावी मानते हैं। वे कहते हैं—'जिस तरह शुद्ध व्याकरण में ही लिखने से साहित्यिकता नहीं होती, तब होती है जब कोई लेखक आत्मा को

उद्वेलित कर दे। उसी तरह चित्रकार का चित्र जीवन-जगत से उसके सम्बन्ध, उसकी दृष्टि, आसपास की घटनाओं पर उसकी प्रतिक्रिया से पुष्ट होता है। जब तक वह कृति में प्राणतत्त्व नहीं डालता, तब तक वह अर्थहीन है, कला नहीं।'

अपने विचारों को कला में विन्यस्त करनेवाले परितोष सेन ने 1943 में 'बंगाल के अकाल' पर एक पूरी श्रृंखला ही बनाई थी। वह अकाल अंग्रेजों का थोपा हुआ था जिसमें भूख से पचास लाख लोग मर गए थे। इस अकाल पर परितोष की कृतियों ने धूम मचा दी थी। इसमें लोगों ने देखा था कि कैसे अंग्रेजी सरकार ने जनता को भूख से मरने के लिए विवश कर दिया था। कैसे अनाज गोदामों में सड़ गया। लाखों लोगों के शवों को किस निर्ममता से चील-कव्वों ने नोच डाला और हजारों परिवार कैसे उजड़ गए। उनकी कृतियों में 'हिंसा' पर बनाई गई श्रृंखला का भी विशेष महत्त्व है। उनकी उल्लेखनीय कृतियों में—'बंगाल में अकाल', 'सेल्फ पोर्ट्रेट', 'वायलेन्स', 'द गेसिंग गेम', 'पॉलिटिशियन ऑन प्रोनेनाडे', 'द मंकी ट्रेनर', 'द बैग लेडी', 'मसूरी', 'होली' आदि। इन कृतियों में टूटते आकारों में मानवी आकृतियाँ जहाँ करुणा जगाती हैं, वहीं क्षुब्ध भी करती हैं।

सही अर्थों में भारतीय कला को आधुनिकता से सम्पन्न कर उसे अपने समय के विरूपण का साक्ष्य बनाने और उसे एक प्रतिरोध की शक्ति निर्मित करने में परितोष सेन की कला का बहुत महत्त्व है। वे चित्रकार होने के साथ-साथ मूर्तिकार और संस्थापन कलाकार भी रहे तो कला पर लिखनेवाले गम्भीर कलाविद भी; जिनकी पाँच पुस्तकें भी प्रकाशित हैं।

गोपाल घोष (1913-1980)

गोपाल घोष इस समूह के एक अन्य महत्त्वपूर्ण कलाकार हैं जिनकी चर्चा न करना ज्यादती होगी। उनका जन्म 5 दिसम्बर, 1913 को कलकत्ता में हुआ था और 30 जुलाई, 1980 को निधन। उन्होंने शासकीय कला महाविद्यालय, जयपुर से कला-शिक्षा ली। इसके बाद 1935 से 1938 तक देवीप्रसाद रायचौधुरी के निर्देशन में मद्रास के शासकीय कला विद्यालय में मूर्तिशिल्प का अध्ययन किया। आरम्भ में बंगाल स्कूल की चित्रमयता से प्रभावित रहनेवाले गोपाल घोष ने बाद में यूरोपीय अभिव्यंजनावादी और घनवादी पद्धतियों में काम किया। वे उस दौर के आरम्भिक आधुनिक चित्रकारों में रहे जिन्होंने भूदृश्यों का बेशुमार चित्रण किया। उन्होंने भारत-भर का भ्रमण कर तरह-तरह के भूदृश्य बनाए और जलरंगों का भी कुशल प्रयोग किया। उनकी कृतियाँ सादृश्य के साथ-साथ गहरे मानवीय भावों और प्रकृति के समानान्तर चित्रकार का सिरजा एक संवाद भी दिखाती हैं। इस रूप में गोपाल घोष की कला पारम्परिकता के समानान्तर आधुनिकता के समावेश की कला है जिसमें

पद्धति ही नहीं, विचार भी अद्यतन है। इन भूदृश्यों में गाँव, खेत-खलिहान, कामगार, किसान, सागर-तट, नदी, नौकायन जैसे विषयों पर बने चित्र मिलते हैं जो सर्वथा नएपन का पता देते हैं। उनके मुख्य काम हैं—'रिटर्निंग होम', 'स्प्रिंग', 'गोवा', 'रीवर लैंडस्केप', 'अनटाइटल्ड', 'टू ट्रीज', 'ब्रांड बिहार', 'गॉसिप', 'फिश', 'पूपील इन द फील्ड', 'द कूक फाइट', 'बनयान ट्री' आदि।

उनके ये काम अपनी रंगविधि और नवीनता के कारण भूदृश्य की पारम्परिक कलादृष्टि को ही बदल देते हैं। कह सकते हैं कि गोपाल घोष की कला का आधुनिक कला में एक बड़ा योगदान है।

इस प्रकार हम देखते हैं कि भारत में आधुनिक कला का यह पहला कला समूह जीवन को समझने में, अपने समय को ध्वस्त करने में बहुत प्रभावी हस्तक्षेप करता है और भारतीय कला को आधुनिक चेतना से सम्पन्न भी। प्रगतिशील कलाकार संघ निश्चय ही इसी की प्रेरणा का परिणाम था।

प्रगतिशील कलाकार समूह
(Progressive Artist's Group)
(1947-1956)

यह 1947 में गठित भारतीय कलाकारों का एक ऐसा प्रभावी समूह था जिसने तद्‌युगीन कला को बहुत प्रभावित किया था। स्वतंत्रता मिल गई थी और पूरे देश में नवाचार की एक लहर-सी फैली थी। कहा जाता है कि मुम्बई में 'कलकत्ता समूह' की 1944 और 1945 में आयोजित हुई प्रदर्शनियों से इस समूह को बनाने की प्रेरणा मिली थी। माना जाता है कि सर जे.जे. स्कूल ऑफ आर्ट के पहले भारतीय निदेशक वी.एस. अदुरगर ने भी इस दिशा में भारतीय युवा कलाकारों को प्रेरित किया था। इस संघ में शुरू में छह कलाकार शामिल हुए—फ्रांसिस न्यूटन सूज़ा, सैयद हैदर रज़ा, मकबूल फिदा हुसेन, एच.ए. गाडे, के.एच. आरा और सदानन्द बाकरे। इसमें सदानन्द बाकरे मूर्तिकार थे, शेष सभी कलाकार चित्रकार थे। इस समूह ने अपनी कृतियों और मूर्तिशिल्पों की पहली प्रदर्शनी जुलाई, 1949 में की थी। कुछ समय बाद मनीषी डे, रामकुमार, अकबर पदमसी और तैयब मेहता जैसे चित्रकार भी इसमें शामिल हुए।[1]

इस समूह ने बंगाल कला आन्दोलन की पुनरुत्थानवादी राष्ट्रवादी प्रवृत्ति का विरोध किया और भारतीय कला में परिवर्तन के लिए कलाकारों को प्रोत्साहित किया। इस संघ का लक्ष्य भारतीय कला को वैश्विक परिप्रेक्ष्य देना था। चूँकि इसकी स्थापना भारतीय स्वतंत्रता प्राप्ति के तत्काल बाद हुई थी; इसलिए विभाजित भारत भी इसकी चिन्ताओं में एक था जिसमें धर्म के आधार पर देश दो टुकड़ों में बँट गया था और धार्मिक हिंसा में असंख्य लोगों की जानें गई थीं, लाखों लोग बेघर-बार होकर विस्थापित होने को विवश हुए थे। इस विभाजन ने असंख्य लोगों की आशाओं पर वज्रपात किया था। प्रगतिशील कलाकार समूह ने देश और समाज के यथार्थ को पूरी स्वतंत्रता के साथ चित्रित करने का निश्चय किया और रंग-संयोजन तथा तकनीक में वैश्विक प्रेरणाओं को ग्रहण किया।

---

1. राष्ट्रीय आधुनिक कला दीर्घा—National Gallery of Modern Art के केटलॉग में उल्लिखित

जुलाई 1949 में इसकी पहली प्रदर्शनी पर बोलते हुए मुल्कराज आनन्द ने कृतियों की सराहना की थी। समूह के आदर्श-वाक्य (जो सैमुअल बटलर के एक वक्तव्य पर आधारित था) पर बोलते हुए उन्होंने कहा था कि 'मरणासन्न कला से मृत कला कहीं बेहतर है; मृत कला कलाकार के गले में पड़ी रस्सी की तरह थी, जबकि नई कला सामाजिक विषयों से जुड़ी हुई होगी।' मालूम हो कि बटलर ने कहा था कि—'एरवोनिअन कलाकारों को न केवल चित्रांकन करने की विधि सिखाई जाती थी, वरन् कृतियों को बेचना भी बताया जाता था। चूँकि हमारे कलाकारों को ऐसा प्रशिक्षण कभी मिला नहीं, अत: हमारी गुप्त महत्त्वाकांक्षा 'एरवोन' (Erewhon) को खोजने की है जिसका वर्ण विपर्यय से अर्थ होता है—कहीं नहीं (Nowhere)।'[1]

इस पहली प्रदर्शनी पर एक आलोचक की टिप्पणी थी—'ये कलाकार तैयार रूढ़ियों से सन्तुष्ट नहीं। न तो पश्चिमी अकादमिक और न ही पारम्परिक अकादमिक शैलियों से। न ही इनके बारे में यह कहा जा सकता है कि पुरानी शैलियों के बदले इन्होंने आधुनिक चित्रकला की कोई उलझाऊ पद्धति चुन ली है। जिन लोगों ने इन चित्रकारों के पिछले वर्षों के काम को ध्यान से देखा है, वे इनके संघर्षों, प्रयोगों तथा कुछ विशेष हासिल करने के इनके उद्यम को समझ सकेंगे।'

इस प्रदर्शनी का परिचय देते हुए सूज़ा ने 'प्रगतिशील कलाकार समूह' का ध्येय भी बताया था और कलाकारों का लक्ष्य भी। उन्होंने लिखा था—'मैं ठीक से समझ नहीं पा रहा कि हम अब भी अपने समूह को प्रगतिशील (Progressive) क्यों कह रहे हैं? निश्चय ही अधिकांश प्रतिगामी संस्थाएँ अपने को प्रगतिशील ही कहती हैं, लेकिन हम तो अंधी राष्ट्रभक्ति और मतान्ध वामपंथी विचारों को कब का त्याग चुके हैं जिन्हें हमने अपने घोषणा-पत्र में, संघ की स्थापना के समय शामिल किया था—'कलाकारों के विभिन्न वर्गों तथा लोगों में बेहतर समझ तथा सम्पर्क बनाना।' हमने अपने काम से समझा कि ऐसा कर पाना असम्भव है। कारण स्पष्ट है कि कलाकारों के विभिन्न धड़ों में इतनी खाई है जिसे पाटना मुश्किल है।'

मैसोनियर और ह्विसलर, मनिंग्स और पिकासो, अचरेकर और जामिनी राय के बीच भी खाई है, मतभेद हैं; बल्कि लोगों और कलाकारों के बीच भी खाई इतनी गहरी है कि उसे पाटना कभी सम्भव नहीं लगता। जब तक कला रहेगी, वह गूढ़ ही रहेगी, बहुधा अबूझ भी। यह उपयोगितावादी-कार्यात्मक घरेलू वस्तुओं का निर्माण हो सकती है; यह स्कूली पुस्तकों या दलीय पत्रिकाओं में प्रयुक्त शिक्षोपयोगी 'रेखाचित्रण' हो सकती है, यह सोवियत संघ की प्रसिद्ध समाजवादी कला हो सकती है, और कला मिट्टी में बने गणेश या सुनहले बालों वाले ईसा में भी हो सकती है लेकिन इस तरह की कला किराए की, शिक्षोपयोगी, राजनीतिक और धार्मिक तो

1. 'भारत की समकालीन कला—एक परिप्रेक्ष्य'—प्राणनाथ मागो, नेशनल बुक ट्रस्ट, दिल्ली, पृ. 69

हो सकती है, किन्तु वह ऐसी कला कभी नहीं हो सकती, जो कलाकार के हृदय से जन्मती है और शुद्ध होती है।

आज हम विषय-वस्तु और तकनीक से पूरी तरह मुक्त होकर चित्रांकन करते हैं बल्कि एक तरह से अराजक होकर, केवल सौन्दर्यशास्त्र, सुगठित समन्वय और रंग-संयोजन के एक या दो मूलभूत तथा आन्तरिक सिद्धान्तों को छोड़कर। कला की किसी शैली या आन्दोलन के नीरस पुनरुत्थान में हमारी कोई दिलचस्पी नहीं है। चित्रकला तथा मूर्तिकला की विभिन्न शैलियों के अध्ययन के बाद हमने ऊर्जावान संश्लिष्ट शैली को चुना है।"[1]

सूज़ा के कथन के मुताबिक इस समूह का कार्य कैसा रहा और अन्ततः कला पर उसका कितना प्रभाव पड़ा; इस पर हम थोड़ी चर्चा करेंगे; किन्तु पहले उसके अन्य तथ्यों पर बात कर लें। 1950 में इस संघ में वासुदेव एस. गायतोंडे, प्रफुल्ला धानुकर, कृष्ण खन्ना तथा मोहन सामन्त भी शामिल हो गए थे। 1951 में ही सूज़ा और सदानन्द बाकरे लन्दन चले गए, तो सैयद हैदर रज़ा पेरिस। इसके बाद इस संघ में बिखराव आना शुरू हुआ। 1956 के बाद यह लगभग निष्क्रिय हो गया था। कायदे से देखें तो इस संघ पर उत्तर-प्रभाववाद, घनवाद और अभिव्यंजनावादी कला पद्धतियों का अधिक असर था। इन तीनों के समन्वित उपयोग से इस संघ के कलाकार अपनी कला को आधुनिक-चेतना सम्पन्न बनाने का कार्य कर रहे थे। लेकिन यह दिलचस्प तथ्य है कि इस समूह से जुड़े सभी कलाकारों की शैलियाँ भिन्न रहीं। सूजा अभिव्यंजनावादी रहे, तो गायतोंडे अमूर्तवादी। भारतीय रूपात्मकता और दृश्यचित्रण को तैयब मेहता तथा हुसेन ने अपनाया और अमूर्तन सहित पारम्परिक भारतीय चित्रण शैली को भी बरता। बावजूद इसके, एक नई हवा की तरह आया यह संघ कला को एक दिशा में ले जाता प्रतीत हुआ था। लेकिन जैसाकि सूज़ा ने कही थी, एक 'ऊर्जावान संश्लिष्ट शैली चुनने की बात', वह कारगर होती न दिखी। एक संगठन, पर सबकी भिन्न शैलियाँ और दृष्टियाँ—ऐसे में एक स्पष्ट शैली तो न होनी थी कि ऊर्जावान हो पाती। बेशक पश्चिमी कला-पद्धतियों के प्रभाव से सबने स्वयं को पारम्परिक कला से मुक्त रखने की चेष्टा की, लेकिन कहीं गहरे भारतीय संस्कार बद्धमूल बने रहे जिसमें चित्रण और विषय बार-बार अपने को दुहराते। यह भी सही है कि बंगाल कला शैली का पुनरुत्थानवाद इनके निशाने पर था, पर प्रभाव ग्रहण करने के नाम पर कम से कम संघ के सक्रिय वर्षों में वान गॉग, गोगिन, सिजां, पिकासो, ब्राक, गोया का प्रभाव इतना अधिक था कि उसमें भारतीय चित्त और कला-विवेक पाना कठिन था। जाहिर है, सभी कलाकार युवा थे और वे एक स्थिर

1. 'भारत की समकालीन कला—एक परिप्रेक्ष्य'—प्राणनाथ मागो, नेशनल बुक ट्रस्ट, दिल्ली, पृ. 68-69 से उद्धृत।

दृष्टि तथा कलाबोध को पाने की सतत् चेष्टा में थे; इसलिए यह दोष न होकर परिवर्तन और नवाचार की प्रक्रिया ही थी, ऐसा मानना चाहिए।

समूह के बिखराव के बाद एच.ए. गाडे को इसकी कमान मिली जिन्होंने कलकत्ता में सभी कलाकारों की कृतियों की प्रदर्शनी की, जिसे खूब प्रशंसा मिली और रामकिंकर बैज, प्रदोष दासगुप्ता आदि ने भी प्रदर्शनी को सराहा था। इसके बाद आगे के कुछ वर्षों तक मुम्बई में इसकी कुछ प्रदर्शनियाँ हुईं जिनका संयोजन गाडे के जिम्मे ही रहा। अन्तत: सूजा, बाकरे, और रजा के विदेश चले जाने और अन्य कलाकारों की अरुचि के कारण इस संघ का पतन हो गया, पर महज आठ-नौ वर्षों की सक्रियता में निश्चय ही इस कलाकार समूह ने भारतीय कला जगत को प्रभावित किया जिसकी कौंध आज तक महसूस की जाती है। इसका कारण यह भी है कि इससे जुड़े संस्थापक-सदस्यों सहित बाद में शामिल कलाकार भी स्वतंत्र भारत के श्रेष्ठतम कलाकारों में गिने गए; जिनकी कला से असंख्य कलाकारों ने प्रेरणा ली। सूजा, हुसेन, रजा, रामकुमार, गायतोंडे, कृष्ण खन्ना, अकबर पदमसी और तैयब मेहता जैसे नाम भारतीय आधुनिक कला के वे नाम हैं जिनकी चर्चा के बिना भारतीय कला का आधुनिक इतिहास पूरा ही नहीं हो सकता।

अब हम संक्षेप में उक्त कलाकारों की चर्चा करेंगे।

फ्रांसिस न्यूटन सूज़ा (1924-2002)

फ्रांसिस न्यूटन सूज़ा प्रगतिशील कलाकार समूह के संस्थापक थे और आधुनिक भारतीय कलाकारों में अग्रणी चित्रकार। उनका जन्म गोआ के एक कैथोलिक परिवार में 12 अप्रैल, 1924 को हुआ था और निधन 28 मार्च, 2002 को मुम्बई में। उनकी शिक्षा सेंट जेवियर कॉलेज और सर जे.जे. कॉलेज ऑफ आर्किटेक्चर, मुम्बई में हुई। वे तीन वर्ष के ही थे तो पिता चल बसे थे। बचपन बेहद गरीबी में बीता था। पिता के गुजरने के बाद उनकी माँ ने घर पर ही अपनी सास के आसरे उन्हें छोड़कर मुम्बई की राह ले ली थी। मुम्बई आकर उनकी माँ ने सिलाई-कढ़ाई का काम कर अपनी आजीविका चलाई। बाद में उनका हृदय पिघला और उन्होंने सूजा को मुम्बई लाकर पढ़ाया-लिखाया भी। पर सूज़ा के भीतर अपनी उपेक्षा से जो विद्रोह जन्म ले चुका था, वह उनका स्थायी स्वभाव बन गया। बचपन में ही पितृहीन और माँ के स्नेह से वंचित सूज़ा अपने को एक पीड़ित आत्मा के रूप में देखने लगे थे। उनकी जिन्दगी बहुआयामी रही। 1945 की बात है, तब सूज़ा सर जे.जे. कॉलेज, मुम्बई के तीसरे वर्ष के छात्र थे। वहाँ उन्होंने ब्रिटिश ध्वज 'यूनियन जैक' को उतारकर फेंक दिया था, जिसके कारण उन्हें निष्कासन भी झेलना पड़ा था। उन्होंने स्वयं लिखा है—'उस दिन निष्कासन के बाद खीझ से भरा घर लौटा और चकित माँ से अपनी

आपबीती सुनाई। फिर माँ के काम में उपयोग होने वाले प्लाईबोर्ड के बड़े से टुकड़े पर उसी छटपटाहट के साथ छुरी से रंगों का प्रयोग कर घंटे-दो घंटे के अन्दर भूदृश्य और स्थिर जीव के साथ एक 'निर्वसना' स्त्री को रच डाला और नाम दिया 'नीली औरत'। यह सौन्दर्य की देवी न थी, न आदिम रमणी। यह तो उस स्त्री का प्रतीक थी जो सभी कड़वाहटों और क्रूरताओं के साथ एक निर्मम सत्य की तरह हमारे साथ जीती रहती है।' दिसम्बर 1945 में मुम्बई में हुई कला प्रदर्शनी में इसी कृति को देखकर प्रसिद्ध कला समीक्षक हरमन गोएत्ज़ ने उन्हें 'विद्रोही' की संज्ञा दी थी। इस 'नीली औरत' को गोएत्ज़ ने बड़ौदा राज्य कला संग्रहालय के लिए चुन लिया था। इस एकल प्रदर्शनी में शामिल सूज़ा की आधी कृतियाँ हाथोंहाथ बिक गई थीं।

प्रदर्शनी में शामिल अधिकतर कृतियों पर लोगों की यही राय थी कि वे वीभत्स हैं। ये वे अभिजन लोग थे जिन्हें मालूम न था कि ये कृतियाँ उस वर्ग का प्रतिनिधित्व करती हैं जो सदा से शोषित-उत्पीड़ित रहता हुआ मूक ही रहता आया है; क्योंकि वह बोल नहीं सकता।

सूज़ा की इसी विद्रोही प्रवृत्ति के कारण कला समाज ने उनके प्रति एक नकारात्मक राय बना ली। बॉम्बे आर्ट सोसायटी की 1947 में हुई वार्षिक प्रदर्शनी में इसीलिए उनके कामों को खारिज कर दिया गया था कि वे 'न्यूड' थीं। लेकिन कुछ ही समय बाद लन्दन की रॉयल एकेडेमी ने उनके दो कामों को चुनकर अभिजनवादी कलादृष्टि को झटका दिया था।

सूजा काम करते रहे, पर अपने देश में उपेक्षा और अपमान ने उनका पीछा नहीं छोड़ा। बॉम्बे आर्ट सोसायटी की उपेक्षापूर्ण नीति और भद्रजनों की कटुक्तियों से तंग आकर ही उन्होंने आरा से मिलकर प्रगतिशील कलाकार संघ की स्थापना की, जिसमें अनेक कलाकार साथ आए। इस संघ की स्थापना ही पारम्परिक कलादृष्टि पर चोट करने और सामूहिक कला-प्रयत्न करने की मंशा से हुआ था। जिस दौर को हम कला में, खासकर भारतीय कला में आधुनिकता का दौर कहते हैं, संयोग से वह सूजा और साथी कलाकारों के कामों से ही आया। सूज़ा ने स्वयं अपने कामों में नए उन्मेष का परिचय देकर पारम्परिक भारतीय सौन्दर्यबोधीय प्रतिमानों को चुनौती दी। जीवन की यातना, संशय, संघर्ष और चुनौतियों को अपनी कृतियों का विषय बनाकर चित्रांकन की जो विधि सूज़ा ने विकसित की, वह एक मानक बन गई। 1950 में वे लन्दन गए, फिर अमेरिका को उन्होंने स्थायी ठिकाना बना लिया था। कहा जाता है कि आधुनिक कलाकार के रूप में वे पहले भारतीय थे जिनका प्रवेश यूरोपीय कला बिरादरी में हुआ और उनकी कृतियाँ बड़े यूरोपीय नगरों में प्रदर्शित हुईं।

उनकी मुख्य कृतियाँ हैं—'बर्थ', 'ब्ल्यू वुमेन', 'सीटेड न्यूड', 'पिजेन्ट्स इन गोआ', 'चर्च इन गोआ', 'वुमेन इन प्रेयर' आदि।

यातना और त्रासदी को खंडित रूपाकारों में व्यक्त करनेवाले वे पहले आधुनिक भारतीय कलाकार हैं जिनमें अभिव्यंजना और अति यथार्थ के साथ उत्तर-प्रभाववादी पद्धतियाँ भी मिलती हैं।

मकबूल फिदा हुसेन (1915-2011)

मकबूल फिदा हुसेन प्रगतिशील कलाकार समूह के अन्यतम कलाकार हैं। वे ऐसे पहले भारतीय आधुनिक चित्रकार थे जो जीवित रहते हुए एक किंवदन्ती बन गए थे और पूरे देश में सर्वाधिक विवादास्पद भी रहे, तो अपार लोकप्रियता भी उनके हिस्से में आई। आंशिक रूप से घनवाद, अमूर्तन, अभिव्यंजनावाद और दादावाद से प्रभावित और मुखर अभिव्यक्ति के कारण उनकी कृतियाँ रंग-वैविध्य, आख्यानधर्मिता तथा प्रखर आभा के कारण अलग से पहचानी जाती हैं। उनका जन्म महाराष्ट्र के पंढरपुर में 17 सितम्बर, 1915 को हुआ था। इन्दौर कला विद्यालय में इन्होंने एन.एस. बेन्द्रे के साथ कला-अध्ययन किया। कला में उनकी रुचि तब जागी जब बड़ौदा के एक मदरसे में उनका कैलिग्राफी से परिचय हुआ। उन्होंने बाद में मुम्बई के सर जे.जे. स्कूल ऑफ आर्ट से भी कला की पढ़ाई की। जीवन काफी संघर्षों में गुजरा और जीवन-यापन के लिए उनको मुम्बई में सिनेमा के होर्डिंग्स से लेकर खिलौनों और घरों की डिजाइन आदि के काम भी करने पड़े। बाद में वे भूदृश्यों के चित्रण के लिए गुजरात भी गए।

उनकी कला में दक्षता तब आई जब वे सिनेमा के होर्डिंग्स के काम में 1930 के आसपास सक्रिय हुए। यही वह दौर था जब बंगाल कला आन्दोलन का स्वदेशी जागरण अभियान सक्रिय था। हुसेन अन्तर्राष्ट्रीय स्तर पर कला में होनेवाले परिवर्तनों से परिचित होकर ऐसी कला के सृजन को लेकर सचेष्ट थे जो भारतीय कला को आधुनिक चेतना से सम्पन्न कर सके और उसमें अपने समय की आहटें सुनाई दे सकें। उनकी इस इच्छा को तब मंच मिला, जब भारत विभाजन के बाद 1947 में प्रगतिशील कलाकार संघ की स्थापना हुई। सही अर्थों में भारतीय कला में क्रान्तिकारी बदलाव विभाजन से ही आया जिसमें धार्मिक विद्वेष ने नरसंहार का वीभत्स दृश्य दिखाया, तो पारम्परिक मूल्यों के परखचे उड़े। उसके बाद हुसेन ने लगातार नए काम किए जिनकी प्रतिभा से कला-जगत सन्न रह गया। विदेशी कला-प्रविधियों का इस्तेमाल करने के बावजूद हुसेन ने भारतीय मिथकीय परम्पराओं, लोक तत्त्वों और आँचलिक रूपकों के प्रयोग से भी अपनी कला का एक ऐसा संसार निर्मित किया, जो किसी एक कलाकार में खोजना विरल है।

उनके महत्त्वपूर्ण कामों में—'बिटविन द स्पाइडर एंड द लैम्प', 'जमीन', 'द थीफ ऑफ बगदाद', 'मदर एंड चाइल्ड', 'मदर टेरेसा', 'लेडी विद वीना',

'ब्रिटिश राज', 'हॉर्सेज', 'लिविंग गॉडेस', 'रेड लैंडस्केप', 'ब्लैक हिल', 'द लॉस्ट प्रिन्सेस', 'वाराणसी III', 'गांधी', 'वोमेन इन रेड', 'मदर इंडिया' आदि हैं।

दुनिया के अनेक बड़े नगरों में उनकी कृतियाँ प्रदर्शित हुईं और देश-विदेश के बड़े सम्मान भी उन्हें मिले। भारत सरकार ने राज्यसभा में मनोनीत कर उनको सम्मानित किया था। 1971 में ब्राजील के साओ पाओलो में आयोजित हुई प्रसिद्ध कला-द्वैवार्षिकी में पाब्लो पिकासो के साथ वे भी शामिल किए गए थे। अन्तिम वर्षों में निर्वासन का दंश झेल रहे हुसेन ने 9 जून, 2011 को 95 वर्ष की अवस्था में लन्दन के एक अस्पताल में अन्तिम साँस ली थी।

सैयद हैदर रज़ा (1922-2016)

सैयद हैदर रज़ा आधुनिक भारतीय कला के महत्त्वपूर्ण स्तम्भों में एक हैं। उनका जन्म 30 मार्च, 1922 को बाबरिया, मंडला, मध्यप्रदेश में हुआ था और निधन 23 जुलाई, 2016 को दिल्ली में। 1950 से ही फ्रांस के पेरिस में जा बसनेवाले रज़ा का गहरा रिश्ता भारत से बना रहा और अन्तिम साँस भी उन्होंने भारतीय धरती पर ही ली। उन्होंने दमोह से हाई स्कूल तक शिक्षा लेने के बाद 1939 से 43 तक नागपुर के कला विद्यालय से पढ़ाई की। उसके बाद 1943 से 47 तक सर जे.जे. स्कूल ऑफ आर्ट, मुम्बई में कला-शिक्षा ली। मुम्बई में रहते हुए ही वे प्रगतिशील कलाकार संघ में शामिल हुए थे। 1950 में फ्रांस सरकार की एक फेलोशिप पर वे पेरिस गए जहाँ 1950 से 53 तक उन्होंने इंक्रीले नेशनल सुपीरियर डेस बॉक्स-आर्ट्स (ENSB-A) में अध्ययन किया और पूरे यूरोप का भ्रमण कर पेरिस में अपनी कृतियों की प्रदर्शनी भी की। इसके बाद वे वहीं बस गए और 2010 में भारत लौटे थे।

उन्होंने आरम्भ में अभिव्यंजनावादी भूदृश्यों को रचा और आकृतिमूलक कृतियों से होते हुए वे अमूर्त कला की तरफ अग्रसर हुए थे। उन्होंने अपनी कृतियों में अभिव्यक्तिपरक भाषा का विकास किया और जलरंगों में भी अपनी दक्षता का परिचय दिया। प्रगतिशील कलाकार संघ की स्थापना के समय से लेकर पेरिस जाने के बीच की अवधि में घनवादी पद्धति में बनाए उनके भूदृश्य पारम्परिक भारतीय कला-दृष्टि के समानान्तर आधुनिक चेतना का स्वीकार हैं। इन कृतियों को समीक्षकों की बहुत सराहना मिली थी। आगे के वर्षों में उनकी कृतियों में प्रभाववाद का भी असर आया। बाद में दिनों में वे अमूर्तन की ओर उन्मुख हुए जिसमें भारतीय दर्शन और तंत्र भी आ जुड़ा। इसके बाद भारतीय दर्शन के अभिगमों को रूपायित करने का ध्येय लेकर रज़ा ने उत्कृष्ट कृतियों की रचना की। ज्यामिति के बिन्दु, बीज, त्रिभुज हों या रेखा, चतुर्भुज या वृत्त का मेल हो जिन्हें 'बीजाक्षर' कहा जाता है; उनसे पर्याप्त साम्य रखते हुए भी रज़ा इसलिए तंत्रकला से प्रभावित नहीं हैं, क्योंकि

वृत्त या वर्ग को वे उसके मूल अभिप्रायों से जोड़ देते हैं और बिन्दु, सूर्य और जमीन कहकर भी उसे दार्शनिक आयामों में ले जाते हैं। जीवन की सत्यता का अन्वेषण ही उनकी सर्जना का ध्येय है। रंगों का उनके प्रभावों के साथ प्रयोग रजा को एक अन्यतम चित्रकार के रूप में प्रतिष्ठित करता है जहाँ भौतिक जगत की नश्वरता और पराभौतिक की निरन्तर उपस्थिति का एक विराट रूपक निर्मित होता है।

रज़ा के उल्लेखनीय चित्रों में—'राजस्थान', 'अंकुरण', 'स्पन्दन', 'बिन्दु', 'प्रकृति', 'सूर्य नमस्कार', 'पुनर्गमन', 'संसार', 'तनाव' आदि हैं जिनकी अनेक शृंखलाएँ अपने रंग-विन्यास और दार्शनिक चित्रांकन से चकित करती हैं।

सही मायनों में पारम्परिक कला-दृष्टि का पुनर्संस्कार कर आधुनिक पद्धतियों से रजा ने चित्र और चेतना के स्तर पर जो संसार निर्मित किया, वह भारतीय परम्परा का पुनराविष्कार है जिसमें शैलचित्र परम्परा और दर्शन का गहरा समन्वय भी है। उनके रंगों की आक्रामकता, उत्तेजकता और मनोहारिता ऐसी है जैसे उसमें संगीत की मोहक रागिनियाँ घुल गई हों। अपने इसी वैशिष्ट्य के कारण रज़ा ने विश्वकला में भी अपनी विशेष जगह बनाई।

रामकुमार (1924-2018)

रामकुमार प्रगतिशील कलाकार समूह से जुड़े वह कलाकार हैं जिन्होंने अमूर्तन के अद्वितीय प्रयोग किए। उनका जन्म 23 सितम्बर, 1924 को शिमला में हुआ तथा निधन 24 अप्रैल, 2018 को दिल्ली में। उन्होंने सेंट स्टीफेन्स कॉलेज, दिल्ली से अकादमिक शिक्षा ली थी। इसके बाद उन्होंने शैलोज मुखर्जी से कला-शिक्षा ली थी। प्रगतिशील कलाकार संघ की सक्रियता के दिनों में उनके अधिकतर काम आकृतिमूलक ही थे जिनमें भारत विभाजन की त्रासदी स्पष्ट रूप से देखी जा सकती है। भटकते लोग, विस्थापन की त्रासदी, अधनंगे बिसूरते बच्चे, जन-सैलाब, जड़ों से उखड़े लोग ही उनकी कृतियों में दिखते हैं और अमूर्तन का कोई प्रभाव नजर नहीं आता। पर इनमें जो उदासी, एकान्त, अवसाद और सूनापन दिखता है, वह बाद में उनके अमूर्तन का भी सूत्र बनता है। शुरू के कामों में राकुमार यथार्थ का सहारा लेते हैं और पारम्परिक भारतीय कलादृष्टि को नकारते हुए आधुनिक जीवन की विसंगतियों को आँकते हैं जिसमें एक गहरा संशय अक्सर पीछा करता हुआ नजर आता है। 'परिवार', '-दो बहनें', 'स्त्री', 'सपना', 'शहर', 'अलविदा अतीत' जैसे काम अपनी आख्यानधर्मी अभिव्यक्ति से एक त्रास पैदा करते हैं।

1958 में वे पेरिस गए थे जहाँ आन्द्रे ल्होते तथा फेरनार लेझे के अधीन कला की सीख ली; फिर 1970 में जे.आर.डी. थर्ड फेलोशिप के अन्तर्गत अमेरिका की यात्रा की। इन वर्षों में उनके काम में बहुत परिवर्तन आया। वे लगातार

प्रयोग करते रहे और कला को नाना स्तरों पर बरतने की सूझ भी विकसित हुई। रामकुमार का अमूर्तन की ओर लौटना और भूदृश्यों को चित्रित करना भी किसी घटना के कारण हुआ हो, ऐसा नहीं है। शिमला जैसे पर्वतीय नगर में उनका जन्म हुआ था, बचपन खूबसूरत वादियों में बीता। प्रकृति के मनोरम दृश्यों का अक्स उनकी स्मृति में कुछ इस तरह उतरा कि वह उनका स्थायी भाव ही बन गया। अपने साहित्यिक संस्कारों के कारण ही जब वे पेरिस में कला शिक्षा ले रहे थे, प्रसिद्ध फ्रांसीसी कवियों—अरांगा तथा एल्यार के सम्पर्क में भी आए थे और उनसे कविता की सूक्ष्म बिम्बात्मकता ग्रहण की। उनकी आकृतिमूलकता में तो साहित्य एक आख्यान के रूप में अपनी जातीय संवेदना के रूप में उपस्थित रहा है, पर अमूर्तन में रचे भूदृश्यों में भी वह एक सांस्कृतिक विमर्श की पृष्ठभूमि तैयार करता है। इस सूत्र के सहारे देखें तो उनकी 'बनारस' शृंखला की कृतियों में गहरी दार्शनिकता से परिचय होता है।

'बनारस' शृंखला की कृतियों में उन्होंने आकृतिमूलकता से मुक्ति ली और उनकी कला एक ठोस वस्तु में बदलती गई। उनके अगले चरण की कृतियों में भवन, मकबरे आदि के शिल्प सहजता से उभरते हैं जो अमूर्तन को एक नए अर्थ में बदल देते हैं। इसमें गहरा मौन है, दूर-दूर तक पसरी उदासी, शान्ति, सूनापन जैसे कलाकार के निज के संसार को व्यक्त करते हैं। उनकी अन्य मुख्य कृतियों में—'प्रकाश और छाया के बीच', 'नदी', 'खँडहर', 'स्मृति में', 'घर', 'घाट', 'वसन्त', 'विपन्न', 'श्रद्धांजलि' आदि शामिल हैं जो आधुनिक भारतीय अमूर्त कला को नया अर्थ देती हैं। कलाविद शामलाल ठीक ही लिखते हैं—'ढही हुई दीवारें, उखड़ी छतें, दरवाजों और खिड़कियों की जगह मुँह फाड़ते छेद और दरारें, उलट-पुलट होती गलियाँ, ये ऐसे स्थान नहीं, जहाँ लोग काम करते और रहते हों। ये हमारे सपनों के खँडहर हैं।'

रामकुमार के अमूर्तन अन्यतम रंग-संगति से खोजे गए चित्राकाश हैं जहाँ कला अपने आधुनिकतम अर्थ में खुलती है।

वासुदेव एस. गायतोंडे (1924-2001)

वासुदेव एस. गायतोंडे अमूर्तन के विरल कलाकार हैं। प्रगतिशील कलाकार समूह से जुड़े गायतोंडे का जन्म नागपुर, महाराष्ट्र में 1924 में हुआ था। उनका निधन 77 वर्ष की अवस्था में 10 अगस्त, 2001 को हो गया था। उनकी आरम्भिक शिक्षा नागपुर में हुई। कला-शिक्षा उन्होंने सर जे.जे. स्कूल ऑफ आर्ट, मुम्बई से ली। कला को अपने एकान्त की तरह जीनेवाले गायतोंडे की पहली अन्तर्राष्ट्रीय प्रतिभागिता 1956 में हुई थी जब भारतीय कलाकारों की एक प्रदर्शनी पूर्वी यूरोप

में लगी। पूर्वी यूरोपीय देशों के अनेक कलाकारों ने गायतोंडे की कला की सराहना की थी और उन्हें भारतीय कला का अग्रदूत कहा था। इसके बाद न्यूयॉर्क की ग्राहम आर्ट गैलरी में 1959 और 1963 में उनकी कृतियों की प्रदर्शनी हुई। प्रवासी भारतीयों सहित न्यूयॉर्क के आधुनिक कला संग्रहालय ने भी उनकी कृतियों का संग्रह किया। उन्हें टोकियो में आयोजित युवा एशियाई कला प्रदर्शनी में पहला पुरस्कार भी मिला, तो 1964 में प्रसिद्ध रॉकफेलर फेलोशिप भी मिली। इसके अलावा अमेरिका की टैव्हेलिंग फेलोशिप भी मिली थी।

अमूर्त अभिव्यंजनावादी कलाकार गायतोंडे प्रगतिशील कलाकार समूह से जुड़े ऐसे नायाब कलाकार थे जिन्होंने आधुनिकता को नया सन्दर्भ दिया और अमूर्तन की नई संभावनाओं का विस्तार भी। उनकी कला गम्भीर विचारों की कला है, बौद्धिक अवगाहन और चिन्त्य जगत का पर्यवेक्षण भी उसमें है। वे कहते भी थे—'मैं भिन्न हूँ, समूह मेरी पसन्द नहीं।' उनके बारे में कहा भी जाता है कि वे जितने शान्त व्यक्ति थे, उतने ही शान्त कलाकार भी। कला कैसे जीवन की सूक्ष्म रंगतों, क्षणों और अवसाद की अभिव्यक्ति है, यह उनकी कृतियों से जाना जा सकता है। उनकी अमूर्तता बहुधा रूप, रंग और चित्र का भ्रम पैदा करती है गोया जीवन एक अचरज भरे भ्रम के अलावा कुछ है भी नहीं। यह दिलचस्प है कि उनके कैनवस के सूक्ष्म रंगों की परतों में खुरदरे शक्लों में प्रकाश की हल्की आभा उपस्थित होती है। उनकी कृतियों में रूपाकारों और रंगों का जो कौतुक देखने को मिलता है उसका दार्शनिक अर्थ भले ही वर्जित हो, पर यह लगता है कि जैसे जीवन जटिल ताने-बाने में कभी-कभार प्रकाश की लय में खुलता और बुझता है या किसी धुँधलके में खो जाता है, उसी तरह गायतोंडे की कला की अमूर्तता मूर्तन का अतिक्रमण करती हुई कभी स्पष्ट, तो कभी अस्पष्ट धुँधली आकृतियों में प्रकट होती है। कहते हैं कि जेन दर्शन (Zen Philosophy) और प्राचीन भारतीय सुलेख कला (Calligraphy) से भी उनका चित्रालेख प्रभावित है।

उनकी अधिकांश कृतियाँ शीर्षकहीन हैं; शेष चर्चित कृतियों में—'ब्ल्यू एब्सट्रैक्ट', 'पेंटिंग नं. 3', 'पेंटिंग नं. 4', 'मॉनसून स्पीच', 'टू फेसेज', 'पेंटिंग नं. 1' आदि हैं।

वे कहते हैं कि मौन अपने आप में शाश्वत और अर्थपूर्ण होता है; उसी तरह उनकी कृतियाँ मौन में ही संवाद करती है और कई बार लगता है कि वे किसी अदृश्य से सम्बोधित होकर मुखर होने लगती हैं। यह तब होता है, जब आप उनकी कला को अनुभूत करने की क्षमता अर्जित कर लें। सही मायनों में गायतोंडे के अमूर्तन भारतीय कला की आधुनिकता के दीप्त प्रस्थान की तरह सामने आते हैं।

कृष्ण खन्ना (1925)

कृष्ण खन्ना आधुनिक कला को नई युक्तियों और अभिप्रायों से समृद्ध करनेवाले शीर्षस्थ कलाकारों में गिने जाते है। उनका जन्म अविभाजित भारत के लायलपुर (अब फैसलाबाद, पाकिस्तान) में 1925 में हुआ था। दो वर्ष बाद ही उनका परिवार लाहौर आ गया था जहाँ उनकी आरम्भिक पढ़ाई हुई। उनका दाखिला सक्रेड हर्ट एंड केथेड्रल स्कूल में कराया गया था। उनके पिता एक इंटरमीडियट कॉलेज में शिक्षक थे। 1930 में उनके पिता डॉक्टरेट के सिलसिले में इंग्लैंड गए थे; लौटे तो लिआनार्दो दा विंची की कृतियों की दो अनुकृतियाँ—'सेल्फ पोर्ट्रेट' और 'लास्ट सपर' लाए। इन्हीं कृतियों ने कृष्ण खन्ना को कला की तरफ आकर्षित किया था। मात्र 13 वर्ष की आयु में उनको रूडयार्ड किपलिंग स्कॉलरशिप मिल गई जिसके आधार पर इंग्लैंड के विंडसर के इम्पीरियल सर्विस कॉलेज में उन्हें दाखिला मिला और यहीं उन्होंने पहली बार कला से परिचय प्राप्त किया। 1946 में उन्होंने लाहौर स्थित शेख अहमद के स्टुडियो में दाखिला लेकर रेखांकनों का अध्ययन किया और 'कपूर आर्ट वर्क्स' में काम भी शुरू किया। विभाजन के बाद खन्ना परिवार भारत आया और 1948 में मुम्बई में उन्होंने एक बैंक में नौकरी शुरू की। यहीं रहते वे प्रगतिशील कलाकार संघ से जुड़े थे।

इन्हीं दिनों बाम्बे आर्ट सोसायटी की वार्षिक प्रदर्शनी में उनकी कृति 'न्यूज ऑफ गांधीजी'ज डेथ' प्रदर्शित हुई थी जिसकी बड़ी प्रशंसा हुई। इस पर रूडोल्फ वान लाइडेन ने लिखा और भविष्यवाणी की थी कि कृष्ण खन्ना भारत के श्रेष्ठ कलाकारों में जाने जाएँगे। 1942 में उन्हें रॉकफेलर फेलोशिप मिली, 1963-64 में वे अमेरिकन युनिवर्सिटी, वाशिंगटन में एक आवासीय कलाकार के रूप में रहे।

वे पहले अमूर्तन में काम करते थे, बाद में आकृतिमूलकता ही उनका अभीष्ट बन गई। वे स्वयं कहते थे कि अपनी कला से वे मानव समूह से जुड़ना चाहते हैं। मानव आकृतियाँ ही वस्तुत: उनकी कला का वास्तविक रूप हैं जिनमें बचपन की गहरी स्मृतियों से लेकर देश के विभाजन तक की त्रासद छवियाँ हैं। समाज की दीनता है तथा सामाजिक व्यवस्था के शिकार ऐसे चरित्र हैं जो अपने भाग्य की विडम्बना को भोगते अस्तित्व बचाने का संघर्ष करते हैं। ट्रकों पर माल ढोते मजदूर, ईसा की यंत्रणा, बैंडवालों की उदासी, गांधीजी की हत्या से उपजी वेदना जैसे भावों को व्यक्त करते कृष्ण खन्ना की प्रतिबद्धता मनुष्य को लेकर है, विचारधारात्मक नहीं। लोक ग्राह्यता, आख्यानमूलकता और व्यंग्य-विनोद की गहरी दृष्टि उनकी कला को सार्वजनिक कला में बदल देती है। उनकी मुख्य कृतियों में—'क्राइस्ट कैरिंग हिज क्रॉस', 'एनाटोमी लेसन', 'लास्ट सपर', 'रेअर व्यू', 'कन्वर्शेसन ऐट ए ढाबा', 'बैंडवाला', 'द स्टोरी टेलर', 'पिएटा', 'स्क्राइब', 'द न्यूज ऑफ गांधीजी'ज डेथ', 'द स्ट्रेन्जर', 'द ब्राइड', 'फैमिली' आदि हैं।

इन कामों में उनकी रंग-संगति, रेखात्मक गतिमयता, विन्यास का कौशल विलक्षण प्रभावों की सृष्टि करते हैं। यह सन्तोष की बात है कि उम्र के 98वें वर्ष में चल रहे कृष्ण खन्ना अब भी सक्रिय हैं।

तैयब मेहता (1925-2009)

तैयब मेहता प्रगतिशील कलाकार समूह से सम्बद्ध अपने ढंग के विलक्षण कलाकार हैं। उनका जन्म गुजरात के खेड़ा जिले के कापड़वंज में 24 जुलाई, 1925 को हुआ था और निधन 2 जुलाई, 2009 को मुम्बई में। वे समृद्ध परिवार से थे और फिल्मों के व्यवसाय से जुड़े थे। मुम्बई में उनके कई सिनेमाहॉल थे जहाँ वे पढ़ने के लिए आए। पहले तो उन्हें फिल्म बनाने का शौक हुआ, तो हाईस्कूल पास करने के बाद फिल्म सम्पादन का प्रशिक्षण भी लिया, फिर सिने लेबोरेट्री में नौकरी भी की। बाद में कलाकार और उस जमाने के मशहूर कला निर्देशक मजीद साहब से उनकी भेंट हुई जिनकी सलाह पर उन्होंने जे.जे. स्कूल ऑफ आर्ट में दाखिला लिया और कला की ओर रुख किया। वहाँ वे 1947 से 1952 तक रहे। इन्हीं दिनों रज़ा, वी.एस. गोयतोंडे, ए.ए. रायबा और मोहन सामन्त से उनकी भेंट हुई थी। रज़ा अक्सर उन्हें राजाराम स्टुडियो बुलाते थे जहाँ वे नौकरी करने के बाद चित्र बनाया करते थे। यही वह दौर था जब सूज़ा ने साथी कलाकारों को लेकर प्रगतिशील कलाकार संघ बनाया था। तैयब ने बाद में इस संघ की सदस्यता ली थी।

1959 में वे लन्दन गए जहाँ 64 तक रहे। इसके बाद रॉकफेलर फेलोशिप पर न्यूयॉर्क। इसी अवधि में उन पर अभिव्यंजनावाद का गहरा असर पड़ा जो शीघ्र ही उनको अपनी जमीन पाने में कामयाब कर सका। इसके बाद तो वे आजाद भारत की पहली पीढ़ी के वह मूर्धन्य कलाकार बन सके जिसने बंगाल कला के संभ्रम को तोड़कर आधुनिकता की राह ली और उत्तर-प्रभाववादी रंगों, घनवादी आकारों तथा अभिव्यंजनावादी शैली में नायाब कृतियों की रचना की।

तैयब ने न केवल मनुष्य की यातना और चुप्पी को कलात्मक अभिव्यक्ति दी, वरन् जानवरों की खामोशी को भी गहरा और अर्थपूर्ण सम्प्रेषण दिया। उनके कला संसार में हम अमानवीयता और वीभत्सता से साक्षात्कार कर पाते हैं और गहरी प्रश्नाकुलता के समक्ष होते हैं। वे उन कलाकारों में हैं जिनके लिए कला कोई दृश्य नहीं है, मानसिक उद्वेलन भी है। उनकी कला में काव्यात्मक प्रतिरूपण का जो संसार है, उसमें असीमित अर्थ-सम्भावनाएँ छुपी हैं; पर ऐसा नहीं है कि दर्शक को इस कला में कोई पहेली दिखाई दे। वे अपने समय को स्वर देनेवाले कलाकार हैं। यहाँ केवल मनुष्य की आकृति ही नहीं होती, पशु भी आते हैं। 'गिरती हुई आकृतियाँ' शृंखला के काम हमें प्रश्नाकुल करते हैं। जिबह होनेवाले बैल का

बँधना और छटपटाना उनके लिए 'विवश आकृति' है और हमारे लिए स्वयं अपने को वहाँ बँधा हुआ पाना।

'गिरती हुई आकृतियाँ', 'रिक्शा खींचनेवाले', 'महिषासुर', 'काली', 'महिषासुर मर्दिनी' जैसी उनकी कृतियाँ आख्यानधर्मी हैं और एक त्रासदी को व्यक्त करती हैं। वहाँ स्वप्न नहीं, संघर्ष और करुणा की व्याख्या करते हुए वे स्वयं कहते हैं—'बिम्ब की तलाश में 'बँधा हुआ बैल' मुझे तो देश की वर्तमान अवस्था का प्रतिनिधि लगता है जिसमें एक विशाल मानव समूह अपनी अपरिमेय शक्तियों का सही उपयोग करने में असमर्थ है। शायद यह स्वयं मेरी आरम्भिक जीवन की अनुभूति की तरह है।'

सही अर्थों में तैयब मेहता वर्तमान के मानसिक विक्षोभ, संत्रास, कुंठा, टूटन और अकेलेपन को रूपायित करनेवाले सर्वथा पहले आधुनिक कलाकार रहे जिनकी कृतियों में समय की छवियाँ गहरे अर्थों में प्रकट होती रहीं।

अकबर पदमसी (1928-2020)

अकबर पदमसी इस समूह के वह कलाकार हैं जिनकी कला की विलक्षणता अपनी आधुनिक शैली और वस्तु के कारण हमें चौंकाती है। उनका जन्म 12 अप्रैल, 1928 को मुम्बई में हुआ था और निधन 6 जनवरी, 2020 को कोयम्बटूर में। उन्होंने सर जे.जे. स्कूल ऑफ आर्ट से कला शिक्षा ली। उन्हें रॉकफेलर फेलोशिप भी मिली थी। इसके पहले वे 1951 से 1967 तक पेरिस में रहकर काम कर चुके थे। अपनी कृतियों में सर्वथा अलंकरण से दूर रहनेवाले अकबर पदमसी ने कृतियों के परिणाम पर अधिक ध्यान दिया। रूप, आकार, अन्तराल, समय, रंग और अपने तूलिकाघातों के प्रति सदा सतर्क रहनेवाले पदमसी ने कृति में सृजन की प्रक्रिया, चिन्तन तथा विचार को अधिक महत्त्वपूर्ण बनाया। वे सदा प्रयोगशील रहकर हर तरह की पद्धति को आजमानेवाले कलाकार के रूप में जाने गए और आधुनिकता को खोजने की उनकी दृष्टि विशुद्ध अपनी रही। अलगाव, तनाव और एकान्त के क्षणों को बारीकी से आँकते पदमसी अपने समय पर कड़ी नजर रखते रहे। वे कहते भी हैं—'जब मैं नया काम करता हूँ तो बराबर खबर रखता हूँ कि मेरे चारों ओर क्या हो रहा है।'

वस्तुत: पदमसी का समूचा सृजन-व्यापार उस विवेक से संचालित है जिसमें इस बोध का गहरा संज्ञान है कि हम किसी भी चीज की प्रतिकृति कर भले ही खुश हो लें कि हमने यथार्थ को उसकी सही शक्ल दे दी है, पर वह यथार्थ नहीं उसका भ्रम होता है। वास्तविकता तो यही है कि दर्पण भी हमारी शक्ल को यथावत् नहीं दिखा पाता। बहुधा दर्पण में हमारी छवि उल्टी ही दिखती है। उनके बनाए दर्पण-चित्रों (मेटास्कोप) में हम ऐसे ही सत्य का साक्षात्कार करते हैं। प्रसिद्ध हिन्दी कवि मुक्तिबोध की कविताओं पर बनाई गई उनकी चित्र-शृंखलाओं ने उन्हें बेपनाह प्रतिष्ठा

दी। भारत-भवन के प्रवास ने उनकी कला में विलक्षण परिवर्तन सम्भव किया। 'दृश्यों से परे' तथा 'मृत्यु-मुखौटों' की श्रृंखला पर काम करके उन्होंने यही बताया था कि कैसे एक कलाकार वस्तु-जगत को उसकी विरूपता में रूपायित कर सकता है।

जीवन के राग-विराग के साथ अपने चिन्तन को नाना रूपों में व्यक्त करनेवाले इस कलाकार ने दृश्यचित्रों में भी दार्शनिक निकषों का सहारा लिया है। आप उनके दृश्यचित्रों को उसी तरह नहीं देख सकते, जैसे दूसरों का देखते हैं। उनके दृश्यचित्रों में एक यात्रा है और इस यात्रा को उनके रंग ही तय करते हैं। इन्द्रधनुषी आभा में लकदक करते रंग एक अनन्त पथ बनाते हैं। आरम्भ में इनकी चमक चित्त में आकर्षण पैदा करती है, पर धीरे-धीरे ये रंग धुँधले पड़ते जाते हैं और अचानक दृश्य शून्य-सा भर जाता है। हम उदास हो जाते हैं गोया रंगों की यात्रा हमारी अपनी ही यात्रा हो।

उनकी मुख्य कृतियों में—'दृश्यों से परे', 'मृत्यु-मुखौटा', 'सिर', 'द स्टोरी ऑफ इंडियन आर्ट', 'टाउन्स्केप', 'द लास्ट प्रोग्रेसिव', 'द प्रोग्रेसिव रेवोल्यूशन' आदि हैं जिनमें अनेक श्रृंखला चित्र हैं। उन्होंने कम्प्यूटर ग्राफिक पर भी अनेक महत्त्वपूर्ण काम किए। प्रयोग की निरन्तरता के साथ जीवन-सत्य के अनुसंधान में पदमसी की कला का अविस्मरणीय योगदान है।

कहने की आवश्यकता नहीं कि प्रगतिशील कलाकार समूह के कलाकार भारतीय कलाकारों की उस पीढ़ी से आते थे जिन्होंने कला के भारतीय अतीत को भी जाना था और अपने मार्ग-निर्धारण की चिन्ता भी उन्हें थी। ये वे कलाकार थे जिन्होंने भारतीय कला की आधुनिकता को अनेक स्तरों पर परिभाषित किया और चित्र-संयोजन, माध्यम, विषय, रंग-बर्ताव तथा प्रविधियों के नए कौशल से कला जगत का परिचय कराया। बाद की कला इन्हीं मानकों पर आगे बढ़ी और समृद्ध हुई; तो इसमें वे कलाकार ही अधिक प्रभावी रहे जिनकी चर्चा की गई है।

मुम्बई कलाकार समूह
(Bombay Artist's Group)
(1956-1962)

प्रगतिशील कलाकार समूह के बिखराव के बाद इसका गठन 1956 में हुआ था। इसमें मुम्बई के कलाकारों सहित प्रगतिशील कलाकार समूह के भी कुछ सदस्य शामिल हुए थे। इस समूह का नेतृत्व के.के. हेब्बार ने किया था। इसमें शामिल कलाकार थे—एस.डी. चावड़ा, डी.जी. कुलकर्णी, वी.एस. गायतोंडे, मोहन सामन्त, एस.बी. पल्सीकर, बाबू राव सादवल्कर, हरिकिशन लाल, के.एच. आरा तथा एच.ए. गाडे। इस समूह का ध्येय था—अजन्ता तथा भारतीय लघुचित्रों से प्रेरणा लेकर भारतीय कला-परम्परा तथा पश्चिमी कला-पद्धतियों के मिश्रण से एक नई कला-दृष्टि की खोज। इससे एक ऐसी शैली विकसित करने का लक्ष्य रखा गया था जो आधुनिक होने के साथ-साथ भारतीय कला के समग्र बोध को आत्मसात् कर सके।

इसमें शामिल प्राय: सभी कलाकार चिन्तनशील थे और सबकी कला के प्रति एक सुविचारित दृष्टि थी; इसलिए इस लक्ष्य को सर्व-सम्मति से पारित किया गया था। समूह का विश्वास था कि उनके प्रयत्नों से भारतीय कला आधुनिक होने के साथ-साथ परम्परागत कला की जातीय पहचान बनी रह सकेगी और एक ऐसी दृष्टि विकसित हो सकेगी जो नवोन्मेषी होगी। लेकिन इस समूह ने भी अपने ध्येय को पूरा न किया और चित्रमयता के साथ अमूर्तन को भी शामिल कर पश्चिमी तकनीक को अंगीकार किया। इस समूह की भी कोई स्पष्ट दिशा न बनी, तो उसका कारण यही था कि इसमें शामिल सभी कलाकार वैयक्तिक रीतियों और शैलियों पर चलते रहे। उदाहरण के लिए अगर हेब्बार को रोजमर्रा के जीवन और प्रसंगों को आँकना पसन्द था, तो पल्सीकर में रहस्यमय दृश्यों और घटनाओं को अंकित करने की प्रवृत्ति थी। मोहन सामन्त को आकारहीन संयोजन प्रिय था, तो गाडे को वास्तुशिल्प की संरचना में कृतियों को रचना भाता था। शेष कलाकारों में कोई एकान्त की खोज करता, तो कोई अभिव्यंजनावादी शैली के भूदृश्यों में रमता। कुल मिलाकर कह सकते हैं कि इस समूह ने कोई स्पष्ट कलादिशा की

खोज न की। लेकिन इसमें शामिल सभी महत्त्वपूर्ण कलाकार थे जिनकी कलात्मक प्रतिभाओं ने निजी शैलियों का विकास कर एक स्वतंत्र छवि निर्मित करने में अवश्य सफलता पाई। वी.एस. गायतोंडे के अमूर्तन, हरिकिशन लाल के भूदृश्य, हेब्बार के रेखांकन और रोजमर्रा के जीवन-प्रसंगों पर किए गए रंगांकन तथा सादवलकर के वैज्ञानिक खोजों से सम्बन्धित काम भारतीय आधुनिक कला में आगे बहुत विकसित हुए और उनके महत्त्व का निर्धारण भी हुआ।

इस समूह से कुछ कलाकार बाद में जुड़े, उनमें भी निजी शैलियों की ही प्रधानता दिखी और वे भी महत्त्वपूर्ण कलाकारों में गिने गए। इनमें अकबर पदमसी, जी.एस. सोलेगाँवकर, जी.एम. हजारनिस, जहाँगीर सबावाला, तैयब मेहता, बद्री नारायण, होमी पटेल तथा अम्बादास शामिल हैं। अमूर्तन, अति-यथार्थवाद, प्रभाववाद, अभिव्यंजनावाद जैसी कला-पद्धतियों से प्रेरित इन कलाकारों ने धीरे-धीरे अपनी निजी शैली विकसित की और उसे भारतीय कलाबोध से जोड़ने में सफलता पाई। इनमें अम्बादास और गायतोंडे के अमूर्तन अपनी संरचना में अद्वितीय बनकर उभरे जिसमें भारतीय चिन्तन का योग दिखता है, तो पदमसी और सबावाला के लयात्मक संयोजनों में निबद्ध रंग-न्यास अपूर्व चित्रकारी का परिचय देता है। तैयब मेहता ने जीवन की विडम्बनाओं को वैचारिक आधार देकर उसे व्यक्त कर एक नई कला-दृष्टि का परिचय दिया।

1956 से 1962 तक यानी छह वर्षों तक सक्रिय रहकर इस समूह ने छह प्रदर्शनियों का आयोजन किया था जिसमें सभी कलाकारों की प्रतिनिधि कृतियों का प्रदर्शन हुआ। लेकिन दुर्भाग्य से बिना अधिक विस्तार लिए इस समूह का अस्तित्व समाप्त हो गया था। इस समूह में भी कई ऐसे कलाकार हुए जिन्होंने भारतीय कला को आधुनिक स्वर देने में प्रभावी भूमिका निभाई। इन कलाकारों में के.के. हेब्बार, एच.ए. गाडे, जहाँगीर सबावाला और के.एच. आरा निश्चय ही उल्लेख्य हैं जिन्हें हम संक्षेप में देखेंगे।

के.के. हेब्बार (1911-1996)

के.के. हेब्बार मुम्बई समूह के संस्थापक और मूर्धन्य कलाकार रहे। विषयानुरूप और वस्तुपरक कृतियों के लिए हेब्बार की कला विख्यात रही है। उनका जन्म 15 जून, 1911 को कर्नाटक के कॉटिन्गोरि में हुआ था। बचपन में रवि वर्मा की कृति 'सरस्वती' को देखकर बालक हेब्बार के मन में कला के प्रति जो राग उत्पन्न हुआ, वही आगे चलकर उनके जीवन का मुख्य ध्येय बन गया। आरम्भ में हेब्बार ने आड़ी-तिरछी रेखाएँ बनाकर अपने भीतर कला-सृजन के प्रति विश्वास को पुख्ता किया और लगातार बड़े कलाकारों की कृतियों को देखकर उनका अभ्यास किया। मैट्रिक करने के बाद वे मैसूर स्थित राजेन्द्र तकनीकी स्कूल में बहाल हुए जहाँ उन्होंने चित्रकला का पाठ्यक्रम पूरा किया। पाठ्यक्रम के दौरान ही उन्होंने

प्राकृतिक दृश्यों और स्थिर जीवन पर चित्रण का अभ्यास शुरू कर दिया था। इसके बाद वे मुम्बई चले गए जहाँ एक फोटोग्राफर के स्टुडियो में रहकर उन्होंने 'री-टचिंग आर्टिस्ट' का काम किया। इसके अतिरिक्त वे डंडावती मठ से भी जुड़े जहाँ रॉयल अकादेमी, लन्दन की तरह चित्रकला का अभ्यास कराया जाता था।

उनके जीवन में तब आकस्मिक परिवर्तन आया जब 1937 में सर जे.जे. स्कूल ऑफ आर्ट में डिप्लोमा के अन्तिम वर्ष में प्रवेश मिल गया। इस अवधि में उन्होंने भारतीय कला के नए अर्थ-सन्दर्भों की खोज की। वह खोज पहले उनके चिन्तन में आती रही और बाद में कैनवस पर। इसके बाद उन्होंने पेरिस स्थित अकादेमी जूलियाँ में भी कला-शिक्षा ली।

हेब्बार मुम्बई में रहते हुए भी महानगर की नीरसता से मुक्त रहकर काम करते रहे और किसान, मजदूर, बच्चे, औरतें, मछुआरे जैसे ठेठ भारतीय चरित्र उनकी कृतियों के विषय बनते रहे। अपनी उल्लेखनीय कृतियों—'मुर्गा युद्ध', 'दुख', 'धान कुटते हुए', 'सुनहरे गुलाब', 'बाढ़', 'माहिम दरगाह', 'रिफ्यूजी', 'मवेशी बाजार', 'दक्षिण दोपहर' आदि में वे उस भारत को आँकते हैं जो मलिन है और जिसमें सपने धूमिल हो चले हैं। गहरे विषाद और सन्ताप को रंग देते हेब्बार अमृता शेरगिल की उस यथार्थवादी परम्परा को विकसित करते हैं जिसमें अतीत-राग नहीं, वर्तमान समय से सीधी मुठभेड़ है। उनके यहाँ अँधकार से प्रकाश की ओर जानेवाला रंग-पथ कठोर से मुलायम होता गया और उनकी संरचनाओं की छायाएँ दृढ़ता प्राप्त करती गईं। छाया-प्रकाश के संयोजन से मुक्त उनके चित्र रंगों के समूहों की लय में प्रवाहित होते से लगते हैं जो उनकी कला का निजी वैशिष्ट्य है। इसी तरह उनके रेखांकनों की लयात्मकता देखते बनती है जिसमें कल्पना और चित्त की एकाग्रता का गहरा समन्वय है।

भारतीय कला अपने स्वरूप में आधुनिक हो पाई, तो उसमें हेब्बार जैसे कलाकार का योगदान कम नहीं है। 26 मार्च, 1996 को मुम्बई में उनका निधन हो गया था।

हरि अम्बादास गाडे (1917-2001)

हरि अम्बादास गाडे यानी एच.ए. गाडे प्रगतिशील कलाकार संघ के संस्थापक-सदस्यों में रहे, तो संघ के बिखराव के बाद मुम्बई कलाकार समूह से भी जुड़े। उनका जन्म 19 अगस्त, 1917 को महाराष्ट्र के अमरावती में हुआ और 84 वर्ष की अवस्था में 16 दिसम्बर, 2001 में निधन। वे आजाद भारत की अमूर्त कला को दिशा देनेवाले श्रेष्ठतम कलाकारों में एक रहे। उनकी पढ़ाई की शुरुआत नागपुर विश्वविद्यालय से विज्ञान में हुई थी; बाद में उन्होंने नागपुर कला स्कूल में प्रवेश लेकर कला में डिप्लोमा किया था। उन्होंने कला-सृजन की शुरुआत जलरंगों में भूदृश्य चित्रण से किया। वे बाद में कैनवस पर तैलरंगों में काम करने लगे थे।

प्रगतिशील कलाकार संघ से जुड़ने के बाद उन्होंने मुम्बई की मलिन बस्तियों में रहनेवाले लोगों की दुखद जिन्दगी के चित्र बनाए। इसके साथ-साथ वे भूदृश्यों पर काम करते रहे थे जिसमें केरल और राजस्थान के भूदृश्यों का अंकन शामिल है।

बाद में अम्बादास ने विज्ञान और गणित की अपनी रुचि को कला में बरतने की कोशिश की जो धीरे-धीरे विलक्षण अमूर्तन में बदलती गई। बाद में तो उनके भूदृश्य भी ज्यामितीय संरचना में ढलते गए जिनमें समीक्षकों ने घनवादी प्रभाव देखा। 'कश्मीर', 'गोइंग टू द टेम्पल', 'डंकीज', 'सिविलाइजेशन' और 'ओंकारेश्वर' जैसी उनकी कृतियाँ अपनी ज्यामितीय संरचना में जो प्रभाव छोड़ती हैं, वह अद्‌भुत है। इनमें रंगों का दृश्यात्मक प्रभाव उनके कौशल का प्रमाण है। उनकी कृतियों में रंग का प्रभाव दृश्य के प्रभाव में विलीन होकर एक नई आभा को रचता दिखता है जिसमें शामिल होकर दर्शक एक नए भावलोक की यात्रा करने लगता है। इन कामों को देखने के बाद लगता है कि यह उसी कलादृष्टि का विस्तार है जिसमें भारतीय उपनिवेशवादी कलाबोध को तोड़ने और एक नई चेतना के साथ कला को देखने का विचार काम कर रहा था।

यह देखना दिलचस्प है कि गाडे ने प्रगतिशील कलाकार समूह की सक्रियता के दिनों में जिस यथार्थवादी पद्धति से झोंपड़पट्टियों के जीवन को उकेरा, तंगहाली और गरीबी को अंकित किया; वह अचानक भूदृश्यों के अंकन में ही क्यों खो गया; जबकि के.एच. आरा, हुसेन, कृष्ण खन्ना आदि की कला में वह हमेशा किसी न किसी रूप में मौजूद रहा। इसका स्पष्ट कारण यही है कि गाडे आरम्भ से ही भूदृश्यों के अंकन से जुड़े थे और वही उनकी रुचि के निकट था। कदाचित् यही कारण है कि उनको अपना कला का भविष्य उन्हीं भूदृश्यों के अंकन में दिखा जिसमें वे प्रयोग कर सकते थे और गणित तथा विज्ञान के प्रभावों को ज्यामितीय शक्लों में उभार सकते थे। इस रूप में गाडे की कला भूदृश्य-चित्रण को नई सम्भावनाओं में ले जाने में सफल हुई थी जिसमें नवोन्मेषी दृष्टि थी।

जहाँगीर सबावाला (1922-2011)

जहाँगीर सबावाला मुम्बई कलाकार समूह के महत्त्वपूर्ण सदस्य रहे और भारतीय कला के अन्यतम चित्रकार भी। उनका जन्म 23 अगस्त, 1922 को मुम्बई में एक पारसी परिवार में हुआ था और निधन 2 सितम्बर, 2011 को। उन्होंने कैथेड्रल और जॉन कोन्नन स्कूल से प्रारम्भिक शिक्षा ली और उसके बाद एलफिंस्टन कॉलेज से अकादमिक पढ़ाई की। कला की शिक्षा उन्होंने 1944 में सर जे.जे. स्कूल ऑफ आर्ट से ली थी। सबावाला ने लन्दन के हेदरली स्कूल ऑफ फाइन आर्ट (1945-47), एकेडेमी आन्द्रे ल्होते, पेरिस (1948-51),

अकादेमी जूलियाँ (1953-54) तथा 1957 में पेरिस के ही प्रसिद्ध ग्रांड चाउमिर से कला की विधिवत् शिक्षा पाई।

सबावाला देश-विदेश में विख्यात होनेवाले ऐसे थोड़े से भारतीय कलाकारों में हैं जिनकी तीस से अधिक एकल प्रदर्शनियाँ विदेश में हुईं और उन्होंने डेढ़ सौ से अधिक समूह प्रदर्शनियों में हिस्सेदारी की। उनके जीवन और कला पर अरुण खोपकर ने 'कलर्स ऑफ अबसेन्स' नामक फिल्म भी बनाई थी।

अपने विरल भूदृश्यों के लिए विख्यात सबावाला ने रंगांकन और दृश्यता की ऐसी छवियों को उकेरा जो अप्रतिम मानी जाती हैं। सबावाला की कला में आधुनिकता प्रयोग की तरह नहीं आता वरन् वह उनके स्वभाव में रूपायित होकर व्यक्त होता है, जिसका अपना एक संसार है, जो प्रकृति के समानान्तर अपनी विरल उपस्थिति से हमें चकित करता है। उनके रूपाकार, आकल्पन और दृश्यावलियों को लोगों ने अनेक स्तरों पर देखा है। उनकी कला मूर्तन और अमूर्तन का समन्वित रूप है जिसमें आकृतियाँ भी हैं, तो अमूर्त विन्यास भी; और इसी में विरल भूदृश्यों का एक संसार भी है, जो प्रकृति के समानान्तर रचना की तरह दिख पड़ता है। उनकी आकृतियों में चेहरे प्राय: नहीं दिखते, तो कहीं आकृतियाँ एक रहस्य से भरी उदास और कुछ अबूझ-सी स्थितियों में सामने आती हैं। उनके कुछ मुख्य कामों—'द फोर मिल्क मेड', 'कॉसारिना लाइन II', 'सर्च', 'कुमाऊँ स्काइज', 'ओकेजन्स ऑफ लाइट', 'द रिवर II', 'द बोटमैन', 'लैंडस्केप III', 'ऑब्जेक्ट्स कम्पोज्ड', 'रूट्स इन द एअर', 'ब्रान्चेज बिलो', 'ट्री II', 'गाइडिंग लाइट II', 'द व्हाइट', 'पुरदाह' जैसे काम शामिल हैं जिनमें विविधताओं का अपूर्व दृश्य देखने को मिलता है। इनमें भूदृश्य हैं, उदास स्त्री छवियाँ हैं तो प्रकृति के रम्य दृश्य के रंगारंग लोक में नाविक, सन्त और ऐसे लोग अंकित हैं जो जीवन को एक ध्यान की भाँति बरतते हैं। इनकी चित्रांकन पद्धतियों में वैविध्य के साथ एक गहरा दर्शन है जो कला को हमारे चित्त और चेतना से जोड़ता है।

जहाँगीर सबावाला में अभिव्यंजना, प्रभाव, अमूर्त तथा घनवादी प्रवृत्तियों का गहरा असर है, पर उनमें भारतीय विषय हैं और भारतीय जीवन-दर्शन, प्रकृति और जीवन है। इसका सूत्र रहस्यमय है, कुछ अबूझ, कुछ मन को हर्ष-विषाद और रम्यता के साथ उदास कर देनेवाला भाव; जो सबावाला की कला का अपना अप्रतिम वैशिष्ट्य है।

के.एच. आरा (1914-1985)

के.एच. आरा की मुख्य पहचान प्रगतिशील कलाकार संघ के संस्थापक-सदस्य के रूप में ही है जिनके आरम्भिक सहयोग से सूज़ा ने इस संघ की नींव रखी थी। पर

संघ के बिखराव के बाद गाडे की तरह वे भी मुम्बई कलाकार समूह से जुड़ गए थे और उसे अधिक सक्रियता दी थी। उनका जन्म 14 अप्रैल, 1914 को आन्ध्र प्रदेश के सिकन्दराबाद जिले के एक कस्बा बोलारम में हुआ था। उनके पिता हवलाजी एक मामूली ड्राइवर थे जिनकी कमाई से घर का खर्च बमुश्किल चल पाता था। आरा का बचपन बेहद गरीबी में बीता। पिता चाहते थे कि उन्हें अच्छी शिक्षा दें, पर मुश्किल से उन्हें पाँचवीं तक पढ़ा पाए। आरा को कड़ी मेहनत कर अपना खर्च चलाना पड़ा। उन्होंने कुली का काम भी किया। एक गैराज में मोटर मैकेनिक का काम सीखा, तो कुछ घरों में नौकर का काम भी किया। उनके भीतर एक सपना पलता रहा था कि वे किसी भी तरह एक कलाकार बन जाएँ। यह सपना उनमें उनके कस्बे के पड़ोसी सेवानिवृत्त सैनिक महादेव सिंह ने जगाया था, जो खुद चित्र बनाया करते थे।

इस सपने को पर तब लगे जब वे मुम्बई आकर एक अंग्रेज कर्नल यंग के यहाँ घरेलू नौकर बन गए। नौकर रहते वे खाली समय में चित्रकारी का अभ्यास करते थे। कर्नल यंग ने उनकी इस दिशा में बहुत मदद की। यंग ने उन्हें केतकर इंस्टिट्यूट में प्रवेश दिलाया जिससे आगे बढ़ते हुए उन्होंने मुम्बई राज्य की इंटरमीडिएट ड्रॉइंग ग्रेड की परीक्षा उत्तीर्ण की।

1928 में आरा ने कांग्रेस की सदस्यता ली और स्वाधीनता आन्दोलन में भाग लिया। 1930 के नमक सत्याग्रह में आरा ने एक 'कप्तान' के तौर पर अपनी गिरफ्तारी दी थी। बहरहाल, मुम्बई में रहकर वे काम करते रहे और चित्र-सृजन भी। बॉम्बे आर्ट सोसायटी की एक वार्षिक प्रदर्शनी में उन्हें पुरस्कृत भी किया गया। उनकी कला का विकास तब सुनिश्चित हुआ, जब वे सूज़ा के साथ हुए और प्रगतिशील कलाकार संघ में शामिल हुए।

जीवन भर अविवाहित रहनेवाले आरा ने भारतीय आधुनिक कला को रोमानी भावुकता से निकालकर उसे यथार्थवादी परिप्रेक्ष्य दिया और भूदृश्यों, स्थिर चित्रों के अलावा तंगहाल जीवन के अनेक यादगार चित्र बनाए। कहा जाता है कि उनके भूदृश्य, रेखांकन, स्थिर जीवन के चित्र और कथात्मक चित्रों की दर्शनीयता ने सबको प्रभावित किया। उनकी रेखाओं की गतिमयता और प्रयोगात्मक संयोजनों ने कला जगत को बेहद प्रभावित किया। उन्होंने यथार्थवादी चित्रण के अलावा विभिन्न कला पद्धतियों में काम किया। उन्होंने बेशुमार रेखांकन किए, प्रतीकवादी कृतियों को रचा, ज्यामितीय संयोजन किए। जल, तैल रंगों में अमूर्तन भी किया। पर उनका सर्वाधिक आग्रह यथार्थवादी कामों के प्रति रहा, जिनमें वे अपनी व्यथा उकेर पाते थे। उनकी मुख्य कृतियाँ हैं—'भूख', 'निर्वसना', 'नृत्य', 'हाट', 'बैल नर्तक', 'चेहरा', 'घोड़े', 'नारी', 'सूरजमुखी', 'स्वतंत्रता दिवस की उल्लासमयी झाँकी' आदि।

21 मई, 1985 को इस कलाकार का निधन हो गया था।

दिल्ली शिल्पी चक्र
(Delhi Shilpichakra)
(1949-1960)

दिल्ली शिल्पी चक्र स्वतंत्र भारत में बननेवाले कला समूहों में प्रमुख था। इसकी स्थापना दिल्ली में 25 मार्च, 1949 को हुई थी। इसके संस्थापक सदस्य धनराज भगत और भवेश चन्द्र सान्याल थे। इसके अन्य सदस्य थे—कँवल कृष्ण, के.एस. कुलकर्णी, प्राणनाथ मागो, हरिकिशन लाल, के.सी. आर्यन, दमयंती चावला, दिनकर कौशिक, जया अप्पास्वामी, श्रीनिवास पंडित और बृजमोहन भनोत। कुछ समय बाद इस समूह से कुछ कलाकार और भी आ जुड़े, जिनमें—देवयानी कृष्ण, सतीश गुजराल, रामकुमार, अविनाश चन्द्र, केवल सोनी, विश्वम्भर खन्ना, राजेश मेहरा, रामेश्वर बरूटा, जगमोहन चोपड़ा, परमजीत सिंह तथा अनुपम सूद थे।

इनमें से अधिकतर कलाकार वे थे जो भारत विभाजन के बाद लाहौर से दिल्ली आए थे। दिल्ली आकर वे ऑल इंडिया फाइन आर्ट्स एंड क्राफ्ट्स सोसायटी के सदस्य बने, पर उसकी अव्यवस्था से खिन्न होकर उन्होंने इस समूह की स्थापना की थी। 'कला जीवन को प्रदीप्त करती है' के ध्येय-वाक्य के साथ 'दिल्ली शिल्पी चक्र' का घोषणा पत्र बना जिसमें कहा गया—

'इस समूह का मानना है कि एक गतिविधि के रूप में कला का जीवन से सम्बन्ध नहीं टूटना चाहिए। किसी भी राष्ट्र की कला को लोगों की आत्मा को अभिव्यक्त करना चाहिए और उसे प्रगति की प्रक्रिया में सहायक होना चाहिए। समूह का यह भी मानना है कि कला की प्रगति के लिए कलाकारों को परस्पर निकट आकर इसके लिए कठोर परिश्रम करना होगा और कला की मदद से देश में ओजस्वी राष्ट्रीय संस्कृति तथा प्रफुल्ल जीवन का निर्माण करना होगा।'

इस समूह की विशेषता यह थी कि कला-समूह होने के बावजूद समान विचारों वाले दूसरे अनुशासनों; जैसे—साहित्य, नाटक, आलोचना आदि के लिए भी जगह थी। वार्षिक प्रदर्शनियों में किसी गैर-सदस्य अतिथि कलाकार को हमेशा आमंत्रित किया जाता था। इन कलाकारों में शैलोज मुखर्जी, के.जी. सुब्रमण्यन के नाम उल्लेखनीय हैं। गैर कलाकार सदस्यों में बलदेव सहाय, पी.एस. नारायण तथा रिचर्ड बार्थोलोम्यु

भी थे जो पत्रकार और कला-आलोचक वर्ग से थे। इनकी इस समूह के सिद्धान्त-निरूपण और प्रसार में बड़ी भूमिका रही। दिल्ली शिल्पी चक्र के प्रयास से दिल्ली में 7 अक्टूबर, 1949 को 'धूमीमल कला दीर्घा' का खुलना भी एक ऐतिहासिक कार्य था जिससे प्रदर्शनियों की सुविधा सुलभ हुई।

मुख्य रूप से सामूहिक भागीदारी के साथ आयोजन, प्रदर्शनियाँ आदि ही इसका लक्ष्य था जिसके तहत कलकत्ता तथा मुम्बई में सफल प्रदर्शनियाँ आयोजित हुईं। लगभग दस वर्षों तक सक्रिय रहनेवाला यह समूह 1960 के आसपास निष्क्रिय हो गया, पर इसने कलाकारों का समवेत मंच बनकर कला के प्रसार में तथा कलाकारों के बीच की परस्परता के विकास में महत्त्वपूर्ण भूमिका निभाई थी। अब हम संक्षेप में इससे जुड़े मुख्य कलाकारों की चर्चा करेंगे।

भवेश चन्द्र सान्याल (1901-2003)

भवेश चन्द्र सान्याल इस समूह के संस्थापक सदस्य रहे और महत्त्वपूर्ण चित्रकार भी। वे मूर्तिकार, कला-अध्यापक और तीन पीढ़ियों को प्रेरित करनेवाले कला-व्यक्तित्व रहे। उनका जन्म 22 अप्रैल, 1901 को आसाम के धुबरी में हुआ था और 102 वर्ष की अवस्था में निधन दिल्ली में 9 अगस्त, 2003 को हुआ था। इस लम्बी जीवन-यात्रा में उन्होंने कला को अनेक भूमिकाओं से प्रभावित किया। उन्होंने भारत विभाजन के तीन चरणों को देखा और वे जीते-जी कला में आए सभी तरह के परिवर्तनों के गवाह भी रहे। 1905 में बंगाल विभाजन, 1947 में भारत विभाजन और 1971 में पाकिस्तान के विभाजन के साक्षी रहे सान्याल ने छह वर्ष की अवस्था में ही अपने पिता को खो दिया था। बाद में उनकी शिक्षा कलकत्ता के शासकीय कला विद्यालय में हुई जहाँ पर्सी ब्राउन और जे.पी. गांगुली का निर्देशन उन्हें मिला। 1920 में उन्होंने श्रीरामपुर कॉलेज ऑफ आर्ट में छह सालों तक नौकरी की और वहीं रहकर चित्रकारी भी करते रहे। इन वर्षों में न तो उन्होंने बंगाल कला से प्रभाव ग्रहण किया और न ही यूरोपीय पद्धतियों का अनुकरण। वे इस दौरान अपनी निजी शैली की खोज में लगे रहे और उसमें सफल भी हुए।

उनके जीवन में अचानक एक मोड़ तब आया जब उन्हें 1929 में एक संस्था ने शहीद लाला लाजपत राय की शबीह बनाने के लिए लाहौर बुलाया। इस काम के बाद वे वहाँ रुककर कई दूसरे काम करते रहे और इसी दौरान उन्हें मेयो स्कूल ऑफ आर्ट का उप-प्राचार्य का पद मिल गया। इसी संस्थान से पढ़े हुए दो कलाकारों—कृष्ण खन्ना और सतीश गुजराल ने बाद में ख्याति अर्जित की थी।

इसे छोड़ने के बाद उन्होंने वहाँ काम करते हुए कला स्कूलों में अध्यापन किया। भारत विभाजन के बाद एक शरणार्थी के रूप में वे लौटे और उनका किया-धरा सब

लाहौर में ही नष्ट हो गया। यहाँ आकर उन्होंने नई जमीन तैयार की। अन्य संस्थाओं के अतिरिक्त ललित कला अकादेमी के सचिव (1960-69) के रूप में उनका कार्यकाल यादगार रहा जहाँ 1968 से उन्होंने विश्वकला की त्रैवार्षिकी 'त्रैवार्षिकी-भारत' की शुरुआत की थी।

सान्याल चित्रकार-मूर्तिकार के रूप में अधिक प्रभावी न रहे, पर कला संरक्षक, कला प्रशासक और कला-अध्यापक के रूप में उनका योगदान भारतीय आधुनिक कला को सदा पोषित और विकसित करता रहा। उनके मुख्य कामों में—'द वेल्ड फिगर', मूर्तिशिल्प मूर्तिकला में नई जमीन खोजता पाया गया है जिसमें उन्होंने अपनी माँ की छवि निर्मित की थी। उनके चित्रों में—'श्रुडेड वोमेन', 'रिफ्यूजी फैमिली', 'निजामुद्दीन फेयर', 'अम्बा', 'यूनी-कलर्स', 'क्रिटिकल राइटिंग' आदि के साथ अनेक शीर्षकहीन भूदृश्य और रेखांकन शामिल हैं जिसकी रंग-संगति, संयोजन, रेखाओं की लयात्मकता और आकृतियों की गतिमयता बहुत प्रभावित करती है। उनकी आकृतिमूलक कृतियों में विभाजन की त्रासद स्थितियों का अंकन तो बहुत प्रभावकारी है, तो भारतीय किसान जीवन और प्राकृतिक दृश्यों का निरूपण मर्मस्पर्शी।

धनराज भगत (1917-1988)

धनराज भगत दिल्ली शिल्पी चक्र से जुड़े कलाकारों में अग्रणी रहे। एक मूर्तिकार के रूप में उनकी बड़ी प्रभावी भूमिका रही है। उनका जन्म 20 दिसम्बर, 1917 को लाहौर में हुआ था। उन्होंने लाहौर के मेयो आर्ट स्कूल से मूर्तिशिल्प में डिप्लोमा लेकर कुछ वर्ष वहीं पढ़ाया। 1937 से उनकी कृतियों की प्रदर्शनी शुरू हुई। पंजाब फाइन आर्ट सोसायटी, लाहौर द्वारा आयोजित प्रदर्शनी में उनके मूर्तिशिल्पों को बहुत सराहना मिली। देश विभाजन के बाद उनका परिवार लाहौर छोड़कर भारत आ गया था। यहाँ आकर कुछ वर्ष तक प्रशासनिक नौकरियाँ करने के बाद उन्होंने दिल्ली कला महाविद्यालय के मूर्तिशिल्प विभाग में नौकरी की जहाँ वे प्रोफेसर और विभागाध्यक्ष रहे थे। 1976 में उनकी सेवानिवृत्ति हुई थी। उनके कलाकार जीवन की पहली एकल प्रदर्शनी 1950 में दिल्ली में हुई थी जिसकी बड़ी प्रशंसा हुई थी और रेखांकित किया गया था कि उन्होंने अपने प्रयोगधर्मी मूर्तिशिल्पों के माध्यम से भारतीय मूर्तिकला को नई दृष्टि तथा नया विस्तार दिया है। इसके बाद उनकी रचनात्मकता को गति मिली थी। वे तब लगातार प्रयोगशील मूर्तिशिल्पों की रचना करते रहे और मूर्तिशिल्प को उन्होंने आधुनिक विन्यास देने में सफलता पाई।

धनराज भगत को एक ऐसे मूर्तिकार के रूप में याद किया जाता है जिन्होंने पारम्परिक भारतीय मिथकों को नए सन्दर्भों में रूपायित करने के साथ-साथ नए विषयों को भी विरूपित कर उसकी अर्थवत्ता सिद्ध करने की कोशिश की। उनके

मूर्तिशिल्प में मूर्त-अमूर्त दोनों तरह की अभिव्यक्तियाँ हैं और दोनों ही रूपों में वे अपने कौशल तथा दृष्टि से प्रभावित करते हैं। कुछ आलोचकों ने उनके कामों में सजीव तथा अर्थपूर्ण अभिव्यक्तियों के साथ-साथ महीन व्यावसायिकता भी देखी है, जो सम्भ्रान्त पॉलिश की शक्ल में दिखती है। ऐसी कृतियों में कांस्य में बनी कृतियाँ हैं जिनकी आकृतिपरकता व्यंजक है। पर उनके अधिकतर कामों में गीतात्मक स्पर्श है और भावों की तरलता भी।

प्लास्टर में बना 'विश्राम' दो मानवाकृतियों को फुर्सत में आराम करते दिखाता है, तो 'पुनर्मिलन' काष्ठ में निर्मित मूर्तिशिल्प है जिसमें दो बूढ़े स्त्री-पुरुष विचारमग्न मुद्रा में हैं। इन दोनों ही शिल्पों में विभाजन का दुख है। इसी तरह 'भार', 'जीवन वृक्ष', 'बाँसुरी वादक', 'राजस्थानी महिलाएँ', 'पुरुष', 'नटराज', 'करुणा', 'सितार वादक' जैसे मूर्तिशिल्प अपने विन्यास में गहरी अनुभूतियों में उतरते हैं और उनके मौन में भी हम बहुत कुछ सुन पाते हैं। इसके अलावा 'घोड़ा और साईस', 'शृंगार', 'बैल', 'बैठी हुई आकृतियाँ', 'हँसते चेहरे', 'चुम्बन' आदि मूर्तिशिल्प भी उनके नवाचार का उदाहरण हैं जिसमें नए विचारों के साथ नई तकनीक भी दिखती है। उनके 'महाकाल' नामक शिल्प को तो चार्ल्स फाबरी ने मूर्तिकला के इतिहास की अद्वितीय कृति कहा था। कहने का आशय यह कि धनराज भगत भारतीय आधुनिक कला के उन आरम्भिक मूर्तिकारों में रहे जिन्होंने आधुनिक चेतना को गति दी।

के.एस. कुलकर्णी (1916-1994)

के.एस. कुलकर्णी शिल्पी चक्र के वरिष्ठ कलाकारों में रहे हैं जिनका पूरा नाम कृष्ण शामराव कुलकर्णी है। अपनी चित्रभाषा में सहजता के समर्थक कुलकर्णी की कला में उन अवधारणाओं की तोड़-फोड़ देखी जा सकती है जो कलाकारों द्वारा सीधे-सीधे बरती जाती रही हैं। यह आश्चर्यजनक सत्य है कि कुलकर्णी ने त्रिआयामी रूपाकारों के बजाय रंग-वैविध्य को स्वीकार किया तथा सौन्दर्य की जगह विरूपण को महत्त्व दिया। इस तरह एक नई कला-प्रविधि विकसित करनेवाले कुलकर्णी अपने काम में पूरी तरह प्रतिबद्ध थे और भारतीय कला के उत्कृष्ट पारम्परिक रूपों को भी आत्मसात् करके चलते थे। उनका कहना था—'भारतीय कला परम्पराएँ मानव मस्तिष्क तथा संवेदनाओं को पुष्ट करती हैं तथा विकास और अभिव्यक्ति के अवसर प्रदान करती हैं।'

उनका जन्म 7 अप्रैल, 1916 को बेलगाम, कर्नाटक में हुआ तथा निधन 1994 में। उन्होंने 1935 से 40 तक सर जे.जे. स्कूल ऑफ आर्ट से कला शिक्षा ली। 1940 से 41 तक एक वर्षीय डिप्लोमा करने के बाद उन्होंने एक वर्ष तक स्नातकोत्तर की पढ़ाई भी की, पर 1942 के 'भारत छोड़ो आन्दोलन' के कारण उनकी पढ़ाई रुक

गई। फिर वे दिल्ली आए जहाँ 1943 में एक कपड़ा मिल में टेक्सटाइल डिजाइनर के तौर पर उनकी नियुक्ति हुई। उससे खिन्न होकर कुछ समय बाद उन्होंने वह नौकरी छोड़ दी। फिर वे आइफैक्स से जुड़े। इसके बाद दिल्ली पॉलीटेक्नीक (अब दिल्ली कला महाविद्यालय) से जुड़ गए। 1949 में वे अमेरिका गए और 1954 में एक आवासीय कलाकार के रूप में विदेशी आमंत्रण स्वीकार किया। उनका जीवन हमेशा ही कठिन रहा। लगातार संघर्षों में ही समय बीता, पर उनके काम की गति कम न हुई, न दृष्टि बाधित हुई। वे सतत् रचनाशील रहे और महत्त्वपूर्ण कृतियों की रचना की।

अपने मूर्तिशिल्पों, रेखांकनों तथा चित्रकृतियों में कुलकर्णी ऐसे उम्दा कलाकार नजर आते हैं जिनकी दक्षता और प्रयोगात्मक युक्तियाँ, दोनों ही चकित करती हैं। चोलकालीन कांस्य प्रतिमाओं से लेकर इटली की आदिम कलाओं तक ने उन पर प्रभाव डाला था। उनके काष्ठ तथा टेराकोटा के मूर्तिशिल्पों पर नीग्रो कला का प्रभाव है, विशेषकर उनके मुखौटों पर। 'भेड़ चरानेवाला लड़का', 'देवी', 'मुखौटा' जैसे काम दृश्य के सौन्दर्य से परे अदृश्य की विकृति को दिखाते हैं। उनके ऐसे बहुत-से काम हैं जिन पर पिकासो की शैली नजर आती है। वही टूटते आकार, वही रंग योजना, रेखांकनों की लय तथा अमूर्तन से मूर्तन का सतत् प्रवाह। पर इनमें उनका अपना प्रयोग है और कला को आधुनिक ढब में ढालने का यत्न। उनके ऐसे कामों में—'किसान', 'सजी धजी औरत', 'युगल', 'लड़की' आदि शामिल हैं। उनके अन्य महत्त्वपूर्ण कामों में—'सूरज के तले', 'स्नानार्थी', 'अन्तिम भोज', 'दो बहनें', 'ग्रामीण युवती', 'साँड और किसान परिवार' (सभी चित्र), 'नर और नारी', 'लड़का', 'देवी', 'मुखौटा' (सभी कांस्य, सेरामिक शिल्प) आदि हैं।

कह सकते हैं कि अपने विविध प्रयोगों से कुलकर्णी ने अनेक माध्यमों में आधुनिक चेतना से सम्पन्न काम किए।

कँवल कृष्ण (1910-1993)

कँवल कृष्ण इस समूह से जुड़े एक अन्य महत्त्वपूर्ण कलाकार हैं जिनकी दुर्भाग्य से कम चर्चा होती है। चित्रकला के साथ-साथ छापाकला में अविस्मरणीय योगदान के लिए उनका नाम आदर के साथ लिया जाता है। भारतीय कला में छापाकला में नवीन चेतना लानेवालों में वे अग्रणी रहे। कुछ कलाविद ठीक ही कहते हैं कि कँवल कृष्ण और सोमनाथ होर के कारण ही भारतीय छापाकला एक नए कला आन्दोलन की तरह उभरी। इस तरह बर्फ से ढकी चोटियों, पर्वतमालाओं, पहाड़ियों, नदियों, झरनों, जल-प्रपातों, विशाल फैले मैदानों तथा घाटियों के चित्रण के साथ-साथ उन्होंने स्थानीयताओं को भी अंकित किया। छाया-प्रकाश के प्रभावकारी सन्तुलन से बनाई गई उनकी बाद की कृतियाँ अपनी प्रभावकारी रंग-योजना से जितना आह्लादित

करती हैं, उतनी ही अपनी प्रवहमान और बलिष्ठ रेखाओं से। गरज यह कि भूदृश्यों के अंकन के साथ मनुष्य-जीवन के विविध व्यापारों के अंकन में भी कँवल कृष्ण को आशातीत सफलता मिली थी और अपने कामों में उन्होंने पारम्परिक विन्यास को तोड़कर उसे नई चेतना से सम्पन्न किया था।

उनका जन्म संयुक्त पंजाब (अविभाजित भारत) के अकाल प्रभावित क्षेत्र मोंटगोमरी में 1910 में हुआ था। घर के लोगों की इच्छा के विरुद्ध जाकर उन्होंने कलकत्ता के शासकीय कला विद्यालय से कला की शिक्षा ली। फिर उन्होंने देश के पर्वतीय इलाकों का दौरा किया। दार्जिलिंग, सिक्किम, भूटान, तिब्बत आदि देश-विदेश की यात्राओं ने उन्हें भूदृश्य का एक सजग कलाकार बनने में मदद की। 1943-44 तक देश के मुख्य नगरों का भ्रमण, 1945-46 में खैबर दर्रा, धीर, स्वात, चित्राल तथा कफ्रिस्तान का दौरा कर उन्हें उसे आँकने में मदद मिली। 1946 में पूरे वर्ष भर कश्मीर की सर्दी झेलकर हिमाच्छादित इलाकों का चित्रांकन भी उन्होंने किया। 1948 में उन्होंने भारतीय सैनिकों के साथ जम्मू-कश्मीर के पूरे इलाके में छह महीने तक घूमकर जोजिला दर्रा के युद्ध समेत सैनिक कार्रवाई के चित्र बनाए जिनकी प्रदर्शनी दिल्ली में हुई और उद्घाटनकर्ता पं. जवाहरलाल नेहरू ने सभी साठ चित्र खरीद लिये थे। फिर नार्वे की एक फेलोशिप पर कला अध्ययन कर कँवल कृष्ण ने भूदृश्य तथा छापाकला में अनेक नए प्रयोग किए और उसे आधुनिक चेतना में विन्यस्त किया। छापा में एचिंग के अलावा उन्होंने इंटेग्लियो, लिथोग्राफ आदि में अद्भुत काम किए। इस माध्यम के उल्लेख्य काम हैं—'निर्माण', 'ठिठुरता सूरज', 'क्राइस्ट', 'प्रकाश का जन्म', 'बिच्छू' आदि। जलरंगों में बने चित्र हैं—'एक महिला', 'चित्राली गाँव का वासी', 'काबुल का बाजार', 'कश्मीर का युद्ध', 'मठवासी', 'ध्यानमग्न पर्वत', 'कफ्रिस्तानी लड़की' आदि।

कँवल कृष्ण की कला उनकी दुर्गम यात्राओं की कला है जिसमें वे नए-नए प्रयोगों के साथ माध्यमों को नई चेतना से सम्पन्न करते हैं। उनका निधन 1993 में हो गया था।

सतीश गुजराल (1925-2020)

दिल्ली शिल्पी चक्र से जुड़े कलाकारों में सतीश गुजराल का अन्यतम स्थान हैं। वे भारतीय आधुनिक कला के श्रेष्ठतम कलाकारों में एक माने जाते हैं। अपनी अपंगता को चुनौती देकर उन्होंने कला को जो मुकाम दिया, वह प्रेरक है। चित्र, मूर्ति और भित्तिचित्रों में उनका अवदान उन्हें एक मूर्धन्य भारतीय कलाकार के रूप में स्थापित करता है। उनका जन्म अविभाजित भारत (अब पाकिस्तान) के झेलम में, 25 दिसम्बर, 1925 को हुआ था और मृत्यु 26 मार्च, 2020 को दिल्ली में। बचपन में ही आठ

वर्ष की अवस्था में एक दुर्घटना के कारण वे अपंग हो गए थे। छह वर्ष तक तो पूरी तरह निष्क्रिय रहने से और एक ही जगह पड़े रहने से उनका कानों से सुनना भी बन्द हो गया था। सतीश ने साहस के साथ इस विकट परिस्थिति का सामना किया। तेरह वर्ष की अवस्था में उनका मेयो कॉलेज में प्रवेश हुआ। फिर मुम्बई के सर जे.जे. स्कूल ऑफ आर्ट में दाखिला। पढ़ाई का अन्तिम वर्ष भारत विभाजन की भेंट चढ़ गया। पढ़ाई छूट गई तो शिमला के पंजाब पब्लिसिटी डिपार्टमेंट में नौकरी की। विभाजन की भेंट चढ़े उनके परिवार की स्थिति दयनीय थी; पर शिमला में कला का कोई वातावरण न होने के कारण उन्हें कुढ़न होती।

1952 में प्रसिद्ध कला समीक्षक चार्ल्स फाबरी से उनकी भेंट ने उनके जीवन में मानो चमत्कार ला दिया। उनकी सलाह पर वे दिल्ली आए और उनमें काम करने का एक नया विश्वास जन्मा। फाबरी की मदद से ही दिल्ली में उनकी भेंट आक्टोवियो पाज से हुई थी जिनके प्रयासों से उन्हें मैक्सिको की स्कॉलरशिप मिली जिस पर वे मैक्सिकन म्यूरल्स का अध्ययन कर पाए थे।

भारत आने के बाद गुजराल ने म्यूरल की तकनीकी बारीकियों पर काम किया। इसके माध्यमों का गहन परीक्षण किया और तय किया कि अपनी कला को निजी मुहावरा देने के लिए वे काँच, धातु, सेरामिक, लकड़ी, कंक्रीट आदि से अपनी कला गढ़ेंगे। इस तरह उन्होंने म्यूरल में अपना निजी संसार रचा, तो चित्रों में यथार्थवादी निरूपण से सबको हैरत में डाला। मैक्सिकन विरूपण पद्धति ने इसमें उनकी बहुत मदद की। उन्होंने अनेक मूर्तिशिल्प भी रचे जिनमें त्रिआयामी रूपाकार और बिम्बों की प्रस्तुति असाधारण दिखती है। उनकी चित्र-कृतियों में विभाजन की त्रासदी, दीन-हीन जनों का संघर्ष, प्राकृतिक आपदा आदि के विलक्षण काम हैं। इन सभी माध्यमों में उनकी आधुनिक चेतना पारम्परिक चित्र-विधियों को नकारती हुई आगे बढ़ती है और विषय भी अपने समय और परिवेश के हैं। उनके उल्लेखनीय काम हैं—'दिल्ली वर्ष 1857', 'कफन', 'मातम', 'घोड़ा', 'खिलाड़ी', 'काल्पनिक', 'कव्वाल', 'द सेलेब्रेशन' (चित्रकृति), 'शक्ति एंड गणेश', 'प्लेमेट्स' (मूर्तिशिल्प), 'ओडियन सिनेमा, दिल्ली का भित्तिचित्र', 'ओबेराय टावर्स', दिल्ली उच्च न्यायालय, 'वर्ल्ड ट्रेड फेयर' (न्यूयॉर्क), 'सुल्तान का महल' (मस्कट), 'बेल्जियम का राजदूतावास' (सभी भित्तिचित्र) आदि शामिल हैं।

कला को नए विषयों, प्रविधियों और माध्यमों में बरतकर सतीश गुजराल ने निश्चय ही भारतीय कला की आधुनिकता में अपना अपूर्व योग दिया, इसमें सन्देह नहीं।

चोला मंडल कलाकार ग्राम
(Chola Mandal Artist's Villages)

चोला मंडल कलाकार ग्राम चेन्नई के निकट और उससे सिर्फ 9 किलोमीटर की दूरी पर स्थित भारत का एक महत्त्वपूर्ण कला ग्राम रहा है जिसकी स्थापना 1966 में मूर्धन्य अमूर्त चित्रकार के.सी.एस. पणिकर ने की थी। इस कला ग्राम में बीस से अधिक कलाकारों की आवासीय व्यवस्था है जिसमें स्टुडियो और कार्यशालाएँ हैं। इनमें उन चित्रकारों और मूर्तिकारों को रहकर काम करने की सुविधा दी जाती है जो अपनी प्रतिभा तथा कौशल से कला का विकास कर सकें। यहाँ एक स्थायी कला दीर्घा भी है जिसमें आवासीय कलाकारों की कृतियों की प्रदर्शनियों के साथ-साथ स्थानीय स्तर पर निर्मित टेराकोटा, पत्थर आदि में निर्मित कृतियाँ तथा हस्तशिल्प प्रदर्शित किए जाते हैं।

इस कला ग्राम की स्थापना मद्रास कला विद्यालय के प्राचार्य रहते के.सी.एस. पणिकर ने कुछ कलाछात्रों और कलाकारों को लेकर की थी जिसका उद्देश्य दक्षिण भारत में सामुदायिकता के इस अभियान द्वारा आधुनिक कला को बढ़ावा देना था। अपनी स्थापना के चार वर्ष बाद ही 1970 तक यह कलाग्राम आत्मनिर्भर हो गया था और भारतीय तथा अन्तर्राष्ट्रीय कलाकारों के मिलन-स्थल के रूप में प्रसिद्ध हो गया। अपनी स्थापना के इन वर्षों में इस संस्था ने अनेक बड़े कला आयोजन किए हैं और अपने लक्ष्य को सफलतापूर्वक हासिल किया है।

ज्ञातव्य है कि के.सी.एस. पणिकर मद्रास कला विद्यालय में 1957 से 1967 तक प्राचार्य रहे थे। स्थानीय कलाकारों द्वारा एक आवासीय-सह सामुदायिक जगह की जरूरत बताए जाने के बाद पणिकर ने 'हस्तशिल्प कलाकार संघ' की स्थापना 1963 में की थी। उस समय उनके साथ 38 ऐसे हस्तशिल्प कलाकारों का सहयोग था। शुरू में इस जगह का लक्ष्य हस्तशिल्प की निर्मिति और बिक्री का था, पर बाद में जब कलाकार भी वहाँ जाकर काम करने लगे, तो उसका विस्तार हुआ और अप्रैल, 1966 में उसे 'चोला मंडल कलाकार ग्राम' बना दिया गया था। इसके लिए पणिकर ने साढ़े आठ एकड़ जमीन लेकर उसे एक गाँव के रूप में विकसित किया।

इसका नाम चोल शासन से प्रेरित होकर चोला मंडल रखा गया था जिसका अस्तित्व नवीं से तेरहवीं शताब्दी तक था।

इस कला ग्राम ने दक्षिण भारत में जो आधुनिक कला को प्रसारित करने का लक्ष्य रखा, उसे भलीभाँति पूरा करते हुए अनेक कलाकारों को राष्ट्रीय स्तर पर स्थापित किया। इन कलाकारों में जे. सुल्तान अली, के.एन. गोपाल, एम. कनियप्पन, के. रामानुजम, एम. रेडप्पा नायडू, एस.पी. जयकर, के.आर. हेरी, पी.एस. नन्दन, अविकथम नारायण नम्बूदिरी, डी. वेंकटपति, के.वी. हरिदासन, एस. एस. नन्दगोपाल, एस.जी. वासुदेव, के. जयापाला पणिकर, गोपीनाथ, एम.वी. देवन और रिचर्ड जेसुदास शामिल हैं। के.सी.एस. पणिकर का देहान्त 1977 में हो गया, पर उसके बाद स्थानीय कलाकारों ने अपने प्रयत्नों को 'मद्रास आन्दोलन' नाम से रेखांकित किया और उसका लक्ष्य दक्षिण भारतीय कला को आधुनिक बनाने का रखा। बाद में कलाकारों के सहयोगी प्रयासों और स्थानीय प्रशासन की मदद से इसका काफी विस्तार हुआ। इसी क्रम में 1 फरवरी, 2009 को चोला मंडल कलाग्राम में ही 'चोला मंडल समकालीन कला केन्द्र' खुला जिसके तहत 'मद्रास कला आन्दोलन संग्रहालय' खोला गया। इस संग्रहालय में उन दक्षिण भारतीय कलाकारों की कृतियाँ प्रदर्शित की गईं जिन्होंने दक्षिण भारत की कला को आधुनिक बनाने में मदद की और जिन्होंने अपनी राष्ट्रीय पहचान भी बनाई। इन कलाकारों में के.सी. पणिकर सहित जे. सुल्तान अली, के.एन. गोपाल, एम. सेनातिपति, ए.पी. संथनराज, पी.एस. नन्दन, एस.जी. वासुदेव, के.वी. हरिदासन, थोटा थरानी तथा मूर्तिकार एस. नन्दगोपाल शामिल हैं जिनकी कृतियाँ संग्रहालय में रखी गईं।

अब वहाँ दो व्यावसायिक दीर्घाओं के साथ पुस्तक-केन्द्र, शिल्प-केन्द्र, मूर्तिशिल्प प्रदर्शन स्थल आदि भी बन गए हैं जिससे कलाकारों के साथ कला का भविष्य भी निखर रहा है। कहना न होगा कि चोला मंडल कलाग्राम का प्रयत्न आधुनिक कला के विकास में सराहनीय रहा है। यह ठीक है कि इसमें शामिल कलाकारों ने अपनी निजी शैलियों का ही विकास किया, किसी केन्द्रीय कलादृष्टि का नहीं; पर इस सामुदायिक पहल से कला में आधुनिक चेतना आई और कलाकारों ने आधुनिक चेतना के साथ काम किया। यह भी उसकी एक उपलब्धि मानी जाएगी।

अब हम चोला मंडल के कुछ मुख्य कलाकारों पर संक्षेप में विचार करेंगे।

के.सी.एस. पणिकर (1911-1977)

के.सी.एस. पणिकर चोला मंडल के संस्थापक और भारत के प्रमुख अमूर्त चित्रकार रहे। इन्होंने भारतीय सांस्कृतिक अभिप्रायों की नई व्याख्या की और अपनी कला को आध्यात्मिक ऊँचाइयों तक पहुँचाया। अपनी कृतियों के माध्यम

से वे स्थानीय अस्मिता का प्रश्न उठाते हैं और उसे बड़े विमर्श में बदल देते हैं। इस मायने में वे विरल भारतीय कलाकार हैं। उनका जन्म 30 मई, 1911 को तमिलनाडु के कोयम्बटूर में हुआ था और निधन चेन्नई में 16 जनवरी, 1977 को। उनके पिता प्रसिद्ध डॉक्टर थे जो चाहते थे कि वे उनको डॉक्टर ही बनाएँ; पर उनकी उसमें कोई रुचि न थी। वह बचपन से ही चिन्तनशील प्रवृत्ति के थे। घंटों प्रकृति के दृश्यों में खोए रहते और उसे रेखांकनों में उतारने का अभ्यास करते। वे मनोयोग से पढ़ाई करते और घूम-घूमकर दृश्य-चित्र बनाते। देखते ही देखते छोटी उम्र में ही उन्होंने सैकड़ों दृश्यचित्र बना लिये थे जिन्हें घरवालों की अनुमति से 1928-30 की अवधि में मद्रास फाइन आर्ट्स सोसायटी की अखिल भारतीय प्रदर्शनियों में प्रदर्शित किया गया। 1936 में उन्होंने मद्रास स्कूल ऑफ आर्ट्स (मद्रास कला महाविद्यालय) में प्रवेश लिया जहाँ के प्राचार्य देवीप्रसाद रायचौधुरी ने उनकी प्रतिभा को पहचाना और आगे बढ़ने का रास्ता दिखाया। बाद में वे वहीं अध्यापक हुए तथा प्राचार्य भी।

इस दौरान वे लगातार काम करते रहे। उन्होंने स्थानीयता, निजी अस्मिता और पारम्परिक स्रोतों का उपयोग कर एक बड़ी कला दुनिया बनाई। उन्होंने सामाजिक जीवन की बहुलता को न केवल सांस्कृतिक और दार्शनिक आशयों में उठाया वरन् उसकी अस्मिता की खोज का प्रयत्न भी किया। 'लाइफ ऑफ द मालाबार पिजेन्ट' के माध्यम से उन्होंने केरल के एक गाँव को सांस्कृतिक अनुभव के माध्यम से चित्रित कर कहना चाहा है कि एक स्थानीय अस्मिता के बिना राष्ट्रवादी सौन्दर्य-दृष्टि में शामिल हुए राष्ट्र का समग्र सौन्दर्य पूर्ण नहीं हो सकता। उनके यहाँ अस्मिता का प्रश्न बार-बार उठता है। पणिकर की कला इस अर्थ में स्थानीय है, अपनी परम्परा से, जीवन से, केरल की छवियों से—पर उसमें राष्ट्रीय चेतना और विमर्श की गहरी व्यंजना है, प्रतिबद्ध होने का खतरा उठाते हुए भी।

उन्होंने अनेक चित्र शृंखलाएँ बनाईं जिनमें—'रेजिंग नाइजर्स', 'फ्रूट सेलर', 'माँ-बेटा', 'डॉग', 'लुबिनी', 'वर्ड्स एंड सिम्बल्स', 'द हन्टेड हाउस', 'जेनेसिस' आदि मुख्य हैं। वे भूदृश्यों के चित्रकार भी हैं तो अमूर्तन के भी; जिनमें अंकन की सूक्ष्मता, व्यंजक रंगविधि तथा स्थानीय प्रतीकों का प्रयोग चकित करता है। उन्होंने आकृतिमूलक कृतियों पर भी काम किया और विलक्षणता दी। कला में आकृति-सृजन की रूढ़ि को तोड़ते हुए देह को तोड़कर प्रस्तुत किया। बड़ी-बड़ी आँखें, चेहरे तथा उसके प्रतिकूल हाथ-पैर को नितान्त बच्चों की शक्ल में अंकित कर पणिकर ने मनुष्य को खिलौना बनाकर यह बताया कि बड़ी आँखें दुनिया देखती हैं, चेहरा बड़ा ही रहना चाहता है, लेकिन पैर छोटा है जिसकी गति सीमित है और हाथ इतने छोटे कि उससे कर्म ही नहीं हो पाते। आज के मनुष्य की त्रासदी का यह बड़ा रूपक है जिसमें मनुष्य बौना ही बनकर रह गया है।

नि:सन्देह पणिकर भारतीय कला में स्थानीय अस्मिता-विमर्श और मानवीय त्रासदी को व्यक्त करनेवाले ऐसे कलाकार हैं जो आधुनिक जीवन के त्रास को आधुनिक चेतना के साथ दिखाते हैं।

एम. रेडप्पा नायडू (1932-1999)

एम. रेडप्पा नायडू चोला मंडल कला ग्राम से जुड़े महत्त्वपूर्ण कलाकार रहे। वे वास्तुशिल्पीय संरचनाओं और अपने कार्यों की महीन व्याख्या के कारण विशेष रूप से जाने जाते हैं। उन्होंने देवी-देवताओं को विलक्षणता के साथ अंकित किया और मन्दिरों तथा पौराणिक विषयों को बारीकी से आँका। उनका जन्म 1 जनवरी, 1932 को आन्ध्र प्रदेश के हैदराबाद के निकट पूर्वी गोदावरी जिले के कपुलापालेम नामक गाँव में हुआ था और निधन 1 जनवरी, 1999 को चेन्नई में। उनकी आरम्भिक शिक्षा काकीनाड़ा और फिर मद्रास के शासकीय कला महाविद्यालय में हुई। उन पर एक तरफ तो दो दशकों तक अमेरिकी कला में चल रहे भारतीय कला के प्रभावों की छाया रही; जिसे कुछ आलोचक बार-बार उद्धृत करते रहे, जिसमें क्लीमेन्ट ग्रीनबर्ग नामक आलोचक शामिल रहे, तो दूसरी तरफ उन पर पारम्परिक चित्रमयता का प्रभाव रहा जिसके रंग और आकार उन्हें आकर्षित करते रहे। इन दोनों प्रभावों के साथ दक्षिण भारत में सृजित कला में पश्चिम की आधुनिकता को लेकर भारतीय परिप्रेक्ष्य में काम करने की प्रवृत्ति अधिक प्रभावी रही। यह प्रवृत्ति 'मद्रास कला आन्दोलन' के मूल में रही जिसमें नायडू की कला एक उदाहरण की तरह है। पारम्परिक भारतीय निरूपण शैली को आधुनिक शक्ल देते हुए नायडू ने जहाँ देवी-देवताओं के चित्रण को नए विन्यास में ढाला, वहीं उन्होंने ग्रामीण और शहरी जीवन के चित्रण में अपनी एक अलग दृष्टि की खोज की। यह अकारण नहीं है कि नायडू की कला नाटकीय और स्फूर्त अभिव्यक्ति पाती है जिसमें उनकी निजता साफ-साफ दिखती है।

अपनी इस प्रविधि में उन्होंने 'महाभारत', 'रामायण' तथा 'म्यूजीशियन' नामक श्रृंखलाएँ बनाईं और परम्परा को एक नया अर्थ दिया। गणेश, वेंकटेश्वर, दुर्गा आदि देवी-देवताओं की उनकी श्रृंखलाएँ पारम्परिकता को नया अर्थ देती हैं और उसे नए रूपाकारों में प्रस्तुत करती हैं। इसके अलावा 'गॉडेस इनविंसिबल', 'कपल', 'गणेश विद कंसर्ट', 'गोवर्धन गिरधारी', 'डेयटी' और अनेक शीर्षकहीन कामों के साथ रेखांकनों में नायडू की कला अपनी चित्रविधि के साथ नव-प्रयोगों और रंग-न्यास की असाधारणता के कारण चकित करती है। वे इस रूप में भारतीय कला की आधुनिकता को देव-प्रतीकों के साधारणीकरण में देखते हैं, जहाँ देवता मनुष्य हो गए हैं और उनका समूचा कार्य-व्यापार मनुष्य-जीवन से प्रेरित है। भारतीय कला की आधुनिकता की यह दक्षिण भारतीय दृष्टि कम महत्त्वपूर्ण नहीं है।

जे. सुल्तान अली (1920-1990)

जे. सुल्तान अली चोला मंडल के एक अन्य महत्त्वपूर्ण कलाकार हैं जिन्होंने अपनी एक विशेष चित्रमय भाषा की खोज की और पश्चिमी आधुनिकता को उस रूप में समझने और बरतने से इनकार किया जिस रूप में उसे महत्त्व देने की कोशिश दूसरे भारतीय कलाकारों ने की। उनके लिए कला जीवन से दूर नहीं थी, इसलिए वे हृदय और आत्मा को उसकी भावनाओं के साथ निरूपण को अपना ध्येय बनाकर चले। इसके लिए उन्होंने प्राचीन भारतीय लोक कला को अपनी कला का आधार बनाया और उसे अपनी जरूरतों के हिसाब से बदला।

उनका जन्म 12 सितम्बर, 1920 को मुम्बई में हुआ था और निधन 1990 में। उन्होंने कला शिक्षा शासकीय कला महाविद्यालय, मद्रास से ली, जहाँ से 1945 में उन्हें डिग्री मिली। 1946 में उनको तत्कालीन मद्रास शासन से टेक्सटाइल डिजाइनिंग में अध्ययन के लिए एक स्कॉलरशिप मिली। डिजाइनिंग की पढ़ाई पूरी करके उन्होंने चेन्नई से ही एक वर्ष का डिप्लोमा फोटोग्राफी में किया। फिर मद्रास शासकीय कला महाविद्यालय में कुछ समय तक पढ़ाया भी।

अपनी कला को जीवन में देखनेवाले सुलतान अली ने अपनी एक स्पष्ट प्रविधि विकसित करने के पहले अनेक प्रविधियों और शैलियों को आजमाया था। आदिवासी बहुल बस्तर इलाके के भ्रमण और आदिवासी कला से गुजरने के बाद उनकी कला में एक अपरिमित दक्षता आई। इसके बाद उन्होंने सर्प, बैल, बिल्ली, देवता, राजा आदि आदिवासी कला के विषयों को उठाया और उन्हें अंकित किया। पुतुल-से नेत्र और लम्बी देहों के अंकन की उनकी शैली एक अनोखी शैली के रूप में विकसित हुई और एक तरह से उनकी पहचान बनी। इस तरह माना गया कि उन्होंने अपनी कला के माध्यम से आदिवासी और लोक कलाओं का पुनर्संस्कार किया। इन कामों में उन्होंने आकृतियों को असामान्य बनाया और उसके रंगों में मिश्रण से एक नई दृश्यता पैदा की। इन कामों में वे आख्यानों का सहारा लेकर बुराई पर अच्छाई की जीत दिखाते हैं और उनकी असामान्य आकृतियाँ सत्य के लिए संघर्ष करती दिखती हैं। इनमें रहस्यमयता है। बैल, गरुड़, आग, सर्प आदि सभी के अलग अर्थ हैं और वे रूपक की तरह उनके कैनवस को आख्यानों में बदलते हैं। उनके मुख्य कामों में—'मुरिया मैडेन', 'क्रोध', 'नीली नागिन', 'भूमिल', 'द्रुष्टा विजय', 'केग बर्ड्स', 'निर्याता', 'अनटाइटल्ड', 'सूर्य अजगर', 'द फर्स्ट सिन', 'गजजातक', 'एल्विस, सी.ए.', 'सोनाजर्द-सूर्य', 'मिल्कमेड', 'बुल' आदि शामिल हैं।

इस तरह हम देखते हैं कि सुलतान अली ने भारतीय कला की आधुनिकता को और लोक कला के रूपकों और आकारों को नवाचार में देखा और उससे एक नए कला संसार की सृष्टि की।

चोला मंडल कलाकार ग्राम से जुड़े और 'मद्रास आधुनिक कला आन्दोलन' में सक्रिय प्रतिनिधि कलाकारों के कामों से यह पूरी तरह स्पष्ट है कि दक्षिण भारतीय कलाकार आधुनिकता को स्थानीयता, स्थानीय अस्मिता, लोक, परम्परा और उसके नवाचार में देखते हैं। पद्धति भले ही उनकी पश्चिम-प्रेरित हो, लेकिन दृष्टि में भारतीय 'वस्तु' ही प्रेरित है। भारतीय आधुनिक कला का निश्चय ही यह एक महत्त्वपूर्ण विचारणीय पक्ष है।

प्रगतिशील कलाकार समूह, श्रीनगर
(Progressive Artists Group, Srinagar)
(1947-1960)

प्रगतिशील कलाकार समूह, श्रीनगर जम्मू और कश्मीर में प्रभावी कलाकार संघ रहा। वहाँ नवम्बर, 1947 में एक 'नेशनल कल्चरल फ्रंट' नामक संस्था बनाई गई थी जिसका लक्ष्य सभी सांस्कृतिक अनुशासनों को एक मंच पर लाकर सांस्कृतिक विकास करना था। इसके संस्थापक पी.एन. काचरू थे। इसमें एस.एन. बट्ट तथा त्रिलोक कौल भी शामिल थे जो उन दिनों 'द ट्रियो' नाम से मशहूर थे। इन दो के अलावा पी.एन. काचरू से यह तिकड़ी बनी थी। ये तीनों कलाकार परस्पर मिलते रहते। सैयद हैदर रज़ा (जो उन दिनों प्रगतिशील कलाकार समूह के सदस्य थे) की कश्मीर यात्रा और उनसे मुलाकात के बाद अक्टूबर 1948 में इन कलाकारों ने अपने फ्रंट का नाम बदलकर उसे श्रीनगर का प्रगतिशील कलाकार समूह रख लिया था। यह भी बताया जाता है कि शासकीय कला विद्यालय के पूर्व प्राचार्य पर्सी ब्राउन ने भी उन्हें नाम बदलने की प्रेरणा दी थी, जो उन दिनों श्रीनगर में रह रहे थे। इस संघ की पहली प्रदर्शनी 1949 में श्रीनगर में हुई थी जिसके शुभारम्भ के मौके पर पर्सी ब्राउन ने कहा था कि यह सही मायनों में प्रगतिशील मंच है जिसने परम्परा से वर्तमान को जोड़कर पाँच सौ वर्षों की खाई पर सेतु बनाया है। कश्मीर से बाहर इसकी दूसरी प्रदर्शनी भी 1949 में दिल्ली में हुई थी जिसका शुभारम्भ तत्कालीन केन्द्रीय शिक्षा राज्यमंत्री हुमायूँ कबीर ने किया था। प्रदर्शनी में अधिकतर चित्र भूदृश्य से सम्बन्धित थे जिसमें कश्मीर की प्राकृतिक सुषमा को आँकने का सफल प्रयत्न था। समीक्षकों ने माना था कि इस संघ की कलाकृतियों में अभिव्यंजनावादी प्रभाव था। 1950 में चित्रकार गुलाम रसूल सन्तोष भी इस समूह से जुड़ गए थे।

यह समूह कुछ ही वर्षों में निष्क्रिय हो गया था; क्योंकि इसे बनाए रखने में वह उत्साह नहीं था जो गठन में था। एक कारण यह भी था कि इससे नवोदित कलाकारों ने जुड़ने में कोई रुचि भी नहीं दिखाई। कुल मिलाकर यह पी.एन. काचरू, एस.एन. बट्ट, त्रिलोक कौल और गुलाम रसूल सन्तोष की निजी क्षमताओं के प्रदर्शन का

ही मंच बना रह गया जिससे वह अधिक दिनों तक टिक न सका था। इस संघ के कलाकारों में त्रिलोक कौल अग्रणी हैं तो जी.आर. सन्तोष, एस.एन. बट्ट तथा पी.एन. काचरू भी महत्त्वपूर्ण स्थान रखते हैं। संक्षेप में इन पर चर्चा अनुचित न होगी।

त्रिलोक कौल (1925)

त्रिलोक कौल जम्मू और कश्मीर में आधुनिक कला चेतना लानेवाले कलाकारों में अग्रणी माने जाते हैं। 1925 में कश्मीर में जन्मे त्रिलोक कौल ने लखनऊ विश्वविद्यालय से गणित में स्नातक की उपाधि ली थी। इसके बाद उन्होंने बड़ौदा से कला शिक्षा ली थी और एन.एस. बेन्द्रे के निर्देशन में उन्होंने कला को करीब से समझा था। उसके बाद वे बड़ौदा के कलाकारों में शामिल माने गए थे और उनके साथ मिलकर काम किया था। वे भूदृश्य के कुशल चित्रकार थे और विश्लेषणात्मक घनवाद के सच्चे प्रयोगकर्ता। उनके चित्रों में अन्तराल, गति और रंग इतने सुलझे हुए दिखते हैं, मानो उनमें कोई समस्या ही न रही हो। अपनी कृतियों से उन्होंने कश्मीरी कलाकारों को कला की नई चेतना से परिचित कराया और भूदृश्यों में नई सम्भावनाओं के सूत्र दिए। अनेक सुन्दर कृतियों को रचनेवाले इस कलाकार ने भूदृश्यों में फंतासी का भी प्रयोग किया तो उसमें आकृतियों की योजना कर उसे अधिक अर्थपूर्ण बनाया।

उनके कामों में ऐसी श्रृंखलाएँ भी दिखती हैं जिनमें गाँव, गाँव के लोग और उनका जीवन उभर आता है। 'ए मोनोक्रोम : विलेज सीन' ऐसी ही एक महत्त्वपूर्ण श्रृंखला है। उनके कुछ ऐसे काम भी हैं जिनमें रंग पट्टियाँ दिखती हैं। अलग-अलग रंगों के इस्तेमाल से लकदक करते कैनवस पर लाल पट्टी में एक लालिमा-सी फूट पड़ती है। मोनोक्रोम श्रृंखला में ही एक काम 'ग्रीन और पिंक' है जिसमें पर्वतीय गाँव के घर खिले दिखते हैं जिसके पीछे पर्वत श्रृंखलाएँ हैं।

इसके अलावा 'चिनार शेड' श्रृंखला के अनेक काम पर्वत पर चिनारों की कतारों, उनके पत्तों और उनकी छायाओं का बहुत प्रभावी अंकन है। इन अंकनों को देखकर यह अन्दाजा लगाना कठिन होता है कि ये मात्र रंग पट्टियाँ हैं या चिनार के पत्ते। पत्तों में पर्वतों के टुकड़े भी जुड़े दिखते हैं जिन्हें देखना त्रिलोक कौल के उस अपूर्व रंग-कौशल का हिस्सा बनना है जिनके माध्यम से उन्होंने कश्मीर को पारम्परिक कला से निकालकर एक ऐसे दौर में पहुँचाया, जहाँ तकनीक, विषय और रंग-व्यवहार में नवीनता थी। यह दुखद ही था कि कश्मीर से जम्मू पलायन करते समय सैकड़ों कृतियों को उन्हें वहीं छोड़ देना पड़ा था; जो एक बड़ी सांस्कृतिक क्षति थी। बाद में उन कामों का पता भी न चला कि क्या हुआ।

त्रिलोक कौल आधुनिक चेतना की पहली पीढ़ी के कश्मीरी कलाकार हैं जो उम्र के 98वें वर्ष में भी जीवित हैं और उनकी एक दौर में प्रभावी भूमिका रही है।

पी.एन. काचरू (1925-2013)

पी.एन. काचरू भी प्रगतिशील कलाकार संघ, श्रीनगर के एक महत्त्वपूर्ण कलाकार रहे जिनके भूदृश्य प्रभावकारी हैं। 1925 में श्रीनगर में जन्मे काचरू ने 1944 में फाइन आर्ट में डिप्लोमा लिया था और पंजाब विश्वविद्यालय से 1945-46 में अंग्रेजी साहित्य से स्नातक की उपाधि ली थी। कश्मीर की कला को पारम्परिक पद्धति से निकालने में इनकी बड़ी भूमिका रही। अपने जन्म-स्थान रेनावारी, श्रीनगर के भूदृश्यों सहित समूचे कश्मीर को अनेक रंगतों में अंकित करनेवाले काचरू ने एस.एन. बट्ट और त्रिलोक कौल के साथ मिलकर 'नेशनल कल्चरल फ्रंट' बनाया, जो बाद में प्रगतिशील कलाकार संघ, श्रीनगर में परिवर्तित हो गया था। भूदृश्यों के अलावा काचरू ने पौराणिक और धार्मिक प्रतीकों को भी नए सन्दर्भों के साथ अंकित किया था। इनमें 'शिवलिंग' को अनेक रूपों में चित्रित करते उनके काम ज्यादा प्रभावी हैं।

गुलाम रसूल सन्तोष (1929-1997)

गुलाम रसूल सन्तोष; जी.आर. सन्तोष के नाम से मशहूर कश्मीर से आए बड़े कलाकारों में एक हैं। कश्मीरी शैवदर्शन से प्रभावित सन्तोष का जन्म 1929 को हुआ था और निधन 10 मार्च, 1997 को दिल्ली में। पुराने श्रीनगर के चिंक्राल मुहल्ले में जन्मे सन्तोष की पढ़ाई तब छूट गई थी जब उनके पिता का निधन हो गया था। लेकिन चित्रकला से जुड़े रहकर काम करना, कविताएँ लिखना और रेशम के कपड़े बुनना जारी रहा। 1950 में वे प्रगतिशील कलाकार संघ से जुड़े थे और 1954 में एक स्कॉलरशिप के तहत उन्होंने चित्रकला विभाग, एम.एस. विश्वविद्यालय में दाखिला लिया था और एन.एस. बेन्द्रे के अधीन कला शिक्षा ली थी। वे अपने मुहल्ले के रूढ़िवादी मुस्लिम समाज में कभी स्वीकार्य न हुए; क्योंकि वे शैवदर्शन को मानते थे और उन्होंने सन्तोष नामक एक लड़की से प्रेम विवाह किया था जिसके नाम को उन्होंने अपना उपनाम बना लिया था। बाद में (1960 के आसपास) उनकी चित्रकला में शैवदर्शन के साथ तांत्रिक कला भी जुड़ गई थी। उनकी कृतियाँ रंगों के उजास, स्पष्ट रेखाओं और ऐन्द्रिकता के साथ-साथ आध्यात्मिक ऊर्जा के लिए विशेष प्रसिद्ध रहीं। वे कश्मीरी में कविताएँ, नाटक और निबन्ध भी लिखते थे। उन्हें कश्मीरी की प्राचीनतम शारदा लिपि का भी गहरा ज्ञान था, जो अब विलुप्त-सी हो गई है।

उनकी इस शैवदर्शन और तांत्रिक कलाकृतियों में मनुष्य के आध्यात्मिक आनन्द की खोज का प्रयत्न है जो सांसारिक कामनाओं के दबाव से सुप्त-सा हो चला है। यह ध्यान रखने की बात है कि उनकी तांत्रिक कला उनकी आन्तरिक चेतना और स्वत्व के रूप में प्रकट होती है, उसकी स्पष्ट रूप से किसी तांत्रिकता से सम्बन्ध

नहीं, जिसे हम सिद्धि कामना की जंत्री समझने की भूल कर बैठें। वे मस्तिष्कीय तरंगों को रेखाओं के जाल में रूपायित कर चेतस व्यक्ति के भीतरी नेत्र को भी प्रकट करते हैं। अन्तिम दिनों में उन्होंने पंचतत्त्वों (पृथ्वी, जल, अग्नि, आकाश और वायु) को लेकर भी जो शृंखला बनाई जिसमें ज्यामितीय संरचनाएं अपने प्रतीकों में खुलती हैं।

उनके मुख्य कामों में—'फॉर्म्स ऑफ डेवोशन', 'अवेकिंग', 'इन द रेन', 'सर्च', 'शैवाइट', 'पंचतत्त्व', 'विड एंड टैमर', 'बट डज इट फ्लोट', 'ओवल एंड कपल', 'शक्ति', 'ए गल्प फॉर द होल ऑफ लाइफ' आदि हैं। कह सकते हैं कि सन्तोष ने पारम्परिक भारतीय कला को नया सन्दर्भ देकर अपनी रंग-धारणाओं, तकनीक तथा विषयों को एक नई व्याख्या दी।

इस तरह हम देखते हैं कि प्रगतिशील कलाकार संघ, कश्मीर के कलाकारों ने आधुनिक भारतीय कला को अपनी स्थानीयता की रंगतों और वहाँ की पारम्परिक दार्शनिक अवधारणाओं को कला में अंकित कर, उसकी चित्रमय व्याख्या कर एक नई दृष्टि का प्रवर्तन किया। यह भले ही ऊपरी तौर पर आधुनिक न लगता हो, पर यह परम्परा को पुनर्नवा करना ही था।

समूह 1890
(Group 1890)
(1962-1963)

यह कलाकार समूह सामूहिक कला प्रयत्नों की कड़ी में अन्तिम महत्त्वपूर्ण कला समूह माना जाता है। इसका नेतृत्व जगदीश स्वामीनाथन ने किया था। कहते हैं कि भावनगर, गुजरात में दिल्ली और मुम्बई के कलाकारों की एक बैठक 25-26 अगस्त, 1962 को हुई थी जिसमें इस समूह की स्थापना का निर्णय लिया गया था। यह बैठक चूँकि चित्रकार जे. पंड्या के भावनगर स्थित 1890 नम्बर के मकान में हुई थी; इसलिए इस समूह का नाम 'समूह 1890' रख लिया गया था। इसकी विधिवत् स्थापना 19 जुलाई, 1963 को हुई थी, पर इसी वर्ष अक्टूबर में इस समूह की पहली प्रदर्शनी लगी; जिसके बाद यह संस्था निष्क्रिय हो गई। समूह का घोषणा-पत्र भी उस बैठक में ही स्वीकृत कर लिया गया था जो भावनगर में 1962 में हुई थी। इसके सदस्य कलाकार थे--जगदीश स्वामीनाथन, जेराम पटेल, अम्बादास, गुलाम मोहम्मद शेख, हिम्मत शाह, एरिक वोवन, ज्योति भट्ट, राजेश मेहरा, एम. रेडप्पा नायडू, राघव कनेरिया, बालकृष्ण पटेल और एस.जी. निकम। जेराम पटेल को इसका सचिव बनाया गया था और स्वामीनाथन इसके सूत्रधार थे।

इसके विस्तृत घोषणा-पत्र से जो मुख्य बात निकलकर आती है, वह यह है कि आज परम्परा और समकालीनता के बीच अपने आत्मविवेक से हमें रूपात्मकता और अमूर्तता में से संवाद और अभिव्यक्ति की जड़ों तक पहुँचना है जिससे हम कला में केवल रचनात्मक अभिव्यक्ति ही न खोज सकें, बल्कि एक समग्र व्यक्तित्व को पा सकें। कलाकृति आकृतिमूलक है या अमूर्त, यह अपने आप में कोई मायने नहीं रखता। कला में मायने रखती है वह वास्तविकता; जिसे वह जन्म देती है। रूप अपने आप को परिभाषित करता है और उसमें रंग, संयोजन और अन्तराल सहायक बनते हैं। इसे किसी भी अन्य परिप्रेक्ष्य में समझना इसे अवास्तविक मानना होता है। हमें अपने अनुभवों को कला में इस तरह व्यक्त करना है जो कृति से अपने सम्बन्ध

को रूपायित कर सके। कृति को अनुभव-प्रेरित होना चाहिए और अनुभव किसी भी निर्णय और मूल्यांकन से परे है।

घोषणा-पत्र में अपनी सृजनशील परम्परा की समझ के साथ-साथ इस बात पर बल दिया गया था कि हमारी कला अपने समय और देशकाल की चेतना के साथ इस तरह तादात्म्य स्थापित करे कि वह अपनी छाप स्वयं लगे। कला न तो यथार्थ है और न उससे दूर है, वह अपने में यथार्थ है; क्योंकि वह घटित हुई है। वह नए अनुभव संसार से उपजती है जिसका सम्बन्ध हमारी वैयक्तिक और भावनात्मक स्वतंत्रता से है।

इस समूह की पहली प्रदर्शनी ललित कला अकादेमी, रवीन्द्र भवन की कला दीर्घाओं में 20 से 29 अक्टूबर, 1963 तक लगी थी। मैक्सिको के राजदूत और कवि ऑक्तोवियो पाज ने प्रदर्शनी के केटलॉग में लिखा था—'इस प्रदर्शनी का वास्तविक विषय पारम्परिक बिम्बों के प्रति विद्रोह है। समकालीन भारतीय कला को यदि इस देश के अतीत के समान महान कला को रचना है, तो वह इसी तरह की उग्र मुठभेड़ से जन्मेगी।' इस प्रदर्शनी का शुभारम्भ जवाहरलाल नेहरू ने किया था। यही इस समूह की पहली और अन्तिम प्रदर्शनी सिद्ध हुई; क्योंकि इसके बाद इसका अस्तित्व अधिक दिनों तक नहीं रहा था।

यह कला समूह निश्चय ही क्रान्तिकारी था और जिन लक्ष्यों को लेकर चला था, वे भारतीय कला के लिए उपयोगी होते; अगर वे सामूहिक प्रयत्नों से पाए जा सकते। लेकिन ऐसा नहीं हो पाया। स्वामीनाथन का लक्ष्य यही था कि वे पश्चिमी आधुनिकता की नकल और भारतीय पारम्परिकता के दबाव; दोनों तरह की बाध्यताओं से कला को निकालें, पर यह सामूहिक प्रयत्न से सम्भव न हुआ। किन्तु निजी प्रयत्नों से उन्होंने लिखकर, बोलकर और अपनी कृतियों के माध्यम से अपनी दृष्टि का लगातार प्रमाण दिया। उन्होंने 'कॉन्ट्रा' नामक पत्रिका निकालकर भी इस अभियान को गति दी। बेशक यह समूह सक्रिय न रह सका, पर इसमें शामिल सभी कलाकारों ने समूह के सिद्धान्तों को अपनी कला का प्रतिपाद्य बनाया और उनमें अधिकतर कलाकार निजी प्रयत्नों में सफल भी हुए थे।

इस स्वप्रेरित आधुनिक चेतना ने ही इस समूह के कलाकारों को प्रतिष्ठा दी और वे ख्यातनाम कलाकार हो पाए थे। अब हम संक्षेप में इस समूह के कुछ मुख्य कलाकारों की चर्चा करेंगे।

जगदीश स्वामीनाथन (1928-1994)

जगदीश स्वामीनाथन इस समूह के सूत्रधार थे और सृजन तथा विचार में अप्रतिम चित्रकार भी। उन्होंने कला का निजी संसार रचा जिसमें समय, संस्कृति और विचार

का प्रवाह है। उसमें मुक्ति का गहरा भारतीय बोध है और अपनी ही परम्परा में आधुनिक चेतना की निर्मितियों का आश्चर्यजनक कला उद्यम भी। स्वामीनाथन का जन्म 21 जून, 1928 को शिमला में एक तमिल परिवार में हुआ था। उनका जीवन बहुत उतार-चढ़ाव वाला रहा। पहले तो उन्होंने मैट्रिक की परीक्षा पास की, फिर वे प्री-मेडिकल कोर्स में दाखिल हुए, पर मन न लगने से वे घर लौट आए। उसके बाद वे राजनैतिक कार्यों में लग गए। इससे मन उचटा तो मजदूर संघ के आन्दोलनों में भागीदारी की। इसके बाद पत्रकारिता, एक सक्रिय लेखक के रूप में अनेक रचनात्मक गतिविधियों में हिस्सेदारी की। फिर 1955 में उनका विवाह हुआ। इसके बाद दिल्ली आर्ट कॉलेज से चित्रकला की शिक्षा ली और 1958 में पौलेंड की एक स्कॉलरशिप पर वार्सा जाकर एकेडेमी ऑफ फाइन आर्ट्स में कला का गहन अध्ययन किया। 1963 में ग्रुप 1890 बनाया, फिर 'कॉन्ट्रा' नामक पत्रिका का सम्पादन किया। बाद में 1982 में भारत भवन की स्थापना के बाद रूपंकर कला संग्रहालय के निदेशक बने तो गोंड और भील आदिवासी कलाओं का विशाल संग्रह तैयार किया और अनेक गोंड जनजाति के कलाकारों की खोज की जिनमें जनगढ़ सिंह श्याम शामिल हैं।

इस तरह उनका जीवन एक खोजी कलाकार के साथ-साथ अनेक भूमिकाओं में काम करनेवाले एक ऐसे केन्द्रीय व्यक्ति के रूप में रहा जिन्होंने हमेशा कुछ अप्रत्याशित, कुछ नया और कुछ विरल खोजने और करने की चेष्टा की।

उनका यही रूप उनकी कला में दिखता है जो एक चमत्कार के रूप में प्रकट होती है। उनकी कला पर न तो पश्चिमी आधुनिकता का दबाव है और न ही भारतीयता के नाम पर परम्परा का अनुसरण। वे सहज बोध और मौलिकता के सर्जक थे जिनके लिए कला स्वत:स्फूर्त निर्मिति थी। उनकी कला पर भारतीय तंत्रकला और लघुचित्रों की परम्परा का प्रभाव देखा जाता है, पर ये प्रभाव इतने सूक्ष्म हैं कि दिखाई नहीं पड़ते। सच तो यह है कि उनके रंग ठेठ देशज परम्परा में विन्यस्त होते हुए भारतीय दर्शन की सीमा में जाते हैं। वहाँ चकाचौंध नहीं, क्षय है, लोप है—रंगों की सहजात दृश्यता में ही अपने को रूपायित करने की तड़प है। उनकी कृतियों में पर्वत, पक्षी, त्रिभुज, आयत आदि कोई पहेली नहीं हैं। वे वस्तुत: बसोहली और मनकोट मिनिएचर चित्रों की तरह अपने नैसर्गिक रंगों में प्रस्फुटित होते हैं। उनकी कला का एक अहम पक्ष है—सतह का विनियोजन। यह सतह छूती है और अपनी रिक्ति में भी गहरे अर्थ के रहस्यों को प्रकट करती है। उनकी कृतियों में टूटे हुए अक्षर भी अपने अधूरे जन्म की कथा कहते हैं। उनके चित्रों में जीवन के आदि तत्त्व हैं। इनमें अन्तराल में उड़ता हुआ पक्षी स्वयं उनके 'स्व' या आत्म का प्रतीक है। उनके चित्रों की सतह के उभारों में और बनावों में एक चरित्र के जीवित होने का बोध होता है जो उन्हें लोक और जनजातीय कला से जोड़ता है। इस सम्बद्धता को कुछ आलोचकों ने (जनजातीय और

आधुनिक कला-दृष्टि की सम्बद्धता को) पिकासो की नीग्रो कला से आधुनिकता की साम्यता सम्बन्धी दृष्टि की तरह माना है।

उनके मुख्य कामों में—'बर्ड, ट्री एंड माउंटेन', 'बोनहाम्स', 'माउंटेन', 'जरनी-I', 'बिड एंड हैमर' आदि हैं। इस कलाकार का 25 अप्रैल, 1994 में दिल्ली में निधन हो गया था।

सही मायनों में स्वामीनाथन ने भारतीय कला की आधुनिकता को एक नई परिभाषा दी थी जिसमें सतत् खोज की भूमिका महत्त्वपूर्ण थी।

अम्बादास खोबरागड़े (1922-2012)

अम्बादास खोबरागड़े जो सिर्फ अम्बादास नाम से कला जगत में विख्यात हैं, भारतीय आधुनिक कला के मूर्धन्यों में एक हैं। वे ऐसे चित्रकार रहे हैं जिन्होंने अपनी एक व्यवस्थित चित्र-लिपि की खोज की और अमूर्तन को नया अर्थ-सन्दर्भ दिया। सर्पीली गतिमयता से नीचे से ऊपर बढ़ना और तदन्तर उनका ऊपर से नीचे उतरना, धूसर, पीताभ और लाल रंगों के लकदक में उनका खेलना और एक लय में विन्यस्त होते जाना अमूर्तन का ऐसा विलक्षण रचाव है कि सहसा मन विस्मित हुए बिना नहीं रहता। उनके इस अमूर्तन के प्रशंसक दुनिया भर में फैले हैं। यह विस्मय अयाचित नहीं है, न अप्रत्याशित है; क्योंकि कलाकार अम्बादास प्रकृति, दर्शन और जीवन के जटिल विन्यास के अनुभूत तत्त्वों से उसे सिरजते हैं जिसमें सूक्ष्म दार्शनिक चिन्तन की झलक भी है।

महाराष्ट्र के अकोला में 1922 में जन्मे अम्बादास ने सर जे.जे. स्कूल ऑफ आर्ट्स, मुम्बई से कला में डिप्लोमा किया था। वहाँ वे 1947 से 1952 तक रहे। उसके बाद उन्होंने लगातार अपनी निजी शैली की खोज की। इसके पहले उन्होंने नागपुर विश्वविद्यालय से विज्ञान में स्नातक की परीक्षा पास की थी और नागपुर के कॉलेज ऑफ आर्ट में भी पढ़ाई की थी।

वे अनवरत अपनी खोज में लगे रहे और उसे प्राप्त भी किया। एक निजी शैली; जो चित्रलिपि की मानिन्द विकसित हुई; जिसमें रंगों के सहज उपयोग और हल्के तूलिकाघात से एक नया संसार रूपायित हो सका, वह उनकी पहचान के साथ भारतीय अमूर्त कला की पहचान भी बनी। उनकी कृतियों में रंगों की भूमिका महत्त्वपूर्ण है जिसमें लय में उतरते उनके तूलिकाघात एक उदात्त अनुभूतिजगत की सृष्टि करते हैं। जो लोग उनकी कला से परिचित हैं, वे जानते हैं कि अम्बादास के काम जिन रहस्यों को प्रकट करते हैं, वे दरअसल रहस्य न होकर हमारी मानसिक जटिलताएँ होती हैं जिनमें द्वन्द्व उभरकर सामने आते हैं। एक सत्य, एक केन्द्र और एक अस्ति बोध का यह व्यक्त संसार गहरे अर्थों में भारतीय दार्शनिक प्रतीतियों का संसार ही है।

अम्बादास ने जर्मनी और संयुक्त राज्य अमेरिका की यात्रा अलग-अलग अध्येतावृत्तियों पर की और वहाँ अपनी कृतियों की प्रदर्शनी भी की। उसके बाद वे 1972 में नॉर्वे में बस गए थे। लगातार 40 वर्ष ऑस्लो में रहते हुए उन्होंने 2012 में अन्तिम साँस ली थी।

अपने अमूर्तन से भारतीय कला की आधुनिकता को उसकी जड़ों से जोड़नेवाले अम्बादास विरल कलाकार रहे। उनकी कृतियाँ अधिकतर शीर्षकहीन हैं और जिनके शीर्षक हैं, वे हैं—'फेसलेस', 'डिवाइनिटी', 'अटाइटल्ड ब्लैक', 'कम्पोजीशन ए', 'अनटाइटल्ड (ब्ल्यू)', 'अनटाइटल्ड (रेड)', 'सीटेड मैन' आदि। कुछ कृतियाँ उनकी टूटती हुई आकृतियों में हैं जो अमूर्तन में उभरती हैं और उनमें भी सहजता से अनकहे को बारीकी से व्यक्त किया गया है।

हिम्मत शाह (1933)

हिम्मत शाह समूह 1890 के महत्त्वपूर्ण सदस्य रहे और भारतीय आधुनिक कला के श्रेष्ठतम मूर्तिकार। उनका जन्म लोथल, गुजरात में 1933 में हुआ। लोथल सिन्धु घाटी सभ्यता के प्रमुख बंदरगाह नगरों में एक रहा है। हिम्मत शाह ने आरम्भ में भावनगर का रुख किया और गुजरात में राष्ट्रवादी पुनर्जागरण के बौद्धिक और सांस्कृतिक केन्द्र, दक्षिण मूर्ति से सम्बद्ध स्कूल 'घरशाला' में पढ़ाई की। इसके बाद उन्होंने मुम्बई के सर जे.जे. स्कूल ऑफ आर्ट में दाखिला लिया। इसके पूर्व उन्होंने जगुभाई शाह से भी कला शिक्षा ली थी। इसके बाद 1956 से 60 तक उन्होंने एम.एस. विश्वविद्यालय, बड़ौदा के कला विभाग में एन.एस. बेन्द्रे के निर्देशन में कला की शिक्षा ली। उन्हें फ्रांस सरकार की भी एक फेलोशिप मिली थी जिसके तहत उन्होंने पेरिस में कला अध्ययन किया। पेरिस में हिम्मत शाह का दो वर्षों तक रहना महत्त्वपूर्ण सिद्ध हुआ और उन्होंने आधुनिक कला को उसके पूरे विन्यास में समझा। 1967 में एचिंग के अध्ययन से उन्हें मूर्तिकला में छापाकला की सतह के उपयोग की गहरी समझ बनी।

यूरोप से लौटने के बाद उन्होंने अनेक महत्त्वपूर्ण काम किए जिनमें टेराकोटा में मूर्तियों का निर्माण और खड़े मूर्तिशिल्पों पर सृजनात्मक काम शामिल हैं। 1967 में उन्होंने सेंट जेवियर्स स्कूल, अहमदाबाद में ईंट, सीमेंट और कंक्रीट से स्मारकीय भित्तिचित्रों का निर्माण किया था। इसके बाद कांस्य मूर्तिशिल्प पर उन्होंने काम किया और कई यादगार कृतियों को रचा। इसके बाद वे लम्बे समय तक दिल्ली की गढ़ी कार्यशाला में रहे, जो ललित कला अकादेमी से सम्बद्ध है। यहाँ उन्होंने मूर्तिकला को अपने नवाचार से नई पहचान दी और उसे आधुनिक विचारों से समन्वित किया। टेराकोटा, सीमेंट, कंक्रीट, पत्थर और कांस्य में उन्होंने बहुत-से कल्पनाशील और

भावप्रवण शिल्पों को रचा जिनकी आनुभूतिक क्षमता अपूर्व है और उनकी प्रतीति के कई स्तर हैं। सन् 2000 में उन्होंने जयपुर में अपनी कार्यशाला खोल ली थी।

उनके महत्त्वपूर्ण कामों में—'टोग', 'हेड', 'रिटर्न टू अर्थ', 'इयूफोरिया ऑफ विंग', 'सिल्वर पेंटिंग वर्क सीरीज', 'दिल्ली की दिवा : आउट साइड टाइम स्कल्पचर', 'कैंचिग ए गलिम्पसेज ऑफ आर्टिस्ट' आदि शामिल हैं। हिम्मत शाह की प्रयोगशीलता, कल्पना और गहरी सर्जनात्मक क्षमता का कोई दूसरा उदाहरण नहीं; क्योंकि भित्तिचित्रण, मूर्ति, टेराकोटा शिल्प आदि में शैली के अधुनातन प्रयोगों में चिन्तन की जो गहराई वे दे पाते हैं, जैसी कविता-सी सूक्ष्मता सम्प्रेषित करते हैं, वह आधुनिक मनुष्य की यात्रा का एक विरल प्रतिरूपण है।

गुलाम मोहम्मद शेख (1937)

गुलाम मोहम्मद शेख इस समूह के एक अन्य महत्त्वपूर्ण कलाकार हैं जिन्होंने भारतीय कला की आधुनिकता को एक नया मुहावरा दिया है। उनकी कला की विशेषता यह है कि वह चित्रमय होती है तो चमकीले रंगों की द्युतियाँ उन्हें आकर्षक बनाती हैं। उनमें भारतीय चित्र-परम्पराओं का सुन्दर समन्वय है जिन्हें वे आधुनिक जीवन सन्दर्भों के साथ उभारते हैं। उनमें कहीं-कहीं यथार्थवाद और अति-यथार्थवादी प्रवृत्तियाँ भी दिखती हैं, पर उनकी मात्रा अधिक नहीं है। उनकी चित्रकला समयानुरूप वर्तमान और भविष्य की कला है जिसमें कल्पना और यथार्थ का मिश्रण भी बहुत प्रभावकारी होता है। रंगीय कौशल, रेखाओं की गतिमयता और आकर्षक संरचनाओं में उनकी चित्रकृतियाँ अनेक घटनाओं को अंकित करती चलती हैं जिनसे हमारे जीवन का गहरा वास्ता है। उनके चित्रों का एक गुण उनमें स्वप्न-कथाओं का संगुफन भी है। इससे उनके काम प्रतीकात्मक तो होते ही हैं, व्यंजक भी होते हैं। कुछ कृतियों में वे दार्शनिकता का आश्रय भी लेते हैं और उन्हें वे गहरे अर्थों में बदल देते हैं। उन्होंने भारतीय कला की आधुनिकता को एक विशेष दृष्टि की तरह बरता और बताया कि दोष परम्परा के उपयोग में नहीं, उस दृष्टि में है जो उसका आधुनिक इस्तेमाल नहीं जानती और न अपने समय को उससे जोड़ पाती है।

उनका जन्म 16 फरवरी, 1937 को सुरेन्द्र नगर, गुजरात में हुआ था। उन्होंने 1955 में मैट्रिक की परीक्षा पास की उसके बाद 1957 से 1961 के बीच ललित कला में स्नातक और स्नातकोत्तर की परीक्षाएँ एम.एस. विश्वविद्यालय, बड़ौदा के ललित कला संकाय से उत्तीर्ण कीं। उन्हें 1966 में रॉयल कॉलेज ऑफ आर्ट, लन्दन की फेलोशिप भी मिली थी। बड़ौदा के ललित कला संकाय में ही कला इतिहास के अध्यापक के रूप में उन्होंने अपना जीवन शुरू किया जहाँ प्रोफेसर हुए और विभागाध्यक्ष भी। वे 1987 और 2002 में शिकागो के आर्ट इंस्टिट्यूट में अतिथि कलाकार के रूप में

आमंत्रित हुए तो 1998, 2002 और 2005 में अलग-अलग विदेशी विश्वविद्यालयों में लेखक/कलाकार के रूप में रहकर काम करने के लिए आमंत्रित किए गए।

एक महत्त्वपूर्ण कवि, कला आलोचक और विचारक होने के नाते उनका कला व्यक्तित्व बहुत निखरा और लगभग चार दशकों से वे भारतीय आधुनिक कला के मूर्धन्यों में बने हुए हैं। उनकी मुख्य कृतियों में—'मेघदूत', 'मुम्बई लाइव', 'स्पीकिंग ट्री', 'इन एंड आउट ऑफ स्टोरी', 'ऐन इमर्जिंग डेमोक्रेसी'ज फार', 'सिटी फॉर सेल', 'बिटवीन मेमोरीज एंड म्यूजिक', 'मेडविल मीट्स मॉडर्न', 'मीडियम एंड मैसेज', 'हॉर्न प्लीज', 'ऐट होम इन द वर्ल्ड', 'द नैरेटर' आदि हैं। उन्होंने सन्त कवि कबीर पर भी अर्थपूर्ण चित्र श्रृंखला बनाई है।

कह सकते हैं कि अपनी विस्मयकारी रंग-योजनाओं, विचारपरकता और कुशल चित्रांकन विधियों से सज्जित शेख की कला ने भारतीय कला की आधुनिकता को नया अर्थ-सन्दर्भ दिया है जो निश्चय ही उनका बड़ा योगदान है।

कह सकते हैं कि 'समूह 1890' ने भारतीय कला को एक दृष्टि देने और उसे नई चेतना के साथ अपनी परम्परा से जुड़े रहने की जो राह दिखाई, वह महत्त्वपूर्ण थी। उसके श्रेष्ठतम कलाकारों में स्वयं स्वामीनाथन, अम्बादास, हिम्मत शाह तथा गुलाम मोहम्मद शेख ने अपनी कला-निर्मितियों से इस विचार को पुष्ट करके दिखाया और कई पीढ़ियों के कलाकारों को प्रभावित किया। देशज आधुनिकता का यह बड़ा महत्त्वपूर्ण कदम था जिसने इस भ्रान्त धारणा का खंडन किया था कि पश्चिम प्रेरित पद्धतियों और दृष्टियों को अपनाकर ही भारतीय कला आधुनिक हो सकती है।

बेशक यह समूह अधिक दिनों तक सक्रिय नहीं रहा, पर इसने लम्बे समय तक भारतीय कला को प्रभावित किया और उसके कुछ कलाकार आज भी अपने कार्यों से अपनी उसी दृष्टि के विस्तार में लगे हुए हैं।

कला अकादमियों का गठन और प्रभाव

भारतीय कला की आधुनिकता को विकसित करने के साथ-साथ समकालीन कला के प्रसार और पारम्परिक कला-रूपों को विकसित तथा संरक्षित करने के उद्देश्य से राष्ट्रीय तथा प्रान्तीय कला अकादमियों की स्थापना ने भी भारतीय कला वातावरण को प्रभावित किया था।

ललित कला अकादेमी

5 अगस्त, 1954 को नई दिल्ली में स्थापित की गई ललित कला अकादेमी भारत की राष्ट्रीय कला संस्था के रूप में अस्तित्व में आई। इसके पहले अध्यक्ष विख्यात मूर्तिकार देवीप्रसाद रायचौधुरी बने थे तो सचिव का दायित्व चित्रकार और कलाविद बारदा उकील ने सम्भाला था। ललित कला की स्थापना का उद्देश्य था आधुनिक और समकालीन कला को प्रोन्नत करना, पारम्परिक, लोक और आदिवासी कलाओं के विकास और संरक्षण को सुनिश्चित करना, सभी दृश्य कलाओं के बीच समुचित समन्वय कर उनमें नवोन्मेष और नवाचार की सम्भावनाओं को बढ़ाना तथा नवोदित प्रतिभाओं को प्रोत्साहित कर उन्हें मुख्यधारा में लाने का प्रयत्न करना।

ललित कला अकादेमी को भारत की आधुनिक और समकालीन कला को वैश्विक स्तर पर प्रतिष्ठित करने और सबका प्रतिनिधित्व करने के लिए नामित कर केन्द्र सरकार ने उसे उन देशों से सांस्कृतिक आदान-प्रदान की जिम्मेवारी दी, जिन देशों से भारत के कूटनीतिक सम्बन्ध हैं। इसके साथ-साथ अकादेमी को कला-लेखन, कला समीक्षा और कला में परिवर्तनकामी विमर्शों के लिए अग्रणी संस्थान बनाया गया। इस दिशा में काम करते हुए इस अकादेमी ने वर्षवार राष्ट्रीय कला प्रदर्शनियों का आयोजन आरम्भ किया जिसमें विभिन्न माध्यमों में काम करनेवाले कलाकारों की कृतियों को प्रविष्टियों के आधार पर चुनकर प्रदर्शित करने और चुने हुए कलाकारों को राष्ट्रीय कला प्रदर्शनी पुरस्कार देने की योजना शुरू की। अकादेमी की पहली राष्ट्रीय कला प्रदर्शनी 1955 में हुई थी जिसमें अन्य कलाकारों के साथ मकबूल फिदा हुसेन को उनकी कृति 'जमीन' के लिए राष्ट्रीय कला प्रदर्शनी पुरस्कार दिया

गया था। तब से अब तक हर वर्ष वार्षिक कला प्रदर्शनी होती है और सैकड़ों प्रदर्शित कृतियों में से पन्द्रह चयनित कृतियों पर कलाकारों को राष्ट्रीय कला प्रदर्शनी पुरस्कार दिया जाता है। अकादेमी की इस पहल से देशभर में आधुनिक कला के नवाचार और सृजन में गुणात्मक परिवर्तन आया।

इसके अलावा अलग-अलग नगरों में विभिन्न माध्यमों में कला शिविरों, कार्यशालाओं तथा कला संगोष्ठियों का आयोजन कर जहाँ अकादेमी ने कलाकारों के परस्पर कला विनिमय को सम्भव किया, वहीं उनमें स्वस्थ प्रतियोगी भाव भी विकसित किया। अलग-अलग देशों में आयोजित अन्तर्राष्ट्रीय कला महोत्सवों और प्रदर्शनियों में भारतीय कलाकारों की प्रतियोगिता सुनिश्चित कर इस संस्था ने कलाकारों में एक तरह से वैश्विक परिदृश्य को समझने, अपनी राष्ट्रीय कला परम्परा को उसकी प्रतियोगिता में रखकर देखने तथा परस्पर आदान-प्रदान से अपने कलात्मक विकास को सम्भव करने का अवसर दिया। 1968 से अकादेमी वैश्विक कला प्रदर्शनी 'त्रैवार्षिकी-भारत' शुरू की जिसमें दुनिया के कम से कम पचास देशों के कलाकारों की कृतियों की प्रदर्शनी का कला कुम्भ शुरू हुआ। इस अन्तर्राष्ट्रीय प्रदर्शनी के साथ-साथ अन्तर्राष्ट्रीय संगोष्ठियाँ, कार्यशालाएँ और व्याख्यान आदि के कार्यक्रम भी शुरू हुए। इस संस्था ने आधुनिक और समकालीन कलाकृतियों का एक स्थायी संग्रह भी बनाया है जिसमें सात हजार से अधिक कलाकृतियाँ हैं। इसकी प्रदर्शनियाँ भी वह समय-समय पर करती है जिससे नए कलाकार नवोन्मेषी दृष्टि पाने को प्रेरित होते हैं।

अकादेमी ने 1976 में गढ़ी ग्राम, दिल्ली में सामुदायिक कला परिसर शुरू किया जहाँ एक साथ सैकड़ों कलाकार आबंटित कार्यशालाओं में काम कर सकते हैं। इसमें भी देश के अनेक हिस्सों के कलाकार आकर काम करते रहे हैं। इसके अलावा लखनऊ, कोलकाता, चेन्नई तथा भुवनेश्वर में इसके क्षेत्रीय केन्द्र खुले जिसने आँचलिक स्तर पर सम्बद्ध राज्यों की कला गतिविधियों को बढ़ावा दिया। इसके अलावा शिमला, पटना, अगरतला और अहमदाबाद में क्षेत्रीय उप-केन्द्र काम कर रहे हैं तो पुणे, बैंगलुरु, इन्दौर आदि में केन्द्र खुलने की दिशा में हैं।

अकादेमी ने 'ललित कला एन्शिएन्ट', 'ललित कला कॉन्टेम्परेरी' तथा 'समकालीन कला' नामक अंग्रेजी और हिन्दी में कला पत्रिकाएँ शुरू कीं और अंग्रेजी तथा हिन्दी में कला पर पुस्तकें प्रकाशित कीं जिससे कला-विमर्श और कलाकारों के कार्यों का मूल्यांकन सहज हुआ। हिन्दी-अंग्रेजी में कला पर पुस्तकें प्रकाशित कीं, तो कलाकारों पर एकाग्र मोनोग्राफ तथा चित्रावलियाँ छपीं।

इन सब प्रयत्नों से ललित कला अकादेमी ने अपनी राष्ट्रीय पहचान कायम रखते हुए आधुनिक और समकालीन कला को प्रोत्साहित और विकसित करने का महत्त्वपूर्ण कार्य किया। अकादेमी के इन कार्यों से निश्चय ही एक वृहत् कला-

वातावरण बना जिससे कलाकारों में आपसी भागीदारी और अन्तर्देशीय कला-शैलियों के आदान-प्रदान के साथ वैश्विक कला-विनिमय की सम्भावना भी बनी। भारत में आधुनिक कला के विकास पर बात करते हुए ललित कला अकादेमी के प्रयत्नों को भुलाया नहीं जा सकता।

राष्ट्रीय आधुनिक कला दीर्घा

राष्ट्रीय आधुनिक कला दीर्घा, जिसे 'नेशनल गैलरी ऑफ मॉडर्न आर्ट' भी कहा जाता है, की स्थापना भी 29 मार्च, 1954 को नई दिल्ली में हुई। इसकी भी शाखाएँ मुम्बई और बेंगलुरु में हैं। इसकी स्थापना का मुख्य उद्देश्य आधुनिक कलाकृतियों की बड़ी प्रदर्शनियाँ करना, कला संगोष्ठियाँ करना तथा राष्ट्रीय-अन्तर्राष्ट्रीय कला विनिमय से एक कला-वातावरण निर्मित करना है। इसके संग्रह में दो हजार से अधिक महत्त्वपूर्ण कलाकारों की कृतियाँ हैं जिन्हें समय-समय पर प्रदर्शित किया जाता है। इस तरह यह एक मायने में आधुनिक कला का महत्त्वपूर्ण संग्रहालय भी है जिसमें 1857 से लेकर अब तक की महत्त्वपूर्ण कलाकृतियों का संग्रह है। इसमें जिन महत्त्वपूर्ण कलाकारों की कृतियों का संग्रह है; उनमें—थॉमस डेनियल, राजा रवि वर्मा, अवनीन्द्रनाथ ठाकुर, रवीन्द्रनाथ ठाकुर, गगनेन्द्रनाथ ठाकुर, नन्दलाल बोस, जामिनी राय, अमृता शेरगिल, उपेन्द्र महारथी आदि हैं।

इस संस्था की स्थापना से भी नया कला वातावरण बना और कलाकारों को एक ऐसा संग्रहालय मिला जिसकी कृतियों के अवलोकन से वे कला को उसके बदलते-स्वरूप के साथ समझकर अपना ध्येय तय कर सकें। इस रूप में आधुनिक कला के प्रसार में इस संस्था का भी महत्त्वपूर्ण योगदान है।

भारत भवन

भारत भवन की स्थापना भी इस दिशा में एक महत्त्वपूर्ण कदम था। एक बहुकला परिसर के रूप में भारत भवन की स्थापना भोपाल में की गई जिसका शुभारम्भ 13 फरवरी, 1982 को तत्कालीन प्रधानमंत्री इन्दिरा गांधी के हाथों हुआ। प्रसिद्ध वास्तुकार चार्ल्स कोरिया द्वारा आकल्पित यह बहुकला संस्थान इस रूप में अनूठा है कि यह दृश्यकला, प्रदर्शनकारी कलाओं, लोक कलाओं तथा साहित्य का समवेत मंच है। इसकी स्थापना के पीछे अशोक वाजपेयी की अहम भूमिका रही, जो उन दिनों मध्यप्रदेश के शिक्षा सचिव थे। इसमें आधुनिक और समकालीन कला की कार्यशालाओं की व्यवस्था हुई जिसमें सभी माध्यमों के कलाकार एक साथ काम कर सकें। इसमें मूर्तिकला और चित्रकला के लिए व्यवस्थित दीर्घाएँ हैं, रूपंकर

नामक विशाल कला संग्रहालय भी, जिसमें जगदीश स्वामीनाथन द्वारा वर्षों की मेहनत से जुटाई गई आदिवासी कृतियों का विशाल संग्रह है। देश में आदिवासी कलाकृतियों का यह सबसे समृद्ध संग्रहालय है। इस संस्था ने 'समकालीन कला की द्वैवार्षिकी' 1986 में शुरू की, तो 1989 में 'अन्तर्राष्ट्रीय प्रिंट द्वैवार्षिकी' भी।

एक साथ संगीत, नृत्य, नाटक तथा कला की संस्था होने के नाते इसमें सभी कला-अनुशासनों के लोगों को एक साथ काम करने, विचारों का आदान-प्रदान करने तथा एक-दूसरे की समझ के साथ अपने को प्रोन्नत करने की सहूलियत हासिल हुई, उससे निश्चय ही कला में नवाचार के साथ उसके विकास की सम्भावनाएँ बनीं।

इसके साथ-साथ मध्यप्रदेश कला परिषद्, शंकरदेव कलाक्षेत्र, गोहाटी, उत्तरप्रदेश राज्य कला अकादेमी, राजस्थान ललित कला अकादेमी, बिहार ललित कला अकादमी, गुजरात राज्य ललित कला अकादेमी, केरल ललित कला अकादमी, कर्नाटक चित्रकला परिषद् आदि प्रान्तीय कला अकादमियों तथा केन्द्र सरकार द्वारा आरम्भ किए गए क्षेत्रीय सांस्कृतिक केन्द्रों के अस्तित्व में आने से कला का एक राष्ट्रीय स्वरूप बना। एक राज्य के कलाकारों की दूसरे राज्य के कलाकारों के साथ सहभागिता से आँचलिक सीमाएँ कम हुईं तो उनमें परस्पर विनिमय का एक स्वस्थ भाव उपजा। इस कड़ी में देश भर में खुले कला संग्रहालयों को भी याद करना चाहिए जिन्होंने कला पाठ्यक्रम चलाए, संगोष्ठियाँ आयोजित कीं और नियमित रूप से स्मारक व्याख्यान शुरू करके कला-वातावरण बनाने की चेष्टा की। इनमें राष्ट्रीय संग्रहालय, दिल्ली; राज्य संग्रहालय, पटना तथा इलाहाबाद संग्रहालय, प्रयाग विशेष रूप से उल्लेखनीय हैं।

कह सकते हैं कि ललित कला अकादेमी, भारत भवन तथा राष्ट्रीय आधुनिक कला दीर्घा के साथ-साथ क्षेत्रीय राज्य अकादमियों और क्षेत्रीय सांस्कृतिक केन्द्रों के प्रयत्नों से स्वतंत्रता प्राप्ति के बाद कला-सृजन, उसके नवाचार, समयानुरूप कला-दृष्टि के विकास तथा आँचलिक, राष्ट्रीय तथा वैश्विक परिदृश्य पर कला को बरतने की प्रतियोगिता ने जन्म लिया। इससे निश्चय ही कला-सृजन में बहुत लाभ हुआ और एक जीवन्त कला-वातावरण भी बन सका, जिसकी बहुत आवश्यकता थी।

इसके अतिरिक्त बॉम्बे आर्ट सोसायटी, आर्ट सोसायटी ऑफ इंडिया, मुम्बई तथा ऑल इंडिया फाइन आर्ट्स एंड क्राफ्ट सोसायटी (आईफैक्स), दिल्ली की भी आधुनिक कला के प्रचार-प्रसार में तथा देश के कला-वातावरण को बनाने में महत्त्वपूर्ण भूमिका रही, जिससे इनकार नहीं किया जा सकता। इन संस्थाओं द्वारा वार्षिक प्रदर्शनियों का आयोजन करना, चुने हुए कलाकारों को सम्मानित करना तथा कला शिविरों आदि के आयोजन से कला जगत को बहुत लाभ हुआ। लेकिन ये संस्थाएँ आपसी खींचतान और अहं के संघर्षों में अपने लक्ष्य से भटक कर अपनी

स्थापना के उद्देश्यों को भूल चुकी हैं। इनमें अधिकतर संस्थाएँ; चाहें वे सरकारी हों या निजी; जैसे-तैसे अपने अस्तित्व को बचाए हुए हैं। इनमें न वह दृष्टि बची है, न वह साधना; जो इन्हें कला की चुनौतियों को दूर करने की दिशा में सोचने को प्रेरित कर सके। अनेक राज्यों में कलादीर्घाओं तक का अकाल है जिससे कलाकार अपनी कृतियों की प्रदर्शनी करने से वंचित रह जाते हैं। सरकारों की कला को लेकर कोई नीति नहीं है, न कुछ करने की आकांक्षा; इसके कारण बड़े-बड़े सपनों को लेकर स्थापित हुई कला संस्थाएँ; वे चाहें सरकारी हों या निजी, अपना अस्तित्व बचाने के लिए संघर्ष कर रही हैं। यह दुखद है और चिन्ताजनक भी।

आधुनिक कला के विकास में कला विद्यालयों, विश्वविद्यालीय कला विभागों का भी बड़ा हाथ रहा है। इनमें कला भवन, विश्व भारती, शान्तिनिकेतन, कला विभाग, एम.एस. विश्वविद्यालय, बड़ौदा; दृश्य कला विभाग, काशी हिन्दू विश्वविद्यालय, वाराणसी; कला महाविद्यालय, लखनऊ; कला महाविद्यालय, पटना; कला महाविद्यालय, इन्दौर; मद्रास कला महाविद्यालय, कला महाविद्यालय, दिल्ली; कला विभाग, जामिया मिलिया इस्लामिया विश्वविद्यालय, दिल्ली का भी काफी योगदान रहा जिनमें अवनीन्द्रनाथ ठाकुर, नन्दलाल बोस, बिनोद बिहारी मुखर्जी, एन.एस. बेन्द्रे, असित कुमार हालदार, राधामोहन, के.सी.एस. पणिकर, भवेश चन्द्र सान्याल, ए. रामचन्द्रन, के.जी. सुब्रमण्यन, गुलाम मोहम्मद शेख जैसे कला आचार्य शामिल हैं। पर दुर्भाग्य से आज कुछ कला विभागों और कला महाविद्यालयों को छोड़ दें तो स्थिति इतनी विषम है कि इनकी भूमिका ही सन्दिग्ध हो उठी है। अधिकतर कला विद्यालय और विभाग अध्यापकों के न होने से ठप्प पड़े हैं तो कला महाविद्यालयों में विश्वविद्यालय अनुदान आयोग से अध्यापकों का वेतनमान ही उन्हें नहीं दिया जाता। कला अध्यापकों के प्रति सरकारी असमानता और भेदभाव ने वे सम्भावनाएँ ही नहीं रहने दी हैं कि इनमें कुशल अध्यापक आ सकें। ऐसे में केवल प्रतिभावान और परिश्रमी कला छात्र ही आगे आ पाते हैं।

इस विषम स्थिति के अनेक कारणों में एक कारण है, सरकारी उदासीनता। सरकारें कला संस्थानों को न तो उपयुक्त धनराशि देती हैं न उनकी प्रोन्नति की किसी ठोस योजना पर काम करती हैं। उन्हें एक सफेद हाथी की तरह खड़ा करके केवल राजनीतिक उद्देश्य पूरा करने की नीयत के कारण संस्थाएँ जीवित तो रहती हैं, पर अपने दायित्व का निर्वाह नहीं कर पातीं। दूसरा कारण है कला विभागों और कला महाविद्यालयों के प्रति सरकार का उपेक्षापूर्ण बर्ताव। अधिकतर कला विभागों और विद्यालयों में अध्यापकों के हजारों पद रिक्त हैं; उन्हें भरने की पहल नहीं होती। उन्हें कला के जरूरी उपकरण उपलब्ध नहीं कराए जाते। अनेक जगहों पर अभ्यास तथा प्रयोग के लिए कार्यशालाएँ नहीं हैं तो कृतियों के संरक्षण के लिए

संग्रहण-स्थल की भी जगह नहीं है। ऐसे में इन संस्थानों में नियमित कला-व्याख्यान और संगोष्ठियों की कल्पना करना भी बेमानी है; क्योंकि इसके लिए अतिरिक्त कोई कोष नहीं होता, न सभागार आदि का प्रबन्ध। एक समस्या दीर्घा को लेकर भी आती है जिसके अभाव में कला छात्र प्रदर्शनियों के लिए इधर-उधर भटकते फिरते हैं। एक समस्या समान वेतन और नियमित पदोन्नति की भी है जिसमें कला-अध्यापकों के साथ भेदभाव होता है।

इन सभी कारणों से भी एक बड़ा कारण कलाकारों में एकता का अभाव है, जो एकजुट होकर कला की बुनियादी समस्याओं पर आवाज नहीं उठाते। वे नाना अंचलों, वर्गों, स्कूलों और माध्यमों में बँटकर अपनी शक्ति क्षीण करते हैं। वे यदि सामूहिक रूप से सचेष्ट होते तो सांस्थानिक रूप से कला-परिदृश्य में निश्चय ही सुधार होता।

उपसंहार

आधुनिक कला में उपलब्धि के मानक

आधुनिक कला आन्दोलनों की विकास-यात्रा में 'भारतीय आधुनिक कला' की यात्रा अधिक बड़ी नहीं है। वह अधिक से अधिक सौ-सवा सौ वर्षों तक सीमित है; पर इस छोटी-सी यात्रा में उसकी उपलब्धियाँ गर्व करने लायक हैं। अबनीन्द्रनाथ ठाकुर के नेतृत्व में शुरू होनेवाले बंगाल कला आन्दोलन ने नन्दलाल बोस, असित कुमार हालदार, के. वेंकटप्पा, क्षितीन्द्रनाथ मजुमदार, बीरेश्वर सेन, रामकिंकर बैज, देवीप्रसाद रायचौधुरी और अब्दुर्रहमान चुगताई जैसे कलाकारों को प्रतिष्ठित किया जो भारतीय पुनर्जागरण के आरम्भिक कला-मूर्धन्य हैं। रवि वर्मा एकल प्रयत्नों से उभरे वह कलाकार रहे जिन्होंने अंग्रेजी तकनीक के साथ भारतीय मिथकीय चरित्रों का समन्वय कर एक नई राह बनाई, तो गगनेन्द्रनाथ, रवीन्द्रनाथ और यामिनी राय ने भारतीय आधुनिक कला को सर्वथा नई दृष्टि के साथ प्रतिष्ठित किया जिसमें पश्चिमी कला पद्धतियों के प्रयोग के साथ भारतीय चेतना का दर्प था। इसी क्रम में उभरीं अमृता शेरगिल ने पश्चिमी पद्धतियों का उपयोग कर भारतीय आधुनिकता को यथार्थवादी दृष्टि के साथ सामने रखा जिसमें अतीत का स्वप्नभंग था तो आगत भविष्य के संघर्षों और तकलीफों का वह यथार्थ था, जो कला को सामाजिक जीवन से जोड़ता था।

अमृता शेरगिल की कला में निबद्ध आधुनिकता अनेक कलाकारों की प्रेरणा बनी जिसमें के.के. हेब्बार, श्यावक्ष चावड़ा, बी. प्रभा, लक्ष्मण पै, कुमारिल स्वामी, श्रीनिवासुलु, प्रेमल चौधरी, ए.ए. रॉयबा, के.एस. कुलकर्णी, ए.ए. अलमेलकर, चेतन आर्या, सुधीर सोजवाल जैसे कलाकार शामिल हैं। इसके बाद पहली बार गठित 'कलकत्ता कलाकार समूह' ने आधुनिक कला को लेकर एक सामूहिक चेतना पैदा करने की चेष्टा की। पहली बार कहने से आशय यह है कि यह समूह स्वतंत्रता मिलने से पूर्व गठित होनेवाला पहला कला समूह था। इसमें शामिल कलाकारों में मुख्य रूप से नीरोद मजुमदार, प्रदोष दासगुप्ता, परितोष सेन तथा गोपाल घोष ने अपनी कृतियों और विचारों से कला समाज को आन्दोलित किया था। इस समूह ने

सर्वप्रथम भारतीय कला की आधुनिकता को वैश्विक परिप्रेक्ष्य से जोड़ा और भारतीय जीवन की त्रासद स्थितियों, मनोदशाओं और छीजते जीवन को उसके अवसाद में उठाते हुए स्वाभाविक और ज्वलन्त प्रश्नों से कला को एकीकृत किया। निश्चय ही यह समूह अमृता शेरगिल के कार्यों से प्रेरित-प्रभावित था और बंगाल कला की पुनर्जागरणकालीन कला से क्षुब्ध भी।

कला को अन्तर्राष्ट्रीय बनाने की घोषणा, अतीत-राग से मुक्ति और भविष्य की पदचाप सुनने का आह्वान करनेवाला यह समूह चाहे बहुत प्रभावी रहकर अधिक दिनों तक सक्रिय न रहा हो, पर उसके कुछ कलाकारों की निजी शैलियों ने कला को गहरे अर्थों में प्रभावित किया। प्रगतिशील कलाकार संघ की प्रेरणा भी वही बना था।

'प्रगतिशील कलाकार समूह' ने भारतीय आधुनिक कला को समग्र व्यवस्था दी। समग्र इस अर्थ में कहना चाहिए कि अपने सक्रिय वर्षों में तो इस समूह ने यूरोपीय अभिव्यंजनावाद, घनवाद और उत्तर-प्रभाववाद के असर वाली रचनाएँ कीं जिनमें यथार्थ का स्वर ही प्रमुख था। किन्तु बाद के वर्षों में इससे जुड़े कलाकारों ने भारतीय कला की आधुनिकता को अनेक स्तरों पर प्रभावित किया और अमूर्तन, यथार्थवाद, अभिव्यंजना, अति-यथार्थवाद जैसे आन्दोलनों की कला-पद्धतियों से भारतीय कला-परम्परा और लोक-तत्त्वों के मिश्रण से जो बहुविध कला-संसार निर्मित किया, उसका भारतीय कला पर व्यापक असर पड़ा। कहना चाहिए कि भारतीय कला की आधुनिकता का मानकीकरण इन्हीं कलाकारों से हुआ। निश्चय ही स्वाधीनता प्राप्ति के बाद की कला में मकबूल फिदा हुसेन की केन्द्रीय भूमिका रही जिनके प्रयोग, रंग-संयोजन तथा विषय-वैविध्य ने कला जगत में एक नई लहर पैदा की। उनके साथी कलाकार भी अपने-अपने स्तर से इसी भूमिका में रहे जिनमें फ्रांसिस न्यूटन सूज़ा, के.एच. आरा, सैयद हैदर रज़ा, सदानन्द बाकरे, एच.ए. गाडे, रामकुमार, अकबर पदमसी, तैयब मेहता, वी.एस. गायतोंडे और कृष्ण खन्ना शामिल हैं। इनमें सूज़ा, रज़ा, रामकुमार, पदमसी, तैयब मेहता तथा कृष्ण खन्ना ने अपने-अपने क्षेत्रों में कला को शिखर पर पहुँचाया जिनके प्रभाव में अनेक कलाकारों ने काम किया।

इसके बाद 'मुम्बई कलाकार समूह' ने अपनी सक्रियता दिखाई जिसमें के.के. हेब्बार, एच.ए. गाडे, जहाँगीर सबावाला तथा के.एच. आरा ने महत्त्वपूर्ण पहल की और कला को नई दृष्टि देने का प्रयत्न किया। फिर 'दिल्ली शिल्पी चक्र' से भवेश चन्द्र सान्याल, के.एस. कुलकर्णी, कँवल कृष्ण, धनराज भगत तथा सतीश गुजराल ने महत्त्वपूर्ण काम किया, तो 'चोला मंडल कलाकार समूह' ने मद्रास कला आन्दोलन का आरम्भ कर दक्षिण भारतीय कला को आधुनिक रूप देने की चेष्टा की। के.सी.एस. पणिकर, एम. रेडप्पा नायडू तथा जे. सुलतान अली की कला इस आन्दोलन का प्रतिनिधित्व करती है। इसी क्रम में श्रीनगर, जम्मू और कश्मीर में स्थापित प्रगतिशील कलाकार समूह ने कश्मीरी कला को राष्ट्रीय

परिप्रेक्ष्य देने की कोशिश की और भूदृश्यों के साथ-साथ स्थानीय दार्शनिक प्रत्ययों को नए सन्दर्भों में रखा। इस समूह के कलाकारों में त्रिलोकी कौल, पी.एन. काचरू तथा गुलाम रसूल सन्तोष रहे जिन्होंने अपनी एक राष्ट्रीय उपस्थिति भी दर्ज की।

कला समूहों की अन्तिम कड़ी में 'समूह 1890' आया जिसकी स्थापना जगदीश स्वामीनाथन ने 1963 में की थी। इस समूह ने भारतीय कला की आधुनिकता को पुनर्परिभाषित किया और परम्परा के सृजनशील उपयोग के साथ नए जीवन-सन्दर्भों को कला में बरतकर उसे रूढ़िवाद से मुक्त किया। स्वामीनाथन के अलावा अम्बादास, हिम्मत शाह तथा गुलाम मोहम्मद शेख जैसे कलाकारों ने इस समूह की उपादेयता सिद्ध कर महत्त्वपूर्ण काम किए और कला में सक्रिय अनेक पीढ़ियों को प्रभावित किया।

अब तक हमने उन कलाकारों के कला-प्रयत्नों को देखा, जिन्होंने विभिन्न कला संघों और समूहों के माध्यम से भारतीय कला को आधुनिक बनाने की चेष्टा की। पर ऐसे बहुत से कलाकार हुए जिन्होंने इन समूहों के अस्तित्व में आने से पहले और अस्तित्व में आने के बाद अपने कार्यों से बड़ा बदलाव किया था और अप्रत्यक्ष रूप से उनकी भूमिका क्रान्तिकारी थी।

इन कलाकारों में एक नाम **रविशंकर रावल** (1892-1977) का भी है जो गुजरात के भावनगर से थे और उन्होंने कला के पुनर्जागरण में बड़ा महत्त्वपूर्ण कार्य किया था। सर जे.जे. स्कूल ऑफ आर्ट, मुम्बई से कला शिक्षा लेकर उन्होंने एकेडमिक प्रकृतवाद के जरिए राजपूत चित्रशैली को आधार बनाकर सांस्कृतिक राष्ट्रवादी कला के विकास की चेष्टा की थी। उन्होंने गुजराती में 'बीसवीं सदी' नामक एक कला पत्रिका भी निकाली। 'बिल्वमंगल' नामक कृति से प्रसिद्ध हुए रावल ने बाद में महात्मा गांधी के कार्यों से प्रभावित होकर राष्ट्रीय आन्दोलन से प्रेरित कई कृतियों की रचना की। कांग्रेस के अधिवेशनों के पोस्टर्स भी बनाए तो अजन्ता के गुफा चित्रों से प्रेरित चित्र भी उन्होंने बनाए। पहले रवि वर्मा और बाद में बंगाल कला शैली से प्रेरित होकर रावल ने कला की स्वदेशी चेतना का विकास किया था।

पर जिसे हम आधुनिक कला कहते हैं उसके अस्तित्व को सुनिश्चित करने में एक नाम जो सर्वाधिक प्रभावी रहा और उसने अनेक सम्भावित बड़े कलाकारों को कला शिक्षा देकर इस योग्य बनाया कि वे अपनी कला से एक परिवर्तन ला सकें; और स्वयं जिसने अपने कार्यों से बिना शोर किए भारतीय कला को आधुनिक दिशा देने की बड़ी पहल की; वह नाम **एन.एस. बेन्द्रे** यानी **नारायण श्रीधर बेन्द्रे** का है। बेन्द्रे (1910-1992) ने घनवाद, प्रभाववाद तथा अमूर्तन की कला-पद्धतियों के साथ निरन्तर प्रयोग किया और एक निजी शैली विकसित की जिसे 'बेन्द्रे शैली' के रूप में याद किया जाता है। इस शैली में उन्होंने 'थोर्न' (काँटा), 'द पैरट', 'द चमेलियोन' जैसी कृतियों की रचना की जिनकी सराहना हुई। उनके कामों में कलाविदों ने पश्चिमी और भारतीय चित्रविधियों का संयोग देखा। वह संयोग

इस अर्थ में था कि उन्होंने तकनीक तो पश्चिम से ली थी, पर उसे भारतीय भाव और विषय में ढाला। आकृतिमूलक कामों के साथ-साथ वे भूदृश्य के सिद्धहस्त चित्रकार भी थे। अपने रंग-कौशल में विलक्षण दिखनेवाले बेन्द्रे ने भित्तिचित्रण में भी उल्लेखनीय कार्य किए थे।

अपने एक साक्षात्कार में उन्होंने कहा था—'भारतीय कलाकारों पर पश्चिमी प्रभाव तब भी था और अब भी है। हमारे अधिकांश कलाकार किसी न किसी पसन्दीदा पश्चिमी कलाकार की नकल करने में लगे हैं। आधुनिक कला अनुकरण के जिन विचारों से सृजित हो रही है, मैं उनसे सहमत नहीं हूँ। इसलिए मैंने अपने ढंग से काम करने का निश्चय किया है। मेरी यह मान्यता है कि मैं ऐसा सृजन करूँ जिसमें से भारतीयता की गंध आती हो। कलाकार को चाहिए कि अपने विवेक तथा ज्ञान से वह सदैव ऐसा काम करे, जो नया तो हो ही, मूल्यवान कलाकृति भी कहला सके।'

एक कलागुरु और आधुनिक भारतीय कला के पुरस्कर्ता के रूप में उनको याद करना और उनकी कृतियों से गुजरना कला की भारतीय आधुनिकता के प्रस्थान को समझना है जिसमें हम पश्चिम और पूर्व के संयोग से भारतीय कलाबोध का गहरा और आत्मीय भाव पाते हैं।

इस श्रृंखला में जो बेहद प्रभावी कलाकार रहे और जिनके कार्यों से भारतीय कला ने आधुनिकता की अपनी यात्रा को सुगम बनाया, उन्हें एक नजर में देख लेना उचित है; क्योंकि उनके उल्लेख के बिना यह यात्रा पूरी नहीं होती।

चित्तप्रसाद (1915-1978)

कलकत्ता के समीप नायहाटी में जन्मे चित्तप्रसाद ने कला की औपचारिक शिक्षा लिए बिना अपनी नैसर्गिक प्रतिभा से विलक्षण कृतियों की रचना की। उनके लिनोकट प्रिंट्स भारतीय कला के नए प्रस्थान के सूचक हैं जिसमें उन्होंने 'नारी', 'माँ और बच्चा', 'बाल मजदूर', 'ग्रामीण जीवन' आदि पर अनगिनत चित्र निर्मित किए। 1943 में बंगाल के अकाल पर उनके द्वारा लिखित और चित्रित पुस्तक 'हंग्री बंगाल' ने ब्रिटिश शासन की चूलें हिला दी थीं। उनके हजारों रेखांकन और लिनोकट्स चित्रावलियों में प्रकाशित हुए और पूरी दुनिया में सराहे गए। इस कलाकार ने अपनी कृतियों के माध्यम से कला को जीवन से जोड़कर एक नई दृष्टि की प्रस्तावना की थी, जिसका बहुत महत्त्व है।

सोमनाथ होर (1921-2006)

चटगाँव (अब बांग्लादेश) में जन्मे सोमनाथ होर चित्तप्रसाद की परम्परा के बड़े कलाकार रहे। उन्होंने छापाकला को ऊँचाई दी और विलक्षण मूर्ति-शिल्पों की रचना

भी की। अपनी कृतियों को भोगी हुई यातना का प्रतिरूपण कहनेवाले होर ने उन्हें 'जख्म' भी कहा था। अपनी नई विधि और कौशल से उन्होंने जिस मानवीय करुणा को कृतियों में विन्यस्त किया, वह प्रेरक है।

के.जी. सुब्रमण्यन (1924-2016)

के.जी. सुब्रमण्यन भारतीय कला की आधुनिकता के एक अन्य बड़े कलाकार हैं जिन्होंने भारतीय कला की परम्परा की उत्कृष्टता को लेकर नए कला-प्रयोग किए और आधुनिकता को यथार्थ और आदर्श के समन्वय में देखा। एक चित्रकार, भित्तिचित्रकार और छापाकार के रूप में उनके काम अपनी नई पद्धति से बहुत प्रभावित करते हैं।

बीरेन डे (1926-2011)

बीरेन डे इस कड़ी में एक अन्य उल्लेखनीय कलाकार हैं जिन्होंने तंत्रकला को विकसित किया और स्त्री-पुरुष की आन्तरिक समन्वित शक्तियों को ब्रह्मांडीय शक्ति के रूप में आँका। अपने अन्तर के प्रकाश को खोजने की दिशा में उनका कला-सृजन भारतीय परम्परा का पुनर्संस्कार लगता है जिसमें नई उद्‌भावना है।

ए. रामचन्द्रन (1935)

ए. रामचन्द्रन आधुनिक भारतीय कला के श्रेष्ठतम आकृतिमूलक कलाकारों में एक हैं जिन्होंने भारतीय मिथकीय चरित्रों का नवाचार कर उन्हें अधिक अर्थवान बनाया है और अपनी दृष्टि की सामाजिकता को सिद्ध किया है। पौराणिक कथाओं को आदिवासी जीवन से सम्बद्ध कर उन्होंने जो काम किए हैं, उनका दूरगामी महत्त्व है।

शंखो चौधुरी, कृष्णा रेड्डी, मदनलाल नागर, रणबीर सिंह बिष्ट, देवकीनंदन शर्मा, अमरनाथ सहगल, मीरा मुखर्जी, शान्ति दवे, जतिन दास, अंजलि इला मेनन, परमजीत सिंह, अर्पिता सिंह, पिराजी सागरा, गुरचरण सिंह, मंजीत बावा, विकास भट्टाचार्यी, जोगेन चौधुरी, हकुशाह, राधामोहन, ललित मोहन सेन, उपेन्द्र महारथी, जयकृष्ण अग्रवाल, भूपेन खक्कर, बीरेश्वर भट्टाचार्यी, श्याम शर्मा, बालन नाम्बियार, पी. मंसाराम, शक्ति बर्मन, मनु पारीख, माधवी पारीख, रामेश्वर बरूटा, विवान सुन्दरम, कृपाल सिंह शेखावत, राम मनोहर सिन्हा, बद्रीनाथ आर्य, श्याम शर्मा, बीरेश्वर भट्टाचार्य, भवानी शंकर शर्मा जैसे अनेक कलाकारों ने मूर्तिशिल्प, मृदभांड, सेरामिक, छापाकला तथा चित्रकला में भारतीय आधुनिक कला को परिभाषित किया और उसे नए विचारों तथा विमर्शों से जोड़ा। कह सकते

हैं कि 1965-70 तक भारतीय कला जिस आधुनिक स्वरूप को पा सकी, और इक्कीसवीं सदी में प्रवेश कर समकालीन हो सकी, उनमें इन कलाकारों का बहुत महत्त्व है। तकनीक, रंग-व्यवहार, पारम्परिक विषयों और विधियों का नवाचार, सृजन में नए विचारों का विन्यास सहित कला को एक प्रश्नाकुल शिल्प में ढालने का बड़ा प्रयत्न इनके हाथों हुआ जिससे भारतीय कला अपना आधुनिक स्वरूप पा सकी और उसमें निजी शैलियों के विकास का अवसर भी बन सका।

इस यात्रा में जहाँ भारतीय कला की आधुनिकता में पश्चिमी कला पद्धतियों का योगदान रहा है, वहीं भारतीय लोक कला-रूपों और लघुचित्रों की परम्परागत अंकन-पद्धतियों की भूमिका रही है। इस दौरान आकृतिमूलक चित्रों के साथ अमूर्तन में भी उल्लेखनीय काम हुए तो अति यथार्थवादी, प्रतीकवादी और तांत्रिक पद्धतियों में भी काम हुए। कह सकते हैं कि आधुनिक कला समकालीन कला से जिस बिन्दु पर मिलती है; वहाँ वह अपनी एक पुख्ता पहचान के साथ अन्तर्राष्ट्रीय बिरादरी में भी अपनी जगह बना चुकी होती है। जैसाकि हम पीछे कह आए हैं, समकालीनता का आधुनिकता से कोई वैषम्य नहीं है। तथ्य यही है कि आधुनिकता की तात्त्विक सम्भावनाओं ने ही समकालीनता को जन्म दिया है। इसमें उन्हीं कलाकारों का योगदान भी है जिन्होंने कला को आधुनिक जीवन की विसंगतियों में खड़ा किया है। कला-निर्मितियाँ अधिकतर अपने स्वरूप में आधुनिक होते हुए समकालीन जीवन के प्रश्नों से जुड़कर समकालीन भी होती गई हैं, जैसे कोई भी आधुनिक कला ऐसी नहीं; जिसे हम समकालीन न मान पाएँ। वैसे ही समकालीनता का पैमाना आधुनिकता ही है। दोनों में अन्तर सिर्फ इतना है कि समकालीन कला वर्तमान जीवन और प्रश्नों के प्रति सापेक्ष दृष्टि रखती है तथा उसमें बर्ताव का मुख्य ध्येय अपने समकाल की संवेदनात्मक अभिव्यक्ति है।

नई सामग्री, पद्धति, प्रयोग और तकनीक पर समकालीन कला में भी नाना तरह के प्रयोग हो रहे हैं जिन्हें हम 'आधुनिकता से समकालीनता की यात्रा' शीर्षक अध्याय में बता चुके हैं, इसलिए उसे यहाँ दुहराने की आवश्यकता नहीं है। इतना ही कह सकते हैं कि समकालीन कला के इस दौर में; जो 1965-70 के आसपास आरम्भ हुआ, पुरानी और नई पीढ़ी के शताधिक कलाकार काम कर रहे हैं। अलग-अलग माध्यमों और शैलियों में आज अनेक कलाकार हैं जिनके कामों ने सबका ध्यान आकृष्ट किया है। आकृतिमूलक, अमूर्तन, संस्थापन, मूर्तिशिल्प, सेरामिक, छापा तथा कोलाज माध्यमों के अतिरिक्त वीडियो और प्रदर्शनों के जरिए भी नए-नए काम हो रहे हैं। यह समकालीन कला-संसार इतना व्यापक है और इतना विविधवर्णी कि इस पर अलग से व्यवस्थित ढंग से काम करने की जरूरत है। उसे केवल नामोल्लेख तक सीमित करना, उसके साथ ज्यादती करना है। यहाँ हमारा लक्ष्य तो पश्चिम के क्रमागत आन्दोलनात्मक विकास के साथ भारतीय कला की

आधुनिकता के विकास का रेखांकन करना है; इसलिए उस पर बात करना न तो सम्भव है और न समीचीन ही।

इस अध्ययन से यह स्पष्ट होता है कि आधुनिक भारतीय कला आज वैश्विक परिदृश्य में अपनी विशिष्टता और बहुविध प्रयोगों के कारण अलग से पहचानी जा रही है। आधुनिकता से अब समकालीनता की ओर कदम बढ़ा चुकी भारतीय कला समकालीन कला में भी अपनी समृद्धि से हमें आश्वस्त कर रही है, जो हम सबके लिए बहुत सुखद है।

सहायक ग्रंथ

अंग्रेजी

1. *India and Modern Art*, W.G. Archer, London, 1959
2. *History of Modern Art,* H.H. Arnason, London, 1969
3. *Painting in the Twentieth Century*, Wermer Haftmann, London, 1965
4. *Vision and Design,* Roger Fry, London, 1937
5. *Principles of Art*, R.G. Colligwood, London, 1963
6. *The Fauves,* J.P. CresPelle, London, 1962
7. *Cubism,* E. Fry, London, 1966
8. *Masters of Modern Art*, A.H. Barr, N.Y. 1954
9. *Concerning the Spiritual in Art,* Wassily Kaindinsky, London, 1959
10. *Twentieth Century Painters*, B. Dorival, N.Y., N.Y. 1958
11. *History of Art,* H.W. Janson, N.Y., 1986
12. *Art of Our Time* (Edited), W. Grohmann, London, 1966
13. *The Mirror of Art,* Charles Bodelaire, London, 1955
14. *On Modern Art,* Paul Klee, London, 1948
15. *Neo—Impressionism,* R.L. Herbert, N.Y. 1968
16. *Dada: Art and Anti Art*, H. Richter, London, 1965
17. *Abstract Painting,* M. Seuphor, N.Y. 1961
18. *Surrealism,* P. Waldburg, London, 1966
19. *Art and Industry*, Herbert Read, London, 1966
20. *Discourses on Art,* Sir Joshua Reynolds, N.Y. 1966
21. *Knowledge Encyclopedia: Renaissance Art,* Miss and chief, New Delhi, 2021
22. *Renaissance and Baroque,* Heinrich walffin, Translater—Kathrin Simon, Paris, 1988
23. *Neo—Classicism: Style and Civilization,* Hugh Honour, London, Reprint—1977
24. *The Lied: Mirror of Late Romanticism,* Edward F. Kravitt, London, 1996
25. *Moroccan Jurney of Delacroix* (Moroccan Note Book), 1832
26. *Realism,* Pam Morris, London, 2003
27. *The History of Impressionism,* John Rewald, N.Y. 1973
28. *The Neo—Impressionist's,* Jean Sutter, California, 1994

29. *Post Impressionism: From van Gogh to Gauguin,* London, 1978
30. *The Symbolist Movement: A Critical Appraisal,* Anna Balakian, London, 1967
31. *The Manifesto of Symbolism,* Jean Moreas, 18 sep. 1886
32. *Creative Evolution,* Henri Bergson, Translation—Arthur Mitchell, Paris, 1907
33. *Expressionism,* John willet, N.Y. 1970
34. *The Moment of Cubism,* John Berger, N.Y. 1969
35. *Futurist Manifesto, Reproduce in Futurist Aristocracy,* N.Y. April, 1923
36. *Nothing if not Critical,* Robert Hughes, N.Y. 1990
37. *Abstract Art,* Gooding Mel, London, 2000
38. *Surrealism,* Pierre Jose, Heron, 1970
39. *The Automatic Message,* Andre Breton, London, 1997
40. *Cubism and Abstract Art,* Alfred H. Barr, London, 1936
41. *Christian and Oriental Philosophy of Art,* A.K. Coomaraswamy, N.Y.
42. *Tradition of the New,* Harold Rosenberg, N.Y.
43. *Triennale—India Catalogues*
44. *Rabindra Nath: Home and world* (Edited), Jyotish Joshi, New Delhi, 2012

हिन्दी

1. *भारतीय चित्रकला,* सी. शिवराम मूर्ति, नई दिल्ली, 2008
2. *भारत की समकालीन कला : एक परिप्रेक्ष्य,* प्राणनाथ मागो, अनुवाद—सौमित्र मोहन, नई दिल्ली, 2006
3. *आधुनिक चित्रकला का इतिहास,* र. वि. साखलकर, जयपुर, 1989
4. *बंगाल शैली की चित्रकला,* नैन भटनागर, जगदीश चंद्रिकेश, नई दिल्ली, 2001
5. *भारतीय चित्रकला* (सं.), शुकदेव श्रोत्रिय, लखनऊ, 1997
6. *समकालीन कला,* नई दिल्ली, अंक-1-50
7. *आत्मा का ताप,* अशोक वाजपेयी, नई दिल्ली, 2004
8. *कला की दुनिया में,* प्रयाग शुक्ल, नई दिल्ली, 2019
9. *कला का रास्ता,* विनोद भारद्वाज, नई दिल्ली, 2011
10. *वृहद आधुनिक कला कोश,* विनोद भारद्वाज, नई दिल्ली, 2016
11. *हुसेन और हुसेन के बाद,* विनोद भारद्वाज, नई दिल्ली, 2012
12. *आत्म की कला,* प्रयाग शुक्ल, नई दिल्ली, 2011
13. *कला विचार* (सम्पा.), ज्योतिष जोशी, नई दिल्ली, 2010
14. *कला परम्परा* (सम्पा.), ज्योतिष जोशी, नई दिल्ली, 2010
15. *कला पद्धति* (सम्पा.), ज्योतिष जोशी, 2010
16. *रूपंकर,* ज्योतिष जोशी, नई दिल्ली, 2006
17. *भारतीय कला के हस्ताक्षर,* ज्योतिष जोशी, नई दिल्ली, 2006
18. *कला और संस्कृति,* वासुदेवशरण अग्रवाल, इलाहाबाद, 2019
19. *भारतीय कलादृष्टि,* (सम्पा.) स. ही. वात्स्यायन 'अज्ञेय', नई दिल्ली, 2010

पारिभाषिक शब्दावली

भित्तिचित्रण	Wall Painting
पच्चीकारी	Mosaic
धातुशिल्प	Metal craft
वस्त्र सज्जा	Costume design
मूर्तिशिल्प	Sculpture
स्मारक मूर्तिशिल्प	Monumental Sculpture
पटचित्रण	Drapery painting
अमूर्त सौंदर्य	Abstract Aesthetics
आत्मिक अनुभूति	Spiritual feeling
अति-यथार्थवादी कल्पना	Surrealistic imagination
अमूर्त प्रयोग	Abstract experiment
पारंपरिक मिथकीय चरित्र	Traditional Mythical character
इतिहासिद्ध नायक	History Proven hero
रंग-न्यास	Palette
मध्यकालीन चरण	Medieval Phase
स्वच्छंदतावाद	Romanticism
यथार्थवाद	Realism
रुपाकृति	Form
पुनर्जागरणकालीन कला	Renaissance art
अस्वाभाविक अंकन	Unnatural Painting
कल्पना विलास	Luxury of imagination
दरबारी वृत्ति	Courtier instinct
नवशास्त्रीयतावाद	Neo-Classicism
कला शैली	Art Style
यथार्थवादी तत्व	Realistic element
कला इतिहासकार	Art Historian
व्यंग्य चित्रकार	Cartoonist
यथार्थवादी चित्रण	Realistic Depiction
नव प्रभाववाद	Neo—Impressionism

प्रभाववाद	Impressionism
उत्तर प्रभाववाद	Post—Impressionism
दर्शनीय तूलिकावाद	Remarkable brush strokes
खुला संयोजन	Open Composition
सादृश्य निरुपण	Similitude representation
सौंदर्य पक्ष	Aesthetic aspect
प्रतीकवादी आन्दोलन	Symbolic Movement
प्रतीक	Symbol
चित्रित वस्तु का बोध	Perception of the object depicted
फाववाद	Fauvism
अभिव्यंजनावादी कला	Expressionist art
दृश्यज्ञान	Visual Knowledge
अंतर का संसार	Inner world
घनवाद	Cubism
सौंदर्य की पारस्परिक धारणा	Traditional concept of aesthetics
भविष्यवाद	Futurism
सम्बद्धता का सिद्धांन्त	Principles of affiliation
दादावाद	Dadaism
प्रत्ययवाद	Conceptualism
अति-यथार्थवाद	Surrealism
पारम्परिक आकृतिमूलकता	Traditional Morphology
संस्थापन	Installation
कम्प्यूटर कला	Computer art
पॉप कला	Pop Art
मिश्रित माध्यम	Mixed Media
मानववाद	Humanism
तर्कवाद का सिद्धान्त	Theory of Rationalism
मानवीय सौंदर्य का निरुपण	Representation of Human Aesthetic
छाया-प्रकाश का प्रभाव	Effect of Chiaroscuro (Shadow-light)
प्राकृतिक दृश्यों का रम्य अंकन	Delightful depiction of natural sight
अंकित चित्रों का जादू	Magic of depicted pictures
बारोक कला	Baroque Art
मुद्राओं की भावपूर्णता	Emotionailty of Postures
प्रकृतिवाद	Naturalism
नवाचार	Innovation
अलंकरण प्रधान शिल्प	Ornamental Craft
ज्यामितीय संरचना	Geometric Structure
अंतर्मन को बांधने की क्षमता	Ability to bind inner world

रंगों पर रेखाओं की स्पष्टता	Clarity of lines on colors
दर्शनीय भाव संयोजन	Delightful composition of emotion
नाटकीय प्रकाश का उभार	Emerging of dramatic light
रंगीय विविधता	Variation of colors
वस्तु के अंकन में कुशलता	Deftness of subject depiction
व्यक्तिचित्र का कलाकार	Artist of Portrait
अंतरंग जीवन कथा	Intimate life history
भारतीय मिनियेचर	Indian miniature
अम्लांकन	Etching
शैलीगत विविधता	Variation of style
ललित तकनीक	Fine technique
रंगों की शालीनता	Decency of colors
चित्रित विषय में भाव-निरुपण	Emotional Expression in depicted subject
कलात्मक संवेदनशीलता	Artistic Sensibility
रोकोको कला	Rococo Art
आकल्पन	Design
घुमावदार रुपाकार	Moving Form
ऐंद्रिक अनुभूति	Sensuous feeling
रंगों की गतिमयता	Dynamism of color
आंतरिक सज्जाकार	Interior decorators
रेखाओं की लयात्मकता	Rhythm of lines
आकृतियों की स्वाभाविक मुद्राएं	Natural movement of figures
रंगों के बर्ताव की गहरी समझ	Deep understanding of color excercise
दृश्य श्रृंखला चित्रण	Depiction of sight series
संतुलित संयोजन	Equiponderant composition
रंगदीप्त प्रभाव	Effect of chromaticity
रंगवृत्त	Pigment
अभिव्यक्ति क्षमता	Efficiency of expression
प्रकृतवादी शैली	Naturalistic style
रेखांकन	Sketch
नई प्रकृति रचना	Formation of new nature
रत्यात्मक चित्रण	Erotic depiction
छापा माध्यम	Print/Graphic medium
समानुपातिक संयोजन	Proportionate composition
आकृतिमूलक का सौंदर्य	Aesthetics of Figuration
नव-शास्त्रवाद	New Classicism

पुरातात्विक उत्खनन	Archaeological excavation
आदर्शवादी कला	Idealistic Art
अनावृत/विवस्त्र	Nude
प्रक्षेपणक्र शैली	Trajootory style
सादगी और समरूपता का सिद्धान्त	Principle of Simplicity and symmetry
रंग कौशल	Coloring skill
प्राचीन कला की शैली	Style of ancient art
सृजनधर्मिता की आग	Fire of creativity
स्वचंछदतावादी कला	Romantic art
स्वच्छंदतावाद	Romanticism
पुनरुत्थानवादी शैली	Style of revival
मनोभावपरक अंकन	Depiction of Sentiment
रेखाओं की दृढ़ता	Persistence of lines
आकारों को तोड़ने की कुशलता	Skill to break shapes
शरीर विज्ञान	Physiology
नाटकीय अभिव्यक्ति	Dramatic expression
स्मारकीय काम	Monumental work
आकारीय संरचना-संयोजन	Composition of figurative Structure
शास्त्रीय शैली की स्वतंत्र व्याख्या	Independent explanation of classical style
तूलिका का संचालन	Operation of Brush
रंगविधि	Color scheme
उन्मुक्त विचार	Independent thought
कलाकार-स्वातंत्र्य	Artist freedom
मनोभावों की उड़ान	Flight of emotions
कल्पना विलास	Luxury of imigination
उपहासास्पद चित्र	Sarcastic picture
जीवन यथार्थ	Life reality
पारम्परिक कला-रुढ़ि	Traditional art-custom
गठन की सुदृढ़ता	Soundness of texture
सुनियोजित आकार	well planned form
सौम्य दृश्यता	Gentle visuality
विषय के प्रति आत्मीयता	Intimacy with the subject
चित्रण की शुद्धता	Purity of depiction
हल्का तूलिकाघात	Light brush strokes
अकादमिक शैली	Academic style
चित्र का समतल प्रभाव	Leveling effect of image

विलक्षण चित्र शैली	Remarkable pictorial style
कृति की काव्यमयता	Poeticity of work
रंगसंगति की सौम्यता	Gentle color consistency
प्रकाश की चित्रमय प्रभावान्विति	Effectivity of pictorial light
विषय-वस्तु की अभिव्यक्ति की दार्शनिकता	Philosophy of expression of the subject matter
परिवर्तित प्रकाश की शुद्धता	Purity of converted light
स्वतंत्र कलादृष्टि	Independent vision
चित्रफलक	Canvas
आनुभूतिक संभावना	Empathic possibility
रुपात्मक सौंदर्य	Figurative Aesthetics
बनावटी प्रकाश	Synthetic light
समन्वय की दक्षता	Efficiency of harmony
छाया-प्रकाश का का संयोजन	Composition of shadow light
तार्किक दृष्टिकोण	Rational Point of view
बिन्दुवाद	Pointlism
रंग-आयात	Color import
आघातों के बीच की असंगति	Inconsistency between the strokes
समयावच्छेदी विरोधाभास के सिद्धान्त	Theory of Simultaneous contrast
स्थिर जीवन	Still life
दृष्टिजन्य मिश्रण	Optical Mixture
अवांगार्द आन्दोलन (अग्रगामी आन्दोलन)	Avant-garde—Advance guard
बिन्दु और विभाजन-	Point and division
रंगों का विरोधाभासी उपयोग	Use of contrast colors
आकारों का सरलीकरण	Simplification of forms
ज्यामितीय शक्ल	Geomatric shape
मनोरम संयोजन	Captivative combination
जलरंग	Water color
मुक्त रंग चिन्तन	Free color thinking
प्रयुक्त रंगों का प्रभाव	Effect of used colors
सर्जनात्मक उत्पत्ति	Creative birth
भावनात्मक सामंजस्य	Emotional harmony
चित्रित समरुप	Pictorial Equivalent
विशुद्ध आत्मपरक	Purely subjective
आधारभूत रंग	Base color
कला का अंतस्सत्य	Inner truth of art
भावजन्य विचार	Emotional thoughts
संयोजन का रहस्य	Mystry of composition

प्रतीकवाद	Symbolism
छीजता आत्म	Wasting self
सौंदर्यबोधीय दृष्टि	Aesthetic vision
एंद्रजालिक स्वप्न	Phantasmagoria dream
प्रतीकात्मक गूढ़ार्थ	Symbolic esoteric Meaning
प्रतीकित रुपक	Symbolic Metaphor
रंगों का संगीत	Music of color
आत्मा की प्रतिमा	Image of soul
आत्मनिष्ठ सृजन	Subjective creation
प्रत्यक्ष दृश्यता	Discernible visuality
कल्पनाजन्य विषय	Imaginative subject
पारंपरिक रुपकों में अश्लील चित्रण	Pornography in traditional metaphors
प्रतीकात्मक भाषिक पद्धति	Symbolic linguistic system
रहस्यों का प्रतिरुपण	Impersonation of mysteries
शिल्प सजग कलाकार	Craft conscious artist
गोपन प्रतीकात्मक विन्यास	Encryption symbol configuration
अस्मितामूलक प्रश्नों की खोज	Search of identical questions
कल्पनात्मक विन्यास	Imaginative configuration
फाववाद	Fauvism
रंगवाद	Colourism
त्रिकोणात्मक संयोजन	Triangular composition
रंगों में चमक का उभार	Glow in colours
रेखात्मक संयोजन	Linear combination
चित्रण की विशुद्धता	Purity of depiction
अभिव्यंजनावाद	Expressionism
विधेयवाद	Positivism
वस्तुगत परिप्रेक्ष्य	Objective perspective
अंतःस्फूर्त प्रवृत्ति ज्ञान	Instinctive intuition
अंतर्मन का द्वैत	Duality of the heart
सर्जक की अंतः प्रज्ञा	The intuition of the artist
बाह्य जगत से निषेध	Prohibition from the outer world
जादुई यथार्थवाद	Magical realism
नव अभिव्यंजनावाद	Neo—Expressionism
गीतात्मक अमूर्तता	Lyrical abstraction
अमूर्त अभिव्यंजनावाद	Abstract Expressionism
न्यूयॉर्क आकृतिमूलक अभिव्यंजनावाद	New york figurative Expressionism
अमेरिकन आकृतिमूलक अभिव्यंजनावाद	American figurative Expressionism
नीला सवार अभिव्यंजनावाद	Blur rider Expressionism

समान्तरवाद	Parallelism
आलंकारिक चित्रकार	Decorative painter
समरूप आकृति	Identical figure
सुस्पष्ट विन्यास	Explicit configuration
कृति की रचना-संगति	consistency of work of formation
अनुभूत सत्य की अभिव्यक्ति	Expression of perceived truth
गतिमय रेखाएँ	Dynamic lines
अमूर्त संयोजन	Abstract composition
चित्रण की वस्तुपरकता	Objectivity of depiction
दर्शनीय तूलिकाघात	Remarkable brush strokes
संरचनात्मक विधि	Structural format
एकल दृश्य बिन्दु	Singh visual point
घनवाद	Cubism
विश्लेषणात्मक घनवाद	Analytical cubism
संश्लोषणात्मक घनवाद	Synthetic cubism
यथार्थ की प्रकृति	Nature of reality
त्रियामी सतह	Three dimensional surface
द्वियामी रूप	Two dimensional form
रूपकात्मक कला विधि	Metaphorical art method
अक्षरों का घनत्व	Density of letters
कोलाज	Collage
दृश्य निरपेक्ष विचार	Visual absolute views
चित्र-वस्तु का आंकलन	Image assessment
आदिमवाद	Primitivism
प्रतीकात्मक प्रयोग	Symbolic experiment
काव्यात्मक सौंदर्य	Poetic aesthetics
ज्यामितीय आकारों की गतिमयता	Dynamism of geomatrical forms
भविष्यवाद	Futurism
सर्वव्यापी गतिवाद	Universal dynamism
निरपेक्ष अमूर्त	Absolute abstraction
गति की सैद्धांतिकी	Theory of motion
दृष्टि-सामर्थ्य	Vision power
आकारिक विभाजन	Division of forms
त्रिभुज	Triangle
समयावच्छेद का सिद्धान्त	Theory of simultaneous state of mind
लचीला गतिवाद	Plastic dynamism
तकनीकी कला	Mechanical art
वायव्य सौंदर्य शास्त्र	Airo Aesthetics

अंकन पद्धति की समग्रता	Integrity of depiction method
आकारों के स्थापन की दक्षता	Skill of making forms
ज्यामितीय आकारों में गतित्व का समायोजन	Dynamic adjustment of geomatrical Shapes
दृश्य को संपूर्ण प्रभाव में लाने की क्षमता	Ability to bring the view to complete effect
ठोस वस्तुओं का विखंडन	Fragmentation of solid objects
समग्र चित्र-रचना का सिद्धान्त	Theory of composite imagery
आकारों की स्पष्टता	Clearity of lines
आकारिक विन्यास	Figurative configuration
रंगों की शास्त्रीय युक्ति	Classical device of colors
विवस्त्र अध्ययन	Nude study
सांगीतिक संयोजन	Musical composition
अमूर्त कला	Abstract Art
अंकन की स्वच्छंदता	Spontanity of depiction
चित्रफलक पर वस्तुचित्रण	Object depiction on canvas
रंगों का स्वाभाविक विकास	Natural growing of colors
अमूर्तन की उद्भावना	Ideation of abstraction
आकाश	Space
कलाकार का आंतरिक चैतन्य	Inner consciousness of Artist
आकारों की असंगति	Contrast of forms
आत्म विसर्जन	Self devotion
समकालवादी	Contemporist
गणितीय शस्त्रों पर चित्र-सृजन	Depiction on Mathematical formulas
कलात्मक अनुभूति	Artistic feeling
कला की आधुनिकता	Modernity of Art
वैश्विक मूल्य और सौंदर्य	Universal value and aesthetic
आलंकारिक कला	Ornamental Art
वैश्विक असमानता	Universal inequality
दादावाद	Dadaism
विनाशवाद	Nihilism
प्रत्ययवादी कला	Conceptual Art
अति-यथार्थवाद	Surrealism
परा-यथार्थ	Super reality
जीवात्मवाद	Animism
वस्तु-अतियथार्थवाद	Objective surrealism
भिन्न-अति-यथार्थवाद	Different surrealism
अमूर्त-अति-यथार्थवाद	Abstract surrealism

दृष्टिभ्रम	Visual illusion
मनोविश्लेषणात्मक कला आन्दोलन	Psychoanalytic art movement
फ्रोताज पद्धति	Frottage technique
नाभिकीय रहस्यवाद	Nuclear Mysticism
चिकित्सकीय मनोविज्ञान	Medical Psychology
मैक्सिकन कला	Maxican Art
अमूर्त अभिव्यंजनावाद	Abstract expressionism
अमूर्त प्रभाववाद	Abstract impressionism
सांकेतिक चित्रकला	Gesture Painting
अमूर्त सुलेखन कला	Abstract calligraphy
प्रकार्यात्मक कला	Functional Art
उपयोगी कला	Applied Art
सम्मान योग्य उल्लेख	Honourable Mention
जीवंत स्वदेशी बोध	Living indigenous sense
बंगाल चित्र शैली	Bengal school of art
अंतर सत्य का उद्घाटन	Revealing the inner truth
लयात्मकता	Rhythmicity
लम्बत आकृतियाँ	Vertical Figures
तांत्रिक प्रतीक	Tantrik symbol
प्रगतिशील कलाकार	Progressive artists
विखंडित रूपाकार	Distorted form
आँचलिक रूपक	Regional metaphor
लोकतत्व	Folk element
मिथकीय परम्परा	Mythological tradition
भारतीय कला दृष्टि	Indian art vision
भौतिक जगत की नश्वरता	Mortality of the physical world
पराभौतिक की निरंतर उपस्थिति	The constant presence of the para-physical
सूक्ष्म बिम्बात्मकता	Micro imagery
मूर्तन का अतिक्रमण	Encroachment of figure
आख्यानमूलकता	Narrative rhetoric
लोक ग्राह्यता	Public acceptence
काव्यात्मक प्रतिरुपण	Poetic representation
आधुनिकता की खोज	Search of modernity
रहस्यमय दृश्य	Mysterious view
चित्त की एकाग्रता	Concentration of mind
उपनिवेशवादी कलाबोध	Colonial art sense
अदृश्य की विकृति	Distortion of the invisible

सांस्कृतिक अनुभव	Cultural experience
अपूर्व रंग कौशल	Exceptional coloring skill
स्थानीयता की रंगत	Color of local
सृजनशील परम्परा	Creative tradition
सतह का विनियोजन	Surface plan
जनजातीय तथा आधुनिक कलादृष्टि की सम्बद्धता	Affinity of tribal and modern art vision
चित्रलिपि	Hieroglyphs
अस्तिबोध	Existence perception
राजपूत चित्रशैली	Rajput picture style
अकादमिक यथार्थवाद	Academic realism
अग्रभूमि	Foreground
अभ्यारोपण	Superimposition
अनुपात	Proportion
अभिमुख रेखाएँ	Covering lines
आकाशी दृष्टिक्रम	Aerial Perspective
आच्छादन	Overlapping
आदमकद शबीह	Life size Portrait
आदेशित कार्य	Commissioned work
आनुष्ठानिक मूर्ति	Votive figure
आयतन	Volume
आरेखण कौशल	Draftmanship
इंगित धब्बे	Gesture blots
उदग्र रूपाकार	Vertical form
पार्श्वचित्र	Profile
कला दक्ष	Connoisseur
कायांतरित आकार	Metamorphic forms
काष्ठ छापा	Woodcut print
काष्ठ तक्षण	Wood carving
क्रीड़ा रूपाकार	Playfull form
गोला	Sphere
चित्र-प्रतिमा	Icon
छापा तकनीक	Graphic technique
ज्ञानात्मक यथार्थवाद	Perceptual realism
टूटी सतहें	Broken Surfaces
टेम्परा	Tempera
त्रिफलकीय	Triptych

द्विफलक	**Diptych**
नगर-दृश्य	**City scape**
परिरेखा	**contour**
पर्वतीय दृश्य	**Hill scape**
पीठिका	**Pedestal**
पांडुलिपि सज्जाकार	**Illuminator**
प्रतिरूपक	**Module**
विन्यास	**Configuration**
छापाकला	**Print making**
बहुफलक	**Polyptych**
बहुरूपदर्शी	**Kaleidoscopic**
बाह्य रेखा	**Outline**
बेलनाकार	**Cylinder**
रंग-चित्तियाँ	**Splashes**
रंगीन छापा	**Color Print**
रंग तहें	**Layers of color**
रंगदीप्ति	**Iridescence**
रूप बंध	**Form-structure**
रेखांकन	**Drawing**
रेखाचित्र	**Sketch**
लंबाकार	**Elongated**
रैखिक	**Linear**
लयात्मक स्वचालन	**Rhythmic automatism**
विरूपण	**Distortion**
व्यक्ति-अध्ययन	**Life study**
शंकु	**Cone**
शिलाचित्र	**Rock painting**
शिल्प-तथ्य	**Artifacts**
शैल नक्काशी	**Stone carving**
संश्लेषित शैली	**Synthetic style**
सम्मुखता	**Frontality**
सन्निधि	**Juxtaposition**
सादृश्य मूलकता	**Representational**
सिंहावलोकन	**Retrospective**
प्रदर्शनी	**Exhibition**
भूदृश्य	**Landscape**
मोटी तहों में रंग लगाना	**Impasto**
उभार	**Relief**

मूर्तिशिल्प	Sculpture
चित्रकृति	Painting
पक्व मृतिका/मृदभांड	Ceramic
कोलाज	Collage
नभरेखा	Skyline
गुऑश	Gouache
क्षैतिज	Horizontal
कलारीति	Mannerism
विहंगावलोकन	Overview
एक्रेलिक	Acrylic
तैल-चित्र	Oil Painting
चित्र-प्रतीमात्मक	Iconoclastic
छायाकृति	Silhouette
दृश्यात्मक विवरण	Visual descriptions
चित्रमय युक्ति	Pictorial device
कला आन्दोलन	Art Movement
रंग-सामग्री	Pigments
अवेचन	Sub conscious
अनुकृति	Imitation
अभिगम	Approach
आकाश/अवकाश	Space
अक्षर कला	Typography
अंतर्दृष्टि	Insight
अंतिम सत्य	Ultimate reality
आकारनिष्ठ	Concrete
एकल प्रदर्शनी	Solo exhibition
समूह प्रदर्शनी	Group exhibition
एक वर्णीय	Monochrome
ऐंद्रिय	Sensuous
चित्रशाला	Studio
कला दीर्घा	Art gallery
कला विद्यालय	Art School
क्रमबद्ध	Consecutive
गूढ़ाक्षर	Hieroglyphic
छटा	Tone
जैविक	Organic
क्रमबद्ध चित्रण	Systematic Painting
तिपाई	Easel

तूलिका	Brush
तूलिका संचालन	Brushing
दीवार चित्र	Wall Painting
दीवार का पर्दा	Tapestry
दृष्टिजन्य मिश्रण	Optical Mixture
नाबिवाद	Nabism
नाबि	Nabi
नेत्र पटलीय	Retinal
नेत्र भ्रम	Optical illusion
प्रचलन	Fashion
प्रदर्शन खिड़की	Display window
प्रक्षेपक	Projector
पृष्ठभूमि	Back ground
विस्तार पद्धति	Staining technique
बाल कला	Child art
धूसर	Earth color
भूरा रंग	Gray color
भ्रष्ट कला	Degenerate art
लचीला आकार	Plastic form
वास्तुकला	Architecture
वास्तुकार	Architect
विज्ञापन चित्र	Poster
व्यावसायिक कला	Commercial art
समतल	Plane
समतल रंगांकन	Flat coloring
सर्वोच्चवाद	Supermatism
सहज वृत्ति/प्रवृत्ति	Instinct
स्वतः स्फूर्त	Spontaneous
स्पर्शीय	Tacticle
स्मारकीय	Monumental
अतीत राग/स्मृति विकलता	Nostalgia
स्याही चित्र	Ink Painting
पेन चित्र	Pen Painting
हस्तकला	Handicraft
हृदय-स्पंदन-आलेख	Cardiogram
स्थानीयकरण	Localisation
भूमंडलीकरण	Globalization
उपभोक्तावाद	Consumerism

बाजारवाद	Marketization
मशीनीकरण	Mechanization
शीतकाल	Cold Period
आभास ज्ञान/संज्ञान	Intuition
संयोगात	Eventual
रंगीन कांच चित्र	Stained glass
लचीलापन	Plasticity
लोक कला	Folk art
प्राचीन कला	Ancient art
आदिवासी कला	Tribal art
भित्तिचित्र	Mural/Frescoes
ताड़चित्र	Palm Picture
भोजपत्र	Birch bark
कला समीक्षा	Art Criticism
केटलॉग	Catalog
आकृति विज्ञान	Morphology

नामानुक्रमणिका

पुराण 252

✿✿✿